법은 어디에서 오는가?

Christian Starck 저 / 김대환 역

Woher kommt das Recht?

박영사

추천사

크리스티안 슈타르크의 헌법논집인 『민주적 헌법국가』가 발간된 이래 10년 만에 그의 새로운 저서가 한국어로 번역 출간하게 되었다.

슈타르크는 전후 독일 헌법학계의 대표적인 학자의 한 사람으로서, 뿐만 아니라 니더작센주 국사재판소의 재판관으로서 오랫동안 실무에도 관여한 분이다. 그의 헌법이론은 독일과 유럽은 물론 동아시아에서는 일찍부터 한국과 일본 그리고 대만의 학계에 잘 알려져 있어서 새삼스러운 소개는 필요 없을 것이다. 그는 뷔르츠부르크대학에서 Günther Küchenhoff(1907-1983)의 지도로 학위를 받고, 교수자격논문이 통과된 후 괴팅겐대학에서 1971년부터 34년간 봉직하고 2005년에 정년퇴직하였으며, 괴팅겐 학술원의 회원으로서 회장을 지내기도 하였다. 그의 제자로는 Karl-Eberhard Hain, Volker Schlette, Thorsten Ingo Schmidt, Thomas Schmitz, Gunnar Folke Schuppert, Christian Winterhoff, Rainer Grote 그리고 Ines Härtel 등이 있다. 한국에도 여러 차례 다녀갔으며 그와 인연을 맺은 지인들도 많이 있다. 2012년에는 고 김철수 교수의 추천으로 대한민국학술원의 명예회원으로 선출되어 현재에 이르고 있다.

이번에 발간된 『법은 어디에서 오는가?』는 대부분 2000년대에 발표한 논문들을 체계적으로 정리하여 수록한 것이다.

내용은 크게 법률과 법, 기본권 그리고 법문화의 세 부분으로 구성되어 있다. 우선 제목만으로도 알 수 있듯이 그는 철학, 역사 그리고 신학의 배경 아래 법의 형이상학적 기초에서 출발하여 최첨단 학문인 생명과학의 문제에 이르기까지 다양한 분야를 폭넓게 다루고 있다. 그의 관심 분야는 공허한 이론의 소개에 머무르지 않고 현재의 당면한 절박한 문제들을 파헤치고 해결하기 위한 문제의식으로 가득 차 있다. 그러한 의미에서 슈타르크의 이 논문집은 독일과 유럽에서의 법이론과 법문화만을 이해하기 위한 기본 정보를 제공하고 있는 것이 아니라 우리들

한국인에게도 동일한 문제의식과 시각에서 자신의 그것을 성찰하는 계기와 동기를 부여하는 의미 있는 저작이기도 한 것이다.

어렵고 힘든 번역을 하느라 애쓴 김대환 교수는 일찍이 슈타르크의 문하에서 직접 지도를 받았으며 법학전문대학원의 강의와 연구의 바쁜 나날 가운데에서 시간을 내어 마침내 대작업을 완성하였다. 오늘날, 헌법재판과 사법에 대한 불신이 팽배하고 선례로서의 구속성이나 가치도 의심스러운 판례암기에 치중하느라 귀중한 시간을 낭비하는 이때에, 그는 과감하게 법학교육의 개선이 아니라 혁명을 주장하고 나선 것이다. 즉 법학의 기본원리에 대한 진리탐구가 어떠한 것인가를 슈타르크의 논저를 통하여 우리들에게 전달하려고 오래전부터 노력해온 성과가 이제 그 결실을 맺게 된 것이다.

그런 의미에서 이 책은 법학을 학문으로서 또는 직업으로서 택하려거나 택한 사람들에게 가르침과 깨우침을 주기에 충분할 것이다. 또한 김 교수는 필요한 곳에는 「역자 주」를 상세하게 붙여 독자들의 이해를 돕도록 하고 있다. 번역을 학문적 업적으로 인정하는 데에 인색하고 무지하며 더구나 번역서는 잘 팔리지도 않는 우리의 학문적 풍토에서 시간과 노력을 아끼지 아니한 역자의 학문적 성실함과 희생 내지 봉사정신을 높이 평가하고 오래 기리고 또한 널리 전하고 싶다.

필자는 일찍이 독일 통일의 경과를 다룬 슈타르크의 「법치국가와 전법치국가적 과거의 극복」을 『동아법학』 제18호(1995)에 번역 소개하여 그와 학문적인 인연을 맺게 되었다. 그 후 2002년에는 중국 베이징에서 열린 국제헌법학회에서 만나 함께 세미나에 참석하고 만리장성 구경도 하였고, 그의 동의를 얻어 위의 책 제32호(2003)에는 방대한 「Christian Starck 저작목록」을 전부 수록한 일도 있다. 또한 그는 필자의 은사인 김철수 교수와 각별한 사이였기 때문에 우리는 쉽게 친해질 수 있었다. 그의 부드럽고 따듯한 인상과 깔끔한 풍모는 많은 사람들의 존경을 받고 있다. 그러나 학문의 세계에서 그는 매우 엄격하고 철저하여 사람들은 독일어로 Starck는 'stark' 하다고 말하기도 한다. 최근까지도 카드도 보내오고 email을 주고받았는데 요양원에 들어가셨는지 소식이 없어 안타깝다.

슈타르크의 건강이 하루속히 회복되어 이 책의 출간을 함께 기뻐하고 즐거워하게 되기를 바란다. 무엇보다도 이 책자가 법학을 학문으로서 크게 보거나 보려는 시각을 가진 연구자와 독자들에게 유용하게 읽히고 우리의 문제에 관심을 가지는 계기가 되기를 간절히 기원한다.

2025. 2. 20. 법의 오남용을 걱정하며

김 효 전

(대한민국학술원회원, 동아대 명예교수)

저자 서문

여기에 수집되어 제시된 논문들은 기본적으로 2000년대에 나온 것으로서 그 때마다 특정한 관점 아래에서 법의 유래에 대한 답을 찾고자 한 것이다. 서론적 논문[i]은 2008년 괴팅엔 학술원 회장 취임연설로서 거기서 나는 직접적으로 법의 기원을 탐구하였다. 이 논문 집필은 이전 연구를 바탕으로 하고 있으며, 동시에 후에 작성된 논문들을 포함하고 있는 이 논문집을 만드는 계기가 되었다. 제기된 질문과 그들 사이의 연관성에 대한 다양한 답변은 여기 실린 논문 전체를 통해서 드러나고, 개별 논문들은 곧 서론적 논문의 내용을 설명하는 것이라고 할 수 있다. 그러나 논문들은 현재의 관심사에 따라 개별적으로도 읽을 수 있다. 따라서 논문들은 개별적으로도 완성된 형태로 읽혀질 수 있도록 당시에 쓴 그대로 두었다. 헌법구조(권력분립과 권리)와 비례성원칙에 관한 것과 같이 일부 내용은 문장의 맥락을 고려하여 그대로 반복하기도 했는데, 그것은 생략함으로써 생기는 번거로운 참조지시를 피하기 위한 것이다.

제1부에서는 법률(Gesetz)과 법(Recht)에 대해 다루고 있다. 제1장에는 법률과 입법이라는 주제에 대한 간략한 개념적 정의가 나오는데, 이는 법률사전용으로 작성되었다. 제2장은 법률과 법의 관계에 관한 제1부의 핵심적 문제를 다루고 있다. 여기서 대부분의 법질서들은 다양한 형태를 가지면서 법률 위에 존재하는 법에 대해 알고 있고, 이는 깊은 공통의 역사적 뿌리를 가지고 있음이 밝혀진다. 제3장에서는 민주적 입법자와 법치주의에 대한 의무를 지고 있는 공행정이 어떻게 법률을 적용하는지를 설명하고 있다. 여기에서 이미 법률의 적용에 대한 법해석학의 중요성이 나타나는데, 이는 제4장에서 행정법상 법해석학과 입법의 관계에서 상세하게 다루어지고 있다. 짧은 제5장에서는 입법론의 대상인 법률 효과의 결여 또는 오류라는 관점에서 법률의 적용 문제를 다루고 있다. 법률과 입법의 문제를 다룰 때에는 법률의 위계질서 문제가 제기된다. 이 복잡한 문제는 제6장에서 주로 법률과 헌법의 단계질서로 검토하고 있는데, 특히 헌법의 우위가 어떻게 보

장되고 이 경우 헌법해석이 어떤 문제들을 제기하는가라는 관점에서 검토하고 있다. 연방에서 입법은 연방과 주에 나누어져 있다. 법이 어디에서 오는가, 연방 입법자로부터인지 아니면 주 입법자로부터인지의 문제는 연방 헌법상 규정되어 있지만, 이 경우 지속적인 단일화 과정의 영향을 받는다. 단일화 과정에 대해서는 제7장에서 구체적으로 설명한다. 제1부는 제8장에서 법의 생성과정에서 법률과 계약의 관계에 대한 고찰로 마무리하고 있다. 법률의 틀 안에서 또는 심지어 법률을 기반으로 하는 계약 외에 계약을 기반으로 하는 이원적 형식의 입법이 존재한다.[ii] 비교법적으로 그리고 역사적으로 고찰하면, 매우 다양한 형식이 법의 기원이라는 문제에 대한 답에 크게 영향을 미치는 것을 알 수 있다.

제2부에서는 기본권, 특히 기본권의 역사적 발생 과정과 기본권이 오늘날 다른 법에 대하여 갖는 효력을 다루고 있다. 제1장에서는 최초의 인권선언 시대였던 18세기 말의 인권의 철학적 기초를 중세 전성기[iii]까지 거슬러 올라간다. 여기에서 크리스트교 신학과 교회법의 인격 개념이 인권의 역사적 기초라고 하는 사실이 드러난다. 물론 이는 여전히 법적으로 더 구체적인 형성이 필요했다. 제2장의 주제는 이에 연결하여 법 실무와 정치철학의 도움을 받아서 초기에 존재하던 기본권의 입법 의존성을 다루고 있다. 이때 입법은 기본권을 정의하고, 제약할 수 있었다. 최고법원이나 헌법재판소에 의하여 보장되는 헌법의 우위를 획득하기 위한 투쟁은 우선은 미국에서 그리고 제2차 세계대전 이후에는 유럽에서도 입법의 기본권 기속이라는 결과를 가져왔다. 제3장은 18세기 말에 선포된 인권의 발전을 사법(Privatrecht)에 대한 인권의 효력이라는 관점에서 다루고 있다. 프랑스 인권선언의 "자연권"은 특히 시민 상호간의 관계에 대한 것이었다. 그러한 점에서 프랑스 민법전(1804)에 의한 민법의 성문화는 인권을 최초로 법률적으로 구체화한 것이었다. 그에 병행하여 공법에서는 19세기 후반에 처음으로 국가와 개인의 관계에 대한 기본권법률이 출현한다. 오늘날 일부 헌법은 기본권의 효력을 민법에서 규정하고 있다. 나아가서 판례는 기본권의 객관적-법적 내용에서 국가의 보호 의무를 도출하였고, 이는 기본권적 성격을 갖는 보호권으로 발전하였다. 제4장에서는 민법상 기본권의 효력이라는 특별한 문제를 다루고 있다. 즉, 남녀의 평등은 뒤늦게 가서야 비로소 민법(가족법)에 영향을 미쳤다. 바이마르 헌법에서도 평등이 국가에 대한 국민[iv]의 권리와 관련하여서만 적용되었다.[v] 기본법에 와서 비로소

민법상으로도 완전한 평등이 실현되었다. 이러한 법문화의 성취는 사실상 평등을 위한 자유적대적인 할당제(쿼터제)에 의해 왜곡되고 있다. 생물학에서 인간존엄의 보장에 관한 제5장은 인간 배아의 체외 수정과 관련된 의학적 임상과 연구에서 일어나고 있는 현재의 문제들을 다루고 있다. 그에 대한 법률적 대응과 일부 주의 헌법적 대응, 특히 기본법의 인간존엄성 보호의 결과를 설명하고 있다. 그것은 모든 공리주의를 배격하고, 인간종의 일원으로서 배아의 생명이 의학적 발전을 위해 희생되는 것도 반대한다.

논문집 논문으로서는 상당히 상세한 소위 시민의 능동적 지위인 참여권에 관한 제6장은 법의 발생에 대한 민주국가적 기초를 제공한다. 그것은 입법자인 의회의 구성을 결정하는 선거를 말한다. 의회는 정부를 선출하고, 정부는 대체로 법률안을 의회에 제출한다. 제7장은 인간의 적극적 지위에 관한 것으로서, 그것은 넓은 의미의 사회적 권리를 말한다. 이 장은 브라질에서의 강연[1]을 바탕으로 작성되어 국제법적 보장들로부터 출발하고 있지만, 이들은 지역적 국제법이나 세계적 국제법이나 모두 일반적인 정치적 목적만을 규정하고 있다. 특히 최근의 각국의 헌법들은 사회적 권리도 포함하고 있지만 그러나 대개는 입법에 대한 요청들이다. 따라서 다양한 부문에서 국가의 사회입법이 사회권의 실현을 위해 큰 역할을 한다. 이러한 것은 회원국의 국가연합으로서 사회적 균형을 배려할 임무를 위임받지 않은 유럽연합의 법에서도 나타난다. 마지막 장에서는 주요 사례로서 다양한 부문의 사회보험입법, 특히 독일의 사례를 설명하고 있다. 독일은 이미 19세기 말에 시작하여 지속적인 발전으로 오늘날은 많은 국가들에게 방향을 제시하고 있다. 제8장은 필자가 중국(시안, 마카오, 홍콩)에서 한 강연을 바탕으로 하고 있다.[2]

제3부는 법문화에 관한 논문들을 포함하고 있고, 정치학적/국가철학적 범주로서 자유와 정당성에 관한 서로 매우 밀접하게 연결된 짧은 두 개의 장으로 시작한다. 의지의 자유를 인간이 기본적으로 갖추었다는 것은 법과 자유의 인류학적

---

1) *Christian Starck*, Direitos sociais em Tratados lnternacionais, constituições e leis, in: George Salomão Leite/Ingo Wolfgang Sarlet (Coord.), Direitos fundamentais e Estado constitucional. Estudos em homenagem a J.J. Gomes Carnotilho, Coimbra e São Paulo, 2009, S. 279-293.

2) 이 장의 제목으로 Taiwan Law Journal, Issue 226 (2013) S. 40-48에 중국어로 게재되었다.

토대다. 국가 지배의 정당성은 평화와 자유를 보호할 국가의 준비와 능력을 전제로 한다. 지난 200년의 정당성 관념은 연방공화국의 정당성으로 이어져 있다.[vi] 독일은 국가권력을 위임받은 유럽연합의 회원국이므로 유럽연합의 정당성에 대해서도 질문해야 한다. 유럽연합실행조약(AEUV) 제125조의 정당성 확보의 예에서 유럽연합의 현실적 정당성 문제가 명확해진다. 헌법해석의 원칙에 관한 제3장은 이 책(제1부 제6장, 제2부 제2장·제3장·제4장·제5장·제6장·제7장)의 헌법해석에서 군데군데 행한 상세한 설명을 체계화하여 정리하고 있다. 이로써 신뢰할 수 있고 예측할 수 있는 헌법해석의 법문화적 성과를 기술하고 있다. 그리고 이미 각 장에서 확인할 수 있는 바와 같이, 법문언의 해석은 법의 유래에 관한 질문에 답하는 데 중요한 역할을 한다. 그것은 헌법의 범위 안에서 이루어지는 입법에 대해서만이 아니라, 헌법합치적 법률해석에 대해서도 적용된다. 법 수용의 이유, 조건 그리고 형식에 관한 제4장은 주로 외국의 법질서의 사례에서 수용을 통하여 새로운 법이 어떻게 발생하는지 그리고 이 경우 헌법제정과 입법 및 판례와 법 이론이 어떤 역할을 하는지를 설명하고 있다. 법이 어디에서 오는가라는 이 책의 질문에 답하기 위해서는 크고 작은 수용 현상도 고려하여야 한다.

법이 어디에서 오는가라는 질문에 대해서 국제법과 유럽연합법은 중요한 역할을 한다. 국내법과 이들 법의 관계는 명확하게 설명되어야 한다. 국제법, 유럽연합법 그리고 국내 헌법에 관한 제5장에서는 우선 규범의 위계질서와 권능에 대해 다루고 있다. 헌법은 국제법 조약의 체결과 국내법과 국제법의 위계질서를 규정한다. 초국가적 국가연합으로서 유럽연합의 설립도 헌법의 위임에 근거하고 있고, 이 위임은 동시에 단순한 위계질서를 배제하는 법적 전제조건들도 규정하고 있다.[vii] 유럽연합을 창설하는 국제법 조약과 연합의 기관이 제정한 법 사이에는 물론 위계질서가 존재한다. 특별한 국가연합인 유럽연합은 일반국가론의 문제를 제기하는데 이것은 제6장에서 다루고 있다. 국가연합으로서 유럽연합은 주권을 향유하거나 권한의 권한[viii]을 갖지 않는다. 연합은 오히려 회원국이 체결한 국제법 조약이 위임한 권한을 근거로 법을 제정한다. 유럽연합은 자신을 연방국가로 변모시킬 아무런 역동성을 갖고 있지 않다. 그를 위해서는 회원국 간의 특별한 조약을 필요로 하지만, 회원국들은 하나의 연방국가로 합쳐지기에는 너무나 이질적이다. 제7장에서는 1871년의 독일 제국과 유럽연합의 법 통일을 비교하여 다루고 있다. 제국 건설에 이어 법 통일이 이루어졌다. 오늘날은 국가연합의 틀 내에서 유럽적 법 통일과 단순한 법의 조화[ix]가 논의되고 있다. 법학의 미래에 관한 마지막 장은 이전 장에서 제기된 많은 관점을 요약하여 파악하고, 미래를 결정하는 세 가지 경향, 즉 법의 유럽화, 개별화 그리고 공리주의화에 대해 평가하고 있다.

역자 주

i "법은 어디에서 오는가?"라는 논문을 말한다.

ii 단순히 일방적인 법률제정자에 의해 입법되는 것이 아니라 당사자의 계약에 기초하여 그에 따라 입법이 이루어지는 것을 이중적 형식 또는 형태의 입법이라고 표현하고 있다.

iii 중세는 초기(5세기~11세기), 전성기(11세기~13세기), 후기(14세기~15세기)로 구분할 수 있다. 전성기 시대의 중세는 로마 가톨릭 교회의 강력한 영향 하에 있던 시기다.

iv Staatsbürger. 이는 공민(公民)이라고도 번역되기도 하지만, 국가에 소속된 사람이라는 의미이므로 국민으로 번역할 수 있다. 단순히 Bürger라고 할 때는 공동체 구성원으로서 대등한 사람을 의미하므로 이러한 뜻을 담아 시민이라고 번역할 수 있다. 그러나 이러한 것은 두 개념을 구분하는 입장이고 현대에는 거의 같은 의미로 사용된다(Geschichtliche Grundbegriffe, Bd. 1 A-D, 1992, S. 722ff. 참조).

v 바이마르 헌법 제109조는 다음과 같이 규정하고 있다. "모든 독일인은 법률 앞에 평등하다. 남녀는 원칙적으로 동일한 국민으로서의 권리와 의무(staatsbürgerlichen Rechte und Pflichten)를 가진다. …." 바이마르 헌법에서는 이와 같은 국민으로서의 권리·의무와 시민으로서의 권리·의무(Bürgerliche Rechte und Pflichten)를 구분하여 규정하고 있다. 예를 들면 바이마르 헌법 제136조는 다음과 같이 규정하고 있다. "시민으로서의 권리와 의무 그리고 국민으로서의 권리와 의무는 종교의 자유의 행사에 의하여 조건이 부과되거나 제한되지 않는다. …." 이는 종교의 자유가 시민과 국민으로서의 권리와 의무를 행사하는 데 아무런 영향을 미치지 않는다는 취지다.

vi 지난 200년간의 정당성에 관한 관념이나 개념이 현재의 독일연방공화국의 정당성 관념에 영향을 미쳤다는 의미다.

vii 회원국이 주권적 권한을 위임하여 탄생한 유럽연합의 법적 위계질서는 단순한 국내 규범의 위계질서와는 다른 복잡한 위계구조를 가지고 있다는 의미다. 회원국이 유럽연합에 주권적 권한을 위임하였다고 하더라도 회원국은 여전히 주권국가이기 때문이다.

viii Kompetenz-Kompetenz. 유럽연합의 권한의 분배를 결정할 권한을 말한다.

ix Rechtsangleichung. 서로 모순되거나 충돌하는 법을 조율하는 것을 말한다.

역자 서문

이 책은 독일의 모어 지벡(Mohr Siebeck) 출판사에서 출판한 크리스티안 슈타르크(Christian Starck) 교수의 2015년 저작 'Woher kommt das Recht?'의 완역본이다. 크리스티안 슈타르크 교수는 전후 독일의 대표적인 헌법학자인 헤르만 망골트(Hermann v. Mangoldt) 교수가 집필하고 벡(C.H.Beck) 출판사가 출판한 유명한 헌법주석서 'Grundgesetz Kommentar'를 프리드리히 클라인(Friedrich Klein) 교수에 이어 집필한 저자로서, 그 명성은 국제적으로 뿐만 아니라 우리나라에도 이미 잘 알려져 있다. 슈타르크 교수는 우리나라에 대한 관심도 매우 각별하여 여러 번 한국을 방문하여 각 대학과 대한민국학술원 및 헌법재판소 등에서 발표나 강의를 하면서 한국 학자들과도 교류해 왔다. 슈타르크 교수에 대한 보다 자세한 이력과 저작에 대해서는 지난 2015년 역자가 대표 편역으로 출간한 '슈타르크 헌법논집 - 민주적 헌법국가'(시와진실 출판)를 참조하기 바란다.

슈타르크 교수는 2000년 이후 자신의 대표적인 논문들을 단행본으로 출간하고 있다. 2002년에는 '자유와 제도'(Freiheit und Institutionen)라는 제목으로, 2009년에는 각국의 헌법(Verfassungen)이라는 이름으로 출간하였다. 이 번역서의 원서는 주로 2000년 이후의 논문들을 출간 당시의 법제 상황을 반영하여 수록하고 있다. 학술지에 발표된 논문이 단행본으로 출간되면 독자들이 접근하기가 훨씬 용이해지고 논문의 생명이 길어진다. 이 책에 수록된 논문들을 살펴보면 슈타르크 교수의 헌법철학과 이론을 보다 체계적으로 이해할 수 있을 뿐만 아니라, 현재 독일의 구체적인 법제 상황과 함께 본격적인 헌법철학적·해석학적 논증을 전개해 나가는 글을 접하는 기쁨을 누릴 수 있다. 우리나라의 헌법해석에 많은 영향을 끼치고 있는 독일의 저명한 헌법학자가 하나의 일관된 주제에 대하여 오랜 시간 숙고를 거듭하여 깊이 고찰한 논문을 수록한 저서를 번역·소개하는 것은 학계에서도 흔한 일은 아니다. 비록 논문을 모은 것이라고는 하나 특히 이 번역서는 우리가 현실적으로 활용하고 있는 법이라는 것이 어디서 어떤 형태로 만들어져 어떻게 효력을 발휘하는지를 일관되게 탐구하고 있기 때문에 하나의 주제를 다루는 단행본과 같은 의미도 동시에 갖고 있다. 법이 어디에서 오는지에 대한 탐구는 슈타르크 교수의 오랜 연구 주제였고 그러한 사색의 결과들이 이 책에 고스란히 담겨 있다. 독자들은 이 역서를 통하여 주제와 관련한 슈타르크 교수의 통찰에 쉽게 접근할 수 있을 뿐만 아니라, 논문의 형태를 띄고 있기 때문에 매우 구체적인 독일 헌법상황에 대한 논의도 접할 수 있는 이점도 있다. 이 점이 이 책을 번역하게 된 궁극적인 이유이기도 하다.

이 역서에는 독일국법학자협회의 연혁과 활동에 대한 슈타르크 교수의 논문이 부록으로 수록되어 있다. 독일의 헌법과 행정법 학자들의 학술연구 단체인 독일국법학자협회가 어떻게 성립하여 오늘에 이르게 되었는지를 잘 증언하고 있는 논문이다. 우리로 말하자면 한국공법학계의 역사인 셈이다. 이 글은 원전에는 없는 것이지만 기꺼이 이 역서의 추천서를 써 주신 대한민국학술원 회원 김효전 교수님의 추천으로 게재하게 되었다. 교수님의 세심한 배려와 격려에 감사드린다. 이 논문을 비롯하여 '법은 어디에서 오는가?', '기본권은 어떻게 사법으로 들어오고 거기서 어떻게 효력을 발휘하는가?', '자유', '법수용의 근거, 조건 그리고 형태'는 이미 이전에 '세계헌법연구'나 기념논문집 등에 번역하여 게재하였던 것을 다시 수정·보완한 것들이다.

우리의 다른 많은 학문이 그렇듯이, 근원적으로 수입 학문으로 출발한 우리의 헌법학은 종국적으로는 우리 스스로가 완전히 지배할 수 있어야 하지만, 그 첫발은 원전에 대한 온전한 소개와 이해라고 하는 것을 부인하기는 어려울 것이다. 번역에 대한 학문적 토양이 여전히 매우 척박하기 때문에 우리는 이 문화를 그다지 발전시키지 못했다. 광복 80년을 맞는 지금도 이 생각은 여전히 유효하다. 역자의 능력 부재로 이 번역서를 출간하기 위해서 많은 시간과 노력을 기울였고, 학자로나 개인적으로나 희생이 없지 않았다. 이 번역서를 출간하게 됨으로써 그 동안 많은 신세를 져온 헌법학계, 나아가서 공법학계에 진 빚을 조금이나마 갚을 수 있게 되기를 바라는 마음이다.

슈타르크 교수와의 인연은 지난 2000년으로 거슬러 올라간다. 슈타르크 교수는 역자의 은사이신 금랑 선생님(고 김철수 교수)과 오랫동안 각별한 학문적 우정을 나누어 오고 계셨다. 당시 슈타르크 교수는 금랑 선생님의 초청으로 우리나라를 방문하였는데, 그때 처음으로 사석에서 교수님을 뵈었다. 그 인연으로 슈타르크 교수님은 2003년 역자를 독일 괴팅엔으로 가족과 함께 초청하여 헌법학자로서 연구하고 배울 수 있는 기회를 만들어 주셨다. 2년여 괴팅엔 대학교 법과대학 연구실(Juridicum 103호)에 머무는 동안 연구에 불편함이 없도록 많은 배려를 해주셨다. 슬프게도 금랑 선생님께서는 89세로 지난 2022년 돌아가셨고, 1937년생이신 슈타르크 교수도 올해 이미 88세다. 슈타르크 교수의 건강과 장수를 기원 드리며, 이 번역서로서 두 분의 학은에 조금이나마 보답하는 것으로도 될 수 있다면 오히려 역자로서는 누리기 힘든 큰 기쁨이 아닐 수 없다.

로스쿨이 출범한 이후로는 법학 저서의 수요가 많이 줄어서 법학 전문서적의 출판 환경이 예전 같지가 않다. 더구나 이 책과 같은 번역서의 출판 사정은 더욱 열악한데도 출판을 허락하여 주신 안종만 회장님과 안상준 대표님께 깊은 감사의 인사를 드린다. 또한 힘들고 어려운 편집을 꼼꼼히 진행해서 근사한 책으로 만들어 주신 장유나 차장님과 이 책이 출판될 수 있도록 잘 안내해 주신 장규식 팀장님의 수고에 대해서도 특별한 감사의 말씀을 드리고 싶다.

광복 80주년을 맞이하며
2025년 6월 25일
김 대 환

독일어 약어표

a.	articulus	항목
a.a.O./aaO	am angegebenen Ort	앞에서 언급한 곳에서
ABEG	Amtsblatt der Europischen Gemeinschaft	유럽공동체 관보
Abg.	Abgeordnete(r)	국회의원
Abs.	Absatz	(조항에 있어서) 항
AEUV	Vertrag über die Arbeitsweise der Europischen Union	유럽연합실행조약
Afp	Archiv für Presserecht	언론법논집
Anm.	Anmerkung	주석
AO	Abgabenordnung	조세법전
AöR	Archiv des öffentlichen Rechts	공법자료집
ArbGG	Arbeitsgerichtsgesetz	노동법원법
Art.	Artikel	(조항에 있어서) 조
Aufl.	Auflage	판(책의 발행 부수)
AWG	Außenwirtschaftsgesetz	대외무역법
bad.	badisch	바덴주의
BauGB	Baugesetzbuch	건축법전
bay(er).	bayerisch	바이에른주의
BBG	Bundesbeamtengesetz	연방공무원법
BbV	Brandenburgische Verfassung	브란덴부르크주 헌법
Bd.	Band	(책의) 권
BeamtStG	Beamtenstatusgesetz	공무원지위법
Bem.	Bemerkung	비고
BeV	Berliner Verfassung	베를린주 헌법
BGB	Bürgerliches Gesetzbuch	민법
BGBL	Bundesgesetzblatt	연방관보
BNotO	Bundesnotarordnung	연방공증인법
BRAO	Bundesrechtsanwaltsordnung	연방변호사법
BRRG	Beamtenrechtsrahmengesetz	공무원법기본법

BrV	Bremer Verfassung	브레멘주 헌법
BSGE	Entscheidungen des Bundessozialgerichts	연방사회법원 판례집
BT Drs.	Bundestag Drucksache	연방하원 문서
BV	Bayerische Verfassung	바이에른주 헌법
BVerfGE	Sammiung der Entscheidungen des Bundesverfassungsgerichts	연방헌법재판소 판례집
BVerwGE	Sammiung der Entscheidungen des Bundesverwaltungsgerichts	연방행정법원 판례집
BWV	Baden-Württembergische Verfassung	바덴-뷔르템베르크주 헌법
ders.	derselbe	같은 사람
dies.	dieselbe(n)	같은 사람들(복수, 또는 여성)
DJT	Deutscher Juristentag	독일법률가대회
DÖV	Die öffentliche Verwaltung (Zeitschrift)	공행정 (학술지)
DRiG	Deutsches Richtergesetz	독일판사법
DVB1.	Deutsches Verwaltungsblatt	독일행정관보
ed.	edition, editor	판, 편집자
EGMR	Europäischer Gerichtshof für Menschenrechte	유럽인권재판소
EGV	Vertrag über die Europaische Gemeinschaft	유럽공동체조약
EMRK	(Europäische) Konvention zum Schutze der Menschenrechte und Grundfreiheiten	(유럽)인권 및 기본적 자유 보호 협약
EPIL	Encyclopedia of Public International Law	국제공법 백과사전
EuGH	Europäischer Gerichtshof	유럽법원
EuGRZ	Europäische Grundrechte Zeitschrft	유럽기본권잡지
EuR	Europarecht (Zeitschrift)	유럽법 (학술지)
EUV	Vertrag über die Europäische Union	유럽연합조약
FAZ	Frankfurter Ailgemeine Zeitung	프랑크푸르트 알게마이네 차이퉁 (일간신문)
FG	Festgabe	기념논문집
FGG	Finanzgerichtsordnung	재정법원법
FS	Festschrift	기념논문집
GeschO	Geschäftsordnung	내부규정
GG	Grundgesetz	기본법
GG-AK	Alternativkommentar zum Grundgesetz	기본법 대안주석서

GRCh	Grundrechte Charta	기본권 헌장
GVBl.	Gesetz- und Verordnungsblatt	법률 및 시행령 공보
GVG	Gerichtsverfassungsgesetz	법원조직법
HbDStR	Handbuch des deutschen Staatsrechts, Bd. I, 1930, Bd. II, 1932	독일국가법 핸드북 제1권 (1930), 제2권(1932)
HbVerfR	Handbuch des Verfassungsrechts	헌법 핸드북
HGR	Handbuch der Grundrechte	기본권 핸드북
hist.	historisch	역사적인
Hrsg.	Herausgeber	편집자
HStR	Handbuch des Staatsrechts	국가법 핸드북
HV	Hessische Verfassung	헤센주 헌법
JöR	Jahrbuch des öffentlichen Rechts der Gegenwart	현대 공법 연감
JuS	Juristische Schulung (Zeitschrift)	법학교육 (잡지)
JZ	Juristenzeitung	법률가신문 (학술지)
Kap.	Kapitel	장(章)
Law Ed. U.S.	Lawyer's Edition, United States Supreme Court Reports	미국 연방대법원 판례집 법률가 판
m.w.N.	mit weiteren Nachweisen	추가 인용 포함
MVV	Mecklenburg-Vorpommersche Verfassung	메클렌부르크-포어폼메른주 헌법
N	Fußnote	각주
Nds.VBl.	Niedersächsische Verwaltungsblätter	니더작센주 행정 저널
Nds.StGHE	Entscheidungen des Niedersächsischen Staatsgerichtshofs	너더작센주 헌법재판소 판례집
NGO	Niedersächsische Gemeindeordnung	니더작센주 지방자치법
NJW	Neue Juristische Wochenschrift	신법률 주간지
NKomVG	Niedersächsisches Kommunalverfassungsgesetz	니더작센주 지방자치법
NLO	Niedersächsische Landkreisordnung	니더작센주 란트크라이스법
NV	Niedersächsische Verfassung	니더작센주 헌법
NVwVfG	Niedersächsisches Verwaltungsverfahrensgesetz	니더작센주 행정절차법
NVwZ	Neue Zeitschrift für Verwaltungsrecht	신 행정법 저널
NWV	Nordrhein-Westfälische Verfassung	노르트라인-베스트팔렌주 헌법

NZG	Neue Zeitschrift für Gesellschaftsrecht	신 회사법 저널
o.J.	ohne Jahr	연도 없음.
OVG	Oberverwaltungsgericht	고등행정법원
p.	Pagina, page	쪽, 페이지
PartG	Parteiengesetz	정당법
phi.	philologisch	언어학적인, 문헌학적인
PrALR	Preußisches Allgemeines Landrecht	프로이센 일반란트법
preuß.	preußisch	프로이센의
guae.	quaestio	질문, 문제 제기
RabelsZ	Rabels Zeitschrift	라벨의 잡지
Rdnr.	Randnummer	방주 번호
resp.	respondeo	답변하다.
RGBl.	Reichsgesetzblatt	제국 법률 공보
RGG	Religion in Geschichte und Gegenwart, 4. Aufl., hrsg. von Betz/Browning/Janowski/Jungel	과거와 현재의 종교, 제4판, Betz/Browning/Janowski/Jungel 편
RGZ	Sammlung der Entscheidungen des Reichsgerichts in Zivilsachen	제국법원 민사 판례집
rh-pf.	rheinland-pfälzisch	라인란트-팔츠주의
Rn.	Randnummer	방주
RPV	Rheinland-Pfälzische Verfassung	라인란트-팔츠주 헌법
RSpt.	Rechtsprechung	판례
S.	Seite	쪽, 페이지
sächs.	sächsisch	작센주의
SAV	Sachsen-Anhaltiner Verfassung	작센-안할트주 헌법
SGG	Sozialgerichtsordnung	사회법원법
SHV	Schleswig-Holsteinische Verfassung	슐레스비히-홀슈타인주 헌법
SIV	Saarländische Verfassung	자알란트주 헌법
Sp.	Spalte	열, 칸
Sten.	Stenograpfisch	속기된
STF	Supremo Tribunal Federal (Brasilien)	브라질 연방최고법원(브라질)
StGB	Strafgesetzbuch	형법
StGHG	Gesetz über den Staatsgerichtshof	헌법재판소법

SV	Sächsische Verfassung	작센주 헌법
ThürVBl.	Thüringer Verwaltungsblätter	튀링엔주 행정 저널
ThV	Thüringer Verfassung	튀링엔주 헌법
TVG	Tarifvertragsgesetz	단체협약법
u.a.	und andere	기타 등등
u.ö.	und öfter	자주, 종종
UNTS	United Nations Treaty Series	국제연합 조약집
VerfGHG	Verfassungsgerichtshofgesetz	헌법재판소법
VerwArch	Verwaltungsarchiv	행정자료집
VGH	Verwaltungsgerichtshof	행정법원
VO	Verordnung	명령
vol.	Volume	권, 책
VVDStRL	Veröffentlichungen der Vereinigung der Deutschen Staatsrechtslehrer	독일국가법 교수협회 간행물
VwVfG	Verwaltungsverfahrensgesetz	행정절차법
VwGO	Verwaltungsgerichtsordnung	행정법원법
WRV	Weimarer Reichsverfassung	바이마르공화국 헌법
württ.	württembergisch	뷔르템베르크주의
WVK	Wiener Übereinkommen über das Recht der Verträge	조약법에 관한 비인협약
Z	Zeitschrift	잡지, 학술지
ZaöRV	Zeitschrift für ausländisches öffentliches Recht und Völkerrecht	외국 공법 및 국제법 저널
ZevKR	Zeitschrift für evangelisches Kirchenrecht	복음교회 법학 저널
ZG	Zeitschrift für Gesetzgebung	입법 저널
ZRP	Zeitschrift für Rechtspolitik	법정책 저널

목차

01 법률과 법

02 기본권

03 법문화

법은 어디에서 오는가?*

I 법과 국가의 동일성?

법(Recht)이 법률(Gesetz)에 구현된 것으로 보면 답은 쉬운 것처럼 보인다. 법률은 국가의 입법자에 의해 제정된다. 그렇게 법은 말하자면 국가로부터 나온다. 이것은 일정한 방식으로 국가의 위임을 근거로 하는 지방자치단체의 조례도 마찬가지다. 이와 같이 법의 기원에 대한 우리의 질문을 법률 개념으로 전환하는 것, 즉 법률에서 법을 찾는 것은 법의 근대적 법전화의 표현이다. 이에 따르면 입법은 법률을 통하여 공동체 상황을 변화시키고 새롭게 형성하려고 노력하는 국가주권의 특징이다. 이러한 경향은 1789년 프랑스의 인간과 시민의 권리선언 제6조에 집약적으로 표현되어 있다: "La Loi est l'expression de la volonté générale. Tous les Citoyens ont droit de concourir personnellement, ou par leurs Représentants, à sa formation." 법률은 일반의지의 표현이다. 모든 시민은 직접 또는 자신의 대표자를 통하여 법률의 제정에 참여할 권리를 갖는다.[i] 시민을 대표하는 국민회의(Nationalversammlung), 즉 국가가 법률을 제정하고 그로써 법을 정하게 된다.

한스 켈젠(Hans Kelsen)은 이러한 근대적 견해의 극단에서 법과 국가를 거의 동일하게 보았다. 국가가 법을 창조하는 데 그치는 것이 아니라 오히려 국가의 입장에서 보면 국가는 개념상 하나의 법규범 체계다.[1)] 국가가 규범체계라면 실정법질서 외에 다른 질서의 효력은 배제되어야 하므로 국가는 실정적인 법질서일 수

* 출처: Avenarius/Meyer-Pritzl/Möller (Hrsg.), Ars iuris. Festschrift für Okko Behrends zum 70. Geburtstag, Göttingen 2009, S. 515-531.

1) *Hans Kelsen*, Allgemeine Staatslehre, Berlin, 1925, S. 16f.

밖에 없다고 한다.

그러나 이제 우리는 유럽연합도 법을 정립할 뿐만 아니라, 심지어 회원국가에 직접 효력이 있는 명령(Verordnungen: EGV 제249조 제2항, 현재는 AEUV 제288조 제2항[ii])을 제정하고, 회원국의 법질서로 전환하여야 하는 바의 일정한 목적을 가진 지침(Richtlinien: EGV 제249조 제3항, 현재는 AEUV 제288조 제3항[iii])을 제정한다는 것을 알고 있다. 그러나 이 유럽차원의 법제정도 국가로 귀결될 수 있다. 왜냐하면 회원국들이 국제법상 조약을 체결하여 주권적 권한(Hoheitsrechte)을 유럽연합에 위임하였기 때문이다. 독일은 이것을 기본법 제23조 제1항 제2문[iv]에서 규정하고 있다. 유럽연합이 국가가 아닌 한, 유럽연합은 회원국의 위임을 근거로 법을 제정하게 된다.[2)] 이것은 조약으로 예정하고 있는 유럽연합법원(Europäischer Gerichtshof)[v]에 의한 계속적 법 형성(Rechtsfortbildung)[vi]에도 적용된다. 유럽연합법원은 EGV 제220조 제1항, 현재는 EUV 제19조 제1항[vii]에 따라 조약의 해석과 적용을 통하여 법을 수호하는 임무가 있다. 계속적 법형성과 판례법이라는 것은 국내에도 있고, 소송법률들에 명시적으로 규정되어 있다.

대부분이 조약법인 국제법도 조약체결에 참여한 국가로 귀결될 수 있다.[3)] 국제관습법은 법으로 승인된 일반적인 관행의 표현이다(국제사법재판소규정 제38조 제1호 b[viii]). 여기서도 일정한 행위를 합법적인 것으로 승인함으로써 국제법을 만들어 내는 것은 국제법 주체인 국가들이다.

유럽법과 국제법에 대한 고찰이 "법은 어디에서 오는가?"라는 질문에 대한 답이 바꾸는 것은 아니다. 직접적으로는 국가의 입법 내지 다른 국가와의 조약체결을 통해 간접적으로는 하위의 국가내 조직이나 상위의 초국가적 차원에 대한 위임을 통해 국가로부터 법이 나온다. 법과 국가의 연결은-우리가 살펴본 바와 같이-국가가 모든 법의 창조자라는 의미에서 국가주의적(etatistisch)이다. 이와 관련

---

2) *Christian Starck*, Der Vertrag über eine Verfassung für Europa, in: Festschrift für Volkmar Götz, 2005, S. 73, 75ff.; *ders.*, Allgemeine Staatslehre in Zeiten der Europäischen Union, in: liber amicorum Jost Delbrück, 2005, S. 711, 719ff.; *Claus Dieter Classen*, in: v. Mangoldt/Klein/Starck, Kommentar zum Grundgesetz, Band 2, 5. Aufl. 2005, Art. 23 Rdnr. 23ff.

3) *Hans Kelsen*, Reine Rechtslehre, 2. Aufl. 1960, S. 324f. 및 이하 참조.

하여 우리는 한스 켈젠의 1960년 순수법학 제2판에서(200쪽 이하) 다음과 같은 것을 읽을 수 있다. 즉, 법규범은 "그것이 특정한 어떤 방법, 특히 최종적으로는 근본규범(Grundnorm)에 의해 결정된 방법으로 만들어졌기 때문에" 효력을 갖는다고 한다. 이어서 켈젠은 다음과 같이 덧붙이고 있다. "따라서 모든 임의적인 내용이 법이 될 수 있다. 모든 인간의 행동은 그 자체로서 그 내용 때문에 법규범의 내용이 되지 못하는 것은 존재하지 않는다. 법규범의 효력은 그 내용이 법질서에 속하지 않는 다른 규범의 내용과 모순된다고 하여 부인될 수는 없다. 어떤 법질서의 근본규범은 실질적인 규범이 아니다." 따라서 근본규범으로부터는 법규범의 내용이 아니라 효력의 근거만 끄집어 낼 수 있다는 것이다.

법이론적으로는(Rechtstheoretisch) 민주적 헌법국가의 법질서든 독재국가의 법질서든 그 유래와 상관없이 모두 같은 방식으로 설명할 수 있다. 동·서분단의 시대인 1989년 전에는 이러한 기초위에서 법이론적으로, 즉 법질서에 대해 중립적으로 이야기 할 수 있었다.[4] 오늘날 북한에서 법의 효력과 프랑스에서 법의 효력은 법의 내용적 차이가 갖는 의미와 관계없이 순수법학을 근거로 설명할 수 있을 것이다. "법은 어디에서 오는가?"라는 질문에 대한 형식적 답을 발견하게 된다. 법의 효력에 관한 일정한 문제들을 해결하기 위해 이것으로 충분할 수 있을지도 모른다.

그러나 법의 효력의 문제는 이것으로 다 해명된 것은 아니다. 왜냐하면 법의 효력은 규범논리적으로만 설명될 수는 없기 때문이다. 법률의 효력 개념은 사회학적, 도덕적 측면도 가지고 있다. 여기서 중요한 것은 특히 법의 수용과 효력이다.[5] 이를 위해서는 법의 내용에 주목해야 한다.

지금까지 언급한 것들에 따르면 우리가 다루는 주제는 다음의 질문들을 제기한다. 실제로 법과 국가의 동일성이라는 것이 존재하는가?(II) 사인도 법을 만들어

---

4) 이에 대해서는 *Joachim Hruschka*, Vorpositives Recht als Gegenstand und Aufgabe der Rechtswissenschaft, in: JZ 1992, S. 429, 430.

5) 이에 대해서는 *Heinrich Henkel*, Einführung in die Rechtsphilosophie, 2. Auflage 1977, S. 543ff.; *Reinhold Zippelius*, Rechtsphilosophie, 5. Auflage 2007, S. 18ff.; *Kurt Seelmann*, Rechtsphiosophie, 1994, S. 48ff.; *Robert Alexy*, Begriff und Geltung des Rechts, 1992, S. 139ff. 참조.

내는 것은 아닌가?(III) 그 다음엔 법의 내용은 어디에서 오는가라는 법문화적 질문이 나타나게 된다. 그래서 예컨대 다른 법질서에서 유래하는 법이 수용되기도 한다(IV). 입법과정을 살펴보면 법의 내용에 대한 다층적인 영향이 나타난다(V). 결론적으로 법의 내용은 깊은 역사적 뿌리를 가진 법원칙에 의해서 결정된다(VI).

II 법과 국가의 변증법

1. 문헌적 사례

법과 국가의 관계에 대한 철학 및 법학의 문헌을 살펴보면, 순수법학과는 달리 두 개념 사이에 한편으로는 어느 정도의 독자성이, 다른 한편으로는 양자가 서로 의지하고 있음이 나타난다. 따라서 질문은 법의 내용 문제를 향하게 된다. 두 가지 예를 살펴보자. 파스칼(Blaise Pascal, 1623-1662)은 후기 작품인 팡세(Pensées)에서 다음과 같이 간략하고도 명확하게 표현하였다.[6] "La justice sans la force est impuissante; la force sans la justice est tyrannique"(힘없는 법은 무력하다; 법 없는 힘은 폭력이다).[7] 300년을 훨씬 지나 스위스의 법학자 쉰들러(Dietrich Schindler, 1890-1948)는 국가와 관련하여 보다 분명히 다음과 같이 썼다.[8]: "법은 국가에 정당성을 부여하고 국가는 법에 힘(Macht)을 부여한다." 국가에 정당성을 부여하는 법은 국가가 제정한 법만을 의미하는 것은 아니다. 오히려 독립된 실체로서의 법은 역사 발전 과정에서 입증되고 승인된 법원칙의 모습으로 나타난다. 쉰들러는 한편으로는 실정법과 법원칙이라는 이중적 모습을 한 법이라는 것과 그리고 다른 한편으로는 힘이라는 것이 하나의 전체를 이루는 변증법적 요소들임을 보여주고 있다.

---

6) Pensées, hrsg. v. Ernest Havet, Paris o. J., Artikel VI Nr. 8, 다른 판본에 따르면 Nr. 298 또는 Nr. 257.

7) 다른 저자들 중에서도 특히 *Otto von Gierke*, Johannes Althusius und die Entwicklung der naturrechtlichen Staatstheorien, 3. Aufl. 1913, S. 305ff., 317ff. 참조.

8) *Dietrich Schindler*, Verfassungsrecht und soziale Struktur, 1932. 이 책을 그대로 인쇄한 1950년판, S. 19, 118f.

2. 기본법과 그 밖의 헌법들

1932년에 제기된 쉰들러의 주장은 국가의 정당성이라는 관점에서 기본법을 검토해보면 알 수 있다. 기본법 제1조 제2항에서 독일국민은 "불가침과 불가양의 인권을 모든 인간사회와 세계의 평화와 정의의 기초"로 인정하고 있다. 그렇게 하여 기본법은 인권에 표현되어 있는 법원칙의 초국가적 성격을 인정하고 인간과 시민의 권리들을 "상기시키고 있는" 1789년 프랑스 인권선언을 따르고 있다. 기본법 제20조 제3항에 따르면 입법권은 헌법질서에, 집행권과 사법권은 "법률과 법"에 기속된다.

기본법 제28조 제1항[ix]은 "이 기본법이 의미하는 공화적, 민주적 그리고 사회적 법치국가의 원칙들"을 주와 관련하여 요약하여 기술하고 있다. 기본법 제79조 제3항[x]에서는 기본법 제1조와 제20조[xi]에 규정된 원칙들을 변경하는 기본법의 개정이 금지되어 있다. 독일에서는 말하자면 국가의 정당성을 실정적-법적으로 규정하고 그것을 확인하는 것을 실정법의 최고규범인 헌법이 받아들인 것이다.

법치국가는 따라서 법을 생산하는 국가가 아니라, 법을 제정할 때 형식적이고 실질적인 법원칙들에 기속되는 국가다. 이 법원칙들은 헌법인 기본법에 광범위하게 규범화되어 있는데, 말하자면 최고질서의 실정법이다.

기본법의 예에서 나타난 것은 현대의 헌법에서 민주주의와 법치국가로 확립되고 인권을 승인하고 있는 다른 국가들에 대해서도 마찬가지다.[9)] 또한 이 국가들도 법의 내용을 완전히 무기속적으로 정할 것을 요구하지 않을 뿐만 아니라 인권과 민주적 법치국가에서 나타나는 바와 같은 일정한 법원칙 아래 존재한다. 영국과 같은 불문헌법국가나 헌법에서 법원칙들을 명시적으로 거론하고 있지 않은 국가들도 법의 지배, 인권 또는 예컨대 누구도 자신의 일의 재판관이 될 수 없다(nemo iudex in causa sua)거나 반대편의 말도 들어야 한다(audiatur et altera pars)와 같은 사법절차법상의 개별적인 자연적 정의의 원칙들[10)]을 인정하고 있다.

---

9) 예를 들면 프랑스 헌법(1958) 전문, 포르투갈 헌법(1976) 제1조, 제2조, 스페인 헌법(1978) 제1조, 슬로베니아 헌법(1991) 전문과 제2조, 슬로바키아 헌법(1992) 제1조, 폴란드 헌법(1997) 전문과 제2조, 핀란드 헌법(1999) 제1조.

10) *H. W R. Wade/C. F Forsyth*, Adminstrative Law, 7. ed., Oxford 1994, S. 463ff.; *P. P. Craig*, Administrative Law, 3. ed., London 1994, S. 326ff.

여기서 언급한 민주적 헌법국가의 예들을 보면 이들은 비슷한 법질서를 가지고 있고, 특히 동일한 법원칙들을 따를 의무가 있음을 알 수 있다. 1957년에 경제공동체로 창설된 유럽공동체는 처음부터 법공동체이기도 했다. 유럽공동체는 회원국 간에 법원칙들이 공통되기 때문에 창설되었고 실행에 옮겨지게 된 것이다. 이는 6개 창설국가가 그렇지만, 후에 유럽공동체에 가입하고 권위적 독재나 공산주의적 독재를 극복한 후에 유럽공동체의 징표인 법원칙들을 수용한 다수의 국가도 마찬가지다.

폴란드에서는 이 법원칙들은 1989년 이후 처음에는 헌법에 규정되어 있지 않았다. 오히려 이미 1989년 이전에 설립되어 있었던 폴란드 헌법재판소가 통합노동당 주권만을 삭제한 구 공산주의 헌법을 법치국가적 헌법의 방향으로 대폭 발전시켜[11] 그 결과 1997년의 헌법 제정을 준비하였다. 당시 폴란드는 유럽연합에 속해 있지 않았다. 폴란드는 회원국 자격을 얻고자 했기 때문에 2003년의 EUV 제6조 제1항[xii]에 규정된 다음과 같은 조건들을 충족하여야 했다: "연합은 자유, 민주주의, 인권과 기본자유의 존중 및 법치국가라는 원칙들을 기반으로 한다; 이 원칙들은 모든 회원국가에 공통된다." 구체적으로, 공산주의였던 동유럽과 중부유럽의 해당 헌법 및 법률 규정의 유래를 묻는다면, 분명히 첫 번째 대답은 앞에서 인용한 EUV 제6조가 된다. 좀 더 자세한 대답은 뒤에 논의한다.

Ⅲ 사인에 의한 법 생성

우리가 살펴본 바와 같이 법은 조약에서도 생성되는데, 그렇다고 비단 국가가 체약당사자인 조약으로부터만 생성되는 것은 아니다. 국가와 법을 동일시하는 것은 맞지 않다. 따라서 더 많은 법원(法源), 즉 자유와 관련되는 계약(Vertrag)과 관습법을 언급할 수 있다.

11) *Lech Garlicki*, Constitutional Development in Poland, in: Saint Louis University Law Journal, Vol. 32 Nr. 3, 1998, S. 713ff.

1. 사적 자치와 관습법

계약을 통하여 사인 간에 개별 사안, 관계 또는 반복되는 개별 사안이나 지속적인 관계를 드러내는 사실관계가 법적으로 규율된다. 계약으로 장래 생활관계가 법적으로 형성된다. 계약을 통한 법 생성의 근거는 여기서 계약 자치로 작용하는 개인의 자유다. 이 개념 속에는 계약 자체에 의하여, 즉 당사자 사이에서 독자적으로 법이 생성된다는 사실이 나타나 있다. 합의를 도출하는 절차는 다양하게 형성될 수 있다. 계약을 통하여 재화와 급부의 교환, 단체와 상사(商社)의 공동 활동이나 규범 - 예를 들면 단체협약(TVG 제1조 제1항), 단체의 정관(BGB 제25조), 회사정관(예를 들면 AktG 제23조) 그리고 일반 거래조건 - 의 내용이 합의된다.[12)]

계약 자치에서 보장되는 시민의 자유는 법률 아래에 있다.[13)] 자유를 보장하거나 비로소 가능하게 하는 법률[14)]과 자유를 제약하는 법률은 구별된다. 결사법과 회사법에는 사법주체가 구체적인 경우에 자율적으로 법을 통해 형성하는 공동목표를 실현할 수 있는 절차, 조직 그리고 법형식이 포함되어 있다. 계약체결 당사자들의 서로 다른 힘의 균형을 위해서 법률은 강제규범을 포함하고 있다. 계약당사자가 예기치 않은 위험에 처하게 되는 경우에는 예컨대 철회권이 보장되어 있다. 도덕에 반하는 법률행위는 무효이다(BGB 제138조 제1항). 따라서 실질적인 계약의 자유가 보장된다. 국가가 특히 한계를 설정하여 법적으로 계약형성에 영향을 미치는 경우라고 하더라도, 계약당사자는 계약상 합의한 권리의 내용과 효력을 결정하게 된다.

근대에 법의 실정법화로 관습법이 크게 위축되었다. 그러나 여기에서 다루는 사법에서는 여전히 관습법이 어느 정도의 자리를 차지하고 있다. 예를 들면 노동법에서, 상린법에서 그리고 계약을 보충하는 것으로 의미가 있는 상관습(HBG 제346조[xiii])의 형태로 상법에서 그러하다.

---

12) 기본적인 것으로는 *Ferdinand Kirchhof*, Private Rechtssetzung, 1987, S. 181ff.

13) 법적으로 통제된 계약에 대해서는 *Christian Starck*, Gesetz und Vertrag, in: Behrends/Starck (Hrsg.), Gesetz und Vertrag 11, 2005, S. 9, 14ff. 참조. 특히 이 책의 제1부 제8장(das 8. Kapitel des Ersten Teils) 참조.

14) *Christian Starck*, in: v. Mangoldt/Klein/Starck, Kommentar zum Grundgesetz, 6. Aufl. Band 1, 2010, Art.1 Rn. 287.

2. 세계화의 관점

계약의 자유는 세계화의 엔진이다. 국가를 초월하는 경제적 법률관계는 계약으로 규율되고 그리고 여기서 기초가 되는 국내법을 자유롭게 선택하거나 독자적으로 법을 만들기도 하고 있으며 그리고 그로부터 발생하는 분쟁은 중재재판소(Schiedsgericht)의 관할이 되고 있다.[15] 그에 필요한 절차적 규율은 스위스의 법을 참고로 하여 파리에 있는 국제상공회의소(ICC)에 의해 발전되었다. 중재재판소는 독자적인 재판실무를 개발하고 법을 만들고 그리고 독자적인 출판조직을 가지고 있다.[16] 많은 사람들은 국가법과 국제법 외에 벌써 제3의 법질서에 대해 이야기하고 있고, 전 세계에 걸친 탈국가적 민법질서를 예견하고 있으며, 이미 상법, 스포츠법 그리고 기술관련 법(lex mercatoria, lex sportiva, lex technica)에서 이를 발견할 수 있다고 생각한다. 사적인 법 정립은 자유의 표현으로서 국가에 의한 보장을 필요로 한다. 이것은 세계적 차원에서도 마찬가지다.[17] 그러나 우리의 문제와 관련해서는 국제적으로 활동하는 사인이 법질서의 내용에 미치는 영향을 이해하는 것이 중요하다. 이것은 법이 어디에서 유래하는가라는 질문에 대한 답을 위한 또 다른 초석이 된다.[18]

지금까지의 설명은 법의 내용이 국가로부터 유래한다는 관념을 다음의 두 가지 방법으로 상대화하고 있다. (1) 국가는 법을 생성함에 있어서 법원칙들에 기속되어 있다. 이 기속은 부분적으로는 물론 헌법, 즉 실정법에 표현되어 있다. (2) 국내적으로 만들어진 법은 부분적으로는 사인이 계약의 자유를 이용하여 체결하는 계약에서 나오거나, 또는 사적으로 생성된 관습법에서 나온다. 국가의 법률은 법

---

15) *Horst Eidenmüller*, Forschungsperspektiven im Unternehmensrecht, in: JZ 2007, S. 487, 488ff.; *Klaus Peter Berger*, Formalisierte oder "schleichende" Kodifizierung des transnationalen Wrtschaftsrechts 1996, S. 66ff.

16) 예컨대 International Business Lawyer, Hrsg. v. der lnternational Bar Association.

17) *Johannes Hellermann*, Private Standardsetzung im Bilanzrecht - öffentlich-rechtlich gesehen, in: NZG 2000, S. 1097, 1100.

18) *Gregor Bachmann*, Private Rechtsordnung, 2006, S. 37f.; *Matthias Herdegen*, Internationales Wirtschaftrecht, 6. Aufl., 2007, S. 22f.; *Anne Röthel*, Lex mercatoria, lex sportiva, lex technica - Private Rechtssetzung jenseits des Nationalstaates?, in: JZ 2007, S. 755ff.

적 틀을 제공하지만, 임금협약, 회사나 단체의 세부적인 내부 운영 등과 같이 사적 자치로 만들어진 법의 고유한 근거는 아니다.

Ⅳ 다른 법질서로부터의 수용

아래에서는 국가법의 내용에 영향을 미치는 국내법의 기준을 좀 더 자세히 살펴보고자 한다. 법해석학(Rechtsdogmatik),[xiv] 입법 그리고 사법(司法)을 통한 수용과정에 대한 3가지 사례들이 제시될 수 있다.

1. 독일에서의 프랑스 행정법

프랑스에서는 행정조직의 틀 내에서 법원의 기능을 하는 국사원(Conseil d'Etat)이 19세기에 프랑스 행정법을 "일관된 목적의식적인 과업 속에서 창조하고 형성하였으며" 그리고 "로마 민법에 견주어 결코 뒤처지지 않는 멋진 예술작품"을 만들어내었다. 이 인용구를 만들어낸 오토 마이어(Otto Mayer)[19]는 1886년에 자신의 저서 "프랑스 행정법론"(Theorie des Französischen Verwaltungsrechts)을 출간하였는데, 이는 뒤에 실무상 기준이 된 독일행정법이라는 저서[20]에 방법론적으로 그리고 내용적으로 영향을 미쳤다. 여기에서 법률과 법규, 법률유보, 행정행위, 공공기관, 공법상 재산, 공법상 보상과 같은 중심개념들이 막강한 영향력을 가지고 독일 법에 흘러들어왔다. 이로써 독일 행정법은 그 때까지 적용된 민사법 개념으로부터 대부분 벗어나게 되었다.[21] 일반 행정법은 조문화가 이루어지지 않았기 때문에 법해석학을 통하여 그리고 그에 따른 재판을 통하여 수용이 일어났다.

---

19) *Otto Mayer*, Rezension zu G. Jèze, Das Verwaltungsrecht der französischen Republik, 1913, in: AöR 32 (1914), S. 275, 277.

20) *Otto Mayer*, Deutsches Verwaltungsrecht, 2 Bände, 1895 und 1896.

21) 이에 대해 상세히는 *Erk Volkmar Heyen*, Otto Mayer. Studien zu den geistigen Grundlagen seiner Verwaltungsrechtswissenschaft, 1981.

2. 일본에서의 독일 헌법

"법의 유래"에 관해서는 여전히 다른 근본적 상황이 있다. 그것은 더 발전된 사회의 다른 나라 법을 수용하여 사회를 현대화하고자 하는 욕망이다. 그러한 수용과정은 모든 시대에서 그리고 전 세계적으로 관찰된다.[22] 이러한 현상이 범지구적이라는 것을 분명히 하기 위해 나는 19세기 말의 일본의 예를 들고자 한다. 1868년 일본에서는 정치체제의 대변혁이 일어났는데, 이는 당시 지배체제가 해양 강국인 서구열강과의 대립에서 실패했기 때문이었다. 이를 통하여 전 일본 사회의 개혁(유신)이 법적으로 안정화되었다. 유럽에서 공부한 일본 법률가들이 자문을 하였고, 유럽과 아메리카의 법적 성과들, 특히 독일과 프로이센의 국법에 대한 헤르만 슐체[23](Hermann Schulze)와 루트비히 폰 뢴네[24](Ludwig von Rönne)의 책들이 일본어로 번역되었다. 그것을 통하여 일본인들은 1850년의 프로이센 흠정 헌법과 남독일 헌법들이 일본의 상황에 모델이 될 수 있음을 알게 되었다. 영국은 성문헌법이 없었기 때문에 모델로서 기여할 수 없었고, 미국과 프랑스의 공화국 헌법과 같은 것도 거의 기여하지 못했다. 독일 헌법들이 부분적으로 수용하기에 적합하였다는 것은 무엇보다도 그것들이 대개 헌법 위에 존재하는 것으로 생각된 제후에 의해서 흠정되었다는 점에서 찾을 수 있다. 독일 제후들은 스스로를 신의 은총으로 이해했다. 하늘의 왕인 천황은 자신의 기원을 태양의 여신인 아마테라스에서 찾았다. 서구에서는 메이지 헌법으로 불리는 1889년에 발효된 대일본제국 헌법은 일본의 정치상황에 적합한 입헌군주제를 지지한 두 사람의 독일 법률가[25]의 지원 속에서 제정되었다.[26]

---

22) *Rainer Grote*, Rechtskreise im öffentlichen Recht, in: AöR 126 (2001), S. 10ff. 참조.

23) *Hermann Schulze*, Das Preußische Staatsrecht. Auf der Grundlage des Deutschen Staatsrechts dargestellt, 2 Bände 1872, 1877.

24) *Ludwig von Rönne*, Das Staatsrecht der Preußischen Monarchie, 1856, 2. Aufl. 1864.

25) 알버트 모세(*Albert Mosse*)와 헤르만 뢰슬러(*Hermann Roesler*).

26) 보다 상세하게는 *Christian Starck*, Deutsches Verfassungsrecht in Japan, in: Jahrbuch der Akademie der Wissenschaften zu Göttingen 2005, S. 95ff. mit Literatur (S. 100) 참조.

예컨대 입법, 예산법, 천황, 의회(양원), 군주정부 및 일본인의 권리와 의무와 같이 이러한 헌법의 기본개념으로부터 나오는 몇몇 규정들이 독일 헌법들과 매우 일치하는 것으로 나타난다. 독일의 영향은 민법으로도 확장되었다. 처음에는 프랑스 민법전의 계수를 고려하였으나, 뒤에 새롭게 제정되어(1895) 시행 직전에 있었던 독일 민법전 쪽으로 방향이 전환되었다. 1898년 일본민법전이 시행에 들어갔는데, 물론 독일 법률을 완전히 복제한 것은 아니었다.

3. 타이완에서의 유럽 헌법사상

계속 아시아에서 "법의 유래"에 대한 또 다른 예로서 현대적 수용과정을 고찰해 보자. 오늘날 대만에서 시행되고 있는 1947년 중국헌법은 인간의 존엄성 보장을 포함하고 있지 않다. 물론 헌법 추가 조항들(1991-2000)의 하나인 제10조 제6항[xv]에서 여성의 존엄성 보장에 대한 특별한 보장이 발견된다. 그에 따라 국가는 여성의 신체의 안전을 보장하고, 성적 차별을 시정하며 사실상의 성적 평등을 촉진하여야 한다. 헌법재판소의 일종인 사법원[xvi]의 많은 해석에서는 이 존엄성 조항에서 주로 헌법의 평등원칙이 강조되고 있음을 발견할 수 있다.[27] 그러나 2005년의 한 해석에서는 일반적으로 개인의 존엄이 언급되고 있는데, 이때 다루어진 문제는 헌법에서 명시적으로 보호되고 있지 않은 사생활의 권리에 관한 것이었다. 대법관들은 인간의 존엄을 사생활의 권리의 근거를 제시하고 보호할 수 있는 논증으로 사용하고 있다. 이로써 인간의 존엄은, 그 해석에서 언급하고 있는 바와 같이, 모든 "자유롭고 민주적인 헌법질서"의 불문의 원칙으로 나타난다. 이 해석에서 실질적으로 새로운 어떤 것, 특히 유럽헌법사상의 수용을 발견할 수 있다. 당시 15인의 대법관 중 3분의 1 이상이 독일에서 공부하고 박사학위를 취득하였으며 최근의 법관선출 이후에는 7명에 이르고 있다.[xvii]

입법자나 헌법재판소의 이러한 수용결단은 일반적인 것은 아니다. 그럼에도 불구하고 그것은 법해석학을 통한 수용과 함께 법의 유래에 대한 특히 인상 깊은 대답이라고 할 수 있다.

---

27) The Republic of China. Constitutional Court. Reporter: Interpretation, Vol. 1, S. 169ff., 253ff., Vol. 11, S. 313ff.

V 입법의 실무

입법의 실무를 엄밀하게 고찰해보면 법의 유래에 관한 또 다른 통찰을 얻을 수 있다. 여기서 나는 대부분의 법안을 마련하는 것으로 알려진 국가에 속하는 부처행정에 관심을 가지려는 것은 아니고, 연방회계검사원의 비판을 통해 잘 알려지게 된 정부의 법안을 마련함에 있어서 단체의 로비스트 활동에 대해 관심을 가지려는 것도 아니다. 오히려 내게 특히 중요하게 보이는 다음의 세 가지 측면, 즉 입법자에 대한 자문, 입법에 대한 법해석학의 영향 그리고 입법에 대한 실정법의 단계질서의 의미를 분명히 하고자 한다.

1. 입법자에 대한 자문

법의 내용은, 정부가 지향하고 그 실현을 위해서는, 의회의 다수가 지지하여야 하는 법 정책에서 비롯된다. 우리는 복잡한 문제에 대한 법안은 종종 전문가의 도움을 받아 작성된다는 것을 알고 있다. 그것을 정책자문이라고 부른다. 연방과 주의 합동과학회의(GWK)[xviii]는 2월[xix]에 레오폴디나(Leopoldina)를 독일 국립아카데미로 승격시키고 정책자문 업무를 위임했다.[xx] 베를린-브란덴부르크 과학아카데미는 2008년 4월 16일 “정책자문지침”을 발간하였다. 거기에는 요구사항들과 제안들이 담겨 있다. 그러나 학문적 정책자문의 문제점과 심각성을 여기서 다루려고 하는 것은 아니다.

독일 연방 의회 사무규칙(Geschäftsordnung des Deutschen Bundestages)[xxi]에는 전문연구위원회가 규정되어 있는데, 이 위원회는 광범위하고 중요한 문제에 대한 입법적 판단을 위한 준비를 한다. 위원회는 전문가와 함께 연방 의회 의원으로 구성된다. 기술적 결과의 평가는 특별한 위원회가 담당하고 있는데(제56a조), 이 위원회는 연방 의회 외부의 기관들에 위탁할 수 있다. 두 경우 모두 약품, 식품, 유해 배출, 방사선 보호, 유전공학, 기기 및 제품의 안전, 감염 방지, 장기 이식, 원자력 등과 같은 영역에 관한 입법에 대하여 과학적 분석과 자문을 다룬다. 자문의 대상에 대한 정보는 연방 의회의 위원회에서 전문가와 이해관계대표자의 청문을 통하여서도 얻을 수 있다. 그러한 회의는 공개되어 있어서 누가 어떤 자문을 하였는지를 공중이 알 수 있다.

제공된 정보에 기반 하여 입법하는 것은 오늘날 일반적이다. 심사숙고와 개방성만으로는 좋은 입법을 위해 이제 더 이상 충분하다고 할 수 없다.[28] 법률이 질서를 잡고 조정하고자 하는 사회 현실에 관한 신뢰할만한 이해(Erfassung)와 의도된 규제의 예견되는 효과에 관한 인식(Kenntnis)이 법률의 내용에 영향을 미친다고 하는 것은 두말할 필요 없이 명백하다. 입법자가-경우에 따라서는 당사자와 로비스트를 통해서도-그에 대해 신뢰할 수 있는 정보를 전달 받아서 처리한다면 입법자는 대체로 실패한 법률을 만들 가능성을 피할 수 있을 것이다.[29]

유럽연합에 의해 법이 제정되는 경우 법제정을 위해 필요한 지식을 획득하기 위해 유럽위원회(Europäische Kommission)는, 늦어도 유럽의회의 위원회에서는, 전문가, 학자 그리고 당사자의 의견을 청취해야 한다. 그러나 국내 입법자보다는 유럽연합의 입법자가 그것을 얻기가 훨씬 더 어렵다. 왜냐하면 공동체법이 적용되는 회원국마다 실제 상황이 상이하기 때문이다.

2. 법해석학의 효과

전문적 자문을 거쳐 제정되었는지 여부를 불문하고 효력을 갖게 된 법률은 법해석학을 통한 법학적 해석이 필요하다. 구스타프 라트브루흐(Gustav Radbruch)는 법해석학을 "옳은 법이 아닌 효력 있는 법에 관한 학문, 있어야 하는 법이 아닌 존재하는 법에 관한 학문"(Wissenschaft vom geltenden, nicht vom richtigen Recht, vom

28) *Christian Starck*, Der Gesetzesbegriff des Grundgesetzes, 1970, S. 158, 160, 162; *Edwin Loebenstein*, Fachwissen und Rechtssetzung, in Schäfffer (Hrsg.), Theorie der Rechtssetzung, 1988, S. 167, 192ff.: Methoden und Möglichkeiten der Verknüpfung technisch-, natur-, medizinisch-wissenschaftlichen Sachverstandes mit der Gesetzgebung und Umsetzung derartiger Erkenntnisse in der Rechtsetzung; *Fritz Ossenbühl*, Die Not des Gesetzgebers im naturwissenschaftlich-technischen Zeitalter (Nordrhein-Westf. Akademie der Wissenschaften, Vorträge G 367, 2000; *Georg Müller*, Elemente einer Rechtssetzungslehre, 2006, S. 230ff.

29) 반대사례로는 *Diederichsen/Dreier* (Hrsg.), Das mißglückte Gesetz. 8. Symposion der Kommission "Die Funktion des Gesetzes in Geschichte und Gegenwart", 1987.

Rechte, das ist, nicht vom Rechte, das sein soll)[30]이라고 불렀다. 법해석학은 대체로 라트브루흐의 의미에서 입법을 보충하는 학문으로 간주된다. 즉, (법해석학은) 주어진 법률을 보편적 관점에서 해석하고, 조화시키며, 체계적 해석을 통하여 모순을 수정하고, 규칙을 정립합으로써 법률적용을 합리적이고 예측가능하게 만들고, 법의 평등한 집행을 촉진하는 학문으로 여겨진다. 법해석학은 특히 특정한 해석학이 재판에 의해서 수용되는 경우에는 무엇이 법으로 타당한가를 내용적으로 더불어 결정하는 것이기 때문에, 법해석학은 법의 유래에 관한 질문에 대한 답에 포함된다.

현행법 안에서(intra legem) 기능하는 법해석학의 이러한 임무는 이미 시행되는 각 입법의 전제가 되는 지식(Wissen)을 갖추고 있으며, 이는 법의 내용을 확정하는데 유용할 수 있음을 보여준다. 이를 오코 베렌츠(Okko Behrends)는 다음과 같이 설명하였다. "입증된 해석학을 기반으로 하면서 이를 법률에서 적절한 형태로 명백히 한다면, 입법자는 규정의 효력강도를 더욱 증가시킬 수 있다. 법적용에 필요한 법적용기관, 법원 및 자문변호사와의 의사소통은 해석학을 통하여 신뢰할 수 있는 중재자를 얻게 된다."[31] 계약, 재산, 손해배상, 보상, 책임과 형벌, 법률, 법률유보, 비례성원칙 등과 같은 신구의 입법에서 사용되는 우리 법질서의 많은 기본개념들은 근본적이고 철저한 법해석학적 작업과 엄밀성을 기반으로 하고 있다. 해석학적으로 발전되어 온 개념, 형식 그리고 제도는 대개 입법자에 의해서 즉흥적으로 발견된 입법소재보다 더 지속성이 있다. 법해석학적 준비작업과 체계화가 결여된 입법은 법문화적으로 매우 낮은 수준일 뿐만 아니라 법의 예측가능성과 신뢰성에 대한 법치국가적 요구도 충족하지 못하게 될 것이다.

입법과 해석학의 결합은 전통적 해석학에 국한되지 않는다. 전통적 해석학이라고 하여 항상 입증된 것은 아니다. 그것은 폐쇄적이고, 복잡하고 다른 무언가에 가려져 있을 수 있고 법에 대한 새로운 요구를 더 이상 해결하지 못할 수 있다. 법

30) *Gustav Radbruch*, Rechtsphilosophie, hrsg von Dreier und Paulson, 2. Aufl. 2003, S. 106.

31) *Okko Behrends*, Das Bündnis zwischen Gesetz und Dogmatik und die Frage der dogmatischen Rangstufen, in: Behrends/Henckel (Hrsg.), Gesetzgebung und Dogmatik, 1988, S. 9.

제도에 적합한 새로운 해석학적 개념은 신뢰할 수 있고 효과 있는 규정들을 제정하려는 입법자를 돕기 위해서 필요한 것일 수 있다. 자문에 관한 절에서 살펴보았듯이, 좋은 입법은 경제 법칙과 자연과학 및 기술의 발전도 포함하여 의도된 규정의 근거가 되는 사실을 인식하지 않으면 안 된다.[32)]

지금까지 법해석학에 대해 언급한 것은 전적으로 입법의 장소와 시기에 따라 상대적으로 이해할 수 있다. 법해석학은 결코 정의론(Gerechtigkeitslehre)이 아니다. 법해석학은 그것이 적용되는 곳에서는 법을 예측가능하게 하고 자의가 없고 불편부당하다는 의미에서 최소한의 평등을 보장한다. 법해석학은 실정법의 성립뿐만 아니라 그 적용에서도 실정법을 체계화하고 안정화하며 내재적 비판을 통하여 모순이 없도록 유지한다. 따라서 법해석학은 법의 내용 결정에 참여하는 중요한 한 요소이다.

3. 실정법의 단계질서

법률에 대한 헌법의 우위(Vorrang der Verfassung)는 법의 유래에 관한 몇 가지 추가적인 언급을 필요로 한다. 입법은 헌법질서에 기속된다(기본법 제20조 제3항). 기본권은 직접 적용되는 법으로서 입법을 기속한다(기본법 제1조 제3항). 헌법의 우위는 법해석학적으로 다음과 같이 작동한다. 즉, 헌법해석학은 – 물론 헌법이 기본질서(Rahmenordnung)로서 헌법이 영향을 미치는 한에 있어서만[33)] – 헌법해석학이 법률 해석학을 지배한다. 이것은 두 가지 예로 명백히 할 수 있다.

(1) 법해석학적으로 볼 때 직접 적용되는 법으로서 기본권(기본법 제1조 제3항)과 법치국가원리로부터 나오는 비례성원칙[34)]은 결코 임의적으로 변경하거나 폐기할 수 있는 해석학적 개념이 아니다. 오히려 비례성원칙은 헌법의 우위를 드러

32) *Christian Starck*, Überlegungen zur Gesetzgebungslehre, in: Zeitschrift für Gesetzgebung 3 (1988), S. 1, 14ff.의 제5장 참조.

33) *Christian Starck*, Die Verfassungsauslegung, in: Handbuch des Staatsrechts, Bd. VII, 1992, S. 205ff., in der 3. Aufl. 2014 Bd. XII, S. 630f., abgedruckt als Kapitel 3 im Dritten Teil dieses Bandes, S. 295f.

34) *Peter Leche*, Übermaß und Verfassungsrecht,1961, passim; *Christian Starck*, in: v. Mangoldt/Klein/Starck, Kommentar zum Grundgesetz, Band 1, 6. Aufl. 2010, Art. 1, Rn. 277ff.

내는 한 부분이다. 그에 따라 제3자의 권리나 공공복리를 보호하기 위한 기본권에 대한 제한은 적합하고 필요하며 비례적이어야 한다. 이는 법의 내용을 결정하는 본질적 요소의 하나라고 할 수 있다.

(2) 기본권을 개인의 권리(subjektive Rechte)로 이해함으로써 다음과 같은 결론에 이르게 되었다.

- 위법한 행정행위의 결과를 제거하기 위하여, 소위 결과제거청구권은 법해석학적으로 기본권적 보호청구권으로 해석되었다.[35]
- 원래 법이 존재하지 않는 것으로 생각된 행정의 내부영역, 소위 특별 행정법관계(교도소, 학교 등)에도 법이 관철되었고 기본권의 보호를 받게 되었다.[36] 그리고
- 연방헌법재판소는 일반적 인격권으로부터 "정보기술 체계의 기밀성과 불가침성의 보장에 대한 기본권"을 도출하였다.[37]

이러한 예들은 보다 높은 차원의 헌법으로부터 나오는 새로운 법해석학적 구성이 실정법 차원에서 어떻게 전개되었는지를 보여준다. 위의 행정법상의 사례들 외에 형사소송법[38]과 심지어 민법[39]상의 사례들도 추가될 수 있다.

얼마든지 추가될 수 있는 사례들로 볼 때 법원도-물론 그 자체도 국가기관이지만-법의 내용에 어떻게 기여하는가를 알 수 있다. 최고연방법원들(기본법 제95조 제1항)은 계속적으로 법 형성을 할 수 있도록 명시적으로 권한을 부여받고 있

---

35) BVerwG, DÖV 1971, S. 857 mit Anm. von *Otto Bachof*; *Fritz Ossenbühl*, Staatshaftungsrecht, 5. Aufl. 1998, S. 287ff.

36) BVerfGE 33, 1, 9f.; 34, 165, 192f.; 58, 257, 268.

37) BVerfGE 120, 274, 302ff.

38) 요약한 것으로는 *Kay Nehm*, Die Verwirklichung der Grundrechte durch die Gerichte im Prozessrecht und im Strafrecht, in: Heyde/Starck (Hrsg.), Vierzig Jahre Grundrechte in ihrer Verwirklichung durch die Gerichte, 1990, S. 173ff.

39) 요약한 것으로는 *Volkmar Götz*, Die Verwirklichung der Grundrechte durch die Gerichte im Zivilrecht, in: Heyde/Starck (siehe vorangeg. Anm.), S. 35ff.; *Claus-Wilhelm Canaris*, Grundrechte und Privatrecht, 1999, S. 23ff., 71ff.

다.[40] 연방헌법재판소는 헌법 해석을 통해 일반 법률의 계속적 형성이나 개정을 요구한다.[41] 최고연방법원들과 연방헌법재판소는 법의 내용에 대하여 커다란 영향을 미치면서 동시에 법이 어디에서 유래하는가라는 우리의 질문에 답을 제공하고 있다.

VI 유럽 법원칙의 뿌리

프란츠 비악커(Franz Wieacker)와 다수의 저서들에 등장하는 많은 저자들이 구체적으로 설명한 바와 같이, 서구의 법원칙들은 무엇보다 로마법과 라틴 교회[xxii]에 근거를 가지고 있다.[42] 로마법 전통과 이를 부분적으로 가공한 기독교적 전통은 서로 영향을 미치면서 유럽국가와 그 후손들의 법질서를 형성해 왔다. 여기에 이미 언급한 법원칙들의 뿌리가 있는데, 이 뿌리는 예를 들면 유럽연합조약 제6조 제1항에 집약되어 있다. 이로써 우리는 광활한 곳으로 들어가게 되는데 여기서 전부 다룰 수는 없다. 그래서 나는 3가지 예로 국한하고자 한다.

1. 로마법의 영향

로마법은 국가 사법(私法)질서의 많은 제도와 기본개념에 계속 영향을 미치고 있고, 오늘날 사법의 유럽화에 중요한 기초가 되었다.[43] 우리가 로마인들에게 신

40) §132 Abs. 4 GVG; §11 Abs. 4 VwGO, §11 Abs. 4 FGG; §43 SGG; §45 Abs. 4 ArbGG 참조.

41) 헌법의 계속적 형성에 대해서는 *Christian Starck*, Auslegung und Fortbildung der Verfassung und des Verfassungsprozessgesetzes, in: Festschrift für lsensee, 2007, S. 215, 217ff. = *Starck*, Verfassungen, 2009, S. 153, 155ff.

42) *Franz Wieacker*, Privatrechtsgeschichte der Neuzeit, 2. Aufl. 1967, S. 26ff.; *Rudolph v. Ihering*, Geist des römischen Rechts auf den verschiedenen Stufen seiner Entwicklung, 6. Aufl. 1907, S. 1ff.; *Paul Koschaker*, Europa und das römische Recht, 3. Aufl. 1958, S. 1ff., 16ff.; *Michel Villey*, La formation de la pensée juridique moderne, 1975, S. 105ff.; *Peter Stein/John Shand*, Legal Values in Westen Societies, 1974; *Harold J. Berman*, Recht und Revolution, 1991, S. 199ff., 272ff.; *H. H. Weiler*, Ein christliches Europa. Erkundungsgänge, 2004, passim.

43) *Reinhard Zimmermann*, Römisches Recht und europäische Kultur, in: JZ 2007, S. 1, 3ff.의 예시 참조.

세를 진 가장 중요한 유산은 중세의 로마법대전(Corpus Iuris Civilis)[xxiii]의 재발견에 따른 법의 학문화이다.[44] 그리스·로마시대 후기에 대한 철저한 연구를 통하여 보편적인 법학의 기본지식, 즉 시대를 초월한 법학의 문법을 전해주고 있다. 이 말은-아마도 프란츠 비악커로부터 유래하는 것으로 보이는데-그의 신판 법학제요의 제3판 표지 뒤쪽에도 그렇게 쓰여 있다.[45] 로마법은 판결 대상을 정확하게 파악하고, 성급한 편향성을 피하면서 정의에 부합하는 설득력이 있고 합리적이며 일반화가 가능한 판결을 추구하는 논증을 가르치고 있다. 이는 정의의 여신인 유스티티아(Iustitia)의 저울과 문제가 되는 사실에 관한 날카로운 눈빛으로 상징화되었다. 눈가리개는 사람을 고려하지 않고 결정되어야 한다는 것을 의미할 뿐이다.

2. 인권의 기원

우리는 인권을 혁명과 입법의 결과로 되돌리면서, 그것을 군주의 절대주의와-적어도 프랑스에서는-그와 밀접하게 결합된 교회에 대항하여 획득되었다고 하는 계몽주의의 성과로 취급하는 데 익숙해져 있다. 그것이 첫 번째 유형의 인권목록이 규정된 시대를 뜻하는 것이라면 맞는 말이다. 그러나 인권의 정신적 기원은 성경과 고대에 뿌리를 둔 크리스트교의 인간상에서 찾을 수 있다.

모든 개별 인간의 존엄과 자유의 기초는 신이 인간을 자신의 형상에 따라 창조하였다고 하는 성경적-크리스트교적 견해다.[46] 여기에 인간의 법적 평등도 뿌리를 내리고 있다. 기독교신학은 가족, 기독교 공동체 그리고 정치적 공동체에 가입되어 있는지 여부와 관계없이 개별적 인간으로서 신과의 관계에서 인간을 바라본다. 에른스트 트뢸취(Ernst Troeltsch)는 이 자유사상에 근거하는 기독교적 개인주의를 깊이 분석하고 다음과 같이 기술하였다:[47] "신의 자식인 개인은 끝없이 가치

---

44) *Franz Wieacker* (주 42), S. 500.

45) Corpus luris Civilis, Text und Übersetzung. Behrends, Knütel, Kupisch 그리고 Seiler가 번역한 Institutionen, 3. Auflage 2007.

46) Genesis 1, 27; Epheser 4, 24.

47) *Ernst Troeltsch*, Die Soziallehren der christlichen Kirchen und Gruppen, 1912, S. 39; 비슷하게는 Stein/Shand (주 42), S. 114ff.; *Peter Koslowski*, Gesellschaft und Staat, 1982, S. 58ff., 66ff.; *Louis Dumont*, Individualismus, 1991, S. 27ff.

있는 존재로 취급되어야 한다. … 선천적 개체성이 아니라 신과 교류하는 가운데 비로소 얻게 되는 가치가 고려되어야 한다. 그러한 개인주의는 종교적 영적 가치라는 이상을 통하여 모든 자연적 한계와 차이도 극복하는 매우 급진적인 개인주의로 이해된다. 그리고 마찬가지로 그러한 개인주의는 이러한 종교적 토대 위에서만 가능하다는 것 또한 이해된다. 신과의 교류만이 개인에게 이러한 가치를 부여하고, …"

위 인용문에서 드러난 신학적 원칙들은 자유 개념을 형성하였으며, 이 개념은 시간이 흐름에 따라 두 가지 방식으로 세속적 관계에 영향을 미쳤다. 신에게 책임을 지는 기독교도가 신과 자신의 양심을 따를 수 있기 위해 세속적인 자유를 요구한다(종교의 자유). 세속적 자유 요구에 이르는 또 다른 길은 인간의 자유로운 지위를 그 신학적 기초로부터 분리하여 세속적 지배에 대항하여 주장하는 것이다.[48] 개별적 발전 단계를 여기서 추적할 수는 없다. (이에 대해서는) "인간 그리고 인간의 권리"라는 2003년 여름학기의 시리즈 강의를 위한 나의 글 "인권-문헌에서 헌법으로"[xxiv]를 참고하기 바란다.[49) xxv] 이러한 발전은 다른 문화에는 존재하지 않는다.

3. 권력분립의 기원

권력분립은 고대에 다양한 형태로 발전되어 온 혼합 정체 개념(Konzeption der gemischten Verfassung)[xxvi]에 뿌리를 두고 있다. 권력분립은 아우구스티누스(Augustinus)가 교리적으로 발전시켰고[50] 토마스 아퀴나스(Thomas v. Aquin)가 일반적으로 원초적 정의의 결핍(defectus originals iustitiae)을 초래한 본성의 부패(corruptio naturae)로 이해한 바대로, 기독교 원죄론으로부터 중요한 영향을 받았다.[51] 원죄론은 정치이론에 크게 영향을 미쳤다. 프리드리히 2세(Friedrich II von Hohenstaufen)는 멜피 헌법(Konstitutionen von Melfi, 1231)[xxvii]에서 원죄를 암시하면

---

48) *Christian Starck*, Der demokratische Verfassungsstaat, 1995, S. 193ff.

49) Hrsg. v. Georg Nolte u. Hans-Ludwig Schreiber, 2004, S. 9-27. 이 글은 이 책의 제2부 제1장 156쪽 이하에 실려 있다.

50) De civitate Die XIII 14, 23; XXI 12.

51) Summa Theologiae I-II qu. 82, 3.

서 범죄를 억제하기 위해 신의 섭리가 백성들에게 제후를 보내주셨다고 기술했다.[52)]

제후의 권력남용을 목격하면서 존 로크(John Locke)와 몽테스키외(Montesquieu)는 권력분립의 장점을 철학적으로 발전시키고 경험적으로 입증했다. 미국 헌법의 아버지들은 권력분립에 대한 초보적인 신학적 근거를 제공했다. 1788년 제임스 매디슨(James Madison)은 연방주의자논고(51번)에서 "사람들이 만일 천사라면 정부는 필요가 없을 것이다. 천사가 인간을 지배하면 정부에 대한 외적 통제도 내적 통제도 필요 없게 될 것이다." 이 서론적 문구에 이어서 개별적인 권력분립이 설명되고 있다. 같은 시대에 칸트는 자유의 남용과 국가권력의 필요성과 관련하여 여기서 완전한 해결은 불가능할 것이라고 하였다. 왜냐하면 "인간을 만든 굽은 나무로는 완전히 똑바른 것은 아무 것도 만들 수 없기 때문이다."[53)]

권력분립이라는 법원칙은 좀 전에 다룬 인권의 효과적인 보장을 위해서 매우 중요하기 때문에, 프랑스 인간과 시민의 권리선언 제16조에서는 어떻게 보면 교리적으로 마무리 하면서 적절하게 다음과 같이 기술하고 있다. "Toute société dans laquelle la garantie des droits n'est pas assurée, ni la séparation des pouvoirs déterminée, n'a point de constitution"(권리의 보장이 확보되어 있지 않고 권력의 분립이 확정되어 있지 아니한 사회는 헌법을 가진 것이라고 할 수 없다.)

Ⅶ 결론

1. 법문화: 역사, 경험 그리고 해석학

법은 어디에서 유래하는가라는 질문에 대한 답은 매우 광범위한 것으로 드러났다. 광범위하다고 보는 것은-비록 예를 제시하는 데 그쳤지만-예기치 않게 많은 자취들이 발견될 수 있었고 그리고 우리에게 법 역사와 법 비교에 가르침을 줄

52) H. Conrad/Th. v. d. Lieck-Buyken/W. Wagner (Hrsg.), Die Konstitutionen Friedrichs II. von Hohenstaufen für sein Königreich Sizilien, 1973, S. 3-5.

53) *Immanuel Kant*, Zu einer allgemeinen Geschichte in weltbürgerlicher Absicht, 6. Satz, Ausgabe Weischedel, Bd. 9 (1968), S. 41.

수 있는 폭넓은 기원들이 존재한다는 것이 분명히 드러났기 때문이다. 이 분야들은 우리에게 적용되는 법과 그 문화적 뿌리를 더 잘 이해하는 데, 특히 그것이 부분적으로는 오랜 경험과 깊은 인류학적 통찰에 근거하고 있다는 것을 인식하는 데 중요하다. 나아가서 좋은 법은 규율되는 사실관계에 대한 철저한 지식에 근거하고 실용적으로 구성되었다는 것을 알 수 있다. 결론적으로 법질서를 안정시키고 비로소 완전한 의미에서 그것을 설명해 내는 입법과 법해석학의 결합이 존재한다는 사실이 법학의 장점으로 입증되었다. 역사적 고찰, 경험적 사실 그리고 해석학이 어우러져 법문화를 이룬다.

2. 다시 법 그리고 국가

법의 내용의 유래에 대한 일정한 통찰을 갖게 된 이후, 결론적으로 나는 다시 한 번 국가의 역할로 돌아가 보려고 한다. 국가는 언제나 법 내용의 창조자(Schöpfer)인 것은 아니다. 법 내용은 사전에 또는 외부적으로 다양하게 정해진다. 그러나 포기할 수 없는 국가의 임무는 바로 법에 효력을 부여하고 보장하는 일이다.

역자 주

i 이는 앞의 프랑스어로 표현된 인권선언 제16조의 내용이다.

ii AEUV 제288조 제2항: "명령은 일반적 효력을 갖는다. 명령은 모든 부분이 구속적이며 모든 회원국에서 직접 효력을 갖는다."

iii AEUV 제288조 제3항: "지침은 당해 지침이 대상으로 삼고 있는 모든 회원국에 대해 지침이 지향하는 목표와 관련하여 구속력이 있고, 회원국가의 기관에 형식과 수단의 선택을 위임한다."

iv 독일 기본법 제23조 제1항은 다음과 같다. "통합된 유럽을 실현하기 위하여 독일연방공화국은 민주적, 법치국가적, 사회적 및 연방주의적 기본원칙과 보충성원칙에 따르고 이 기본법과 본질적으로 유사한 기본권 보호를 보장하는 유럽연합의 발전에 함께 협력한다. 연방은 연방참사원의 동의를 거친 법률로써 유럽연합에 주권적 권한(Hoheitsrechte)을 위임할 수 있다. 유럽연합의 창설과 이 기본법의 내용을 수정 또는 보완하거나 그러한 수정 또는 보완이 가능하게 되는 유럽연합의 기초가 되는 조약 및 그에 준하는 규정들을 수정함에는 제79조 제2항과 제3항이 적용된다."

v Gerichtshof der Europäischen Union의 약칭이다. 줄여서 EuGH라고 한다. 영어로는 Court of Justice of the European Union(CJEU)이라고 표기한다.

vi 법원이 법률의 해석과 적용을 통해 법을 발전시키는 것을 말한다. 단순히 법을 해석하는 것을 넘어서 기존의 법원칙을 수정하거나 새로운 법원칙을 생성·발전시키는 것도 포함하는 개념이다.

vii EUV 제19조 제1항은 다음과 같다. "유럽연합법원은 법원, 재판소, 전문재판소가 있다. 유럽연합법원은 조약을 해석하고 적용함에 있어서 법의 준수를 보장한다. 회원국은 연합법이 적용되는 영역에서 실효적인 법적 보호가 보장되도록 필요한 법적 구조를 마련한다."

viii 국제사법재판소규정 제38조 1. 국제법에 따라 제출된 분쟁에 대해 결정하는 재판소는 다음을 적용한다. … b) 법으로 승인된 일반적 관행의 표현인 국제관습법

ix 독일 기본법 제28조 제1항은 다음과 같다. "주의 헌법 질서는 기본법의 의미에서 공화적, 민주적 그리고 사회적 법치국가의 원칙에 합치하여야 한다. 주, 크라이스 그리고 게마인데에서 주민은 보통, 직접, 자유, 평등 그리고 비밀선거로 구성한 대표를 가져야 한다. 크라이스와 게마인데 선거에서 유럽공동체의 회원국의 국적을 가지고 있는 사람들도 유럽공동체의 법에 따라 선거권과 피선거권을 가진다. 게마인데에서는 선출된 기관 대신 주민총회가 대신할 수 있다."

x 독일 기본법 제79조 제3항은 다음과 같다. "연방의 주의 구성, 입법상 주의 원칙적 협력 또는 제1조와 제20조에 규정된 원칙에 영향을 미치는 기본법의 개정은 허용되지 않는다."

xi 독일 기본법 제20조는 다음과 같다. "(1) 독일연방공화국은 민주적이고 사회적인 연방국가다. (2) 모든 국가권력은 국민으로부터 나온다. 이는 선거와 투표에서 국민이, 그리고 입법, 집행 및 사법의 개별기관이 행사한다. (3) 입법은 헌법 질서에, 집행권과 사법은 법률과 법에 기속된다. (4) 이 질서를 배제하고자 하는 모든 자에 대하여 모든 독일인은 다른 구제수단이 가능하지 않을 경우에는 저항

할 권리를 가진다."

xii 유럽연합조약 제6조 제1항은 다음과 같다. "연합은 200년 12월 7일 채택되고 2007년 12월 12일 스트라스부르에서 조정된 문서에 규정된 권리, 자유 및 기본원칙을 승인한다; 기본권헌장과 조약은 법적으로 동등한 효력이 있다. 헌장의 규정으로 조약에 규정된 연합의 관할권들은 어떠한 방식으로도 확대되지 않는다. 헌장에 규정된 권리와 자유 그리고 기본원칙들은 그 해석과 적용을 규율하고 있는 헌장 제7부의 일반적 규정들에 따라 그리고 이 규정들의 근거를 제시하고 있는 헌장에 언급된 해설을 충분히 고려하여 해석되어야 한다."

xiii HBG 제346조는 다음과 같다. "작위와 부작위의 의미와 효력을 참작하여 상인은 상거래에 적용되는 관습과 관행을 고려하여야 한다."

xiv Rechtsdogmatik은 흔히 법도그마틱으로 번역된다(그렇게는 이덕연, 법도그마틱과 은유-전형상 준거 헌법해석, 홍진기법률연구재단, 2021. 특히 법도그마틱의 다양한 개념정의의 시도들에 대해서는 19쪽 이하 참조). 일반용어로서 도그마틱은 교리로 번역되기도 하나 우리에게 친숙하지 않다. 여기서는 논리적-그런 의미에서 과학적-체계를 가진 이론이라는 의미로 이해하면서 법해석학으로 번역한다.

xv 대만의 중화민국헌법 개정 조문 제10조 제6항은 다음과 같다. "국가는 여성의 인격 존엄을 수호하여 여성의 신변안전을 보장하고 성차별을 해소하여 실질적인 양성평등을 촉진하여야 한다."

xvi 대만의 사법원(Judicial Yuan)은 대법관 약간 명으로 설치하여 헌법을 해석하고 법률과 명령을 통일적으로 해석할 권한을 부여하고 있다(대만 헌법 제78조, 제79조 참조). 말하자면 사법원 대법관은 헌법재판관이다. 민·형사 사건의 최종심인 대법원은 대만 헌법에는 규정이 없고 법원조직법에 규정되어 있다.

xvii 2024년 현재는 5명이다.

xviii GWK: Gemeinsame Wissenschaftskonferenz.

xix 2008년 2월을 말한다.

xx 레오폴디나는 1652년 1월 1일, 네 명의 의사-요한 로렌츠 바우슈(Johann Lorenz Bausch), 요한 미카엘 페어(Johann Michael Fehr), 게오르크 발타자르 메츠거(Georg Balthasar Metzger), 게오르크 발타자르 볼파르트(Georg Balthasar Wohlfahrth)-에 의해 자유제국도시 슈바인푸르트(Schweinfurt)에서 Academia Naturae Curiosorum(자연의 신비를 탐구하는 학회)이라는 이름으로 설립되었다. 1687년 신성로마제국 황제 레오폴드 1세가 공식적인 지위를 부여하자 이를 기념하여 학회의 이름을 레오폴드 1세의 이름을 따서 레오폴디나로 개칭하였다. 유럽에서 가장 오래된 자연과학 아카데미이다. 2008년부터는 독일의 공식적인 국립아카데미로 지위가 다시 격상되었으나 이름은 여전히 레오폴디나로 사용하고 있다. Never Idle(결코 게으르지 않는다)를 표어로 내세우고 있다(홈페이지 https://www.leopoldina.org 참조).

xxi Geschäftsordnung des Deutschen Bundestages.

xxii 라틴어를 전례 언어로 사용하는 서방 교회로서 로마 가톨릭교회 전체를 말한다. 그에 반하여 동방교회는 그리스어나 슬라브어를 사용한다.

xxiii 로마법대전은 6세기 동로마제국의 황제였던 유스티니아누스 1세가 당시까지 로마법에 관한 학자들의 견해와 칙령을 모아 편찬한 것으로, 후일 서양 근대 법전의 편찬에 중요한 역할을 하였다. 로마법대전은 학설휘찬(Digesta), 법학제요(Institutiones), 칙법휘찬(Codex), 신칙법휘찬(Novellae)으로 구성되어 있다(이연갑/박덕영 외 9인, 법학입문, 박영사, 2011, 54, 85쪽 참조).

xxiv Menschenrechte-aus den Büchern in die Verfassungen.

xxv 필자는 고맙게도 이 강의를 현장에서 들을 수 있는 행운이 있었다.

xxvi 아리스토텔레스는 국가형태를 군주정, 귀족정, 민주정으로 구분하였는데, 이 세 가지 정체는 각각 폭군제, 과두제, 폭민제로 변질될 가능성이 있으므로 이 문제를 해결하기 위해서 각 체제의 장점을 모은 혼합 정체(mixed constitution)를 주장했다. 즉, 서로 다른 권력 주체들이 견제와 균형을 이루는 정치구조를 말한다.

xxvii 신성로마제국의 황제이자 시칠리아의 왕인 프리드리히 2세(1194-1250)에 의해 1231년 9월에 공포된 시칠리아왕국의 헌법이다. 프리드리히 2세가 자주 머물던 이탈리아 남부의 작은 도시 멜피에서 선포되었기 때문에 멜피 헌법이라고 부른다.

제1부

법률과 법

제1장

법률과 입법

I 법률*

1. 개념

Gesetz, law, loi, lex, νόμος[i]라는 용어들은 신의 법, 자연의 법, 인간의 법, 의회의 법처럼 각각의 생성근거가 수식어나 주어적 속격을 통해 표현되는 것과는 무관하게 모두 명령, 당위, 규범을 의미한다. 이 규범적 법률 개념 자체가 문명발전의 산물이다. 법률 개념을 규범적으로 이해함으로써 이전 상태가 극복된다. 이전에 Gesetz(νόμος)는 자연적 질서와 같은 의미였고, 특정 행동에 대한 의무가 아닌 행동 그 자체를 의미했다. 그 행동에는 신에 의해 정해진 다양한 종류의 생명체의 본성이 "법칙에 따라" 표현되었다. 인간의 권위에 의해 제정된 법률과 자연법적 또는 이성법에 근거한 법칙 사이의 개념적 구별은 신학과 철학에 대하여 독자적인 법학을 위한 필수적 전제조건이다.

법률(lex, Gesetz)은 법(ius, Recht)과 구별되어야 한다. Recht(권리)는 법률이나 계약에서 나오는 주관적인 청구권을 의미한다. 또한 Recht(법)는 객관적 법질서 전체 또는 그것의 부분영역(예컨대 형법, 조세법)을 가리킬 수 있다. 나아가서 "법률과 법"(기본법 제20조 제3항[ii])이라고 할 때의 법은 법률을 초월하는 법원칙과 법률에 인접한 관습법(다음 장 참조)을 가리킨다.

법률 개념은 법률 제정 절차, 관련 국가기관 그리고 특히 그 배후에 있는 사

* 출처: Religion in Geschichte und Gegenwart, 4. Aufl. (= RGG), Bd. 3, Tübingen 2000, Sp. 854f.

회세력의 관점에서 19세기에는 더 좁은 의미를 가지게 되었다. 이에 따르면 의회가 승인하고 군주가 재가한 국가의 법제정 결과인 문서만이 법률로 불렸다(예컨대 1850년의 프로이센 헌법 제62조[iii]). 따라서 국가법에 있어서 법률 개념은 본질적으로 권한법적이고 절차법적인 특징을 가진다. 그러나 한편으로는 입법 영역 모두가 의회 입법의 관할에 속한 것이 아니었을 뿐만 아니라, 다른 한편으로는 의회는 전통적으로 입법에 속하지 않는 영역에서도 결정권을 가지고 있었기 때문에, 법률 개념에 분화가 일어났다. 이에 따르면 형식적 의미의 법률은 내용적 구조를 불문하고 헌법적으로 규정된 입법절차에서 이루어지는 모든 의지적 행위를 말한다. 실질적 의미의 법률은 모든 법규범이다(민법전시행법률 제2조[iv] 참조). 이에 따라 의회입법자가 제정하지 않은 모든 법규범(법규명령, 조례)과 관습법은 실질적인 의미에서만 법률이다.

2. 법률의 일반성

일반적이라는 것은 우선은 포괄적이라는 의미다. 법률이 포괄적이라는 것은 추상적으로 기술된 구성요건을 장래에 정해질 종류의 사안 또는 사람에 대한 법적 효과와 연결하는 것이기 때문이다. 법률의 포괄성은 두 가지 관점에서 보다 큰 의미가 있다. 입법자에게는 시간이 한정되어 할애되어 있기 때문에, 입법자가 가장 중요한 문제에 집중할 수 있기 위해서는 포괄적인 규정을 필요로 한다. 포괄적 법률은 제정 당시에는 개별적으로 특정할 수 없는 다수의 수신인에 적용되는 것이므로 시민의 자유와 평등을 상당 부분 보장한다. 그러나 이러한 보장은 그러한 불특정한 유형 형성의 종류와 내용에 따라 달라진다.

법률의 일반성의 두 번째 차원은 이성법적 전통에서 유래한다. 이에 따르면 법률이 범주 형성과 그 법적 효과의 연결이 일반화가 가능한 원칙들에 근거하고 있는지 여부를 검증받게 된다. 이 일반화 검증을 위한 기준들은 자유로운 사람 간의 균형원칙, 특히 기본권에서 헌법적으로 보장된 인권 간의 균형원칙에서 도출된다. 이를 통해 이 기준들은 독일뿐만 아니라 다른 많은 국가에서도 헌법재판소가 감시함으로써 헌법의 우위에 참여하게 되는데, 그래서 법률의 실질적 일반성이 보장된다.

3. 법률의 적용

법률은 행동규칙(Verhaltensregel)으로서 현실에 적용된다. 법률은 생활을 규율할 수 있도록 만들어진다. 모든 법률 적용 이전에 일반적인 법의 수용(acceptatio legis)이 있다. 법률이 의식적으로 적용되는 것은 다툼이 있는 경우나 법률적용을 위해서 어떤 절차가 강제적으로 규정되어 있는 경우에만 그러하다. 법률의 적용은 다음 두 개의 서로 밀접하게 결합된 문제들에 대한 답변을 전제로 한다. 즉, 어떤 사실관계가 존재하는가? 그 (어떤) 법률이 이 사실관계에 적용되는가? 현실에 대하여 법률이 규범적 효력을 발휘하기 위해서는 이미 현실세계에서 법적 사실관계가 획득될 수 있도록 법률에 규정되어 있어야 한다. 법률과 그 적용에 대해서는 제3장에서 다룬다.

참고문헌

Ernst-Wolfgang Böckenförde, Gesetz und gesetzgebende Gewalt, 2. Aufl. 1981.

Gerd Roellecke, Der Begriff des positiven Gesetzes, 1969.

Christian Starck, Der Gesetzesbegriff des Grundgesetzes, 1970.

Ders. (Hrsg.), Die Allgemeinheit des Gesetzes, 1987 (Abh. d. Akad. d. Wiss. Göttingen).

Ders., Der demokratische Verfassungsstaat, 1995, S. 17ff., 58ff., 329ff.

II 성문화*

성문화(또는 법전 편찬-역자 주)를 의미하는 Kodifikation은 codex = caudex에서 유래하는데, 이는 다듬은 나무를 의미한다. 고대인들은 왁스로 코팅된 나무에 글을 썼기 때문에 codex는 후에 책을 의미하게 되었고 더 좁게는 법전을 의미하게 되었다. 성문화는 방대한 사항영역에 대하여 체계적 관점에서 종합하는 법률 제정이다.

* 출전: Staatslexikon, 7. Aufl. Bd. 3, Freiburg 1987, Sp. 563f.

근대의 주요 성문화는 18세기 중반 이후로 존재했던 학문적, 정치적 전제조건들을 가지고 있었다. (학문적 전제조건을 보면) 계몽주의의 이성법에서 법은 엄격한 체계적 관점에 따라 발전되었고, 개별 법조항들의 체계적 연결과 논리적인 도출을 통해 정의는 실현가능한 것으로 여겨졌다. 특히 크리스티안 볼프(Christian Wolff, Ius Naturae Methodo Scientifica Pertractatum. 8 Bde. 1740/48)로 대표되는 이러한 법학의 방향은 입법학으로서 높은 수준의 성숙도를 보이며 발전하였다.

정치적 전제조건들은 국가의 입법독점, 국가적인 또는 독일의 경우에는 영방(領邦)국가에서 법적 통일성과 법적용의 동일성 추구였다. 바이에른(1751)과 오스트리아(1768)의 형사입법영역에서의 선례들에 이어 성문화 사상이 성숙된 결실로는 "프로이센 일반국법"(1794), "민법전"(Code civil, 1804), "민사소송법전"(Code de procédure civile, 1807), "형법전"(Code pénal, 1810), "오스트리아 일반민법전"(Österreichische Allgemeine Bürgerliche Gesetzbuch, 1811), "바이에른 형법전"(1813)이 있다.

역사법학파(Historische Rechtsschule)의 프로그램[v]으로 성문화 사상은 위축되었으나[티바우트와 사비니(Thibaut/Savigny)의 논쟁 1814[vi]], 두 번째 성문화 물결 속에서 다시 부활했다. 이 두 번째 성문화 물결은 학문적으로는 역사학파의 영향을 받았고, 정치적-경제적으로는 통일적이고 법적 안정성을 보장하는 국가 차원의 일반법에 대한 필요성에 의해 결정된 것이었다. 그 결과 독일 형법전(1871), 사법법(1877), 민법전(1896/1900) 그리고 스위스에서는 채무법과 민법전(1907/1911)이 제정되었다. 이러한 성문화는 문명적 성과로서 특히 문화적으로 다른 특성을 가지는 동아시아와 동남유럽의 국가들에 의해서 받아들여지면서 독일 법학과 지속적으로 긴밀한 접촉이 이루어졌다.

오늘날에도 여전히 성문화의 필요성이 있는 것은 노동법과 사회법(사회법전)에서 그러한 시도가 있는 것으로 볼 때 알 수 있다. 오랜 기간 효력을 발휘한 방대한 성문화의 전제조건들은 오늘날은 더 악화되어 있다. 입법은 대체로 위기관리의 수단으로 되어버렸다. 사회의 다원주의, 법의 도구화, "정당국가"에서 입법절차의 조건들 그리고 법률 제정에 대한 의회의 강한 참여는 성문화에 부정적인 영향을 미치는 경향이 있다.[vii] 현재의 법문화는 필요한 변경들이 기존 법전 체계 내에 수용되는 한, 기존의 법전체계에 의존하게 된다. 성문화에 내재된 체계는 법적용을 위하여 해석을 하는 경우에 중요한 역할을 한다.

경합적 입법 영역에서 주의 권한을 정할 때 완결된 규율 체계라는 의미에서 성문화 개념은 연방이 자신의 입법권을-주를 배제하고-행사했는지 여부를 판단하는 데 도움이 될 수 있다(그러나 이 점에 관해서 BVerfGE 56, 110, 119는 신중하다[viii]).

참고문헌

Wolgang Fikenscher, Methoden des Rechts, Tübingen Bd. 1, 1975, S. 413ff., Bd. 4, 1977, S. 132ff.

Friedrich Kübler, Kodifikation und Demokratie, in: JZ 1969, S. 645ff.

Karsten Schmidt, Die Zukunft der Kodifikationsidee. Heidelberg, 1985.

Franz Wieacker, Aufstieg, Blüte und Krisis der Kodifikationsidee, in: Festschrift für Gustav Boehmer, Bonn 1954, S. 34ff.

Ders., Privatrechtsgeschichte der Neuzeit. Göttingen 21967.

Ⅲ 입법권*

Legislative[라틴어 lex, legis(= 법률) 및 ferre, fero, latum(= 생산하다, 마련하다, 만들다)에서 유래]는 일반적으로는 입법을, 특수하게는 국가기능으로서 법률 제정 권력을 의미하나, 특정 절차에서 법률을 제정하는 기관을 의미하기도 한다. 중세에 우선시되던 일반적으로 효력이 있고 전통에 기반 한 "오래된 좋은 법"[ix]이, -계몽주의 사상에 따라- 법을 합리적으로 형성하고 통일하면서도(성문화) 각 시대 상황에 맞게 조정하는 국가적 차원의 입법이 우선하는 것으로 대체되었다. 이 세 번째 측면은 입법이라는 개념의 권한법적 그리고 절차법적 요소와 태생적으로 관련되어 있다. 법의 역동적 발전은 입법기관과 그 절차에 대해 날카롭게 문제를 제기했다. 집행과 사법은 입법이 담당하고 있는 효력 있는 법률에 기속되기 때문에 입법은 집행과 사법이라는 다른 두 개의 국가기능보다 앞서는 지위를 가진다(소위

* 출전: RGG Bd. 5, 2002, Sp.178f.

법률의 우위).

입법권을 어느 기관에 귀속시킬 것인가와 관련하여 개별 국가헌법에 따라 다양한 조직 모델이 나타난다. 그것을 평가하기 위해서는 권력분립, 의회주의, 정당과 같은 추가적인 헌법적 근본결단 및 국가권력 행사의 실제모습을 고려해야 한다. 권력분립이 세분화된 하나의 모습은 입법권 자체가 권력분립원칙에 따라 행사되는 데서 나타난다. 즉, 19세기에는 군주와 양원을 통해 입법권이 행사되었다. 오늘날에도 제1원 외에 제2원도 여전히 역할을 하고 있는데, 이를 위해 무엇보다 연방주의적 국가구조가 활용될 수 있다. 입법부에 의한 대의제적 입법과 국민입법인 국민투표(Plebiszit)는 구별되어야 한다.

입법의 절차는 여러 국가기관의 협력을 필요로 한다. 즉, (a) 발의는 입법에 참여하는 원 중의 하나 또는 오늘날 일반적 것처럼 정부에서 나온다. 정부는 자신의 프로그램을 시행하기 위해 법률이 필요하다. (b) 입법을 하는 원에서의 심의는 본회의 심의와 위원회 심의로 구분된다. 원에서 법률이 통과된 뒤에는 (c) 국가원수(단원제에서는 의회 의장)가 법률을 서명·공포한다. 입법절차의 원칙들은 특히 (a)와 (b) 단계에서는 토론과 정보제공, 본회의 심의와 위원회 심의 결과에 관한 한 (b) 단계에서는 공개 그리고 (c) 단계에서는 법률의 공포를 통한 공개이다.

입법부의 활동은 입법학(Gsetzgebungswissenschaft)에서 다루고 있다. 입법학은 입법의 절차와 결과물에 대한 헌법적 기준을 연구하는 경우에는 규범적으로 기능한다(헌법의 우위). 입법학은 법률의 집행과 관련하여 중요한 합목적성 문제, 즉 법률의 경제성, 간결성, 명확성, 효과성, 지속가능성과 그것의 부수적이고 결과적인 효과를 다루는 경우에는 경험적으로 작용한다.

참고문헌

Georg Müller, Elemente einer Rechtssetzungslehre, 1999, 32013 (zusammen mit Felix Uhlmann).

Hans Schneider, Gesetzgebungslehre, 1982, 21991, 32002.

Ⅳ 절차가 법률의 내용에 대해 갖는 의미*

헌법적으로 규정된 절차의 결과물로서 법률은 통치자의 명령으로서의 법률과는 대조적이다. 통치자의 명령으로서의 법률이라는 공식에서 매우 강조된 의지가 헌법적으로 규정된 절차의 결과물로서의 법률이라는 공식에서는 논증, 공개, 이성, 타협 그리고 다수지배로부터의 보호로 대체된다. 이 절차는 가능한 한 많은 전문적 고려사항과 제안을 수용하여 법률의 내용을 결정할 수 있도록 설계되었으며, 개혁적 관점에서도 앞으로도 그렇게 발전되어야 한다. 절차는 계획된 법률이 규율해야 할 실제 상황에 대한 정보 그리고 공익을 추구하는 법률인지 여부를 판단하는 논거와 해당 고려사항들을 확보하게 한다. 절차의 민주적 요소들, 즉 입법에 참여하는 기관들은 입법이 특정 세계관을 대변하는 자들의 손에 넘어가지 않도록 어느 정도 보장한다. 이러한 점에서 입법절차 자체가 법률 내용의 질을 일정 부분 보장하고 있다. 오늘날 정보와 전문성에 대한 높아진 요구를 충족하는 입법절차의 개혁은 여기서 주장하는 입법절차의 기능이라는 의미와 완전히 부합한다.

이 외에도 입법절차에서 또 다른 내용적 요소를 도출할 수 있다. 법률제정절차를 법규를 생성할 수 있는 명령이나 조례 제정절차와 같이 훨씬 덜 형식적인 성격의 다른 절차들과 비교하면, 규정의 생성절차와 중요성 간에는 비례성이 나타난다. 이는 조례와 명령이 단지 파생적이거나 하위의 법원(法源)으로만 간주되어 부차적인 중요성을 가진 사항들을 규율하는 데 사용된다는 사실에서 이미 나타난다. 조례는 대개 국가 내의 소규모의 공동체에만 적용된다. 절차와 내용 간의 비례성원칙을 무시하게 되면, 광범위한 토론 가능성과 철저한 공개성 보장 그리고 그로 인한 통제가 따르는 법률제정절차에서 특정 지점의 얼어붙은 강 출입금지, 함부르크 자유항의 경계 설정, 해안에서의 수상스키 규제 또는 장거리 화물 운송 트럭 요금 설정과 같은 문제들을 다루려고 할지도 모른다. 이러한 사안에 연방 의회와 연방 참사원을 참여시켜 세 번씩이나 심의를 거치게 하는 것은 무의미하며, 실질적으로 볼 때 정치적으로 의미 있는 사안을 다루는 중요한 규정을 제정하기 위해 마련된 입법절차라는 형식을 오용하는 것으로 될 뿐이다.

* 출전: Christian Starck, Der Gesetzesbegriff des Grundgesetzes, 1970, S. 169-171.

입법기관의 질(Qualität der gesetzgebenden Organe) 자체가 법률의 기본적인 중요성을 드러낸다. 이 입법기관들은 무제한적으로 개별사례를 규율하거나(허가 발급, 개별적인 금지 선언), 포괄적이기는 하지만 일반적인 정치적 의미가 전혀 없거나 너무 빠르게 유효성이 상실되어 제정절차가 유효기간보다 더 오래 걸리는 그런 규범을 제정할 수도 없다. 입법자에게 주어진 한정된 시간과 세부 지식은 입법자가 중요하지 않은 규범을 제정하는 것을 제약한다. 좁은 의미의 입법절차는 중요한 정치적 문제에 대해 가능한 한 지속적이고 폭넓은 관점에서 미리 계획되고 잘 고안된 규정을 만드는 것을 목표로 한다. 그러나 그러한 규정들은 일반적으로 중요하고 어느 정도의 효과를 발휘하는 사안에 대해서만 의미가 있다. 무엇이 일반적으로 중요한지는 명확히 말할 수는 없지만, 주로 헌법이 법률유보를 통해, 나아가서는 입법자가 법률의 우위를 통해 결정하게 된다.

입법절차를 거쳤다고 해서 그 결과로 만들어진 규정이 반드시 일반적인 성격을 가져야 한다는 것은 아니다. 형법과 같이 통상 규모가 크고 광범위한 법률은 포괄적 효력을 가지므로 포괄적으로 규정된다. 그러나 일반적인 중요성을 가진 개별적인 상황도 생각할 수 있기 때문에, 이 경우에는 세부적인 규정이 필요하며 이러한 규정에 입법절차를 적용하는 것이 적절한 경우도 있다.[x]

연방 의회 심의를 일반 심의와 개별 심의로 구분하고,[xi] 연방 의회와 연방 참사원이 합의에 이르지 못할 경우 조정위원회를 소집할 수 있도록 한 것은 이러한 절차를 거쳐야 하는 광범위한 효력을 갖는 규정들을 위하여 마련된 것이다. 입법기관의 본회의에서의 공개 토론과 사후에 공개되는 위원회에서의 비공개 심의의 반복은 중요한 사안들에 대한 토론을 전제로 하고 있다. 이러한 절차에서 명확성이 확보되고 모든 상황을 고려하여 뒤에 법률의 효력을 갖게 될 의사가 형성되면, 가능한 한 합리적이고 정당한 이해관계의 균형을 달성할 수 있다.

입법절차와 법률내용 간의 이러한 비례성으로 인하여 법률 개념이 우리 공동체에서 상대적으로 가장 고차원적인 국가행위로 드러나게 된다. 기본법에 규정된 법률이라는 외적 형식은 일정한 수준의 합리성과 정의를 보장하고, 중요하고 기본적이며 의미 있는 규정을 내용으로 하는 법률을 목표로 하고 있다는 점을 명심하여야 한다.

V 법 정책*

1. 개념

법 정책은 현대국가에서 입법에 이르는 결정적 동력이다. 법 정책은 사회적 상황, 이해관계 그리고 필요성을 분석하고 평가하고, 이해관계를 정의하고 필요성을 판단함으로써 그에 대응하고자 한다. 정치가 추구하는 사회의 모습은 오늘날 주로 입법을 통하여 이루어진다. 국가의 수입에 관한 조세정책은 조세입법으로 이어진다. 가장 많은 지출을 필요로 하는 정책은 사회입법으로 이어지는 사회 및 노동시장 정책이다. 특히 이러한 생활영역에서 법 정책은 고도의 역동성을 보여 왔다. 입법에서 영향력을 행사하는 법 정책적 세력의 의지는 법률을 이해하는 데 본질적 요소이며, 법적용자는 법률해석을 할 때 소위 입법자의 의지로서 이를 능숙하게 고려한다.

2. 행위자와 절차

민주적 헌법국가에서 정부와 정부를 운영하는 의회의 다수당은 함께 법 정책의 중요한 행위자(Hauptakteure)이다. 왜냐하면 그들이 입법과정에서 자신의 정책적 목표를 실현할 가능성이 가장 크기 때문이다. 이러한 목표는 우선 정부선언문[xii]에 기술되어 있고, 경우에 따라서는 미리 연정협정[xiii]에서 정해진다. 관할 부처의 입법 담당 공무원들이 적절한 법률초안을 작성하는데, 이 초안은 관할 장관들의 승인을 받은 후 정부에서 심의하고 일반적으로 의회에 제출되어 토론을 거쳐 의결된다. 복잡한 법 정책적 과제의 경우 담당공무원·장관·정부의 초안이라는 세 단계 이전에 위원회 심의와 관련 단체의 청문이 자주 이루어지고 법률초안의 작성에 반영된다. 이를 통해 법 정책에 관여하는 행위자의 수가 증가한다.

의회 스스로도 의회 입법서비스의 지원을 받아 법률안을 제출할 수 있다. 독일에서는 주 정부의 구성원들로 구성된 연방참사원도 마찬가지다. 따라서 의원 자신과 주 행정부는 주요한 법 정책에 관여하는 행위자들이다. 광범위하고 중요한 사안의 결정을 준비하기 위해서 독일 연방 의회는 의원과 외부전문가로 구성

* 출전: RGG Bd. 7, 2004, Sp.123ff.

된 조사위원회를 구성할 수 있다(의사규칙 제56조). 조사위원회의 구성은 특별한 전문지식을 법 정책에 포함시키려는 목적을 추구하고 있음을 보여준다.

입법 발의 전에 또는 입법 활동에 맞춰 당 대회, 각종 단체의 활동 그리고 대중매체를 통해서도 법 정책이 추진된다. 자발적인 국민발의는 독일 각 주의 헌법에 규정되어 있으며 그 점에서 국민발의를 추진하는 사람들도 법 정책에 관여하는 행위자에 속한다.

법 정책은 의회에 제출되는 법률 발의로 이어진다. 의회에서 법률이 의결될 때까지 본회의 및 위원회 심의에서 추가적인 법 정책적 영향이 발생할 수 있다. 예를 들면 의회 다수당이 (법 기술적 세부사항뿐만이 아니라) 정부초안에서 벗어나는 경우가 이에 해당한다. 특히 독일의 경우 제2원인 연방참사원의 영향력도 고려해야 한다. 통과된 법률은 구체화된 법 정책이다. 이는 법학에서의 법해석학적 연구와 판사의 계속적 법 형성에 의하여 영향을 받는다.

3. 기준과 한계

법 정책을 입법으로 전환하려면 다양한 사항을 고려하여야 한다. 독일의 경우가 그렇지만, 헌법의 우위가 적용되고 사법적 규범통제에 의하여 보호되는 국가에서 법 정책은 처음부터 헌법의 내용적 요구사항, 특히 기본권과 연방국가에서는 연방과 주의 권한 분배를 준수하여야 한다. 헌법이 입법위임을 하는 경우 헌법의 틀 안에서 그것을 실현하는 종류와 방식은 법 정책의 문제가 된다. 법 정책이 헌법 개정, 즉 헌법 정책을 목표로 하는 경우에는 가중적 절차와 내용적 한계(예컨대 기본법 제79조)가 적용된다. 유럽연합에서 회원국의 법 정책은 공동체법에 기속된다.

법 정책이 입법으로 전환될 때 충돌을 피하기 위해서 변경되어서는 안 되는 현행 법률을 고려해야 한다. 특히 입법은 기존의 법해석학에 맞추어야 한다. 그렇지 않으면 법률의 적용과 효력은 불확실하게 될 것이다. 신·구 법률이나 헌법에서 사용되는 각 법질서의 많은 기본개념들은 기본적인 철저한 법해석학적 연구와 엄밀한 규명을 기반으로 한다. 계약, 소유권, 손해배상, 채무, 법률 등이 그 예이다. 법해석학적 사전연구 없이 이루어지는 입법은 법문화적으로 매우 낮은 수준이 될 뿐만 아니라 법치국가적 요구인 법의 명확성과 신뢰성을 충족시키지 못한다. 입법자는 검증된 법해석학에 근거할 때 자신의 규정에 대한 효력을 크게 높일 수 있다. 또한 입법적 지혜와 입법 결과 예측도 법 정책에 속한다.[xiv]

참고문헌

Werner Bussmann, Rechtliche Anforderungen an die Qualität der Gesetzesfolgenabschätzung, Z. f. Gesetzgebung, 13. Jg. 1998, S. 127ff.

Eike von Hippel, Rechtspolitik, 1992.

Walter Schmitt Glaeser, Rechtspolitik unter dem Grundgesetz, in: Archiv des öffentlichen Rechts, Bd. 107 (1982), S. 337ff.

Christian Starck, Überlegungen zur Gesetzgebungslehre, in: Z. f. Gesetzgebung, 3. Jg., 1988, S. 1ff. (Lit.).

역자 주

i 이 용어들은 모두 법률이라는 용어로 번역될 수 있으나 여기서는 동일한 용어가 다른 의미로 쓰였던 것을 설명하려는 저자의 의도에 따라 원어를 그대로 사용한다.

ii 독일 기본법 제20조 제3항은 다음과 같다. “입법은 헌법질서에, 집행권과 사법은 법률과 법에 기속된다.”

iii 프로이센 헌법 제62조는 다음과 같다. “입법권은 국왕과 의회 양원이 공동으로 행사한다. 모든 법률에는 국왕과 의회 양원의 합치가 필요하다. 재정법안과 국가예산안은 먼저 제2원에 제출된다; 예산은 제1원이 그 전체로서 승인하거나 거부한다.”(양태건 역, 1850년 프로이센 헌법, 서울대학교 法學 제54권 제2호 2013년 6월 205~248면).

iv 민법전시행법률(Einführungsgesetz zum Bürgerlichen Gesetzbuch) 제2조는 다음과 같다. “민법전과 이 법률에서 법률은 모든 법규범이다.”

v 사비니를 창시자로 하는 학파. 역사법학파의 프로그램이란 법의 역사성과의 유기적인 발전을 강조한 일련의 프로그램을 말한다. 이는 19세기의 독일 법학에 많은 영향을 미쳤다.

vi 티바우트와 사비니 간의 논쟁은 1814년 티바우트(Anton Friedrich Justus Thibaut)가 ‘독일일반민법전의 필요성에 대하여’(Ueber die Nothwendigkeit eines allgemeinen bürgerlichen Rechts für Deutschland, Heidelberg, 1814)라는 논문을 발표하고, 이에 대해 사비니가 같은 해 ‘법률제정과 법학에 대한 우리 시대의 소명에 관하여’(Vom Beruf unserer Zeit für Gesetzgebung und Rechtswissenschaft)라는 논문을 써서 반박하면서 발생한 논쟁이다. 티바우트는 독일의 정치적 분열과 법적 혼란을 해결하기 위해 통일된 민법전의 제정을 주장하였는데, 이에 대하여 사비니는 법전 편찬은 인위적인 법창조 행위로서 민족의 법전통과 정신을 훼손할 수 있으므로 법은 자연스럽게 연구와 해석을 통해서 발전하여야 한다고 주장하였다. 사비니의 주장에 따라 독일 민법전의 편찬이 미루어지고 말았으나 1900년에 마침내 독일 민법전이 제정·발표되었다.

vii 정당국가적 경향과 의회의 강한 참여는 정치적 이해관계를 반영하게 되므로, 체계적이고 논리정합적이며 법리가 중시되어야 하는 성문화에는 부정적인 영향을 미치는 요소가 될 수 있다는 의미다.

viii BVerfGE 56, 110, 119에 따르면, 어떤 사항에 대해 연방 법을 제정하였다고 하여 그것이 주의 고유한 입법을 배제하는 것이라고는 볼 수 없다. 주의 입법을 허용하는 규제영역이 여전히 남아 있을 수 있다고 보기 때문이다.

ix 오래된 좋은 법이란 결국 법은 새로 만들어지기보다는 고래로부터 좋은 법으로 인정되어 전승되어 오는 것이라는 생각을 말한다.

x 특정 지역에서 발생한 대규모의 환경오염 사건을 예로 들 수 있다. 이는 개별적인 사건이지만 환경보호의 차원에서 보면 일반적인 중요성을 가지는 것이다.

xi 일반 심의란 법률안 전체에 대한 포괄적인 토론을 의미하는 데 반하여, 개별 심의는 세부 사항을 하나씩 검토하여 가는 것을 말한다.

xii Regierungserklärungen. 정부가 정책 목표와 방향을 공식적으로 밝힌 문서를 말한다.

xiii Koalitionsvereinbarungen.

xiv 입법을 함에 있어서 지혜를 가지고 신중하게 처리하고 입법이 가져올 결과를 미리 분석하고 판단하는 것도 일종의 법 정책에 포함되어야 한다는 의미다.

제2장

법률과 법*

I 서론

우선 보면 많은 언어에서 법률과 법을 구별하고 있음을 알 수 있다.

라틴어로는 lex와 ius,
프랑스어로는 loi와 droit,
스페인어로는 ley와 derecho,
포르투갈어로는 lei와 direito,
이탈리아어로는 legge와 diritto,
스웨덴어로는 lag와 rätt,
폴란드어로는 ustawa와 prawo,
터키어로는 kanun과 hak,
중국어로는 fa lü와 fa.

영어에서 law는 법률과 법 모두를 의미한다. 법과 비교해서 법률을 구별하는 것은 의회법률을 statute laws, statutory acts 또는 acts of Parliament라고 부르는 데서 나타난다.[1)] 이와 매우 유사하게 중국어에서도 fa는 둘 다를 의미한다. 제정된 성문법을 가리키기 위해서 fa[파, 法]가 lü[뤼, 律] 앞에 붙게 된다.

---

* 출처: Heun/Starck (Hrsg.), Das Gesetz, 2012, S. 51-63.

1) 명령은 하위입법이고 statutory instruments, executive orders, ordonances 또는 decree로 불린다.

대부분의 언어에서, 중국어도 마찬가지인데, 법(Recht)을 뜻하는 단어는 해당 분야의 법률을 포함한 전체 법 영역을 지칭하는 데 사용된다. 예를 들어 민법(Bürgerliches Recht), 형법(criminal law), 상법(droit commercial), 행정법(diritto amministrativo), 헌법(derecho constitucional) 등이 있다. 뿐만 아니라 법을 뜻하는 단어는 한 국가의 전체 법질서를 지칭하기 위해서 사용되기도 한다. 예를 들면 독일법(Deutsches Recht), 프랑스 법(droit francais), 영국 법(English law, the entire English legal system), 폴란드 법(prawo polskie) 등이 이에 해당하고, 여기에는 모든 법률이 포함된다.

Recht를 지칭하는 각각의 단어는 또한 주관적 권리(subjektives Recht),[i] 청구권(Anspruch)을 의미하기도 한다. 예를 들어 기본권(Grundrecht), 안전권(droit à la sûreté), 기본적 권리(diritti fondamentali) 등이 이에 해당한다. 영어에서는 right(어원적으로 Recht, droit와 관련된다)라는 단어는 전적으로 주관적 권리를 가리킨다. 예를 들어 기본권(Fundamental right), 상속권(right to an inheritance, subjektives Erbrecht)은 상속법(law of succession, 객관적 의미의 Erbrecht)과 대비된다. 중국어에서는 주관적 권리를 ch'üan li(权利)라고 한다.

이와 같이 우선 개관해 보면 Recht라는 단어와 그 외국어 유사어들이 상당히 광범위하고 개념적으로 매우 다르게 사용되고 있음을 보여준다. 법률과 법의 개념적 차이를 명확히 하기 위해 독일에서는 "법률과 법"이라는 표현을 공식화하여 사용한다. 이는 기본법 제20조 제3항에 규정되어 있으며 다음과 같다. "집행권과 사법권은 법률과 법에 기속된다." 유사한 공식은 기본법 이후 제정된 독일의 주 헌법들에서도 찾아볼 수 있다.[2)] 이하에서는 기본법의 전체적 맥락 속에서 이 공식의 해석(II), 다른 국가들과의 비교(III) 그리고 보다 분명한 이해를 위해 법률 개념과 법 개념에 대한 간단한 역사적 변천 과정(IV)를 다룬다.

---

2) 구 슐레스비히-홀슈타인주 헌법(1949) 제36조 제1항; 슐레스비히-홀슈타인주 헌법(1990) 제45조 제1항; 니더작센주 예비헌법(1951) 및 1993년 시행된 헌법 제2조 제1항; 바덴-뷔르템베르크주 헌법(1953) 제25조 제2항; 새로운 주들의 모든 헌법: 브란덴부르크(1992) 제2조 제5항, 멜클렌부르크-포어폼머른(1993) 제4조, 작센주 헌법(1992) 제3조 제3항, 작센-안할트주 헌법(1992) 제2조 제4항, 튀링엔주 헌법 제47조 제4항.

Ⅱ 기본법(제20조 제3항)

"법률과 법"이라는 조항에 대한 해석 시도는 혼란스러울 정도로 다양하다.[3] 헌법제정회의의 구성원이자 최초의 기본법 해설자인 헤르만 폰 망골트(Hermann v. Mangoldt)는 다음과 같이 기록하고 있다.[4] "'법률과 법'이라는 개념에는 성문법과 관습법이 모두 포함된다. 동시에 이 공식은 법률과 법의 영원한 긴장 관계를 나타내며, 이는 완전한 모순으로까지 발전할 수 있다." 프리드리히 클라인(Freidrich Klein)이 집필한 주석서의 제2판에서는 이 인용구를 반복하고 다음과 같이 설명하고 있다:[5] "따라서 '법'은 … 법률이 법적 구속력을 갖기 위해 수용하여야 하는 가치(가치 내용이나 법 내용)를 가리키고, '법률'은 가치 내용 없는 실정성을, 법은 실정성 없는 가치 내용을 의미한다." 클라인이 "법률"을 전적으로 임의의 내용을 가진 빈 실정성으로 이해한 것은 아니라는 것은 기본법 제97조 제1항(판사는 독립적이고 법률에만 기속된다)의 "법률" 개념의 해석에 대한 그의 고찰에서 나타난다. 판사를 기속하는 법률은 법의 가치 내용을 포함한다고 한다. 실정성과 가치에 대한 클라인의 구분은 생소하고 기본법에는 적합하지 않기 때문에 받아들여지지 못했다.[6]

비교적 단순한 해석은 법률을 기본법과 주 헌법을 포함하여 연방과 주에서 입법절차를 통해 결의되고 공포된 법률로 이해하고, 법은 법규명령, 조례, 관습법, 국제법, 유럽법과 같은 기타 모든 효력 있는 법으로 이해한다.[7] 그러나 법률을 민법전 도입법[ii]에서 정의된 실질적 법률 개념인 "법률(Gesetz)은 모든 법규범(Rechtsnorm)이다."라는 의미에서 모든 법(alles Recht)을 포함하는 것으로 이해해야

---

3) *Birgit Hoffmann*, Das Verhältnis von Gesetz und Recht. Eine verfassungsrechtliche und verfassungstheoretische Untersuchung zu Art. 20 Abs. 3 GG, 2003, S. 61-113.

4) *Hermann v. Mangoldt*, Das Bonner Grundgesetz, 1953, S. 140.

5) 2. Aufl. 1957 Bd. I unveränderter Nachdruck 1966, S. 603.

6) 그렇게는 *Klaus Stern*, Staatsrecht, Bd. I, 2. Aufl. 1984, S. 798f.

7) *Peter Sommermann*, in: v. Mangoldt/Klein/Starck, Kommentar zum Grundgesetz Bd. II, 6. Aufl. 2010, Art. 20 Rn. 264f.

한다는 견해도 있다.[8] 그렇게 되면 "법"에는 관습법조차 남아있지 않게 된다.

나치 독재가 제거된 지 4년 후에 기본법이 발효되었다는 점을 고려하면, 법을 승인된 법원칙(anerkannte Rechtsgrundsätze)이라는 의미로 해석하는 것이 타당하다. 왜냐하면 1949년에는 입법이 다시 탈선할 가능성이 충분히 있었기 때문이다. 나치 독재 시대를 돌아볼 때 사법절차에서 구 법률, 판결 또는 집행권의 결정의 효력이 문제되는 경우에는 승인된 법원칙이라는 의미에서의 법의 유보가 필요했다.[9][iii] 왜냐하면 기본법이 소급 적용되지 않았기 때문이다. 나치법의 효력을 판단하기 위하여 라트브루흐(Radbruch)는 다음의 공식을 개발했다.[10]

> "정의와 법적 안정성의 갈등은 법규(Satzung)와 권력에 의해 보장되는 실정법이 내용적으로 정의롭지 못하고 합목적적이지 못하더라도 우선권을 가진다는 점에서 해결할 수 있을 것이다. 단, 실정법이 정의에 반하는 정도가 도저히 참을 수 없을 정도가 되어 법률이 '악법'으로서 정의에 굴복하지 않으면 안 되는 경우는 예외이다."

장래에 대하여 나치 정권 시대의 법 적대적 법률은 폐지할 수 있었다. 입법자가 그러한 법률을 간과하였다면 법원은 그것을 적용하지 않을 권한과 의무가 있었다.[11] 나치 독재 시대 법의 계속 적용 기준은 무엇보다 기본법이었는데, 기본법에는 많은 부분, 특히 기본권에 법원칙들이 명문화되어 있다. 로만 헤어촉(Roman Herzog)의 말에 따르면 기본법은 "다른 어떤 헌법보다도 더 … 법과 정의의 이념을 그 개별 구성 부분에 녹여 넣고, 구체화하고 그리고 그것을 특히 실정법 규범

---

8) 그렇게는 *Roman Herzog*, in: Maunz/Dürig, Grundgesetz, Art. 20 Rn. 51, 52 (Stand 1980)의 생각; 최근에는 *Fritz Ossenbühl*, Gesetz und Recht - Die Rechtsquellen im demokratischen Rechtsstaat, in: HStR, 3. Aufl. Bd. V (2007), § 100 Rn. 15.

9) BVerfGE 23, 98, 106 - nationalsozialistische Ausbürgerung.

10) *Gustav Radbruch*, Gesetzliches Unrecht und übergesetzliches Recht, in: Süddeutsche Juristenzeitung 1946, S. 105ff., wiederabgedruckt in: *Radbruch*, Rechtsphilosophie. Studienausgabe, Hrsg. von R. Dreier/St. Paulson, 2. Aufl. 2003, S. 211ff.

11) 그러한 한 기본법 제100조에 따라 연방헌법재판소에 제소할 필요가 없을 것이다. BVerfGE 2, 124, 128 참조.

에 수용하기 위하여 노력"하였다.[12] 여기에는 특히 기본법 제1조, 제19조, 제20조 그리고 제79조 제3항[iv]을 생각할 수 있다.

기본법 제20조 제3항의 의미에서 "법(Recht)"이라는 것이 "법률(Gesetz)" 개념에 해당하는 기본법규범 안에서 모두 찾을 수 있다고 하더라도, 연방헌법재판소에 문의하면 법 개념에서 독자적인 의미를 획득할 수 있다. 소위 1973년의 소라야(Soraya) 판결에서 기본법 제20조 제3항과 관련하여 다음과 같이 판시하고 있다.[13]

> "법은 성문법률 전체와 같은 것이 아니다. 국가권력의 실정 법령에 대항하여 상황에 따라서는 전체로서 합헌적 법질서에 그 근거를 두고 있고 성문법률을 수정할 수 있는 더 많은 법(Recht)이 있을 수 있다. 그것을 발견하고 판결로 실현하는 것은 사법의 임무이다. 기본법에 따르면 판사는 입법자의 지시를 문자가 가질 수 있는 의미 안에서 개별사건에 적용하도록 국한되지 않는다. 그러한 견해는 국가의 실정적인 법질서의 원칙적 무흠결성, 즉 법적 안정성의 원론적 요구로는 타당하지만, 실질적으로는 달성할 수 없는 상태를 전제로 한다. 판사의 활동은 입법자의 판단을 인식하고 선언하는 데에만 있지 않다. 재판의 임무는 특히 헌법적 법질서에 내재(der verfassungsmäßigen Rechtsordnung immanent)되어 있지만, 성문법률의 문언에는 없거나 불완전하게만 표현되어 있는 가치관(Wertvorstellungen)을, 의지적 요소도 빠짐이 없이, 평가적 인식 행위 속에서 밝혀내고 판결로 실현할 것을 요구할 수 있다. 판사는 이 경우 자의에서 벗어나야 하고, 그 판단은 합리적 논증을 근거로 하여야 한다. 성문법률이 법 문제를 정당하게 해결하는 기능을 충족하지 못한다는 것이 명확히 될 수 있어야 한다. 판사의 판단은 실천이성의 기준과 공동체의 확립된 일반적 정의 관념에 따라 이러한 공백을 메운다."

오래전부터 인정되고 법률로 규정된 상고법원[14]의 법 형성 임무[v]를 설명하는

---

12) *Herzog* (주 8), Rn. 54.

13) BVerfGE 34, 269, 287(강조는 저자에 의한 것임).

14) 132 Abs. 4 GVG; § 11 Abs. 4 VwGO; § 11 Abs. 4, § 115 Abs. 2 Nr. 2 FGO; § 41 Abs. 4 SGG; § 45 Abs. 4 ArbGG.

이 진술에 대해 연방헌법재판소는 학설[15]과 상고법원의 판결을 근거로 제시할 수 있다.[16]

최근의 문헌에서는 입법을 헌법 질서에 기속하는 기본법 제20조 제3항 전문과 그로부터 비롯되는 사법부와 집행부의 헌법 기속도 언급하고 있다. 재량권과 계획수립권은 헌법에 따라 행사되어야 한다. 법 형성은 헌법의 틀 안에서 이루어져야 한다.[17] 좁은 의미의 법률 기속(Gesetzesbindung)을 넘어서는 법 기속(Rechtsbindung)은 헌법상 제한이 있지만,[18] 즉 법 기속은 헌법에 위배 되어서는 안 되지만, 예를 들면 기본권(기본법 제1조 제3항)과 국제법의 일반규칙(기본법 제25조)에서와 같이 헌법에 명시되어 있지 않은 경우에, 헌법의 틀 안에서(im Rahmen der Verfassung) 전적으로 초실정적인 정의 관념을 실현할 수 있다.[19] 기본법 제20조 제3항의 공식에서 "법"이라는 개념이 사법권과 집행권에게 자연법적 관점에서 법률을 비판할 수 있는 어떠한 근거도 제공하지 않는다는 것을 다수의 저자들이 강조하는 것은 적절하다.[20] 초실정적 정의의 내용과 실정 법률 사이에 존재할 수 있는 긴장 관계는 헌법(Verfassungsrecht)과 성문법률(Gesetzesrecht) 사이의 긴장 관계로 드러나면서 모든 주관적 자의성이 차단된다.[21]

---

15) *Robert Fischer*, Die Weiterbildung des Rechts durch die Rechtsprechung 1971; *Konrad Redeker*, NJW 1972, S. 490ff.

16) BGHZ 3, 308, 315; 4, 153, 158; BAG 1, 279, 280f.

17) 여기서 논의하지 않는 헌법의 계속형성에 대해서는 *Christian Starck*, Verfassungen, 2009, S. 155ff. 참조.

18) 이에 대해서는 *Chritian Starck*, Die Bindung des Reichters an Gesetz und Verfassung, VVDStRL 34 (1976), S. 43, 69ff. = *der.*, Der Demokratische Verfassungsstaat, 1995, S. 56, 80ff.

19) 그러한 한 헌법기속을 강조하는 것으로는 *Eberhard Schmidt-Aßmann*, Der Rechtsstaat, HStR Bd. II, 3. Aufl., § 26 Rn. 45; *Ossenbühl* (주 8), Rn. 18.

20) *Ernst Forstoff*, Die Bindung an Gesetz und Recht (Art. 20 Abs. 3 GG), DÖV 1959, S. 41ff.; *Peter Badura*, Staatsrecht, 4. Aufl. 2010, S. 384; 비슷하게는 *Peter Unruh*, Der Verfassungsbegriff des Grundgesetzes, 2002, S. 493; *Schmidt-Aßmann* (주 19), § 26 Rn. 45.

21) *Unruh* (주 20), S. 494, 또한 *Schulze-Fielitz*, in: Dreier, Grundgesetz Kommentar, Bd. II, 2. Aufl. 2006, Art. 20 (Rechtsstaat), Rn. 94: 법률을 헌법합치적으로 해석할 것을 촉구.

법이론(Rechtstheorie) 쪽에서는 기본법 제20조 제3항의 의미에서 "법"으로 파악되는 비실정적이고 이성법적인 법 개념을 제시한다.[22] 근거가 계약 이론이든 담론 이론이든 두 경우 모두 기본법이라는 헌법에 맞지 않다.[vi] 기본법에는 법의 개념에 내용을 부여하는 법원칙들(Rechtsgrundsätze)이 포함되어 있다. 따라서 우리는 다시 기본법 제20조 제3항의 의미에서 법의 최고 기준인 헌법으로 돌아오게 된다.[23] 이 결과로 우리는 실증주의, 즉 헌법실증주의(Verfassungspositivismus)에 갇히지 않게 되는데, 왜냐하면 기본법 제1조 제2항에는 독일 국민은 불가침이고 불가양의 인권을 모든 인간 공동체, 평화 그리고 세계의 정의의 기초로서 인정하기 때문이다.

"법률과 법"이라는 공식에서 법이라는 개념은 법치주의를 기본법의 기초로 더 잘 나타내기 위해 헌법제정회의의 심의에서 중요한 역할을 하였다.[24] 연방헌법재판소는 기본법 제20조 제3항에서 법치국가의 기본적 요소들을 도출하면서 이를 여러 번 언급하였다. 법치국가원칙에 입각한 주(Länder)의 의무(기본법 제28조 제1항 제1문[vii])는 기본법 제20조 제3항을 간략하게 참조한 것으로서, 주 헌법과 기본법의 구조적 일치를 보장하기 위한 것이다. 기본법은 제20조 제3항의 "법" 개념을 통해 법치국가의 단순한 형식적 요소 너머를 가리키고 있다. 실질적 요소들은 형식적 요소와 결합한다. 기본법의 법치주의는 무엇보다 제1조 제3항, 제20조 제3항 그리고 제79조 제3항에서 비롯된다.[25] 따라서 제20조 제3항의 법 개념에 대한 이러한 접근방법도 헌법, 특히 법치주의의 가장 중요한 실질적 요소인 기본권을 가리키고 있다.

---

22) *Robert Alexy*, Begriff und Geltung des Rechts, 1992, S. 121.

23) 결과에 있어서 그렇게는 *Karl-E. Hain*, Die Grundsätze des Grundgesetzes, 1999, S. 381f.; Sommermann (주 7), Rn. 267ff.; *Bernd Grzeszick*, in: Maunz/Dürig, GG, Art. 20 VI (2007), Rn. 69.

24) 그렇게는 Abg. Dr. Thomas Dehler, JöR 1 (1951), S. 200.

25) BVerfGE 52, 131, 144f.; 63, 215, 223; 65, 196, 215; 111, 54, 83; *Stern* (주 6), S. 775; *Schmidt-Aßmann* (주 19), Rn. 18, 19; *Schulze-Fielitz*, in: Dreier, GG II, 2. Aufl., Art. 20 (Rechtsstaat), Rn. 46ff.; *Christian Starck*, Art. "Rechtsstaatlichkeit/Rechtsstaat", in: Religion in Geschichte und Gegenwart, 4. Aufl., Bd. 7, 2004, Sp. 126f.; *Hoffmann* (주 3), S. 197f.

Ⅲ 외국의 헌법

외국 헌법에서는 일반적으로 판사 그리고/또는 집행권이 법률 또는 헌법과 법률에 기속된다고 규정되어 있다. 법(Recht)에 기속된다고 규정된 경우는 드물다.

1. 스위스

1999년 헌법 제5조 제1항[viii]에서는 법은 국가행위의 기초이자 한계로 규정되어 있다. 연방대법원(Bundesgericht)은 제191조에 따라 연방 법률과 국제법에 기속된다. 제5조 제1항의 법은 법치국가의 표현으로 불린다.[26] 실질적 법치국가의 요청은 스위스 연방국가법, 특히 포괄적인 기본권 목록에서 실현된 것으로 간주된다. 연방대법원에 의한 연방 법률의 규범통제는 불가능하기 때문에, 법(제5조 제1항)은 연방차원의 법률에 대하여 헌법 합치적 해석을 통해서만 실현될 수 있다. 사법[27]과 행정이 법률과 법에 기속된다고 헌법에 규정되어 있지만, 이는 행정과 주정부(입법 포함)에 대해서만 효력이 있다.[ix] 스위스헌법에서 법은 독일에서와 마찬가지로 헌법질서를 의미하고, 헌법에서 근거를 찾을 수 없는 정의 관념에 의존하지 않는다.

2. 스페인

스페인에서는 사법은 오직 법의 지배를 받는다[28](헌법 제117조 제1항[x]). 물론 제9조 제1항에서는 공권력은 헌법에 기속된다고 규정하고 있기도 하다.[29] 공행정

---

26) BVerfGE 52, 131, 144f.; 63, 215, 223; 65, 196, 215; 111, 54, 83; *Stern* (주 6), S. 775; *Schmidt-Aßmann* (주 19), Rn. 18, 19; *Schultze-Fillitz*, in: Dreier, GG II, 2. Aufl., Art. 20(Rechtsstaat), Rn. 46ff.; *Christian Starck*, Art. "Rechtsstaatlichkeit/Rechtsstaat", in: Religion in Geschichte und Gegenwart, 4. Aufl., Bd. 7, 2004, Sp. 126f.; Hoffmann (주 3), S.197f.

27) 스위스 헌법 제191조: "연방 법률과 국제법은 연방 법원과 다른 관청의 법적용의 기준이 된다."

28) 단지 법의 지배를 받는다(Sometidos únicamente al imperio de la ley).

29) 공권력은 헌법에 기속된다(Los poderes públicas están sujetos a la constitución).

은 법률과 법에 기속된다[30](헌법 제103조 제1항 제2문). 스페인 헌법의 교과서에서는 법률의 기속은 헌법의 기속을 포함하고, 특히 헌법재판소에 의한 법률의 규범통제가 규정되어 있고, 법원과 행정관청은 법률을 헌법에 맞게 해석할 의무가 있다는 것은 의심의 여지가 없다.[31] 일반적 법원칙은 오늘날 완전히 헌법화된 것으로 여겨지기 때문에,[32] 스페인에서도 행정기관에 대해 명시적으로 규정된 모든 법적 기속은 헌법에서 기준(Maßstäbe)을 도출하고 있는 것을 확인할 수 있다.

3. 프랑스

1958년 프랑스 헌법은 제34조에 따라 특정한 사항을 규율하는 법률(loi)과 명령(règlement)을 구분한다. 제34조에 열거되지 아니한 사항은 정부가 명령(règlement, 제37조)으로 규율한다. 그 외 특별한 법률의 수권에 따른 소위 법령(ordonnances)이 있다(제38조). 이 제정된 법 외에도 헌법적 지위를 갖지 않는 일반적 법원칙이 적용된다. 왜냐하면 그것은 판례법적 근원을 가지고 있으며,[33] 국사원(Conseil d'Etat)이 발견하였고 관습법적으로 효력을 가지기 때문이다. 프랑스에서도 "법률과 법"(loi et droit)이라는 공식이 존재하지만 이 공식은 헌법이나 문헌에서 사용되고 있지는 않다. 프랑스에서 실질적 의미의 법률 개념이 확립되어 있지 않기 때문에, 법률은 일반의지(Volonté générale)의 표현으로서 국민회의가 통과시킨 법문서(Rechtsakte)만을 말한다.[34] 법률의 이러한 특성으로부터 그 불가침성

---

30) La Administraci6n Pública sirve ... con sometimiento pleno a la ley y al Derecho.

31) *Francisco Fernández Segado*, El sistema constucional español, 1992, S. 79ff.

32) *Enrique Álvarez Conde*, Curso de Derecho constitucional, vol. 1, 3. ed, S. 263ff.; *Antonio Torres de Moral*, Principios del Derecho constitucional español, vol. 2, 5. ed, S. 241f. 스페인 헌법 제9조 제1항과 관련한 제117조 제1항에 대해서는; *Francisco Fernández Segado* (주 31), S. 74, 95.

33) *Louis Favoreu et al*, Droit constitutionnel, 4éd. 2001, S. 121.

34) 인간과 시민의 권리선언 제6조(1789). 인간과 시민의 권리선언 제6조 전체는 다음과 같다. "법은 일반 의사의 표현이다. 모든 시민은 스스로 또는 대표자를 통하여 그 작성에 협력할 수 있는 권리를 가진다. 법은 보호를 부여하는 경우에도 처벌을 가하는 경우에도 모든 사람에게 동일한 것이어야 한다. 모든 시민은 법 앞에 평등하므로 그 능력에 따라서, 그리고 덕성과 재능에 의한 차별 이외에는 평등하게 공적인 위계, 지위, 직무 등에 취임할 수 있다."

이 도출되었다. 1971년 7월 16일[35] 헌법위원회(Conseil constitutionnel)가 1958년과 1946년 헌법의 전문에 따라 1789년의 인권선언과 공화국의 법률이 승인한 기본원칙들[36]은 헌법적 지위를 가지며 예방적 규범통제의 심사기준이 된다고 결정한 이래로 프랑스에서는 변화가 일어났다. 법률은 이제 헌법에 합치할 경우에만 일반 의지의 표현이다.[37]

루이 파보르(Louis Favoreu)에 따르면 소위 헌법적 규범 블록(bloc de constitutionnalité)의 확장은 프랑스법의 헌법화(constitutionnalisation du droit francais)로 이어졌다.[38] 핵심을 말하면 헌법은 제정법에 우선한다는 것이다.[39] 이로부터 사법부와 집행부는 법률(명령과 관습법을 포함)과 헌법에 기속된다는 것을 알 수 있다. 여기서 헌법은 헌법위원회(Conseil constitutionnel)가 기본권과 법치국가원칙을 포함하여 확장한 헌법적 규범 블록이라는 의미에서의 헌법이다. 이전에 법률적 규범 블록(bloc de 1égalité)에 추가된 일반적 법원칙은 적어도 부분적으로는 인권과 공화국 법률이 인정하는 원칙에 수용되어 헌법적 지위를 갖게 되었다. 그동안 국사원(Conseil d'Etat)이나 파기원(Cour de Cassation)의 제청에 따라 헌법위원회가 구체적 규범통제를 할 수 있게 되었다(헌법 제61-1조[xi]). 따라서 법적 상황은 '법률과 법(=헌법적 지위를 갖지 않는 법원칙) 그리고 헌법위원회가 확장한 의미의 헌법에 의한 기속'이라고 설명할 수 있다.

---

35) Receuil des décisions du Conseil constitutionnel 1971, S. 29 = *Favoreu/Philip*, Les grandes décisions du Conseil constitionnel, 11. Aufl., 2001, S. 241 mit Kommentierungen, S. 241-256. *Christian Starck*, Praxis der Verfassungsauslegung II, 2006, S. 110ff.도 참조.

36) Principes fondamentaux reconnus par les lois de la République(공화국 법률이 인정한 기본원칙).

37) La loi n'exprime la volonté générale que dans le respect de la Constitution(법률은 헌법과 관련하여서만 일반의지를 표현한다) (Conseil constitutionnel, Recueil des décisions du Conseil constitutionnel 1985, S. 70, 76).

38) *Louis Favoreu*, in: Revue française de Droit constitutionnel, No 5 (1991), S. 70.

39) *Louis Favoreu*, (주 33), S. 307: La constitutionnalité supplante la 1égalité(합법성을 대체하는 헌법).

4. 영국

영국의 불문헌법은 의회주권의 원칙(Grundsatz der Souveränität des Parlaments)을 담고 있다.[40] 여기에서 법률(acts of Parliament, 의회의 제정법)이 다른 법, 특히 명령과 보통법(common law, 관습법)에 우선한다는 결론이 나온다. 따라서 법률과 법은 서열관계에 있다. 영국 헌법의 두 번째 원칙인 법의 지배는 의회가 제정한 법률의 우위를 보장한다.[41]

유럽인권재판소(EGMR[xii])에서 영국이 더 이상 패소하지 않기 위해 1998년 인권법(Human Rights Act)에 따라 유럽인권협약(EMRK)이 영국법으로 편입되었다.[xiii] 이에 따라 의회의 제정법은 인권에 합치하도록 해석되어야 한다. 인권협약에 부합하는 해석이 불가능한 경우에는 판결 법원은 불합치선언(Inkompatibilitätserklärung)을 한다. 선언은 법률의 효력에 영향을 미치지는 않는다. 그러나 이는 조속한 법률개정절차를 가능하게 한다. 정부는 의회의 해당 표결에 따라 유럽인권협약에 부합하는 개정 법률을 공포한다.[42] 이를 통해 의회 제정법의 우위가 보장된다. 따라서 - 형식적으로 보면 - (유럽인권협약의 영향에도 불구하고-역자 주) 모든 것이 그대로 유지되고 있다. 물론 실질적으로 보면 유럽인권협약은 일반적인 의회 법률에 어느 정도 우월성을 가지고 영국법에 편입되었고, 이는 어쩌면 성문헌법의 전단계일 수 있다.[43] 성문법은 인권협약에 맞게 해석되거나 신속한 입법절차를 통해 인권협약에 부합하게 조정된다.

---

40) *A. V. Dicey*, An Introduction to the Study of the Law of the Constitution, 10. ed. 1959 (Nachdruck 1985), S. 470f.; *Paolo Grossi*, Das Recht in der europäischen Geschichte, 2010, S. 125: 권리장전(1689)의 제정 이후 법률의 우선권(Primat).

41) *Dicey* (주 40), S. 472: "의회주권은 형식을 제공하고, 국법의 우월성(the supremacy of the law of the land)은 우리 헌법의 본질을 결정한다."

42) *David Feldmann*, The Human Rights Act 1998 and Constitutional Principles, in: Legal Studies 19 (1999), S. 165ff.; *Julian Rivers*, Menschenrechtsschutz im Vereinigten Königreich, in: JZ 2001, S. 127ff.; *P. P. Craig*, Sovereignly of the UK Parliament after Factortame, in: Yearbook of European Law 11 (1991), S. 221.

43) *Christian Starck*, Eine Verfassung für das Vereinigte Königsreich?, in: AöR 119 (1994), S. 627ff. = *Starck*, Verfassungen, 2009, S. 385ff.; *Rivers* (주 42), S. 132.

5. 요약

독일에서처럼 헌법에서 법관과 집행권을 법률과 법이 기속하도록 명시적으로 규정하는 경우, 법은 보다 상위의 법, 즉 헌법을 의미한다. 이러한 점에서 많은 헌법에서는 법관이 헌법과 법률에 기속된다고 더 명확하게 명시되어 있다.[44] 프랑스에서는 1971년 이래 인권선언(1789)과 공화국법률의 기본원칙으로 확장된 헌법이 법원과 집행권을 기속하는 보다 상위의 법으로 간주된다. 영국에서는 의회주권이 유지되어 의회제정법이 우선하지만, 유럽인권협약이 실질적으로 우선하는 지위를 가지고 영구적으로 편입되었다.

여기서 다룬 국가들은 기속형식은 다양하지만 법관과 집행권이 법률 그리고 보다 상위의 법인 헌법에 기속된다는 것을 일관되게 보여준다. 헌법 기속은 특히 헌법재판소만이 의회법률을 위헌으로 선언할 수 있는 국가에서도 적용된다. 다른 법원의 경우 헌법 기속은 법률을 헌법에 맞게 해석하는 것을 의미하고, 이것이 불가능할 경우에는 직접 또는 최고법원을 통해 헌법재판소에 제소할 의무가 있음을 의미한다. 의회 법률 아래에 있는 모든 법은 각 관할 법원의 규범통제를 받는다.

Ⅳ 역사적 고찰

이 주제에 대한 역사적 고찰은 예시적으로 몇 가지 사례에 대해서만 수행할 수밖에 없었지만, 거의 항상 법률 위에 보다 상위의 법, 즉 신정법, 자연법, 이성법, 일반적 법원칙, 국제법, 지배권의 행사에 관한 계약(소위 기본법 leges fundamentales)이 있다는 의미에서 법의 단계질서를 보여준다.

아리스토텔레스[45]는 자연에서 비롯된 법과 법규나 합의에 의한 법을 구별하고 있다. 자연법은 어디서나 동일한 효력을 가지며 인간의 동의와는 무관하다고 한다. 아리스토텔레스는 이로써 법은 여신 테미스(Themis)로부터 유래한다는 그리

---

44) 에스토니아 제146조, 그리스 제93조 제4항, 이탈리아 제101조 제2항은 현재 헌법에도 기속되게 함으로써 보완되어 있다(*Giuseppe de Vergottini*, Diritto costituzionale, 7. ed., 2010, S. 681), 라트비아 제83조, 제85조, 포르투갈 제203조, 제204조, 폴란드 제178조 제1항, 슬로베니아 제125조, 슬로바키아 제144조 제1항, 체코공화국 제95조, 헝가리 제50조.

45) Nikomachische Ethik, 1134b.

스 사회의 관념을 철학적으로 표현한다. 이후 스토아철학에서는 자연법은 명백히 인간의 법률에 대한 기준이 된다.[46)]

후대에, 중세철학에서 자연법과 인정법은 위계적 관계에 놓인다. 토마스 아퀴나스[47)]에 따르면, 인정법은 그 보편성 때문에 불명확한 자연법의 규범을 구체화한다. 입법자는 인정법을 자연법에서 도출함으로써 인정법에도 내재되어 있는 이성을 발견한다. 그러나 그것이 자연법과 모순될 경우, 그것은 더 이상 법률이 아니고 법률의 타락이다(iam non erit lex sed legis corruptio). 척도로 측정된(mensura mensurata)[48)xiv] 인정법은 자연법에서 추론(conclusio)이나 제한적 규정(determinatio)을 통해 도출할 수 있다.[49)xv] 추론을 통해 자연법에서 도출된 법률은 자연법에서 생명력을 얻지만, 입법자가 제한적으로 규정하여 도출한 법률은 그 자체로 강한 생명력을 얻게 된다. 인간의 상황은 다양하고 상이하기 때문에, 자연법의 원칙들은 각기 다른 공동체에서 다양한 실정법을 필요로 한다.[50)]

법률의 위계질서는 스페인 후기 스콜라 철학[51)]을 거쳐 장 보댕과 휴고 그로티우스[52)]에까지 이어졌다. 보댕은 엄청난 비교법적 연구, 즉 경험적 방법을 통해 일반적 법원칙 체계의 정당성을 입증하고 있다. 이 체계는 주권적 통치권은 자연법과 국제법에 기속된다고 보고 있다.[53)]

심지어 토마스 홉스조차도 자연법이 모든 국가의 시민법 안에 있다거나 또는

---

46) *Ernst-Wolfgang Böckenförde*, Geschichte der Rechts- und Staatsphilosophie, 2002, S. 136.

47) Summa Theologiae (S. Th.), pars I-II, quae. 95 a. 1 resp., a. 2 resp.

48) S. Th. I-II quae 95 a. 3 resp. Absatz 1.

49) S. Th. I-II quae 95 a. 2 resp. Absatz 2.

50) S. Th. I-II quae 95 a. 3 res. ad 3.

51) 요약으로는 *Heribert Franz Köck*, Der Beitrag der Schule von Salamanca zur Entwicklung der Lehre von den Grundrechten, 1987, S. 49f., 54f.

52) *Hugo Grotius*, De iure belli ac pacis, 1625, lib. I, cap. 1, IX, X.

53) *Jean Bodin*, Sechs Bücher über den Staat, Buch III, Kap. 4(Ausgabe Mayer-Tasch 1981, Bd. 1 S. 466).

반대로 시민법을 자연법의 일부로 본다.[54] 홉스는 시민법(civil laws)을 유럽 민족들이 로마인으로부터 전수받은 어떤 확고한 본질을 갖는 것으로 본다. 홉스는 또한 좋은 법률과 나쁜 법률을 구분하고 있다.[55] 이 구분은 리바이어던과 그의 고문들에게[xvi] 기준이 되어야 할 상위법의 존재를 전제로 한다.

자신의 국가철학적 사유를 당시 영국 의회주의로부터 강하게 영향을 받은 존 로크는 법률의 이름과 형식으로 자행되는 폭력과 불법을 인식하고 있었는데, 이는 판단기준이 되는 보다 상위의 법이 존재한다는 것을 전제로 한다. 사람의 생명을 포함하여 자유와 재산을 보호하기 위하여 국가 계약이 체결되었다.[56] 입법은 이러한 목적에 기속된다. 따라서 가상의 국가 계약이 보다 상위의 법이다.

앞서 묘사된 문헌의 표현들은 19세기 초 법치국가라는 개념으로 이어졌고,[57] 국가 헌법의 형식원리로 선언되었다[58] 이는 프랑스 인간과 시민의 권리선언 제16조와 일치하는데, 그에 따르면 모든 헌법은 권리의 보장을 확보하고 권력의 분립을 규정해야 한다. 따라서 국가는 입법자인 경우에도 이성적 법원칙에 기속된다. 자유와 법 앞에 평등은 개인의 자유 영역 간에 균형을 이루고 자유와 재산 외에 안전(1789년 인권선언 제2조)도 보장하는 것을 임무로 한다. 보다 상위의 법인 헌법에 입법자를 기속시키는 것을 입헌주의(Konstitutionalismus) 또는 헌법국가성(Verfassungsstaatlichkeit)이라고 한다.[59]

법치국가는 19세기 후반에 또 다른 의미를 갖게 되었는데, 법은 국가가 제정

---

54) *Thomas Hobbes*, Leviathan, Kap. 26 unter 4.

55) Aao Kap. 30.

56) *John Locke*, The Second Treatise of Government, § 136.

57) *Horst Dreier*, Art. "Rechtsstaat", in: Enzyklopädie Philosophie, hrsg. von H.-J. Sandkühler, Bd. 3; *Alfred Albert*, Art. "Rechtsstaat", in: Staatslexikon, Bd. 4, 7. Aufl. 1988, Sp. 738, 742.

58) *Carl Welcker*, Art. "Staatsverfassung", in: Rotteck/Welcker, Staatslexikon, 2. Aufl., Bd. XII, S. 363ff.

59) 헌법의 우위 문제와 그 보장에 대해서는 *Christian Starck*, Verfassung und Gesetz, in: ders. (Hrsg.), Rangordnung der Gesetze (Abhandlungen der Akademie der Wissenschaften in Göttingen, Phil.-Hist. Klasse III 210), 1995, S. 29ff., 이 책 제1부 제6장의 S. 78f. 참조.

한 법률로, 법치국가는 행정의 합법성으로 축소되었다. 이에 따르면 행정은 결코 법률 규정을 위반해서는 안 되고(법률의 우위), 국민의 자유는 법률이 허용하는 경우에만 제한할 수 있다(법률의 유보).[60] 소위 이러한 합법성원칙은 행정재판과 함께 큰 진전이었다. 물론 19세기 전반의 법치국가 개념에 표현되었던 보다 상위법에 의한 입법 기속은 헌법의 우위의 결여로 인하여 실현되지 못했다. 1871년의 독일제국 헌법[xvii]과 1919년 바이마르 헌법[xviii] 아래서는 모든 법률이 헌법규범을 변경하거나 폐지할 수 있었다.[61]

V 결론적 고찰

역사를 간략하게 살펴본 결과, 법률 위에 존재하는 보다 상위법이라는 관념은 고대부터 확인할 수 있으며, -처음은 신이나 자연에, 그 다음에는 신, 자연, 이성에 기반을 두었다-19세기 후반에 이르러서야 사라졌음을 알 수 있다. 이는 입법자의 전능함으로 귀결되었고, 입법자는 국민의 의지의 대표자로서 더 이상 전통적 법원칙의 의미에서 보다 상위의 법에도 종속되지 않았다. 물론 형식적 법치국가원리조차도 무시한 나치 지배 하의 국가에서 법질서가 파국적으로 무너진 후, 보다 상위의 법에 대한 성찰이 이루어졌고, 이는 기본법에 반영되었다. 이는 무엇보다 기본권과 권력분립을 말한다. 헌법재판소는 헌법의 효력을 보장한다. 권위적 지배체제를 극복한 이베리아반도, 아파르트헤이트를 극복한 남아프리카공화국 그리고 공산주의 정당독재를 극복한 중부 및 동유럽 국가에서 유사한 발전이 이루어졌다. 모든 곳에서 헌법재판소의 보호를 받는 우월적인 헌법이 등장하였다.

다시, 기독교의 신, 자연으로부터 상위법의 근거를 찾았던 과거와는 달리, 상위법으로서 헌법은 국민의 헌법제정권력 의지와, 세계 대부분의 지역에서 헌법제

60) *Georg Meyer/Gerhard Anachütz*, Lehrbuch des deutschen Staatsrechts, 7. Aufl. 1919, S. 29; *Ernst-Wolfgang Bökenförde*, Enstehung und Wandel des Rechtsstaatsbegriffs, in: Festschrift für Adolf Arndt, 1969, S. 64.

61) 제국 헌법 제78조에 대해서는 *Meyer/Anachütz*, (주 60), S. 689f., 바이마르 헌법 제76조에 대해서는 *Gerhard Anschütz*, Die Verfassung des Deutschen Reiches, 14. Aufl. 1933, Art. 76 Bem. 1, 2.

정의 기준으로 국민주권, 권력분립 그리고 인권 - 마지막 두 가지를 합쳐 법치국가라고도 한다 - 이라는 이념이 확립되어 정당성 기준으로서 - 국제법적 조약을 통하여 강화되었다[62] - 정치적으로 효력을 발휘한다는 사실에 근거하고 있다.

이로써 "법률과 법"이라는 두 개념에 대한 해명이 이루어졌다. 이에 따르면 법은 우선 헌법을 의미하지만, 법률에서 비롯되지는 않지만 헌법의 틀 안에 있는 법원칙들도 포함하고 있다.

62) 유럽인권협약(1950); 시민적·정치적 권리에 관한 국제협약(1966).

역자 주

i 이하 본문에서 설명하는 것처럼 subjektives Recht는 권리라고 번역하는 것이 타당하나 여기서는 글의 의미를 드러내기 위해서 주관적 권리라고 번역한다. 이 책의 다른 부분에서 필요에 따라 주관적 권리라고 번역하는 경우에도 그 의미는 권리를 의미한다.

ii Einführungsgesetz zum Bürgerlichen Gesetzbuche를 말한다. 독일 민법전의 시행에 필요한 세부 사항을 규정하는 법률이다. 이 법 제2조에는 "민법전과 이 법에서 법은 모든 법규범이다."(Gesetz im Sinne des Bürgerlichen Gesetzbuchs und dieses Gesetzes ist jede Rechtsnorm)라고 규정하고 있다.

iii "~ 문제되는 경우에는 승인된 법원칙이라는 법으로 돌아가야만 했다."라는 의미다.

iv 독일 기본법 제1조 (1) 인간의 존엄성은 불가침이다. 이를 존중하고 보호하는 것은 모든 국가권력의 의무이다. (2) 독일 국민은 불가침과 불가양의 인권을 세계의 모든 공동체 그리고 평화와 정의의 기초로서 인정한다. (3) 이하의 기본권은 직접적으로 효력을 갖는 권리로서 입법, 행정, 사법을 구속한다.
제19조 (1) 이 기본법에 따라 기본권을 법률에 의하여 또는 법률에 근거하여 제한하는 경우에 그 법률은 일반적으로 적용되어야 되며, 개별적인 경우에 적용되어서는 안 된다. 또한 그 법률은 해당 조항의 기본권을 명시하여야 한다. (2) 어떠한 경우에도 기본권은 그 본질적 내용이 침해되어서는 안 된다. (3) 기본권은 그 본질에 따라서 내국법인에도 적용된다. (4) 누구든지 그의 권리가 공권력에 의하여 침해당할 때에는 소송을 할 수 있다. 다른 관할권이 인정되지 않는 한, 법원에 소를 제기할 수 있다. 제10조 제2항 제2문은 이 조항에 의해 영향을 받지 아니한다.
제20조 (1) 독일연방공화국은 민주적이고 사회적인 연방국가이다. (2) 모든 국가권력은 국민으로부터 나온다. 그것은 선거와 투표, 그리고 입법, 행정 및 사법 기관을 통해 국민에 의하여 행사된다. (3) 입법은 헌법적 질서에, 행정 및 사법은 법률과 권리에 구속된다. (4) 모든 독일인은 이러한 질서를 폐지하려는 자에 대하여 다른 구제수단이 없을 경우에는 저항권을 가진다.
제79조 (3) 연방의 새로운 분할 편성과 관련한 입법 과정에서 주의 참여 배제 또는 제1조와 제20조에 규정된 기본원칙에 저촉되는 기본법의 개정은 허용되지 아니한다(이상 법제처의 세계법제정보센터 제공 번역에 의함).

v 법 형성(Rechtsfortbildung)이란 판결을 통해 법의 의미를 명확히 하고 발전시키는 것을 가리키는 독일법상의 개념이다.

vi 의사의 합치인 계약을 통해 법의 근거를 확보하는 방식이든 참여자가 자유롭고 평등하게 토론하여 합리적인 담론을 통해 법의 근거를 확보하는 방식이든 모두 기본법과는 맞지 않다는 의미다.

vii 기본법 제28조 제1항 제1문: "주의 헌법질서는 기본법의 의미에서 공화적, 민주적 그리고 사회적 법치국가의 원칙에 합치하여야 한다."

viii 스위스 헌법 제5조는 법치국가적 행위의 기초(Grundsätze rechtsstaatlichen Handelns)라

는 표제 하에 제1항에서는 다음과 같이 규정하고 있다. “Grundlage und Schranke staatlichen Handelns ist das Recht.” 영문으로는 Rule of law라는 표제 하에 다음과 같이 표기되어 있다. “All activities of the state shall be based on and limited by law.”

ix 사법에 대해서 관철될 수 없는 이유는 스위스에서는 연방대법원이 연방 법률에 대해 위헌 심사를 할 수 없기 때문이다.

x 스페인 헌법 제117조 제1항은 다음과 같다. “사법권은 국민으로부터 나오고 국왕의 이름으로 사법부를 구성하는 판사와 치안판사에 의해 행사된다. 판사와 치안판사는 독립적이며, 신분이 보장되고, 책임을 지며, 오직 법의 지배를 받는다.”(La justicia emana del pueblo y se administra en nombre del Rey por Jueces y Magistrados integrantes del poder judicial, independientes, inamovibles, responsables y sometidos únicamente al imperio de la ley).

xi 프랑스 헌법 제61-1조는 다음과 같이 규정하고 있다. “법원에서의 소송 진행 중에 당사자가 법률규정이 헌법에서 보장하는 권리와 자유를 침해한다고 주장하는 경우, 국사원이나 파기원은 해당 사항을 헌법위원회에 제소할 수 있고 헌법위원회는 정해진 기한 내에 결정한다. 이 조의 시행조건은 조직법으로 정한다.”(법제처 세계법제정보센터 번역본) 이에 따르면 헌법위원회가 구체적 규범통제를 할 수 있게 되었으므로 헌법위원회를 헌법재판소라고 번역하기도 한다.

xii Europäische Gerichtshof für Menschenrechte의 약자이다. 영어로는 European Court of Human Rights이라고 하고 약자로는 ECHR로 표기한다.

xiii 1998년의 인권법에 대해서 영국의회에서는 공식적으로 다음과 같이 설명하고 있다. 유럽인권협약에 따라 보장되는 권리와 자유의 효력을 강화하고, 유럽인권재판소의 판사가 되는 특정 사법공무원의 지위를 갖는 자에 대한 규정을 마련하며, 관련된 목적을 위한 법률(An Act to give further effect to rights and freedoms guaranteed under the European Convention on Human Rights; to make provision with respect to holders of certain judicial offices who become judges of the European Court of Human Rights; and for connected purposes)이라고 소개되어 있다(https://www.legislation.gov.uk/ukpga/1998/42/contents 참조).

xiv mensura mensurata는 영어로는 measured measure라는 뜻으로 직역하면 측정된 척도라는 뜻이다. 자연법을 기준으로 측정된 인간의 법을 의미한다.

xv 추론(conclusio)은 자연법의 일반원칙으로부터 인간의 법을 논리적으로 이끌어내는 방법이다. 제한적 규정(determinatio)은 자연법의 일반원칙을 특정 상황에 맞게 구체화하고 제한하여 인정법의 규칙을 만드는 것을 말한다.

xvi 홉스의 저서 리바이어던에서 거대한 바다 괴물인 리바이어던은 국가를 비유하는 것이고, 그의 고문들이란 그 국가를 다스리는 통치자와 그를 보좌하는 사람들이라는 의미로 이해된다.

xvii 1781년 제국 헌법 제78조는 다음과 같이 규정하였다. “(1) 헌법의 개정은 입법과정을 통해 이루어진다. 연방참사원의 14표가 반대하는 경우에는 부결된 것으로 본다. (2) 제국 헌법 중 전체와의 관계에서 개별 연방 주의 특정한 권리를 규정하는 조항은 해당 연방 주의 동의가 있는 경우에만 개정될 수 있다.

xviii 바이마르 헌법 제76조는 다음과 같이 규정하였다. "입법절차를 거쳐 헌법을 개정할 수 있다. 단, 제국의회가 헌법 개정에 대해 의결권을 행사하기 위해서는 재적의원의 3분의 2가 참여하고, 이중 3분의 2가 동의한 경우에는 의결권 행사를 인정한다. 헌법개정에 대한 제국 상원의 의결권 행사 또한 전체 투표수의 3분의 2 이상을 확보해야 한다. 국민발의를 통해 국민표결로 헌법 개정 사항이 의결되려면 표결권자의 과반수 동의가 필요하다. 제국의회가 제국 상원의 이의제기에 반하여 헌법 개정을 의결했을 시 제국 대통령은 제국 상원이 2개월 이내에 국민투표를 명할 경우 당해 법률을 공포에서는 아니 된다."

제3장

법률과 공행정을 통한 법률의 적용*

I 법률

법률에 대해 말할 때 우선 다루어야 할 것은 법률(Gesetz)과 법(Recht)의 관계다. 앞 장에서 설명한 바와 같이 둘은 동일하지 않다. 법률에서는 입법의 절차, 법률의 내용, 특히 법률의 일반성(Allgemeinheit)과 명확성(Bestimmtheit)이 중요하다. 법률은 하위의 법(법규명령, 조례)과 상위의 법(헌법)이 구별되어야 한다. 법은 법률을 통해서만이 아니라 조약을 통해서도 제정된다. 법률은 그것이 실제로 효력이 있는지, 있다면 어느 정도 있는지 또는 법전에만 존재하는지를 묻게 된다. 법률의 적용에 대한 고찰의 출발점인 법률에 대해서 나는 우선 다음과 같은 점을 분명히 하고자 한다.

의회 입법 절차는 법률안을 전제로 하는데, 대부분 해당 분야의 주무 부처가 작성하고 의회에서 직접 발의되는 경우는 드물다. 법률안 작성 단계에서는 법률이 규범적 효력을 전개하는 현실을 정확하게 파악하여야 하고, 법질서의 모순을 피하기 위해 기존 법질서에 맞춰 법률안을 조정해야 한다. 연이은 의회 입법 절차에서 논의될 수 있고 또 논의되어야 하는 이러한 전제조건들이 충족되면, 입법 절차는 법률의 수용과 적용에 중요한 전제조건인 높은 정당성을 확보할 수 있다.[1)]

이를 통해 입법 절차와 법률 내용의 밀접한 관련성이 드러난다. 법률의 일반성과 명확성에 대한 고려는 법률의 적용에 있어서 매우 중요하다. 모든 법률이 일

---

* 출처: Heun/Starck (Hrsg.), Grundrechte, Rechtsstaat und Demokratie als Grundlagen des Verwaltungsrechts, Baden-Baden 2015, S. 29-40.

1) *Christian Starck*, Der Gesetzesbegriff des Grundgesetzes, 1970, S. 162f.

반적일 필요는 없다. 그러나 선거법[2]이나 기본권을 제한하는 법률을 제정하는 경우에 법률의 일반성을 필요로 하는 헌법적 요구가 존재한다.[3] 또한 일반적 평등원칙은 보통 일반적 법률을 필요로 한다. 법률의 명확성과 관련하여서는 이는 규율되는 대상에 따라 상대적일 수밖에 없다. 따라서 불확정 법 개념을 포함하는 법률이나 행정에 재량권을 부여하는 법률도 존재한다.

Ⅱ 공행정의 합법성

누가 법률을 적용하는가? 여기서는 우선 공행정을 생각할 수 있다. 다음의 내용도 이에 관한 것이다. 왜냐하면 법률행위를 체결하고, 유언을 작성하고, 처벌받지 않는 행위를 하는 사인(私人)들은 법률을 적용하는 게 아니라 법률의 테두리 안에서 행동하는 것이기 때문이다. 공행정의 특징은 행정행위의 기초이자 기준이 되는 법률에 복종한다는 것이다. 행정은 합법성원칙에 따른다. 따라서 법률은 대개 단순한 틀(Rahmen)이 아니라 행정청의 행위 근거이다.

법률유보(Gesetzesvorbehalt)는 행정행위에 대해서는 행위 여부뿐만 아니라 행위의 방식에 대해서도 대부분 법률적 근거를 필요로 한다는 것을 의미한다. 행정의 법률 기속은 권한에 관한 법질서의 기본적 규칙이다. 이 규칙은 민주적으로 선출된 의회가 입법자로서 행정 활동에 대한 영향력을 행사할 수 있도록 보장한다. 법치국가적 관점에서 법률의 일반성과 명확성은 평등, 예측가능성 그리고 법적안정성을 가져온다. 공행정에 복종하는 시민은 행정이 어떻게 행동할 것인지를 예측할 수 있고, 특히 행정 행위는 사법 심사를 받을 수 있기 때문에 자의에 대해 방어할 수 있다.[4]

또한 민주주의 원칙으로부터 나오는 법률의 우위(Vorrang des Gesetzes)는 법률에 의한 법률 하위 규범들(명령, 행정규칙 또는 관습법)의 배제 여부를 결정한다. 이는 다시 보면 법률과 행정의 관계에 대한 권한규칙이고, 이를 통해 행정부의 규칙 정립이 제한된다.

---

2) 기본법 제38조 제1항 제1문, 제28조 제1항 제2문.

3) 기본법 제19조 제1항.

4) 기본법 제19조 제4항, 행정절차법(VwGO) 제40조 이하.

Ⅲ 법률과 현실

법률이 행정의 기준이 되도록 어떻게 보장할 수 있을까? 법률은 언어로써 규칙적으로 나타나는 구체적 현실의 한 측면을 규율한다. 그래서 경찰은 경찰법에 따라 위험을 방지한다. 어떻게 법률의 말, 언어에서 구체적인 현실에 이르는 다리를 놓을 수 있을까? 위험이란 무엇을 말하는가? 대개 경찰법은 "위험"을 정의하고 있지만 이는 언제나 추상적인 언어다. 추상적이고 언어로 표현된 법률이 어떻게 현실에 규범적으로 작용할까? 규범화를 위해 필요한 추상화는 언어라는 수단을 통해서 이루어진다. 규범이 영향을 미치는 현실은 다른 "재료(Material)"로 이루어져 있다. 그것은 무한히 구체적이고 많은 미묘한 차이를 가지고 있다. 무한히 구체적인 현실에서 언어적으로 추상화에 이르는 다리를 어떻게 놓을까? 현실의 어떤 사건이 위험이라는 개념에 적합할까? 경찰법은 위험을 '개별적인 경우에 예측 가능한 시간 내에 공적 안전이나 질서에 피해가 발생할 충분한 개연성이 있는 상황'으로 정의하고 있다. 이것도 언어이고 따라서 추상적이다. 어떤 현실이 법률의 추상적 개념에 적합할까?

우리는 언어를 수단으로 법률적 사실관계를 규정하고, 언어적으로 표현된 법률상 구성요건과 연결시키는 것, 즉 포섭이라고 하는 언어의 차원에서 이루어지는 모든 사고 작용을 언급하는 것으로는 이 질문에 답할 수 있는 것이 아니다. 이미 규범이 무한한 사건의 세계로부터 언어적으로 구성된 법적 사실관계를 도출할 수 있게 하는 경우에만 우리는 현실에 대한 규범적 효력을 얻을 수 있다.[5] 언어적 추상화와 현실 사이의 가교를 칼 엥기쉬(Karl Engisch)는 규범과 현실 사이의 시선의 왕복운동으로 설명했다.[6] 이를 통해 사실관계의 구성이 이미 규범적으로 이루어진다고 한다. 그러나 문제는 가교의 건설이 어떻게 가능한가에 있다. 입법절차로 다시 한 번 돌아가 보자.

---

5) *Christian Starck*, Der demokratische Verfassungsstaat, 1995, S. 71f.에서의 필자의 설명 참조.

6) *Karl Engisch*, Logische Studien zur Gesetzesanwendung, 3. Aufl., 1963, S. 15.

법률은 현실을 고려하여 만들어진다. 그런 의미에서 규율되는 현실은 규범의 형성에 참여한다.[7] 언어를 수단으로 현실의 여러 측면들[8]이 법률 구성요건 안에서 개념적으로 파악되고 또한 추상적-개념적으로 규정된 법적 효과에 복종한다. 현실을 구성요건적-개념적으로 표현하는 것은 입법자의 가치판단을 요구하는데, 이는 규율의 목적(예를 들면 위험 방지)과 현실을 바라보는 지도이념에 의해 결정된다. 그렇게 형성된 현실 개념은 그에 상응하는 양상이 현실에서 반복된다는 의미에서 일반적[9]이다.

Ⅳ 법률의 적용

법률적용에 있어서 위에서 설명한 과정은 반대로 진행된다. 추상적 법률 문구에 상응하는 내용을 현실에서 찾아 법적 사실관계를 구성한다.[10] 법률적용에서는 법률을 만드는 데 기준이 된 경험을 참고할 수 있다. 법률적용에 있어서는 입법자가 규범을 제정할 당시 고려하였던 일반적인 사항에 부합하는 사례를 현실에서 찾게 된다.

개별 사건의 판결에서 법률의 기초가 되는 추상화 과정이 거꾸로 가능한 이유는 언어가 공동으로 사용됨으로써 현실에 대한 이해를 가능하게 하기 때문이다. "탁자"라는 단어는 추상적으로 현실에 존재하는 현상을 지칭하며, 우리는 즉시 연상할 수 있다. "주방 탁자" 또는 "책상"은 더 좁은 추상적 개념으로, 각각 부

---

7) *Emilio Betti*, Allgemeine Auslegungslehre als Methodik der Geisteswissenschaften, 1967, S. 620ff.

8) *Georg Simmel,* Das individuelle Gesetz (1913), Ausgabe 1968, hrsg. v. Michael Landmann, S. 175: "구체적인 어떤 것을 지칭하는 일반개념의 내용은 단지 사물의 일부나 측면들, 어떤 속성만을 포함하고, 다른 많은 것들 특히 완전한 개별 구성은 … 전적으로 개념의 내용에서 제외된다."

9) *G.W.F. Hegel*, Phänomenologie des Geistes (1807) Werke Bd. III, Suhrkamp 1970, S. 91f.

10) *Helmut Schelsky*, Nutzen und Gefahren der sozialwissenschaftlichen Ausbildung von Juristen, in: JZ 1974, S. 410, 412는 법학 교육에서 사실관계 확정을 배울 필요성에 대한 언급을 하고 있다!

분 영역만을 포괄한다. 언어에는 일상적인 의사소통과 현실 경험의 상호주관성(Intersubjektivität)[i]을 위한 필수적인 전제조건인 통합력(eine vereinigende Kraft)이 내재되어 있다.[11)]

의미해석에 있어서 법률에서 사용되는 개념의 의미론적 역할은, 가능한 한 정확하게 규정되거나 - 오늘날 많은 행정법에서 흔히 볼 수 있듯이 - 개념정의를 포함하고 있는 새로운 법률의 경우에 특히 크다.[12)] 법률이 오래되거나 덜 정확하게 규정된 경우라면 일반적인 선이해(Vorverständnis)를 바탕으로 개념이 현실에서 무엇을 가리키는지를 알 수 있다. 즉, 사용된 단어 외에 판례상 선례, 공통된 사회적 경험, 전통적 맥락 그리고 법률가 교육이 역할을 한다. 법률 적용에서는 항상 사회적인, 즉 개별 주체에 영향을 미치는 가장 공통적인 이해가 중요하다. 그래서 개념의 의미에 대한 합의가 존재하는 한, 행정은 법률을 근거로 무한히 구체적인 사건의 흐름 속에서 확실히 현상들을 입법자가 법률적 규율을 하도록 야기한 반복되는 현상들로 인식할 수 있다.

이에 대한 아름다운 문학작품의 예가 있다. 프리드리히 횔더린(Friedrich Hölderlin)은 다음과 같이 쓰고 있다.[13)] "우리는 함께 들판을 걸어갔고, 믿음에 둘러싸여 푸른 월계수의 어둠 속에 앉아 있었다 …." 독일어를 이해하는 모든 사람은 언어적 문장을 현실의 이미지로 "번역"할 수 있다. 언어의 이 유도기능은 아름다운 문학의 중요한 효과의 하나다. 이러한 문장이 유도하는 현실에 대한 모든 다양한 이미지의 공통점은 작품의 문장과 다양한 문맥 속에서 개념화되어 있다. 법률의 구성요건을 이해함에 있어서도 마찬가지다.

---

11) *Jürgen Habermas*, in: Hermeneutik und Ideologiekritik, 1973, S. 140.

12) 공적 안전과 질서에 관한 니더작센 법률 제2조는 29개의 개념을 포함하고 있다. 예를 들면 "구체적 위험이란 개별적인 경우에 예견 가능한 시간 안에 공적 안전 또는 질서에 대한 손해가 나타날 충분한 개연성이 존재하는 사실적 상황이다." "상당한 위험(erhebliche Gefahr)", "현재의 위험(gegenwärtige Gefahr)" 그리고 "추상적 위험(abstrakte Gefahr)"에 대한 정의도 찾을 수 있다.

13) Werke und Briefe, hrsg. von Beißner und Schmidt, 1969, Bd. I, S. 315.

V 해석 규칙

잘 알려진 법 해석 규칙은 자동적으로 정당한 결과를 보증하지는 못한다고 하더라도 법률용어와 현실 사이의 가교 역할을 하기 위해서는 필수불가결하다. 그것은 피상적 이해를 넘어 법률의 내용을 명확히 하고, 문장에서 허용하는 범위 내에서 가능한 의미변화를 구체화하는 데 도움을 준다.[14]

법문장의 해석은 언제나 문법과 체계를 포함한 단어의 의미와 역사적 규율 의도를 고려해야 한다.[15] 헌법합치적 해석에 대해서는 다시 논의한다(VI 2 참조). 목적론적 해석은 단어의 뜻, 문법, 체계 및 규범 제정자의 인식 가능한 주관적 의도를 넘어선다. 목적론적 해석은 법률이 포괄하는지가 분명하지 않거나 다른 해석 규칙으로는 신뢰할 만한 결론을 도출할 수 없는 사례를 해결하기 위해서 불가피하다. 그러나 행정법에서 목적론은 다음과 같은 한계를 가진다. 즉, 법률유보의 효력에 따라 시민영역에 개입하는 경우에 목적론을 활용하여 단어의 뜻, 체계 그리고 발생사에 반하여 개입 근거를 만들어서는 안 된다는 것이다.

해석 규칙은 규칙에 대한 규칙, 즉 메타 규칙(Metaregeln)으로서 언어이면서 마찬가지로 가교 역할을 하기 위한 지침이나 프로그램이기도 하다. 일반적으로 구속력 있는 해석 규칙 체계는 존재하지 않는다. 해석 규칙을 고려하지 않고 문제가 되는 법적 결정을 논증하는 것은 자의적이거나 그렇지 않으면 불충분한 것으로 여겨질 것이다. 따라서 해석 규칙과 그 적용은 행정이 법률을 적용하는 경우에 중요한 역할을 한다.

VI 행정을 통한 법률 적용의 법치국가적 원칙

지금까지 다룬 행정의 법률 적용에 대한 기본 문제는 합법성원칙, 현실에 대한 규범적 효력의 가능성 그리고 해석 규칙이었다. 이제 법률 적용에 있어서 주의

---

14) *Friedrich Müller*, Juristische Methodik, 4. Aufl. 1990, S. 199ff., 213f.

15) BVerfGE 60, 319, 325; 67, 100, 128ff.

하여야 하는 법치국가적 원칙에 대해 살펴본다. 이 논의의 목적은 법률 적용의 전체 과정을 명확히 하는 데 있다. 이는 사안에서 나타나는 법률규정의 명확성의 한계로서 재량권과 불확정 법률 개념으로 연결된다(1). 또한 법률의 적용 시 기본권의 영향과 그에 필수적으로 따르는 비례성원칙이다(2). 마지막으로 행정이 법률 적용 시 보장하여야 하는 신뢰보호에 대한 몇 가지 언급을 추가한다(3).

1. 행정재량과 불확정 법률 개념

처음에 공행정이 법률에 종속한다는 것을 강조하였고, 모든 법치국가적 법질서의 기본적 권한 규정을 뜻하는 법률유보에 대해 언급하였다. 행정재량은 법률 적용에 있어서 행정의 특별한 권한을 의미한다.[16] 법적 결과에 대한 정확한 추상적-일반적인 사전 결정을 법률에서는 할 수 없는 규율 대상인 경우에 입법은 행정에 재량을 부여한다. 이에 따라 행정청은 법률이 예정한 법적 결과를 명할 것인지 여부를 결정할 권한을 부여받을 수 있거나(결정 재량), 여러 법적 결과 가운데 하나를 선택하는 권한을 부여받을 수 있다(선택 재량).

재량의 행사는 행정의 자유에 관한 것이 아니다. 행정청은 자신이 원하는 방식으로 결정할 수는 없다. 행정청은 조치를 취하기 전에 어느 정도 폭넓은 관련된 법률적 요건의 범위 안에서-경우에 따라서는 특별한 법률적 규율 절차 내에서[17]-상황을 판단해야 한다. 재량을 행사하는 사람은 법률의 목적 규정의 틀 요건 안에서 생활 상황을 평가하고 이 규정의 틀 안에서 결정을 한다. 독일 행정절차법에서는 재량의 행사는 다음과 같이 규정되어 있다. "행정청이 재량에 따라 행위할 권한이 있는 경우, 행정청은 재량을 위임의 목적에 맞게 행사하여야 하고 재량의 법률적 한계를 준수하여야 한다."(행정절차법 제40조)[18]

---

16) *Christian Starck*, Das Verwaltungsermessen und dessen gerichtliche Kontrolle, in: Festschrift für Horst Sendler, 1991, S. 167 ff = *Starck*, Praxis der Verfassungsauslegung, 1994, S. 223ff.

17) *Eberhard Schmidt-Aßmann*, Das allgemeine Verwaltungsrecht als Ordnungsidee, 1998, S. 178, 184; *Jens-Peter Schneider*, Strukturen und Typen von Verwaltungsverfahren, in: Hoffman-Riem/Schmidt-Aßmann/Voßkuhle (Hrsg.), Grundlagen des Verwaltungsrechts, Bd. II, 2008, S. 523, 546ff.

18) 행정재판소규정(Verwaltungsgerichtsordnung) 제114조의 통제규범과 일치한다.

권한 문제의 이면에는 재량 개념이라는 법철학적 내용이 존재하고, 이는 피할 수없는 법적 근원 현상(Urphänomen)을 나타낸다.[ii] 개별 사건에 대한 불가피한 결정과 관련하여 더 이상 일반화할 수 없는 구체적 사실관계가 존재하는 경우에는 결정 담당 기관에 재량을 허용하는 것은 불가피하다. 재량은 무언가를 측정하고, 관찰하여 판단하고, 숙고하여 결정하는 것을 의미한다.[19] 앵글로색슨과 로마 언어권에서 사용되는 "discretion"이라는 표현은 분리하다, 구별하다, 판단하다, 결정하다를 뜻하는 라틴어 동사 "discernere"의 과거분사로부터 직접 유래했다.

이 판단의 책임을 지는 사람은 각 개별적인 상황에서 적절하고, 공정하며 정당한, 법률의 목적 규정에 부합하는 결정을 내려야 한다. 법률의 일반화 개념이 예견할 수 없는 사례 상황에서 오류나 어려움에 부딪혀 일반적 법률로 평등이 보장될 수 없는 경우에, 또는 법률이 생활 상황의 특수성으로 인하여 일반적 목적 규정만을 정할 수 있는 경우, 행정은 구체적인 사례에서 평등문제를 스스로 결정하여야 한다. 그를 위해서 행정은 입법자의 평가기준에 따라 자신의 문제 해결 방식이 일반화될 수 있는지를 고려해야 한다.[20] 비슷한 사례들은 동일하게 결정되어야 한다. 비교 가능한 사례들은 일반적인 것을 도출하는 데 초점을 맞추어야 한다. 그것들은 임의적 특성이나 일방 당사자의 이익에 기여하도록 해서는 안 된다.

재량은 행정법에서 예를 들어 위험 평가,[21] 면제의 부여,[22] 전략적 판단[23] 이전에 예술, 과학 등의 분야에서는 특별한 전문지식의 발휘를 위한 자유여지로, 그리고 건축법과 도로법에서는 계획 재량[24]으로 나타난다.

법률의 법적 결과의 측면에서의 재량 외에 법률의 구성요건의 측면에서 예를

---

19) *Moritz Heyne*, Deutsches Wörterbuch, Bd. 1, 2. Aufl. 1904, Sp. 806.

20) *Hans-Ulrich Evers*, Das allgemeine Gesetz und seine Anwendung, in: Starck (Hrsg.), Die Allgemeinheit des Gesetzes, 1987, S. 96, 129 및 이하 내용도 참조.

21) 원자력법(Atomgesetz) §7 Abs. 2: 허가는 특정 조건이 충족되는 경우에만 발급될 수 있지만 반드시 발급되어야 하는 것은 아니다.

22) 건축법전(Baugesetzbuch) §31 Abs. 2: 건축 계획의 기본 틀을 벗어나지 않고 3가지 추가 조건이 충족되는 경우, 건축 계획의 세부 규정으로부터 면제될 수 있다.

23) 니더작센주 공적 안전과 질서에 관한 법률(Nieders. Gesetz über die öffentliche Sicherheit und Ordnung) §5.

24) *Hartmut Maurer*, Allgemeines Verwaltungsrecht, 18. Aufl. 2011, §7 Rn. 63.

들면 선량한 도덕, 적합성, 거래의 안전, 특별한 사정 등과 같은 소위 불확정 법률 개념이 있다. 개별 사례에서 채워야할 필요가 있는 이 개념들은 구체적인 행위를 평가하는 데 도움이 되는 각 사회 현실 속에 수용되어 존재하는 가치평가의 형태로 규범적 기준들을 제시한다. 이렇게 하여 정상으로 평가할 수 있는 것으로 관찰된 행위는 장래의 행위를 위한 기준이 된다.[25] 행위 방식이 매우 다양하여서 개념적 정확성이 없기 때문에, 어떤 행위가 요구될 것인가에 대한 더 자세한 개념적 설명은 할 수 없다.[26] 불확정 법률 개념을 적용할 때 일차적으로는 행정공무원이, 뒤에는 법관이 살아있는 법적 그리고 사회적 전통 속에 놓이게 되는데, 이 전통을 행정공무원과 법관은 자신의 주관적 가치 관념보다 우선하여 적용할 수 있고 또 적용해야 한다.[27]

2. 기본권과 비례성원칙

입법자는 법률을 제정할 때 그리고 행정은 법률을 적용할 때 기본권에 기속된다(기본법 제1조 제3항). 적용 법률이 앞에서 설명한 해석 규칙에 따라 다양하게 해석될 수 있어서 위헌으로도 합헌으로도 될 수 있다면, 행정은 법률을 헌법합치적으로 해석하여야 한다. 이 의무에서 헌법의 행정에 대한 직접적인 기속력이 나타난다. 유럽연합의 지침을 이행하여야 하는 법률(유럽연합실행조약 제288조 제3항[iii])은 지침의 목적이 실현되도록 해석되어야 한다.

독일에서 주관적 공권이라는 관념은 기본권에 그리고 그에 선재하는 인간의 존엄성 보장에 그 헌법적 근거가 있다. 그러나 주관적 공권은 법치국가원리의 당연한 귀결이기도 하다. 주관적 권리는 일반적으로 다른 사람에게, 주관적 공권은 국가나 다른 공권력 주체에게 작위, 수인 또는 부작위를 요구할 수 있는 법적인 힘을 의미한다.[28]

---

25) *Josef Esser*, Grundsatz und Norm, 2. Aufl. 1964, S. 150 참조.

26) *Christian Starck*, Der Gesetzesbegriff des Grundgesetzes, 1970, S. 265.

27) *Karl-Heinz Strache*, Das Denken in Standards, 1967, S. 17f.

28) *Ottmar Bühler*, Die subjektiven öffentlichen Rechte und ihr Schutz in der deutschen Verwaltungsrechtsprechung, 1914, S. 224; *ders.*, Altes und Neues über Begriff und Bedeutung der subjektiven öffentlichen Rechte, in: Gedächtnisschrift

행정이 법률을 적용할 때는 일반적으로 법률에 개인의 권리와 공공복리 간의 균형을 미리 정하게 되는데, 이는 대개 기본권 제한을 통해서 실현된다. 법익 보호라는 단순한 목적만으로 어떠한 종류의 기본권도 제한할 수 있다면 기본권 기속이 의문시될 것이다. 이는 법률 차원뿐만 아니라 여기서 관심의 대상이 되는 법률 적용의 차원에 있어서도, 헌법적 근거를 가진 법익의 보호를 위해 투입된 수단을 일정한 한계에 종속시킴으로써 극복할 수 있다. 이러한 한계는 대부분 이미 법률에 규정되어 있다. 개방적 법률 개념이나 재량권을 적용할 때는 비례성원칙이 중요한 역할을 한다.

주목할 만한 것은 비례성원칙은 이미 19세기에 독일 경찰법에서 경찰상 판단의 근거로서 일반규정을 법치국가적으로 기속하기 위해서 사용하였다는 점이다.[29] 일반 조항을 근거로 하는 행정상 조치는 법률상 규정된 목적을 달성하는 데 적합하고 필요한 것이어야 한다. 그 외에 제한의 진지성은 보호법익의 향유와 균형적 관계에 있어야 한다. 법률 규정의 정확성에 따라 행정은 재량여지를 가지지만, 이는 제한의 비례성의 관점에서 제약이 있다.

3. 신뢰 보호

법률 적용 시에는 앞에서 설명한 바와 같이 합법성원칙이 적용된다. 따라서 위법적인 행정행위는 다툴 수 없는 상태가 된 경우에도 장래를 향하여 또는 과거로 소급하여 전부 또는 일부를 취소할 수 있다(행정절차법 제48조 제1항 제1문[iv]). 그러나 행정행위가 수익적인 것인 경우에는 행정절차법 제48조 제2항에서 제4항까지 규정되어 있는 신뢰 보호에 기여하는 제한 사항에 따라서만 취소가 허용된다.[v] 이러한 경우에 신뢰보호는 행정의 합법성에 우선한다. 즉 위법적 상황이 당사자의 이익을 위해 유지된다. 신뢰보호의 근거로는 법치국가원리가 원용된다. 행정절차법 제48조 제1항 제1문의 일반규정은 위법적 행정행위의 전부 또는 일부를 과거로 소급하여 취소하거나 또는 장래에 대해서만 철회할 수 있도록 규정함으로

---

für Walter Jellinek, 1955, S. 269, 274.

29) Preuß.OVG 13, 424, 426; Sächs.OVG, Jahrbuch 1907, S. 328, 331; Bad.VGH, Zeitschrift für Bad.Verw. 1923, S. 133.

써 행정이 상황에 따라[30] 합법성원칙을 충분히 효과적으로 구현할 수 있게 한다. 그럼에도 불구하고 연방행정재판소의 판례는 일관된 형태로 발전시켜왔기 때문에, 하르트무트 마우러(Hartmut Maurer)[31]가 말한 바와 같이, 연방행정재판소의 그 자체 완결된 취소 이론-말하자면 판례법-이라고 말할 수 있다.[vi]

Ⅶ 요약

1. 법치국가적 행정은 적어도 법률의 틀 안에서 법률의 근거를 가지고 집행된다.
2. 행정을 통한 법률의 적용은 법률 해석의 규칙을 준수하는 가운데 현실에서 구성요건을 규범에 부합하도록 형성할 것을 요구한다.
3. 법률 적용에는 법치국가적 원칙이 적용된다. 이는 재량권의 행사와 불확정 법률 개념의 적용을 위하여 특히 강조되어 왔다.
4. 행정은-적용 법률을 매개로 그리고 법률을 적용할 때-직접적으로 기본권에 기속되고, 이에 대해서는 비례성원칙이 기준이 된다.
5. 법률을 적용할 때 행정은 합법성원칙을 유보하고 수익적 행정이 지속될 것이라는 신뢰를 보호한다.

---

30) 예컨대 BVerfGE 59, 128, 169f.

31) *Maurer* (주 24), Rn. 23f. 여기에는 판례의 정보도 함께 있다; *Kyrill-A. Schwarz,* Vertrauensschutz als Verfassungsprinzip, 2002, S. 321ff.

역자 주

i 상호주관성이란 둘 이상의 주체가 어떤 의미나 경험을 공유하는 상태를 말한다.

ii 현상의 근본적인 원리를 말한다. 여기서 재량은 법철학적으로 볼 때 필연적으로 존재하는 법의 본질적인 속성 중의 하나라는 의미다.

iii 유럽연합실행조약 제288조 제3항은 다음과 같다. "지침은 달성해야 할 목표와 관련하여 적용되는 모든 회원국을 구속하지만, 형식과 수단의 선택은 국내 기관에 위임한다."

iv 독일 행정절차법 제48조 제1항 제1문은 다음과 같이 규정하고 있다. "위법적 행정행위는 더 이상 다툴 수 없게 된 경우라도 전부 또는 부분적으로 장래에 대하여 또는 소급하여 취소할 수 있다."

v 독일 행정절차법 제48조 제1항 제2문은 다음과 같이 규정하고 있다. "권리 또는 법적으로 중요한 이익을 제공하거나 확인한 행정행위(수익적 행정행위)는 제2항부터 제4항까지의 제한 사항에 따라서만 취소될 수 있다." 제2항에서 제4항까지의 내용은 신뢰보호원칙의 준수와 그에 따른 배상 등을 규정하고 있다.

vi 마우러의 이러한 언급에 대해서는 Hartmut Maurer, Allgemeines Verwaltungsrecht, Aufl. 16의 번역본인 박수혁 역, 독일행정법 제16판, 사법발전재단, 2010, 235쪽 이하 착조.

제4장 행정법에서 법해석학과 입법*

법해석학(Rechtsdogmatik)은 법률 안에서뿐만 아니라 법률 밖에서도 개발된 법적 명제(Sätzen)와 규칙(Regeln)의 일관된 체계(zusammenhängendes Gefüge)이며, 일반적인 승인과 준수를 요구한다.[1] 이 정의로부터 법해석학과 입법 사이의 양면적 관계가 발생하며 이는 행정법에서 나타난다. 나는 우선 법해석학에서 법률로 가는 과정을 살펴본 다음 법률에 대한 법해석학의 연구 사례를 제시할 것이다. 마지막으로는 법해석학의 단계에 대한 질문을 다룬다.

I 법해석학에서 입법까지

일반 행정법에 대한 우리의 해석학(Dogmatik)은 지난 세기 말 이래로, 즉 지난 100년 동안 관련 입법의 부재 속에서 발전되고 강화되고 개선되어 왔다. 그러나 오토 바호프(Otto Bachof)는 일반 행정법 해석 이론의 기초를 놓은 저자 프리드리히 프란츠 마이어와 오토 마이어가 당시에 이미 상당히 많았던 특별 행정법으로부터 그들의 견해를 가져왔다는 것을 보여주었다.[2]

---

* 출처: Behrends/Henckel (Hrsg.), Gesetzgebung und Dogmatik, Göttingen 1989, S. 106-119.

1) *Franz Wieacker*, Zur praktischen Leistung der Rechtsdogmatik, in: Gadamer-FS Bd. II, 1970, S. 311, 319 m. w. H. in Anm. 22; *Christian Starck*, Empirie in der Rechtsdogmatik, JZ 1972, S. 609 = *ders.*, Der demokratische Verfassungsstaat 1995, S. 97.

2) *Otto Bachof*, Die Dogmatik des Verwaltungsrechts vor den Gegenwartsaufgaben der Verwaltung, VVDStRL 30 (1972), S. 193, 203.

뷔르템베르크의 고등행정관이었던 프리드리히 프란츠 마이어(Friedrich Franz Mayer)는 1862년에 발행한 저서에서 독일 국가들의 행정법들을 기반으로, 연방 법과 관련하여 서술한 공통 독일 국가법 교과서의 형식에 따라, 공통 독일법을 특별히 고려하여 행정법의 기본원칙들을 도출했다.[3] 이 기본원칙들은 독일에서 행정법 일반론에 관한 최초의 해석학적 결과이다. 여기서 일반이라는 것은 개별 독일 국가들의 특별 행정법과 대조가 되면서 또한 전체 독일에 공통적인 것을 뜻한다.[4] 프리드리히 프란츠 마이어는 (일반) 국가행정법의 내용을 법적 원칙과 제도의 체계로 설명한다. 즉, "이 체계에서는 우선 사법(Privatrecht)에도 적용할 수 있는 법적으로 중요한 개인의 속성에 관한 규정들(개인에 대한 법 Personenrecht)이 공적 법률관계의 주체로서 개인의 지위를 인정하는 방향으로 자리를 잡는다. 나아가 이 체계는 사법과 특정 일반적 법 개념을 공유하면서도, 본질적으로 공행정의 성격에 상응하는 독특한 형식과 모습으로 형성되었고 그리고 공적 필요의 변화에 따라 계속해서 형성된다."[5] 입법의 기능은 여기서 중요하지 않음을 알게 된다. 사법, 공행정의 성격 그리고 변화하는 필요성이 중요하다. 법률과 관련하여 마이어는 법률이 많다고 불평하면서도 그것을 자신의 법해석 작업을 위한 귀납적 기초로 사용한다. 법률들은 그의 작업의 기초가 되는 재료다. "숙련된 실무자"로서 그는 "자기 성과의 주된 가치를 개별적인 것을 일반적인 것으로 환원하고, 각 제도가 공적 법 생활에서 차지하는 위치를 지정하고, 다른 기관과 관련지으면서도 가능한 한 현재의 법 인식 상황에 따라 최고의 지도 원칙을 설명"하는 데에 두고 있다.

---

3) *F.F. Mayer* 저서의 정확한 명칭은 다음과 같다. "공통 독일법 및 프로이센, 바이에른 그리고 뷔르템베르크 왕국 최고기관의 최근 입법과 주목할 만한 결정들을 특별히 고려한 행정법의 원칙들"(Grundsätze des Verwaltungs-Rechts mit besonderer Rücksicht auf gemeinsames deutsches Recht, sowie auf neuere Gesetzgebung und bemerkenswerte Entscheidungen der oberstern Behörde zunächst der Königsreiche Preußen, Baiern und Württemberg).

4) 이 국가의 경계를 뛰어넘는 일반 행정법의 의미는 오늘날 스위스에서도 유지되고 있다. *Thomas Fleiner-Gerster*, Grundzüge des allgemeinen und schweizerischen Verwaltungsrechts, 2. Aufl. 1980 참조.

5) *F.F. Mayer* (주 3), S. 8.

또한 오토 마이어(Otto Mayer)[6]는 그가 잘 알고 있었던 더 발전된 프랑스 행정법에서 아이디어를 차용하면서,[7] 자신의 독일 행정법 교과서에서 법해석학을 더욱 발전시켰다. 개별 행정법에 포함되어 있거나 그에 적용되어 개별 행정법의 실행가능성을 개선하고 합리화하는 일반적 원칙들을 법학적으로 도출하는 것은 법이론(Rechtslehre)과 학식 있는 법관들이 행한 판결 간의 지속적인 대화 속에서 이루어졌다. 이러한 독일 일반 행정법 체계[8]는 제2차 세계대전 이후에는 개별 행정 사안에 관한 입법에 포함되거나 입법에 우선하는 헌법적 원칙의 표현인 경우를 제외하고는, 연방과 주에서 관습법으로 계속 적용되었다. 전통적 일반 행정법 해석학이 법질서에 대해 갖는 중요성은 입법자가 연방과 주에서 그것을 관습법적 효력으로 그대로 둘 것인지 아니면 그 문제를 전체적으로 또는 부분적으로-남아 있는 몇 가지 논쟁을 해결하면서-성문화할 것인지의 선택에 직면했다는 사실에서 알 수 있다.

1976년에 일반 행정법의 일부가 연방 행정절차법과 그에 상응하는 주 법률에 성문화되었다. 의심의 여지없이 거의 100년간 계속된 일반 행정법에 대한 해석학적 작업이 행정법 분야의 입법에 매우 중요한 체계적 기초를 제공하였고 논쟁적 문제에 있어서 판단 기준을 제시하였다. 이러한 법해석학적 기초는 개별적 행정 사안에 대한 입법에서 행정절차법에 이르기까지 지속적으로 영향을 미쳤다.

일반 행정법의 일부가 성문화되기 이전에도 일반 행정법은 연방과 주의 다양한 특별 행정법 분야의 입법에서 개별적인 행정법 영역이 분리되는 것을 방지하고, "행정법 체계에 견고함과 일관성을 부여하고" 그리고 "특별 행정법의 단명성(短命性)과 복잡성"을 상쇄하는 중요한 기능을 하였다.[9] 일반 행정법의 이러한 과

---

6) *Otto Mayer,* Deutsches Verwaltungsrecht, 2 Bde., 1. Aufl. 1895/96, 2. Aufl. 1914/1917, 3. Aufl. 1924.

7) *Otto Mayer*, Theorie des französischen Verwaltungsrechts, 1886; 이에 대해서는 *Erk Volkmar Heyen*, Otto Mayer: Frankreich und das Deutsche Reich, in: Der Staat 19 (1980), S. 444, 453ff. 참조.

8) 각각의 경우에 추가적 연구는 *Fritz Fleiner*, Institutionen des deutschen Verwaltungsrechts, 1911, 8. Aufl. 1928; 특히 조직법과의 관련을 통한 것으로는 *Paul Schoen*, Deutsches Verwaltungsrecht. Allgemeine Lehren und Organisation 1913; *Walter Jellinek*, Verwaltungsrecht, 1928, 3. Aufl. 1931 (unveränderter Neudruck 1948) 참조.

9) *Klaus Stern*, Das allgemeine Verwaltungsrecht in der neueren Bundesgesetzgebung, JZ

업을 인정하는 경우에도, 매우 보수적으로 들리긴 하지만, 행정법 해석학의 정신사적 및 사회적 조건들을 도출하고 현재의 변화에 직면하여 필요한 결론을 도출하며 법해석학을 신중하게 지속적으로 발전시키는 것을 배척하는 것은 아니다.[10] 클라우스 슈테른은 1962년에 16개의 연방 법률을 조사한 결과 "특별 행정법의 입법자가 일반 행정법의 전통적인 원칙과 제도를 유지하고 활용하는 데 있어 고무적인 일치"를 확인할 수 있었다.[11] 학문과 판결에 의해서 형성된 개념과 형식은 입법자가 사용하는 구성 요소들보다 명백히 더 큰 지속성을 가진다. 입법자의 권위가 결정을 내릴 수는 있지만, 확립된 견해에 따라 그리고 합리적이고 구조적으로 올바르고 명확하며 논리적으로 완벽한 해결을 목표로 선하고 정당하게 결정하는 것도 그에 못지않게 중요하다.[12]

법해석학은 행정법에서도 입법의 필수적 기초라는 것이 입증된다.[13] 법해석학적 사전작업과 체계화 없이는 입법은 법문화적으로 매우 낮은 수준에 머물게 될 것이며, 법의 명확성과 신뢰성이라는 법치국가적 요구를 충족하지 못하게 될 것이다. 법해석학도 입법에 포함된다.[14]

그러나 행정법에는 법률로 규율되지 않거나 법해석학적으로 전혀 또는 충분히 형성되지 않은 영역이 여전히 있다. 행정조직법을 생각해 보자.[15] 특히 연방국

1962, S. 265ff. und 297ff., 267.

10) 이에 대해서는 *Winfried Brohm*, Die Dogmatik des Verwaltungsrechts vor den Gegenwartsaufgaben der Verwaltung, VVDStRL 30 (1972), S. 245, 253.

11) *Stern* (주 9), S. 302.

12) 비슷하게는 현재는 *Eberhard Schmidt-Aßmann*, Verwaltungsrecht als Odnungsidee und System, 1982, S. 10f.

13) *Jan Harenburg*, Die Rechtsdogmatik zwischen Wissenschaft und Praxis, 1986, S. 365 참조.

14) *Günther Winkler*, Gesetzgebung und Verwaltungsrecht, in: Winkler/Schilcher (Hrsg.), Gesetzgebung, 1981, S. 100, 109f.: "완결된" 법률을 파악해보면 흠결된 목록을 알 수 있는데, 흠결된 목록은 앞으로의 입법에 대한 비판적 길안내로 될 수 있고 또 그러하여야 한다. 또한 *Ulrich Karpen*, Zum gegenwärtigen Stand der Gesetzgebungslehre in der Bundesrepublik Deutschland, Zeitschrift für Gesetzgebung 1 (1986), S. 5, 8도 참조.

15) *Bachof* (주 2), S. 233ff.는 행정조직법이 행정법의 해석학(Dogmatik)에서 등한시되고 있다고 비판한다.

가에서 주의 협력에 대한 법적 기초를 보자. 이는 헌법적으로나 법률적으로 규율되지 않는 문제이고, 이러한 협력이 결코 새로운 현상이 아니고 시간이 경과함에 따라 점점 증가했음에도 불구하고, 법해석학적 구조는커녕 실제 현상으로도 거의 파악되지 않았다. 독일비교법학회[i]의 연구의 일환으로 1987년에 사실 관계 및 법해석학적 질서에 대한 철저한 조사가 최초로 시도되었다.[16)]

현재 유럽 행정법의 법해석학이 개발되고 있다. 유럽 행정법의 해석학을 발전시킨 것은 사전 작업을 한 학자들이 아니다. 오히려 판결을 해야 했던 유럽공동체법원[ii]이었다.[iii] 유럽공동체법원은 각국의 법질서에 대하여 독립적이면서도 그로부터 영향을 받은 유럽 행정법을 발전시키기 시작하였다. 유럽법원은 그 과정에서 개별 헌법질서와 행정질서의 배후에 있는 회원국의 공통된 가치관이라는 저수지로부터 영감을 길러내었다.[17)] 유럽법원의 말에 따르면, 법원은 회원국의 입법, 학설 그리고 판결에서 인정된 규칙들을 고려하여 행정법의 기본문제들을 결정한다. 이 경우 회원국의 행정법은 국가적 특성을 보인다는 점을 간과해서는 안 된다. 따라서 대부분의 행정법적 제도들은 법적으로 각국의 헌법적, 정치적 그리고 역사적으로 확립된 구조를 고려하여서만 이해할 수 있으며,[18)] 이는 유럽 행정법의 법해석학적 발전을 위해 해결해야 할 적지 않은 문제들을 제기한다. 발전하는 유럽 행정법의 법해석학은 각국의 행정법 체계와 그에 따른 국가별 입법에 통일적인 영향력을 행사하게 될 것이다.[19)]

---

16) Fragenkatalog, Landesberichte und rechtsvergleichenden Generalbericht, in: Christian Starck (Hrsg.), Zusammenarbeit der Gliedstaaten im Bundesstaat, 1988 참조.

17) *Gottfried Zieger*, Die Rechtsprechung des Europäischen Gerichtshofs, JöR 22 (1973), S. 299, 349f. m.w.N. 및 *Hans-Peter Ipsen*, Europäisches Gemeinschaftsrecht, 1972, S. 734; *Jügen Schwarze*, Die Befugnis zur Abstraktion im europäischen Gemeinschaftsrecht, 1976, S. 224ff.; *Ulich Everling*, Auf dem Wege zu einem europäischen Verwaltungsrecht, NVwZ 1987, S. 1ff.

18) 행정재량의 예를 든 설명으로는 *Christian Starck*, Rechtsvergleichender Generalbericht, in: Martin Bullinger (Hrsg.), Verwaltungsermessen im modernen Staat, 1986, S. 15ff.

19) *Bachof* (주 2), S. 236; *Jean Rivero*, Vers un droit commun européen, in: Cappelletti (ed.), New Perspectives for a Common Law of Europe, Florenz 1978, S. 389, 406; *Jürgen*

Ⅱ 입법과 해석학적 후속 작업

행정법 해석학의 수립과 지속적 발전 그리고 경우에 따라서는 혁신도 입법의 영향으로부터 완전히 자유로운 것은 아니었다. 이미 언급하였듯이 개별 행정법은 그 적용을 합리화한다는 관점에서 보면, 처음부터 행정법적 개념 형성의 출발점이었다. 즉, 해석학적 작업을 위한 소재였다. 그러나 입법은 행정소송과 행정절차에 관한 법률[20]에서 볼 수 있듯이 해석학에도 직접적으로 영향을 미쳤다. 3가지 예를 통해 a) 헌법적 요구사항에 비추어 불완전한 입법이 어떻게 법해석학을 왜곡시키는지, b) 해석학적 구성이 어떻게 유연한 입법을 불필요하게 제한할 수 있는지,[iv] c) 법해석학이 어떻게 법률의 개선을 도모하는지를 설명하고자 한다.

a) 기본법 제19조 제4항[v]에 따라 행정소송상 권리보호는 우리 행정법 체계의 중요 제도에 속하기 때문에, 소송유형에 관한 규정들은 행정법의 해석학에 영향을 미친다. 예를 들어, 미군 점령 지역에 속한 주의 행정소송법[21]과 영국 군정 명령 제165호[22]가 시행되는 동안 행정행위 개념의 확장을 언급하고자 한다. 이 법령들은 사법적 권리보호를 행정행위의 존재와 연계시켰다. 그 결과, 가능한 모든 조치들이 행정행위의 개념으로 포괄되면서 행정행위 개념이 목적론적 해석에 따라 그 본래적 의미를 훨씬 넘어 확장되었고,[23] 행정소송상 권리보호의 요구에 맞추어 왜곡되었다. 기본법 제19조 제4항에 따라 판결이 사법적 권리보호가 필요하

Schwarze, Europäisches Verwaltungsrecht im Werden, 1982, S. 16ff.

20) 이에 대해서는 상세한 연구로는 *Ingo Heberlein*, Auswirkungen der Verwaltungsverfahrensgesetze auf die Dogmatik des Verwaltungsrechts (Speyerer Forschungsberichte 24), 2 Bände, 1981.

21) Gesetze über die Verwaltungsgerichtsbarkeit, Bayern v. 25.09.1946 (GVBl., S. 281), Bremen v. 05.08.1947 (GVBl., S. 171), Hessen v. 31.10.1946 (GVBl., S. 194), Württemberg-Baden v. 16.10.1946 (RegBl., S. 221), 후에는 Baden-Württemberg v. 12.05.1958 (GB1. S. 131).

22) 날짜 없이 VOBl. BZ 1948, S. 263.

23) *Otto Bachof*, Über einige Entwicklungstendenzen im gegenwärtigen deutschen Verwaltungsrecht, in: Kulz/Naumann (Hrsg.), Staatsbürger und Staatsgewalt, Bd. II, 1963, S. 3, 9.

다고 판단할 때마다 문제가 되는 행정처분은 행정행위로 분류되었고[24)] 따라서 행정행위는 순전히 절차적 개념으로 변형되었다. 1960년 이행소송 및 부작위소송도 허용하는 행정재판소법[vi]의 시행과 함께 행정행위는 다시 실체법적 제도로 복귀할 수 있게 되었다.[vii] 이 실체법적 제도는 특별한 전제조건이 적용되는 취소소송 또는 의무이행소송의 필요성을 논증하기 위해서 그 자체로 소송법에서 중요성을 가진다. 이 예에서 불완전한 입법은 법률상 개념의 틀 안에서 기본법 제19조 제4항의 헌법상 권리보호조항을 충족시키기 위해 행정법 체계의 중심 부분인 행정행위 이론을 왜곡시킨 해석학적 구성의 원인이 되었다.

b) 법률에 대한 해석학적 작업의 다른 사례들에서는 실제 행정 업무의 경험과 일치하지 않는 구분이 이루어지기도 한다. 예를 들어 행정재판소법 제114조[viii]의 해석을 보면, 이 조항은 재량 결정에 대한 사법 심사에 대해, "행정행위 또는 행정행위의 거부나 부작위가 법률상 재량 한계를 일탈하였거나 재량이 위임의 목적과 부합하지 않는 방법으로 행사되었기 때문에 위법한지 여부"가 심사되어야 한다고 규정하고 있다. 법해석학은 신속하게 연방행정재판소[25)]를 비롯한 법원의 판결에 따라 재량 개념을 법규의 법적 효과로 제한하고, 구성요건 측면에서 모호한 표현을 재량 개념에 속하지 않는 불확정 법 개념[ix]으로 선언하여 행정재판소의 제한된[x] 심사범위에서 제외하였다. 영국, 프랑스, 미국과 같은 모든 법치국가에서 그러한 것처럼 불확정 법 개념의 판단여지[xi]를 다시 재량 개념으로 보아야 할지 여부를 진지하게 물어야 한다. 그렇게 되면 행정에 더 많은 최종 결정 권한이 부여되고, 행정재판은 다시 법적 통제라는 자신의 임무로 제한하면서 행정 정책의 수행에서 벗어나게 될 것이다.[26)] 궁극적으로는 권한 문제에 대한 결정인데, 행정재판소가 지배적 학설에 힘입어 자신에게 유리한 방향, 즉 권한을 확대하는 방향으로 결정해

24) 분명하게는 BVerwGE 3, 258, 262: "행정재판과 관련한 행정행위 개념의 목적설정에 있어 시민의 권리보호필요는 본질적인 것이다." BVerwGE 7, 296f.도 참조.

25) BVerwGE 8, 272, 275; 다른 것으로는 초기의 BVerwGE 1, 92, 96; 4, 89, 91f.

26) 이러한 의미로는 *Horst Ehmke*, Ermessen und unbestimmter Rechtsbegriff im Verwaltungsrecht, 1960; *Rupert Scholz*, Verwaltungsverantwortung und Verwaltungsgerichtsbarkeit, VVDStRL 34 (1976), S. 145, 166ff.; *Bullinger* (주 18), S. 136ff.; *Schmidt-Aßmann*, in: Maunz/Dürig, GG, Art. 19 IV, Rdnr. 180ff., 186, 191.

버린 것이다. 이 결정은 해석학적 범주의 외피를 쓰고 있으나, 자세히 들여다 보면 취약하며 법이론적으로(rechtstheoretisch)도 오류를 범하고 있다. 이는 두 가지 예를 통해 분명히 할 수 있다.

주민건강에 기여하는 법률상 개별적으로 열거된 시설들에 대한 연결 및 사용 의무를 명령할 수 있는 게마인데의 권한이 이전에는 니더작센주 지방자치법 제8조 제2항[xii]에 따라 긴급한 공적 필요[xiii]가 있는지 여부에 달려 있었다.[27] 행정재판소는 이 불특정 법 개념의 적용을 전면적으로 심사하였다.[28] 그에 대한 대응으로 니더작센주 입법자는 법률을 개정하여 "게마인데가 긴급한 공적 필요가 있음을 확인하는 경우에"[29][xiv] 앞서 설명한 연결 및 사용 의무를 규정할 수 있도록 하였다. 공식적으로 밝힌 개정 이유에서 다음과 같이 설명하고 있다.

"주민의 건강에 기여하는 시설의 설치는 지방자치단체의 장래의 발전에 관한 장기적 계획에 점점 더 많이 의존하게 되어 각 기관의 긴급한 공적 필요성이 존재하는지 여부의 문제는 기존의 기준에 따라 명확하게 답할 수는 없게 되었고, 오히려 향후 발전 계획에 대한 지방자치단체의 형성의 자유에서 비롯되는 재량여지를 지방자치단체에 부여할 필요가 있다. 따라서 이 법안은 지방자치단체(게마인데와 란트크라이스)에 의한 긴급한 공적 필요성의 판단을 결정적인 것으로 규정하고 있다. 분쟁이 있는 경우에 사법 심사는 지방자치단체가 그러한 판단을 내릴 때 계획 수립에 대한 형성의 자유를 벗어났는지 여부이다."

명백한 법률 개정과 법률자료에서 분명히 밝혀졌음에도 불구하고 뤼네부르크 고등행정재판소는 이 규정에서 의미하는 긴급한 공적 필요는 공법상 행정 주체의 재량에 속하지 않고 오히려 소위 불특정 법 개념으로서 행정재판의 완전한 심사 대상이 된다고 판단하였다(1981년 2월 26일 판결-3 A 92/79 및 1988년 3월 24일 판결-3 A 262/86). 반면에 뮌스터 고등행정재판소는 공적 필요가 있는지 여부에 대

27) § 8 Nr. 2 Nieders. Gemeindeordnung v. 04.03.1955 (GVBl., S. 55); 다른 주의 조례에서도 비슷한 규정이 있지만 거기에는 "긴급한(dringend)"이라는 단어가 없다.

28) BayVGH, DVBl. 1954, S. 748f.; VGH Manheim, ESVGH 23, 21, 24; OVG Lüneburg, in: Die Gemeinde 1969, S. 138.

29) § 8 Nr. 2 NG0 i. d. F. des Änderungsgesetzes vom 09.07.1971 (GVBl., S. 232), 이에 대해서는 LT Drucks. 7/125, S. 16f.의 공식적 이유제시 참조.

한 판단을, 노르트라인-베스트팔렌에서 계속 적용되는 구법 조항을 근거로, 행정재판소가 행정재판소법 제114조의 범위 내에서만 심사하는 재량적 결정으로 인정했다.[30)]

사법적 통제의 관점에서 재량과 판단여지가 있는 불특정 법 개념을 구별하는 현재의 지배적 견해가 얼마나 설득력이 없는지는 다음의 예[31)]가 보여주고 있다. 이 예에서는 법률 문언을 약간 수정함으로써 실제로는 판단 재량을 부여하는 불특정 법 개념이 법적 효과에 대한 재량으로 바뀌고 있다. A 문언: 국민의 건강이 위험에 처한 경우 예방 접종 의무가 부과될 수 있다. 이는 재량 규범이다. B 문언: 국민의 건강이 위험에 처하고 예방 접종이 효과적인 것으로 보이면 관할청은 예방 접종 의무를 부과해야 한다. 이 문언에서는 재량이 규범의 구성요건 측면으로 이동했다. 두 규범은 적용 측면에서는 아무런 차이가 없다. 이를 법해석학은 인식할 수 있어야 했다.[32)] 오히려 법해석학의 임무는 그때마다 적합한 통제 밀도를 가진 다양한 재량 유형을 개발하는 것이다. 그래서 예를 들면 행정의 집행 기능과 형성 기능이 구별될 수 있을 것이고[33)] 다원적으로 구성된 위원회의 결정에 대해서는 특히 광범위한 판단 재량이 허용될 수 있을 것이다. 이는 그동안 판례가 인정하고 있다.[34)]

c) 그러나 전반적으로 법해석학은 법률의 개선에 기여한다고 정의할 수 있다. 법해석학적 사전 작업을 바탕으로 특정 법 영역이 법률로 규정되더라도 법해석학은 아무 역할도 하지 않는 것이 아니고, 법률 내부에서 전개된다. 즉 입법절차에서 나타나는 가치모순을 조정하고, 헌법합치적 해석을 위해 노력하며,[35)] 입법 당

---

30) 그렇게는 OVG Münster, OVGE 11, 196, 197f.; 14, 170, 172f.; 18, 71, 72ff.; 후에는 또한 OVG Lüneburg, DVBl. 1991, S. 1004f.

31) BVerwG, DVBl. 1972, S. 895 - § 12 AWG betreffend - mit Anm. v. Redeker sowie Gem. Senat der obersten Gerichtshöfe, DVBl. 1972, S. 604.

32) BVerfGE 11, 168, 191f.의 부수적 의견(obiter dictum)에도 불구하고.

33) 이에 대해서는 *Brohm* (주 10), S. 305.

34) BVerwGE 39, 197, 203ff.; 77, 75, 78; 대학입학정원의 기준에 대한 수용능력을 조사하는 경우의 판단 재량에 대해서는 BVerwGE 60, 25, 44ff.; 65, 303, 311f. 참조.

35) 예컨대 공법상 계약의 위법성의 결과(§§ 54ff. VwVfG)와 관련한 것으로는 *Alexander Blankenagel*, Folgenlose Rechtswidrigkeit öffentlich-rechtlicher Verträge?,

시에는 예상하지 못했던 새롭게 등장하는 문제들에 대한 해결책을 탐색한다. 우리가 특별 질서법에서 볼 수 있는 것처럼, 일반조항에 대한 해석과 해석학적 형성을 통하여 특별법에 필요한 토대가 마련된다.[36)]

입법이, 특히 체계적인 법전 전체를 성문화하는 경우에, 법해석학을 방해하는지 또는 촉진하는지 여부 및 어느 정도로 방해하거나 촉진하는지 여부는 법률 규정의 방식과 분리해서는 답할 수 없다.[37)] 입법이 미리 형성된 법해석학적 체계 속에 머무는 한 해석학의 과제는, 필요한 경우, 그 체계를 개선하는 데 있다. 다른 경우에는 해석학은 새로운 체계를 만들려고 노력해야 한다. 그러나 해석학은 항상 계속해서 발전하고 있다. 새로운 성문법이 법해석학을 불필요하게 만든다는 것은 지금까지 늘 오류임이 입증되었다. 오히려 새로운 성문법은 해석학적 연구를 필요로 한다. 그것은 교육적 이유에서뿐만이 아니고, 법률이나 성문법에 대하여 해석학적으로 연구하여 얻은 전체적 관점에서 볼 때 비로소 해석이나 법원의 계속적 법 형성을 통해 타당하게 결정될 수 있는 새로운 문제가 끊임없이 등장하기 때문이다.

점점 더 세분화되고 있는 특별 행정법(학교법, 대학법, 방송법, 사회법, 원자력법 등)에 대해 한 마디 덧붙이면 다음과 같다. 특별 행정법은 일반 행정법을 지향하지만, 자신의 틀 안에서 법해석학적 개발과 체계화를 가능하게 하고 또 그에 필요한 고유법칙성[xv]을 발전시킨다. 특히 나에게 친숙한 예는 새로운 주 방송법들인데, 그것은 내가 처음으로 시행된 니더작센주 법의 여러 초안 단계의 성립에 자문을 했기 때문이다.[38)] 여기서 그동안 시행된 많은 주 방송법들에 대한 비교법적 연구

VerwArch 76 (1985), S. 276ff., mit umfassenden Nachweisen; *Hartmut Maurer*, Allgemeines Verwaltungsrecht, 5. Aufl. 1986, S. 317f.; *Volkmar Götz*, Allgemeines Verwaltungsrecht, 3. Aufl. 1985, S. 175f.

36) 개별적 분야의 발전에 대해서는 *Volkmar Götz*, Allgemeines Polizei- und Ordnungsrecht, 9 Aufl. 1988, S. 28ff. 참조.

37) 이에 대해서는 *Bachof* (주 2), S. 203.

38) *Christian Starck*, Die Konstruktionsprinzipien und verfassungsrechtlichen Grundlagen der gegenwärtigen mediengesetzlichen Aktivitäten in den deutschen Bundesländern, in: JZ 1983, S. 405ff.; Hoffmann-Riem/Starck (Hrsg.), Das Niedersächsische Rundfunkgesetz vor dem Bundesverfassungsgericht, 1988는 니더작센주 방송법에 대한 후의 규범통제소송의 전체 자료를 포함하고 있다.

가 법해석학적 관점에서 필요한 것은 특히 조직모델, 허가조건, 프로그램규범, 감독기관 그리고 재정 지원 체계다. 입법적 조치를 통해서 정기적으로 형성되는 특별 행정법의 새로운 영역에 대한 이론은 단행본 형식의 심도 있는 연구와 탐구를 통해서만 가능하다.[39)]

Ⅲ 법해석학의 단계

법적 구속력의 관점에서 상위나 하위 서열의 법해석학이 존재하는가라는 매우 생산적인 질문에 기꺼이 들어가 보자.

a) 먼저 헌법의 우위(Vorrang der Verfassung)를 생각해 볼 수 있다. 이는 법해석학적으로 헌법 해석학이 행정법 해석학을 지배하는 것을 의미한다. 따라서 그 이름에 걸 맞는 모든 법해석학에 내재하는 일반화 가능성 원칙[xvi]은 헌법상 일반적 평등원칙에서 상응하는 것을 발견하게 된다. 헌법상 일반적 평등원칙은 그 내용을 채우고 있는 차별금지, 차별명령 또는 차별허용을 제외하고, 입법과 법률 내외에서 법해석학적 규칙 형성을 지배한다.[40)] 법해석학상 기본권과 법치국가원칙에서 나오는 비례성원칙[41)]은 결코 임의적으로 포기할 수 있는 해석학적 가치가 아니다. 오히려 그것은 헌법의 우위의 일부이고 규범화하거나 적용할 때 행정법을 결정한다. 오토 마이어(Otto Mayer)는 이미 1895년에 자신의 행정법 제1판에서 권력분립적 헌법국가의 제도에 관한 규칙이 어떻게 행정법을 결정했는가에 대해서 언급하였다.[42)] 그리고 프리츠 플라이너(Fritz Fleiner)는 1928년에 독일 헌법의 개정이 "행정법에 대해서도 강력한 영향을 미쳤다"고 언급했다.[43)] 구 법제도들은 변화

---

39) *Bachof* (주 2), S. 235f.

40) 이미 *F.F. Mayer* (주 3), S. 7f.는 복종의무(Gehorsamspflicht)와 평등을 법해석학의 최고 원칙으로 부르고 있다.

41) *v. Mangoldt/Klein/Starck*, Das Bonner Grundgesetz, Bd. I, 3. Aufl. 1985, Art. 1 Rdnr. 182 mit Nachweisen aus der Rechtsprechung, in der 6. Aufl. 2010, Rdnr. 277ff.

42) S. 3f.

43) *Frotz Fleiner*, Institutionen des Deutschen Verwaltungsrechts, 8. Aufl. 1928, Vorwort.

된 의미를 받아들여야 했고, 독자적인 학문적 취급을 요구하는 새로운 문제들이 등장했다. 1949년 이후 행정법의 헌법의존성에 대한 목소리는 헤아릴 수 없이 많고 일반적으로 알려져 있다.[44] 개별적으로는 주로 행정재량의 제약, 주관적 권리의 도출, 특히 예외를 통한 금지의 억제,[45] 결과제거청구권의 창출[46] 그리고 원래 법이 적용되지 않는다고 생각되었던 행정의 내부 영역, 소위 특별권력관계에 대한 법적 규율[47]에 관한 것이었다. 언급된 예들에서 행정법 해석학은 "위에서부터" 변화되었다. 이러한 발전은 잘 알려져 있으므로 여기서 논의할 필요는 없다.

b) 나는 입법에 일종의 지도력을 발휘할 수 있는 법해석학적 노력과 임무에 주목하고자 한다. 그것을 위해서 그렇게 간단하게 헌법과 헌법의 우위에 의존할 수는 없지만 말이다. 물론 엄밀한 의미에서 민주적 입법자에게 헌법처럼 기속력 있는 법해석학을 제시할 수는 없기 때문에 문제는 상당히 복잡하다. 그러나 법해석학은 보통은 아무런 강제적 효력은 없고 오히려 자문적 효력만 있다는 것을 상기한다면, 입법자가 좋은 자문을 받았는지, 즉 현명하게 규율하였는지 여부와 관련하여 법률을 검토할 수 있다. 그러한 입법현명성(Gesetzgebungsklugheit)의 규칙에서 나는 첫 번째 단계보다 순위는 낮지만 실질적 의미에서는 중요하고 부당하게 과소평가된 두 번째 법해석학 단계를 보게 된다.[48] 오늘날 만연한 헌법적 추론의 비대화를 고려할 때, 현명성 관점은 한편으로는 헌법적 논증의 경직성을 완화하고 다른 한편으로는 공개적인 논증으로 규정의 현명성을 설득하도록 강제할 수 있다는 점에서 매우 중요한 것으로 보인다. 헬무트 슐체-필리츠(Helmut Schulze-Fielitz)는 제9차 독일 연방 의회에 관한 광범위한 연구에서 입법과정에서 법해석학적 합리성이 철저히 요구되고 때로는 영향력을 행사할 수 있음을 보여주었

44) 예컨대 *Peter Badura*, Das Verwaltungsrecht des liberalen Rechtsstaates 1967, S. 53ff.; *Bachof* (주 2), S. 206f., jeweils mit weiteren Nachweisen.

45) 기본적인 것으로는 BVerfGE 20, 150, 154ff.

46) *Wolff/Bachof*, Verwaltungsrecht I, 9. Aufl. 1974, S. 477f. mit Nachweisen.

47) BVerfGE 33, 1 (Strafvollzug), BVerfGE 45, 400, 417f.; 47, 46, 78 (Schule).

48) Juris-"prudenz".(Jurisprudenz는 법학을 의미하는 단어로서 법을 의미하는 라틴어 jus와 지혜, 학식을 의미하는 라틴어 prudentia가 결합된 말이다. 필자가 prudenz를 강조한 것은 법의 목적과 정신, 맥락, 다른 법과의 관계 등을 고려하여 법을 현명하게 만들어가는 것이 법학임을 강조하기 위한 것으로 보인다. - 역자 주).

고,[49] 그리고 입법 과정에서 자문활동을 한 많은 사람들이 이를 확인할 수 있다.[50]

시민영역에 대한 개입 및 허가유보를 다루는 기존 행정법에는 풍부한 현명성 규칙이 포함되어 있다. 그래서 행정행위의 존속력, 취소소송의 입증책임 및 신뢰보호에 관한 규칙은 개인의 이익과 행정이 실현할 공익을 보호한다. 또한 많은 법형식이 야누스의 머리를 하고[xvii] 저울에서 개인의 이익과 공익의 균형을 유지한다.[51] 경찰법의 기초가 되는 "위험"과 "공적 안전"은 국가의 자유주의와 독자적인 행정정책의 제한을 위한 필수적인 보장이다.[52][xviii] 전통적 학설에 따르면 "자연법사상에 기초한 국법에서 유래하고"[53] 주변 영역에서만 유연한 조세 개념[54]은 세수의 예산상 사용을 목적으로 하는바 입법의 중요한 (헌법적) 한계로 판명되었다.[55] 법해석학은 특별 행정법의 고전적 영역에서 적어도 기본개념의 관점에서 충분히 확립되어 있고 연방과 주의 입법자에 의해서 철저히 준수되고 있다.

사회국가적 급부 법률이나 기타 급부 법률에서의 상황은 법해석학적 고찰이 부족한 예로 볼 수 있다.[56] 급부 법률 유형은 적용, 효과 및 의도하지 않은 효과의

---

49) *Helmut Schulze-Fielitz*, Theorie und Praxis parlamentarischer Gesetzgebung besonders des 9. Deutschen Bundestages (1980-1983), 1988, insbes. S. 523ff., S. 331f.: 입법절차에서 법해석학적으로 논증된 연방참사원의 개선제안; 438: 협상에서 다수의 획득을 위한 법해석학적 논증.

50) 여기서 논의된 문제에 대한 니더작센주 의회의 중요한 입법 및 자문 서비스 설립 참조; 이에 대해서는 *Gerd Kastendieck*, Gesetzgebungs- und Beratungsdienst beim Niedersächsischen Landtag, in: Die Niedersächsische GEmeinde 1984, S. 166.

51) 이에 대해서는 *Schmidt-Aßmann* (주 12), S. 29f. 참조.

52) *Wolfgang Martens*, in: Drews/Wacke/Vogel/Martens, Gefahrenabwehr, 9. Aufl. 1986, S. 221f., 232ff. 참조.

53) *Heinrich Albert Zachariae*, Deutsches Staats-und Bundesrecht, 3. Aufl., Bd. II, 1867, S. 483; *F.F. Mayer* (주 12), S. 87도 참조.

54) § 3 Abs. 1 AO; *Christian Starck*, Überiegungen zum verfassungsrechtlichen Steuerbegriff, in: Wacke-FS 1972, S. 193, 197ff. = *ders.*, Freiheit und Institutionen, 2002, S. 357, 362ff.

55) BVerfGE 67, 256, 282f., 285ff.

56) *Fritz Ossenbühl*, Daseinsvorsorge und Verwaltungsprivatrecht; DÖV 1971, S. 513, 515 m.w.N.; *Bachof* (주 2), S. 212f. 참조; 사회보장법에서 법해석학적 결합을 "사회적 이해관계와 가치갈등"으로 귀결하는 *Wieacker* (주 1), S. 316의 진단도 참조.

관점에서 제한 법률과는 다른 해석학적 문제를 제기한다.[57] 페터 놀(Peter Noll)이 처음으로 의도하지 않은 부작용과 후유증 문제를 각 법률 유형에 따라 제한 법률과 급부 법률을 분리하여 연구하였다.[58] 이러한 분리 연구는 실제로 생산적인 것으로 판명되었는데, 왜냐하면 예를 들면 한편으로는 제한적 법률의 오작동과 다른 한편으로는 시혜적 법률의 오작동은 서로 다른 종류의 인류학적 기본 조건에서 비롯되기 때문이다. 이에 대해서는 다음 장의 89쪽의 예를 참조하면 된다. 다양한 체계(사회 보험, 배상금, 사회 부조, 경제 보조금)에서 급부법에 관한 기본적인 법해석학적 작업은 겨우 시작에 불과하다. 법해석학의 임무는 사회국가적 급부 법률이나 기타 급부 법률의 의도하지 않은 효과를 줄이는 법 형식과 법률 구성을 발전시키는 데 있다고 본다. 그렇게 함으로써 부족한 재원을 절약하고 기여금을 한도 내로 유지하며 급부제도의 공정성을 확보할 수 있다.

이러한 생각은 매우 정치적으로 들리고 법해석학의 장을 벗어난 것으로 보일 수 있다. 이러한 잘못된 인식은 지금까지 그러한 문제들이 법해석학과 입법학에서 거의 논의되지 않았다는 사실에 기인한다. 그러나 특정한 급부제도를 위한 정치적인 결정이 법해석학적 고찰의 출발점이며, 법해석학은 선택된 제도를 비용 효율적이면서 효과적으로 형성하는 것만을 목표로 한다는 점을 고려하면, 법해석학이 입법에 대해서 어떤 가치적인 기여를 할 수 있는지는 쉽게 알 수 있다. 여기서 성급하게 자신의 임무를 법정책자들에게 전가하는 법학은 광범위한 임무 영역을 놓치고 있는 것인데, 그 이유는 지금까지는 법해석학적으로 검토되지 않았기 때문일 것이다. 자기 통제의 법적 구성이라는 예를 통해 무엇을 의미하는지 간략히 보여줄 수 있다. 급부제도의 법적 형성은 돈, 값비싼 재화 및 서비스를 낭비하

57) *Christian Starck*, Gesetzgeber und Richter im Sozialstaat, DVBl. 1978, S. 937, 941f.; = *ders.*, Der demokratische Verfassungsstaat, 1995, S. 265, 275ff.; *Görg Haverkate*, Rechtsfragen des Leistungsstaates, 1983; *Tzong-Li Hsu*, Verfassungsrechtliche Schranken der Leistungsgesetzgebung im Sozialstaat, 1986 참조.

58) *Peter Noll*, Gründe für soziale Unwirksamkeit von Gesetzen, in: Rehbinder/Schelsky (Hsrg.), Zur Effektivität des Rechts (Jahrbuch für Rechtssoziologie und Rechtstheorie, Bd. III), 1972, S. 259ff. = *ders.*, Der demokratische Verfassungsstaat, 1995, S. 286, 293f.

면서 우회하도록 하는 인센티브나 유혹을 포함해서는 안 된다. 여기서 필요한 정보, 비용에 대한 자기 부담 등에 대해서 이야기 하려고 하는 것이 아니라,[59] 오히려 연대공동체의 조직만을 예로서 들어보고자 한다. 조직 문제는 행정법의 해석학에 속한다.[60] 개별 피보험자가 파악할 수 있는 보다 작은 규모의 연대 공동체를 설립하면 강화된 자치행정과 관련하여 개인의 책임감이 특히 강하게 되고 기여금 규모와 청구 간의 재정적 연관성이 다시금 일반적으로 명확하게 될 것이다.[61]

제한적 법률의 제정 및 적용과 관련하여서는 법해석학이 매우 민감하고 우리의 권리를 제약하는 공권력에 대해서 불신하는 것을 보면, 급부법의 제정 및 적용과 관련한 법해석학의 시민에 대한 무관심과 신뢰는 놀라울 정도다. 마치 우리의 경험[62]이 여기서도 불신을 권고하지 않는 것처럼 그리고 자기 통제 메커니즘을 통해 이기심을 억제하는 조직적, 절차적 예방조치를 요구하지 않는 것처럼 말이다.

c) 위에서 논의한 두 단계와 항상 명확히 구분되는 것은 아니지만, 법해석학의 세 번째 단계는 개별 법률의 내재적 일치(immenente Stimmigkeit)와 실질적 관련성을 드러내는 법률의 내적 정합성(innere Kohärenz)을 다루고[63] 여기서 가치평가의 모순과 불일치를 밝혀낸다.[xix] 법해석학의 이러한 활동은 처분적 법률과 지속적인 조정 입법[xx]에서 나타나는 입법자의 단편적인 가치 평가를 고려할 때 중요한 역할을 한다.[64] 개정 법률을 법률체계에 맞추는 종류와 방식은 표면적으로만 정치적 문제다. 실제로 체계에 합리적으로 적응하도록 개정하는 것은 법률정책적인 의도를 강화하는 것인데, 그것은 법률의 안정성과 효율성이 높아지고 의도하지 않은 효과가 방지되기 때문이다. 법률체계와 필연적 결과에 대한 법해석학적 연

---

59) *Christian Starck*, Ist der kategorische lmperativ ein Prinzip des Sozialstaats?, ZRP 1981, S. 97, 100 = *ders.*, Der demokratische Verfassungsstaat, 1995, S. 286, 293f.

60) *Brohm* (주 10), S. 254는 절차법적 및 조직법적 문제는 법해석학에서는 충분히 논의되지 않는다고 적절히 비판하고 있다.

61) 기타 논쟁과 함께 이에 대해서는 *Starck* (주 59), S. 100.

62) *Helmut Helsper/Waltraud Hochrein*, Gesellschaftsgestaltendes Recht und überlieferte Gesetzgebungskunst, Zeitschrift für Gesetzgebung 3 (1988), S. 22, 31; 이에 대해서 일반적인 것으로는 *Starck* (주 1), S. 609ff. 참조.

63) *Schulze-Fielitz* (주 49), S. 526f.

64) *Brohm* (주 10), S. 248f.; *Schulze-Fielitz* (주 49), S. 524, 526 참조.

구가 드물지 않게 헌법상 평등원칙의 요구와 관련되고 따라서 헌법적 논증이 필요하다는 것은 이 글의 맥락에서는 더 자세하게 다룰 수는 없다.[65]

65) *v. Mangoldt/Klein/Starck* (주 41), Art. 3 Rdnr. 33ff., in 6. Aufl. Rdnr. 44ff.

역자 주

i Deutsche Gesellschaft für Rechtsvergleichung.

ii Gerichtshof der Europäischen Gemeinschaften.

iii 유럽공동체법원(Gerichtshof der Europäischen Gemeinschaften)은 1952년에 설립되었고 2009년 리스본 조약이 발효되어 유럽법원(Europäischer Gerichtshof)으로 대체되었다.

iv 해석학적 구성, 즉 법률 개념의 해석이 행정청에 재량을 부여하는 유연한 입법을 불필요하게 제한한다고 보고 있다. 이하에서 저자의 주장에 따르면, 연방행정재판소는 불확정 법 개념을 행정청의 재량에서 배제하여 법원이 심사 범위를 확대했지만, 불확정 법 개념을 재량으로 보아 행정청의 권한을 강화해야 한다고 주장하고 있다.

v 독일 기본법 제19조 제4항은 다음과 같다. "공권력에 의하여 자신의 권리를 침해받은 사람은 누구든지 소송절차를 밟을 수 있다. 다른 관할이 없는 경우에는 일반적인 소송절차가 주어진다. 제10조 제2항 제2문은 영향을 받지 않는다."

참고로 독일 기본법 제10조 제2항 제2문은 다음과 같다. "자유민주적 기본질서의 보호 또는 연방이나 주의 존립 또는 안보를 위한 제한의 경우, 법률은 그 제한을 당사자에게 통지하지 않을 수 있고, 국민대표가 임명한 기관이나 보조기관에 의한 사후심사로써 소송절차를 대신하도록 규정할 수 있다."

vi Verwaltungsgerichtsordnung.

vii 취소소송에서는 사법적 권리의 보호를 위해서는 행정행위가 존재하여야 했고 따라서 권리를 가능한 많이 보호하기 위해서는 행정행위의 개념을 넓게 해석했다. 이것이 가능했던 것은 행정행위에 대해서는 명확한 개념이 없었기 때문이다. 그런데 새로 제정된 행정법원법에서는 이행소송과 부작위소송을 도입하여 반드시 행정행위를 전제로 하지 않더라도 행정청의 적극적인 이행이나 부작위를 요구할 수 있게 되었다는 의미다.

viii 독일 행정법원법(VwGO) 제114조는 다음과 같이 규정하고 있다. "행정청이 자신의 재량에 따라 행위할 수 있도록 권한이 부여되어 있는 한, 재판소는 행정행위 또는 행정행위의 거부나 부작위가 법률상 재량 한계를 일탈하였거나 재량이 위임의 목적과 부합하지 않는 방법으로 행사되었기 때문에 위법한지 여부도 심사한다. 행정청은 행정행위와 관련한 재량적 고려를 행정재판 절차에서도 보완할 수 있다."

ix unbestimmte Rechtsbegriffe.

x 제한되었다는 의미는 독일 행정소송법 제114조가 재량행위에 대한 심사를 2가지의 경우로 한정하고 있기 때문이다.

xi Beurteilungsspielräume.

xii §8 Nr. 2 NGO.

xiii dringendes öffentliches Bedürfnis.

xiv wenn sie ein dringendes öffentliches Bedürfnis dafür feststellen.

xv Eigengesetzlichkeiten.

xvi Prinzip der Verallgemeinerbarkeit.

xvii 양면적으로 작용한다는 의미이다.

xviii 경찰은 위험과 공공안전을 위해서만 개입하므로 경찰권 행사의 한계가 된다. 그렇게 되면 국가에서 자유주의가 보장되고 국가가 독립적으로 행정정책을 수립하는 경우에도 일정한 한계로서 작동하게 된다.

xix 본문의 내용을 보면 법해석학의 첫 번째 단계는 헌법적 통제, 두 번째 단계는 입법적 현명성 그리고 세 번째 단계는 체계적 정합성이다. 헌법적 통제는 모든 법 해석 기준에 우선한다. 헌법적 통제를 통과한 법률은 사회적 현실을 잘 고려하여 현명하게 해석·적용되어야 한다. 세 번째 단계에 가서는 법률 해석은 법률 체계의 모순과 충돌을 회피하고 일관성을 확보하여야 한다는 것이다.

xx 예컨대 연금 급여와 연간 소득에 따라 달라지는 상해보험의 연급 혜택은 현재 연금 가치가 변경되면 법률로 조정된다. 이 법을 조정 입법 또는 적응 입법이라고 한다.

제5장

법률 효력의 흠결과 오류*

I 효과와 효력[i]

법률 효력의 흠결(mangelnde Wirksamkeit von Gesetzen) 현상은 문제가 되는 규범이 그 토대가 사라짐으로 인해서 쓸모없게 되어버리는 전형적 예로 알려져 있다. 오늘날은 드러나지 않은 수많은 범죄행위, 도로교통상 금지에 대한 수많은 무시, 연방헌법재판소의 판결의 기준에 따를 때 형법 제218a조 제2항 제3호[ii]가 의미하는 긴급 상황이 실제로는 존재하지 않는 수많은 낙태,[1] 시위에서 헌법적 평화원칙에 대한 무수한 무시, 대규모 탈세 등을 생각해 볼 수 있다. 이러한 경우들뿐만 아니라 이와 비슷한 사례들에서도 법률이 현실에 미치는 영향은 입법기관이 의도한 것보다도 약하다. 그러나 법률 효력의 흠결은 구속력이 없는 프로그램규정과 선전적 의미만 갖는 법률문서에서는 종종 의도되기도 한다.

법률 효과의 오류(verfehlte Wirkung des Gesetzes)는 법률이 입법자가 의도한 것과는 다른 효과를 야기하는 것을 의미한다. 의도하지 않은 부작용(unerwünschte Nebenwirkungen)이 그 전형적 예다. 즉 고용주가 부담해야하는 사회적 비용이 점점 증가하면서 주문자에게 청구되는 노동시간 비용은 더 비싸게 된다. 이러한 입

---

* 출처: Zeitschrift für Gesetzgebung, Jg. 3 (1988), Überlegungen zur Gesetzgebungslehre, S. 1ff., 그 가운데 S. 16-22.

1) BVerfGE 39, 1, 50: 임신중절의 사회적 요건을 규정함에 있어서 "입법자는 여기서 전제되어야 하는 사회적 갈등의 중요성이 명확하게 인식되고 그리고 - 기대불가능성의 관점에서 볼 때 - 이러한 요건과 다른 사례의 요건이 일치되도록 처벌되지 않는 구성요건을 규정하여야 한다." 2차 낙태판결(BVerfGE 88, 203)을 근거로 한 새로운 규정에 대해서는 *Christian Starck*, Praxis der Verfassungsauslegung II, 2006, S. 68, 73ff. 참조.

법의 부작용은 값비싼 관료적 수단으로 대처하여야만 하는 불법노동이다. 기본법 제19조 제4항이 보장하고 있는 권리구제는 시민의 권리 영역에 관한 것인 한 행정활동에 대한 포괄적인 통제를 가능하게 한다. 법원이 통제기능을 집중적으로 행사할수록 그만큼 행정의 책임을 약화시키게 된다. 불특정 법 개념과 재량권에 대한 사법적 통제는 집행부에서 사법부로 중심을 이동시키는 진정한 지렛대다.[2)] 이러한 사법국가적 경향에 맞서서 행정부의 수장은 법률안을 보다 정확하게 만들어 일반적으로 비난을 받는 법률의 홍수에 상당한 기여를 함으로써만 행정을 보호할 수 있을 뿐이다.[iii] 법률을 보다 정확하게 작성할수록 다시 법원은 행정을 더 집중적으로 통제할 수 있게 된다. 따라서 법률의 홍수는 거꾸로 법원에 대한 빈번한 제소의 이유가 되기도 한다. 법률의 홍수와 법원에의 제소는 서로를 가중시킨다. 이러한 예의 공통점은 법률의 의도된 (좋은) 효과는 발생하지만 (나쁜) 부작용이 거기에 추가된다는 것이다.

두 번째 유형은 법률이 처음부터 직접적으로 잘못된 효력(unmittelbar verfehlte Wirksamkeit)를 발생시킨다는 점이다. 예로써 이미 이전 장에서 간단하게 살펴본 사회법으로 돌아가 볼 수 있다. 법률의 효력의 관점에서 그리고 법률 적용의 관점에서도 제한 법률과 급부 법률 사이에는 본질적인 구조적 차이가 있다. 시민은 국가에게 시민 영역에 대한 개입 권한을 부여하는 법률의 구성요건적 전제를 가능한 회피하기 위해 노력하거나 세법 같은 경우에는 비판적으로 감시하고 통제한다. 게다가 제한의 수단-목적 관계는 완전한 사법적 통제에 놓이게 되는데, 여기서는 제한이 적절하고 필요하며 (좁은 의미로 볼 때-역자 주) 비례적인지 여부를 심사하게 된다. 제한 법률의 잘못된 효과가 시민에게 불필요하게 부담을 주는 경우에는 사법적 통제를 받게 되고 통상은 곧바로 배제된다. 그에 반하여 급부 법률의 구성요건적 전제의 충족은 시민에게 이익을 가져다주고 따라서 시민은 피하려고 하지 않고 오히려 반대로 결과를 얻기 위해 노력한다. 법률상 구성요건의 정확한 설정은 대개 아무런 도움이 되지 않는데, 그것은 급부를 유발하는 법률상 구성요건의 충족여부는 거의 전적으로 시민의 영역에 속하기 때문이다. 의사가 모든 것

---

2) 문제에 대해 자세하게는 *Püttner Kopp* und *Kaufmann*, in: Götz/Klein/Starck (Hrsg.), Die öffentliche Verwaltung zwischen Gesetzgebung und richterlicher Kontrolle, 1985, S. 131ff. und Diskussion S. 177ff. 참조.

을 무상으로 다시 치료해줄 것이라고 생각하고 건강을 해치는 생활방식을 지속하는 것, 불필요하고 해로운 약물의 사용 또는 흔히 볼 수 있는 것으로 의학적 처치의 경제적 가치를 망각하게 하는 사회국가적 편의시설을 이용함으로써 자신의 관리능력과 책임감이 약화되는 것을 생각해 보라. 그러한 태도는 전염성이 있다. 그로부터 결과적으로 다음의 두 가지가 비롯된다. 첫째는, 사회제도 및 일반 국가예산의 재정적 급부능력에 부담이 되고 그것은 연대공동체의 구성원 및 국민에 곧바로 영향을 미친다. 둘째로, 사회국가적 법률의 잘못된 효과는 자신의 존재에 대한 시민의 자기책임을 훼손하여 장기적으로는 민주국가의 전제조건들을 파괴한다.

Ⅱ 법률 효력의 흠결 또는 오류의 몇 가지 원인

법률 효력의 흠결과 오류의 이유는 많고, 서로 얽혀있으며 그리고 부분적으로는 법률 영역 안에, 부분적으로는 법률영역 밖에 있다. 오류의 원인은 잘 알려져 있는데, 그것은 법률이 이해하기 어렵고, 불분명하며, 충분히 간명하지 않다는 사실 그리고 남용이 가능하다는 사실에 기인한다.[3] 입법은 효력 문제를 거의 고려하지 않는다. 입법자가 자문을 받고 입법과정이 오래 지속됨에도 불구하고 종종 불충분한 법률들이 발생한다. 즉 규범화할 수 없는 것을 규범화하려고 시도한다. 인간의 기본 태도[iv]는 충분히 고려되지 않는다. 너무 많은 법률들이 한꺼번에 개정된다. 법률은 종종 분개한 국민을 단기간에 진정시키기 위해 선전적 효과만을 지향한다. 법률의 효력을 해치는 몇몇 이유는 제거할 수 있다. 종종 필수적인 정치적 타협과 같이 입법절차에서 필수적으로 수반되는 다른 이유들은 시스템상 불가피한 것으로서 수용되지 않으면 안 된다. 시민의 입장에서 보면 법률 효력의 흠결과 오류는 입법자의 펜 놀림과 높은 규제 강도로는 확고한 견해들과 생활관습을 결코 바꿀 수 없다는 사실과, 불편하게 여겨지는 법적 결과를 회피하기 위한 편한

---

3) *Bülow*, Typische Mängel von Rechtsnormen, in: Bundesakademie der öffentlichen Verwaltung (Hrsg.), Praxis der Gesetzgebung, eine Lehr- und Lernhilfe, Regensburg 1983, S. 11ff. 참조.

출구를 종종 이용할 수 있다는 사실에서 비롯된다.[4] 구체적으로는 다음과 같은 오류의 원인들로 구분할 수 있다.

1. 입법자는 규정을 적용하는 사회생활의 현실을 충분히 알지 못한다. 여기서는 전문가의 도움으로 정보를 얻을 수 있는 세부사항뿐 아니라 다른 법률 규정과의 관련성도 중요한데, 이에 대해서는 실제 생활을 담당 실·국이나 과에서 부분적으로만 인식할 수 있는 경우에는 충분히 고려되지 않는 문제가 있다. 그러나 종종 인간의 태도에 대한 일반적 생활경험이 중요하다. 이는 알려져 있기는 하지만 그러나 이념적 이유로 사람들이 인정하고 싶어 하지 않는다.[5)v] 이에 대하여 과학적 근거가 있는 의견을 구하는 것은 별로 소용이 없다. 사회에 대한 사회공학적 관점에서 사회적 상황의 실현가능성에 대한 과학적 의견도 생활경험을 무시하고 그것이 미래를 구속하지 않는 것으로 간주하도록 유혹한다. 입법자의 과도한 부담과 이미 언급한 법률의 초안을 작성하는 부처관료제의 전문화로 인하여 오히려 법률의 내적 관련성의 상실을 초래한다. 그러나 생활의 이러한 관련성은 실제로는 존재하기 때문에, 이 관련성이 충분히 고려되지 않은 법률은 생활을 간과하고 규율하여 설정된 목표를 벗어날 위험이 있다. 법률이 다양하고 많다는 것은 법률 개정을 하는 경우에 그 자체는 전혀 개정되지 않았지만 다른 법률 개정에 영향을 미치는 의도하지 않은 부작용을 방지하기 위한 소위 후속 개정이 많이 있다는 것을 의미한다. 가능한 한 많은 법률을 생산하는 것은 오랫동안 근면과 법질서에 대한 배려의 상징으로 오해되어 왔다. 부처 인원의 팽창은 여기에 그 원인이 있고 여전히 과잉되거나 과도하게 차별화된 추가적 입법들의 부차적 원인이다.

2. 재판소와 헌법이론이 제기하는 법률유보의 확대는, 여기서 실질적으로 반대할 아무 것도 없지만, 법률유보가 요구하는 것보다 더 많은 것을 규율하도록 종종 입법자를 자극한다. 재판소가 부분적으로만 공개한 법률유보 범위의 불명확성으로 인하여 정부 부처의 관료와 의회는 위험을 회피하면서 포괄적으로 규율하는 경향이 있다. 이에 추가하여 기본권을 제한하는 경우에는 헌법상 비례성원칙이

4) *Harald Kindermann*, ZRP 1983, 204, 205.

5) 예로는 Gesetz zur Änderung des Wehrpflichtgesetzes und des Zivildienstgesetzes 13.07.1977 (BGBl. I S. 1229); 이에 대해서는 BVerfGE 48, 127, 168f.

많은 차별화를 요구한다는 사실이다. 강한 차별화는 법률의 이해가능성, 명확성 그리고 수용가능성을 약화시키고 법률을 우회하도록(법률의 적용을 회피하거나 법률의 규정을 교묘히 이용하는 것 - 역자 주) 유혹한다. 여기에서 다음과 같은 입법이론의 오래된 인식이 무시되고 있다. 즉 법률만으로는 정의를 달성할 수 없다. 법률상 정의는 개별 사건의 정의(타당성)를 통하여 보완되어야 한다.[6)vi]

3. 국가임무의 확장은 언제나 법치국가라는 기준을 유지하여야 하는 입법으로 귀결된다. 이러한 관점에서 국가가 도대체 새로운 임무를 받아들여야 하는지 여부의 문제는 아직 인식되고 있지 않다. 그러나 그 자체로 입법자의 간소한 기여만을 필요로 하는 개혁조치조차도 종종 다른 생활영역에서 예상외의 규범 수요를 낳기도 한다. 예를 들어 교육개혁은 세부적인 법률과 법규명령을 근거로 학업에 적응하지 못하는 청소년들에게도 입학정원이 배분되어 입학정원의 부족을 초래했다. 입학정원배정에 대한 규칙은 다시 (학교마다 큰 차이가 나지 않게) 비슷비슷한 대입자격시험성적을 산출해야하는 학교에 영향을 미치고, 그것은 필연적으로 추가적으로 수업의 표준화를 통하여서만 달성할 수 있는 학습 자료의 유사성을 초래한다. 동시에 새로운 유형의 권리보호 문제를 발생시키는데, 이는 한편으로는 법치국가적 기준의 관점에서는 용납할 수 없는 법률의 흠결을 다시 드러내게 된다.

4. 입법절차는 법률형성에 간과할 수 없는 영향을 미친다. 입법제안의 75% 이상을 통제하는 연방 정부는 정부 부처의 관료로 많은 "법률 공무원"인 직원을 보유하고 있고, 의회에서 임명한 정부로서 자신의 제안에 찬성하는 의회 다수를 획득할 수 있는 가장 큰 기회를 가지고 있다. 초안을 만드는 정부 부처의 공무원은 전형적인 집행 경험(법률적용의 경험)을 바탕으로 일하는 것이 아니다. 왜냐하면 그들은 통상 정부 부처 공무원으로서 경력으로 볼 때 집행공무원과 구분된다.[vii] - 적어도 연방 정부 부처에서는 - 행정공무원으로서 검증 후 정부 부처 공무원이 되지는 않는다. 정부 부처 관료는 연방과 주 차원 모두에서 법규명령의 내용도 관할한다. 예를 들어 주차원에서 학교법이 기초되면 이 학교법은 상당히 길고 상세한 것으로 되는데, 그것은 학교 문제에 대한 법률유보가 많은 규정을 요구하기 때문

6) *Aristoteles*, Nikomachische Ethik, 1137b; *Thomas v. Aquin*, Summa Theologiae, I-II quae. 96 art. 1 et 6, quae. 97 art. 4; II-II quae. 60 art. 5, quae. 120, art. 1; *Kant*, Metaphysik der Sitten (1797), hrsg. von K. Vorländer, Leipzig 1922, S. 39f.

이 아니라, 법률에서 규정하여야 하는 것과 후에 명령에 규정하여야 하는 것의 경계가 불명확하고 그리고 부분적으로는 의도적으로 흐리게 만들기 때문이다. 정부부처의 관료는 가능한 한 많은 것을 법률에 넣으려고 한다. 그 이유는 기본법 제80조 제1항 제2문[viii]의 매우 엄격한 위임 규범이나 해당 주 헌법 규범이 어떤 요구들을 하는가에 대한 헌법적 불확실성에 있다. 매우 종종 위임 문제를 다루어야 하는 연방헌법재판소의 판결에는 그에 대해 아무런 명확한 기준이 없다. 의회는 과부하가 걸리고 그리고 수많은 상세 규정들 때문에 변경되기 쉬운 법률들을 심의하고 통과시켜야한다. 많은 세부사항에 매몰되어 의회는 큰 방향을 심의할 수 없게 되어버렸다.[7] 세부사항이 초안에 많이 포함되어 있을수록 의회는 더욱 비준기계가 될 뿐이다.[8]

본래 행정부처럼 생각하는 정신은 주 정부의 구성원으로 이루어진 연방 참사원이 통과시키는 법률에 영향을 미친다. 이 경우 통상 연방 법률의 시행권한이 있는 주는 보다 나은 시행가능성의 관점에서 우려를 표시하고 개정을 제안할 수 있다. 연방 참사원의 위원회에는 대개 주 행정부 출신의 경험 있는 공무원이 자리한다. 연방과 주 사이에 여전히 존재하는 "자연적" 적대감 때문에 정당 정치적 유사성에도 불구하고 입법절차에서 이러한 종류의 통제는 여전히 작동한다. 주 정부의 부처는 연방에 비해 행정공무원을 모집할 가능성이 더 낮기 때문에, 주에서 정부 부처 관료의 행정경험은 연방에서보다 크다.[9] 그러나 동의를 요하는 법률의 경우에 정치적 타협이 종종 일어나는데, 이는 법률효력의 오류의 원인이 될 수 있다. 그래서 연방 하원과 연방 참사원의 차이는 조정위원회(Vermittlungsausschuß)에서 해결하려고 노력하게 된다. 조정위원회는-특히 큰 정치적 협상이 필요할 때-법률이 자체 모순되도록 하거나, 그 적용가능성을 손상하거나, 다른 질적 손실이 일어나게 할 수 있다. 밤늦은 시간에 이르기까지 오랜 토론을 거쳐 나온 정치적 이해관계에 대한 합의는 종종 원치 않은 것, 잘못된 부작용을 간과하게 한다.[10]

---

7) *Klaus Stern*, Das Staatsrecht der Bundesrepublik Deutschland, Bd. II, 1980, S. 645.

8) *Werner Thieme*, Verwaltungslehre, 3. Aufl. 1977, S. 89.

9) *Gebhard Ziller*, Der Bundesrat, 6. Aufl., 1982, S. 96 참조.

10) *Hermann Hill*, Einführung in die Gesetzgebungslehre, 1982, S. 51f.의 사례 참조.

5. 법률에 대한 시민의 정보 부족은 확실히 법률 효력의 흠결과 오류의 근원이자 원인이기도 하다. 주민의 정보 습관을 고려하여야 하는 법률 마케팅[11]이나 법률 홍보에 대한 제안도 있다.[12] 그러나 진짜 이유는 정보의 부족에 있지 않고, 오히려 평균적 시민에게 정보대상으로서는 거의 적합하지 않은 법률의 복잡성에 있다. 따라서 정보의 부족이라는 점을 너무 높이 평가해서는 안 된다. 이해관계에 있는 사인과 단체가 개최하는 새로 제정된 법률에 대한 심포지엄은 전문가에게만 의미가 있다. 이는 효과와 부작용을 정확하게 밝힐 수 있다. 전자 시스템은 거의 도움이 되지 않는다. 그것은 아는 사람에게 세부사항을 전달하는 것만 할 수 있을 뿐이다.

6. 법률에 대한 시민의 정보 부족은 종종 법률의 현실과 괴리된 추상성과 관련이 있다. 대중적이고 부정적으로 자리 잡은 추상성이라는 개념으로는 할 수 있는 것이 거의 없다. 왜냐하면 언어로 표현되는 법률은 언제나 추상적이기 때문이다. 또한 일반적인 - 즉 필연적으로 추상적인 - 규정이 존재하는 것은 바로 법치국가적으로 조직된 통치권의 논리적 결과다. 처음에 입법자 이전에 판사, 즉 규칙 이전에 개별 사건이 등장한 법문화는 선례, 규칙형성 그리고 추상화에 의하여 만들어졌다. 추상화라는 비판에 대해서는 다만 다음과 같이 답할 수 있다. 즉 중요한 것은 법률을 규정 목적에 맞게 정당하게 추상화하는 것이라고. 여기에 - 물론 추상적 해결이지만 - 법률 효력 문제의 해결책이 있다.

7. 마지막으로 법률의 효력은 법률의 실제 효력을 뒷받침할 수 있는 사회규범이 사라지고 있다는 점에서도 어려움을 겪는다. 사회규범의 해체는 다양한 이유가 있다. 그러나 그것은 사회적 강제로부터 해방이라는 정치적 슬로건 아래서 법률을 통하여 국민의 새로운 태도를 유도하려는 세력에 의해서도 행해진다. 이때 법률의 힘은 완전히 과대평가되고, 정치적 지혜의 기본규칙들은 존중되지 않는다.

입법이론이 헌법에 의해 결정되지 않는 한, 그것은 정치학의 일부이고 정치학은 인간에 대한 이론(Lehre)이다. 왜냐하면 정치학이 다루는 정치적인 제도, 절차

---

11) *Kindermann* (주 4), S. 204, 205.

12) *H.J.M. Boukema*, Good Law, 1982, S. 90: "A sensible lawgiver has a good public-relation organization at work."

그리고 행위는 궁극적으로 질서 있는 국가적 공동생활이 문제되는 인간을 대상으로 하기 때문이다. 고전적 법률 개념의 요소가 심층적이고 비판적인 입법에 관한 모든 연구에서 등장하고 성과가 있는 것으로 입증된다는 사실은 법과 정치의 불변성을 보여주는 것이고, 이 불변성은 학문에 반영되어야 한다.

역자 주

i 국립국어원 표준국어대사전의 '효과'와 '효력' 항목에 따르면, 효과란 어떤 목적을 지닌 행위에 의하여 드러나는 보람이나 좋은 결과를 말하고, 효력이란 법률이나 규칙 따위의 작용을 말한다.

ii 제218조 제2항 제3호의 오기로 보인다. 독일 형법 제218조(낙태)는 다음과 같다. "① 낙태한 자는 3년 이하의 자유형 또는 벌금형에 처한다. 자궁 내 수정란의 착상완료 전에 이를 저지한 행위는 이 법에서 의미하는 낙태로 보지 아니한다. ② 특히 중한 경우에 6월 이상 5년 이하의 자유형에 처한다. 특히 중한 경우란 특별한 사정이 없는 한 행위자가 다음 각 호의 1에 해당하는 경우를 말한다. 1. 임산부의 의사에 반하여 행위 하는 자, 2. 중과실로 임산부에 대하여 사망 또는 중한 건강훼손의 위험을 야기한 자. ③ 임산부가 낙태한 경우에는 1년 이하의 자유형 또는 벌금형에 처한다. ④ 미수범은 처벌한다. 임산부는 미수로 인해 처벌되지 아니한다(법무부 제공 번역에 의함).

iii 반어법적이다. 행정이 사법부의 간섭을 가능한 배제하기 위해 입법을 정교하게 할수록 법률의 홍수를 초래하는 부작용이 발생하게 된다.

iv Grundhaltungen.

v 일반적 생활경험상으로는 잘 알고 있으나 특정한 신념에 맞지 않아서 인정하고 싶지 않은 경우에는 입법자가 입법을 하는 경우에 그것을 반영하지 않는다는 의미다.

vi 법률만으로는 정의를 달성할 수 없고, 개별 사건에서 타당성을 구현하는 가운데 정의가 실현되는 것이라는 것을 입법이론에서는 오래전부터 인식해 왔음에도 불구하고, 입법으로 지나치게 세세하게 규정함으로써 오히려 법의 우회를 조장하게 된다는 취지이다.

vii Ministerialbeamte는 부처공무원, Exekutivbeamte는 집행공무원으로 번역하였다. 부처공무원은 주로 정책 수립, 법령 제정 등을 담당하지만, 집행공무원은 경찰, 소방공무원 등과 같이 국민을 상대로 직접 법을 집행하는 공무원을 말한다.

viii 기본법 제80조 제1항은 다음과 같이 규정하고 있다. 여기에서 밑줄 친 부분이 제2문이다. "법률에 따라 연방 정부, 연방 장관 또는 주 정부는 법규명령을 제정할 권한을 부여받을 수 있다. 이때 부여된 권한의 내용, 목적 그리고 범위는 법률에 규정되어야 한다. 법적 근거는 법규명령에 명시되어야 한다. 법률에 따라 권한을 다시 위임할 수 있도록 규정되어 있는 경우에는 권한의 위임은 법규명령으로 하여야 한다."

제6장 법률의 위계질서*

I 위계질서 문제

1. 인간이 만든 실정법(lex humana positiva)과 그 위에 존재하는 자연법(lex naturae) 간의 오랜 긴장관계는 오늘날 실정 법률 개념의 의미에서 보면 명백히 해결된 것으로 보인다. 그러한 점에서 순수한 형태의 민주적 법률 개념은 여전히 절대주의적 법률 개념을 심지어 능가한다. 연방공화국의 법질서를 고찰하면 사항은 좀 더 복잡하다. 인간존엄조항(기본법 제1조 제1항)을 통하여 그리고 "세상에서 모든 인간 공동체의 기초로서 불가침이고 불가양한 인권에 대한" 독일 국민의 고백을 통하여(기본법 제1조 제2항) 자연법이 실정법에 구체화되어 자연법과 실정 법률 개념의 긴장관계가 새로운 모습으로, 그것도 매우 효과적으로 되살아났다. 왜냐하면 이 긴장관계는 법학자들의 숙고의 장이나 법정책자의 투쟁의 장이기 때문만은 아니고, 헌법재판소가 규범통제를 하는 경우에 구속력 있게 해결되어야 하기 때문이다.

물론 여기서 뜻하는 헌법과 법률 간의 위계질서는 자연법보다 훨씬 더 명백한 선례를 가지고 있다. 상위법률[1]은 유럽의 법 실무에서 16세기 후반에 프랑스

---

* 출처: Christian Starck (Hrsg.), Rangordnung der Gesertze. 7. Symposion der Kommission ,,Die Funktion des Gesetzes in Geschichte und Gegenwart" (Abhandlungen der Akademie der Wissenschaften in Wissenschaften in Göttingen, Philologisch-Historische Klasse, III. Folge, Band 210), Göttingen 1995, S. 9-12 (Rangordnung der Gesetze), 29-38 (Verfassung und Gesetz).

1) 이에 대해서 더 많은 참고와 함께 상세하게는 *Christian Starck*, Vorrang der Verfassung und Verfassungsgerichtsbarkeit, in: Starck/Weber (Hrsg.), Verfassungsgerichtsbarkeit in

에서 처음으로 제국의 기본법(lois fondamentales du royaume)으로 등장한 것으로 보인다.[2)] 17세기 초에 영국의 판사 에드워드 코크 경(Sir Edward Coke)은 보통법을 의회법률에 대한 상위법으로 주장했다. 독일에서는 계약사상이 기본법[i]을 보호하기 위해서 성과를 거두었다. 이 기본법에서는 특히 종교의 자유가 보장되고 상속규정[ii]이 포함되었으며, 이후 일반 법률로 폐지할 수 없도록 보호되었다.[3)] 이 기본법이라는 법 개념에서 직접 헌법의 우위라는 개념이 유래했다. 헌법이 무엇인가는 18세기 말에 기본법 개념으로 설명된다. 이를 알렉산더 해밀턴이 연방주의자 논고(1788, Nr. 78)에서 다음과 같이 나타냈다. "A constitution is in fact, and must be, regarded by the judges as a fundamental law(헌법은 사실상 판사에 의해 기본법으로 인식되고 또 그렇게 되어야 한다)." 그리고 엠마누엘 시에예스(Emmanuel Sieyès)는 제3계급에 관한 자신의 글(1789)에서 헌법(lois constitutionnelles)을 기본법(lois fondamentales)이라고 부르고 있다.[4)]

상위법과 일반법의 위계질서는 통상의 입법기관의 권력을 제한하는 것이지만, 그러나 상위법의 내용을 구속력을 가지고 확정하여 일반법률 제정자의 권한범위에 한계를 설정하는 것이 문제되는 한, 오히려 권력 문제를 제기한다. 법이론[iii]은 법률의 위계질서를 법체계적으로 법의 단계질서로 파악하려고 시도해 왔는데, 그에 따르면 법의 제정은 연속적인 과정 속에서 법에 의하여 규율된다.[5)] 그러나 이에는 헌법재판소의 해석특권에 내재되어 있는 권력 문제가 간과되어 있으며, 본 논의에서는 이 문제를 다루고자 한다.

2. 헌법, 법률, 법규명령이라는 앞에서 언급한 일련의 위계질서 외에 다른 구조를 가진 위계질서,[6)] 즉 초국가법, 연방 법, 주 법, 지방자치단체 법을 생각해 볼

Westeuropa, Teilband I, 1986, S. 15ff. = *ders.,* Der demokratische Verfassungsstaat, 1995, S. 33 참조.

2) *Georges Burdeau*, Traité de science politique, Bd. IV, 3. Aufl. 1984, S. 38.

3) 특히 *Christoph Link*, Herrschaftsordnung und bürgerliche Freiheit, 1979, S. 179ff. 참조.

4) Qu'est-ce que le Tiers Etat? (1789), Ausgabe R. Zapperi, Genf 1970, S. 180f.

5) *Adolf Merkl*, Die Lehre von der Rechtskraft, 1923, S. 215f.; *Hans Kelsen*, Reine Rechtslehre, 2. Aufl. 1960, S. 228ff.

6) 이 위계질서군의 구별에 대해서는 기본적으로는 *Albert Hensel*, Die Rangordnung der

수 있다. 어떤 방식으로 초국가법이 이 두 번째 위계질서에 편입될 수 있는지가 논의되어야 한다. 이 두 번째 위계질서는 부분적으로는 첫 번째 위계질서의 의미에서 상위법인 실체적 규정 및 권한규정을 근거로 한다. 상응하는 경합입법권이나 기본법률 제정 권한[iv]이 연방에 존재하는 경우에는 연방 법은 주 법에 우선한다. 비슷하게 초국가법은 연방 법과 주 법에 우선하여 해석되어야 할 것이다. 그러나 법적 통일성의 확보라는 일반적 목적 규범을 근거로 한 우위는 배제되어야 한다. 왜냐하면 두 번째 위계질서는 독립적인 계층의 공무담당자들을 기반으로 하고 있고, 독립적인 단위의 법을 보장하고 있으며, 그리고 바로 입법사안의 분배를 통해 제한된 법적 통일을 확보하는 것 이상도 이하도 아니기 때문이다.[7)] 이 경우 특정 사안에 대해서는 상위주체의 개입권(=경합적 권한)도 규정될 수 있다. 또한 헌법상 동질성 요건(예컨대 기본법 제28조[v]) 및 기본법률(예를 들면 현재 효력이 상실된 기본법 제75조[vi]) 또는 지침(AEUV 제288조[vii]) 그리고 원칙법률[viii](기본법 제109조 제4항[ix])은 모두 첫 번째 위계질서에 속하는 상위기관이 제정할 수 있다.

3. 한 법률 내에서 규범의 위계질서는 다양한 형태를 내포하고 있다. 이 법률의 다른 규정들과 구별되면서 진정한 의미의 상위법이자 형식적으로 볼 때도 상위인 법이 있을 수 있다. 주요 사례가 기본법 제79조 제3항[x]과 그에 해당하는 외국 헌법[8)] 및 독일 주 헌법들[9)]의 조항이다. 즉, 상위질서인 이 헌법규범의 유지에 대해서는 - 그리고 이는 형식적 우위를 강화한다 - 헌법재판소가 감시한다. 권력제약적 성격의 첫 번째 위계질서군의 한 형태이다. 헌법제정권력은 헌법의 효력이 유지되는 동안에는 헌법 개정을 하려는 다수에 대해 특정한 헌법 개정을 금지

Rechtsquellen, in: HbDStR Bd. II, 1932, S. 313, 315, 319.

7) 위원회의 제5회 심포지엄 결과 "역사 속에서 그리고 현재의 법률의 기능(Die Funktion des Gesetzes in Geschichte und Gegenwart)" in Christian Starck (Hrsg.), Rechtsvereinheitlichung durch Gesetze, 1992 참조(이 위원회에 대한 자세한 것은 Akademie der Wissenschaften zu Göttingen 홈페이지(http://adw-goe.de) 참조-역자 주).

8) 예를 들면 프랑스 헌법 제89조 제4항, 그리스 헌법 제110조 제1항, 이탈리아 헌법 제139조, 포르투갈 헌법 제290조.

9) 예를 들면 바덴-뷔르템베르크주 헌법 제64조 제1항, 니더작센주 헌법 제46조 제2항, 라인란트-팔츠주 헌법 제129조 제2항, 자아란트주 헌법 제101조 제2항.

하고 있다.

그에 반하여 법률 내에 있으면서 단지 실질적으로만 상위인 규범은, 헌법을 표현하고 있지만 그 형식적 우월성은 헌법으로부터만 나오는 경우에 존재한다. 실질적으로 상위인 규범(예를 들면 법원칙)이 헌법의 뒷받침 없이 법률에 존재하는 경우, 그 효력의 우위는 법률의 체계적 해석 과정에서 확보되어야 한다.

법률이나 헌법의 차원에는 법률 체계의 관점에서 보면 규범의 위계질서가 존재한다. 그래서 시행 법률은 그것이 시행될 법률의 적용을 규율한다. 법률 해석 규범 또는 개념 정의 규범은-물론 그 고유한 해석을 유보하고-체계적 이유에서 하위인 다른 규범의 의미를 확정한다. 특별법(lex specialis)은 일반법(lex generalis)에 우선한다.[xi] 이 모든 문제 그리고 이와 유사한 문제들은 법률해석, 특히 체계적인 법률해석의 대상이며, 그것을 통해 예를 들면 우월적인 특별규범이 일반규범의 목적(Telos)에 비추어 어느 정도까지 해석되어야 하는지 탐색할 수 있다. 다른 해석 문제들에서도 법률 내재적인 위계질서 관계가 발생한다.

4. 이상의 짧은 서론적 검토는 법률의 위계질서가 법의 일관된 구조적 현상임을 보여준다. 법률의 위계질서는 다음과 같은 특정한 기능을 수행하기 위해 개발되었다.

법률의 위계질서를 통해 권력이 제한된다. 특히 일반법률 제정자, 즉 의회 다수의 권력 제한은 법을 안정시키고 그 역동성에 한계를 설정한다.

법률의 위계질서는 입법의 자율성을 가진 독립적인 공적임무 담당자의 계층화와 동시에 제한된 법적 통일을 가능하게 한다.

개별 법률의 체계와 다수 법률 간의 관계로부터 개별 규범 간의 차별화된 위계질서가 발생한다.

다음은 헌법의 우위, 그 기원 그리고 오늘날 그것의 의미에 관한 것이다.[10)]

---

10) 다른 두 개의 문제 군에 대해서는 각주 1에서 언급한 문헌의 페터 바두라와 테오 마이어-말리(*Peter Badura* und Theo Mayer-Maly) 참조.

Ⅱ 헌법의 우위

헌법과 법률의 관계는 헌법국가에서는 헌법의 우위에 의해서 결정된다. 기본법(lex fundamentalis)으로서 헌법에는 이미 오래된 우위 사상이 수용되어 있고, 하나 또는 다수의 특별 문서에 규정된 국가의 법적 기본질서 전체에 적용된다.

국가의 법적 기본질서는 임의적인 것이 아니다. 그것은 적어도 권력분립적 국가조직과 국가권력에 복종하는 사람들의 기본권 보장 속에 존재한다. 이는 국가는 그 국민에 대하여 미리 정립된 규칙의 기준에 따라서만 영향을 미친다는 것을 말한다. 헌법은 국가권력 행사의 형식과 조건을 제한하고 이 조건과 형식 밖에서 행사되는 모든 권력을 배제한다.[11)]

권력분립의 상황은 이미 헌법의 우위의 필요성을 설명한다. 그렇지 않으면 곧 권력분립은 사실상 가장 강력한 국가기관의 처분에 내맡겨지고 그로써 소멸될 것이다. 그리고 우위를 인정받지 못하는 연방국가헌법은 연방의 일반법률 제정자의 처분에 내맡겨져서 헌법이라는 이름에 걸맞지 않게 될 것이다. 기본권과 인권의 보장도 정치의 한계를 이끌어 낸다. 이는 미국 헌법의 수정조항에서 기본권 규정에 명백히 표현되어 있다. 기본권은 거기에서는 의회에 대한 금지로 규정되어 있다. 즉 “Congress shall make no law … abridging the freedom of speech … or the right of the people peaceably to assemble(의회는 언론의 자유 … 또는 평화롭게 집회할 국민의 권리를 침해하는 … 법을 제정할 수 없다).”[xii] 이러한 의미에서 자유권적 기본권은 국가권력의 권한을 제약한다.

이로부터 분명히 알 수 있는 것처럼, 한편으로는 조직법과 권한법, 다른 한편으로는 기본권의 보장이 서로 밀접하게 연결되어 있다. 둘은 국가권력을 제약하고 본질적으로 상위질서로서의 헌법을 이루고 있다. 마찬가지로 인간과 시민의 권리에 관한 프랑스의 선언 제16조에 헌법국가에 대한 심오한 진실이 다음과 같이 표현되어 있다. 즉, “Toute Société dans laquelle la garantie des Droits n’est pas assurée, ni la séparation des Pouvoirs déterminée, n’a point de Constitution(권

---

11) *Raymond Carré de Malberg*, Contribution à la théorie générale de l’Etat, 1920, Bd. I, S. 232; *Georges Burdeau*, Traité de science politique, Bd. IV, 3. Aufl. 1984, S. 179.

리의 보장이 확보되어 있지 않고 권력의 분립이 확정되어 있지 아니한 사회는 헌법을 가진 것이라고 할 수 없다)."

헌법의 우위는 단순한 민주적 다수를 제약하여, 권한 및 절차규정과 권리의 존중에 기속되게 한다. 이는 권한 배분, 법적 형식 그리고 소수 보호를 통한 권력 제한을 의미하고, 나아가서 역동적 입법의 합리화를 통한 어느 정도의 법의 안정성을 의미한다.

헌법의 우위는 원칙적으로

- 자신의 판단에 따라 헌법을 이해하는 입법에 의하여,
- 헌법이 스스로 규정하지 않은 법률상의 법 개념에 따라 헌법을 해석함으로써 위협을 받게 된다.[12)]

Ⅲ 헌법의 우위의 확보

헌법의 우위의 주요한 보장에 대해서는 이미 언급했다. 그것은 바로 서구적 특징으로 장착된 헌법의 한 메커니즘을 뜻하는 개념 요소로서 권력분립이다. 여기서는 전적으로 이에 대해서만 다룬다.

또 다른 하나는 다음과 같다. 즉, 의회가 일반적 입법 과정에서 헌법을 개정할 권한을 가진다면 헌법의 우위는 붕괴될 것이라는 점이다. 헌법이 가중된 절차로만 개정되거나 보완될 수 있다는 것은 우월적 지위를 가지는 헌법의 개념에 속한다. 헌법제정권력은 모든 헌법 개정에 동원될 수 없기 때문에, 통상적 입법절차와 명백히 구별되는 특별한 헌법 개정 절차가 만들어졌다.[13)] 하나는 의회의 두 번의 결정(경우에 따라서는 가중 다수)이 필요한데, 여기서는 두 찬성 사이에는 선거가 있어야 한다는 것이고,[xiii] 또 하나는 최근의 헌법이, 경우에 따라서는 임의적 또는 필수적 국민투표와 결합시키면서, 관행적으로 가중된 다수, 보통은 입법기관의 3

12) *Walter Leisner*, Von der Verfassungsmäßigkeit der Gesetze zur Gesetzmäßigkeit der Verfassung, 1964.

13) 또한 이하에 대해서는 *Christian Starck*, Vorrang der Verfassung und Verfassungsgerichtsbarkeit, in: Starck/Weber (Hrsg.), Verfassungsgerichtsbarkeit in Westeuropa, Teilband I, 1986, S. 11, 24ff. m.w.N. = *Starck*, Der demokratische Verfassungsstaat, 1995, S. 33, 43ff.

분의 2의 다수를 충족시키게 하고 있다는 것이다. -기본법은 헌법 개정 법률에 대해서 연방하원 의원의 3분의 2의 찬성과 연방참사원 투표의 3분의 2의 찬성을 요구하고 있다.[xiv]

헌법의 우위는 헌법의 존재가 충분히 명확해야 한다는 사실을 전제로 한다. 따라서 앞에서 언급한 것들은 성문의 헌법에 대해서만 적용된다. 그 외에 최근의 헌법들은 헌법의 문언의 개정이나 보완을 유효한 헌법 개정의 전제조건으로 하고 있다.[14)][xv]

헌법의 우위를 확보하는 또 다른 방법은 권력분립으로부터 발전되었는데, 여기서는 재판에 특별한 임무가 부여되었다. 유럽국가에서 프랑스의 주도로 절대주의적 법률 개념이 유지되면서 입법이 모든 사법적 통제로부터 자유로웠던 반면에,[15)] 미국의 법원은 "all cases, in law and equity, arising under this Constitution"(Art. III sec.2)[이 헌법 아래에서 발생하는 법과 형평에 관한 모든 사건(제3조 제2항)]을 관할하였다. 미국에서 확립된 헌법을 기본법(fundamental law)으로 보는 견해[16)]와 함께 법원의 이 광범위한 권한은 구체적 사건에서 시작된 법률의 사법적 통제로 이어질 수 있었다. 이는 1803년에 처음으로 발생했고 그리고 존 마샬(John Marshall) 대법원장은 다음 고려사항을 근거로 제시하였다.[17)]

> "헌법은 헌법에 반하는 모든 입법에 영향을 미친다거나, 입법이 각각의 통상적 법률로 헌법을 수정할 수 있다는 것은 너무나 명확해서 다툴 수 없는 명제다. 이 선택지들에는 중간이 없다. 헌법은 통상적 입법에 의하여 개정할 수 없는 상위법(superior paramount law)이거나, 통상적 법률과 같은 수준에 있어서 다른 법률들처럼 그것을 개정하는 것이 적절한 입법일 경우에는 개정할 수 있다. 선택지의 첫 번째 부분이 맞으면, 헌법에 위배되는 입법은 법률이 아니다. 선택지의 두 번째 부분이 맞으면, 성문 헌법은 본질적으로 무제한적인 권력을 제한하려는 국민의 불합리한 시도다."[xvi]

---

14) 독일 기본법 제79조 제1항, 포르투갈 헌법 제289조.

15) 특히 프랑스: 1790.8.16.과 1790.8.24.의 법률 제10조 및 1791년 헌법 제3부 제5장 제3조.

16) *Alexander Hamilton*, in: The Federalist Nr. 78 (1788).

17) *Marbury v. Madison*, 2 Law Ed. U.S. 60, 73 (1803).

예외를 제외하고는,[18] 법원의 관할, 즉 구체적 규범통제에 관한 미국 모델에 대한 이러한 견해는 유럽에서는 통할 수 없었다. 여기서는 우선 명시적인 관할배분을 통하여 규범통제를 확립하기 위해서 20세기에 특별한 국사재판제도 또는 헌법재판제도의 도입이 필요했다.[19] 켈젠(Kelsen)으로 거슬러 올라가는 이 두 번째의 오스트리아 모델 외에,[20] 프랑스에서는 세 번째의 - 다소 약화된 - 모델이 만들어졌는데, 이에 따르면 법률은 의회에서 통과된 후 공포되기 전에 법원과 유사한 헌법위원회(Verfassungsrat)가 예방적으로 헌법과 합치하는지 여부를 통제할 수 있다.

특히 오스트리아 헌법재판 모델을 통하여 헌법과 법률의 관계가 형성되는, 즉 헌법의 우위가 확보되는 매우 효율적인 제도적 전제조건이 만들어졌다. 오스트리아 모델을 독일 기본법이 따르고 있다. 헌법재판소는 판결 이유를 제시하여야 하므로(예를 들면 연방헌법재판소법 제30조 제1항 제2문[xvii]), 헌법을 관장하는 것은 높은 수준의 합리성을 획득하게 된다. 이는 헌법재판소에 제소하기 전에 이미 일반적으로 입법절차에 영향을 미친다.

사람들이 헌법의 권위를 위한 큰 이점을 거기서 찾기를 주저하지 않을 것이다. 그래서 독일에서 연방헌법재판소는 일반 법률의 입법자에 대해서 무엇보다도 기본권의 효력을 강화하고, 연방주의의 중앙집권적 침식을 억제하고 그리고 정당에 대해 넘어서는 안 될 최후적 한계를 보여줄 수 있었다. 이는 여기에서 더 상세하게 설명할 필요가 없다.[21]

---

18) 포르투갈에 대해서는 *José Manuel Moreira Cardoso da Costa*, Die Verfassungsgerichtsbarkeit in Portugal, in: Starck/Weber (주 2), S. 279, 283 참조; 19세기 독일에서의 논의에 대해서는 *Franz-Josef Peine*, Normenkontrolle und konstitutionelles System, in: Der Staat 22 (1983), S. 521; *Starck* (주 14), S. 32 m.w.N. = S. 50.

19) *Herbert Haller*, Die Prüfung von Gesetzen, 1979, S. 45ff., passim.

20) 그렇게 부르는 것은 *Mauro Cappelletti/Theo Ritterspach*, Die gerichtliche Kontrolle der Verfassungsmäßigkeit der Gesetze in rechtsvergleichender Betrachtung, in: JöR 20 (1971), S. 65, 81ff.

21) *Christian Starck*, Das Bundesverfassungsgericht im politischen Prozeß der Bundesrepublik, 1976, S. 7ff., 16ff.

Ⅳ 헌법의 강화

1. 일반론

헌법재판이 헌법의 우위를 위해 실현하는 강력한 보장에는 대가가 따른다. 헌법재판소의 판결을 통하여 헌법 체계가 세밀하게 전개될수록 입법자의 정치적 형성을 위한 한계는 좁아진다. 여기서 기본적으로 법적 안정성이 문제되는 한, 헌법의 우위는 정치과정의 역동성에 대하여 균형추로서 기능을 한다. 그러나 시간과 함께 헌법은 세부적으로도 점점 더 강화되어 그 성격을 보다 높은 수준의 기본질서[xviii]로 변화시킨다.

이러한 발전은 새로운 종류의 헌법이해를 낳는다. 즉 헌법이 포함하고 있거나 나아가서는 해석을 통해서 헌법에서 도출되는 개별적 임무 및 지침과 관련하여, 헌법은 모든 법률에 대한 접근방법과 가이드라인 및 법률의 적극적 방향성까지도 포함하는 포괄적인 사회질서로 재구성된다. 틀을 설정하는 소극적 헌법규범의 망이 점점 더 두터워지면서 매우 점진적으로 그리고 처음에는 눈에 띄지 않게 법률의 정당한 형성을 적극적으로 이끄는 임무와 지침의 체계로 바뀌어 간다. 그러면 입법자의 형성의 자유는 헌법상 규정된 법률질서를 개별적으로 정당하게 결정하는 것으로 축소된다. 행정의 법률집행에 대응하여 입법은 "헌법집행[xix]"을 담당하게 된다!

이는 새로운 현상이기는 하지만, 반드시 기본질서의 강화에서 비롯되는 것은 아니다. 오히려 그를 위해서는 헌법 개념의 변화가 필요하며, 이는 헌법해석의 경계가 확장되는 것과 함께 이루어진다.[22] 새로운 종류의 해석관점들이 발견되고 이는 일반 법률과는 다른 성격을 가지는 헌법과 관련되므로 다른 규칙에 따라 해석되어야 한다. 그래서 - 자유주의적, 사회적, 가치적, 기능적인 - 이론 등 다양한 기본권이론이 제시되고, 상황에 따라 선택하여 이용함으로써 법 해석의 외관을 가진 정치적 결정을 할 수 있다.

---

22) 비판적으로는 *Christian Starck*, Die Verfassungsauslegung, in: Isensee/Kirchhof (Hrsg.), HStR Bd. VII, 1992, S. 189, 199ff. 이 글은 확대 개정된 제3판에서는 제3부 제3장 S. 279, 288f.에 게재되어 있다.

우리는 여기서 헌법과 법률의 관계라는 문제의 핵심에 닿게 된다. 즉 마치 달이 태양(여기서는 헌법)에서 모든 빛을 받는 것처럼, 헌법해석의 무절제가 심해질수록 법률은 더욱 허약하고 무의미해지게 된다. 이는 어떤 용어로 헌법과 법률의 관계가 다루어지는지를 보면 잘 알 수 있다. 즉 위헌적 법률과 합헌적 법률 간의 명확하고도 법적으로 파악 가능한 차이는 희미해지고, 법률개정이나 해석이 법률을 헌법에 좀 더 가까워지게 한다거나 멀어지게 한다고 표현하고 있다.[23] 헌법이 예외적으로만 지침을 포함하는 기본질서라고 하는 개념에서 보면 이는 법적인 넌센스다. 헌법을 사회형성을 위한 완전히 사법(司法)적인 기본법(justiziabele Grundgesetz)으로 보는 헌법 개념에서는 이러한 가까워짐과 멀어짐은 이해할 수 있으나 그러기 위해서는 민주적으로 책임지는 법정책의 독자성을 희생하는 대가를 치러야 한다.

형성을 촉구하는 적극적인 규정을 포함하여 헌법에서 도출되는 요구사항이 포괄적일수록 헌법재판소의 해석권한은 커진다. 이 해석권한을 가지고 헌법재판소는 형성적 과제도 수행하며, 특히 수년간 해당 법률에 대해 이의를 제기하지 않았던 영역에서 개혁을 자극한다. 그래서 임차인의 점유권은 주택소유자에 대해서도 기본법 제14조의 재산권으로 평가된다. 따라서 입법자는 "기본법 제14조 제1항 제2문에서 나오는 자신의 임무를 이행할 때는 두 개의 서로 경합하는 재산권 지위를 내용적으로 형성하여야 하고, 서로 구분하여야 하며 그리고 각각의 권한을 두 재산권적 지위가 균형적으로 보장될 수 있도록 정하여야 한다."고 한다.[24] 이는 사회국가를 근거로 하는 재산권기속이 아니라[25] 기본권 경합의 문제다.

1994년에는 남녀는 동동한 권리를 가진다는 기본법 제3조 제2항이 연방헌법재판소-특히 제1부 재판소-에 의해서 집단적 성평등의 의미로 해석되어, 헌법규범의 보호대상은 성별을 불문하고 더 이상 개인이 아니고 오히려 여자와 남자라는 집단이라는 것이 더 이상 배제할 수 없게 되었다. 이에는 법학문헌의 사전연구들이 존재한다.[26]

---

23) 그렇게 되면 기본법의 의도와 오히려 모순되는 길을 가게 된다고 한다(BVerfGE 49, 304, 321).

24) BVerfGE 89, 1, 5f.

25) 그렇게는 여전히 BVerfGE 68, 361, 367ff.; 79, 292, 302f.

26) 예컨대 *Ute Sacksofsky*, Das Grundrecht auf Gleichberechtigung, 1991, S. 167, 322

기본권의 객관적-법적 측면에서 도출되었지만 주관적-기본권적 성격을 가지는 기본권적 보호의무라는 새로운 범주는 잠재적으로 전체 사법을 기본권화 하여, 법 주체들의 영역을 서로 구분하고 이를 위해 권리와 의무를 확정한다.[27] 이로써 기본권과 사법이라는 주제를 건드리게 된다. 그러나 나의 고찰은 공법에 한정한다. 예시적으로 선별하여 보면 다음과 같다.

– 기본권 제한적 법률의 일반적 통제기준으로서 과잉금지(2),
– 방송의 자유의 기준에 비추어 본 주방송법의 통제(3),
– 기본법 제21조 제1항을 기준으로 비추어 본 정당재정과 관련한 법률의 검토(4)

2. 과잉금지

비례성원칙을 기초로 하고 있는 과잉금지는 기본권이론의 커다란 성과인데, 이를 통하여 법률에 대하여 헌법상 보장된 기본권의 우위가 실현될 수 있다. 기본권을 제약하는 입법권의 관점에서 보면, 기본권의 법률유보에서 나타나는 바와 같이, 기본권은 완전히 다수의 일반 법률 제정자의 손에 놓이면 다시 단순한 프로그램규정으로 격하될 수 있다. 그렇게 되면 기본법 제1조 제3항의 기속조항은 공허한 것이 될 지도 모른다. 이는 헌법적 근거를 가지는 법익 보호를 위해 투입된 기본권 제한 수단이 적합하고, 필요하며, 기대가능성이 있는지 여부를 심사하는 경우에 회피할 수 있다. 기본권 제한적 법률은 대체로 위기에 처한 법익의 보호에 기여하는 경우에만 적합하다.[28] 그러나 적합한 처분은 과잉되게 부담이 될 수 있다. 이는 필요성원칙이라는 판단의 틀로 확인할 수 있다. 이 원칙은 위험에 처한 법익을 효과적으로 보호할 수 있는 보다 완화된 수단의 투입을 요구한다.[29] 결국 셋째로 기대가능성의 원칙은 개인의 부담이 적합하고 필요한 기본권 제한을 통하

u. passim.

27) 비판적으로는 *Christian Starck*, Praxis der Verfassungsauslegung, 1994, S. 36ff., 66ff.

28) BVerfGE 16, 147, 181, 확립된 판결.

29) BVerfGE 39, 156, 165, 확립된 판결.

여 보호될 법익 또는 공공에 발생하는 이익과 합리적 관계에 있을 것을 보장하여야 한다.[30)]

비례성원칙은 종종 - 연방헌법재판소에 의해서도[31)] - 법치국가원리로부터 도출된다. 그러나 1965년 판결[32)]에 따르면 비례성원칙은 정확히 "기본적으로 이미 기본권의 본질 그 자체로부터 나오는데, 기본권은 국가에 대한 시민의 일반적 자유청구권의 표현으로서 공권력에 의해서 각각 그것이 공공의 이익을 위해서 불가피한 경우에 한하여서만 제한될 수 있다." "기본권의 본질"로 명명된 것은 기본권의 본질을 결정적으로 드러내는 기본법 제1조 제3항의 기속조항에서 나타난다. 기본권의 본질은 기본권이 필수적 법률유보를 통하여 오로지 입법자에게 넘겨지게 되는 경우에는 다른 것이 되어버린다. 기본권 영역에서 입법자의 규율 권한과 헌법으로서 법률에 대한 기본권의 우위 사이의 중재는 기본권 영역에서 규율하는 입법자가 보호이익의 선택과 이익의 보호를 위한 수단의 투입에서 헌법적으로 기속되는 경우에만 논리적으로 가능할 뿐이다.

이 관념들은 기본권 선언에서 나오는 직접적으로 효력 있고 법률에 대하여 우월성을 갖는 권리를 만들어내었다. 그리고 이 관념들은 오늘날 예를 들면 프랑스와 같이 입법자의 전능이라는 도그마로부터 벗어나고 있는 다른 유럽국가들에서[33)] 인식되고, 검토되며 그리고 부분적으로는 헌법의 우위를 보장하기 위해서 이미 적용되고 있다.

기본법과 헌법재판의 이러한 새로운 관념들은 법질서에 대한 다툴 수 없는 가치로 인정되었다. 물론 이 관념들은 법률에 대한 헌법재판적 통제에서 정치적으로 형성하는 입법과 사법권 간의 기능분배를 훼손하지 않는 경우에만 의미 있게 적용될 수 있다는 것을 간과해서는 안 된다. 추상적 측면에서는 연방헌법재판소

30) BVerfGE 16, 194, 202; 30, 292, 316; 67, 157, 178; *Eberhard Grabitz*, Der Grundsatz der Verhältnismäßigkeit, AöR 98 (1973), S. 568, 575ff. m.w.N.

31) BVerfGE 23, 127, 133 m.w.N.

32) BVerfGE 19, 342, 348f.; BVerfGE 39, 382, 401도 참조.

33) *Christian Starck*, Der Schutz der Grundrechte durch den Verfassungsrat in Frankreich, AöR 113 (1988), S. 632ff. = *Starck*, Praxis der Verfassungsauslegung II, S.110ff.

도 그렇게 보고 있고 또 그렇게 말하고 있지만,[34] 구체적인 결정에서 드물지 않게 망각된다.

기본권 제한적 법률의 적합성이나 필요성 문제에 답하기 위해서 종종 사실관계가 판단되어야 하고 예측이 이루어질 수밖에 없다는 것을 생각하면,[35] 헌법재판소가 사실관계를 잘못 판단하였거나 잘못 예측을 하였다는 사실이 후에 확인되는 경우에는 헌법재판소가 정치적 책임을 지지 않으면서도, 비례성원칙의 적용을 통하여 정치적 형성에 상당한 영향을 미칠 수 있다는 것을 알 수 있다. 그러한 상황에서는 헌법과 법률의 실제 관계가 연방헌법재판소의 기본권 해석과 그때마다 적용된 통제밀도에 의하여 매우 결정적으로 좌우되게 된다는 것을 보여준다.

3. 방송의 자유

주의 입법권한에 속하는 방송법의 영역에서 연방헌법재판소는 "방송을 통한 보도의 자유가 보장된다."는 기본권(기본법 제5조 제1항 제2문)과 민주주의 원리로부터 방송법에 대한 연방 헌법 규정의 촘촘한 망을 이끌어내었다. 주 방송법은 연방헌법재판소의 각 결정들을 이행하는 (일종의-역자 주) 실행규정이 되었다. 즉

- 주 입법자에 의해서 설립된 주의 방송시설은 우선 헌법적 존속보장을 받고,[36] 후에는 추가적으로 재정적 및 기술적 유형의 개발보장[37]을 받는다.
- 또 다른 결정에서는 프로그램 유형의 개발보장이 추가되었다. 공법상 방송국이 의무를 부담하고 있지만[38] 그 자체로는 불분명하여 더 구체적으로 결정되어야 할 "기본공급[xx]" 외에, 방송국은 방송의 자유라는 기본권을 토대로 프로그램 제공을 확대할 권한이 있는 것으로 선언되었다. 이에 대해 연방헌법재판소는 방송국이 자신의 기능유지에 필요한 범위 내에서 재정적

---

34) BVrfGE 50, 290, 331ff.; 71, 206, 215f. u.ö.

35) *Peter Badura*, Die Verfassung im Ganzen der Rechtsordnung und die Verfassungskonkretisierung durch Gesetz, in: Isensee/Kirchhof (Hrsg.), HStR Bd. VII, 1992, S. 179ff.

36) BVerfGE 73, 118, 158.

37) BVerfGE 83, 238, 298.

38) BVerfGE 74, 297, 332.

수단을 청구할 권리를 가짐을 인정하고 있다.[39)]

- 연방헌법재판소는 수신료 확정을 위해, 방송국이 신청한 요구사항이 충족되지 않는 경우에 그에 대한 이유제시의무를 부가하는 특별한 입법절차를 제시하고 있다.[40)] 재판소는 수신료 확정에 관한 주간 협정을 체결할 때 만장일치원칙을 포기하고 정족수에 대해서 합의할 것을 주에 권고하고 있다.

이로부터 헌법과 법률의 관계에 대한 주목할 만한 결론이 도출된다. 즉 조직법률에 의하여 공법상의 방송국이 설립되었고, 방송의 자유는 이 시설의 법률상 허용된 프로그램에 대해서 효력이 있을 뿐만 아니라, 이 시설의 그 밖의 프로그램의 허용도 보장하여야 한다는 것이다.

4. 정당재정

정당재정에 대해서 기본법은 정당은 정당 자금의 출처와 사용 및 정당의 재산에 대하여 공개적으로 해명을 하여야 한다(기본법 제21조 제1항 제4문)고만 말하고 있다. 정당재정에 대해서는 연방하원에서 대표성을 갖는 원내교섭단체의 강한 자기이해관계가 존재하는데, 이 원내교섭단체의 뒤에는 정당이 있다. 조세입법을 통하여 국가가 직·간접적으로 정당에 재정보조를 함에 있어서 원내교섭단체를 통한 정당의 국가예산에 대한 개입은 어떤 특수한 상황을 의미한다. 이 특수한 상황은 연방헌법재판소로 하여금 정당재정보조를 상세하게 다루도록 하고 적절한 해결책을 찾기 위해 국가의 정당재정보조에 대한 변화하는 요구사항들을 제시하도록 했다. 이를 헌법과 법률의 관계에 대해서 보면, 결과적으로 정당재정보조에 관한 법률에는 연방헌법재판소 판결의 각기 다른 기준이 적용된다는 것이다.

- 1958년 연방헌법재판소는 "선거 자체만을 위해서가 아니라 선거를 수행하는 정당을 위해서도 국가로부터의 재정 자금 제공이 허용되는 것으로 보았다."[41)]

---

39) BVerfGE 87, 181, 203; 비판적으로는 *Christian Starck*, Praxis der Verfassungsauslegung, 1994, S. 157ff.

40) BVerfGE 90, 60, 90ff.; 이에 대해 비판적으로는 *Thomas Oppermann*, Rundfunkgebühr - Rundfunkordnung - Rundfunkideologie, in: JZ 1994, S. 495ff.

41) BVerfGE 8, 51, 63.

- 1966년에 연방헌법재판소는 "정치적 의견 및 의사 형성 영역에서의 모든 정당 활동을 위해 연방의 예산에서 나오는 보조금을 정당에 지급하는 것은" 국가기관에 대한 국민의 자유롭고 열린 의사 형성이라는 민주적 원칙에 "부합하지 않는 것으로" 보았다.[42] 기본법 제21조 제1항[xxi]은 정당에 대한 지속적인 재정적 배려를 국가의 임무로 하는 것을 금지하고 있다는 것이다. 이러한 금지와 함께 정당의 자유와 기회균등의 원칙을 준수하면서 정당에게 균형적인 선거운동에 필요한 비용이 보전된다면 이는 헌법적으로 정당화될 수 있다는 점도 언급하였다.
- 1992년에 연방헌법재판소는 다음과 같이 판결했다.[43] "지금까지 재판소의 재판부(제2 재판부를 말한다 - 역자 주) 견지해온 견해와 달리, 국가는 일반적으로(allgemein) 정당에게 기본법에 따라 의무가 부과된 활동의 재정지원을 위한 자금을 제공하는 것은 헌법적으로 금지되어 있지 않다. 그러나 국가로부터의 자유 원칙[xxii]은 국가의 자금으로는 정당의 일반적 활동에 대한 부분적 재정지원만을 허용한다." 그에 대해서 재판소는 상대적 상한선과 심지어 절대적인 상한선까지 확정하는 것을 주저하지 않는다. 그리고 기업의 정당기부에 대해 이전에 허용되었던 조세혜택은 1992년에 헌법적으로 금지되었다.[44]

법률에 대한 헌법의 우위는 정당재정지원법에서는 빠르게 발전하고 미리 예견할 수 없는 연방헌법재판소의 판결로 나타난다. 연방헌법재판소가 헌법규범에서 끌어내는 결과가 구체적일수록 입법자는 더 많이 제약을 받게 되고 그 후속결정은 더 예측할 수 없게 된다. 이는 특히 정당재정지원법에서 관찰할 수 있다.

---

42) BVerfGE 20, 56, LS 4, 97f. Parteienfinanzierung I(제1차 정당재정 판결).

43) BVerfGE 85, 264, LS 2. Parteienfinanzierung II(제2차 정당재정 판결).

44) BVerfGE 85, 264, 312ff., 314f.

V 결론

헌법과 법률의 관계는 부분적으로는 규범적인 전제조건에, 부분적으로는 사실상의 전제조건에 따라 달라진다.

- 헌법의 헌법국가적 우위는 어떻게 보장되는가?
- 헌법재판소에 의하여 보장되는 경우에 헌법재판소는 어떤 관할권을 가지는가?
- 헌법에는 권력분립과 권리의 보장 외에 어떤 내용이 있나?
- 헌법재판소는 어떤 헌법 개념을 근거로 하고 있나?
- 어떤 개념의 헌법해석이 존재하나?

이 질문들에 대한 답은 헌법과 법률의 관계를 정확히 규정하는 데 기초가 된다. 특히 헌법 개념과 헌법해석 구상과 관련하여[45] 시간이 경과함에 따라 많은 미묘한 차이들이 관찰될 수 있다. 이 미묘한 차이는 심지어 사실 영역마다 또는 판결마다 다르게 나타난다. 방법론과 국가법이론은 자신의 역할을 하며 헌법과 법률의 관계에 대한 실제에 영향을 미친다.

45) 이에 대해서는 이 책의 제3부 제3장 참조.

역자 주

i 라틴어 leges fundamentales를 말한다. 단수로는 lex fundamentalis라고 한다.

ii 단순한 민법상의 상속규정을 의미하는 것이 아니라 왕위계승과 관련된 것을 말한다.

iii Rechtstheorie. 이 책에서는 Rechtstheorie는 법이론으로, Rechtsdogmatik은 법해석학으로 번역한다.

iv Rahmengesetzgebungskompetenz.

v 독일 기본법 제28조 (1) 각 주의 헌법질서는 기본법상의 공화주의적, 민주적, 사회적 법치국가의 원칙에 부합하여야 한다. 주, 군(시), 기초지방자치단체에는 국민이 보통, 직접, 자유, 평등, 비밀선거로 선출한 대표기관이 구성된다. 군, 기초지방자치단체의 선거에 있어서는 유럽공동체 회원국의 국적을 가진 자도 유럽공동체 법이 정하는바에 따라 선거권과 피선거권을 가진다. 기초지방자치단체에서는 선출된 의회 대신에 면민회의를 둘 수 있다. (2) 기초지방자치단체에는 법률의 범위 내에서 지역 공동체의 모든 사안을 자기의 책임으로 규율할 권리가 보장되어야 한다. 기초지방자치단체의 연합도 법적 직무의 범위에서 법이 정하는 바에 따라 자치행정권 을 가진다. 자치행정의 보장은 재정적인 자기책임의 원칙도 포함한다. 이 원칙에는 기초지방자치단체에 세율결정권과 함께 부여된 경제력과 관련된 조세원이 속한다. (3) 연방은 주의 헌법질서가 기본권과 제1항 및 제2항의 규정에 부합하도록 보장한다(법제처 제공 번역 인용).

vi 독일 기본법 제75조는 다음과 같이 규정하였었다. (1) 연방은 제72조의 전제하에서 다음 사항에 관하여 기본규정을 제정할 권한을 가진다. 1. 제74a조가 달리 규정하고 있지 않는 경우에 주, 지방자치단체 및 그 밖의 공법상의 사단에서의 공적근무에 있는 자들의 법률관계, 1a. 대학제도의 일반원칙, 2. 신문의 일반적 법률관계, 3. 수렵제도, 자연보호 및 풍치 조성, 4. 토지분배, 광역계획 및 물의 관리, 5. 신고제도 및 신분증명제도, 6. 독일 문화재의 외국 반출에 대한 보호. 제72조 제3항이 이에 준용된다(제72조 제3항은 다음과 같다. 연방 법률에 의하여 전항의 의미에서의 필요성이 더 이상 존재하지 않는 연방 법률 규정은 주에 의하여 대체될 수 있음을 규정할 수 있다). (2) 기본규정은 예외적인 경우에만 세부적이거나 직접 효력을 가지는 규정을 포함할 수 있다. (3) 연방이 대강규정을 제정하는 경우에 주는 법률에 의하여 규정된 적정한 기간 내에 필요한 주 법률을 제정할 의무가 있다(이상 계희열, 통일 독일헌법원론, 박영사, 2001의 부록에 게재된 번역에 의함).

vii 유럽연합실행조약 제288조는 다음과 같이 규정하고 있다. "기관들은 연합의 권한을 행사하기 위해 명령, 지침, 결정, 권고 및 의견을 채택한다. 명령은 일반적인 효력을 가진다. 명령은 모든 부분에서 구속력이 있고 모든 회원국에서 직접 적용된다. 지침은 적용되는 모든 회원국을 달성 목표와 관련하여 구속하지만, 형식과 수단의 선택은 국내기관에 위임한다. 결정은 모든 부분에서 구속력이 있다. 결정이 특정 수신자에게 대한 경우에는 그에 대해서만 구속력이 있다. 권고와 의견은 구속력이 없다."

viii Grundsatzgesetze.

ix 독일 기본법 제109조 (4) 연방 참사원의 동의를 요하는 연방 법률에 의하여 연방과 각 주에 공통으로 적용되는 예산법, 경기상황에 맞는 예산관리 그리고 다년간의 금융계획에 대한 원칙들이 정해질 수 있다(법제처 제공 번역).

x 독일 기본법 제79조 제3항은 다음과 같다. “연방의 주의 구성, 입법상 주의 원칙적 협력 또는 제1조와 제20조에 규정된 원칙에 영향을 미치는 기본법의 개정은 허용되지 않는다.”

xi 특별법(lex specialis). 일반법(lex generalis).

xii 미국 수정헌법 제3조에 규정된 내용이다.

xiii 헌법개정안에 대한 의회의 의결 후 선거를 통해 소집된 의회에 다시 표결에 붙여진다. 물론 이렇게 하여 무수정으로 채택된 헌법개정안은 다시 국민투표에 붙여진다. 이러한 제도를 가지고 있는 나라는 덴마크이다(덴마크 헌법 제88조 참조). 덴마크 헌법 제88조의 번역은 김철수·정재황·김대환·이효원, 세계비교헌법, 박영사, 2014, 442쪽 참조.

xiv 독일 기본법 제79조 제2항은 다음과 같다. “이러한 법률은 연방 의회 재적의원의 3분의 2의 찬성과 연방참사원 의원 투표의 3분의 2의 찬성을 필요로 한다.”

xv 독일 기본법 제79조 제1항은 다음과 같다. “기본법의 개정은 기본법의 규정을 명시적으로 변경 또는 보충하는 법률에 의하여야 한다. 강화조약, 강화조약의 준비 또는 점령법적 질서의 폐지를 대상으로 하거나 연방공화국의 방위를 위한 국제법적 조약의 경우, 기본법의 조항들이 그러한 조약의 체결과 발효에 장애가 되지 않는다는 점을 해명하기 위해서는, 그러한 해명에 국한되는 기본법의 조문을 보충하는 것으로 충분하다.”

각주 14에 인용되고 있는 포르투갈 헌법 제289조는 제287조(헌법의 새로운 내용)의 오기로 보인다. 포르투갈 헌법 제287조는 다음과 같다. “1. 헌법 개정안은 필요한 교체, 삭제 및 추가를 통해 적절한 위치에 삽입된다. 2. 새로운 내용의 헌법은 개정 법률과 함께 공포된다.”

xvi “It is a proposition too plain to be contested, that the constitution controls any legislative act repugnant to it; or, that the legislature may alter the constitution by an ordinary act. Between these alternatives there is no middle ground. The constitution is either a superior, paramount law, unchangeable by ordinary means, or it is on a level with ordinary legislative acts, and like other acts, is alterable when the legislature shall please to alter it. If the former part of the alternative be true, then a legislative act contrary to the constitution is not law: if the latter part be true, then written constitutions are absurd attempts, on the part of the people, to limit a power in its own nature illimitable.”

xvii 독일 연방헌법재판소법 제30조 제1항 제2문은 다음과 같이 규정하고 있다. “…판결은 문서로 작성하고 이유를 제시하여야 하며 판결에 참여한 재판관이 서명하여야 한다.…”

xviii Rahmenordnung. 틀의 질서, 질서의 틀 또는 대강질서라고도 할 수 있다.

xix Verfassungsvollzug.

xx Grundversorgung.

xxi 독일 기본법 제21조 제1항은 다음과 같다. “정당은 국민의 정치적 의사형성에 참여한다. 정당 설립은 자유이다. 정당의 내부질서는 민주주의 원칙에 따라야 한다. 정당은 재정의 출처와 사용 그리고 자산을 공개적으로 설명하여야 한다."

xxii Grundsatz der Staatsfreiheit. 주로 정당이나 언론(BVerfGE 31, 314 – 2. Rundfunkentscheidung)의 독립성을 지칭하는 개념으로 사용되는 원칙이다. 기본법에 명시된 용어는 아니다.

제7장

연방국가에서 법의 단일화*

연방국가에서는 두 가지 차원의 입법이 있다. 연방 헌법에서 연방의 입법권한과 구분되는 고유한 입법권한을 주도 가진다는 것은 연방국가의 기본이념과 실제 구성에 부합한다. 이 필수적 권한구분은 기술적으로 다양한 방식으로 계획될 수 있고 그리고 보다 더 중앙집권적이거나 주에 우호적인 경향을 따를 수도 있다. 여기에서 연방국가에서 법이 얼마나 통일적이어야 하는가라는 질문에 대한 판단이 문제된다. 이에 대해서는 역사적 경험, 경제 상황, 기술의 발전 상황과 국민의 사고방식이 중요한 역할을 한다. 헌법제정의 경우에 한번은 결정하게 되는 이 질문은 헌법이 효력을 전개하는 과정에서 대개는 역동적인 발전을 하게 되는데, 이 발전은 헌법 개정에 의해서만이 아니라 헌법, 특히 권한규범의 해석과 적용에 의해서도 결정되며, 보통 중단하기 어려운 단일화 경향을 띤다.

권한할당에 관한 기본결정은 헌법의 권한목록에서 이루어진다. 따라서 우선 이 목록과 그 개정이 시간의 경과와 함께 어느 정도로 통일적으로 처리되는지 그리고 반대경향이 있는지를 검토하여야 한다(I). 입법이 주에 유보되어 있는 경우에도, 주간 협정을 통하거나 또는 주 사이에 합의된 권고입법인 모델 법률이나 모범법률에 관하여 주가 스스로 일치시키는 경우에는 입법의 단일화 경향이 관찰될 수 있다(II). 법의 묵시적 단일화는 법원의 기본권 해석에 의해서 일어나는데, 여기서 규범통제절차에 따른 연방헌법재판소 판결과 주 법의 적용을 기본법의 기본권에 근거하여 심사하는 상고심절차에서의 연방행정재판소 판결은 구별하여야 한다(III).

---

* 출처: Verfassung als Verantwortung und Verpflichtung. Festschrift zum 50jährigen Bestehen des Bayerischen Verfassungsgerichtshofs, 1997, S. 229ff. 제I절(I. 연방에 의한 권한이용을 말함-역자 주)은 2006년 연방주의개혁에 따른 새로운 법 상황에 맞추었다.

I 연방에 의한 권한 행사

기본법상 연방국가는 입법의 대부분이 연방에 있고, 주는 통상 연방 법률을 실행하도록 구성되어 있다(기본법 제83조[i]). 그러나 연방이 그렇게 포괄적인 입법권한을 가진다는 것은 기본법에서 한눈에 알 수 없다. 왜냐하면 기본법 제70조 제1항[ii]에 따르면 기본법이 연방에 입법권한을 부여하지 않는 한 주가 입법권을 가지고 있기 때문이다. 연방의 전속적 입법권한의 대상(기본법 제71조[iii])은 기본법 제73조에 14개 항목으로 열거되어 있지만, 이를 근거로 하는 것은 연방 입법의 일부에 불과하다. 그 밖의 연방의 전속적 입법권한은 기본법에 흩어져 있다.[1]

연방 입법자의 포괄적인 경합적 입법목록(기본법 제74조, 제105조 제2항)에 따른 권한을 행사하기 위해서는 이전에는 연방 법률 규정에 따른 필요성이라는 것이 요구되었는데, 이 필요성은 3개의 서로 결합된 목표에 따라 좌우되었다(구 기본법 제72조 제2항[iv]). 이 필요성 문제를 연방헌법재판소는 초기 판결에서부터 법적으로 다툴 수 없는 재량판단으로 취급하였다.[2] 따라서 연방에는 경합적 입법의 문이 활짝 열려 있었고,[3] 이는 이 권한의 광범위한 행사로 이어졌다. 1959년 이래로 이러한 권한목록은 다양하게 확장[4]되었는데, 이는 직접적으로 연방이 이 경합적 입법권한을 행사하기 위한 목적이었다.

1994년 10월 27일의 헌법개정(BGBl. I 1994, S. 3146)에 의해 경합적 입법권한 영역에 대한 연방 관할권의 전제조건들이 강화되었고 기본법 제93조 제1항 제2a

---

1) 예컨대 제21조 제3항(정당법), 제38조 제3항(연방선거법), 제105조 제1항(관세 및 재정독점), 제108조 제5항 제1문, 제6항(세법, 재정법원법).

2) BVerfGE 2, 213, 224f.

3) Gemeinsame Verfassungskommission, Bericht, BT Drs.12/6000, S. 33: "주 권한 고갈의 주요관문"(Haupteinfallstor für die Auszehrung der Länderkompetenzen) 참조. Schlußbericht der EnqueteKommission Verfassungsreform des Deutschen Bundestages의 비판과 제안, BT Drs. 7/5924, 9. Kapitel 참조; *Reinhard Hendler*, Unitarisierungstendenzen im Bereich der Gesetzgebung, ZG 1987, S. 210, 213ff.; *Rupert Scholz*, Gesetzgebung und Politikgestaltung aus der Mitte der Landesparlamente, ZG 1991, S. 26, 28, 32f.

4) 기본법 제74조 제1항 제11a호 (1959), 제10a호 (1965), 제19a호 (1969), 제74a호 (1971), 제74조 제1항 제24호 (1972), 제4a호 (1972), 제25호, 제26호 (1994).

호[v]에 따라 명시적으로 헌법재판 통제가 가능하게 되었다. 그에 따르면 연방은 국가 전체의 이익이라는 점에서 동일한 생활환경을 조성하기 위해 연방 법 차원의 규율을 필요로 하는 경우에만, 그리고 그 범위 내에서만 입법권을 가졌다(구 기본법 제72조 제2항[vi]). 그러나 연방이 경합적 권한을 거의 완전히 행사했기 때문에 그러한 헌법 개정은 연방 법의 양을 줄이지는 못했고 특히 한번 획득한 영역에서의 법률개정은 계속 가능했는데, 이때 연방 권한의 필요성이 있는지에 대한 문제는 제기되지 않았다. 물론 이 문제는 당시의 헌법 제72조 제3항[vii]에 따라 제기될 수 있었고, 연방 입법자는 스스로 정치적 책임을 지면서 연방 법률 규정은 "주 법에 의하여 대체될 수 있다"고 답할 수 있었다. 그러나 주는 그렇게 "봉쇄가 해제된" 사항을 스스로 규율할 의무는 없었기 때문에, 일부 주에 적용되는 연방 법과 그 밖의 주에 적용되는 주 법의 공존이 가능했다.

당시 시행 중이던 기본법 제75조[viii]에 근거한 연방의 기본입법(Rahmengesetzgebung)으로 보다 심화된 법의 단일화가 이루어졌다.[5] 연방헌법재판소는 처음부터 구 기본법 제75조상의 기본규정들은 "구체화가 가능하고 구체화가 필요하며, 적어도 그러한 구체화를 목표로 하여야 한다고 판시하였으나,[6] 기본 법률의 개별 부분에 대해서는 더 이상 구체화가 가능하지 않은 완결적 규정도 허용하였다.[7]

기본입법권한의 행사를 위해서는 경합적 입법권의 행사와 마찬가지로 - 법원이 심사할 수 없는 - 필요성이 요구되었다.[8] 당시의 개정된 기본법 제72조 제2항은 기본입법권한에 대해서도 효력을 미쳤다. 연방이 시행 중인 기본법률이 더 이상 필요하지 않다고 생각하는 경우 연방은 그 사항을 주에 완전히 돌려줄 수 있었다(기본법 제75조 제1항 제2문). 헌법 개정을 통해서 "예를 들면 유럽공동체/유럽연합 지침권한을 본받아" 기본입법권한을 엄격하게 구성하고 기본법률로서의 성격을 지속적으로 유지하려는 시도가 이루어졌다.[9]

---

5) 기본법 제98조 제3항 제2문도 참조.

6) BVerfGE 4, 115, 129.

7) BVerfGE 43, 291, 343: "직접적 효력이 있는 완결규정(Vollregelung mit unmittelbarer Wirkung)".

8) 헌법개정의 상황에 대해서는 *Torben Schneider*, Die Rahmengesetzgebungskompetenz des Bundes, Arbeitspapier Nr. 37 des Lorenz-von-Stein-Instituts, Kiel, 1994 참조.

9) 그렇게는 Gemeinsame Verfassungskommission, Bericht, BT Drs. 12/6000, S. 35.

연방의 입법권한 행사에 관한 규정의 이러한 개정도 법의 단일화를 막을 수는 없었다. 입법에 관한 권한목록의 마지막 개정(2006)을 통해 주는 경합적 입법목록에서 고유한 독점적 입법권한을 획득했다(예컨대 형집행, 식당과 상점 폐쇄법). 연방의 원래의 기본입법권한은 폐지되었고 그 입법사항은 경합적 입법권한에 추가되었다. 물론 연방이 자신의 입법권한을 행사한 경우에는 주는 다른 규정을 제정하는 것이 허용된다는 조건이 붙었다. 경합적 입법권한은 지금은 3가지 형태로 존재한다. 즉 연방은 다른 전제조건 없는 입법권을 가진다(기본법 제72조 제1항[ix]). 일정한 사항에 있어서는 필요성 심사가 이루어진다(기본법 제72조 제2항[x]). 마지막으로는 주가 연방 법률과는 다른 규정을 제정할 수 있는 사항들이 있다(기본법 제72조 제3항[xi]).

법률이 행정청과 행정절차를 규율하는 경우에는 연방 법률에 대한 연방참사원의 동의는 불필요하다. 이에 대해서는 전적으로 또는 부분적으로 다른 규정을 제정할 권한이 주에게 부여된다(기본법 제84조 제1항 제2문[xii]). 3가지 범주의 경합적 입법에 있어서와 마찬가지로 각각 나중에 제정된 법률이 적용된다. 따라서 연방은 주 법의 이탈을 다시 연방 입법의 방향으로 돌려놓을 수 있다. 그러나 주에게는 다시 다른 입법을 함으로써 새로운 연방 입법에 대응할 수 있는 6개월의 시간이 있다(기본법 제72조 제3항 제3문, 제84조 제1항 제3문[xiii]). 이와 관련해서는 해석문제와 실질적 어려움이 예상된다. 이는 특히 다른 내용의 입법 가능성이 있는 영역에서 유럽연합지침의 이행이 문제되는 경우에 나타난다. 유럽연합법원(EuGH)이 요구하는 법적 상태의 명확성과 확실성이 부족하면, 필요한 명확성을 보장할 헌법적 수단이 없음에도 불구하고, 연방은 유럽법상 의무를 부담하게 된다.

기본법 제109조 제3항[xiv]에 따른 연방의 원칙입법(Grundsatzgesetzgebung)을 망각해서는 안 되는데, 이를 통하여 연방과 주의 예산법, 예산운용 그리고 재정계획이 조정된다. 연방과 주차원의 3가지 사항 모두의 통일은 경제 상황에 맞는 국가 전체 예산운용의 절차적 및 실질적 전제조건을 보장해야 한다. 1967년과 1969년의 두 단계로 도입된 이 입법권한[10)]은 공적 부문의 예산집행이 경제에 영향을 미치며, 합리적인 경기정책은 통일적 경제데이터에서 출발하고 그것을 비교가능하

---

10) 1967.6.8.의 제15차 기본법 개정법률(BGBl. I, S. 581); 1969.5.12.의 제20차 기본법 개정법률(BGBl. I, S. 357).

도록 예산데이터를 투명하게 하며 통일적인 범주에 따라 형성하여야 한다는 경제학적 인식에 따른 대응이었다. 원칙입법은 주에 단일화 효과를 가질 뿐만 아니라 동시에 연방도 주와 조화를 이루도록 한다는 점에서 기본입법과 구별된다. 따라서 예산에 관한 원칙법률(Haushaltsgrundsätzegesetz)은 연방재정법보다 상위이고, 연방재정법은 주재정법과 마찬가지로 원칙예산법률에 기속된다.[11] 원칙예산법률은 연방재정법과 달리 연방참사원의 동의를 필요로 하므로, 절차법상 우위가 보장된다. 연방과 주의 협력에 의해 결정되는 이러한 단일화의 실질적 근거는 일반적으로 인정되므로 기본법 제109조 제3항에 따른 원칙입법은 헌법 정책적으로 다툼이 없다.

II 주의 자율적 조정

주의 자율적 조정도 단일화 효과를 내는데, 이는 주간 협정에 따른 법제정과 소위 모범법률을 통해 이루어진다. 연방 입법권한이 존재하지 않는 상태에서 주 입법권한이 적용되는 영역에서 주의 경계를 넘어, 경우에 따라서는 전체 연방에서 주민의 법적 지위가 통일적으로 규율되어야 하는 경우에는[12] 언제나 주간 협정의 방법을 이용해야 한다. 이는 예를 들면 방송수신료의 징수 등 방송법적 사항과 대학의 제한된 정원의 분배의 경우에 적용된다(이에 대해서는 이하 III. 참조). 주간 협정상 법제정은 입법권한을 연방차원으로 옮기는 것보다 연방구조에 덜 개입하게 된다.

모범법률은 또 다른 형태의 주 법의 자율적 조정으로서 유연한 방식으로 법의 통일에 영향을 미친다. 행정 업무와 시민의 인적 및 경제적 이동성이 용이하도록

---

11) *Klaus Vogel/Markus Wiebel*, in: Bonner Kommentar, Art. 109, Zweitbearbeitung, 1971, Rn. 162, 170ff.; *Helmut Siekmann*, in: Sachs (Hrsg.), Grundgesetz, 1996, Art. 109 Rn. 38 - 42 m.w.N.

12) *Hans Schneider*, Verträge zwischen Gliedstaaten im Bundesstaat, VVDStRL 19 (1961), S. 1, 9; *Josf Pietzcker*, Landesbericht Bundesrepublik Deutschland, in: Starck (Hrsg.), Zusammenarbeit der Gliedstaaten im Bundesstaat, 1988, S. 17, 46ff. m.w.N.

법률에 나타나는 개별 주의 특성은 포기된다.[13] 몇몇 주 입법의 대상 영역에서 주 정부 고위공무원과 전문가로 구성된 위원회는 주 정부가 주 의회에 제출할 수 있는 법안에 대한 모범안을 개발한다.

가장 중요한 사례가 일반적 경찰 및 질서법이다. 경찰임무의 보다 나은 이행을 위해 1972년에 내무장관회의가 국내 안전을 위한 프로그램을 수립하였는데, 그것은 특히 1976년과 1977년의 연방과 주의 통일 경찰법의 모범초안을 통하여 경찰법 통일의 길로 이끌었다.[14] 이때 이후로 주의 경찰법과 연방국경수비대법(현재는 연방경찰법)이, 비록 몇 가지 차이가 있기는 하지만, 최종적 모범초안에 따라 통일되었다.[15]

1954년 6월 16일의 연방헌법재판소의 자문의견에 따라,[16][xv] 연방은 건축계획법에 관한 경합적 입법관할권을 가지고 있다(기본법 제74조 제1항 제18호). 그러나 연방헌법재판소는 건축경찰법, 즉 오늘날 건축질서법에 대한 연방의 관할권에 대해서는 부인하였다. 이 자문의견이 발표된 이후 주의 건축질서법에 대한 조정 필요성을 인식하게 되었다. 최초의 모범건축규정이 1959년 통과되었다. 새로운 요구사항을 반영한 개정은 1981년과 1990에 이루어졌으며 그리고 1992년에는 유럽공동체 지침의 이행을 위하여 개정이 이루어졌다.[17] 주 건축질서법의 발전은 모범법률이 주 법 단일화의 일회적 기반이 될 뿐만 아니라 지속적으로 법 발전 과정을 수반한다는 것을 보여준다. 이러한 방식으로 한번 통일된 법은 다시 서로 갈라지지 않게 보장된다. 또한 건축질서법에서는 단일한 법에 대한 건축 산업, 건축가 그리고 엔지니어의 요구를 충족시키는 주의 자율적 조정이 이제 유럽공동체의 통일요구사항과 어떻게 중첩되는지도 보여준다.

---

13) *Pietzcker* (주 12), S. 39f.; 모범법률에 대해서는 또한 *Hendler* (주 3), S. 222f.

14) *Volkmar Götz*, Allgemeines Polizei- und Ordnungsrecht, 12. Aufl. 1995, S. 33, 15. Aufl. (2013), S. 13ff.

15) 이에 대한 요약으로는 *Drews/Wacke/Vogel/Martens*, Gefahrenabwehr, 9. Aufl. 1986, S. 19f.

16) BVerfGE 3, 407, 423ff., 439.

17) 이전 것에 대해서도 *Dieter Böckenförde/Heinz-Georg Temme/Winnifred Krebs*, Musterbauordnung für die Länder der Bundesrepublik Deutschland, 3. Aufl. 1993, S. VIIff. 참조.

그 밖의 주 입법권한의 영역(방송법, 교육 및 시험법, 자유직업법 등)은 이미 유럽공동체법에 의하여 통일과정에 맡겨져서 여전히 진행 중이다. 기본법 제23조 제6항[xvi]은 이 영역에서 주가 일반적으로 연방 참사원에서 자신의 대표를 통하여 유럽공동체 법제정에 영향을 미칠 수 있도록 보장하고 있고, 이는 사전에 마찬가지로 다시 조정을 전제로 한다. 짧은 시간 안에 많은 입법적 과제를 처리해야 했던 새로운 주들의 의회가 기존 주의 법률을 그대로 채택함으로써 법의 조정이 통일 이후에 상당부분 일어났다. 이를 통하여 서부 주 사이에 존재하는 통일기준이 동부 주들로 이전되었다. —그러나 헌법 개정만을 보면 수용을 통한 법의 통일은 서부 주들에서도 일어났다. 조사위원회(Enquete-Kommission)[18]에 의하여 철저히 준비된 슐레스비히-홀슈타인주의 헌법 개정[19]은 새로운 주들의 헌법제정에 영향을 미쳤을 뿐만 아니라,[20] 심지어 니더작센의 헌법 개정에도 영향을 미쳤다.[21]

자율적 조정을 통한 법 단일화의 또 다른 형태는 준용을 통하여 연방 법을 수용하는 것이다. 모든 주가 고유의 완전한 행정절차법을 제정한 것은 아니다.[22] 니더작센주는 행정절차법에 몇 개의 규정만을 두고, 예외 몇 개만을 제외하고 나머지는 연방의 행정절차법을 준용하고 있다. 준용은 니더작센주 입법자의 의도에 따르면 정태적인데,[23] 왜냐하면 특정 시점에 유효한 연방 법률에 대한 준용이 매번 새롭게 이루어지기 때문이다.[24][xvii] 대부분의 주에서 헌법재판소의 절차는 공개, 법정질서, 법정언어, 심의 그리고 투표와 관련하여 법원조직법을 준용하여 규정한다. 두 개의 주에서는 그 외에도 연방헌법재판소법이나 연방헌법재판소법의

---

18) 그 최종보고는 슐레스비히-홀슈타인주 의회에 의해서 발행되었으며 1989년 노모스출판사(Nomos Verlag, Baden-Baden)에서 출간하였다.

19) Verfassung des Landes Schleswig-Holstein i. d. F. vom 13. Juni 1990 (GVBl. S. 391).

20) *Christian Starck*, Die Verfassungen der neuen deutschen Länder, 1994, S. 22f.

21) *Christian Starck*, Die neue Niedersächsische Verfassung, NdsVBl. 1994, S. 1 Anm. 3, S. 4, 5 = *Starck*, Verfassungen, 2009, S. 245 Anm. 3, S. 249f.

22) 이에 대해서는 Musterentwurf 1963, 2. Aufl. 1968 참조.

23) 그렇게 적절하게는 *Theodor Elster*, in: Korte/Rebe (Hrsg.), Verfassung und Verwaltung des Landes Niedersachsen, 2. Aufl. 1986, S. 306.

24) 최종적으로는 § 1 Abs. 1 NVwvfG i. d. F. des Gesetzes v. 17.12.1991 (GVBl. S. 367) 참조.

특정 조항을 준용하고 있다.[25] 이러한 준용은 정태적인데, 주 헌법기관의 설립과 기능은 주 입법자의 본래적 규율영역에 속하기 때문이다. 주 입법자가 준용을 통하여 이미 알고 있는 규범을 수용하는 경우에는 헌법소송법의 단일화는 헌법적으로 문제가 되지 않는다. 주 입법자가 동태적인 단일화를 의도하는 경우에도 연방헌법재판소법 개정사항에 대한 지속적이고 명시적인 수용을 필요로 한다. 반면에 동태적 준용은(입법주체인 주가 연방이라는 다른 주체에게 입법권을 넘기는 것이기 때문에 - 역자 주) 연방국가 원리 및 민주주의 원리와 일치하지 않는다.[26]

Ⅲ 기본권 해석

기본권이 주 입법의 기준이 되는 경우 주 입법은 연방 헌법에 보장된 기본권의 틀 내에 머물러야 하므로 연방재판소에 의해 보호되는 연방 차원의 기본권 목록은 단일화 효과를 갖는다. 다만 우선은 그 효과를 예측하기는 어렵다.[27] 이는 기본법 제1조 제3항[xviii]에 따를 때 맞는 이야기다.[28] 우리는 오랜 시간 동안 기본권에는 개인과 그 집단의 보호에 대해서만 생각하는데 익숙해 있었다. 그동안 진지하게 고려되고 있는 기본권 및 그에 대한 헌법재판소의 해석에서 파생되는 부수적 효과는 의회입법자와 헌법재판소 간의 권력분립의 문제에 관한 것이다.[29] 헌법재판소가 규율내용을 기본권에서 이끌어 낼수록 입법 형성의 자유는 점점 줄어든다. 그렇게 기본권에서 객관적-법적 가치결정, 국가의 보호의무,[30] 재정 및 조

---

25) § 16 Nieders. StGHG v. 31.03.1955 (allgemein); § 12 Nieders. StGHG v. 01.07.1996 (auf bestimmte Vorschriften bezogen); §§ 10ff. Sächs. VfGHG.

26) *Christian Starck,* Sondervoten de lege lata, in: Starck/Stern (Hrsg.), Landesverfassungsgerichtsbarkeit, Bd. I, 1983, S. 307ff. 참조.

27) 이에 대해서는 *Bettina Zimmermann*, Knadische Verfassungsinstitutionen im Wandel: Unitarisierung durch Grundrechtsschutz, 1992, S. 52ff., 173, 179ff.

28) *v. Mangoldt/Klein/Starck*, Grundgesetz, 3. Aufl. Bd. I, 1985, Art. Rn. 138, 141, in der 6. Auflage 2010, Rdnr. 221, 224.

29) *Christian Starck,* Praxis der Verfassungsauslegung, 1994, S. 42f.

30) *Starck*, (주 29), S. 46ff.

직원칙[31] 및 절차원칙[32]이 도출된다.

그러나 이 모든 것은 국가에 대한 시민의 관계와 헌법재판소에 대한 의회 입법자의 관계에 관한 것만은 아니고, 주가 입법권한을 가지는 영역에서 연방과 주 사이의 헌법적 권한 배분에 관한 것이기도 하다. 특히 기본권에서 파생된 절차법 및 조직법은 주가 처음부터 갖는 권한영역에서 주 입법을 선제적으로 제한하고 그리고 상당한 단일화 압력을 가할 수 있다. 일반 연방 법에 대하여 주는 연방헌법재판소에 연방이 입법권한의 한계를 넘어섰다고 주장하면서 대항할 수 있다. 그에 반하여 기본권과 연방헌법재판소의 기본권의 해석은 헌법의 우위를 점하고 있고 기본법 제1조 제3항으로 인하여 이미 논리적으로 연방의 권한을 넘지 않는다.

연방헌법재판소가 주 법률을 기본권의 기준으로 통제하는 경우에, 연방헌법재판소는 기본권 해석을 통하여 주 법을 단일화하게 된다. 여기서 단일화 강도는 기본권 해석의 종류와 방식에 따라 다르다. 단일화를 방지하거나 어렵게 만들려면 주 법률을 심사하는 연방헌법재판소의 관할권을 포기하고 그 임무를 주헌법재판소에 이전하여야 할 것이다. 그러한 상황은 지방자치행정에 대한 연방 헌법적 보장과 관련해서만 존재한다. 기본법 제28조[xix]에 따른 자치행정권에 대한 주 법률에 의한 침해를 이유로 한 지방자치단체의 헌법소원에 대하여 연방헌법재판소는 주헌법재판소에 소원을 제기할 수 없는 경우에만 결정한다(기본법 제93조 제1항 제4b호[xx]). 따라서 주는 지방자치단체의 헌법소원을 도입하여 지방자치법 분야의 입법을 연방헌법재판소에 의한 자치행정보장의 통일적 해석으로부터 보호할 수 있다. 물론 그것으로 주헌법재판소 상호간 및 주헌법재판소와 연방헌법재판소 상호간의 논증의 교환과 영향을 막을 수는 없다. 그러나 이로 인한 단일화는 위로부터 강요되는 것이 아니라 자발적으로 이루어지는 것이다.

---

31) *Christian Starck*, Staatliche Organisation und staatliche Finanzierung als Hilfen zu Grundrechtsverwirklichungen?, in: Starck (Hrsg.), Bundesverfassungsgericht und Grundgesetz, Bd. II, 1976, S. 480ff. = *Starck*, Freiheit und Institutionen, 2002, S. 158ff.

32) 예컨대 *Peter Lerche*, Vorbereitung grundrechtlichen Ausgleichs durch gesetzgeberisches Verfahren, in: Lerche/Schmitt Glaeser/Schmidt-Aßmann, Verfahren als staats- und verwaltungsrechtliche Kategorie, 1984, S. 101ff. m.w.N.

연방이 당시 시행 중이던 대학제도의 일반원칙에 관한 기본입법권(기본법 제75조 제1항 제1문 제1a호[xxi])[33]을 행사하여 1976년 1월 26일 대학기본법을 통과시키기 전에도,[34] 연방헌법재판소는 1972년 7월 18일의 대학입학정원판결(Numerus-clausus-Urteil)에서 "대학입학허가"에 대한 기본권(기본법 제12조[xxii])으로부터 주 전체가 공동책임을 져야 할 보충적 의무를 도출해 내었다. 이 의무는 초지역적 기관이 모든 가용 입학정원을 통일적 선발기준에 따라 배분함으로써[35] 주가 함께-예를 들면 주간 협약의 체결을 통하여-협력적인 기본권 보호의 실현을 위해 공동책임을 지는 것이었다. -방송과 관련하여 연방헌법재판소는 기능적인 방송송출시스템은 주 법률 규정들의 조화여부와 주 상호 간의 협력에 달려 있다고 판결하였다.[36] 주간 협력의무를 연방헌법재판소는 연방 친화적 행동원칙과 결합하여 기본법 제5조 제1항 제2문[xxiii]에서 도출하고 있다.[37] 이 두 판결에서는 기본법이 주에 부여한 권한배분은 기본권 해석에 따라 협력의무를 통하여 단일화되었고,[38] 연방주의에 의한 평등권의 상대화라는 규칙에서 벗어났다.[39][xxiv] 대학입학 사건에서 연방헌법재판소는 기본법 제12조[xxv]의 해석과 적용을 통하여 후의 대학입학 분야의 기본입법(HRG 제27조 이하[xxvi])을 앞당겨 실현했다.

대학조직 분야에서 대학기본법에 대한 기준을 제시한 것은 연방헌법재판소의 판결이었다. "학문, 연구 그리고 교수는 자유이다."(기본법 제5조 제3항 제1문)라는 기본권 보장에서 연방헌법재판소는 개인의 자유권 보장뿐만 아니라, 개인의 권리를 강화하고 보호하며 개별적 기본권 주체의 지위 간에 균형을 도출하는 가치 결정적 근본규범도 발견하고 있다.[40] 이로부터 조직문제들이 발생한다. 니더작센주

---

33) 1969.5.12.의 제22차 기본법 개정 법률(BGBl. I, S. 363)을 통하여 삽입되었다.

34) BGBl. I, 1976, S. 185.

35) BVerfGE 33, 303, 357f.

36) BVerfGE 73, 118, 197.

37) BVerfGE 73, 118, 152, 196f.

38) *Jost Pietzcker* (주 11), S. 66.

39) *v. Mangoldt/Klein/Starck* (주 28), Art. 3 Rn. 165.

40) BVerfGE 35, 79, 112f.

종합대학법을 제정하기 위하여 그 전에 조직법적 내용에 한정하여 마련한 예비법률에 대해 판단하면서, 연방헌법재판소는 그로부터는 특정한 아무런 조직모델도 도출할 수 없는 기본법 제5조 제3항의 틀로서의 성격(Rahmencharakter)을 강조하고, 그로부터는 어떤 특정 조직모델도 도출할 수 없다는 점을 강조하였다.[41] 연방헌법재판소는 집단원칙과 집단원칙의 이면에 있는 이해관계 개념을 인정하였다. 이러한 토대 위에 연방헌법재판소는 집단형성에 있어서 동질성 결여[42]와 학문에 대해 우선적 책임이 있는 대학교수의 영향이 지나치게 적은 점을 문제 삼았다.[43] 대학운영의 수혜자로서 그리고 대학의 재정적 후원자로서 사회세력을 책임감 있게 참여시키는 것과 같은 다른 조직모델도 기본법 제5조 제3항[xxvii]에서 도출되는 원리의 준수 여부가 심사되어야 한다. 앞으로 대학기본법이 규범적으로 약화되면 직접 기본법 제5조 제3항에서 나오는 주 입법의 한계가 다시 중요해 질 수 있을 것이다.[xxviii] 위와 같은 대학조직의 사례는, 연방의 초기 기본입법과 연방헌법재판소를 통한 기본권 해석은, 그 실질적 효력에서 볼 때 적어도 부분적으로는 상호교환 가능하다는 것을 분명히 보여준다.

학교법 분야에서 연방헌법재판소는 항상 주 입법자의 형성의 자유를 강조해 왔다.[44] 왜냐하면 기본법 제7조[xxix]의 성립 역사에서 보면 "공립학교의 세계관적-종교적 성격에 대해 주가 광범위한 자율성을 갖는 것을 의도하였다는 것"이 드러나기 때문이다.[45] 연방헌법재판소는 학교정책문제를 규율할 주의 관할권이 침해되어서는 안 된다는 것을 반복해서 강조했다.[46] 그러나 기본법 제7조의 범위 안에서 제정된 학교제도의 종교적-세계관 형성에 대한 주 법 규정은 기본법 제4조 제1항 및 제2항[xxx]과 일치해야 한다.[47] 연방헌법재판소에 대한 최근의 경험에

41) *Starck*, (주 31), S. 499ff.

42) BVerfGE 35, 79, 126f.

43) BVerfGE 35, 79, 139ff.

44) 이미 그렇게는 Konkordatsurteil, BVerfGE 6, 309, 355.

45) BVerfGE 41, 29, 45.

46) BVerfGE 41, 29, 46f., 57; 41, 65, 77ff.; 52, 223, 236f.; 같은 취지의 반대의견은 BVerfGE 93, 25ff.; 다른 입장은 BVerfGE 93,1,15ff.

47) BVerfGE 41, 29, 47.

따르면, 주 입법자의 자유가 어느 정도 보장되는지는 제4조 제1항에서 함께 보장하는 소극적 종교의 자유가 적극적 종교의 자유와 등등하게 취급되는지[48] 아니면 그보다 우월한지 여부[49]에 달려있다는 것을 알 수 있다. 미카엘 브렌너가 우리 연방국가의 단일화가 증가함에 따라 이제 명백히 학교제도에도 영향을 미치고 있음을 지적한 것은 타당한 면이 있다.[50] 이러한 학교제도의 중앙집권화는 많은 학자들에 의해서 문제가 제기되어 오고 있다.[51]

1961년 이후 방송법 분야에서, 공영 방송기관의 조직, 재정 그리고 임무, 특히 그 "기본서비스제공의무", 이중 방송시스템, 그리고 민영방송에 대한 공법상 감독에 대해 발전시켜 온 연방헌법재판소의 판결[52]은 기본법률에 해당하는 심사밀도를 가지고 있다.[xxxi] 방송법의 분야에서 어떠한 종류의 연방 입법권한도 존재하지 않음에도 불구하고 연방헌법재판소는 "방송에 의한 보도의 자유는 보장된다."(기본법 제5조 제1항 제2문)는 단순한 문언에서 기본법률의 방식에 따라 연방헌법상 방송제도를 도출해 내었고, 이를 빠르게 변하는 기술적 조건에 맞추려고 여러 번 단계적으로 시도해왔다.[53]

기본권이 얼마나 중요한 단일화 지렛대인가는 연방헌법재판소의 정보보호 판결이 주 경찰질서법에 미치는 영향에서도 드러난다. 경찰법 문헌에서는 연방헌법재판소의 인구조사판결[54]이 각 주 경찰법들의 단일화 제2기의 시작으로 간주된

---

48) 여전히 그렇게는 BVerGE 52, 223, 247 (Schulgebet).

49) 그렇게는 BVerfGE 93, 1, 15ff. (Kruzifix).

50) *Michael Brenner*, Der Kruzifix-Beschluss des Bundesverfassungsgerichts, in: ThürVBl. 1996, S. 145, 151; 연방적 관점이 반대의견에서도 주장되었다. BVerfGE 93, 25, 28, 33.

51) 특히 *Martin Heckel*, Das Kreuz im öffentlichen Raum. Zum "Kruzifix-Beschluss" des Bundesverfassungsgerichts, DVBl. 1996, S. 453, 459 m.w.N. in Anm. 25.

52) BVerfGE 12, 205, 259ff.; 31, 314, 325ff.; 57, 295, 319ff.; 73, 118, 152ff.; 74, 297, 325ff.; 83, 238, 295ff.; 87, 181, 196ff.; 90, 60, 87ff.

53) 무엇보다 BVerfGE 57, 295, 319ff.; 73, 118, 152ff.의 단계 참조; 비판적으로는 *Starck* (주 30), S. 157ff. 참조; *ders.*, "Grundversorgung" und Programmauftrag des öffentlich-rechtlichen Rundfunks, in: Festschrift für Stern, 1997, S. 777ff. m.w.N. = *Starck*, Freiheit und Organisation, 2002, S. 495ff.

54) BVerfGE 65, 1, 41ff.

다.[55)] 제1기는 연방 및 주의 통일 경찰법 모범초안과 함께 1976년에 시작되었다(위 II. 참조). 개정된 법률들에 포함된 개인 정보의 수집과 배포에 관한 특별한 권한규범들은 오늘날 독일 전체의 질서법을 표현하는 광범위한 규제시스템을 구성하고 있다.

단일화 가능성은 주 법에 따라 내려진 법원의 판결을 심사하는 경우, 연방행정재판소의 상고심에서도 존재한다. 이는 특히 지방자치법, 학교법, 시험법, 직업법, 국가교회법 및 방송법에서 발생한다. 다양한 밀도의 기본법상 보장규정들은 연방 법으로서 상고심의 기준이 된다(독일 행정소송법 제137조 제1항 제1호[xxxii]). 즉 지방자치법에 대해서는 제28조 제2항, 학교법에 대해서는 제7조, 시험 및 직업법에 대해서는 제12조, 국가교회법에 대해서는 바이마르 헌법 제136~139조, 제141조와 결합하여 기본법 제140조, 방송법에 대해서는 제5조 제1항 제2문이 기준이 된다. 여기에다 예를 들면 제1조에서 제6조까지의 기본권들과 같은 한 분야에 특정되지 않은 기본권도 영향을 미친다.

주 입법과 주 법률의 해석에 미치는 기본권의 단일화 효과는 연방법원이 연방헌법상 기본권 목록을 보장하는 당연한 결과다. 국제법상 또는 초국가법상 그리고 재판상 보장되는 기본권이 국민국가(Nationalstaaten[xxxiii])에 대해 적용될 때도 마찬가지다.[56)] 이러한 사실은 기본권은 특정한 법률 규정을 요구하지 않는다는 견해를 강화하는 것이다.[57)][xxxiv] 그러나 헌법이 잘 구성되었다는 것은 바로 많은 것들이 헌법에 의해 규율되지 않고 따라서 관할 국가기관에 필요한 행위여지가 존재한다는 사실에 있다. 따라서 기본법에 규정된 연방국가적 입법권한의 분배도 기본권이 기본 틀(Rahmencharakter)로서의 성격 안에서 인정되고 그에 따라 주 입법자에게 기본권이 구체적인 해결책을 정해주지 않도록 할 것을 요구한다. 여기

55) *Götz* (주 14), S. 33, 15. Aufl. (2013), S. 13ff., 52.

56) Diskussionsbeitrag von *Rudolf Bernhardt*, in: Link (Hrsg.), Der Gleichheitssatz im modernen Verfassungsstaat, 1982, S. 91f. 참조.

57) 이러한 의미로는 *Ernst-Wolfgang Böckenförde*, Methoden der Verfassungsinterpretation, NJW 1976, S. 2089, 2091; *Rainer Wahl*, Der Vorrang der Verfassung, in: Der Staat 20 (1981), S. 485, 507; *Christian Starck*, Die Verfassungsauslegung, HStR VII, 1992, § 164, Rn. 5ff. 이 책의 제3부 제3장, S. 281ff. 참조; *Konrad Hesse*, Verfassungsrechtsprechung im geschichtlichen Wandel, JZ 1995, S. 265, 268.

에서 다른 연방국가적 차원의 기본권 해석의 문제는, 다른 경우에도 마찬가지이지만,[58] 헌법과 헌법에 포함된 기본권이 틀로서의 성격을 가진다는 사실을 확인시켜 주고 있다.

58) *Christian Starck*, Verfassungsgerichtsbarkeit und Fachgerichte, JZ 1996, S. 1033, 1038ff. = *Starck*, Freiheit und Organisation, 2002, S. 333, 347.

역자 주

i 독일 기본법 제83조는 다음과 같이 규정되어 있다. "주는 기본법이 별도로 규정하거나 허용하는 경우를 제외하고는, 고유사무로서 연방 법률을 집행한다."

ii 독일 기본법 제70조 제1항은 다음과 같이 규정되어 있다. "기본법이 연방에 입법권한을 부여하지 않는 한 주가 입법권을 가진다."

iii 독일 기본법 제71조는 다음과 같이 규정되어 있다. "연방의 전속적 입법권 영역에서 주는 연방 법률에 명시적으로 권한이 위임되어 있는 경우에만 그리고 그 범위 내에서만 입법권한을 갖는다."

iv 구 독일 기본법 제72조 제2항은 다음과 같다. "연방정부는 다음과 같은 이유로 연방 법률 규정에 대한 필요성이 있는 한, 이 영역에서 입법권을 갖는다.

1. 개별 주의 입법으로는 문제를 효과적으로 규제할 수 없는 경우, 또는
2. 주 법률에 의한 문제 규제가 다른 주 또는 전체의 이익을 침해할 수 있는 경우, 또는
3. 법적 또는 경제적 통일성, 특히 특정 주의 영역을 넘어선 생활환경의 통일성을 유지하기 위해 필요한 경우."

v 독일 기본법 제93조 제1항 제2a호는 다음과 같다. "(1) 연방헌법재판소는 … 2a. 연방참사원, 주정부 또는 주의 국민대표의 신청으로 법률이 제72조 제2항의 요건들을 충족하는지 여부에 대해 결정한다;"

vi 1994년 10월 27일 개정된 독일 기본법 제72조 제2항은 다음과 같다. "연방영역에서 동일한 생활관계의 형성이나 전국적 이해관계에서 법적 또는 경제적 통일의 유지를 위해 연방 법률의 규율이 필요한 경우 또는 그 범위 안에서 연방은 입법권한을 가진다."

vii 구 독일 기본법 제72조 제3항은 다음과 같다. "연방 법률은 제2항의 필요성이 더 이상 존재하지 않는 연방 법률 규정은 주 법으로 대체할 수 있음을 규정할 수 있다."

viii 구 독일 기본법 제75조 제1항은 다음과 같이 규정하였다. "연방은 제72조의 전제조건 하에 다음 사항에 관한 주 입법의 기본규정을 제정할 권한이 있다. …"

ix 독일 기본법 제72조 제1항은 다음과 같이 규정하고 있다. "경합적 입법영역에 있어서 주는 연방이 입법권을 행사하지 않는 경우, 그리고 입법권을 행사하지 않는 사항에 대해서 입법권을 갖는다."

x 독일 기본법 제72조 제2항은 다음과 같이 규정하고 있다. "연방은 제74조 제1항 제4호, 제7호, 제11호, 제13호, 제15호, 제19a호, 제20호, 제22호, 제25호 및 제26호의 영역에서 균등한 생활환경의 형성이나 전체 국가적 이익 면에서 법적 통일과 경제적 단일화의 유지를 위하여 연방 법률이 필요한 경우, 그 범위 안에서 입법권을 갖는다."

xi 독일 기본법 제72조 제3항은 다음과 같이 규정하고 있다. "연방이 입법권을 행사한 경우 주는 다음 각 호에 대하여 법률로 그와 다른 규정을 정할 수 있다.

1. 수렵(수렵허가증에 관한 법은 제외)
2. 자연보호 및 자연 경관 보호(자연보호의 일반원칙, 종보호 및 해양 자연보호법 제외)

3. 토지분배

4. 지역개발 계획

5. 수자원 관리(자원 및 시설에 관련된 규정 제외)

6. 대학 입학허가 및 졸업

7. 재산세

이러한 영역의 연방 법률은 연방참사원의 동의를 얻어 별도로 규정하지 않는 한, 공포 후 6개월이 지나면 효력을 발생한다. 제1문의 영역에서는 연방법과 주법의 관계는 신법이 구법에 우선한다."

xii 독일 기본법 제84조 제1항은 다음과 같다. "주가 고유한 사무로서 연방 법률을 집행하는 경우, 주는 행정청의 설치와 행정절차를 규정한다. 연방 법률이 달리 규정하는 경우에는 주는 그와 다른 규정들을 제정할 수 있다. 주가 제2문에 따라 달리 규정하는 경우에는 해당 주에서는 그와 관련된 행정청의 설치와 행정절차를 규정한 후속 연방 법률 규정은 공포 후 6월이 지나서 효력을 발생한다. 다만, 연방참사원의 동의로 달리 규정한 경우에는 그러하지 아니하다. 제72조 제3항 제3문은 이에 준용한다. 예외적인 경우에는 연방은 연방차원의 단일적 규율에 대한 특별한 필요성으로 인하여 주가 달리 정할 가능성을 허용하지 않는 행정절차를 규정할 수 있다. 이러한 법률은 연방참사원의 동의를 필요로 한다. 연방 법률로 게마인데와 게마인데연합에 업무를 위임하는 것은 허용되지 않는다."

xiii 독일 기본법 제84조 제1항 제3문은 역자 주 xii 참조.

xiv 독일 기본법 제109조 제3항은 다음과 같다. "연방과 주의 예산은 원칙적으로 차입수입 없이 균형을 이루어야 한다. 연방과 주는, 호황 및 침체 시 정상 상황에서 벗어난 경기 진개의 영향을 대칭적으로 고려하도록 하는 규정 및 국가의 통제에서 벗어나 국가의 재정 상황을 현저히 잠식하는 자연재해 또는 비정상적인 긴급 상황에 대비한 예외 규정을 둘 수 있다. 예외적 규정에 관하여는 상당한 상환규정을 둘 수 있다. 연방의 예산에 관하여 자세한 사항은 제115조에서 정하되, 제1문에 부합하기 위해서는 차입수입이 국내총생산의 0.35퍼센트를 초과하지 않아야 한다. 주의 예산에 관한 자세한 사항은 주의 헌법상 권한의 범위 안에서 주가 정하되, 제1문에 부합하기 위해서는 어떤 형태의 차입수입도 허용되지 않아야 한다." 여기서 대칭적 고려란 호황이나 불황 때 각각 그 대칭적인 고려를 하라는 뜻으로 예산 편성을 균형 있게 고려하여야 한다는 의미. 재정건전성 원칙을 유지하기 위한 개념이다.

xv 이 결정은 연방의회, 연방참사원, 연방정부의 공동 요청에 따라 연방헌법재판소가 건축계획법의 입법권이 연방인지 주인지에 대하여 자문적 판결을 한 것이다. 그러나 이는 헌법재판소의 초기적 현상이고 이 결정이 있은 1954년 이후로는 자문의견이란 이름의 결정은 존재하지 않는다.

xvi 기본법 제23조 제6항은 다음과 같다. "주요 내용이 학교 교육, 문화 또는 방송에 관한 주의 배타적 입법권한과 관련되는 경우에, 유럽연합의 회원국으로서 독일연방공화국에 부여된 권리의 행사는 연방에 의하여 연방참사원이 지명한 주 대표들에게 위임된다. 이 권리의 행사는 연방정부의 참여와 조율 하에 이루어지며, 이 경우 연방의 국가 전체에 대한 책임은 유지되어야 한다."

xvii 연방 법 개정 사항을 자동으로 주 법에 반영하는 것이 아니라 주 의회가 반영하고자 하는 시점에 반영된 연방 법을 일자를 명기하여 표기하여 참조하기 때문이다. 이를 정태적 준용이라고 한다. 그에 반하여 변경이 있을 때마다 자동으로 따라가는 방식을 동태적 준용이라고 한다.

xviii 독일 기본법 제1조 제3항은 다음과 같다. "이하의 기본권은 직접적으로 효력 있는 권리로서 입법권,

집행권 그리고 사법권을 기속한다."

xix 독일 기본법 제28조는 다음과 같다. "(1) 각 주의 헌법질서는 이 기본법에서 의미하는 공화적, 민주적 및 사회적 법치국가의 원칙에 부합하여야 한다. 주, 군(Kreis) 및 게마인데의 주민은 보통, 직접, 자유, 평등, 비밀선거에 의하여 선출된 대표기관을 가지고 있어야 한다. 군 및 게마인데 선거에서는 유럽공동체를 구성하고 있는 국가의 국적을 가지고 있는 자도 유럽공동체의 기준에 따라 선거권 및 피선거권을 가진다. 게마인데에서는 주민총회가 선출된 대표기관을 대체할 수 있다. (2) 게마인데는 법률의 범위 내에서 지역공동체의 모든 사항을 자기의 책임 하에서 규율할 수 있는 권리가 보장되어야 한다. 지방자치단체연합도 그 법률상의 직무 권한의 범위 내에서 법률의 기준에 따라 자치권을 가진다. 자치권의 보장에는 재정적 자기책임의 토대를 마련하는 것도 포함된다. 여기에는 세율결정과 경제력에 근거한 과세권을 포함한다. (3) 연방은 주의 헌법질서가 기본권과 제1항 및 제2항의 규정에 부합하도록 보장한다."(이상 국회도서관 제공 번역본에 의함).

xx 독일 기본법 제93조 제1항 4b호는 다음과 같다. "제93조 (1) 연방헌법재판소는 다음 사항을 결정한다. … 4b. 법률에 의하여 제28조의 자치권이 침해당한 것을 이유로 하는 게마인데 및 게마인데연합의 헌법소원. 단, 주 법률에 의한 침해의 경우에는 주헌법재판소에 헌법소원을 제기할 수 없는 경우에 한한다."(국회도서관 제공 번역본에 의함)

xxi 독일 기본법 제75조 제1항 제1문 1a호는 다음과 같다. "연방은 제72조의 전제조건 하에 주의 입법을 위한 다음의 기본규정을 제정할 권한을 가진다. … 1a. 대학제도의 일반원칙"

xxii 독일 기본법 제12조는 다음과 같다. "(1) 모든 독일인은 직업, 직장 및 직업훈련장을 자유로이 선택할 권리를 가진다. 직업의 행사는 법률에 의하여 또는 법률의 근거 위에서 규제될 수 있다. (2) 전통적으로 일반적이며 모든 사람에게 평등한 공적인 의무를 제외하고는 누구도 특정한 노동을 강요당하지 않는다. (3) 강제노동은 법원에서 명령한 자유박탈의 경우에만 허용된다.

xxiii 독일 기본법 제5조 제1항은 다음과 같다. "모든 사람은 자기의 의견을 말, 글 그리고 그림으로 자유롭게 표현하고 전파할 권리를 가지고, 일반적으로 접근 가능한 자료로부터 방해받지 않고 정보를 얻을 권리를 가진다. 출판의 자유와 방송 및 영화에 의한 보도의 자유는 보장된다. 검열은 이루어지지 않는다."

xxiv 연방주의는 주의 독자성을 고려하여 평등권의 적용을 완화하는 것이 원칙이지만 기본권 해석에 따라 협력의무를 통한 단일화를 더욱 강화하게 된다는 의미다.

xxv 독일 기본법 제12조는 다음과 같다. "(1) 모든 독일인은 직업, 직장 그리고 직업교육장을 자유롭게 선택할 권리를 가진다. 직업의 행사는 법률에 의하여 또는 법률에 근거하여 규율될 수 있다. (2) 전통적이고 일반적인 모두에게 동등한 공적 의무와 관련된 경우를 제외하고는 누구도 특정한 노동을 강요당하지 아니한다. (3) 강제노동은 법원이 명령한 자유박탈의 경우에만 허용된다."

xxvi 예를 들면 대학기본법 제27조는 다음과 같이 규정하고 있다. "(1) 기본법 제116조에 따른 모든 독일인은 자신이 선택한 대학 과정에 대해 필요한 자격을 증명하는 경우 대학 교육을 받을 권리를 가진다. 유럽연합(EU) 다른 회원국의 국민은 해당 학업에 필요한 언어 능력을 증명한 경우 독일인과 동일한 대우를 받는다. 자격과 관련이 없는 학업 지원자의 개인적 사유에 따른 입학제한 요건은 주법이 규율한다. (2) 최초 직업자격이 수여되는 대학과정에 입학하는 경우 기본적으로 해당 대학교육을 준비하는 학교교육을 성공적으로 마친 경우 제1항 제1문에 따른 자격증명이 이루어진 것으로 본다. 직업교육을 이수한 사람은 주법에서 구체적으로 정한 바에 따라 다른 방식으로도 증명할 수 있다. (3) 제1항에 따라 독일인과 동등하게 취급하는 사람들에 관한 법규정들은 영향을 받지 아니한다." 첫 번째 직업자격을 부여하는 대학 과정이란 학사 과정을 말한다. 이에 비하여 석사 과정은 후속 자격 과정이라고 한다.

xxvii 독일 기본법 제5조 제3항은 다음과 같다. "예술과 학문, 연구와 교수는 자유이다. 교수의 자유는 헌법에 대한 충성을 면제하지 아니한다."

xxviii 대학기본법에 따른 연방의 개입이 줄어들게 되면 주의 자율성이 커지게 될 텐데 이때 주가 대학의 자율성을 침해하지 않도록 주 입법권에 대한 한계가 중요하게 될 것이라는 의미다.

xxix 독일 기본법 제7조는 다음과 같다. "(1) 전체 학교제도는 국가의 감독을 받는다. (2) 양육권자는 자녀가 종교수업에 참여하는 것에 대해 결정할 권리를 갖는다. (3) 종교교육은 공립학교에서 신앙고백이 없는 학교를 제외하고는 정규 교과목이다. 주의 감독권에도 불구하고 종교교육은 종교 공동체의 기본원칙에 따라 이루어진다. 어떠한 교사도 자신의 의지에 반하여 종교수업을 할 의무를 부담하지 않는다. (4) 사립학교를 설립할 권리는 보장된다. 공립학교를 대신하는 사립학교는 주의 인가를 받아야 하고 주법률의 적용을 받는다. 사립학교가 그 교육목표, 시설 및 교원의 학문적 자격에서 공립학교에 뒤떨어지지 않고 부모의 재산 상황에 따라 학생의 분리가 조장되지 않는 경우에 인가된다. 교원의 경제적 및 법적 지위가 충분히 보장되지 않는 경우에 인가되어서는 아니 된다. (5) 사립 초등학교는 교육행정청이 특별한 교육적 이해관계를 인정하거나 양육권자의 신청에 따라 사립 초등학교가 공동체학교, 신앙고백학교, 세계관학교로서 설립되어야 함에도 이러한 종류의 공립 초등학교가 지방자치단체 내에 존재하지 않는 경우에만 허용된다(역자 주 - 공동체학교란 특별한 종교와 관련 없이 운영되는 학교, 신앙고백학교란 특정 종교에 따라 운영되는 학교, 세계관학교란 자유주의, 사회주의, 인본주의, 사회주의, 생태주의 등 특정한 사상이나 철학을 기반으로 운영되는 학교를 말한다). (6) 예비학교는 폐지한다.

xxx 독일 기본법 제4조 제1항과 제2항은 다음과 같다. "(1) 신앙, 양심의 자유 그리고 종교적 및 세계관적 고백의 자유는 불가침이다. (2) 방해받지 않는 종교행사는 보장된다."

xxxi 연방헌법재판소의 판례가 연방이 기본법률을 제정한 것과 같은 정도로 세밀하게 심사를 한다는 의미다. 이에 따라 연방헌법재판소는 이하 본문에서 설명하는 것처럼 단순한 문언으로부터 보다 상세한 내용의 규범적 내용을 도출해 내고 있다.

xxxii 독일 행정소송법 제137조 제1항(§ 137 Abs. 1 VwGO) 전체는 다음과 같다. "상소는 1. 연방 법 또는 2. 문구상 연방 행정절차법과 일치하는 주 행정절차법 조항의 위반으로 인해 이의가 제기된 판결이 내려진 경우에만 제기할 수 있다."

xxxiii 18세기 후반부터 유럽에서 발전되기 시작한 nation-state에 해당하는 개념으로서, 공통된 언어나 문화, 역사적 경험을 공유하는 국민이라는 집단이 기반이 되어 형성된 국가를 말한다. 유럽연합법이나 국제법과 같은 초국가적 법질서와 대비해서 사용된 것으로 보인다.

xxxiv 기본권은 특정 법률의 제정을 요구하는 것이 아니라 법률의 해석과 적용에 있어서 중요한 기준으로 작용하는 것이기 때문이다.

제8장

법률과 계약*

I 방법론적 고찰

"법률"(Gesetz, lex, loi, law)과 "계약"(Vertrag, contractus, conventio, pactum; contrat, convention, traité, pacte; contract, convention, treaty, agreement)이라는 개념[1]은 이론적 분석이 가능한 법적 사고와 법학의 기초이다. 물론 그 개념적 구조는 추상적 개념의 세계에서 가져올 수는 없다. 오히려 법이론(Rechtstheorie)은 역사적이고 실제적인 법적 여건에서 그 소재를 찾는데 그러나 그것은 다시 개념적 구조의 도움을 받아 연구되고 이해될 수 있다. 말하자면 발견된 법적 소재와 개념적 범주 사이에서 관점을 이리저리 옮기면서 법적 소재를 개념적으로 파악하기 위해 노력한다.

이러한 접근방식은 비교법 분야, 특히 깊은 역사적 차원을 포함하는 비교법 분야에 속한다. 비교법은 중요한 실천적 목적만을 가지는 게 아니라,[2] 여기서 다루는 학문적 인식에도 기여한다. 법의 비교는 법질서의 공통점과 - 마찬가지로 중요하게 - 차이점을 알기 위해서 이루어진다.[3] 법은 생활관계를 규율하기 때문에,

* 출처: Behrends/Henckel (Hrsg.), Gesetz und Vertrag II, Göttingen 2005, S. 9-25.

1) 라틴어, 프랑스어 그리고 영어의 용어에 대해서는 *Jörg Fisch*, Vertrag usf., XIV. Exkurs, in: Geschichtliche Grundbegriffe. Hist. Lexikon zur politisch-sozialen Sprache in Deutschland, Bd. 6, 1990, S. 951f.

2) *Christian Starck*, Rechtsvergleichung im öffentlichen Recht, JZ 1997, S. 1021, 1024f. = *Starck*, Verfassungen, 2009, S. 338, 345ff.; 국가적 입법의 촉진, 국내 재판관을 위한 해석적 조력, 국제법상 법형성, 초국가적 법의 제정.

3) *Christian Starck*, Der demokratische Verfassungsstaat, 1995, S. 406f.

법규정이나 법제도의 의미와 기능을 알고자 한다면 생활관계를 비교하여야 한다. 특히 일반국법학, 일반법학 그리고 법철학에서 귀납적 방법을 사용하는 경우에는 학문적 인식을 위해서 비교법을 다룬다.[4)]

여기에서 비교법의 대상은 "법률"과 "계약"이라는 법제도이다. 개별적 법제도의 비교를 미시비교라고 부른다. 그러나 이는 거시비교를 전제로 한다. 거시비교는 규범적 그리고 사회적 조직을 전체적으로 드러냄으로써, 법제도적 상관관계와 연구대상 제도가 속한 해당 법질서의 정신과 특성에 관하여 알 수 있게 한다. 비교법의 장소적, 시간적 범위와 관련하여 우리의 목적을 위해서는 우선 대륙법계와 그 근거가 되는 역사적인 특징에 한정할 필요가 있다.

구체적인 법질서는 언어로 파악되기 때문에, 비교법 연구자는 개념에 주의하여야 한다. 오해를 피하기 위해서는 비교되는 법질서의 표현을 단순히 받아들여서는 안 되고, 오히려 메타언어(Metasprache)[i]를 발견하여야 한다. 즉 자율적인 비교법 개념들을 형성해야 한다. 비교법적으로 연구되는 문제는 자기 법질서의 체계적 개념에서 벗어나야 하고 이해관계의 충돌, 국가적인 행위형식 또는 절차 규정이 문제되는지 여부에 관계없이, 우선 보편적으로 이해할 수 있는 표현으로 연구대상 사실관계를 특징짓는 언어로 기술되어야 한다.[5)]

권력분립, 법제정, 법원, 인권 등 일반국법학과 일반법학 개념들은 이미 비교법을 위해 사용가능한 메타언어들이다. 법률도 계약도 법제정의 도구들이다. 법률은 누가 제정하든 통상 특정한 생활상 사실관계를 기술하거나 법적 결과와 관련되는 추상적-일반적 명령이다.[6)] 계약을 통하여는 당사자 간에 하나의 개별 사건, 관계 또는 반복적인 개별 사건이나 관계를 나타내는 사실관계가 법적으로 규율된다. 법률과 계약에 대한 이러한 대략적인 정의만 보아도 법률과 계약은 상호 배척하거나 특정한 위계관계에 있지 않다는 것을 알 수 있다. 예를 들면 계약은

---

4) *Rudolf Bernhardt*, Eigenheiten und Ziele der Rechtsvergleichung im öffentlichen Recht, ZaöRV 24 (1964), S. 431, 435f.; *Herbert Krüger*, Stand und Selbstverständnis der Verfassungsvergleichung heute, in: Verfassung und Recht in Übersee, 1972, S. 25ff.

5) *Hein Kötz*, Rechtsvergleichung und Rechtsdogmatik, RabelsZ 54 (190), S. 203, 209.

6) *Christian Starck*, Der Gesetzesbegriff des Grundgesetzes, 1970, S. 177ff.

언제나 법률의 범위 내에서 체결된다거나 모든 법률은 계약상 합의를 기초로 한다는 의미는 아니다.

Ⅱ 법률과 계약의 관계 유형

다양한 시대와 법질서의 법률과 계약의 관계에 대한 다음의 설명을 더 잘 이해하기 위해서 나는 다음의 고찰에서 얻은 하나의 유형을 우선 제시하고자 한다. 이 유형은 우선은 법률에 따른 법제정의 형식으로서, 그 다음에는 법률을 형성하기 위한 법제정의 형식으로서 계약을 다루고 있다. 여기서 법률 개념을 결정하는 합의적 요소의 강도가 단계적으로 나타난다. 나는 계약이 실질적인 중요성을 가지는 이원론적 형태와 아무런 계약적 요소가 없는 일원론적 형태 그리고 입법의 일원론적 기본구조가 다양한 방식으로 이원론적으로 재구성되는 준이원론으로 구분한다.

1. 법률로 규율되는 계약

a) 법률의 틀 안에서의 계약

- 민법상 계약
- 행정상 계약
- 연방국가의 주 사이의 주간 협약(Staatsvertrag[ii])

b) 법률상 위임에 근거한 계약

- 형사절차상 협력
- 연방과 주 사이의 계약[iii]

2. 이원론적 입법 형태

c) 법률의 내용과 효력은 계약으로 결정된다. 계약당사자들이 공동 입법자다.

- 국제법상 조약[iv]
- 헌법적 계약[v]
- 유럽 헌법조약

d) 법률의 내용은 권위를 가지고 확정되고 국민회의나 대표회의에 동의를 얻기 위해 제출되며, 여기서는 찬성 또는 반대만이 가능하다. 법안제출과 동의로 법률에 조약상 효력이 부여된다.

e) 법률의 내용에 대해 조약(또는 계약)이 체결되고, 이는 조약당사자 한쪽만이 참여하는 입법행위에 의하여 효력이 부여된다.

3. 일원론적 입법 형태

f) 주기적으로 개최되는 보통, 평등, 자유 그리고 비밀선거에 근거하는 대표회의(의회)의 다수결정에 의한 입법. 법률의 내용과 효력은 법률의 적용을 받는 사람들의 실제 대표에 의해 정당화된다.

g) 법률의 적용을 받는 사람을 대표하는 것으로 주장하는 독재자, 혁명위원회(Junta), 중앙위원회 또는 임명된 의회에 의한 입법

4. 준이원론적 입법 형태

h) 대의기관이 법률의 내용을 결정하고, 국민투표에 부쳐 승인될 경우 효력이 발생한다.

i) 양원제에서 입법은 중재를 통해 촉진될 수 있는 양원의 합의에 달려있다.

j) 정부와 사회세력이 법률내용에 대해 협상하고, 대의기관의 입법절차에서 (경우에 따라서는 수정되어) 효력을 발생하게 된다.

Ⅲ 법제정의 형식으로서 계약

1. 합의의 제도로서 계약

계약에서는 당사자 간에 합의에 의하여 법이 만들어진다. 여기에는 그들 사이에 합의된 것이 법으로 적용된다는 것을 동의하는 둘 또는 그 이상의 당사자, 자연인 또는 법인이 포함될 수 있다. 이러한 종류의 법 생성 기반은 개인의 자유이고 이는 여기에서 계약의 자율성으로 작용한다. 이러한 개념에서 계약 자체에 의해서, 즉 당사자 사이에서 독립적으로 법이 만들어진다는 것이 나타난다. 합

의도출의 절차는 다양하게 이루어질 수 있다. 그것은 계약체결자의 상호 일치하는 암묵적 또는 언어적 의사표명으로 충분할 수 있고, 문서형태나 공식적 인증이 필요할 수 있다. 초기 법질서에서는 계약은 종종 예를 들면 로마의 소유권이전(mancipatio)이나 채무담보계약(nexum[vi])과 같이 형식화되었다.[7] 특정한 형식을 준수하는 것은 계약관계를 외부에 대하여, 즉 제3자에 대해 명확하고 가시적이며 안전하게 만든다.

2. 법률로 규율된 계약

현행법상 우리에게 가장 흔한 것은 법률의 틀 안에서 체결되는 사법상 계약이다. 계약을 통해 재화와 용역의 교환, 조합과 회사에서의 공동 활동이나 규범[8]에 대해 합의가 이루어진다. 계약의 자유에서 실현되는 시민적 자유는 법률의 적용을 받는다. 자유는 법률이 어떻게 형성되는지에 따라 달라진다.

자유를 보장하거나 가능하게 하는 법률[9]과 자유를 제약하는 법률은 구분된다. 조합법과 회사법에는 사법 주체가 공동 목적을 실현할 수 있는 형식이 포함되어 있다. 좋은 회사법 규정은 기능성과 유용성을 발휘하게 한다.

계약체결자의 다양한 사회적 힘의 균형을 맞추기 위해 법률은 강제규범을 동반한다. 계약당사자가 사기나 강박으로 계약을 체결하게 되는 경우에는 예를 들면 철회권이 보장된다. 이로써 실질적인 계약의 자유가 보장된다. 물론 회사 환경의 "개선"을 위해 제한적 법률의 수가 점차 증대되고 있다는 사실도 주목하여야 하는데, 이는 계약의 자유를 제한한다. 그러나 계약의 자유의 범위를 결정하는 것은 법률만이 아니고 법률과 경우에 따라서는 계약을 해석하는 판사도 계약의 자유의 범위를 결정하게 된다. 그러나 계약의 자유는 헌법상 보장되는 것이기 때문

---

7) *Sohm/Mittels*, Institutionen, Geschichte und System des römischen Rechts, 17. Aufl. 1928, S. 48ff.

8) 예컨대 Tarifverträge (§ 1 Abs. 1 TVG), Vereinssatzungen (§ 25 BGB) und Allgemeine Geschäftsbedingungen (§ 305ff. BGB); 이에 대해서는 포괄적으로 *Ferdinand Kirchhof*, Private Rechtssetzung, 1986, S. 57ff.; 98ff., 181ff., 265ff.

9) *v. Mangoldt/Klein/Starck*, Das Bonner Grundgesetz, Bd. I, 4. Aufl. 1999, Art. 1 Rdnr. 251f., in der 6. Auflage 2010, Rdnr. 287ff.

에,[10] 입법자가 최종적 결정을 하는 것은 아니다.

민법에서 계약의 자유는 법률의 범위 내에서 규범성을 가지는 반면, 형사소송절차와 형법전에서 형사소추와 처벌은 원칙적으로 법률상 엄격히 규율된다. 그러나 기소편의주의의 확대로 검사와 피의자 및 판사와 피고인 사이에는 협력할 여지가 있다. 관련 합의적 해결의 근거는 예를 들면 조건과 지시사항 이행 시 공소중지나 절차의 종결을 규정하고 있는 형사소송법 제153a조[vii]와 제153b조[viii], 그리고 형법 제261조 제10항[ix]의 공범증인규정에 포함되어 있다. 사람들은 기소 회피 계약이나 처벌 회피 또는 감경 계약에 대해 이야기하길 꺼린다. 왜냐하면 형법에서는 엄격한 합법성원칙이 적용되어 그 자체 계약상 해결이라는 재량여지를 열어두는 것과는 모순되기 때문이다. 그러나 의심의 여지없이 존재하는 협력은 피고 및 피의자가 주장할 수 있는 신뢰의 구성요소를 조성한다.

법률의 틀 안에서의 계약의 예로는 행정절차법 제54조에서 규정하고 있는 바와 같은 공법상 계약이 있다. 거기서는 다음과 같이 규정하고 있다. "공법영역에서 법률관계는 법조항이 달리 규정하지 않는 한, 계약을 통해 설정, 변경 또는 해지될 수 있다.…"

연방공화국의 각 주는 자신들에게 헌법상 속하는 권한을 공동으로 이행할 수 있고, 이에 대해서는 협약이 체결되는데, 이 협약은 연방 헌법과 해당 주 헌법에 위배되어서는 아니 된다. 그러한 주간 협약은 전체 협약체결 주들에서 통일적으로 적용되는(예를 들면 방송에 관한 주간 협약) 법률규정도 포함할 수 있다. 그러나 연방이 주와 함께 권한의 실행을 위해서 협약을 체결하는 한에서는 그에 대한 명시적인 헌법상 위임이 필요하다(예를 들면 기본법 제91b조[x]). 법률의 범위 내에서의 계약 그리고 주간 협약에 있어서는 헌법의 틀 안에서의 또는 헌법에 근거한 계약은 규범적으로 제약되거나 규율된 계약의 표현이다. 이는 유형 1과 2의 범주에 해당하는 현상이다.

---

10) *v. Mangoldt/Klein/Starck* (주 9), Art. 2 Rdnr. 136ff., in der 6. Auflage 2010, Rdnr. 145ff.

3. 법률로서의 계약

a) 국제법상 조약[xi]

계약의 기초로서 합의는 국제법상 조약도 결정한다. 조약은 중세와 근대에는 통치자 간의 계약으로서 전적으로 개인적인 것으로 여겨졌다.[11)] 중세에는 주권 개념이 아직 형성되지 않았기 때문에 국제법상 조약 개념은 존재하지 않았다. 조약체결자에게는 최소한의 정치적 행위능력이 요구되었는데, 그렇지 않으면 조약상 의무의 이행이 확보될 수 없었기 때문이다. 18세기부터는 국제법상 조약이 더 이상 통치자의 개인적 의무로만 취급되지 않았다. 오히려 통치자들은 자신들이 대표하고 구현하는 국가를 위해 조약을 체결했다.[12)] 국가의 인격과 국민주권을 법적으로 명백히 정립함에 따라 조약체결의 당사자는 법적 인격으로서 - 현대의 법의 요구사항에 맞추어 - 충분히 자격을 갖추게 되었다.

미래를 규율하는 국제법상 집단조약은 국제법적 입법행위로 작용한다. 이러한 입법적 조약으로 체결 국가들은 직접적으로 자신들의 이해관계를 추구하는 것이 아닌, 일반적 규정을 기속력 있게 만드는 보다 높은 목표를 추구한다.[13)] 유명한 초기의 사례가 1907년의 헤이그 육전규칙이다. 그에 따라 하인리히 트리펠(Heinrich Treipel)은 법률행위조약(rechtsgeschäftliche Verträge)[xii]과 법제정조약(rechtssetzende Verträge)을 구분하였다.[14)] 법제정조약으로는 오늘날은 특히 1945년의 국제연합헌장과 보편적 및 지역적 인권조약들을 들 수 있는데, 이들은 법률적 성격을 가지며 지배적 견해에 따르면 헌법적 성격까지 갖는다.[15)] 국제관습법

---

11) *Wilchelm G. Grewe*, Epochen der Völkerrechtsgeschichte, 1984, S. 87, 99.

12) *Grewe* (주 11), S. 421.

13) *Hans Kelsen*, Principles of lnternational Law, 2. Aufl. 1967, S. 456f., 여기서는 모든 조약들을 법제정조약으로 부르고 이어서 개별적 규범과 일반적 규범을 정하고 있는 조약을 구별하고 있다.

14) *Heinrich Triepel*, Völkerrecht und Landesrecht, 1899, S. 27ff.

15) *Jochen Abr. Frowein*, Die lntervention im heutigen System der Weltverfassung, in: J. Jäckel (Hrsg.), Ist das Prinzip Nichteinmischung überholt?, 1996, S. 9, 21f.; *Bardo Faßbender*, The United Nations Charter as Constitution of the lnternational Community, in: Columbia Journal of Transnational Law 36 (1998), S. 529ff.; *Georg Nolte*, Kosovo und Konstitutionalisierung. Zur humanitären

을 성문화한 1969년의 조약법에 관한 빈 협약[xiii]이 추가적인 국제법적 조약에 대한 기준을 설정함으로써 법제정 작용을 하는 국제법적 조약의 또 다른 인상적인 예[16]에 해당한다.

최근 국제법 교과서에서는 법률행위조약과 법제정조약의 구별은 종종 시대에 뒤떨어진 것으로 간주된다.[17] 그 이유로는 "대부분의 국제법적 조약은 법률행위의 특징과 합의의 요소를 모두 포함하기 때문에" 이러한 구별로부터는 예를 들면 조약의 해석이나 종료 문제에 대한 어떠한 국제법적 결과도 도출되지 않는다 점이 근거로 제시된다. 여기에서 나온 결론이 옳은지 여부는 여기서는 논외로 한다.[18] 그러나 국제법이 일반 규범의 제정을 위한 국내 법률과 유사한 특별한 형식을 결코 알지 못한다는 그 다음 주장은 문제가 있다. 따라서 일반적 규범정립을 위한 법형식으로서의 조약에 의문을 제기하는 것은 타당하지 않다. 그 밖에 외국의 국제법 이론에서는 법제정조약(law-making treaty)과 계약적 조약(contractual treaty)[19] 및 조약법(traité-loi)과 조약계약(traité-contrat)을 명백히 구별함으로써[20] 조약의 내용과 효력근거 모두와 관련된 조약에 의한 법제정을 인정하고 있다.[21]

---

lntervention der NATO-Staaten, ZaöRV 59 (1999), S. 941; 유럽인권협약(EMRK)과 관련하여서는 *Christian Walter*, Die Europöische Menschenrechtskonvention als Konstitutionalisierungsprozeß, in: ZaöRV 59 (1999), S. 961, 962f.

16) 일반적으로는 *Wilhelm Karl Geck*, Völkerrechtliche Verträge und Kodifikation, in: ZaöRV 36 (1976), S. 96ff.

17) *Verdross/Simma*, Universelles Völkerrecht, 3. Aufl. 1984, S. 339; *Wolf Heintschel von Heinegg*, in: Knut Ipsen, Völkerrecht, 4. Aufl., 1999, S. 98.

18) 구별은 해석에 대해서는 중요하게 여겨진다. *Dahm/Delbrück/Wolfrum*, Völkerrecht, Bd.1/3, 2. Aufl. 2002, S. 521.

19) *Rudolf Bernhardt*, in:. EPIL, Bd. IV, 2000, S. 928f.; *Clive Parry/John P. Grant*, Encyclopedic Dictionary of lnternational Law, 1986, S. 182: "intemational legislation"; *Daniel Patrick O'Connell*, International Law, Bd. I, 2. Aufl. 1970, S. 23f.; Macolm Shaw, International Law, 3. Aufl. 1991, S. 79ff.

20) *J. Maurice Arbour*, Droit international public, 3. Aufl. 1997, S. 38: une véritable legislation internationale; *Nguyen Quoc Dinh/Patrick Daillier/Allain Pellet*, Droit internaional public, 5. Aufl. 1994, S. 121f.

21) *Karl Doehring*, Völkerrecht, 1999, S. 141, unter Hinweis auf Art. 5, 19ff., 40, 58 WVK; *Dahm/Delbrück/Wolfrum*, Völkerrecht, Bd. I/3, 2. Aufl. 2002, S. 520ff.

b) 헌법적 계약

16세기, 늦어도 17세기 이후에는 국제법조약과 어느 정도 유사한 헌법계약이 출현한다. 나는 여기에서 특히 게랄드 슈토르츠(Gerald Stourzh)를 인용하고자 한다.[22)]

군주는 법에 구속되지 않는다(princeps legibus solutus), 즉 군주는 입법자로서 스스로를 법률로 기속할 수 없다. 그러나 - 신법이나 자연법과 같이 - 군주가 제정하지 않았거나 - 계약과 같이 - 그가 단독으로 제정한 것이 아닌 규범은 군주를 구속한다.[23)] 계약이라는 법형식의 도움으로 이제 국제법조약과 유사하게 군주의 국내적 기속도 설명될 수 있게 되었다. 이러한 생각의 출발점은 한편으로는 군주와 피치자의 경험적 이원론이었고, 다른 한편으로는 중요한 법률을 군주와 신분의회 사이의 계약으로 이해한 전통적이고 완전히 사라지지 않은 관념이었다. 그러나 적어도 이론적으로는 정치질서의 중요한 기준들을 확립한 사회계약[xiv]의 관념도 중요한 기능을 하였다. 이는 보호와 복종의 상호의무, 통치자가 존중할 자유의 영역[24)] 그리고 입법과 통치 전반의 한계들이었다.

여기에는 왕 선출과 관련하여 왕과 제국을 대표하는 선제후들 간의 선거복종협약(Wahlkapitulation)이 포함된다(capitulationes Caesareae). 늦어도 17세기 중반 이후로 이 협약의 공표와 기속력은, 한스-위르겐 베커(Hans-Jürgen Becker)가 법률과 조약에 관한 첫 심포지엄에서 자세하게 설명하였듯이,[25)] 협약의 법률적 성격을 뒷받침한다.[26)] 그것은 특히 계약의 당사자, 즉 선출된 군주와 선거인단뿐만 아니라 선제후집단이 대표하는 신분의회, 법원과 관청 그리고 신민 등도 기속하였다.

---

22) *Gerald Stourzh*, Naturrechtslehre, leges fundamentales und die Anfänge des Vorrangs der Verfassung, in: Starck (Hrsg.), Rangordnung der Gesetze, 1995, S. 13ff.

23) 이것과 이하에 대해서는 *Christoph Link*, Herrschafsordnung und bürgerliche Freiheit, 1979, S. 181ff.

24) *Thomas Würtenberger*, Die Idee der paktierten Verfassung in der Neuzeit bis zum 19. Jahrhundert, in: Behrends/Starck (Hrsg.), Gesetz und Vertrag I, 2004, S. 107, 111.

25) Wahlkapitulationen und Gesetz, in: Behrends/Starck, Gesetz und Vertrag I, 2004, S. 91, 101ff.

26) *Link* (주 23), S. 178ff.

선거복종협약과 기타 사회계약은 "계약은 지켜져야 한다(pacta sunt servanda)."는 자연법 원칙의 구속력에 따랐다. 법률에 우선하는 이 협약 내지 계약의 효력은 그것이 기본법(leges fundamentales)으로 불렸다는 사실에 의하여 드러났는데, 하위의 법률(leges posteriores)은 기본법의 일부를 폐지하거나 정지하는 어떠한 효력도 가질 수 없었다. 계약의 해석은 여기에서 정치질서가 제후의 의지에만 종속되지 않도록 하는 보조수단으로 기능하였다. 요한 야콥 모서(Johan Jakob Moser, 1701-1785)는 전통적인 국가법(Staatsrecht)은 황제와 신분의회의 계약으로 구현되었으며, 그 법적 구속력은 이성적 사고에 의해서도 불확실하게 되어서는 안 된다고 보았다.[27] 요한 슈테판 퓌트너(Johan Stephan Püttner, 1725-1807)는 제국과 관련한 문제에 대해 다음과 같이 매우 명확하게 기술하였다.[28] 즉 한편에서는 황제가 다른 한편에서는 전체 제국(corpus statuum)이 그들의 법과 기속력에 대하여 계약의 방식으로 합의하면 이는 일반적 제국법률을 제정하는 것이다. 따라서 계약사상은 기본법의 생성을 결정하고 그리고 그것의 우선적 효력, 즉 더 높은 합법성을 위한 전제조건이다.[29]

19세기에 헌법적 계약은 민주주의 원리, 특히 정부조직과 헌법에 대해 독점적으로 결정해야 한다는 전체 의지를 뜻하는 민주적 대의제도와 경쟁하게 되었다.[30] 특히 여전히 존재하는 헌법의 계약적 정당성은 말하자면 군주가 흠정한 헌법과 민주적으로 정당화된 헌법의 중간에 위치한다.

토마스 뷔르텐베르거(Thomas Würtenberger)는 19세기 헌법의 계약적 정당성의 다양한 출현 형태를 다음과 같이 제시했다.

(1) 1819년의 뷔르템베르크 왕국의 헌법문서는 뷔르템베르크에서 전통적으로 강한 지방등족[xv]과 왕실 협상위원회 사이에 합의된 계약이었다. 전문에 등

27) Gedanken über das neu erfundene vernünftige Staatsrecht des teutschen Reiches, 1767, S. 13, 26.

28) *Johan Stephan Püttner*, Kurzer Begriff des Teutschen Staatsrechts, 1764, S. 3.

29) 그렇게는 명확하게는 *Heinz Mohnhaupt*, Die Lehre von der „Lex Fundamentalis und die Hausgesetzgebung eupäischer Dynastien, in: Kunisch/Neuhaus (Hrsg.), Der dynamistische Fürstenstaat, 1982, S. 3, 9의 평가; *Stourzh* (주 22), S. 19.

30) *Würtenberger* (주 24), S. 113f.

족회의와 왕실 협상위원회 간의 협상이 언급되어 있다. 전문은 다음과 같은 말로 맺고 있다. "..., 마침내 최고의 결의와 가장 공손한 반대선언을 통해 다음 사항들에 대해 완전한 상호 합의를 이루었다."

(2) 1818년의 바덴과 바이에른 헌법은 모범으로 기여했던 1814년의 프랑스 헌법과 마찬가지로 영주에 의해서 흠정되었으나,[31] 국민이 나중에 선거에 참여함으로써 헌법에 동의한 것이라는 주장과 함께 협약헌법(paktierte Verfassung)으로 재해석되었다.[32] 이로써 이 두 헌법은 칸트가 말한[33] 계약에 기초한 이성법적 헌법이라는 이상에 부합하게 되었다.

(3) 독일에서의 계속적 헌법 발전으로 1848/1849에 계약적인 헌법과는 완전히 다른, 즉 민족적 주권을 기초로 하여 전체 독일에 대한 헌법을 제정하는 시도가 이루어졌다. 이 시도가 좌절된 후, 약 20년 뒤인 1867년에는 북독일연방 헌법조약[34]이 등장하였고, 이는 남독일 국가들과의 추가 조약을 통해서 1871년의 제국헌법으로 확대되었다.[35] 그 당사자들은 국제법적 조약, 즉 그들에게 연방국가의 구성원인 주라는 새로운 지위를 부여하는 헌법으로서 효력이 있는 연방조약을 체결하는 주권적 국가들이다. 이 새로운 지위는 헌법 개정에 관한 최종규정에 명백히 표현되어 있고, 이러한 헌법 개정은 계약이 아닌 입법절차를 통해 이루어진다.[36]

---

31) 바이에른 헌법의 전문(前文)은 다음과 같다. "이는 우리의 자유로운 결단에서 나와 그대들에게 주어진 헌법의 개요다." 프랑스 헌법의 전문은 다음과 같이 끝맺고 있다. „Nous avons volontairement, et par le libre exercice de notre autorité royale accordé et accordons. Fait concession et octroi à nos sujets, tant pour nous que pour nos successeurs, et à toujours de la Charte constitutionelle qui suit."(짐은 우리 왕실의 권한을 자발적으로, 그리고 자유롭게 행사하여, 짐의 후계자들을 위해서 뿐만 아니라 짐 자신을 위해서도, 그리고 영원히, 짐의 백성들에게 다음과 같은 헌법을 허락하고 승인하며, 양보하고 부여하노라).

32) 이에 대해서는 *Würtenberger* (주 24), S. 9f.의 문헌 참조.

33) *Kant*, Metaphysik der Sitten, Rechtslehre, § 47.

34) *E. R. Huber*, Deutsche Verfassungsgeschichte seit 1789, Bd. III 1963, S. 666f.의 정확한 기술 참조.

35) *Huber* (주 34), S. 735f., 748ff.

36) 제78조 제1항은 다음과 같다: "헌법 개정은 입법을 통해 이루어진다. 그것은 연방참사원에서

c) 유럽 헌법조약

유럽 헌법은 회원국의 국제법적 조약을 통해서만 성립될 수 있다는 것은 당연한 것이어서 여기서 더 상세하게 논증할 필요가 없다.[37] 왜냐하면 그러한 헌법조약은 국제법적으로 성립된 유럽공동체와 그를 포괄하는 유럽연합의 1차법(Primärrecht)을 변경하기 때문이다. 유럽연합에 대해 헌법 개념을 사용한다고 하여 이것이 연방국가적 구조를 가정하는 것은 아니다.[38] 공권력 행사를 근본적으로 규율하는 모든 1차법이나 상위법은 헌법이라고 부를 수 있다. 1815년 국가연합(Staatenbund)인 독일 연방을 구성한 독일 연방 법과 그것을 보완하는 빈 최종의정서(Wiener Schlußakte)[xvi]라는 주권적 독일 군주들의 두 조약은 연방 헌법으로 간주되었다.[39] 유럽연합의 회원국들이 유럽 헌법의 협약 이후에 - 모든 헌법 개정에 대해서 권한이 있는 - 조약의 주인으로 남아 있더라도,[40] 그것이 헌법 개념의 사용을 약화시키지 않는데, 헌법 개념은 꼭 국가에만 국한되지 않기 때문이다.

d) 요약

일반적 법규를 정립하는 국제법 조약, 유럽 근대의 헌법적 계약, 1819년 뷔르템베르크 헌법문서, 1871년의 독일제국 헌법 그리고 계획된 유럽 헌법은 그 내용과 효력이 합의에 의하여 결정되기 때문에 여기 제시된 유형의 세 번째 범주에 속한다. 내가 법률과 조약이라는 주제의 첫 번째 심포지엄에서 분석했던[41] 1993년

반대표 14표를 얻으면 부결된 것으로 본다."

37) *Thomas Schmitz*, Integration in der Supranationalen Union, 2001, S. 425 m.w.N. in Anm.114.

38) *Stefan Oeter*, Europäische Integration als Konstitutionalierungsprozeß, in: ZaöRV 59 (1999), S. 901 m.w.N.

39) *E. R. Huber*, Deutsche Verfassungsgeschichte seit 1789, Bd. I, 2. Aufl. 1967, S. 583; *Dietmar Willoweit*, Deutsche Verfassungsgeschichte, 3. Aufl. 1997, S. 229; *Klaus Stern*, Staatsrecht der Bundesrepublik Deutschland, Bd. V. Die geschichtlichen Grundlagen 2000, S. 196f.

40) BVerfGE 89, 155, 190.

41) *Christian Starck*, Der südafrikanische Verfassungsvertrag von 1993, in: Behrends/Starck (Hrsg.), Gesetz und Vertrag I, 2004, S. 125ff., 131ff. = *Starck*, Verfassungen, 2009, S. 406, 412ff.

11월 18일의 남아프리카공화국 헌법조약xvii과 관련해서 보면, 특별한 조약상황, 조약당사자, 조약체결, 조약보장 등 입법적 조약의 모든 전제조건들이 존재한다. 조약의 의회 승인은 조약의 한 당사자인 정부의 행위에 대한 확인에 불과하다. 헌법은 계약에 의해 효력을 갖게 되었다. 이러한 절차는 처음부터 사회의 평화와 후에 계약을 근거로 제정된 헌법의 안정성을 위한 기초였다.

4. 법률의 효력에 관한 계약

오코 베렌츠(Okko Behrends)는 "법률과 계약"에 관한 첫 번째 심포지엄의 로마법률 개념에 나타난 계약사고에 관한 강연에서[42] 고전적 공법(lex publica)까지 포함한 모든 발전단계에서 법률을 고권적 권한의 소유자와 법률의 적용대상자 사이의 합의의 결과를 의미하는 것으로 이해되었다고 설명하였다. 이미 초기의 공법은 사법상 계약에 유사하게 일반적 형식으로 시민의 권리와 의무를 규율하기 위하여 집정관의 법률안(Rogatio des Magistrats)과 국민회의의 동의 간의 합의를 전제로 하였다. 법률에 대한 이러한 이해는 고전 이전 시대와 고전 시대의 관행을 지배하였고,[43] 로마에 전해진 혼합정체xviii라는 그리스 이론에 의하여 기초가 확립되었다. 입법은 집정관의 법률안, 법률제안 준비에 대한 원로원의 참여 그리고 인민의 명령(Iussum, 법적 명령)이라는 상호 의존성을 낳는 권력혼합의 체계 속으로 편입된다. 제안의 유효와 무효에 대해서는 인민이 결정하였다. 이는 앞에서 분류한 유형의 4번째 범주에 속한다. 법률안 제안의 주체로서 집정관은 유효하게 시행되는데 관심이 있었기 때문에 투표자의 이해관계를 고려하지 않을 수 없었다.

5. 법률의 내용에 관한 계약

위에서 다룬 사례들은 법률의 내용과 효력이 또는 효력만이 조약에 의해서 결정된 것과는 달리, 계약은 법률의 내용은 계약으로 합의되지만 그 효력은 "위로부터" 명령되는 법률의 근거로도 나타난다. 입법자의 권위가 막 확립되려고 하는 경우에, 법률의 내용에 대해 계약을 맺거나 입법을 할 때 사회세력 간의 계약을 활용하는 것은 정치적으로 불가피하고 적어도 법률의 수용을 위해 유용할 수 있다.

---

42) in: Behrends/Starck (Hrsg.), Gesetz und Vertrag I, 2004, S. 9, 43ff.

43) *Franz Wieacker*, Römische Rechtsgeschichte, Bd. I, 1988, S. 388ff.

유형의 5번째 범주의 예로 나는 소위 1918. 11. 15.의 슈틴네스-레기엔-협정[44)xix]을 들고자 한다. 제1차 세계대전이 끝난 후 혼란 속에서 사회주의적 독재를 막기 위해서 노동조합의 지도자와 기업가들은 중앙노동협회를 결성하고 귀환하는 군인들을 생산과정으로 재배치하면서 전시경제를 평시경제로 전환하는 규정에 대해 합의했다.[45)] 협정의 12개 사항들에 대해서는 합의에 국가법적 승인을 부여하는 인민대표회의의 공표특허장에는 명시적으로 계약으로 명기되어 있다. 이 협정의 내용은 우선은 1918년 12월 23일의 단체협약, 노동자 및 사무원위원회 그리고 노동쟁의의 조정에 관한 명령(Verordnung über Tarifverträge, Arbeiter- und Angestelltenausschüsse und Schlichtung von Arbeitsstreitigkeiten)[46)]과 얼마 안가서는 바이마르 헌법(제159조,[xx] 제165조[xxi])에 포함되었다.[47)] 후버(E. R. Huber)는 이에 대해 다음과 같이 쓰고 있다.[48)] "공화국이 완전히 발전된 사회국가로 이행하는 과정에서 1918년 12월 23일의 명령은 결정적인 진보를 의미했다. ... 그것은 1918년 11월 14일의 협정이 새로운 사회질서의 근본문제들에 대해 참여한 사용자 단체와 노동자 단체 간의 합의를 이끌어내었기 때문에 비로소 가능했다."

Ⅳ 위로부터의 명령으로서의 법률

1. 국민주권과 현실적 대의

군주주권의 종말과 국민주권의 도입으로 군주와 피지배자 간의 이원론과 그로 인한 계약요소가 법률 개념에서 사라졌다. 법률은 의회에 의해서 제정된다. 의회가 주기적으로 보통, 평등, 자유 그리고 비밀 선거의 원칙에 따라 선출되면, 법

---

44) Reichsanzeiger vom 18.11.1918 Nr. 273, *E. R. Huber*, Dokumente zur deutschen Verfassungsgeschichte, Bd. 3, 1966, S. 19f.의 문서 27번에 게재되어 있다.

45) *E. R. Huber* (주 34), Bd. V, 1978, S. 768ff.

46) RGBl. S. 1456.

47) *Franz Gamillscheg*, Kollektives Arbeitsrecht, Bd. I, 1997, S. 116ff., 그 밖의 발전에 대해서도, 그에 대해 비교로서 이미 첫째 심포지엄의 *Starck*, (주 41), S. 140f.

48) *E. R. Huber* (주 45), S. 868.

률의 적용을 받는 사람들의 현실적 대표가 존재하게 된다. 이러한 입법일원론에 있어서 법률의 정당성과 수용을 보장하는 것은 주로 입법절차와 상위의 헌법적인, 경우에 따라서는 또한 도덕적인 규범의 준수에 있다. 국민의 영향은 주기적인 선거를 통하여 보장되지만, 동시에 대표들로 인격화되고-법률의 내용과 관련하여서는-일반화된다. 제시된 유형의 6번째 범주 참조.[xxii]

2. 자칭 대의

국민주권의 원칙이 선언된 이래 국가권력과 입법을 국민주권이 아닌 다른 것에 근거를 두기는 어렵다. 따라서 거의 모든 전제적 및 독재체제는 오늘날에 이르기까지 국민을 원용하고 있고 국민의 의지를 독재자나 독재를 하는 위원회가 구현하고 있다고 한다. 이러한 정권의 결정적 징표는 정당다원주의와 자유로운 의사표현의 권리를 기초로 하여 자유롭게 선출된 의회가 없다는 것이다. (그들에 있어서-역자주) 대표는 실제가 아닌 이념이다.

로마에서도 유사한 발전과정이 있었다. 공화주의적인 공법의 법안 제안(rogare)과 법안 승인(iubere)의 계약적 구조는 로마 제정 초기(Prinzipat)의 황제 입법에서는 더 이상 현실적이지 않았고 오히려 관념상 존재할 뿐이었다. 그것도 오코 베렌츠(Okko Behrends)가 설명한 바와 같이 다음과 같은 가정 하에서만 존속할 뿐이었다. 즉 내전에서 승리 한 후 황제는 "'계약적' 법질서를 수립할 권한이 있는" 평화의 보장자로 여겨졌다.[49] 황제가 비상적 법제정을 통하여 법질서를 유지하기 위해 필요한 모든 것을 다 한 경우에는, 그는 모든 곳에서 국민의 수권자로서 행동할 수 있었다. 그러한 점에서 황제는 국민의 의사를 표현했기 때문에, 국민의 수권자(황제-역자 주)에 의해서 제정된 법률은 수권자(황제-역자주)의 의사로부터 해석되어야 했다. 국민에서 나오는 입법위임 형태의 계약사상은 이념이 되어 버렸다.

"위임받은" 군주에 의한 단독 입법과 마찬가지로 자칭 대의는 입법의 일원론적 해결을 의미하는데, 여기에는 대의사상 및 계약사상이 기껏해야 이념으로서 깔려있을 뿐이다. 유형의 7번째 범주는 너무 많다.[xxiii]

---

49) *Behrends* (주 43), S. 13 참조. 이하의 내용도 이 문헌 참조.

V 대의적 입법절차에서 합의요소

1. 대의와 국민투표

대의 민주주의에서 입법의 일원론적 형태는, 법률이 대의기관에서 최종적으로 결정될 수 없고 국민투표에 의한 확인이 필요한 경우에는, 합의의 요소를 띠게 된다. 이는 스위스에서의 사례가 잘 알려져 있는데, 거기서는 예를 들면 연방 헌법의 개정, 집단 안전보장기구나 초국가적 공동체 가입 및 헌법적 근거를 가지지 않지만 긴급하게 발표된 연방 법률은 필요적 국민투표에 부치고 있다(연방 헌법 제140조[xxiv]). 프랑스에서는 헌법 제89조에서 헌법개정은 통상 양원의 의결 후 국민투표를 통하여 승인되어야 한다고 규정하고 있다. 바이에른에서는 지난 선거 이후 일반적으로 헌법 개정을 위해서는 주 의회의 3분의 2의 다수로는 부족하고, 주 의회의 해당 결의안은 주민투표에 부쳐야 한다는 것은 잘 알려져 있다(바이에른주 헌법 제75조 제2항[xxv]). 국민의 승인이 부가된 입법 및 헌법제정은 위에서 "법률의 효력에 관한 계약"(유형의 4번째 범주)이라는 제목 하에 다룬 로마 공법을 떠올리게 한다. 3분의 2의 다수에 의한 주 의회의 의결은 어느 정도 법안 제안(Rogatio)을, 국민투표는 법안 승인(Iussum)을 포함한다고 볼 수 있다. 그럼에도 불구하고 나는 이러한 범주의 법률 발생을 순수하게 이원론적 형식으로 편입시키지 않고 준이원론으로 본다(유형의 8번째 범주[xxvi] 참조). 왜냐하면 언급한 국가들에서는 처음에 의결하는 의회가 최종적으로 결정하는 국민을 대표하기 때문이다.

2. 양원제와 합의절차

양원제에서는 법률의 통과를 위해서는, 적어도 특정한 법률들은, 하원의 동의를 필요로 한다. 특히 의회의 구성이 다른 연방국가에서는 병렬적인 대표성은 존재하지 않는다. 대개는 중앙정부의 국민대표 외에 개별 주의 주민의 연방 대표가 존재한다. 이들은 직접 선출된 상원의원이나 간접적으로 주 정부를 통하여 구성된다. 법안은 의회의 양원에서 차례로 일치된 법안의 채택을 위해서 논의된다. 이것이 상원의 의결로 인하여 불가능 한 경우에는, 헌법은 합의를 이끌어내기 위해 수정안을 마련하여 다시 표결을 위해 의회에 제출하는 중재위원회를 규정하고 있다.[50)] 유사한 절차가 연방제 국가는 아니지만 하원이-예를 들면 상원을 견제한다는 관점에서[51)]-독자적인 중요성을 가지는 국가들에서도 존재한다.[52)] 중재위원회의 임무는 합의를 찾는 것으로, 특히 중재가 상호주의원칙(do ut des)을 통하여 이루어지는 경우에는 전적으로 계약 협상과 비교할 수 있다. 유형의 9번째 범주 참조.[xxvii]

3. 법률의 내용에 대한 사회세력의 영향

정부나 여당이 의회에 제출하는 법안은 법률의 내용에 대한 영향을 미칠 수 있는 의회 외부의 세력에 의하여 어느 정도 영향을 받을 수 있다. 여기서는 특히 경제단체, 즉 노동조합과 사용자단체 그리고 대형 교회가 그에 해당된다. 법률의 내용에 따라서 다른 단체도 포함된다. 정부는 예를 들면 법률내용을 관련 단체와 합의함으로써 단체의 "묵인"을 얻을 수 있다. 물론 의회는 그것에 기속되지 않는다. 그러나 정부가 통상 의회의 다수를 차지한다는 것을 생각하면, 법률의 내용을 어떤 단체와 합의하는 정부는 의회 통과도 관철시킬 수 있다는 것은 쉽게 상상할 수 있다. 법률의 기초로서 그러한 계약은 대의제적 정부형태에서는 법률의 정당성을 높이지 않는다. 왜냐하면 입법자가 계약을 벗어났을 수도 있기 때문이다. 입법자가 계약을 벗어나지 않고 오히려 내용을 받아들이고 계약에 효력을 부여하면, 계약은 심지어 법률의 해석을 위해서 중요한 것이 될 수 있다.[53)]

유형의 10번째 범주에 대한 이러한 예로써 "법률과 계약"이라는 고찰을 마무리하고자 하며, 이로써 "법은 어디에서 오는가?"라는 주제에 대한 중요한 관점을 전달할 수 있었으리라 생각한다.

---

50) 예컨대 기본법 제77조 제2항.

51) 이러한 생각은 *Alexander Hamilton*, in: The Federalist Nr. 9: "입법부의 균형과 견제의 도입"(the introduction of legislative balance and checks).

52) 프랑스 헌법 제45조 제2항: 양원동수위원회(Commission mixte paritaire)[프랑스 헌법 제45조 제2항은 다음과 같다. "양원의 의견이 일치하지 아니하여 정부제출 법안 또는 의원 발의법안이 각 원에서 2차 독회를 거친 후에도 채택되지 아니하거나 각 원의 1차 독회 후 양원 의장단의 공동의 반대 없이 정부가 신속진행절치를 개시하기로 결정한 경우에는 총리 또는 의원 발의법안에 대하여는 양원의장 공동으로 토론대상 규정들에 대한 법안의 제출을 담당할 양원동수위원회를 소집할 수 있다(국회 입법조사처 제공 번역)].

53) *Karl Heinrich Friauf*, Zur Problematik des verfassungsrechtlichen Vertrages, in: AöR 88 (1963), S. 257, 304f.

역자 주

i 상위 언어. 언어를 설명하는 언어를 말한다. 대상어(Objektsprache)와 구별된다.

ii 독립된 대등한 주들 사이의 일종의 외부관계에 있어서의 계약이므로 여기서는 주간 협약이라고 번역한다.

iii 연방과 주 사이에 체결하는 계약은 내부관계에 관한 것이므로 단순히 계약이라고 번역한다.

iv 국제법상 계약을 조약이라고 부른다. Vertrag은 계약과 조약의 의미를 모두 가지고 있다.

v 사회계약도 일종의 헌법적 계약이다.

vi 고대 로마 초기의 자신을 담보로 한 계약으로 채무자가 채무를 상환하지 못하면 채권자의 노예가 될 것을 감수한 계약이다.

vii 독일 형사소송법 제153a조(준수사항과 지시사항을 이행한 때의 절차중지)는 다음과 같다.

(1) 경죄와 관련하여 검사는 공판개시를 관할하는 법원과 피의자의 동의를 얻어 잠정적으로 공소를 제기하기 않고, 피의자에게 형사소추에 대한 공적 이익을 배제하기에 적합하고 또한 책임의 중대성에 반하지 않는 한 피의자에게 준수사항과 지시사항을 부과할 수 있다. 그러한 준수사항과 지시사항으로는 특히 다음 각 호의 내용이 고려대상이 된다.

1. 범죄행위에 의해 야기된 손해의 보상을 위한 일정 급부 제공
2. 공익시설 또는 국고에 대한 일정액 지불
3. 기타 공익을 위한 급부 제공
4. 일정한 액수의 부양의무 이행
5. 피해자와의 화해(가해자와 피해자 사이의 화해)에 도달하려는 진지한 노력 및 자신의 행위로 인해 발생한 손해의 전부 또는 일부에 대한 원상회복 또는 원상회복을 위한 노력
6. 도로교통법 제2b조 제2항 또는 제4조 제8항 제4문에 따라 개설되는 교육세미나 참여

준수사항과 지시사항의 이행을 위하여 검사는 피의자에게 제2문 제1호 내지 제3호 및 제6호의 경우 최고 6개월, 제2문 4호의 경우 최고 1년의 기간을 부여한다. 검사는 이들 준수사항과 지시사항 부과를 사후에 취소할 수 있으며, 1회에 한하여 그 기간을 3개월 연장할 수 있고, 또 피의자의 동의가 있는 경우 추가적으로 준수사항과 지시사항을 부과하거나 변경할 수 있다. 피의자가 준수사항과 지시사항을 이행한 때에는 해당 범죄행위를 더 이상 경죄로서 소추할 수 없다. 피의자가 준수사항과 지시사항을 이행하지 않은 경우 그가 그 이행을 위하여 제공한 급부는 상환되지 않는다. 제2문 제1호 내지 제5호에 해당하는 경우에는 제153조 제1항 제2문을 준용한다.

(2) 공소가 이미 제기된 때에는 법원은 검사와 피고인의 동의를 얻어, 사실관계 확정이 최종적으로 심사될 수 있는 공판이 종료할 때까지 절차를 잠정적으로 중지할 수 있고, 동시에 피고인에게 제1항 제1문과 제2문에 열거된 준수사항과 지시사항을 부과할 수 있다. 제1항 제3문 내지 제6문을 준용한다. 제1문에 대한 판단은 결정으로 행한다. 당해 결정에 대해서는 불복할 수 없다. 제1문에 따라

부과된 준수사항과 지시사항의 이행 여부를 확인하기 위한 경우에도 제4문을 적용한다.

(3) 준수사항과 지시사항의 이행을 위하여 정해진 기간이 진행 중인 때에는 시효가 중단된다(법무부 형사법제과 독일 형사소송법 번역, 2012에서 인용).

viii 독일 형사소송법 제153b조(불기소-절차중지)는 다음과 같다. "(1) 법원이 형을 면제할 수 있는 요건이 존재하는 경우 검사는 공판을 관할하게 될 법원의 동의를 얻어 공소를 제기하지 않을 수 있다. (2) 공소가 이미 제기된 경우 공판개시까지는 법원이 검사와 피고인의 동의를 얻어 절차를 중지할 수 있다."(법무부 형사법제과 독일 형사소송법 번역, 2012에서 인용).

ix 현행 독일 형법 제261조 제10항은 몰수에 관한 규정으로 형법 제46b조의 오기로 보인다. 독일 형법 제46b조(중범죄의 해명 또는 예방 지원)는 다음과 같다.

(1) 최소한의 징역형 또는 무기징역형에 처해질 수 있는 범죄의 가해자가 다음의 경우,

1. 자신의 지식을 자발적으로 공개함으로써 자신의 범죄와 관련된 형사소송법 제100a조 제2항에 따른 범죄를 적발하는 데 상당히 기여했거나,

2. 자신의 범죄와 관련하여 계획을 알고 있는 형사소송법 제100a조 제2항에 따른 범죄를 예방할 수 있도록 자신의 지식을 관서에 자발적으로 적시에 공개한 경우,

법원은 제49조 제1항에 따라 형벌을 감경할 수 있으며, 이 경우 무기징역형에 처해질 수 있는 경우 10년 이상의 징역형에 처한다. 최소한의 징역형에 처해질 수 있는 범죄로 분류될 경우, 특히 중한 경우에 대한 가중처벌만 고려되고 감경은 고려되지 않는다. 가해자가 범죄에 연루된 경우, 제1문 제1호에 따른 해명에 대한 그의 기여는 자신의 범죄 기여를 넘어야 한다. 범죄가 무기징역형에 처해질 수 있는 경우에만 법원은 형벌을 감경하는 대신, 가해자가 3년 이하의 징역형을 선고받지 않은 경우 형벌을 면제할 수 있다.

(2) 제1항에 따른 결정에서 법원은 특히 다음을 고려해야 한다.

1. 공개된 사실의 종류와 범위, 범죄 해명 또는 예방에 대한 중요성, 공개 시점, 가해자의 수사기관 지원 정도, 진술과 관련된 범죄의 심각성,

2. 제1호에 언급된 상황과 가해자의 범죄 심각성 및 죄책감의 관계.

(3) 가해자가 형사소송법 제207조에 따른 본안 소송 절차가 개시된 후에야 자신의 지식을 공개하는 경우 제1항에 따른 감경 및 형벌 면제는 제외된다.(법무부 협사법제와 독일 협사소송법 번역, 2012에서 인용)

x 독일 기본법 제91b조는 다음과 같다. (1) 연방과 주는 학문, 연구 및 교수의 진흥에 있어서 초지역적 중요성이 있는 경우 협약에 기하여 협력할 수 있다. 대학에 중점을 둔 협약은 모든 주의 동의를 요한다. 이는 대규모 장비를 비롯한 연구용 건물에 대해서는 적용되지 아니한다. (2) 연방과 주는 교육기관의 이행능력의 국제적 비교 및 확정을 위하여 그리고 이와 관련한 보고 및 권고에 있어서 협정에 기하여 협력할 수 있다. (3) 비용분담은 협정에서 규정한다(법무부 형사법제과 독일 형사소송법 번역, 2012에서 인용).

xi 여기서는 국제법적 맥락을 고려하여 Vertrag를 조약으로 번역했다.

xii 법률행위로서의 조약, 즉 개별 국가 간에 권리와 의무를 설정하는 조약을 말한다.

xiii Vienna Convention on the Law of Treaties

xiv 원문은 Herrschaftsvertrag으로 통치계약으로 번역할 수 있으나 계약에 의한 통치므로 결국은 사회계약을 의미하는 것이다.

xv Landstände의 번역이다. 중세 영방 의회의 각 신분대표들을 말한다. 즉, 성직자, 기사, 도시 대표들로 구성된 신분제 의회의 계급들을 말한다.

xvi 빈 장관협의회 최종법 또는 연방보충법이라고 불리기도 한다. 이는 독일 연방 법, 독일 연방 헌법조약을 보충하는 것이다. 1819년 11월 25일 체결되고 1820년 6월 8일에 연방회의(Bundesversammlung)에 의해 승인되었다.

xvii 아파르트헤이트 종식 이후 다양한 정치세력 간의 협상과 타협을 통해 조약을 체결하고 이를 근간으로 발전하였다. 남아프리카공화국의 이러한 협상과 타협은 국제적인 관심과 지원 속에서 이루어졌으므로 단순한 국내적 계약이라고만 할 수 없기 때문에 헌법계약보다는 헌법조약이라고 번역하였다.

xviii 혼합정체(gemischte Verfassung)에 대해서는 이 책의 “법은 어디에서 유래하는가?”라는 논문의 VI. 유럽 법원칙의 뿌리 3. 권력분립의 기원 부분 참조.

xix 독일 노동조합과 기업가들에 의해서 체결된 협정이다. 중공업의 거물 휴고 슈틴네스(Hugo Stinnes)와 노동조합 지도자 칼 레기엔(Carl Legien)의 이름을 따서 명명되었다.

xx 바이마르 헌법 제159조는 다음과 같다. “노동조건과 경제조건을 유지하고, 개선하기 위한 결사의 자유는 모든 개인과 모든 직업에 대해서 보장된다. 이 자유를 제한하고 또는 방해하고자 하는 모든 합의 및 조치는 위법하다.”(국회도서관 제공 번역에 의함).

xxi 바이마르 헌법 제165조는 다음과 같다. “노동자와 사무원은 동등한 권리를 갖고 기업가와 공동으로 임금조건과 노동조건 및 생산력의 전경제적 발전에 협력할 사명이 있다. 쌍방의 조직과 그 합의는 인정된다. 노동자와 사무원은 그 사회적 및 경제적 이익을 옹호하기 위해서 경영노동자협의회, 경제 분야에 따라 조직된 지구노동자협의회에 법률상의 대표를 갖는다. 지구노동자협의회와 전국노동자협의회는 전체적인 경제임무를 수행하기 위해서 또한 사회화법률의 시행을 협력하기 위해서, 기업자의 대표와 기타 관계 계층과 지구경제협의회 및 전국경제협의회를 결성한다. 지구경제협의회와 전국경제협의회는 중요한 모든 직업군이 그 경제적 및 사회적 의의에 부응하여 대표되도록 구성되어야 한다.”(국회도서관 제공 번역에 의함).

xxii 앞의 II. 법률과 계약의 관계 유형에서는 a) ~ j)까지 모두 10개의 항목이 제시되어 있다. 6번째 범주는 f)를 말한다.

xxiii 7번째 범주는 g)를 말한다.

xxiv 스위스 헌법 제140조(필요적 국민투표)는 다음과 같다.

① 다음 사항은 국민투표와 주투표에 회부한다.

a. 연방 헌법의 개정

b. 집단방위체제 또는 초국가적 공동체에의 가입

c. 헌법에 근거하지 않고 1년을 초과하는 효력을 가지는 긴급성이 선언된 연방 법률; 이 연방 법률은 연방 의회가 채택한 날로부터 1년 이내에 국민투표에 회부되어야 한다.

② 다음 사항은 국민투표에 회부한다.

a. 연방 헌법의 전부개정을 위한 국민제안;

b. 연방 헌법의 일부개정을 위해 일반적 제안 형식으로 고안된 국민제안으로서 연방 의회에 의하여 부결된 국민제안;

c. 연방 의회 양원의 의견불일치가 있는 경우 연방 헌법의 전부개정 여부의 문제

xxv 바이에른주 헌법 제75조 제2항은 다음과 같다. “헌법개정에 대한 주 의회의 의결은 의원수의 3분의 2를 필요로 한다. 이 의결은 결정을 위해서 주민에게 제출되어야 한다.”

xxvi 8번째 범주는 h)를 말한다.

xxvii 9번째 범주는 i)를 말한다.

제2부

기본권

제1장

인권의 철학적 기초*

I 18세기 말의 헌법상 인권

기본법은 제1조에서 인간 존엄의 불가침을 선언하고 모든 국가권력에게 인간의 존엄을 존중하고 보호할 의무를 부과하고 있다. 나아가서 다음과 같이 규정하고 있다. 즉, 인간의 존엄으로 인하여 "그러므로 독일 국민은 불가침과 불가양의 인권을 모든 인간 공동체, 평화 그리고 세계 정의의 기초로서 삼는다." 이는 기본법이 직전인 1948년 12월에 유엔이 공포한 인권선언을 참조한 것이다. 독일국민의 이러한 선언은 자연법에 기초한 인권 전통을 계승하는 것이다.[1)]

이러한 의미에서 프로이센 일반국법(1794) 서문 제83조는 타인의 권리를 침해하지 않고 자신의 복지를 추구하고 증진할 수 있는 자연적 자유에 근거한 "인간의 보편적 권리"에 대해 말하고 있다. 물론 이 규정이 단독으로 존재한 것만은 아니었다.

18세기 말에 특히 인권선언을 포함하는 헌법들이 제정되었다. 이는 새로운 현상이었다. 왜냐하면 이전에 제정된 영국의 권리선언은 자유인들(1215년의 마그나 카르타)이나 신민들(1679년의 인신보호법과 1689년의 권리장전)에게만 권리를 보장하

---

* 출처: Brenner/Huber/Möstl (Hrsg.), Der Staat des Grundgesetzes-Kontinuität und Wandel. Festschrift für Peter Badura zum 70. Geburtstag, Tübingen 2004, S. 553 - 570.

1) 이에 대해서는 특히 *Werner Kägi*, Die Verfassung als rechtliche Grundordnung des Staates, 1945, S. 166ff.; *Luis Legaz y Lacambra*, Rechtsphilosophie, 1965, S. 280ff.; 296f.; *John Finnis*, Natural Law and Natural Rights, 1982, S. 198f.; *Peter Badura*, Staatsrecht, 2. Aufl. 1996, S. 74f.

고 있기 때문이다. 협정으로 체결된 이 권리선언들은 매우 중요하다. 이 권리선언들은 자의와 전제를 추방하고, 권리를 보장하며 법의 지배를 확립하고 있다.[2] 권리장전의 목표는 구체적이고, 실제적이며 제한적인 것이었다. 유럽적 권리관념에 뿌리를 두고 있을지라도 우선 보기에는 철학적 원리와는 거리가 있다. 권리장전을 탄생시킨 명예혁명은 제한적인 혁명이었지만 법의 지배를 확립한 것으로 평가된다.

수백 년 뒤 18세기 말에 새롭게 인권선언들이 등장한다. 이 권리선언들은 혁명에 그 기원을 가지고 있다. 1776년 7월 4일의 아메리카 독립선언에서 영국 식민지들은 모국으로부터 분리되어 스스로를 법적으로 자유롭고 독립된 국가로 불렀다.[3] 직전인 1776년 6월 12일, 버지니아 헌법이 공포되었다. 이 헌법의 권리장전은 다음과 같은 유명한 문구로 시작한다. "모든 사람은 본래 평등하게 자유롭고, 독립적이며 특정한 생래적 권리를 가진다…. 즉, 생명과 자유를 향유하고, 재산을 취득하고 소유하는 수단을 가지며 그리고 행복과 안전을 추구하고 획득하는 것이다."[i] 아메리카 독립선언 직후인 1776년 9월 28일 펜실베이니아 헌법이 제정되었다. 그 제1조는 버지니아 헌법과 유사하게 규정하고 있다. 구 식민지의 다른 헌법들이 그 뒤를 따랐다.

1789년 8월 26일 국민회의가 통과시킨 프랑스 인간과 시민의 권리선언도 혁명을 발원으로 하고 있다. 선언의 전문에는 자연적이고 불가양이며, 신성한 인권-자유, 재산 그리고 안전-을 제시하고 있고, 제3조에서는 주권이 국민에게 있음을 규정하고 있다.

1787년의 합중국 헌법은 인권을 포함하고 있지 않다. 물론 전문에서는 합중

---

2) *George Burton Adams/Robert L. Schueler,* Constitutional History of England, 2. Aufl. 1938, S. 121ff.; *E. C. S. Wade*, Introduction to *A. V Dicey,* An lntroduction to the Study of the Law of the Constitution, 10. Aufl. 1985, S. C I.

3) That these United Colonies are, and of Right ought to be Free and lndependent States; that they are Absolved from all Allegiance to the British Crown, and that all political connection between them and the State of Great Britain, is and ought to be totally dissolved(이 식민지 연합은 자유롭고 독립적인 국가이며 또 마땅히 그러해야 한다; 그들은 영국 왕실에 대한 모든 충성으로부터 벗어났으며 그들과 대영제국 사이의 모든 정치적 연계는 완전히 해소되었으며 또 마땅히 그러해야 한다).

국의 국민은 자신과 자손을 위한 자유의 행복을 보장할 의도를 가지고 있음을 밝히고 있다. 1791년에는 아메리카 헌법에 10개의 기본권 수정조항이 증보되었다. 이 권리장전은 완전한 기본권 목록은 아니고 후에 추가적인 기본권 수정조항이 뒤따랐다.[4]

위에서 말한 헌법들은 국민주권과 인권이 내적으로 연결되어 있다. 인권이 단순히 추가된 것이 아니라는 것은 이미 그 언어 표현에 잘 나타나 있다. 완전하고 자유로운 회의에 모인 "버지니아의 선량한 국민"의 대표들은 국민과 그 자손의 권리를 선언하고 그것을 정부의 기초라고 부르고 있다(1776). 합중국의 국민은 특히 정의를 실현하고 국내적 평화를 확보하며, 공공의 복리를 촉진하고 그들 자신과 자손의 자유의 축복을 보장하기 위해서 헌법을 제정했다(1787).

혁명적 행동으로[5] 국민회의를 구성한 제3계급의 대표들인 프랑스 국민의 대표들은-인권선언의 전문에서 말하고 있는 것처럼-인권의 무지, 망각 또는 경시를 공공의 불행과 정부의 부패의 유일한 원인으로 보았다. 따라서 인권이 사회의 모든 구성원에게 영원히 존재하도록 하고 권리와 의무를 부단히 상기시키기 위해, 그들은 엄숙한 선언으로 자연적이고 불가양이며 신성한 인권을 명시할 것을 결정하고 있다.

프랑스 국민회의가 인권의 무지, 망각 또는 경시에 대해 언급하고 "선량한 버지니아 국민"의 대표들이 자연적이고 타고난 권리에 대해 말할 때, 비록 인권이 그 시대에 처음으로 헌법전에 등장하였다고 하더라도 인권은 결코 18세기 말의 발견일 수는 없다. 법 개념의 역사, 특히 인권의 역사도 그 개념이 외적으로 인식할 수 있는 형식으로 수용된 순간에 시작되는 것이 아니라, 오히려 이전의 경험과 사상의 영향력을 내포하는 것이다.

인권은 통치 질서와 그 안에서 인권의 지위를 다루는 실천 철학의 분야인 정치철학에서 이미 준비되어 있었다.

---

4) 예컨대 1780의 매사추세츠 헌법, Albert P. Blaustein/Jay A. Sigler (ed.), Constitutions that made History, 1988, S. 38ff. 참조.

5) *Christian Starck*, Der demokratische Verfassungsstaat, 1995, S. 380.

II 철학서에 나타난 인권의 뿌리

관행적으로 인권은 계몽주의, 즉 새로운 세계관이 지배하는 시대의 인식과 산물로 불린다. 국가, 교회, 사회의 모든 생활영역에서 점차 낡은 구속으로부터의 해방을 갈구하는 비판적 고찰이 이루어졌다. 우선 그 전조를 제외하면 17세기와 18세기는 계몽주의의 시대다. 크리스티안 볼프(Christian Wolff), 사무엘 푸펜도르프(Samuel Pufendorf), 존 로크(John Locke), 휴고 그로티우스(Hugo Grotius)는 현대적 자연법 이론을 통하여 인권의 발전을 위한 중요한 계기를 마련하였다. 여기에서 "확고한" 근거를 가진 자연법은 전통적 사회질서를 개선하고 새로운 형태의 생산과 무역이 타당한 것으로 되도록 하는 데 기여할 수 있었다. 그밖에 계몽주의와 함께 무엇보다 교회의 구속에서 벗어나는 세속화 과정이 시작된다.

철학 저작들을 살펴보면 인권의 기초를 탐색할 수 있다. 그러한 저작들은 많이 있지만, 지금 모든 저작들을 다 살펴볼 수는 없다. 아래에서는 저작들의 보급범위와 판수를 기준으로 선별한 것들이다. 왜냐하면 시대정신을 나타내는 책들만이 헌법에 영향을 미치기 때문이다. 그러한 점에서 다수의 저작을 집필하였고 여러 번 재판되었으며 두루 읽혀서 큰 영향을 미친 크리스티안 볼프[ii]를 제외하면 반세기 앞선 사무엘 푸펜도르프에 이르게 된다.

1. 사무엘 푸펜도르프(1632 - 1694)

푸펜도르프의 자연법에 관한 주요 저서인 자연법과 국제법 8권(De iure naturae et gentium libri octo, 1672)과 그 요약본인 자연법상 인간과 시민의 의무 2권(De officiis hominis et civis iuxta legem naturalem libri duo, 1673)은 18세기 중반에 이르기까지 60판 이상 출판되었고 거의 모든 유럽문화권의 언어로 번역되었다. 이 책들은 100여 년 간 자연법의 가장 중요한 교과서가 되었다.[6] 번역과 판본을 자세히 살펴보면 1710년에서 1763년, 즉 인권선언의 전야에 이르기까지 영어판 6개가 영국과 미국에서 발간되었다는 것을 알 수 있다. 1706년에서 1771년까지 프랑스어

---

6) 이에 대해서는 *Klaus Luig*, Die Verbreitung des Naturrechts in Europa, in: Tijdschrift voor Rechtsgeschiedenis 40 (1972), S. 539ff.

판 11개가 네덜란드, 독일, 스위스 그리고 프랑스에서 발간되었음을 알 수 있다.[7] 푸펜도르프의 자연법론은 매우 넓게 퍼져 있었다. 기본적으로 푸펜도르프의 학설과 영향을 연구하고 있던 호르스트 덴쩌(Horst Denzer)[8]는 푸펜도르프와 동시대인인 존 로크(1632-1704)가 푸펜도르프의 자연법과 국제법을 민법과 정치의 원리에 대한 최고의 저서라고 부르고 그로부터 정부이론(Two Treatises of Government, 푸펜도르프의 자연법이 발간되고 18년 뒤인 1690년에 발간)의 저술에 가장 큰 도움을 받았음을 지적하고 있다. 매사추세츠 출신의 목사인 존 비제(John Wise, 1652-1725)는 교회법에서 민주주의를 옹호하기 위해서 푸펜도르프류의 자연법에 의지했다.[9] 장 드 바르베하크(Jean de Barbeyrac, 1674-1744)와 그 제자인 장-자크 불레마퀴(Jean-Jacques Burlemaqui, 1694-1748)라는 두 스위스인은 번역을 통하여 프랑스에서 푸펜도르프 저서를 보급하였고 그 바탕 위에 자신의 자연법 이론을 정립했다. 루소는 푸펜도르프를 자연법 영역의 권위자로 인정했고, 높이 평가했다. 윌리암 블랙스톤(William Blackstone, 1723-1780)은 자신의 영국법 주석서(Commentaries on the Laws of England)에서 푸펜도르프를 인용했다. 토마스 제퍼슨(Thomas Jefferson, 1743-1826)과 제임스 매디슨(James Madison, 1751-1836) 그리고 알랙산더 해밀턴(Alexander Hdmilton, 1757-1804)은 푸펜도르프를 북아메리카의 새로운 국가의 독립과 법을 위한 자신들 주장의 의처로 삼았다.[10] 해밀턴과 매디슨은 바로 연방주의자 논고(Federalist Paper)의 3명의 저자 중 2명이다.[11]

---

7) 푸펜도르프의 De iure naturae et gentium libri octo, Oxford/London 1934, S. 64aff.의 재판의 서문에서 발터 시몬스(*Walter Simons*)의 언급 참조.

8) *Horst Denzer*, Moralphilosophie und Naturrecht bei Samuel Pufendorf. Eine geistes- und wissenschaftsgeschichtliche Untersuchung zur Geburt des Naturrechts aus der Praktischen Philosophie, 1972.

9) *Hans Welzel*, Ein Kapitel aus der Geschichte der amerikanischen Erklärung der Menschenrechte (John Wise und Samuel Pufendorf), in: Festschrift für R. Smend, 1952, S. 387, 389ff., 393ff.

10) *Gerhard Oestreich*, Die Entwicklung der Menschenrechte und Grundfreiheiten, in: Bettermann/Neumann/Nipperdey (Hrsg.), Die Grundrechte, Bd. I/1, 1966, S. 41.

11) 연방주의자가 함께 편찬한 85편의 논설로서 1787년 10월 27일에서 1788년 5월까지 신문기사로 발간되었고, 제3의 저자는 존 제이(John Jay)였다.

푸펜도르프는 무엇을 가르치고 있는가? 푸펜도르프에 따르면 자연법의 기본 법칙은 인간의 사회성에 대한 상호적 의무의 법칙이다.[12] 이로부터 누구도 타인에게 해를 끼쳐서는 안 된다는 가장 중요한 의무가 나온다.[13] 모든 사람에 대한 모든 사람의 의무 중에 두 번째는 "모든 사람은 다른 사람을 본성적으로 자신과 동등하고 동일한 방식으로 인간으로 여기고 대해야 한다."는 것이다.[14] 그러한 규칙을 근거로 푸펜도르프는 인간의 개성이 아닌 사회성(Sozialität)을 강조하고 있음이 거듭 강조된다.

자세히 살펴보면, 사회성에는 인간에 대한 정교한 자연법 이론이 숨겨져 있다. 푸펜도르프는 그의 자연법의 첫 문단에서 그가 물리적 세계(entia physica)[iii]라고 부르는 정신물리학적 실재인 물질적 의미의 자연과, 도덕적 세계(entia moralia)라고 부르는 자유의지와 오성(Verstand, 悟性)을 특징으로 하면서 인간에게만 속하는 자연을 구별한다. 인간 행동의 자유와 자신이 의욕 하는 것에 대한 인식은, 계약상 의무가 발생하고 범죄의 책임을 지며 권리를 가질 수 있는 도덕적 세계의 존재를 위한 기본 전제조건들이다.[15]

푸펜도르프가 물리적 세계[iv]를 도덕적 세계[v]를 통하여 재구성한 것을 한스 벨첼(Hans Welzel)은 새로운 문화철학의 표현으로 평가하였고,[16] 자연법 이론들 중에서 자연이 주로 자기보존의 원리를 제공한다고 보는 급진적 자연주의와 구별하였다.[vi] 푸펜도르프의 자연법 이론의 이러한 측면은 사회성 개념에서 충분히 드러나 있지만, 푸펜도르프의 자연법적 접근방식의 깊이를 완전히 파악하고 있는 것은 아니다. 도덕적 세계는 존재론적 특성을 가지고 있다. 그것은 물리적 존재에 추가된 양식(Modus)으로, 자신의 자유를 이끌고 자신의 삶의 질서를 획득하고자 하는 인간의 지적 본질을 형성하고 있다.[17] 따라서 인간은 인격체이고 사물은 인격체

---

12) *Samuel Pufendorf*, De jure naturae liber II, caput 6 § 2.

13) *Samuel Pufendorf*, De officiis hominis et civis liber I, caput 6 § 2.

14) De officiis (주 13), liber I, caput 7 § 1 (*K. Luig*의 독일어 번역에 따라 인용).

15) *Hans Welzel*, Die Nturrechtslehre Samuel Pufendorfs, 1958, S. 21ff., unter Hinweis auf De jure naturae, liber I, caput 4 § 3.

16) *Welzel*, (주 15), S. 19.

17) 그렇게는 *Theo Kobusch*, Die Entdeckung der Person. Metaphysik der Freiheit und

들과 관련하여 고찰된다. 푸펜도르프가 단순한 문화철학을 얼마나 뛰어넘는지는 자기 학설에 대한 자평에서 나타난다. 그는 자기 학설을 그리스와 로마의 윤리와 같은 개별적 윤리와 구별하여 보편적 윤리[vii]라고 부른다.[18] 이로써 칸트에서 윤리형이상학이라고 불리는 것을 예고하고 있는 것으로 볼 수 있다.

칸트의 윤리형이상학이 1797년, 즉 18세기 말의 인권선언들 이후에 나왔기 때문에 이 선언들에 영향을 미쳐 여기서 다루게 될 책들에는 포함되지 않지만, 칸트의 인용문은 푸펜도르프의 설명보다 도덕적 세계의 보편성을 보다 잘 나타낸다. 칸트는 인격성을 "자신의 행동이 귀속될 수 있는 주체"로 설명하고 있다. "도덕적 인격성은 도덕 법칙에 따른 이성적 존재의 자유 이외에 아무 것도 아니다."[19] 자기목적성에 의해서 인격체는 사물과 구분된다. 그리고 "인간은 인간에 의해서 … 단순히 수단으로 사용될 수는 없고 오히려 언제나 동시에 목적으로 대우되어야 하고, 그리고 거기에 바로 자신의 인격성이 존재하며, 그것을 통하여 인간은 인간이 아니면서 그리고 또한 사용할 수 있는 다른 모든 세상의 존재, 즉 모든 사물보다 자신을 높이게 된다."[20]

독일 계몽철학자 푸펜도르프의 보편적 윤리에서 기술된 바와 같이, 고유한 자신의 존엄성을 가진 인격체로서 인간의 지위가 우선 독일 밖의 북아메리카와 프랑스에서 불가양의 인권론이라는 세상을 변화시키는 힘으로 발전한 것인가?[21]

---

modernes Menschenbild, 2. Aufl. 1997, S. 71; *Erik Wolf*, Große Rechtsdenker, 3. Aufl. 1951, S. 338.

18) Brief von *Pufendorf* an *Thomasius* vom 19.06.1688, in: Historische Zeitschrift, n. F. 34 (1893), S. 30, 31f. 여기에는 다음과 같이 기록되어 있다. "그러나 아리스토텔레스는 실제로 구성된 국가에 대해 플라톤보다 더 많이 언급하고 있다. 그러나 아리스토텔레스와 다른 모든 그리스인들에게는 그들이 자신의 민주주의를 최고 형태의 공화국으로 여기고 그에 따라 그들의 도덕을 정립하는 것을 알 수 있다. 키케로도 그의 의무론(libris de officiis)에서 언제나 로마 공화국의 형태를 염두에 두었듯이 말이다. 따라서 아리스토텔레스의 최고선은 완벽한 삶, 즉 잘 구성된 민주주의에서 살아가는 시민이 앞서 말한 모든 의무를 충분히 다하고 그보다 더 높은 목적을 알지 못한다는 바로 그것을 말한다. … 그러나 우리는 보편적 윤리를 추구한다."

19) *Kant*, Metaphysik der Sitten, Einleitung IV (Vorbegriffe zur Metaphysik der Sitten).

20) *Kant*, Metaphysik der Sitten, Tugendlehre, § 38.

21) *Christoph Link*, Herrschaftsordnung und bürgerliche Freiheit, 1979, S. 127.

2. 스페인 후기 스콜라철학

정치철학 역사에서 더 거슬러 올라가서 푸펜도르프가 참고할 수 있었던 보다 오래된 인권의 지적인 근원을 찾으면 스페인 후기 스콜라철학을 만나게 된다. 이는 대략 보면 16세기 초 프란시스코 데 비토리아(Francisco de Vitoria)에서 시작해서 17세기에 프란시스코 수아레즈(Franciso Suárez)에서 끝난다. 스페인 후기 스콜라철학은 중세의 스콜라철학과 독일의 계몽주의 강단철학(Schulphilosophie)[viii]의 매우 중요한 연결고리이다. 16세기와 17세기 초의 스페인에서는 아메리카와 그 거주민의 발견에 의해서 촉발되고 자극받은 놀라운 정신적 번영이 주도하고 있었다. "이베리아 후기 스콜라철학에서 근대적 자연법의 탄생"[22]은 주로 이 획기적 사건으로 거슬러 올라갈 수 있다. 소위 법철학과 국가철학의 황금시대[23]는 초기 계몽주의의 의미에서 전 유럽[24]에 그리고 푸펜도르프가 의지한 휴고 그로티우스(1583-1645)[25]에게도 영향을 미쳤다.[26] 푸펜도르프보다 50년 앞선 그로티우스[27]는 주관적 의미에서의 권리를 "사람이 정당하게 어떤 것을 소유하거나 할 수 있는 도덕직 속성"으로 정의하였다. 권리는 자유를 의미하는 자신에 대한 힘(Macht)인 변

22) 그렇게는 *Kurt Seelmann*, Theologie und Jurisprudenz an der Schwelle zur Moderne, 1997의 부제.

23) 그렇게는 *Joseph Höffner*, Christentum und Menschenrechte. Das Anliegen der spanischen Kolonialethik im goldenen Zeitalter, 1947 저서의 제목. 이 표현은 특히 스페인 사람들에 의해서 잘 사용된다. 예컨대 *E. Tierno Galván*, El tacitismo en las doctrinas polfticas del Siglo de Oro Espafiol, in: Anales de la Universidad de Murcia, Bd. IV (1947-48), S. 895ff. 아름다운 문학에서는 황금시대(Siglo de Oro)는 주로 *Miguel de Cervantes Saavedra*(1547-1616), *Lope Félix de Vega Carpio*(1562-1635), *Francisco Gómez de Quevedo y Villegas*(1580-1645) und *Calderón de la Barca*(1600-1681)에 의해 대표된다.

24) *Antonio Truyoly Serra*, Historia de la Filosofia dei Derecho y del Estado, vol. 2, 4. Aufl. 1995, S. 78ff.

25) 전쟁과 평화의 법(De jure belli ac pacis)의 프롤로그(Nr. 52)에서 그로티우스는 스콜라 철학자들의 통찰력을 강조한다; 그로티우스는 그들이 논거를 가지고 주장하기 때문에 찬탄하고 있다.

26) *Welzel* (주 15), passim.

27) *Hugo Grotius*, De jure belli ac pacis (1625), deutsche Ausgabe, 1950, I. Buch, Kap. §§4, 5에 따른 인용문구.

만 아니라, 타인에 대한 힘이라고 한다. 완전한 소유권뿐만 아니라 제한적 소유권도 여기에 해당한다. 끝으로 채무자의 채무에 상응하는 채권자의 권리가 여기에 속한다. 여기까지가 그로티우스의 주장이다.

a) 프란시스코 수아레즈(1548 - 1617)

자유는 또한 스페인인들의 주제다. 그로티우스보다 한 세대 앞선 프란시스코 수아레즈(Franciso Suárez)[ix]는 자신의 주저서인 법과 입법자로서의 신에 관한 논고 전 10권(Tractatus de legibus ac Deo legislatore in decem libri distributus, 1613)에서 자신의 법철학과 국가철학을 기술하였는데, 이 책은 1621년까지 6판까지 발행되어 유럽의 모든 교양세계에서 유명해졌다. 수아레즈는 개인이 국가에 대해서도 가지는 인간의 자유를 발전시켰다. 혁명적 인권선언의 도입부를 장식하는 공식을 이미 여기에서 읽을 수 있다. 사물의 본성상 모든 사람은 자유롭게 태어난다(ex natura rei omnes homines nascuntur liberi).[28] 자연법은 인간의 도덕적 의무를 포함하지만 인간의 권리도 포함한다. 자연법에서 다루는 인간의 사회적 본성은 실행하고 사용할 수 있는 인간의 능력(facultas agendi et utendi), 즉 이기적인 권리(ius utendi),[x] 주관적 의미의 권리, 자유도 포함한다.[29] 이는 다음과 같이 설명된다. 자연법에서는 자연법의 힘에 따라 규정되지도 않고 금지되지도 않은 많은 일들이 도덕적으로 허용되는 방식으로 일어날 수 있다. 따라서 여성과 혼인할 권리나 자신의 자유[30]를 지킬 권리와 같이 자연법에 따라서 허용되는 것이 있을 수 있다. 왜냐하면 그러한 행위는 도덕적으로 허용되고 자연법에 의해서 승인되지만 규정되어 있지는 않기 때문이다.[31]

---

28) *Franciso Suárez,* De legibus ac Deo legislatore, liber III caput 2 § 3.

29) De legibus (주 28), liber II caput 18 § 2.

30) 자유가 자연권으로부터 나온다는 것은 liber 11 caput 17 § 2에서도 다음과 같이 설명되고 있다. "왜냐하면 유용한 자연적 권리는 자연 그 자체로부터 주어지거나 그로부터 발생할 때 자연적 권리로 불리며, 이와 같이 자유도 자연법에서 비롯된다고 말할 수 있다."

31) 원전(liber 11 caput 18 § 2)의 문장은 다음과 같다. Quia in iure naturali multa sunt, quae honeste fieri possunt ex vi legis naturalis, quae non praecipiuntur, nec contraria prohibentur, & ita etiam dari potest ius naturale concessivum, quale est ius ducendi uxorem, ius retinendi & conservandi propriam libertatem: hoc enim honestum est & illud ius naturae concedit, non praecipit.

인간의 법은 자연법에 의존하며, 그로부터 인간 법의 구속력의 한계가 나타난다.[32] 수아레즈는 의지의 자유를 포함한 인간의 본질에 대한 성찰과 그로부터 나오는 국가권력의 과제와 목표를 깊이 고찰하고 그 한계를 제시했다. 스콜라철학의 전통에 따라 수아레즈는 자신이 생활(vitae)이라고 부르는 인간의 생활영역을 vita monastica(개인 생활), vita oeconomica(가족 생활) 그리고 vita politica(광의의 공동체 생활)의 3개의 생활로 구별하고 있다.[33] 수아레즈는 이 생활들과 인간의 개인적 본성 및 사회적 본성을 연결하고 그로부터 국가권력의 절대적 및 상대적 한계를 도출하고 있다.[34] vita monastica는 국가권력의 접근으로부터 완전히 유리되어 있고, vita oeconomica는 공공복리를 위해서 필요한 경우에만 개입할 수 있다. 그에 반하여 vita politica는 국가권력의 영역이지만,[35] 그것은 오로지 세속적인 문제의 경우에만 그러하다. 그에 반하여 Spiritualia(영적 문제)에 대해서는 교회가 관장한다.[36] 그는 국가가 관장하는 인간 공동체의 자연적 행복을 초자연적인 영원한 행복과 구분한다. 수아레즈는 그의 법 및 국가철학에서 인권의 분명한 기초를 만들어내었다. 그러나 권리를 방어하고 관철할 수 있는 도구가 결여되어 있다. 여기에서 그는 전통적 저항권을 넘어서지 못하고 있다.[37]

b) 프란시스코 비토리아(1483 - 1548)

정치 철학의 역사로 다시 거슬러 올라간다. 주관적 권리로서 자연권은 수아레즈보다 거의 100년 전에 이미 프란시스코 비토리아가 ius(법 또는 권리)로 불린 dominium(소유권, 지배권)[38]을 이용하여 도출해 내었다. 토마스 아퀴나스(Thomas

---

32) De legibus (주 28), liber I caput 9 § 4.

33) De legibus (주 28), liber I caput 8 § 7.

34) De legibus (주 28), liber I caput 11 § 7. 이에 대해서는 *Heribert Franz Köck*, Der Beitrag der Schule von Salamanca zur Entwicklung der Lehre von den Grundrechten, 1987, S. 55ff.의 설명 참조.

35) 수아레즈는 *Dietmar v. d. Pfordten*, Rechtsethik, 2001, S. 436ff.의 정치적 정의의 3개 영역 이론에 머물러 있는 것으로 보인다.

36) De legibus (주 28), liber III caput 1 I § 6.

37) De legibus (주 28), liber III caput 10 § 7.

38) dominium과 자유의 관계에 대해서는 *Kurt Seelmann*, Die Denkfragen des

v. Aquin)의 신학대전[xi]에 대한 그의 주석서에서 Ius est potestas vel facultas utendi re(권리란 사물을 사용할 수 있는 능력 또는 자격이다)[39)]라고 하고 있다. 말하자면 권리는 지배권이나 능력(가능성)이다. 비토리아는 창조자로서 신은 모든 것의 소유자이지만, 소유권은 인간을 위해 만들어졌기 때문에 소유권을 dominium omnium(모든 것에 대한 지배자)인 인간에게 위임하였다고 하는[40)] 신학 교리에서 출발한다. 그렇다면 비토리아는 어떻게 dominium omnium, 즉 공동재산에서 divisio rerum, 즉 개별적인 사물의 분할에 이르게 되었을까?[xii]

비토리아는 자연법도, 실정적인 신법도 법적 근거로 보지 않는다. 오히려 사물의 분할은 인간의 법제정 행위에 근거한다.[41)] 그러한 한 비토리아는 던스 스코투스(Duns Scotus)와 윌리엄 오캄(William Ockham)의 이론과 일치한다.[42)] 그러나 비토리아의 견해에 따르면 이 인간의 법(ius humanum)은 자연법과 모순되지 않는다. 왜냐하면 신은 죄 많은 인간의 본성에 대한 예지를 가지고 있어서 재산의 분할과 그에 따른 사유재산을 금지하는 자연법(lex naturalis)을 결코 제정하지 않았기 때문이다. 비토리아는 평화적 생존이라는 자연법상 명령의 실현은 사유재산의 존재를 통해서 용이해질 것이라는 점을 언급하고 있다.[43)] 계속된 설명에서 사유재산은 계약이론적 근거를 가지는 것으로,[44)] 사물의 분할 시점(時點)의 문제는 절차적으로

subjektiven Rechts in der spanischen Spätscholastik, in: Mate/Niewöhner (Hrsg.), Spaniens Beitrag zum politischen Denken in Europa um 1600, 1994, S. 149 참조.

39) *Francisco de Vitoria*, Comentarios de la Secunda secundae de Santo Tomäs, Tomo 11, Ausgabe Salamanca 1934 (im folg. zitiert Com STh) II - II qu. 62 a.1 § 5: Non habeo ius faciendi hoc, id est non mihi licet; item, iure meo utor, id est licet(나는 이것을 할 권리가 없으며, 즉 나에게 허락되지 않는다. 또한, 나는 나의 권리를 사용하며, 즉 그것은 허용된다).

40) Com STh (주 39), §§ 10, 12.

41) A.a.O., § 20: 사물의 분할과 소유는 인간의 법에 의해 만들어졌다(Divisio et appropriatio rerum facta fuit jure humano).

42) 이에 대해서는 *Daniel Deckers*, Gerechtigkeit und Recht. Eine historisch-kritische Untersuchung der Gerechtigkeitslehre des Francisco de Vitoria 1991, S. 181ff. 참조.

43) Com STh (주 39), II - II qu. 57 a.3 § 4.

44) Com STh (주 39), § 22.

이해되어 무주물의 선점을 가능하게 한다.[45)] 계약에 의한 사유재산의 발생이라는 비토리아의 이론은 자신이 주석한 토마스 아퀴나스와는 달리, 주관적 권리라는 관념에 도달했다. diviso rerum은 자율적 인간이 설정한 결과이고 인간의 의지와 유리된 자연적 필요성은 아니다.[46)]

이상 설명한 비토리아의 소유권 이론은, 신학적 기본이해에 따라 신의 피조물과 형상으로서 인정되었던 "인디언", 즉 신세계 원주민의 법적 지위에 대한 그의 용감한 입장의 기초였다.[47)] 그가 몇 가지 제한 사항의 전제 하에서만 일정 기간 동안 스페인의 점령을 정당화하고 스페인에 일종의 신탁지위를 부여하였다는 것[48)]은 여기에서 중요하지 않다. 분명한 것은 비토리아가 주관적 권리만을 주장한 것은 아니고 오히려 신세계와 관련하여 소유권의 보편성과 그와 동시에 나타나는 다른 인권의 보편성도 확립했다는 것이다. 따라서 재산권의 보호가 인권의 어머니인 것처럼 보인다.

새로 발견된 인디언에 관한 비토리아의 저서가 출판되고 10년 뒤인 1550년에 바야돌리드(Valadolid)에서 바르톨로메 데 라스 카사스(Bartolmé de Las Casas)와 후안 히네스 데 세풀베다(Juan Ginés de Sepúlveda)의 아메리카 인디언의 인간 본성과 그들에 대한 자유권 인정에 관한 논쟁이 일어났다. 세풀베다는 아리스토텔레스에 근거하여 인디언의 "자연적 노예신분"을 주장하였다.[xiii] 라스 카사스는 비토리아와 마찬가지로 토마스주의에 기초하여 인류에 속하는 모든 구성원들의 시원적 자유를 주장하였다.[49)] 따라서 라스 카사스를 인권선언의 아버지 중 한 명으로 보는

45) Com STh (주 39), § 26.

46) *Deckers* (주 42), S. 188; *Dietmar Willoweit*, Dominium und proprietas, in: Historisches Jahrbuch 94 (1974), S. 131, 154; *Seelmann* (주 38), S. 145ff.

47) *Francisco de Vitoria*, De Indis recenter inventis (1539), Ausgabe W. Schätzel, 1952, S. 132 (= Sectio I Nr. 6: Dominium fundatur in imagine Dei; sed homo est imago Dei per naturam, scilicet per potentias rationales(소유권은 하나님의 형상에 근거한다. 그러나 인간은 본성에 의해, 즉 이성적 능력에 의해 하나님의 형상이다).

48) *Vitoria*, De Indis recenter inventis, sectio III § 18.

49) 상세한 설명은 *Antonio-Enrique Pérez Luño*, Die klassische spanische Naturrechtslehre in 5 Jahrhunderten, 1994, S. 179ff., 216ff.; 다음에 나오는 문장 일부에 대해서는 S. 205ff.

것은 옳은 것으로 여겨진다.

비토리아가 재산(proprietas)만을 문제로 삼은 것이 아니라는 것은 그의 "res(일, 사물)"라는 광범위한 개념이 나타내고 있다. 인간의 dominum rerum(물건에 대한 지배)이 자연법에 따른 제약 여부의 문제를 다룰 때 그는 각각의 dominium이 어떤 재화(bona)와 관련되는지에 따라 구별한다. 그는 재화를 3가지로 구분하고 있다.[50] 즉, 자연(Natur), 행운(Glück) 그리고 영혼(Seele)이라는 재화다. 자연이라는 재화는 생명, 신체의 불훼손 그리고 건강이다. 행운이라는 재화로는 부, 명성 그리고 명예를 언급한다. 영혼이라는 재화는 덕(Tugend)과 은혜(Gnade)이다. 비토리아가 영혼의 재화는 국가의 법률로 제한할 수 없다고 보는 것은 지극히 현대적이다.[51] 여기에서 Spiritualia(영적 문제)는 세속적 권력의 권한에 속하지 않는다는 것으로 표현된다. 자연의 재화는 두 번째 지위에 서는데 이것은 제약될 수 있다.[52] 우리는 여기서 인권 목록의 초기형태를 만난다. 이를 버지니아 권리장전에서는 생명, 자유, 재산, 안전 그리고 행복이라고 하고 있다.

3. 중세 스콜라철학과 교회법

더 거슬러 올라가 보면 빌헬름 폰 오캄(Wilhelm von Ockham, 1285-1349)이 어떻게 권리(ius)라는 개념을 힘(Macht)이라는 의미로 받아들였고[53] 따라서 주관적

---

50) Com STh (주 39), II-II quae. 62 a. 1 § 50: triplex est bonum, scilicet naturae, et fortunae et animae. Bona naturalia sunt ut vita, integritas membrorum, sanitas, etc.; bona spiritualia sunt ut virtutes, gratia, etc., bona fortunae sunt divitiae, etc(선은 세 가지가 있다. 즉, 자연의 선, 행운의 선, 영혼의 선이다. 자연적인 선은 생명, 신체의 온전함, 건강 등이 있고; 영적인 선은 미덕, 은총 등이 있으며, 행운의 선은 부, 재산 등이 있다). [sc. fama et honor, a. a. O. § 15].

51) Com STh (주 39), II-II quae. 62 a.1 § 50: homo est dominus illorum bonorum spiritualium quae sunt in ipso ... Homo est liber in spiritualibus(인간은 자신 안에 있는 영적인 선의 주인이다. ... 인간은 영적으로 자유롭다).

52) 이에 대해 상세히는 *Deckers* (주 42), S. 176ff.

53) 통찰력 있게 기술하고 있는 것으로는 *Michel Villey,* La formation de la pensée juridique moderne, 1975, S. 239 : „Le glissement de sens du mot ius vers l'idée de pouvoir caractérise au Moyen Age le langage de la pratique."(중세 시대 실제 언어 사용에서 ius라는 단어의 의미가 권리에서 힘으로 변화하는 현상이 나타났다).

권리라는 완전한 의미를 갖게 되었는지가 나타난다. 오캄의 이러한 발전은 자유 이해에 대한 자신의 의지주의적 특징을 근거로 하고 있고, 이는 향후 발전에 의심의 여지없이 결정적으로 영향을 미쳤다.[54] 그럼에도 불구하고 인격 개념이나 주관적 권리의 관념과 관련하여서 빌헬름 폰 오캄이 우리 연구의 종점은 아니다.[55]

브라이언 티어니(Brian Tierny)는 12세기의 교회법(Kanonistik)에서 ius라는 용어의 사용에 대한 철저한 연구에서 주관적 권리의 관념이 당시에 이미 사용되고 있었다는 것을 보여주었다.[56] 그라티안(Gratian)은 iura libertatis(자유권)에 대해 집필했다. potesta(힘)와 ius(권리)의 연결은 12세기에 교회법학자의 논의에서 흔한 주제가 되었다. 스토아학파나 키케로와 달리 교회법학자들은 ius naturale(자연권)를 전체 우주에 스며든 객관적 질서와 연결 짓지 않고, 오히려 힘, 능력 그리고 자유의지, 즉 주관적 권리와 연관시켰다.

스페인 후기 스콜라철학은 이 교회법적 사고방식을 계승하였으나, 인권에 대한 매우 중요한 인격(Person) 개념도 중세 철학과 13세기 초기의 신학으로부터 수용하였다.[57] 삼위일체 - 하나의 신적 실체 속에 존재하는 세 사람 - 에 관한 신학 논문은 자연 개념이 아니고 도덕 개념인 인격 개념을 구성하고 있다. 인격은 무엇(quid)이 아니고 오히려 누구(quis)이며 개별적이고 고유한 특성을 가지고 있다. 인격은 개인이나 주체 개념에 품위, 존엄이라는 부수적 속성을 추가한다.[xiv] 직책이나 기타 특별한 지위와 관련된 고대의 존엄 개념과 관련하여,[58] 이제 이 개념은

---

54) *Seelmann* (주 22), S. 24f.는 이베리아 후기 스콜라철학은 스코틀랜드의 의지주의(Voluntarismus)를 일방적으로 따르는 것이 아니라 오히려 관념적 현실주의(Ideenrealismus)에도 따르고 있음을 지적하고 있다.

55) 그러한 한 나는 주관적 권리의 개념이 14세기에 발생했다고 하는 것을 받아들이는 *Villey* (주 53)를 따르지 않는다.

56) *Brian Tierney*, Origins of Natural Law Rights Language: Texts and Contexts, 1150-1250, in: History of Political Thought, vol. X (1989), S. 615, 626ff.; *Hans Liermann*, Das Kanonische Recht als Grundlage europäischen Rechtsdenkens, ZevKR 6 (1957/58), S. 37, 42 도 참조.

57) 이에 대해서는 *B. Th. Kible*, in: Historisches Wörterbuch der Philosophie, Bd. 7, 1989, Sp. 283ff. 참조; *Kobusch* (주 17), S. 23ff. 참조.

58) 고대 로마의 dignitas 개념에 대해서는 *Pöschl*, in: Brunner/Conze/Koselleck (Hrsg.), Geschichtliche Grundbegriffe, Bd. 7, 1992, S. 637ff.

모든 사람의 본질로 확장된다. 왜냐하면 이성적 본성 자체가 모든 인간에게 속하는 존엄이기 때문이다. 인격이라는 존재 안에는 자연적인 존재와 이성적인 존재가 더 높은 차원으로 통합되고 보존되어 있다.[59] 인격적 존재는 존엄에 의하여 고유하게 결정되는데, 이 존엄의 근거는 도덕적 존재라는 점에 있고 그것은 자유를 의미한다.

중세 철학은 모든 개인의 인격적 특성을 이루는 인간이라는 도덕적 존재를 결국은 - 창조 역사에서 말하고 있는 바와 같이(창세기 제1장 제27절) - 신이 인간을 자신의 형상에 따라서 창조하였다는 사실을 근거로 삼고 있다. 인간이 신의 형상을 하였다는 것에서 인간 평등의 뿌리도 발견할 수 있다. 중세 신학은 인간과 신의 관계 때문에 인간을 위한 인격 개념을 필요로 하였다. 개별 인격의 고유성은 신학적으로 영혼의 불멸성과 자유를 전제로 하는 신에 대한 인격적 책임에 표현되어 있다. 에른스트 트뢸취는 바로 그 세속적 영향과 관련하여 영향력 있는 신학적 자유사상을 사회학적으로 다음과 같이 평가하였다.[60]

"신의 자녀인 개인은 무한히 가치 있게 여겨질 수 있다. … 자연적 개체성이 아니라 오히려 신의 공동체에서 비로소 획득되는 가치를 말하는 것이다. 그러한 개인주의는 철저히 근원적이고, 또한 종교적·영적 가치의 이상을 통해 모든 자연적 한계와 차이도 극복하는 개인주의로 이해된다. 마찬가지로 그러한 개인주의는 이러한 종교적 기반 위에서만 절대적으로 가능한 것으로도 이해된다. 신의 공동체만이 개인에게 이 가치를 부여하고 그리고 모든 세속적인 것을 초월하는 신과의 공동의 관계에서만 자연적 차이가 사라진다."

중세 이후로 기독교 신학의 중심개념으로서 인간의 자유는 개인적 자유다. 자유는 성경적 - 신학적으로 책임과 죄악의 전제이기도 하다. 신학적 자유 개념은 주로 신과 관련된다. 이러한 기초 위에서 중세 철학의 인간의 자유는 형이상학적 개

59) *Alfons Hufnagel*, Die Wesensbestimmung der Person bei Aiexander von Hales(1185-1245), in: Freiburger Zeitschrift für Philosophie und Theologie 4 (1957), S.148, 166; *Kobusch* (주 17), S. 26f.; *Hans Hattenhauer*, Europäische Rechtsgeschichte, 1992, S. 207.

60) *Ernst Troeltsch*, Die Soziallehren der christlichen Kirchen und Gruppen, 1912, S. 39f.

념으로 발전되었다.[61] 이 신학적 자유 개념은 이미 중세에 사람들 사이의 관계에 적용되었다. 이 점에서 우리는 이미 인권사상의 최초의 불꽃을 볼 수 있다.

4. 세속화 과정과 인권의 필수불가결적 조건

계속적 발전 과정에서 신학적 자유 개념은 이중적 방식으로 세속적 상황에 영향을 미쳤다. 신에 책임을 지는 기독교인들은 세속적 지배가 내리는 명령과 갈등에 빠질 수 있다. 기독교인들이 스스로 결정을 내리면 세속적 세계 내에서 자유에 대한 권리를 주장한다. 양심이 명령하는 바대로 신에 대한 책임을 만족시킬 수 있도록 정치적 공동체인 국가에 대한 자유와 권리가 요구된다. 종교 분열 시대에는 종교의 자유가 요구되었고 국가의 관용의 형태로 또는 양심의 자유의 형태로 점진적이고 부분적으로 부여되었다.[62] 따라서 흔히 종교의 자유는 인권의 어머니로 간주되고,[63] 이는 의사표현과 출판의 자유, 집회 및 결사의 자유를 가져왔다.[64]

세속화 과정은 세속적 자유 개념에 이르는 또 다른 길이다. 인간의 자유로운 지위를 신학적 기초와 분리하고 세속화하면, 여전히 느껴지는 종교적 책임을 고려하지 않고도 세속적 지배에 대하여 그것을 주장할 수 있다.

성경적-신학적 기원에서 비롯된 자유 개념은 유대-기독교적이지 않거나 적어도 일신교가 아닌 것을 특징으로 하는 다른 문화가 인간의 자유 관념을 국가지배권의 한계로서 강조하지 않은 이유를 이해할 수 있게 한다. 중국에서도[65] 일본이나 인도에서도[66] 그러한 관념이 발전되지 않았다.

---

61) *Kobusch* (주 17) S. 17ff.

62) *Martin Heckel*, Gesammelte Schriften, Bd. II, 1989, S. 711ff.

63) *Georg Jellinek*, Die Erklärung der Menschen- und Bürgerrechte (1919), abgedruckt in: R. Schnur (Hrsg.), Zur Geschichte der Erklärung der Menschenrechte, 1964, S. 57f.

64) *Jellinek* (주 63), S. 1, 39ff.

65) *Rudolf G. Wagner*, Ein chinesisches Plädoyer gegen die autonome Person, in: Köpping/Welker/Wiehl (Hrsg.), Die autonome Person – eine europäische Erfindung?, 2002, S. 83ff.

66) *Klaus Butzenherger*, Identitätskonzeptionen in Indien, 주 65에 인용한 저서의 29쪽 이하.

에른스트 볼프는 인권의 선언을 “서구의 종교적 산물”이라고 적절히 평가했다.[67] 이는 물론 단지 유대-기독교적 전통만이 인권을 강조했다는 것은 아니고, 오히려 이 전통에서 인권의 뿌리가 나왔다는 것만을 의미할 뿐이다. 이 뿌리라는 것은 바로 인격 개념, 그와 관련된 존엄 개념 그리고 주관적 권리라고 하는 사고방식이다. 이는 물론 후대 인권의 필수불가결한 조건(condiciones sine quibus non der Menschenrechte)이다.

Ⅲ 사법적 법률통제를 통한 인권의 강화

이로써 인권의 뿌리가 확인되었다. 12세기 이전으로 돌아가는 것은 인권의 기초에 대한 더 이상의 지식을 보여주지 못한다. 이제 18세기 말에 인권선언이 인간에게 무엇을 가져다주었는지를 묻는다면 결과가 금세 도출되지만 별로 좋은 것도 아니다. 법률을 기준으로 법원이 행정적 결정들을 심사하는 긴 여정이 인권선언과 함께 비로소 시작되었을 뿐이다. 서로 다른 시기에 처음에는 미국에서, 후에는 유럽에서 법률의 인권 기속이라는 사법적 통제가 확립되었다.

프랑스의 에밀 부트미(Emile Boutmy)는 1902년에 미국의 권리장전과 프랑스의 인간과 시민의 권리선언의 차이를 다음과 같이 극적으로 기술하였다.[68] “미국의 모든 선언은 법원에서 선언을 적용할 수 있게 작성되었다. … 미국인들은 전적으로 법적 주장을 준비하고, 소송에서 적용할 수 있는 권리구제수단에 전념하였고, 법전 전체도 이러한 견해의 흔적을 담고 있다. 프랑스인들에게 자신들의 선언은 웅변적 걸작일 뿐이고 조문은 추상적 순수함으로 그 위엄의 화려함 속에서만

67) *Ernst Wolf*, Die Freiheit und Würde des Menschen, in: Recht, Staat, Wirtschaft, Bd. IV (1953), S. 27; 비슷하게는 *Gerhard Ritter*, Ursprung und Wesen der Menschenrechte (1949), in: R. Schnur (Hrsg.), Zur Geschichte der Erklärung der Menschenrechte, 1964, S. 205ff.; *Hans Maier*, Die Grundrechte des Menschen im modernen Staat, 1973, S. 18f.; *Christian Starck*, Freiheit und lnstitutionen, 2002, S. 42f.

68) *Emile Boutmy*, Die Erklärung der Menschen- und Bürgerrecht und Georg Jellinek (1902), in deutscher Übersetzung, abgedruckt in: Schnur (Hrsg.), Zur Geschichte der Erklärung der Menschenrechte, 1964, S. 78, 88f.

존재한다. 법원은 결코 그것을 권리구제수단으로 사용하거나 그것을 판결의 근거로 원용할 수 없다. 프랑스인들은 전 세계에 대한 교훈으로 작성한 반면,[69] 미국의 헌법제정자들은 동료시민의 이익과 편의를 위하여 선언의 조항들을 제정하였다."

자신의 동료인 프랑스인들에 관한 한 부트미가 옳다. 1789년의 선언은 구성상의 결함이 하나 있는데, 그것은 루소적 의미로 이해되는 법률을 일반의지의 표현으로 부르고 있는 제6조에서 볼 수 있다. 말하자면 입법자가 인권의 진정한 해석자였다.[70] 1985년에 비로소 헌법위원회(Conseil constitutionnel)가 법률은 헌법과 일치할 경우에만 일반의지를 나타낸다고 확인하였다.[71] 이로써 헌법의 우위가 인정되었다.[72]

미합중국에서의 상황은 처음부터 더 나았다. 왜냐하면 거기서는 헌법이 일반법률에 대해 우월한 lex fundamentalis, 즉 기본법으로 인정되었기 때문이다. 판사에게는 법률을 합헌성 기준으로 심사하고 위헌적 법률은 적용하지 않을 임무가 부여되었다. 그것은 이미 연방주의자논고[73]에 기재되어 있었고 이어서 15년 후에는 최초로 마버리 대 매디슨(Marbury vs. Madison 1803) 판결[74]에서 연방대법원에 의해서 인정되었다. 이제 인권은 헌법의 우위에 참여했고 입법의 기준으로 채비가 되었다. 이미 초기에 미국의 법원 판결에서는 개인의 기본적 권리는 국가권력

---

69) 이 교훈적 의도는 제16조에서 매우 명백히 드러나는데, 권리가 보장되지 않고 권력이 분리되지 않은 모든 사회는 헌법이 없다고 "규정"되어 있다.

70) 엠마누엘 드 시에예스(Emmannuel de Sieyés)의 법률통제 도입 시도의 실패에 대해서는 *Starck* (주 5), S. 46f. 참조.

71) 제6조 제1항: 법은 일반의지의 표현이다(La loi est l'expression de la volonté générale). 헌법위원회(Conseil constitutionnel, Recueil 1985, S. 70, 76)는 법률에 대해서 "그것(법률)은 헌법을 존중하는 범위 안에서만 일반의지의 표현이다."(qu'elle n'exprime la volonté générale que dans le respect de la Constitution)라고 하고 있다.

72) 1971년에 시작된 이 판결과 거기의 많은 참고문헌에 대해서는 *Christian Starck*, Der Schutz der Grundrechte durch den Verfassungsrat in Frankreich, AöR 113 (1988), S. 632ff. = *Starck*, Praxis der Verfassungsauslegung II, 2006, S. 110f.

73) *Hamilton*, The Federalist (1788), Nr. 78: 헌법은 사실 법관들에 의해서 기본적 법으로 간주되고 또 그래야 한다. 따라서 입법부가 제출하는 특정한 행위의 의미뿐만 아니라 헌법의 의미를 확실히 하는 것도 법관들에게 속한다. … 헌법은 의회제정법(statute)에 우선하여야 한다.

74) 2 Law Ed. U.S. 60, 73 (1803).

에 한계를 설정한다고 하는 점이 언급되어 있었다.[75)] 그러나 연방대법원이 그동안 실질적으로 이해된 기본권(계약의 자유와 재산권)을 기준으로 하여 법률이 헌법에 위배되어 처음으로 적용하지 않을 때까지는 오랜 시간이 걸렸다.[xv] 인권을 심사기준으로 한 지속적인 판결은 제1차 세계대전 이후에야 비로소 확인할 수 있다.

독일에서 제국법원이 1925년에 법률에 대한 사법적 심사권을 주장하였으나 해당 사건에서는 법률을 합헌으로 보았다.[76)] 제2차 세계대전 이후에 비로소 독일 기본법에서는 제1조 제3항에서 명시적으로 입법도 기본권에 기속됨을 확인하였고, 법률통제를 행하는 기관으로 연방헌법재판소가 창설되었다. 프랑스에서는 1971년 이래로 인권을 심사기준으로 하는 예방적 규범통제가 있다.[77)] 남부유럽과 중부 및 동부유럽의 많은 국가가 인권을 기준으로 법률을 심사하는 헌법재판소를 설치했다.[78)] 이로써 인권은 강력한 권리가 되었다. 그동안 인권 보호는 유럽인권협약과 같은 지역적 국제조약들에도 받아들여지고 있다. 이 협약은 권리를 선언할 뿐만 아니라 법원을 통해서도 보호하고 있다.[79)] 유럽인권협약 제46조[xvi]에 따라 협약 당사국은 법원의 판결을 따를 의무가 있다.

---

75) *Winfried Brugger*, Grundrechte und Verfassungsgerichtsbarkeit in den Vereinigten Staaten von Amerika, 1987, S. 345f.

76) RGZ 111, 320.

77) Conseil constitutionnel, Entscheidung v. 16. Juli 1971, *Favoreu/Philip*, Les grandes décisions du Conseil constitutionnel, 11. Aufl., S. 241, principes fondamentaux reconnus par les lois de la République(공화국 법률이 인정하는 기본원칙)에 의하여 인권이 보호되는 한 그러하다. 이에 대해서는 a.a.O., S. 253ff.

78) *Albrecht Weber*, in: Starck/Weber (Hrsg.), Verfassungsgerichtsbarkeit in Westeuropa, Bd. I, 1986, S. 64ff.: die Berichte in: Frowein/Marauhn (Hrsg.), Grundfragen der Verfassungsgerichtsbarkeit in Mittel-und Osteuropa, 1998, S. 89ff. 및 in: Giuseppe de Vergottini (cura), Giustizia costituzionale e sviluppo democratico nei paesi dell'Europa centro-orientale, Turin 2000, passim 참조.

79) *Rudolf Bernhardt*, Der Schutz der Menschenrechte durch internationale Gerichte: Erfahrungen und Perspektiven, Köln, 2003, S. 7ff., 18f.

역자 주

i The Constitution of Virginia SECTION 1. That all men are by nature equally free and independent, and have certain inherent rights, of which, when they enter into a state of society, they cannot, by any compact, deprive or divest their posterity, namely, the enjoyment of life and liberty, with the means of acquiring and possessing property, and pursuing and obtaining happiness and safety.

ii 1679. 1. 24. – 1754. 4. 9.

iii 여기서 entia physica와 entia moralia의 번역은 김성룡, 객관적 귀속이론의 발전사, 법사학연구, 제42호, 2010, 128쪽을 따랐다. 사회적 방면의 존재태(entia moralia)와 자연적 방면의 존재태(entia physica)라고 번역하는 문헌으로는 최병조 교수가 지도한 정일영, 푸펜도르프의 자연법적 국가론, 서울대학교대학원 석사학위논문, 2013 참조.

iv entia physica.

v entia moralia.

vi 푸펜도르프는 인간이 단순히 생존을 위해서만 행동하는 것이 아니고 도덕적이고 사회적인 존재로 재구성될 수 있음을 주장한다.

vii Ethica universalis.

viii 주로 대학 강단에서 이루어진 철학이라는 의미에서 학교철학이라고도 한다. 17세기 말부터 18세기까지 계몽주의의 영향을 받아 독일에서 발전한 철학으로서 특정한 철학을 의미하기 보다는 포괄적인 의미에서의 철학적 전통이나 사조를 말한다. 크리스티안 볼프가 대표적이다.

ix 프란시스코 수아레즈에 관하여는 전선영, 수아레즈의 정치사상에서 재산, 공동체, 법의 관계에 대한 연구, 이화여자대학교 박사논문, 2019 참조.

x 자신의 이익을 위해 사용하고 처분할 수 있는 권리를 말한다.

xi Summa Theologiae.

xii 초기의 공동 소유 상태에서 어떤 과정을 거쳐서 사유 재산이 발생하게 되었는지를 설명하려고 하는 것이다. 사물의 분할이란 재산의 분할을 말한다.

xiii 아리스토텔레스는 그의 정치학에서 자연적 노예를 인정하였다.

xiv 물론 존엄을 부수적 우연적 속성이 아닌 본질적 속성으로 보는 견해도 있다. 부수적이라고 하여 중요하지 않다는 의미는 아니다. 본질적 속성은 아니지만 인간에게 부여된 중요한 가치라는 의미다.

xv 예를 들면 Allgeyer v. Louisiana, 165 U.S. 578 (1897)에서 연방대법원은 루이지애나주가 주의 시민들이 다른 주의 해상보험을 구매하는 것을 금지하는 법률을 제정하였는데 이에 대해서 위헌 판결하였다. 이 판결에서 연방대법원은 자유의 개념을 넓게 해석하여 자유란 시민이 자신의 모든 능력을 자유롭게 누릴 권리를 포함하는 것으로 간주된다고 판시하고 주는 계약의 자유를 부당하게 제한할 수 없다고 판단하였다. 이 판결은 계약의 자유 위반을 이유로 주 법을 위헌 선언한 최초의 판결이다. 이 판결에서는 수정 제14조의 적법절차 위반으로도 보았다. 또 Lochner v. New York, 198 U.S. 45 (1905)에서 연방대법원은 제빵업에서 주당 60시간 하루 10시간 이상 근무하는 것을 금지한 뉴욕주 법률을 계약의 자유와 수정헌법 제14조가 고용주와 피고용인에게 부여한 권리를 침해하였다는 이유로 위헌 무효 선언하였다.

xvi 유럽인권협약 제46조(판결의 구속력 및 집행)는 다음과 같다. "1. 체약국은 자신이 당사자인 모든 사건에서 재판소의 최종판결에 따를 것을 약속한다. 2. 재판소의 최종판결은 그 집행을 감독하는 각료위원회로 송부된다."

제2장

기본권과 법률*

서론

18세기 말 이후로 인권과 시민권, 그 이후에는 기본권이 헌법에 보장되고 있다. 인권은 이미 오래전부터 정치철학에서 이념으로 발전되어 왔다(앞 제2부 제1장 참조). 권리들이 헌법에 등장하면서 그 효력과 위상에 대한 문제가 제기되었다. 이 권리들은 입법에 대한 단순한 지침에 불과하여 그 이행 여부와 방법을 입법자가 자유롭게 결정하는 것인가 아니면 구속력 있는 규범적 효력을 갖는 것인가? 의회 입법자가 군주 절대주의 시대의 군주로부터 주권을 이어받았다면, 자연법 원칙이나 국제법을 받아들이지 않는 한, 입법자가 상위의 법에 구속되어야 한다는 것은 근거를 갖기가 어렵다. 주권이 군주와 국민대표 모두에 근거를 두고 있는 곳에서, 두 국가기관의 합의에 따라 결정한 법률을 상위질서의 국내법에 종속시키는 것은 어렵다. 이로부터 헌법적으로 보장된 기본권은 입법의 기준에 따라 비로소 실질적인 효력을 가지게 된다는 결론이 나온다. 그러나 미국처럼 헌법이 국민주권에 근거하고 국가권력이 시원적으로 헌법에 의해서 근거를 가지며 권한이 분립되어 있는 곳에서는 입법부도 다른 국가기관도 주권적이지 않다. 미국에서처럼 사법부가 다른 국가권력기관과 헌법에 의하여 동일한 지위를 가지는 것으로 제도화되어 있는 경우에는 사법부가 집행부와 입법부로 하여금 헌법을 준수하도록 할 수 있다.

헌법적으로 보장된 기본권은 오늘날 많은 국가들에서 법률의 범위 안에서 공행정에 대해 법원을 통하여 보장되고 있을 뿐만 아니라, 입법자에 대해서도 사법

---

* 출처: Sachs/Siekmann (Hrsg.), Der grundrechtsgeprägte Verfassungsstaat. Festschrift für Klaus Stern zum 80. Geburtstag, Berlin 2012, S. 197-216.

적 규범통제를 통하여 보장되고 있다. 입법자에 대한 사법통제는 몇몇 국가에서는 특별한 헌법재판소가 독점하고 있다. 기본권이 국가에 대한 방어권인 한, 즉 시민의 소극적 지위를 규정하는 한, 기본권은 일반적으로 직접적인 효력이 있는 권리로서 주요 또는 부수적 규범 통제를 통해 관철될 수 있다.[1]

이하의 설명은 거기에 이르는 과정을 설명한다. 이것은 우선 기본권에 대해 중요한 의미를 가지는 입법자의 "주권"(I), 최종적인 법률적 정의(定義)와 기본권 법률에 의한 기본권의 제약(II) 그리고 헌법의 우위를 둘러싼 투쟁에 의하여(III) 특징지어진다. 마지막으로 발전의 결과인 기본권의 "주권"을 설명한다(IV).

I 법률의 주권

1. 프랑스와 루소

최초로 인권과 시민권 목록이 공포된 이후[2] 법률은 큰 역할을 하고 있다. 프랑스의 인간과 시민의 권리선언(1789)에서 법률은 자유를 정의하는 본질적인 도구로 기능하고 있다. 자유는 제4조[3]에 따르면, 타인을 해치지 않는 한 모든 것을 할 수 있다. 따라서 인간의 자연적 권리의 행사는 사회의 다른 구성원에게 동일한 권리의 향유를 보장하는 한도 내에서만 제약될 뿐이다. 그러나 개별적인 경우에는 다툼이 있을 수 있기 때문에, 이 한계는 법률에 의해서만 결정될 수 있다고 규정

---

1) 기본법 제1조 제3항, 그리그 헌법 제25조 제1항, 아일랜드 헌법 제40조 제3항, 폴란드 헌법 제31조 제3항, 포르투갈 헌법 제18조 제1항, 스페인 헌법 제53조 제1항이 그렇게 명시하고 있다.

2) 그러한 발전에 대해서는 전술한 장을 참조.

3) La liberté consiste à pouvoir faire tout ce qui ne nuit pas à autrui: ainsi, l'exercice des droits naturels de chaque homme n'a de bornes que celles qui assurent aux autres Membres de la Société la jouissance de ces mêmes droits. Ces bornes ne peuvent être déterminées que par la Loi(자유는 남을 해치지 않는 것이면 무엇이든지 할 수 있다는 데 있다. 따라서 각 개인의 자연권 행사에는 사회의 다른 구성원에게 똑같은 권리를 누리도록 보장해 주는 것 이외에는 아무 제한도 없다. 그 제한은 오직 법에 의해서만 규정될 수 있다. 번역은 나종일 편역, 자유와 평등의 인권선언 문서집, 한울, 2012, 281쪽에 의함).

하고 있다. 제5조[4]에서는 입법자를 제약하여 법률은 사회에 해가되는 행위만을 금지할 수 있다고 규정하고 있다. 법률이 금지하지 않는 것은 방해받지 않으며 법률이 명령하지 않은 것은 강요되어서는 안 된다. 법률의 결정적 역할은 그 대의적 성격에서 나온다. 왜냐하면 제6조[5]에 따르면 모든 시민은 스스로 또는 자신의 대표자를 통하여 법률의 제정에 참여할 권리를 가지기 때문이다. 그래서 법률은 일반의지의 표현으로 불린다. 그 외에도 법률은 보호할 때나 처벌할 때에 모든 사람에 대해 평등하여야 한다고 규정하고 있다. 제7조부터 제9조에서는[i] 각각 법률에 의한 형사소송과 형법에 대해 보장하고 있다. 제10조와 제11조[ii]는 종교의 자유와 의사표현의 자유를 특히 다시 법률의 범위 안에서 보장하고 있다. 이상 설명한 8개의 조문에서 법률이라는 말이 8번 나오면서 각각 제한하고, 보호하고, 명문화하고, 금지한다고 규정하고 있다.

프랑스의 인간과 시민의 권리선언에서 법률이 중심적 역할을 하게 된 것은 루소(Jean-Jacques Rousseau, 1712-1778)로부터 영향을 받은 것이다. 그의 법률 개념은 사회계약 및 일반의지(volonté générale) 관념과 밀접하게 연관되어 있다. 사회계약[6]은 인간과 인간의 자유를 지탱하는 데 기여하고 있다. 사회 계약은 공동의 힘으로 개

---

4) La Loi n'a le droit de défendre que les actions nuisibles à la Société. Tout ce qui n'est pas défendu par la Loi ne peut être empêché, et nul ne peut être contraint à faire ce qu'elle n'ordonne pas(법은 사회에 해로운 행위가 아니면 금지할 권리가 없다. 법으로 금지되어 있지 않은 모든 것은 방해받지 않으며, 또 아무도 법이 지시하지 않은 일을 하도록 강요될 수 없다. 번역은 나종일 편역, 자유와 평등의 인권선언 문서집, 한울, 2012, 281쪽에 의함).

5) La Loi est l'expression de la volonté générale. Tous les Citoyens ont droit de concourir personnellement, ou par leurs Représentants, à sa formation. Elle doit être la même pour tous, soit qu'elle protège, soit qu'elle punisse. Tous les Citoyens étant égaux à ses yeux sont également admissibles à toutes dignités, places et emplois publics, selon leur capacité, et sans autre distinction que celle de leurs vertus et de leurs talents(법은 일반의지의 표현이다. 모든 시민은 자기 자신이, 또는 대표자를 통해 법제정에 참여할 권리가 있다. 법은 보호하는 경우이든 처벌하는 경우이든 모든 사람에게 동일한 것이어야 한다. 모든 시민은 법의 눈으로 볼 때 평등하므로, 그들의 능력에 따라서, 그리고 그들의 품성과 재능의 차이 이외에는 다른 차별 없이, 모든 고위직, 모든 공적 지위와 직무에 똑같이 취임할 수 있다. 번역은 나종일 편역, 자유와 평등의 인권선언 문서집, 한울, 2012, 281쪽에 의함).

6) *Jean-Jacques Rousseau*, Du Contrat Social(=C.S.) I 6; *Volker Schlette*, Konzeption des Gesetzes im französischen Verfassungsrecht, in JöR 33 (1984), S. 279ff.

인과 개인의 재화를 보호하는 연합의 기초다. 연합으로 결속함으로써 사람들은 복종을 약속한다. 이 복종은 절대적 권한이 있는 통치자에 대한 것이 아니라 주권을 보유한 연합체에 대한 것이다. 그렇게 개인과 주권을 보유한 연합체의 법적 관계가 성립한다. 주권자인 공동체는 공동의 이익을 위해서만 필요한 것을 요구할 수 있다.[7] 이는 몇 년 지나지 않아 앞에서 인용한 인간과 시민의 권리선언 제5조에서 규정하게 된 바와 같다.

공화국에서 통합된 인민은 전체로서 모든 구성원 위에 주권적으로 존재하며 일반의지로 표현된다. 이것은 공동의 이익이라는 의미에서 정의와 평등을 보장함으로써 개별의지(volonté particuliere) 및 전체의지(volonté de tou)[iii]와는 구별된다.[8] 일반의지는 모든 사람이 모든 사람을 위하여 의욕하는 것이다. 이성 법칙에 따라 모든 사람의 의지는 매번 자신을 위한 최선의 것을 원하기 때문에, 일반의지도 공동체를 위한 최선의 것을 원한다. 따라서 루소에 따르면 일반의지는 언제나 선하고 결코 오류를 범할 수 없다.[9] 일반의지는 말하자면 경험적으로 개념할 수 없고 오히려 규범적으로 이해되어야 한다.[10] 공화국과 인민도 루소에 있어서는 규범적 개념이다.[iv] 따라서 루소는 인민은 자신의 성격을 잃고 인간의 단순한 결합체(agréation)로 전락할 수 있음을 인정한다.[11][v] 비슷하게 괴테는 입법자가 귀 기울여야 하는 바 인민과 대비되는 "국민성"(Volkheit)이라는 것을 말하고 있는데, 그것은 항상 동일한 목소리를 내고, 이성적이고, 변함없고 순수하고 진실 된 것이라고 한다.[12]

법률은 일반의지의 엄숙한[13] 표현이다. 그것은 주권의 산물로서 개인 위에 존

---

7) C.S.Ⅱ4: Mais le souverain, de son cêté, ne peut charger les sujets d'aucune chaîne inutile à la communité(그러나 주권자는 자신의 입장에서 사회에 불필요한 부담을 신민에게 부과할 수 없다).

8) C.S.Ⅰ7, Ⅱ1.

9) C.S.Ⅱ3.

10) 그렇게는 또한 *Fetscher*, Rousseaus politische Philosophie, 1960, S.120ff.

11) C.S.Ⅱ1.

12) *Johann Wolfgang von Goethe*, Maximen und Reflexionen Nr. 682 (Ausgabe Verlag Cotta 1950) = Nr. 154 (Ausgabe Beck Verlag 1981).

13) 1793년 프랑스 헌법 제4조: La loi est l'expression libre et solennelle de la volonté générale(법률은 일반의지의 자유롭고 엄숙한 표현이다).

재하며 정치적 자유를 보장한다. 일반의지는 일반적 대상에 대해서만 결정할 수 있기 때문에, 법률은 결코 이미 구체화된 개별적 사건에 대한 것이 아니다.[14] 법률의 수신인은 "집단으로서 신민"(sujets en corps)이지 결코 개별 인간이 아니다.[15] 일반의지라는 개념이 규범성을 지닌다는 것은 법률 개념에도 적용된다. 법률 개념에는 일반조항과 똑같이 공공복리조항이 내재하고 있다. 법률은 주권자의 그러한 "정당한"(gerecht) 결정일 뿐이다. 이는 루소가 그의 사회 계약에서 내건 모토, Foederis, aequas dicamus leges[16](연합의 정당한 법률이라 부르자)와 일치한다.

루소의 사회계약, 일반의지 그리고 법률이라는 규범적 개념은 적절하지 않은 유추에서 출발하고 있다. 즉, 개별의지는 언제나 개인에게 유용하고 최선의 것을 추구한다고 하는 것과 같이(이는 이미 의문의 여지가 있다), 일반의지도 공공복리를 위하여 마땅히 그러해야 한다는 것이다. 교육자로서의 입법자를 내세운다고 해도[17] 이 문제를 해결할 수는 없다.[18] 그럼에도 불구하고 루소는 20세기 후반부까지 프랑스 입법학에 강하게 영향을 미쳐왔다. 앞서 인용한 1789년의 인권선언규정들에 규정된 것처럼, 실제의 입법자는 20세기 후반까지 인간과 시민의 권리의 진정한 해석자로 남아 있었다.[19] 입법자의 주권을 지나치게 이상적으로만 생각한 태도는 실제의 입법자가 루소의 이론에 따르면 정당하지 못하기 때문에 결코 법률이라고 할 수 없는 법률도 제정할 수 있다는 것을 간과하게 만들었다. 예를 들면 인간과 시민의 권리선언 제5조에 반하는 법률, 즉 사회에 해롭지 않은 것을 금지하는 법률을 제정하는 것이 그에 해당한다. 입법자로서 국민 의회와 국민 의회에 의해 만들어진 정부의 주권이 절대군주의 주권을 대체했을 뿐이다.

---

14) C.S.Ⅱ6.

15) C.S.Ⅱ6.

16) Virgil, Aeneas XI, 321.

17) C.S.Ⅱ7.

18) 이에 대한 비판으로는 *Christian Starck*, Der Gesetzesbegriff des Grundgesetzes, 1970, S. 128ff., 132ff. 참조.

19) 이러한 의미에서는 *Georges Burdeau*, Les Libertés publiques, 4. Aufl. 1972, S. 74ff.; 기본권에 의한 예방적 규범통제에 대해서는 *François Luchaire*, La Protection constitutionnelle des droits et des libertés, 1987, S. 17; *Christian Starck*, Praxis der Verfassungsauslegung Ⅱ, 2006, S. 110ff.

2. 독일과 칸트

독일에서 권리목록은 초기입헌주의적 헌법에서 등장했다. 인권은 보장되지 않았고 바이에른, 바덴, 뷔르템베르크 등에서 시민권(국민의 권리)이 보장되었다. 즉, 재산권과 인신의 자유, 종교 및 신앙의 자유, 출판의 자유, 거주·이전의 자유 그리고 형사소송적 보장이 주어졌다. 법률에 대한 헌법의 우위가 독일과 다른 유럽국가에서는 여전히 인정되고 있지 않았기 때문에 이 권리들은 법률에 의해서 임의로 제한될 수 있었다. 몇몇 헌법들에는 예를 들면 출판의 자유,[20] 영업의 자유[21] 등이 명시적으로 법률유보 되어 있었다. 적어도 집행권이 기본권적 지위를 제약하려고 할 때는 법적 기초를 필요로 했다. 바덴주 헌법(1818) 제65조에 따르면 "주민의 인신의 자유나 재산권에 영향을 미치는 주의 모든 새로운 법률 또는 현존하는 법률의 개정이나 공식적인 해석을 위해서는 양 의회 각각의 절대다수의 동의를 필요로 한다."[22] 당시에는 무엇보다 기본권의 보호를 법률에서 찾았는데, 이 법률은 신분제의회 또는 의회가 동의하는 경우에만 통과될 수 있었다. 19세기의 30년대에 제정된 독일 영토헌법들[vi]은 전부 명시적인 법률유보를 포함하고 있었다.[23] 평등은 1793년 프랑스 헌법 제3조에 따라 법률 앞에 평등(devant la loi)으로 보장되고 있다. 이 법률 앞에 평등은 법률의 개념과 관련하여 일반의지의 자유롭고 엄숙한 표현(1'expression libre et solennelle de la volonté générale, 제4조)으로 간주되어야 한다. 법률은 일반의지,[24] 즉 이성의 표현으로서 효력을 가지고 따라서 실질적 의미에서 일반적으로, 즉 정당하기 때문에, 평등문제는 입법 후에 법률을 적용하는 경우에 비로소 발생한다. 평등은 따라서 합법성을 의미한다.

이상적 방식인 대의적 헌법의 틀 안에서 이성의 표현[25]으로 간주된 법률은,

---

20) §28 württ.Verf. (1819), Teil IV, §11 bayer.Verf. (1818).

21) §28 württ.Verf.

22) Entspr. Teil Ⅶ §2 bayer.Verf. (1818).

23) 1831년의 헤센주선제후 헌법(Kurhessische Verfassung) §§31, 32, 36, 37, 1831년의 작센주 헌법 §§27, 28, 31, 32, 35.

24) *Immanuel Kant*, Metaphysik der Sitten (1797), hrsg. von K. Vorländer, 1922, Rechtslehre §§46ff.

25) Hemmung der Verwirklichung der Bürgerrechte durch Vorbehalte aus der Wiener

평등과 관련하여서만이 아니라 자유권의 경우에도 보호할 자유를 명확히 하는 결정적인 기능을 가지고 있다. 그래서 칼 로테크(Carl v. Rotteck)는 법적 불평등의 근거는 진정한 전체의지(wahrer Gesamtwille)[vii]에 의하여 제시되어야 하고 이성적 근거를 가져야 하는데, 이는 대의적 헌법을 전제로 한다고 기술하고 있다.[26)]

자유와 재산의 제한에 있어서 법률유보는 큰 진전이었다. 신분제의회가, 뒤에는 의회가 모든 법률에 대해 그들의 동의를 필요로 하게 함으로써 입법에 참여했다. 독일 제후국에서는 다른 유럽 국가들과 마찬가지로 평등하고 보편적인 선거권이 보장되지는 않았지만, 법률유보가 시민권의 보장으로 인식되었다.

이에 대해서는 루소의 이론뿐만 아니라 칸트(1724-1804)도 원용할 수 있었다. 칸트는 루소의 정신[27)]에서 다음과 같이 기술했다. "입법권은 인민의 합일된 의지에만 귀속될 수 있다. 왜냐하면 인민으로부터 모든 권리가 나오는 것이므로, 입법권은 자신의 법률을 통하여 결코 불법을 행할 수 없어야하기 때문이다. 누군가 다른 사람에 대해 어떤 것을 처리하려고 하는 경우에 자신이 그에게 그것을 통하여 불법을 행하는 것은 항상 가능하지만, 그러나 자신에 대해 결정할 때에는 결코 부정의를 행할 수 없다(왜냐하면 의지를 가진 자에는 피해자가 포함될 수 없기 때문이다, volenti non fit iniuria). 따라서 각자가 모두에 대해 그리고 모두가 각자에 대해 동일한 내용을 결정하는 경우에만, 모두의 일치되고 합일된 의지만이, 그러니까 결국은 일반적으로 통합된 국민의 의지만이 입법이 될 수 있다." 칸트는 능동적 국민의 법률적 자유는 자신이 동의한 법률 이외에 어떠한 법률에도 복종하지 않는 데 있다고 본다.[28)] 이 말은 물론 칸트가 당시의 일반적 견해에 따라 능동적(=선거권이 있는) 국민과 수동적 국민(단순한 국가구성원으로서의 국민)을 구별하였다는 점을 감안하고 보아야 한다.[viii]

Schlussakte (1820), durch den Wahlzensus, durch Karlsbader Beschlüsse (1819), 요약한 것으로는 *Christian Starck*, Der demokratische Verfassungsstaat, 1995, S. 149ff. 참조.

26) *Carl v. Rotteck*, Art. "Gleichheit", in: Rotteck/Welcker, Staatslexikon, 2. Aufl., Band VI, 1847, S. 44, 47f.

27) *Kant* (주 24), Rechtslehre §46.

28) *Kant* (주 24), §46과 그 이하도 참조.

그는 국가의 3가지 권력을 각각 다른 권력에 대하여 국가 헌법의 완전성을 위한 보충적인 것으로 보고, 여기서 어떤 권력도 다른 권력에 종속되지 않는다고 한다. 입법자의 의지는 외부적인 나의 것과 너의 것과 관련하여 볼 때, 즉 외적인 소유권과 관련하여 볼 때[ix] 완전하고(비대체적, irreprehensibel), 최고명령권자의 집행권한은 반박할 수 없으며(불가항력적, irresistibel), 최고 법관의 판결은 수정할 수 없다(불가변적, inappelabel)고 한다.[29)] 입법자의 완전성이라는 개념에는 루소의 일반의지 사상이 담겨 있다. 신민은 동시에 국민이며, 자신의 고유한 독자적 법률에 따라 처우를 받고, 각자는 스스로에 속하며 그리고 자신의 옆 또는 위에 있는 타인의 절대적 의지에 종속되지 않는다고 한다. 여기서 물론 능동적 시민만이 의회대표를 통하여 대표된다는 점과 능동적 시민 외에 단순한 수동적 시민도 존재한다는 것을 고려하여야 한다.[30)]

중요한 것은 물론 칸트와 루소에 있어서 법률이 자유의 기준(자유가 허용되는 범위와 한계-역자 주)을 결정한다는 점이다. 이는 혁명기와 혁명 이후 프랑스 헌법들에서와 마찬가지로 독일의 제후국 헌법에서도 나타난다.

3. 영국/미국 그리고 존 로크

영국에서는 이미 프랑스나 독일제후국보다 일찍이 자유의 보장수준이 의회의 법률에 의해서 결정되었다. 자유에 대한 선언의 구체적 내용은 의회가 그 결정을 위임하지 않은 경우에는 의회에 의해서 결정되거나 보통법(Common Law)에서 나왔다. 이 의회주권은 뒤에 알버트 다이시(A.V. Dicey)가 다음과 같이 고전적으로 설명하였다.[31)] 즉 의회주권은 바로 영국의 헌법에 따라 그렇게 정의된 의회가 모든 법률을 제정하거나 폐지하는 권한을 가지고 있다는 것, 그리고 영국 법률에 따라

---

29) *Kant* (주 24), §48, 보다 상세한 설명은 §49 특히 A. 이하 참조.

30) 기능공, 하인, 가정교사, 미성년자 그리고 "모든 여성"(*Kant*, aaO, §46).

31) *A. V. Dicey,* An lntroduction to the Study of the Law of the Constitution, 10. Aufl. 1959, S. 39f.: "The principle of Parliamentary sovereignty means neither more nor less than this, that Parliament thus defined has, under the English constitution, the right to make or unmake any law whatever; and, further, that no person or body is recognised by the law of England as having a right to override or set aside the legislation of the Parliament."

어떤 개인이나 단체도 의회의 입법을 무효로 하거나 무시할 권리가 없다는 것을 의미한다.

이는 존 로크(1632-1704)에 의해 이미 이전에 공식화(公式化)되었다. 즉 한 국가에서 인간의 자유는, 사회의 모든 구성원에 대하여 효력이 있고 그 안에 설립된 입법부가 제정한 법률 아래에서 생활하는 것을 의미한다.[32] 그는 덧붙이길, 자유는 가변적이고, 불명확하고, 알려지지 않고, 자의적인 타인의 의지에 복종하지 않는 곳에서 힘을 발휘한다고 했다.[33] 로크에 따르면 자유란 이성에 의해서 인도된 자연법의 지배 아래에서만 가능하다. 시민사회, 즉 국가에서 실정법은 시민적 자유의 영역을 결정한다. 시민적 법률들은 자연적 자유를 제약한다.[34] 이는 법률과 자유의 대립이 아니라 자연 상태의 문명화를 가져온다고 한다. 로크에 있어서 법률에 의한 자유의 결정은 국가수립의 개인주의적 목적에 의해 정의되고(예를 들면 자유와 재산의 보호) 입법 의회를 통하여 보장되는데, 이 의회의 구성원은 의회가 해산되면 다른 모든 사람들과 마찬가지로 일반적 법률의 지배를 받게 된다.[35] 입법기관의 구성원도 그 구성원 자격이 종료된 후에야 법률의 기속을 받는다고 특별히 강조하는 것은 우선은 이상하게 보이지만, 아마도 그것은 그들이 법률의 지배를 받는다는 것을 의미하는 것뿐일 것이다.

자유와 평등을 보장하고 있는 영국식민지 버지니아의 헌법(1776)의 권리장전에서 정부(제3절)와 입법권(제5절)이 언급되어 있고, 제6절에서 선거권을 통하여 대의제도를 보장하고 있다. 국가기관은 공공복리를 위해, 인민의 보호와 안전을 위해 존재한다. 연방의 권리장전으로서 오늘날에도 효력이 있는 1791년 미국 헌법의 수정조항에서는 입법자에 대한 금지를 나타내기 위한 곳에서 법률이 한 번 등장한다. 즉, 의회는 국교를 수립하거나, 자유로운 종교행사를 금지하거나, 언론과 출판의 자유 및 자유롭게 집회하거나 불만사항의 제거를 위하여 정부에 청원할 국민의 권리를 제약하는 법률을 제정해서는 안 된다(수정헌법 제1조). 최초의 10개

---

32) *John Locke*, Second Treatise of Government (=S.T.), §22.

33) S.T., §6.

34) S.T., §129.

35) S.T., §139.

수정조항은 내용상 보통법(Common Law)에 근거하고 특히 형법과 소송법 영역에서 국가의 특정한 행위에 대한 요구사항을 제기하고 있다. 18세기 후반 미국헌법에서도 기본권의 보호, 즉 기본권에 대한 정의(Definition)와 제약이 법률과 보통법에 맡겨졌고, 이는 개별적인 소송에서 법원에 의해 해석되고 적용되었다.

4. 요약

헌법상 기본권 목록의 발생은 기본권을 보장하는 입법에 대한 위임과 관련되었다. 여기에는 무엇을 어느 정도 보호할 것인가에 대한 주권적 정의(Definition)가 포함된다. 따라서 입법은 기본권 보호를 위한 핵심적인 기능을 한다. 독일 군주입헌주의에서 그에 상응하는 공식(Formel)은 시민의 자유와 재산에 대한 제한에 있어서 법률유보였다.[36] 입법은 기본권 주체의 이익과 공공복리를 서로 형량함으로써 기본권을 보호할 수 있는 것으로 간주되었다. 19세기 후반에 그로부터 소위 기본권법률(Grundrechtsgesetze)이라고 하는 것이 나타났다. 이 법률들이 기본권을 정의하고 제약하고 보호하였다. 헌법의 우위라는 사상은 아직 유럽에는 통용되고 있지 않았기 때문에, 입법은 기본권법률을 형성함에 있어서 상대적으로 자유로웠으며, 이는 집행부에 의한 기본권 침해에 대해 소송을 제기할 수 있었던 법원에 대하여 심사기준이 되었다.

II 기본권법률

1871년의 독일 제국헌법에는 기본권을 포함하고 있지 않았다. 따라서 이 헌법은 1852년 이후의 프랑스 헌법 발전과 궤를 같이 한다. 현실 정치적 실용주의, 1848/1849년의 기본권의 운명에 대한 기억 그리고 독일에서 법집행 권한이 있는 주들에 대한 고려들은 제국헌법의 기본권선언에 반대하는 요인들이었다.[37]x 게오

36) *Ernst-Wolfgang Böckenförde*, Gesetz und gesetzgebende Gewalt, 1958, S. 320f.

37) *Ernst-Wolfgang Böckenförde*, Grundrechte im Bismarckschen Reichssystem in: ders., Bewahrungund Wandlung, 1975, S. 133ff.; *Meyer/Anschütz*, Lehrbuch des deutschen Staatsrechts, 7. Aufl. 1919, S. 956-973.

르그 마이어(Georg Meyer)와 게어하르트 안쉬츠(Gerhard Anschütz)가 저술한 독일 국법학입문(Lehrbuchs des deutschen Staatsrechts)의 최종판(1919)에서는 독일 각 주의 헌법에 있는 기본권선언에 관하여 955쪽 이하에 다음과 같이 기술하고 있다. "그러나 그러한 유형의 일반적 선언은 대부분 직접적인 실질적 적용에 적합하지 않고, 오히려 그 실행을 위해서는 특별한 집행 법률을 필요로 하지만 그 집행 법률이 없으면 아무런 가치가 없는 것으로 되어버리는 문제가 있다." 그래서 제국법은 예를 들면 법원조직, 소송법과 형법, 상법, 인쇄출판법 등의 영역과 같이 기본권과 관련 있는 많은 법 영역들을 규율하였다. 전체적으로 18개의 기본권법률이 확인된다.[38] 유사한 기본권법률이 프랑스에도 있었다.[39]

19세기에 독일과 다른 유럽 국가들에서도 헌법의 우위는 여전히 인정되고 있지 않았고 특히 기본권에 적용되지 않았기 때문에, 기본권법률을 기본권의 효력 강화를 위한 수단으로서 환영하였으나, 설령 기본권이 존재했다고 하더라도 이 법률들을 헌법상 기본권을 기준으로 심사한다는 생각에는 이르지 못했다.[40] 프랑스에서 인권선언은 전 세계 입법에 영감을 주는 국가 철학적 문서로서 의미는 가졌지만 그 자체로는 아무런 규범적 효력을 가지지 못했다.[41] 기본권은 영국과 마찬가지로 법률로 규율되었다. 19세기 후반에 실증주의적 법 견해가 만연하면서 로테크(v. Rotteck)가 1847년 국가학사전 제2판에서 주장하였던 전국가적인 자유와 자유권의 관념은 사라졌다.[42] 영국에서는 의회(King in Parliament: 왕과 의회의 협

38) *E.-R. Huber* (주 37), S. 138f.; *Klaus Stern*, Staatsrecht V, 2000, S. 362f.

39) 예를 들면 Loi relative aux Associations syndicales (1865), loi sur les Réunions publiques (1881), loi concernant l'exercice public des cultes (1907).

40) 그렇게 분명하게는 *Ludwig v. Rönne*, Das Staatsrecht der Preußischen Monarchie Bd. 2, 1882, S. 37.

41) *Emile Boutmy*, Die Erklärung der Menschen- und Bürgerrechte und Georg Jellinek (1902), in: Schnur (Hrsg.), Zur Geschichte der Erklärung der Menschenrechte, 1964, S. 88f.

42) *Karl v. Rotteck*, Staatslexikon, 2. Aufl. 1847, Band V, S. 184: "법적 기관(Rechtsanstalt)으로서 국가는 이러한 특징에서 볼 때 그 구성원의 자유를, 인간 활동의 모든 영역에서 이미 전적으로 개인인 구성원에게 귀속되는 권리로서 인정하고 보호하여야 하며 그리고 '자유'라는 장(Titel) 아래서 그들에게 동일한 것을 부여할 필요는 없거나, 더구나 동일한 것의 단편만을 구성원들에게 부여할 필요는 없다...."

력[xi])라는 "전능한" 국가권력이 유일한 권리의 원천이 되었고 그것은 자유권도 마찬가지였다. 행정재판은 법률상 규정된 기본권에 대하여 집행권의 제한으로부터 주목할 만한 보호를 하였다. 이는 프랑스의 국사원(Conseil d'Etat)에서도 마찬가지였다. 기본권의 효력은 특별법을 통해 행정재판소의 보호를 받는 행정법과 일반법원의 보호를 받는 형사소송법으로 완전히 이전하였다.[xii] (그러나) 기본권법률들은 입법에 의한 기본권 침해, 예를 들면 특히 프로이센, 헤센 그리고 바덴에서 사회주의법률과 문화투쟁법률[xiii]에 대해서는 무력함을 드러냈다.[43)]

20세기 초에 게어하르트 안쉬츠(Gerhard Anschütz)는 프로이센 헌법에 대한 주석서에서 기본권 발전의 상태를 다음과 같이 정리했다.[44)] 그는 기본권을 한편으로 오로지 입법자에게 적용되는 것으로 분류했다. 이러한 것들은 결코 주관적 권리를 발생시키지 않는데, "왜냐하면 입법자인 국가에 대한 개인의 청구권은 적극적 입법행위에 대한 것이든 입법행위의 중지 또는 철회에 대한 것이든, 우리의 법적 관점에 따르면, 불가능한 것에 속하기 때문이다." 여기서 프랑스와 영국에서 동일하게 효력이 있는 입법의 우월적 지위가 명확해지고, 이것이 기본권의 효력, 내용 그리고 범위를 결정하게 된다. 따라서 안쉬츠에 있어서도 헌법상 기본권은 이미 존재하는 법률이 아니고 "오히려 앞으로 만들어질 법률에 대한 지침"이 될 뿐이라고 일관되게 주장된다. 두 번째 범주의 기본권 규정들은 적용은 되지만 시민의 어떠한 청구권의 근거도 되지 못하는 순전히 객관적인 법질서만 포함하고 있는 것들이다. 주관적 권리들은 언제나 법률에서 비로소 나온다고 하였다. 안쉬츠는 법률상 보호되는 프로이센인의 자유는 헌법이 보호하고 있다는 것보다 훨씬 멀리 미치고 있다는 점을 정확하게 지적하고 있다. 예를 들면 직업의 자유, 계약체결의 자유, 결혼의 자유, 경업의 자유, 공적인 도로와 하천의 공동사용의 자유 등이다. 행정의 합법성원칙에 의해서 이와 같은 법률로 부여된 자유가 보장되었다.[xiv]

기본권법률의 시대는 19세기 초반에 나타났던 바와 같은 인권의 고양이라고 하는 것은 없었다. 자연법적 인권에서 실정법적인 형식적 합법성원칙으로 가

43) *E.-R. Huber* (주 37), S. 145f.

44) *Gerhard Anschütz*, Die Verfassungs-Urkunde für den Preußischen Staat vom 31.01.1850, Bd. 1, 1912, S. 94ff. 및 그 이하 참조. 비슷하게는 *Hermann Schulze*, Das Preußische Staatsrecht, 2. Aufl., 1888, Band I, S. 369.

는 길은 진보로 볼 수 있다. 특히 행정재판, 그 중에서도 특히 프로이센 고등행정재판소에 의해서 보장된 행정에 대한 개별적 권리들의 효과적인 보호라는 점에서 진보로 여겨질 수 있다.[45]

바이마르 헌법이 시행된 짧은 기간은 기본의무와 더불어 헌법상 광범위한 기본권 목록에도 불구하고 본질적인 변화를 가져오지 못했다. 왜냐하면 헌법의 우위, 즉 직접적으로 적용되는 권리로서 기본권에 입법자를 기속시키는 것은 실제로는 부인되었고 설령 그러한 기속을 받아들였다 하더라도[46] 사법적 규범통제가 결여되어 실행될 수 없었기 때문이다.

Ⅲ 헌법의 우위의 근거와 보장

헌법의 우위는 중세까지 소급하는 역사를 가지고 있으며, 특히 근세 초기에 leges fundamentales(기본법)에서 그 초기 형태를 찾아 볼 수 있다.[47] 이는 통치 계약으로서 군주의 일반 법률보다 상위에 있었다. 그러나 1776년의 미국 독립선언과 1787년의 연방 헌법의 전문에 이르러 비로소 "우리 미국 인민은 ... 아메리카 합중국의 헌법을 제정하고 확정한다."라고 하는 헌법의 우위를 위한 정치적 기초를 만들어냈다. 전문의 이 문언에 따라 국민은 주권자로서 헌법을 통하여 국가권력을 창설하고 제한하며 그것을 조직하고 권한을 부여하며, 국가권력이 행사되는 절차를 결정한다.[48] 헌법에 의하여 만들어진 국가권력은 헌법에 기속된다. 국가권력의 하나로서 입법도 그로부터 예외가 아니다. 이는 의회 주권 때문에 제한된 입

---

45) 상세히는 *v. Rönne* (주 40), S. 38-211; *Ulrich Scheuner*, Die rechtliche Tragweite der Grundrechte in der deutschen Verfassungsentwicklung des 19. Jahrhunderts, in: Festschrift für Ernst-Rudolf Huber, 1973, S. 139, 159-165.

46) 이는 일부 저자들이 주장하였다. 예를 들면 *Carl Schmitt*, HbDStR Ⅱ (1932), §101, S. 580: 시민적 법치국가의 "임무와 과제는 특정한 종류의 새로운 기본권들을 부여하는 데에 있는 것이 아니고 오히려 존재하는 기본권을 보장하고 확보하고 유지하는 데에 있다."

47) 더 풍부한 자료가 있는 개별적인 것으로는 *Starck* (주 25), S. 34ff.

48) *Georges Burdeau*, Traité de science politique, tome Ⅳ, 3. Auflage, 1984, S. 49; *Raymond Carré le Malberg*, Contrivution à la théorie générale de l'Etat, 1920, Bd. Ⅰ, S. 232.

법의 원칙이 알려져 있지 않았던 영국에서 주의 깊게 기록되었다.[49)]

헌법에 의한 입법의 제한은 미국 헌법 수정 제1조(1791)에 분명하게 표현되어 있다. 그에 따르면 의회는 국교의 도입을 대상으로 하거나 자유로운 종교행사를 금지하거나 언론과 출판의 자유 또는 평화롭게 집회할 국민의 권리를 제한하고 불만사항의 제거를 위하여 정부에 청원할 국민의 권리를 제약하는 법률을 제정할 수 없다. 따라서 기본권은 입법의 한계가 되어 입법은 다른 국가기관과 같이 헌법에 규정된 조직법, 권한법 그리고 절차법에 기속되게 되었다.[50)] 권력분립과 인권의 보장은 프랑스 인간과 시민의 권리선언 제16조에서 헌법의 필요 불가결한 조건(condiciones sine quibus non)으로서 선언되었다. 헌법의 우위가 미국의 건국상황에서 고려되었을 당시, 그것이 현실적으로 보장될 수 있는 도구가 필요했다. 알렉산더 해밀턴(Alexander Hamilton)은 1788년 연방주의자논고에서 헌법제정과 관련하여 - 헌법의 우위에서 출발하여 - 그 보장에 대하여 다음과 같이 기술하였다(제78번). 즉, 법원의 고유한 임무는 법률의 해석에 있다. 헌법은 본질적으로 하나의 기본법(fundamental law)이고 그렇게 법관에 의해 해석되어야 한다. 따라서 입법부가 제정한 모든 법률의 의미를 탐색하여야 하는 것과 마찬가지로 기본법의 의미를 탐색하는 것도 법관의 의무다. 기본법과 법률 간에 불일치하는 모순이 나타난다면 보다 상위의 기속력과 효력이 있는 법률이 우선하여야 한다. 다른 말로 하면 다음과 같다. 즉, 헌법은 제정된 법률보다 우위에 있어야 하고 국민의 의도가 그 대리인의 의도보다 우선하여야 한다는 것이다. 불과 몇 년 뒤 엠마누엘 드 시에예스(Emmanuel de Sieyès)는 헌법의 사법적 보장에 대하여 아이디어를 고안해내었고 국민의회를 위해 쓴 어떤 글에서 헌법배심원(Jury constitutionnaire)이라는 것을 제안하면서 다음과 같이 기술하였다.[51)] "헌법은 구속력 있는 법률의 통합체가 아니

49) *John W. Gough*, Fundamental Law in English Constitutional History, 1955, S. 3.

50) *Klaus Stern*, Grundideen europäisch-amerikanischer Verfassungsstaatlichkeit, 1984, S. 15f.

51) *Emmanuel de Sieyès*, Opinion sur les attributions et l'organisation du jury constitutionnaire proposée le 2 thermidor, prononcée à la Convention Nationale le 18 du méme mois, l'an 3 de la République (1795), imprimée par l'ordre de la Convention Nationale, Paris, S. 3, 20.

라면 그것은 아무것도 아니다. 헌법이 법률의 통합체라면, 감시자는 어디에 있으며 이러한 법전을 담당하는 사법부는 어디에 있는가를 묻게 된다. 이에 대한 답을 찾을 수 있어야 한다. 이러한 종류의 누락은 시민적 질서에서는 이해할 수 없을 뿐만 아니라 어처구니없는 것이다. 정치생활에서 왜 그것이 용납되는가? 어떤 법률이든 그것을 무시할 가능성을 내포하고 있기 때문에 헌법의 준수를 확보할 필요가 있다."[52]

위에서 설명한 바와 같이 비판할 수 없는 일반의지를 표현하고 있는 주권적 입법자에 의해 통치되었기 때문에, 프랑스에서는 그러한 생각은 현실로 구현되지 않았던 반면,[53] 해밀턴의 말은 이미 1803년에 마버리 대 매디슨(Marbury v. Madison) 판결에서 미국 대법원에 의해 수용되어 실제에 구현되었다.[54] 마샬(Marshall) 대법원장의 논증은 법률 위에 있는 헌법의 우월적 지위에서 출발하고 있다. 그를 위해서 그는 유럽의 이전 모델을 원용할 수 있었다. 근대 초기 이래로 우월적 법으로서 하위의 법의 효력을 결정하는 기본법(leges fundamentales)이 존재했다. 무엇이 헌법인가라는 것을 놀랍게도 해밀턴과 시에예스가 동일하게 군주를 기속하는 법을 의미하는 기본법을 인용하면서 설명하였다.[55] 이러한 기초 위에서

---

52) 이 의견서는 구하기 어렵기 때문에 전술한 각주에 인용한 의회발간문서에 있는 원문을 부기한다: "Une constitution est un corps de lois obligatoires ou ce n'est rien; si c'est un corps de lois, on se demande où sera le gardien, où sera la magistrature de ce code. Il faut pouvoir répondre. Un oubli de ce genre serait inconcevable entant que ridicule dans l'ordre civil: pourquoi le souffririez-vous dans l'ordre politique? Des lois, quelles qu'elles soient, supposent la possibilité de leur infraction avec un besoin réel de les faire observer."

53) *Burdeau* (주 48), S. 379f.는 헌법배심원(Jury constitutionnaire)의 통제능력에 의문을 제기하고 있다; 또한 *Gehard Robbers*, Emmanuel Joseph Sieyès - Die ldee der Verfassungsgerichtsbarkeit in der Französischen Revolution, in: Festschrift für Wolfgang Zeidler, 1987, S. 247, 250ff.도 참조.

54) *Stern* (주 50), S. 30f. m.w.N.

55) *Sieyès*, Qu'est ce que le Tiers Etat? (1789), édition critique par R. Zapperi, Genf 1970, S. 180f.는 헌법(lois constitutionnelles)을 기본법(lois fondamentales)으로 설명하고 있다; *Hamilton*, The Federalist Nr. 78: "헌법은 사실상 기본법이고 그리고 법관들은 헌법을 기본법으로 취급하여야 한다."(A constitution is in fact, and must be, regarded by the judges as a fundamental law. It therefore: 원문 첨가는 역자 주)

마샬은 헌법이 그에 모순되는 모든 입법적 행위에 영향을 미치거나 또는 입법이 모든 통상적 행위를 통하여 헌법을 개정할 수 있다는 선택지[56]를 만들고 있다. 이 선택지에는 중간이 없다. 첫 번째 선택지가 맞는 경우에는 헌법과 모순되는 입법부의 행위는 법률일 수 없다. 두 번째 선택지가 맞는 경우에는 성문헌법은 무제한적인 권력을 제한하려는 국민의 불합리한 시도가 될 뿐이다.

헌법이 입법을 포함한 모든 국가권력의 기초라고 생각하는 사람은 국가권력에 대한 사법적 통제가 필요하다고 생각한다. 여기에 당시의 영국과 큰 차이가 있는데, 거기서는 의회주권이 최고의 헌법원칙(King in Parliament)이었다. 물론 미국에서는 헌법에서도 절차법에서도 법률에 대한 사법적 통제는 규정되어 있지 않았다. 대법원은 의회 및 대통령과 함께 3개의 최고 국가기관이었고, 이는 헌법에 규정된 권한을 가진 권력분립이념의 구체적 표현이었다. 헌법은 제1조에서 제3조까지 각 조에서 의회, 대통령 그리고 대법원의 지위를 대등하게 규정하고 있다. 앞서 언급한 1803년의 판결은 그 이후에 무엇보다 연방과 주의 분쟁에서 권한다툼을 해결하기 위한 재판에 필요하다는 이유로 수용되었다.[57] 그러나 헌법에는 권한만 규정되어 있는 것이 아니라 수정조항에는 기본권과 인권도 규정되어 있다. 이는 특히 Congress shall make no law respecting …, prohibiting …, abridging … (의회는 …를 정하고, …를 금지하고, …를 침해하는 법률을 제정할 수 없다)이라고 규정하고 있는 수정 제1조에 명확히 표현되어 있듯이, 헌법의 우위의 일부로서 입법에 대한 기준이 되었다.

유럽에서는 헌법의 우위를 인정할 만한 헌법적 조건들이 위에서 설명한 바와 같이 좋지 않았다. 영국에서는 의회주권에 머물러 있었다. 프랑스에서는 사법권은 약하게 형성되어 있었고 극복된 군주 절대주의가 일반의지를 구현하고 있는 입법권 절대주의로 대체되었다. 독일에서는 개별 제후국 헌법이 제정되거나 합의되었는데, 이 헌법이 입법 과정에서 자유를 보장하는 기관으로 이해된 국민대표를 통하여 왕의 시원적 통치권을 제약했다. 정치적으로 보면 헌법들은 군주와 시민계급 간의 타협이었다. 그들 간의 투쟁은 법관이 결정할 수 없었다.

56) Marbury v. Madison, 2 Law Ed. U.S. 60, 73 (1803).

57) Z.B. Mcculloch v. Maryland et al., 4 Law Ed. U.S. 579, 601 (1819).

독일 국법학에서는 이러한 견해가 지배적이었다. 그것은 특히 로버트 폰 몰(Robert v. Mohl)의 저서 "북미합중국연방법"(Das Bundesstaatsrecht der Vereinigten Staaten von Nordamerika, 1824)에 명확히 표현되어 있다. 몰은 국민주권에 근거하는 헌법과 군주국에서 제정되거나 합의된 헌법을 구별하였다. 이러한 소위 대의제적 세습군주국에서 군주와 국민대표는 함께 주권자이고 어떠한 통제에도 복종하지 않는다고 하였다. 국민대표가 법률의 합헌성을 수호하고, 법관은 법률에 기속되기 때문에 법관이 법률을 심사하는 것은 적절하지 않다고 보았다. 그러나 수년 뒤 몰은 헌법의 우위를 강조하였는데, 이 헌법의 우위로부터 법률의 합헌성을 심사하는 법관의 권한이 나온다고 했다.[58] 1863년에 독일 법률가대회는 몇몇 연사들이 주장한 법원에 의한 규범통제를 다루었다. 다수의 견해는 그에 반대했고 형식적 심사권에 대해서만 동의했다.[59] 비스마르크는 왕과 주 의회 간의 권력배분을 사법적 판단에 따르게 하는 것을 강하게 반대했고,[60] 이로써 군주제적 입헌주의의 핵심적 문제를 건드렸다. 파울 라반트(Paul Laband)[61]가 그를 따랐다. 그에 반하여 게오르그 옐리네크(Georg Jellinek)는 오스트리아에 헌법법원을 설치할 것을 제안하였다.[62] 그러나 헌법의 실제 운용에서는 아무런 일도 일어나지 않았다. 20세기 전반에도 입헌주의에는 아무런 실질적 진보도 발생하지 않았다. 헌법은 오히려 실존주의적 방식으로 정치적이고 유연하게 이해되었다. 헌법에는 대체로 사법적 보장이 결여되어 있었다. 이 목적을 위해 오스트리아와 같이 헌법재판소가 설치된 곳에서도 헌법재판소의 실효성이 크지 않았다. 이는 특히 법률에 대한 기본권 보호와 관련하여 그러하다. 입법은 기본권을 제약할 권한이 있는 것으로 여겨졌다. 이는 허용되는 기본권 제한과 금지되는 기본권 침해를 구별하기 위해 활용할 수 있는 아무런 논증도구도 없이, 단지 헌법상의 법률유보를 근거로 할 뿐이었다.

---

58) *Robert v. Mohl*, Staatsrecht, Völkerrecht und Politik, Bd. Ⅰ, 1860, S. 66, 81ff.

59) *Scbeuner* (주 45), S. 156.

60) *Klaus Stern*, Das Staatsrecht der Bundesrepublik Deutschland, Bd.11, 1980, S. 972 에서 인용.

61) *Paul Laband*, Das Staatsrecht des Deutschen Reiches, Bd. Ⅱ, 1878, S. 43ff.

62) *Georg Jellinek*, Ein Verfassungsgerichtshof für Österreich, 1885.

독일제국 국사법원(Staatsgerichtshof für das Deutsche Reich,[xv] 바이마르 헌법[xvi] 제108조,[xvii] 제172조[xviii])은 기본권을 기준으로 하는 규범통제 권한이 없었다.[63)] 이는 당시에 존속하던 주헌법재판소들의 경우도 마찬가지였다.[64)] 제국법원[xix]은 1925년에 재산권 보호와 관련하여 헌법의 우위를 실현하기 위한 시도를 하였다. 제국법원은 규범통제를 위하여 다음과 같이 논증하였다. 즉, 제국헌법은 제국법률의 상위에 있다. 헌법에는 제국법률의 합헌성에 대한 판단을 법원에서 제외한다는 아무런 규정도 없다.[65)] 이 선언은 독일에서도 120년 전에 미국에서 마버리 대 매디슨 판결이 촉발한 발전의 출발점이 될 수 있었다. 그러나 1933년 1월[xx] 이래 독일의 상황은 그러한 발전을 불가능하게 만들어 버렸다.

Ⅳ 기본권의 주권

기본권과 법률이라는 주제에 대한 그동안의 이야기는 1949년에 기본법의 발효 및 1951년의 연방헌법재판소의 설치와 함께 끝난다. 입법의 직접적인 기본권 기속(기본법 제1조 제3항)과 연방헌법재판소에 의한 규범통제(기본법 제93조 제1항 제2호,[xxi] 제100조 제1항[xxii])는 기본권 제한의 형식적 한계를 심사할 뿐만 아니라, 비례성원칙이라는 도구를 활용하여 법률에 의한 기본권 제한의 실질적인 요건도 헌법재판의 통제 하에 둘 수 있게 되었다.[66)] 이러한 역사와 함께 지난 세기의 70년대와 90년대 이래로 유럽뿐만 아니라 다른 많은 국가로 그것이 확산된 데 대해서 여기서 간단히 설명한다.

나치의 독재와 제2차 세계대전의 종결 이후에 기본법을 제정할 때 새로운 개념의 기본권 보장이 실현되었다. 이는 불가침하고 불가양인 인권에 대하여 모든

---

63) *Ernst Friesenhahn*, Die Staatsgerichtsbarkeit, in: HbDStR Ⅱ, 1932, S. 523, 529f.; *Stern* (주 39), S. 649ff.

64) *Friesenhahn* (주 63), S. 531f.

65) RGZ 111, 320, 323.

66) 선구적 판결로는 1958년의 약국판결(Apothekenurteil) BVerfGE 7, 377, 378 (Leitsatz 6), 407 참조.

인간 공동체와 세계의 평화와 정의의 기초로서 독일 국민이 인정한다는 표현(기본법 제1조 제2항)에서 그리고 이하의 기본권은 직접적으로 적용되는 권리로서 입법, 집행 그리고 사법을 기속한다고 하는 표현(기본법 제1조 제3항)에서 찾을 수 있다.

기본권의 규정 방식과 관련하여 헌법제정회의에서 제시한 헤르만 폰 망골트(Hermann v. Mangoldt)[67] 의원의 서면보고서는 다음과 같이 기술하고 있다.[68] "위원회는 9월 21일 회의에서 기본권도 바이마르처럼 폭넓고 법적으로 불확정적인 형태로 받아들이지 않고 오히려 그것을 보다 강화하여 구체화하려고 시도했다. 부분적으로는 입법 프로그램만을 제시하거나 이행을 위해서는 구체적 규정을 필요로 하거나, 또는 자유권만이 아니라 바이마르 헌법의 제2부에서 존재했던 것처럼 특정 제도나 법제도의 존속도 보장하는 문장들을 혼합하는 것은 법적으로 현저한 난관에 봉착했다. 이 난관은 가능한 한 피해야 했다. 이러한 의도는 기본법 제1조 제3항이 표현한 것과 같이 기본권을 입법[69]뿐만 아니라 행정과 사법, 그리고 심지어 연방뿐만 아니라 주에서도 같은 방식으로 기속하는 **직접적으로 적용되는 법**(원문에서도 강조되어 있음)으로 볼 수 있도록 그렇게 조문화한 데서 나타났다."[70] 제6조와 제7조에 대해서는 망골트는 위의 서면보고에서 예외를 두었다. 그리고 그는 다음과 같이 강조하고 있다. "기본권의 역사는 동시에 인간 자유의 역사다. 초기 기본권 목록에 대한 의존은 불가피했지만, 개인의 국가에 대한 관계는 여기서는 시대적 제약을 반영하여 고유한 방식으로 규정되었다. 가까운 과거에 인간 자유의 억압에 대한 매우 의식적인 대응에도 불구하고, 모든 개인의 사회적 통합의 필요성에 대한 생각이 각 개별 규정을 조문화할 때 결정적인 영향을 미쳤다."

---

67) *Hermann v. Mangoldt*는 1934년에 자신의 교수자격논문 "미합중국의 실정헌법과 법적 안정성"(Geschriebene Verfassung und Rechtssicherheit in den Vereinigten Staaten von Amerika)을 발간하였다. 이에 대해서는 *Christian Starck*, Hermann von Mangoldt (1895-1953). Mitglied des Parlamentarischen Rates und Kommentator des Grundgesetzes, in: AöR 121 (1996), S. 438ff.를 참조.

68) Anlage zum Stenographischen Bericht der 9. Sitzung des Parlamentarischen Rates am 6. Mai 1949, Schriftlicher Bericht zum Entwurf des Grundgesetzes für die Bundesrepublik Deutschland (Drucksachen Nr. 850, 854), S. 5f.

69) 위 보고서 S. 7에서는 그 점에서 망골트는 바이마르 헌법의 명확한 "발전"이라고 밝히고 있다.

70) 이에 대해서는 *Hermann v. Mangoldt*, Das Bonner Grundgesetz, 153, S. 25ff. 참조.

바이마르공화국 헌법의 기본권에 비하여 볼 때, 기본법의 기본권들은 법률에 대하여 명시적으로 명령되고 그 효력이 전반적으로 의문의 여지가 없다. 그것은 바로 공권력의 조치에 대한 사법적 권리 보호를 기본권적으로 보장하는 것(기본법 제19조 제4항[xxiii]) 그리고 처음에는 법률적 보장이었지만 1969년부터는 헌법적으로 보장된 헌법소원(기본법 제93조 제1항 제4a호[xxiv]) 그리고 기본권이 입법자에 대해서도 효력을 전개할 수 있도록 보장한 기타의 헌법적 규범통제절차(기본법 제93조 제1항 제2호, 제100조 제1항) 등이다. 또한 기본법의 기본권은 소극적 지위만을 보호하므로 방어권을 의미하고 결코 해결이 쉽지 않은 약속을 포함하지 않는다는 것도 그에 속한다. 오늘날 독일에 존재하는 자유의 수준은 헌법재판 없이는 도달할 수 없었을 것이다.[71)] 이는 특히 매우 명확한 기본권 제한 개념을 발전시켰고, 그에 따라 모든 기본권 제한은 헌법의 위상을 가지는 법익의 보호에 적합하고 필요하며 좁은 의미에서 비례적이어야 한다.[72)] 따라서 개별 기본권에 대한 법률유보는 관련 기본권의 본질적 내용만이 침해되지 않으면 입법자가 임의로 기본권을 제한할 수 있게 한 이전의 지배적 견해는 극복되었다. 기본법 제19조 제2항[xxv]에서 기본권의 본질적 내용이 보장되어 있기 때문에, 1984년까지 오스트리아에서 그랬던 것과 같이, 개별적 기본권 보장을 그에 한정하려는 유혹이 컸다. 오스트리아 헌법법원[73)]은 법률이 기본권의 본질을 침해하거나 기본권의 본질이 공동화되거나, 기본권의 효력이 기본권의 폐지와 같은 정도에 이르는 경우에만 기본권에 위배되는 것으로 보았다. 비슷한 발전이 이탈리아에서도 관찰될 수 있다.[74)]

1985년 이래로 오스트리아와 이탈리아 헌법법원은 기본권 사건에서 비례성 원칙에 의존해 왔다.[75)] 유럽인권재판소도 기본권 제한에 관한 연방헌법재판소의

---

71) 그렇게 적절하게는 *Klaus Stern*, Das Staatsrecht der Bundesrepublik Deutschland, Band Ⅲ1, 1988, S. 1292ff. mit umfangreichen Nachweisen S. 1294 Anm. 187.

72) *v. Mangoldt/Klein/Starck*, Kommentar zum Grundgesetz, Band Ⅰ, 6. Aufl. 2010, Art. 1 Rdnr. 262ff. 참조.

73) VfGSlg. 8991/1980.

74) *Heinz Schäffer*, Die Entwicklung der Grundrechte und ihrer Interpretation durch die Verfassungsgerichtshöfe in Österreich und Italien, in: Starck (Hrsg.), Fortschritte der Verfassungsgerichtsbarkeit in der Welt Ⅱ, 2006, S. 121ff.

75) *Karl Korrinek*, Grundrechte und Verfassungsgerichtsbarkeit. 2000, S. 48ff.; *Paolo Barile*, in: AA. VV., Il principio di ragionevolezza nella giurisprudenza della Corte

판결을 수용하였다.[76] 비례성원칙은 기본권 제한에 대한 심사기준으로 스페인[77]에서도 그리고 제 기능을 발휘하는 헌법재판이 존재하는 경우에는 중부 및 동부 유럽 국가들에서도[78] 적용되고 있고 최근의 몇몇 헌법들에서는 명시적으로 규정되었다.[79] 전반적으로 헌법재판을 가진 국가에서 입법을 기본권에 기속시키는 것은 비례성원칙이라는 도구를 이용하여 실현될 수 있음을 확인할 수 있다. 그러나 이 경우 입법자에게는 여전히 충분한 형성의 자유가 있다.[80]

기본권과 법률이라는 주제는 기본권적 자유를 실현하기 위해 필요한 법률적 절차, 법 형식 그리고 조직도 포함한다.[81] 예를 들면 계약법, 물권법, 가족법, 결사 및 회사법 등이다. 나아가서 입법자는 실질적 기본권의 전제조건을 확보하는 급부법률도 제정한다.[82] 입법자가 헌법상 급부법률을 제정할 의무를 부담하는지 여부의 문제에 대한 답과는 별개로 그러한 급부법률은 기본권 특히 평등원칙과 밀접한 관련성이 있다.[83] 또한 입법자는 예를 들면 국가가 특히 교육위임을 이행하

---

costituzionale, 1994, S. 21ff.

76) *Joachim Abr. Frowein*, in: in: Frowein/Peukert, EMRK-Kommentar, 3. Aufl. 2009, S. 286.

77) STC (= Sentencias del Tribunal Constitucional) 66/1995, 55/1996, 270/1996; *Markus González Beifuß*, El principio de proporcionalidad en la jurisprudencia del Tribunal Constitucional, 2003.

78) *Andreas Zimmermann*, Bürgerliche und politische Rechte in der Verfassungsrechtsprechung mittel- und osteuropäischer Staaten unter besonderer Berücksichtigung der Einflüsse deutscher Verfassungsgerichtsbarkeit, in: Frowein/Marauhn (Hrsg.), Grundfragen der Verfassungsgerichtsbarkeit in Mittel- und Osteuropa, 1998, S. 89, 92.

79) 예컨대 스위스 헌법 제36조 제3항, 유럽연합기본권헌장 제52조 제1항 참조.

80) *v. Mangoldt/Klein/Starck* (주 72), Art. 1 Rdnr. 279; *Friederike Valerie Lange*, Grundrechtsbindung des Gesetzgebers, 2010, S. 218ff. m.w.N.

81) *Matthias Jestaedt*, Grundrechtsentfaltung im Gesetz, 1999, S. 108ff.; *Matthias Cornils*, Die Ausgestaltung der Grundrechte, 2005.

82) *Christian Starck*, Staatliche Organisation und staatliche Finanzierung als Hilfen zu Grundrechtsverwirklichungen, in: ders. (Hrsg.), Bundesverfassungsgericht und Grundgesetz, Band II, 1976, S. 480ff.; 최근 것으로는 BVerfGE 125, 175, 223, 226.

83) *Christian Starck*, Der demokratische Verfassungsstaat, 1995, S. 267ff.; *ders.*, Soziale Rechte in Verträgen, Verfassungen und Gesetzen, in: Gedächtnisschrift

는 학교관계와 같이 기본권 관련적 급부관계를 설정하기도 한다.

기본권과 법률이라는 주제는 기본권 보호의무라는 새로운 제도도 포함한다.[84] 기본권의 객관적-법적 차원으로부터 연방헌법재판소는 국가의 보호의무를 도출하였는데, 입법자는 주로 민법과 형법을 통하여 이 보호의무를 이행해왔다. 특히 이는 제3자의 침해에 대하여 시민의 재산과 기타 법익을 보호할 국가의 고전적 의무에 관한 문제다.[85] 이러한 의미에서 이미 칸트는 일방의 자유와 타방의 자유의 조화라는 원칙 하에서 사법(Privatrecht)을 고찰했다.[86] 프로이센 일반국법(1794)은 "다른 사람의 권리를 해치지 않고 자신의 복리를 추구하고 촉진할 수 있는" 자연적 자유를 보호했다.[87] 헌법의 문언에 따르면 시민에게는 그러한 국가의 보호의무와 대응하는 어떤 보호권도 존재하지 않지만,[88] 연방헌법재판소는 헌법을 계속적으로 형성하는 과정에서 객관법적인 국가의 보호임무로부터 시민의 주관적 보호권이라는 기본권을 도출하였다.[89] 이러한 새로운 시도는 기본권이 특정한 법적 지위에 대한 연결점인 한, 기본권은 이행청구권으로서도 효력을 발생하여야 한다는 생각을 근거로 하고 있다.[90] 유럽인권재판소도 인권으로부터 보호의무를 발전시켰다.[91] 특히 보호의 "방법"과 요구되는 정도에 대한 청구권은 권력분

---

für Peter J. Tettinger, 2007, 761, 770ff.

84) *Klaus Stern*, Die Schutzpflichtenfunktion der Grundrechte: Eine juristische Entdeckung, in DÖV 2010, S. 241ff.; *Lange* (주 80), S. 397ff. m.w.N.

85) 이것은 프랑스 인간과 시민의 권리선언 제2조의 안전(sûreté)이 의미하는 것이다; *v. Rönne* (주 40), S. 38.

86) *Kant* (주 24), §§ 5, 10, 18.

87) § 83 Einleitung PrALR.

88) 예외로는 기본법 제1조 제1항과 제6조 제1항이다. 여기서는 보호가 명시적으로 언급되고 있다; 제6조 제4항에는 심지어 보호청구권(Anspruch auf Schutz)이라고 규정되어 있다.

89) BVerfGE 49, 89, 141; 53, 30, 57; 77, 170, 214; 79, 174, 201f.; 96, 56, 64; *Christian Starck*, Praxis der Verfassungsauslegung, 1994, S. 57-62; *ders.* (주 72), Art. 1 Rdnr. 196.

90) *Peter Unruh*, Zur Dogmatik der grundrechtlichen Schutzpflichten, 1996, S. 64f.; 판례는 *Stern* (주 71), S. 978가 확인하고 있다; *Hans H. Klein*, Die grundrechtliche Schutzpflicht, DVBl. 1994, S. 489ff.

91) *Rengeling/Szczekalla*, Grundrechte in der Europäischen Union, 2004, S. 222ff.;

립적 헌법제도에 영향을 미쳤다.[92] 왜냐하면 보호청구권은 국가의 급부를 필요로 하는데 이 국가의 급부는 직접적으로 기본권으로부터 나오는 게 아니고 오히려 입법을 전제로 하고 있기 때문이다.[93]

기본권과 법률이라는 주제에 대한 이러한 다양한 내용들은 기본권을 기준으로 한 법률의 통제에 새로운 차원을 열고 있다. 국가의 개입의 제한에 대한 고전적인 사례형태에서는 과잉금지가 적용된다면, 보호권은 충분한 보호를 요구하기 때문에 과소보호금지 문제를 제기한다. 그래서 입법자는 예를 들면 인격권의 보호를 위해 출판의 자유를 제약하는 경우에 과잉금지와 과소금지 사이의 난관에 봉착할 수 있다.[94] 바로 방어권과 보호의무의 균형의 문제다. 이것이 완전히 특정되고 헌법상 유일하게 허용되는 해결책을 목표로 하는 것은 아니다. 제한의 상한과 보호의 하한 사이에 입법의 형성여지가 있다.[95] 따라서 기본권적 조건의 범위 내에서 사회생활을 형성하고 특별한 자유와 안전을 시대적 상황에 따라 보장하는 것은 입법자의 포기할 수 없는 기능으로서 여전히 남게 된다.

Heike Krieger, Funktion von Grund- und Menschenrechten, in: Grote/Marauhn (Hrsg.), EMRK/GG, 2006, S. 278ff.

92) *Starck* (주 89), S. 46, 64ff.; *Werner Heun*, Funktionell-rechtliche Schranken der Verfassungsgerichtsbarkeit, 1992, S. 68ff.

93) *Josef Isensee*, Grundrechte als Abwehrrechte und als staatliche Schutzpflichten, in: HStR V (1992), §111, Rdnr. 151ff.

94) *Karl-E. Hain*, Der Gesetzgeber in der Klemme zwischen Übermaß- und Untermaßverbot, in: DVBl. 1993, S. 982ff.

95) BVerfGE 79, 174, 202.

역자 주

i 프랑스 인권선언 제7조부터 제9조는 다음과 같다.

제7조 법으로 규정된 경우를 제외하고는 또한 법이 규정한 절차에 따르지 않고는, 어느 누구도 기소, 체포 또는 구금될 수 없다. 자의적인 명령을 청원, 발령, 집행하거나 집행시키는 사람은 처벌 받아야 한다. 그러나 법에 따라 소환되거나 체포된 시민은 누구나 이에 즉각 복종해야 한다. 이에 저항하면 죄가 된다.

제8조 법은 엄격하고 분명히 필요한 형벌만을 두어야 하며, 어느 누구도 범행 이전에 제정·공포되고 또 합법적으로 적용된 법률에 의하지 않고는 처벌될 수 없다.

제9조 모든 사람은 유죄로 선고되기 전까지는 무죄로 추정되므로, 체포가 불가피하다고 판단되더라도 그의 신체를 확보하는 데 필요하지 않은 모든 가혹 행위는 법으로 엄격하게 억제되어야 한다(이상 번역은 나종일 편역, 자유와 평등의 인권선언 문서집, 한울, 2012, 283쪽 참조)

ii 프랑스 인권선언 제10조와 제11조는 다음과 같다.

제10조 어느 누구도 그의 발언이 법에 의해 확립된 공공질서를 문란하게 하지 않는 한 종교적 견해까지도 포함한 그의 견해로 인해서 괴로움을 당해서는 안 된다.

제11조 사상과 의견의 자유로운 소통은 사람의 가장 귀중한 권리의 하나이다. 따라서 모든 시민은 자유롭게 말하고 쓰고 출판할 수 있다. 다만, 법으로 규정된 경우에는 이 자유의 남용에 대해서 책임을 져야 한다(이상 번역은 나종일 편역, 자유와 평등의 인권선언 문서집, 한울, 2012, 283쪽 참조).

iii 개별의지의 합을 말한다.

iv 루소는 어떤 행정 형태를 가지든지 법에 의해 지배되는 모든 국가를 공화국이라고 부른다. 법에 의해 지배될 때에만 국가가 공적 이익에 의해 통치되고, 공적인 것이 중요한 것이 되기 때문이라고 보기 때문이다(번역은 장-자크 루소, 김영욱 옮김, 사회계약론, 후마니타스, 2권 6장, 50-51쪽에 의함). 한편 루소는 인민에 대해서 다음과 같이 말하고 있다. “입법 대상이 되기에 적합한 인민은 누구인가? 출신, 이익, 합의의 결합으로 이미 묶여 있으면서 아직 진정한 법의 족쇄에 속박된 적 없는 인민, 완전히 뿌리내린 관습도 미신도 갖고 있지 않은 인민, 갑작스러운 침입에 시달리는 것을 두려워하지 않으며 주변 인민들의 다툼에 휩쓸리지 않고 혼자서 그들 각각에 저항할 수 있거나 한 인민을 이용해 다른 인민을 물리칠 수 있는 인민, 모든 구성원이 서로 알고 있으며 누구에게도 한 사람이 감당하기 힘든 큰 짐을 지울 필요가 없는 인민, 존속을 위해 다른 인민을 필요로 하지 않고 다른 인민들에게도 필요치 않은 인민, 부유하지도 가난하지도 않고 자립할 수 있는 인민, 끝으로 고대 인민의 확고함과 요즘 인민의 유순함을 겸비한 인민이 그들이다.”(번역은 장-자크 루소, 김영욱 옮김, 사회계약론, 후마니타스, 2권 10장, 65쪽에 의함). 이로 볼 때 루소에 있어서 공화국과 인민은 규범적 개념이라고 할 수 있다.

v 루소는 다음과 같이 말하고 있다. “인민은 무턱대고 복종하기로 약속한다면 이 행위만으로 인민은 해산되며 인민의 자격을 잃는다. 주인이 존재하는 순간 더 이상 주권자는 없으며, 그 즉시 정치체는

파괴된다."(번역은 장-자크 루소, 김영욱 옮김, 사회계약론, 후마니타스, 2권 2장, 36쪽에 의함).

vi 19세기 독일이 통일되기 전의 상태에서 바이에른, 뷔르템베르크, 헤센 등의 헌법을 영토헌법이라고 한다.

vii 진정한 전체의지라고 하는 의미는 루소가 말하는 전체의지가 아니고 오히려 그가 말하는 일반의지라는 개념과 상통하는 개념이라는 점을 주의할 필요가 있다.

viii 칸트 당시에는 보통선거권이 존재하지 않았기 때문에, 선거권을 행사할 수 있는 국민과 그렇지 않은 국민을 구분하는 것이 일반적인 견해였다. 이러한 점을 고려하면서 칸트의 법률적 자유를 이해해야 한다는 의미다.

ix 칸트의 외적인 나의 것과 너의 것이라는 개념은 칸트의 벌철학에서 중요한 개념이다. 나의 것과 너의 것이라는 것은 소유권과 관련된 개념이고 외적이라는 것은 단순한 주관적 소유감이 아니라 사회적으로 인정된 소유를 의미한다. 이에 대한 자세한 칸트의 설명에 대해서는 엠마누엘 칸트(백종현 옮김), 윤리형이상학, 아카넷, 2018, 171쪽 이하 참조.

x 당시 독일의 정치상황은 매우 불안정하여 이상적인 기본권 보장보다는 현실적인 정치 상황을 우선시 하였고, 1948년 자유주의 혁명이 실패로 돌아가면서 기본권에 대한 희망이 좌절되었으며, 제국헌법에 기본권을 명시하는 것은 상당한 자치권이 있는 주 정부의 권한을 침해할 우려가 있었다는 의미다.

xi 법률을 제정할 권한이 왕과 의회의 협력에 있음을 의미하는 영국법상의 독특한 개념이다. 왕과 상원과 하원이 협력하여 하나의 완전한 입법기관으로서 기능하게 된다.

xii 행정법과 형사소송법에서 각각 행정재판소와 일반법원에 의해 보호되는 것으로 되었다는 의미이다.

xiii 문화투쟁법이란 실제로는 가톨릭교회의 권력으로부터 국가의 우위를 확립하려고 했던 일련의 법률들을 말한다.

xiv 안쉬츠는 기본권을 입법부를 향한 지침과 시민의 권리와는 직접 관련이 없지만 인간의 존엄과 같이 원칙을 규정한 헌법조항의 두 가지 유형으로 나누고 있다. 안쉬츠는 헌법보다 법률이 보장하는 범위가 훨씬 넓다고 보았고 합법성원칙으로 인하여 집행부의 자의적인 침해로부터 이러한 기본권들이 보호받는다고 보고 있다.

xv 독일 국사법원은 1921년에 설치되었다.

xvi 바이마르 헌법의 공식명칭은 독일 제국 헌법이다. 제국이라는 용어를 사용하고 있지만 사실상은 공화국이다. 따라서 제국법원이라고 하더라도 실질적으로는 공화국법원이다.

xvii 바이마르 헌법 제108조는 다음과 같다. "제국법률이 정하는 바에 따라 독일제국 국사법원을 설치한다."

xviii 바이마르 헌법 제172조는 다음과 같다. "국사법원에 관한 제국법률이 시행되기 전까지 국사법원의 권한은 7인의 위원으로 구성된 합의부(Senat)가 행사하되, 그 가운데 제국의회가 4인을 제국법원이 그들 가운데 3인을 선출한다. 합의부의 절차는 합의부가 스스로 정한다."

xix 제국법원(Reichsgericht)은 1879년에 설립되어 1945년까지 존속한 독일 제국의 최고 민·형사법원이다. 오늘날 독일의 Bundesgerichtshof의 전신이라고 할 수 있다.

xx 바이마르공화국의 힌덴부르크 대통령에 의해 히틀러가 수상으로 임명된 달이다.

xxi 기본법 제93조 제1항 제2호는 다음과 같다. "연방 정부, 주 정부 또는 연방하원 의원 4분의 1의 요청으로 연방 법률 또는 주 법률이 이 기본법과 형식적 및 실질적으로 일치하는지 여부 또는 주 법이 기타 연방 법과 일치하는지 여부에 대한 이견이나 의문이 있는 경우"

xxii 기본법 제100조 제1항은 다음과 같다. "법원이 판결에서 그 효력이 문제되는 법률을 위헌으로 판단하는 경우 절차를 중단하고, 주 헌법의 침해가 문제되는 경우에는 해당 주의 헌법소송 관할 법원의 판결을, 이 기본법의 침해가 문제되는 경우에는 연방헌법재판소의 결정을 구하여야 한다. 이는 주법에 의한 이 기본법 침해 또는 주 법률이 연방 법률과 불일치하는 경우에도 같다."

xxiii 기본법 제19조 제4항은 다음과 같다. "공권력에 의하여 자신의 권리를 침해받은 사람은 누구든지 소송절차를 진행할 수 있다. 다른 관할이 없는 경우에는 일반적인 소송절차에 의한다. 제10조 제2항 제2문은 영향을 받지 않는다."

참고로 기본법 제10조 제2항 제2문은 다음과 같다. "… 자유민주적 기본질서의 보호 또는 연방이나 주의 존립 또는 안보를 위한 제한의 경우, 법률은 그 제한을 당사자에게 통지하지 않을 수 있고, 국민대표가 임명한 기관이나 보조기관에 의한 심사로써 소송절차를 대신하도록 규정할 수 있다."

xxiv 독일 기본법 제93조 제1항 4a호는 다음과 같다. "연방헌법재판소는 다음을 결정한다. … 4a. 공권력이 자신의 기본권이나 제20조 제4항, 제33조, 제38조, 제101조, 제103조 그리고 104조에 포함된 권리들이 침해되었음을 주장하는 모든 사람이 제기할 수 있는 헌법소원"

xxv 독일 기본법 제19조 제2항은 다음과 같다. "어떠한 경우에도 기본권은 그 본질적 내용이 침해되어서는 아니 된다."

제3장 기본권은 어떻게 사법으로 들어오고 거기서 어떻게 효력을 발휘하는가?*

"기본권과 사법"이라는 주제는 새로운 것이 아니다. 이는 전통적으로 역사적 관점에서 다루어지지는 않았다. 나는 18세기 말 초기 "자연적 권리"의 선언이 국가와 시민의 관계뿐만 아니라, 우선 무엇보다 시민 상호 간의 관계에 대한 것이라는 것을 보여주고자 한다(Ⅰ). 법적으로 구속력이 없는 자연권 목록은 국내적 평화를 확보하고 자유를 보장한다고 하는 두 가지 국가의 목적의 표현이었다(Ⅱ). 이들은 우선은 민법 성문화 및 보통법에서 그리고 후에는 기본권법률에서 법적으로 구속력을 갖게 되었다(Ⅲ). 기본법과 다른 현대적 헌법의 기본권은 헌법 자체에 의하여 직접적으로 법적 효력이 부여되었고, 당연히 예외적으로만 민법에 적용되었다. 시간이 흐름에 따라 연방헌법재판소가 이끄는 헌법재판소들이 기본권에서 객관적-법적으로 효력을 발휘하는 보호의무를 도출하였고, 이는 민법의 입법과 재판에서 기준을 설정했다(Ⅳ). 이로부터 헌법재판소에 재판소원을 제기할 수 있는 제도를 가진 주에서 제도적 및 절차법적 문제들이 발생했는데, 이는 독일의 경우가 그러했다(Ⅴ).

Ⅰ 자연권

우리의 기본권 전신은 18세기 말에 미국권리장전들(1776년 이후)과 프랑스의 인간과 시민의 권리선언(1789)에 규정된 "자연권"이다.

---

* 출처: 저자가 첼레 고등법원장의 초청으로 2012년 2월 29일에 개최한 강연의 확장판으로 Bruns/Kern u.a. (Hrsg.), Festschrift für Rolf Stürner zum 70. Geburtstag, Bd. 1, Tübingen 2013, S. 61-77에 실렸다.

버지니아 권리장전(1776)의 제1절(Section 1)에는 다음과 같이 기술되어 있다. "That all men are by nature equally free and independent, and have certain inherent rights …; namely the enjoyment of life and liberty, with the means of acquiring and possessing property, and pursuing and obtaining happiness and safety."(모든 사람은 날 때부터 차별 없이 자유이고 독립적이며, 일정한 생래적 권리들…을 가지고 있다; 즉, 생명과 자유의 향유, 재산을 획득하고 소유하는 수단을 가지며, 행복과 안전을 추구하고 획득하는 것).

그러나 프랑스 인권선언에는 다소 덜 강하게 다음과 같이 말하고 있다. 제1조: "Les hommes naissent et demeurent libres et égaux en droits …; Art. 2: Le but de toute association politique est la conservation des droits naturels et imprescriptibles de l'homme. Ces droits sont la liberté, 1a propriété, la sûreté et la résistance à l'oppression."(인간은 자유롭고 평등한 권리를 가지고 태어났고 이를 향유한다…; 제2조: 모든 정치적 결사의 최종적 목적은 생래적이고 불가결한 인권을 보존하는데 있다. 이 권리들은 자유와 재산과 안전, 압제에 대한 저항이다). 이하의 조문에서는 자유란 다른 사람을 해치지 않는 모든 것을 할 수 있는 데 있다는 것과 따라서 인간의 자연권의 행사는 다른 공동체구성원들에게 동일한 권리를 향유할 수 있도록 보장하는 한계를 가질 뿐이라고 하는 것이 나타나 있다(제4조). — 이러한 의미에서 프로이센 일반국법(1794)도 타인의 권리를 위협하지 않으면서 자신의 행복을 확보하고 촉진할 수 있는 인간의 자연적 자유를 보호하고 있다(프로이센 일반국법 § 83 Einl.).

미국의 장전들이 보통법(Common Law)의 효력을 전제로 한 반면에, 프랑스의 선언은 권리의 한계를 확정할 것을 입법자에게 요구하고 있다(제5조). 여기서는 무엇보다 사법(私法) 입법이 문제가 된다. 마찬가지로 칸트는 같은 시기에 다음과 같이 일방의 자유와 타방의 자유 간의 균형원리에 입각하여 사법(私法)을 바라보고 있다.[1] "그러므로 법이란 그 아래서 어떤 이의 의사가 자유의 보편적인 법칙에 따라 다른 이의 의사와 합일될 수 있는 조건들의 총체이다."[2]

---

1) *Immanuel Kant*, Metaphysik der Sitten, Rechtslehre (1797) §§ 5, 10, 18.

2) *Kant* (주 1), Einleitung §B.

프랑스의 인간과 시민의 권리선언은 매우 보편적인 것으로 이해되었고, 법전으로서가 아니라 오히려 여타 세계에 충고하기 위한 법철학적 선언으로 생각되었다.[3)] 제12조에서는 권리의 보장에서 유래하는 필연적 결과로서 공권력, 즉 국가권력은 그것을 위탁받은 사람들의 이익을 위해서가 아니라 모든 사람들의 이익을 위하여 설계할 것을 요구하고 있다.

프랑스 혁명의 혼란을 겪은 뒤 그리고 자그마치 4개의 단명 헌법(1791, 1793, 1795, 1799. 처음 3개는 각각 인권과 시민권을 포함하고 있다)의 제정 이후 1804년에 민법전(Code civil)이 시행되었다. 민법전에는 인권선언의 법원칙들, 즉 사람에 관한 제1권에서는 법률 앞에 평등과 인신의 자유를 상세히 규정하였다. 제2권에서는 1793년 헌법 제16조와 인권선언 제5조 제2항과 밀접한 관련 속에서 재산권과 그 이용이 다음과 같이 보장되었다. La propriété est le droit de jouir et disposer des choses de la manière la plus absolue pourvu qu'on ne fasse pas un usage prohibité par la loi ou par les réglemens.(재산은 법률이나 규정에 의해 금지되지 않는 한, 사물을 가장 절대적인 방식으로 향유하고 처분할 수 있는 권리이다). 제3권에서는 경제활동의 자유를 포함한 계약의 자유(제1101조 이하)를 보장하고[4)] 불법행위법을 규정하였다.[5)] 민법전은 시민계급의 법전으로서 혁명의 동력이 되었고 그로부터 4명의 초안 작성자가 나왔다.[6)] 인권선언이 남녀의 평등을 선언하지 않은 것과 마찬

---

3) *Emile Boutmy*, Die Erklärung der Menschen- und Bürgerrechte 그리고 *Georg Jellinek*, in: Schnur (Hrsg.), Geschichte der Erklärung der Menschenrechte, 1964, S. 78, 88f.

4) *Franz Wieacker*, Privatrechtsgeschichte der Neuzeit, 2. Aufl. 1967, S. 339ff.; *Konrad Zweigert/Hein Kötz*, Einführung in die Rechtsvergleichung, 3. Aufl. 1996, S. 92ff.

5) 제1382조: Tour fait quelconque de l'homme qui cause à l'autrui un dommage, oblige celui par la faute duquel il est arrivé, à le réparer(어떠한 행위이든 사람이 타인에게 손해를 끼쳤을 경우, 그 행위가 본인의 과실로 인해 발생한 경우에는 이를 배상할 의무가 있다). 제1383조: Chacun est responsible du dommage qu"il a causé non seulement par son fait, mais encore par sa négligence ou par son imprudence(모든 사람은 자신이 행한 행위로 인한 손해뿐만 아니라 자신의 부주의나 경솔함으로 인해 발생한 손해에 대해서도 책임을 진다).

6) Jean Etienne Marie Portalis (1745-1806), François Denis Tronchet (1726-1806), Jacques de Maleville (1741-1824), Felix Julien Jean Bigot de Préameneu (1747-1825).

가지로 민법전도 전통적인 역할관에서 출발하였다. 심지어 가족집단에 대한 간섭에 대하여 국가는 명백히 소극적으로 기능하였다. 19세기와 20세기를 경과하면서 비로소 민법전은 가족법과 노동법에서 현대적 이해에 순응하게 되었다. 우리와 관계하여서만 본다면, 민법이 시민의 권리 영역에서 인권선언의 자유와 평등선언을, 당시에 이미 법원에 제소가 가능한 효력 있는 권리로 전환하였다는 사실이 중요한 것으로 보인다.

프랑스 혁명의 사상세계에 서 있었던 칼 로텍크는 국가학사전[7]에서, "인간 활동의 모든 영역에서 이미 전적으로 **인격체**(Personen)로서 국가 구성원에게 속하는 바의 그들의 **자유를 승인하고 보호하는**" 과제를 법적 기관으로서 국가에 부여하였다. 또 다음과 같이 말하고 있다: "… 국가가 그 구성원의 자유권에 대하여 스스로의 개입을 자제하는 경우에도, 그 구성원 자체 **서로간의** 상호작용 속에서 위협이 되는 바로 그러한 개입에 대해서도 자신의 구성원을 보호하는 것은 여전히 국가에게 남아있다." 이에 필요한 형법상의 조치 외에도 로텍크는 사법(私法)을 통하여 다투어야 하는 자유에 대한 위협에 대해 언급하고 있다. 자신의 민법에 관한 논문[8]에서 그는 "일단 존재하고 좋은 것으로 인정된 **헌법**의 원리들과 민법의 일치를 요구하고, 모든 종류의 상호작용을 촉진하고 수많은 법적 분쟁을 예방하며, 판사와 법률가에게 매우 유리한 국가 전체에 적용되는 법의 통일성"을 요구한다. 40년 후에 "개인의 자유는 보장된다."라고 규정하고 있는 프로이센 헌법 제5조에 대한 폰 뢴네의 저서에서는 다음과 같은 것을 읽을 수 있다.[9] "이것을 통하여 보장되는 개인의 보호는 개인적 자유에 대한 다른 국가구성원으로부터의 모든 위법적 제약에 관련될 뿐만 아니라, 국가 자신으로부터의 제약과도 관련된다." "국민 개인에 대한 다른 국가구성원 측으로부터 위법적 제약에 대항하여 국민에게 마땅히 주어지는 개인적 자유의 보호와 관련하여 보면, 헌법문서의 제5조에는 모든 유형의 그러한 제약에 대한 보장이 포함되어 있다." 재산권과 관련하여서도 폰 뢴네

---

7) Staatslexikon, hrsg. von v.Rotteck/Welcker, 2. Aufl., Bd. V (1847), S. 184, 186(강조는 원문에 따름).

8) Staatslexikon (주 7), Bd. III (1846), S. 262f.

9) *Ludwig von Rönne*, Das Staatsrecht der Preußischen Monarchie, 4. Aufl. 1882, Bd. II, S. 38.

는 국가의 보호 의무를 분명히 밝히고 있다.[10] 그리고 법률 앞에 평등(제14조)은 사법(私法)에서도 직접 적용된다고 하였다.[11]

Ⅱ 국가의 목적 : 평화와 자유

헌법적으로 보장되는 권리로서 자유와 평등은 국가에 대하여 2중으로 의무를 부과하고 있다. 국가는 그것들을 스스로 존중하여야 하고 시민 상호간의 관계에 관해서는 보호하여야 한다. 이것은 18세기 말의 헌법적 권리선언과 19세기의 권리목록의 해석에서 명백히 드러난다. 엄밀히 보면 권리선언에 포함된 국가의 보호 의무는 결코 새로운 것이 아닌데, 왜냐하면 시민 간의 평화의 확보는 언제나 중요한 국가목적이었고 현재도 그러한바, 말하자면 국가의 시원적 목적이고 모든 국가의 정당성의 근원이기 때문이다.[12] 권리목록에서는 목록에 언급된 시민의 권리들을 존중할 국가의 의무가 부가되어 있다. 그것은 "자유보장"이라는 국가목표이다.[13] 자연권의 선언에서는 평화와 자유라고 하는 국가목적이 결부되어 수용되어 있다.

여기서의 관심사가 아닌 법위반을 처벌하는 형법을 무시하면, 평화의 보장을 위하여 시민 간의 자유영역을 구분 짓고 계약위반과 허용되지 않는 행위에 대해 제재를 가하는 민법에 주목하게 된다.

민법이 성문화되었거나 보통법(Gemeines Recht)[i]의 체계가 적용되었기 때문에 국가의 보호 의무를 헌법상 언급하는 것은 실제적으로 보면 특별한 의미가 없었다.[14] 시민 상호간의 권리의 구분은 민법에 그것도 매우 상세하게 규정되어 있었

10) *v. Rönne* (주 9), S. 97은 프로이센 일반국법 § 76 Einl.과 관련시키고 있다.

11) *v. Rönne* (주 9), S. 262f.

12) *Christian Starck*, Der demokratische Verfassungsstaat, 1995, S. 231, 235ff. m.w.N.

13) *Georges Burdeau,* Traité de science politique, vol. I/2, 3. éd., 1980, S. 299: "Dire que le Pouvoir a pour fin la liberté, cela signifie, qu'il existe un domaine où il ne peut pénétrer"(권력이 자유를 목적으로 한다는 것은 침투할 수 없는 영역이 존재한다는 것을 의미한다).

14) 그렇게는 *Konrad Hesse,* Verfassungsrecht und Privatrecht, 1988, S. 10f. m.w.N.

고, 따라서 법공동체구성원에 대해서, 그리고 다툼이 있는 경우에는 법원에 대하여 기준이 제시되어 있었다. 그에 반하여 직접적으로 원용할 수 없었고 오히려 법률적 해명을 기다렸어야 했음에도 불구하고, 권리보장은 국가권력에 대한 바람직한 제약으로 인정되고 평가되었다.

Ⅲ 성문화된 민법과의 유사점: 기본권법률

19세기 후반에 시민권이 규정되지 않은 헌법들이 제정되었다. 그 대표적 예로 프랑스에서는 1852년 헌법과 1875년의 헌법법률 그리고 독일에서는 1871년의 제국 헌법과 그 전신인 1867년의 북독일연방의 헌법이다. 시민권은 일반 법률, 소위 기본권법률(Grundrechtsgesetze)에서 부여되었는데,[15] 말하자면 정의되고 제한되고 그리고 보호된 것이다. 민법에서 어느 정도 안정적으로 규정되었던 자유영역에 대한 구분이 국가와 시민의 관계에서는, 영업의 자유, 서신비밀, 출판의 자유, 결사의 자유에 대한 법률들과 자유와 재산의 보호에 관한 형사절차조항에서 규정되었다.

당시 유럽에는 헌법의 우위와 그로 인한 입법의 기본권에의 기속은 여전히 알려져 있지 않았다.[16] 따라서 기본권법률은 각 자유를 보장하는 환영받는 수단이었다. 그러나 기본권법률은 언제나 관련되는 헌법상의 기본권과의 관련성 속에서 고찰되었다. 그러나 민법의 경우는 달랐다. 헌법과의 연결고리가 끊어졌다. 소극적 지위(status negativus)의 자유권으로 이해된 기본권은 점점 더 순전히 국가와 관련된 것으로 여겨졌다. 그것은 이미 프랑크푸르트 헌법에서 나타났고[17] 바이마르 헌법의 기본권 목록에서 계속되었다. 지난 1900년의 민법전 편찬으로 탄생한 민법에서는 자유의 보호와 자유 영역의 구분이라는 문제가 당시의 관념에 따라 자

15) 앞 장 참조.

16) 미국과는 다르다. *Christian Starck*, Der demokratische Verfassungsstaat, 1995, S. 48ff. 참조.

17) *Jörg-Detlev Kühne*, Die Reichsverfassung der Paulskirche, 1985, S. 231, 285, 529f. 의 판단 참조. 그러나 *v. Rönne*의 경우(위 각주 9 참조) 민법과 헌법의 연관성이 유지되었다.

율적으로 해결되고 규범화되었다.

"기본권과 기본의무"에 관한 제2부의 서론에서 게어하르트 안쉬츠는 바이마르 헌법에 관한 영향력 있는 주석을 하면서,[18] 타당하고 완전한 헌법은 국가의 조직을 규율할 뿐만 아니라 "국가와 개인 간의 한계"도 정하고, 개인의 자유에 대한 국가권력의 기준과 목적을 설정하고 이러한 위임을 이행함에 있어서는, "상응하는 주관적 권리 - 인권과 시민권, 자유권, 기본권 - 의 보장을 통하여 그 자유의 가장 중요한 실행가능성이 국가적으로 문서화되고 보장될" 독자적인 절(Abschnitt)을 포함하여야 한다고 기술하고 있다. 기본권은 완전히 국사재판의 관할에 속한다는 자신의 견해에 대해 안쉬츠는 (사법적인)[ii] 노동 및 고용관계에서도 의사표현의 자유가 적용된다고 하는 바이마르 헌법 제118조 제1항 제2문[iii]을 통하여 뒷받침되고 있는 것으로 보고 있다. 그에 대해 안쉬츠[19]는 이 문언은 "기본권은 사인에 대해서가 아니라 단지 공권력에 대해서만 개인의 자유를 보호한다고 하는 원칙의 분명한 예외"에 해당한다고 한다. 노동 및 경제조건의 유지와 촉진을 위한 결사의 자유에 대한 바이마르 헌법 제159조[iv]가 포함하고 있는 또 다른 예외에 대해서 안쉬츠는 비슷한 방식으로 주석을 달고 있다.[20] 좁게 이해되는 양 규정의 예외적 성격에 대한 증거로서 나는 서신과 통신의 비밀의 보장(바이마르 헌법 제117조[v])에 대한 안쉬츠의 언급을 지적하고자 한다.[21] 안쉬츠는 형법과 민법에 포함된 사인에 의한 서신비밀의 침해에 대한 보호 규범이 기본권에서 도출되는 결과라고 보지 않는다. "기본권은 전체 구조에 따르면 개인의 자유영역을 일반적으로 공권력의 간섭에 대해서만 보호하려고 하는 것이지 제3자(사인)의 권한 없는 행위에 대해서 보호하고자 하는 것이 아니라는 것 … 그리고 지금까지 효력 있는 우편과 전신의 비밀에 대한 규정은 … 적어도 이러한 좁은 의미로 해석되어야 한다는 것"은 바로 그런 부인을 의미하는 것이라고 한다.

---

18) *Gerhard Anschütz*, Die Verfassung des Deutschen Reiches, 14. Aufl. 1933, S. 506.

19) *Anschütz* (주 18), S. 556.

20) *Anschütz* (주 18), S. 731.

21) *Anschütz* (주 18), S. 549.

바이마르 시대 말, 나치 독재의 시작 전에 사람들은 언급한 두 예외를 제외하면, 기본권이 보통 직접적으로 효력 있는 "적용의무를 부과하는" 권리인 한, 기본권은 시민-국가 관계에서만 효력을 가지는 것으로 보았다.[22]

Ⅳ 기본법상 기본권의 민법상 효력

1. 직접적 효력

기본법은 고전적 기본권을 규정하고 있다. 기본권을 제정할 때 헌법제정회의의 의도를 폰 헤르만 망골트 의원은 자신의 서면보고[23]에서 "기본권은 제1조 제3항도 표현하고 있는 바와 같이 입법, 행정 그리고 사법, 특히 연방뿐만 아니라 주의 입법, 행정 그리고 사법도 동일하게 기속하는 **직접 적용되는 권리**[24]로 볼 수 있다."고 설명했다. 기본법상 기본권은 바이마르공화국 헌법상 기본권에 비하여 강화된 효력을 가지고, 그렇지 않은 경우에는 비로소 전반적으로 논란의 여지가 없는 효력을 가지게 되었다. 이 효력은 기본법 제1조 제3항에 명시적으로 규정되어 있고, 기본권 목록이 예를 들면 사회적 기본권과 같이 이행이 어렵거나 불가능한 약속을 포함하고 있지 않을 뿐만 아니라 주로 국가에 대한 시민의 방어권에 한정되어 있기 때문에 실현가능하다.

2. 민법상 효력

기본법은 제9조 제3항 제2문에서 바이마르 헌법을 따라 사법적 관계에까지 효력을 미치는 바 노동 및 경제조건의 촉진을 위한 결사의 자유의 보장을 승계하였다. 그 외에 기본권 목록은 인간의 존엄성 보장(제1조 제1항) 그리고 혼인과 가족 및 모성(제6조 제1항과 제4항)과 관련하여 명시적인 국가의 보호 의무를 포함하고 있고, 방해받지 않는 종교행사(제4조 제2항)와 재산권(제14조 제1항)과 관련하여

22) 이에 대해서는 *Anschütz* (주 18), S. 515f.

23) Parl.Rat, Drucks. 850, 854, S. 5f., 1949년 5월 6일 헌법제정회의 제9차 회의 의사록 부록.

24) 원본에서 강조됨.

서는 보장의무를 포함하고 있고, 이들은 사법에서도 영향을 미친다. 기본법은 남녀평등(제3조 제2항, 제117조 제1항[vi])으로 바이마르 헌법과 당시에 적용된 혼인 및 가족법과는 달리, 민법 특히 혼인에서 남녀 간의 관계를 규율하는 한 민법에 대해 영향을 미치는 분명한 결단을 하였다. 보호 및 평등한 권리의 위임은 직접 민법에 효력을 미친다.[25)]

위에 언급한 기본권들의 경우에는 평등권과 명시적인 보호의무가 현저히 중요하고, 그 실현을 위해서는 민법상의 상응한 형성을 필요로 한다. 그것은 부모의 양육권(제6조 제2항)의 보장에 대해서도 적용된다. 민법의 내용을 결정짓는 위에 언급한 헌법적 보장과 혼인, 가족, 재산 그리고 상속권이라는 제도를 고려하면, 우리는 헌법적 지위를 갖는 사법[26)]을 다루게 된다. 민법의 입법자는 이 사법을 보다 상세히 규정하여야 하고, 이 경우 입법자는 - 민법에서와 같이 일반적으로 - (체계적인 법적용을 위해 - 역자 주) 법 영역들을 서로 구분해야 한다. 보호 의무의 이행에 대한 주관적인 헌법상 권리가 존재하는 한, 여기서 언급한 보호 의무는 적극적 지위에 속한다. 어려운 점은 보호 "방법"에 대한 기준을 마련하는 것이고 이는 어느 정도 입법재량에 속한다.

3. 기타 기본권 보호 의무

국민 상호 간의 관계에 있어서 생명, 건강, 자유, 명예 그리고 재산이 존중되어야 하는 경우에도, 이것은 모든 국민의 기본권 기속으로부터 나오는 것이 아니라,[27)] 기본권도 기초로 하고 있는 민법상 규정된 인간 공동생활의 전통적 규칙으로부터 나온다. 기본법 제2조 제2항이 그렇게 표현하고 있는데, 그에 따르면 인권은 세상에 있는 모든 인간 공동체, 평화 그리고 정의의 기초이고 또 마땅히 그러

---

25) 다음 장 및 *Volkmar Götz*, Die Verwirklichung der Grundrechte im Zivilrecht, in: Heyde/Starck (Hrsg.), Vierzig Jahre Grundrechte in ihrer Verwirklichung durch die Gerichte, München 1990, S. 51ff.의 설명 참조.

26) *Peter A. Windel*, Über Privatrecht mit Verfassungsrang und Grundrechtswirkungen auf der Ebene des einfachen Privatrechts, in: Der Staat 37 (1998), S. 385, 393ff. 참조; 비슷하게는 *Matthias Ruffert*, Vorrang der Verfassung und Eigenständigkeit des Privatrechts, 2001, S. 287ff. ("사법에서 헌법상 법익").

27) *Claus-Wilhelm Canaris*, Grundrechte und Privatrecht, 1999, S. 93.

해야 한다. 인간 공동체는 서로에 대해 아무런 공권력을 행사하지 않는 시민 상호간의 관계이기도 하다. 이러한 관점에서 인권적 토대를 가진 기본권은 민법에 영향을 미친다고 하는 논리가 성립될 수 있다.[28] 헌법과 사법은 아무런 관계없이 병립하고 있는 것이 아니다. 법동료는 다른 법동료에 대하여 직접적으로 기본권에 기속되지 않지만 국가는 기본권에 나타난 인간상(人間像)을 지향하는 법질서를 창설할 의무를 부담한다.

연방헌법재판소는 1958년의 소위 뤼트 판결에서 처음으로 이러한 생각에 효력을 부여하였다.[29] 영화감독 페이트 할란에 대한 불매운동 촉구는 선량한 도덕에 대한 어떠한 침해도 존재하지 않았고, 오히려 자유로운 의사표현의 기본권을 행사한 것이기 때문에 민법 제826조에 따른 손해배상을 초래하지는 않았다. 연방헌법재판소는 기본법상 기본권에는 기본권의 효력을 강화하는 "객관적 가치질서"가 확립되어 있다는 것을 내세웠다. 규정이 선량한 도덕과 같은 법 외적인 기준들을 언급하고 있는 경우에는 기본권은 이러한 개념의 해석에 영향을 미친다. 행동양식이 선량한 도덕에 합치하는지 여부의 문제를 판단함에 있어서 판사는 자신이 헌법의 기본권절에서 발견하게 된 기본법상의 가치결정과 사회적 질서원리를 준수하여야만 한다고 한다. 개방적 법률 개념을 적절히 충전할 권한을 민사재판관은 가지고 있다고 한다.[30] 여기에서 재판관은 기본권의 객관적-법적 효력을 준수하여야 한다.

11년 후에 블링크퓌어 판결[31]에서 민법 제823조 제1항[vii]과 관련하여 다음과 같이 판시하고 있다. "기본법이 기본권절에서 확립하고 있는 객관적 가치질서는 … 이 규정들의 해석에 영향을 미친다." "민법 제823조 제1항과 관련하여 헌법은 침해의 위법성 확정에 중요하다. 여기서는 한편으로는 의사표현의 자유권이 불매운동을 어느 정도 보호하는지가 심사되어야 하고, 다른 한편으로는 헌법소원청구인이 출판의 자유라는 기본권을 어느 정도 주장할 수 있을 것인가도 심사되어야

28) V. Mangoldt/Klein/*Starck*, Grundgesetz Kommentar, 6. Aufl. 2010, Bd. I, Art. 1, Rn. 138 m.w.N.

29) BVerfGE 7, 198ff.

30) BVerfGE 7, 198ff.; 35, 202ff.; *Götz* (주 26), S. 58ff.

31) BVerfGE 25, 256, 263.

한다." 이 형량은 주간지 블링크퓌어에 유리하게 이루어졌다.

두 판결은, 관련 기본권이 객관적-법적 의미에서만 효력이 있었음에도 불구하고, 연방헌법재판소가 합헌으로 판단한 헌법소원에 따라 내려졌다. 연방헌법재판소가 안전과 평화의 보호라는 객관적-법적 근거를 가진 국가의 임무를 일련의 주관적 헌법상 권리로 전환시킨 것은, 특히 보호의 "방법"과 관련하여, 전체 권력분립적 헌법체계에 대해 현저한 영향을 끼친 광범위한 혁신이다.[32] 보호청구권은 직접 기본권으로부터 나오는 것이 아니라 입법자의 정치적 재량을 전제로 하는 국가의 급부를 목표로 한다.[33] 그동안 주관적 보호권, 즉 확립된 판결에서 거의 모든 기본권으로부터 도출하는 기본권적 보호권[34]과 관련하여 연방헌법재판소에 의한 헌법의 계속적 형성에 대해 언급해야 한다. 이는 학계에 널리 받아들여졌고 유럽법원과 유럽인권재판소의 판결에 영향을 미치고 있다.[35]

뤼트와 블링크퓌어는 민사법원에 의한 민법상 일반조항의 해석과 적용에 관한 것이었다. 일반조항은 유연하기 때문에 법률이 아닌 법관의 법률적용이 헌법적으로 심사되고 이의제기가 이루어졌다. 그러나 민법상 기본권의 효력 문제는 대개는 민사입법에 있다. 다음 절의 두 사례는 연방헌법재판소가 헌법, 여기서는 직업의 자유(기본법 제12조 제1항[viii])에서 도출하는 가치판단이 민사법의 형성에 얼마나 큰 영향을 미치는지를 분명히 보여준다.

4. 계약법 사례

a) 독일 상법(HGB)에는 제90a조가 있다. 이 규정에 따르면 사업주는 상업대리인과 계약관계의 종료 후에 최대 2년이라는 일정 기간 동안 상업대리인의 상업

32) *Christian Starck*, Praxis der Verfassungsauslegung, 1994, S. 46, 64ff., 70ff.; *Werner Heun*, Funktionell-rechtliche Schranken der Verfassungsgerichtsbarkeit, 1992, S. 68ff.

33) 다른 많은 것보다 *Josef Isensee*, Das Grundrecht als Abwehrrecht und staatliche Schutzpflicht, in: Isensee/Kirchhof (Hrsg.), HStR Bd. V, 1992, S. 151ff.

34) *Martin Borowski*, Grundrechte als Prinzipien, 1998, S. 237의 용어.

35) *Rengeling/Szczekalla*, Grundrechte in der Europäischen Union, 2004, S. 222ff.; *Heike Krieger*, Funktionenen von Grund- und Menschenrechten, in: Grote/Marauhn (Hrsg.), EMRK/GG, 2006, S. 278ff.

활동을 제약하는 데 합의할 수 있다. 그러한 경쟁 제한 계약은 이전 상업대리인과의 경쟁으로부터 사업주를 보호하고, 상업대리인은 그에 대해 적절한 보상을 받는다. 그러나 사업주는 원래의 제90a조에 따르면 상업대리인의 책임 있는 행위로 인한 중대한 이유로 계약을 해지한 경우(예외적 해지)에는 보상할 필요가 없다.

이 규정을 연방헌법재판소는 직업의 자유(기본법 제12조 제1항)와 합치하지 않는 것으로 보았다.[36] 입법자는 계약의 종료 후 경쟁금지를, 한편으로는 사업주 측의 이익실현을 위해 충분한 여지를 두면서도 다른 한편으로 상업대리인 측의 협상력 약점과 균형을 이룰 수 있도록 규율해야 한다는 것이다. 입법자의 규율재량은 사업주를 위해서도 상업대리인을 위해서도 기본권으로 보호된 지위가 문제되기 때문에 양측 모두로부터 제한을 받는다고 한다. 자유의 제한도 자유의 보호도 그러한 상호관계에서 비례적이어야 한다.

이러한 논증은 기본권이 민법으로 얼마나 깊이 침투해 있는가를 잘 보여준다. 필요한 이익형량과 계약당사자들에게 허용될 자유의 여지의 정도는 연방헌법재판소가 해석하는 것처럼 기본권에 의해 정해진다. 연방헌법재판소는 경업 금지 보상금을 계약의 자유를 과잉되게 제한하지 않으면서 상충하는 이해관계를 조정하는 데 특히 적합하다고 본다. 상업대리인을 위해서는 상업대리인이 자신의 경제적 생계를 확보하기 위해서 직업의 자유를 행사할 수 있어야 하고, 직업 제한을 하는 경우에는 재정적 보상이 필요하다는 점이 고려된다. 사업주는 경쟁을 허용할지 보상을 할지에 대해 자유롭게 결정할 수 있다고 한다.

이 법률조항에 대해서 연방헌법재판소는, 예외적 해지의 모든 경우에 대해 그리고 최대 2년간이라는 기간에 대해 일률적으로 그리고 완전히 보상을 거부하는 것은 조기 계약해지나 귀책사유 있는 계약해지와 같은 특수한 경우에는 합리적인 근거가 없다는 이유로 위헌으로 선언하였다. 그러한 제재는 해지하는 사업주의 경쟁법적 불이익을 방지하기 위해 불필요하다고 한다. 상업대리인에게는 가혹한 결과를 초래하기 때문에 종종 기대가능성이 없다. 따라서 이러한 일반적 형태의 제재는 비례적이지 않다고 한다.

---

36) BVerfGE 81, 242, 260ff.

b) 해고보호법의 규정에 따르면 고용주에 의한 근로관계의 해지는 사회적으로 정당한 경우에만 허용된다. 이것은 법률 제1조 제2항에 따라 해고가 근로자의 개인적 사정이나 행동 또는 해당 사업장에서 근로자를 계속 고용할 수 없는 긴급한 사업상 필요로 인한 경우에만 그러하다. 또한 해고보호법상 고용주의 해고권은 추가적 제약을 받는다. 해고보호법 제23조 제1항 제2문에 따르면 이러한 모든 제한은 통상 5명 이하의 근로자를 고용하고 있는 소규모 사업장에 대해서는 적용하지 않는다. 헌법소원에서 소규모사업장조항의 합헌성을 심사한 연방헌법재판소는 직업의 자유(기본법 제12조 제1항)를 기준으로 삼았다.[37] 이 기본권은 일자리의 제공에 대한 청구권이나 한번 선택한 일자리에 대한 보장을 의미하지 않는다. 그러나 국가는 이 기본권에서 고용주의 해고로부터 근로자를 보호할 의무를 부담한다고 한다.

사적 계약법을 형성하는 규범인 소규모사업장조항에 대한 합헌성심사에서는 기본법 제12조 제1항에 의하여 보호되는 일자리 유지에 대한 근로자의 이익뿐만 아니라 자신의 사업장에서 자신의 생각과 일치하는 사람만을 고용하고 그 규모를 스스로 정할 고용주의 이익을 모두 고려하여야 한다고 한다. 따라서 입법자는 실질적 조화의 문제에 직면하게 된다. 특히 소규모 사업주는 보호받을 가치가 크기 때문에, 소규모 사업장조항은 이 조화를 적절하게 해결하고 있다고 한다. 왜냐하면 소규모 사업장에서는 고용주와 근로자 간의 신뢰관계가 특히 중요하기 때문이다. 따라서 소규모 사업장 근로자는 일자리 상실이라는 더 큰 법적 위험을 감수해야 한다. 다만, 근로자는 민법상 일반조항에 의해 비윤리적이거나 신의칙에 반하는 해고로부터 보호받는다.

V 사법에서 기본권 효력의 제도적 문제

1. 헌법재판과 상고법원

법률이 아니라 법원 재판의 통제에 관한 것이면 추가적인 제도적 문제가 나타난다. 기본권의 사법에 대한 법적 효력은 실체법적 문제일 뿐만 아니라 분명

37) BVerfGE 97, 169, 175ff.

한 제도적 그리고 절차법적 결과를 동반하기 때문이다. 특별한 헌법재판소가 존재하지 않는 경우에는 상황은 매우 단순하게 될 것이다. 헌법상 보장된 기본권은 일반법원과 최종심으로는 상고법원이면서 동시에 헌법재판도 하는 최고법원에 의하여 보호될 것이다. 헌법재판에서는 법률해석을 할 때 사법에 대한 헌법상 기본권의 우위가 효력을 발휘할 수 있다. 따라서 헌법재판이 법원, 특히 상고법원의 활동으로 포섭되면-미국과 스위스가 그러한 경우인데-, 상고법원과 특별한 헌법재판소 간의 갈등은 일어나지 않을 수 있다. 물론 효과적인 기본권 보호를 위해서는 최고법원/최고법원들이 기본권을 직접적으로 효력 있는 법규범으로 인정하고 그리고 학설과 판례가 사법(私法)의 해석학적 구조를 순수한 형평재판(Billigkeitsrechtsprechung)[ix] 속에서 해체하지 않으면서도 기본권에 내포된 객관적 원리가 사법의 해석에 영향을 미칠 수 있는 입증 가능한 방법을 발전시키는 것이 중요하다.

오스트리아, 이탈리아, 포르투갈 그리고 약한 형태이지만 프랑스 헌법재판소(Conseil constitutionnel)[x]와 같은 특별한 헌법재판소는 세워져 있지만 재판소원이 존재하지 않는 여타의 나라들에서는 헌법재판소와 상고법원 간에는 갈등이 생기지 않을 수 있다. 프랑스 헌법재판소에 의한 예방적 규범통제는 파기원(Cour de Cassation)과 국참사원(Conseil d'Etat)의 상고심활동에 직접적으로 영향을 미치는 것은 아니다. 헌법재판소가 1789년 인권선언에서 그리고 1946년과 1958년 헌법의 전문에서 법률에 우선하는 기본권을 발견하였다는 사실로부터[38)] 단지 간접적인 효력만이 나타날 뿐이다. 따라서 프랑스 헌법재판소는 사법적 법률의 해석에 있어서 기본권을 고려할 길을 열어 놓았다.[39)] 재판부의 법률결정에 대한 예방적 규

38) 1971년 7월 18일의 판결, in: *L. Favoreu/L. Philip*, Les grandes décisions du Conseils constitutionnel, 11. Aufl. 2001, S. 238ff. mit Oberservations, S. 242-256; 이에 대해서는 *Christian Starck*, Praxis der Verfassungsauslegung II, 2006, S. 110ff. m.w.N. 참조.

39) 이에 대해서는 *Louis Favoreu*, L'influence de la jurisprudence du Conseil constitutionnel sur les diverses branches du droit, in: Mélange Hamon, Paris 1982, S. 33ff.; *François Luchaire*, Les fondements constitutionnels du droit civil, in: Rev. trimestrielle de droit civil 1982, S. 249ff.; *M. Frangi*, L'apport du droit constitutionnel aux droits des personnes et aux droits économiques individuels. Contribution à l'étude de la constitutionalisation du droit privé, Thèse juridique, Aix-en-Provence 1990; *Yves Guyon*, Le droit de propriété devant la Cour de

범통제가 사법의 영역에서 일어나는 경우에는 사법에 대한 프랑스 헌법재판소의 직접적 간섭은 불가능하다. (예방적 규범통제는-역자 주) 현행법인 사법을 다루는 것이 아니라 여기서는 재판부가 의도하는 사법의 개혁(Privatrechtsreform)이 문제의 중심이 되기 때문이다. 재판과는 관계없이 프랑스 입법자는 가족법을 헌법[40]과 평등의 일반원칙에 맞게 조정하였다.[41] 오스트리아, 이탈리아와 포르투갈 그리고 최근에는 프랑스에서도 구체적 규범통제는 사법을 적용하는 경우에 사법의 합헌성 여부를 심사하고 있다. 따라서 헌법재판소는 현재 적용되는 사법에 영향을 미칠 수 있고 그리고 사법을 기본권을 심사기준으로 하여 심사할 수 있다. 헌법재판소는 일반법원의 제청에 의해서만 규범통제를 실행하기 때문에, 헌법재판소와 일반법원 간의 경합은 발생하지 않는다.

헌법재판소와 일반법원, 특히 상고심법원 간의 경합관계는 헌법재판소가 (최종심급)법원의 재판에 대한 헌법소원에 대해서도 심판하는 국가에서 발생한다. 독일 외에 예를 들면 스페인[42]과 남아프리카공화국[43]이 재판소원을 인정하고 있다. 특히 독일과 스페인에서는 해마다 지속적으로 헌법재판소의 부담이 증가하였으며, 스페인에서는 헌법재판소와 최고법원 간의 관계에 문제가 노정되었다.[44] 재판소원은 제2의 상고심이 되는 위험에 처해있다. 이를 피하기 위해서 헌법재판소는

Cassation et le Conseil constitutionnel, in: Groupe d'Etudes et de recherches sur la justice constitutionnelle (dir.), La Cour de Cassation et la Constitution de la République, 1995, S. 173ff.; *Roger Beauvois,* La liberté d'opinion et d'expression, loc. cit., S. 183ff.; *Louis Favoreu et alii*, Droit des libertés fondamentales, 2e éd. 2001, S. 131ff., 182ff. 참조.

40) 1958년 헌법의 전문은 가족에 관련되는 특정한 목적을 가진 1946년 헌법의 전문을 참조하고 있다.

41) *Frangi* (주 39), S. 74.

42) 스페인 헌법 제161조 제1항 b, 헌법재판소법 제44조.

43) 남아프리카공화국 헌법 제167조 제6항.

44) *Christian Starck*, Verfassungsgerichtsbarkeit und Fachgerichte, JZ 1996, S. 1033, 1039f. = *Starck*, Freiheit und Institutionen, S. 333, 349ff.; *dcrs.*, Die Bedeutung der Schumannschen Formel für Rechtssysteme mit Urteilsverfassungsbeschwerde, in: Roth (Hrsg.) Symposion "50 Jahre Schumanschen Formel", 2014, S. 29, 35ff.; *Enrique Álvarez Conde*, Curso de Derecho constitucional, vol. II, 3e ed., 2000, S. 333f.

헌법, 법률 그리고 법률의 적용의 관계에 대해 명확히 하여야 한다.[45] 이것은 무엇을 의미하는가?

2. 틀로서의 헌법

헌법은 법률에 대해서는 어떤 틀(Rahmen)을 의미한다. 헌법은 완전히 확정된 법률규정을 요구하는 게 아니라 입법에 대해 한계를 설정할 뿐이다.[46] 헌법이 잘 정서되어 있는지 여부는 많은 것들이 헌법에 의해 규정되어 있지 않고, 따라서 관할 국가기관에 행위여지가 있다는 데에 있다. 민주적 헌법국가에서 정치과정은 중요한 문제가 다수의 결정에 열려 있을 것과 그리고 모든 것이 헌법해석에 의해 결정되지 않을 것을 요구한다. 이것은 특히 사인 간의 법적 관계에 대해서도 마찬가지다. 사법을 개별사건에 적용하여야 하는 일반법원의 기능이 합당하게 이행되기 위해서도 마찬가지로 법률이 사안에 따라 다양하게 부여하는 여지를 필요로 한다. 사법절차의 상고심에서 장래사건의 판단을 위한 일반적 기준이 도출되고 이는 법률에도 규정될 수 있다. 상고심법원의 이러한 활동은 법률은 개별사건과 관련하여서만 어느 정도 불확정적인 것이 아니라 오히려 일반적 규정으로서도 흠결이 있을 수 있다는 사실에 근거한다. 입법자가 알 수 없었던 법률사건들이 많다는 인식을 근거로 상고심법관은 법률을 개선하고 보다 엄밀하게 다듬고, 차별화할 수 있다. 간단하게 말하면 판례법을 만들어내고 법을 계속적으로 형성할 수 있다.[47]

상고심법원의 개별판결을 헌법을 기준으로 심사하는 헌법재판소는 헌법, 즉 다양한 방법으로 충족될 수 있는 틀의 관점에서 생각하여야 한다.[48] 합헌적 법률이 구체적일수록 법적용이 헌법에 위배될 가능성은 적어진다. 그러한 법률이 잘

---

45) *Canaris* (주 27), S. 71ff.

46) *Ernst-Wolfgang Böckenförde*, Methoden der Verfassungsinterpretation, in: NJW 1976, S. 2089, 2091; *Christian Starck*, Die Verfassungsinterpretation, in: Isensee/Kirchhof (Hrsg.), HStR Bd. Ⅶ, 1992, §164 Rn. 5ff., in: 3. Aufl. 2014, 이 책의 제3부 제3장, 365쪽 이하 참조.

47) 상고심법원의 이러한 임무는 소송법에 규정되어 있다. §132 Abs. 4 GVG, §11 Abs. 4 VwGO, §11 Abs. 4 FGO, §32 SGG, §45 Abs. 4 ArbGG.

48) 모범적인 사례로는 BVerfGE 94, 1, 7, 10인데, 이 판결들은 상반되는 두 심급법원의 결정을 합헌으로 보았다.

못 적용되는 경우에도, 법률의 내용으로 오해된 법률해석이 헌법에 반하는 경우에만 거기에 동시에 헌법침해가 존재하게 된다. 그렇지 않으면 모든 법률침해는 헌법침해, 적어도 헌법상의 평등원칙을 침해하는 것이 될지도 모른다. 헌법재판은 결코 초상고심이 아니기 때문에 그것은 타당하지 않다.[49] 상대적으로 불명확한 법률의 경우, 담당 판사는 구체적 사건과 관련하여 최종 결정을 하는 데 보다 많은 자유를 가진다. 법관은 여기서 헌법의 틀 안에서 결정하는 입법자의 자유에 참여하게 된다.

사법과 관련하여 요약하면 다음과 같다. 특별한 보호 및 평등취급의 위임과 기본권의 객관적-법적 효력을 통하여 기본권이 사법질서에 미치는 영향은 상충하는 법적 지위를 형량하면서 우선은 입법자가 실현하여야 한다.[50] 개방적 법률개념을 충전하는 것은 일반 판사의 권한이다.[51] 일반 법관은 개별사건에 대해 판단하고, 이 경우 재판에 회부된 개별사건의 정의를 법률의 범위 내에서 실현한다. 연방헌법재판소는 (1) 법원에 의한 사실관계의 조사가 자의적이지 않은지, (2) 법원의 결정이-규범으로 일반화될 경우-관련 기본권에 합치하는지 그리고 (3) 계속적 법형성의 헌법적 한계가 준수되었는지 여부만을 심사한다.[52]

3. 헌법상 보장된 법적 지위

필요한 법적 지위의 형량에 대해서 여기서 일반적으로 말할 수 있는 것은, 법적 지위에 대한 해당 제한의 깊이(진지성)가 심층적으로 분석되어야 하고,[53] 그리고

---

49) 이에 대하여 상세하게는 *Starck* (주 44), S. 1033, 1039ff. = 349ff.; v. Mangoldt/Klein/*Starck*, Grundgesetz Kommentar, 6. Aufl., Bd. I, 2010, Art. 3 Rdnr. 284f. 참조.

50) 예를 들면 BVerfGE 14, 263ff.; 39, 1ff.; 73, 261, 270; *Konrad Hesse*, Verfassungsrecht und Privatrecht, 1998; *Volkmar Götz* (주 25), S. 46ff; *Peter Badura*, Kodifikatorische und rechtsgestaltende Wirkung von Grundrechten, in: Festschrift für Walter Odersky 1996, S. 159, 172f.

51) 예컨대 BVerfGE 7, 198ff.; 35, 202ff.; *Götz* (주 25), S. 58ff.

52) *Starck* (주 44), S. 1033, 1039f. = S. 349ff.에서는 *Ekkehard Schumann*, Verfassungsrecht und Menschenrechtsbeschwerde gegen richterliche Entscheidungen, 1963, S. 206ff.을 참조하고 있다.

53) *Wolfgang Rüfner*, Grundrechtskonflikte, in: C. Starck, Bundesverfassungsgericht und

서로 대립하는 지위를 유지하면서 형량이 이루어져야 한다는 것뿐이다.[54] 그 예는 다음과 같다.

- 계약의 자유와 차별금지(기본법 제3조 제3항),[55]
- 계약의 자유와 계약상대방의 구조적인 열악성,[56]
- 의사표현의 자유와 가해금지,[57]
- 보도의 자유와 인격권,[58]
- 예술의 자유와 인간의 존엄,[59]
- 소주주의 재산권과 대주주의 재산권[60]

Grundgesetz, Bd. II, 1976, S. 465ff.; 비슷하게는 Herbert Bethge, Zur Problematik der Grundrechtskollisionen, 1977, S. 323; *Jürgen Schwabe*, Probleme der Grundrechtsdogmatik, 1977, S. 317f.

54) *Konrad Hesse*, Grundzüge des Verfassungsrechts, 20. Aufl. 1995, Rn. 354f.; *Friedrich Müller*, Normativität und Normstruktur, 1966, S. 213 m.w.N.; aus der Rspr. BVerfGE 35, 202, 219-244.

55) EuGH v. 01. 03. 2011 - C 269/07, in: EuR 2011, S. 683ff.; 이에 대해서는 *Kai P. Purnhagen*, ebda., S. 690ff.; *Dirk Loscheelders*, Diskriminierung und Schutz vor Diskriminierung im Privatrecht, JZ 2012, S. 105, 109f. m.w.N. 참조.

56) BVerfGE 89, 214, 232f. (Bürgschaft); 이에 대해서는 *Gerhard Spieß*, Inhaltskontrolle von Verträgen, DVBl. 1994, S. 1222ff.; *Joachim Gernhuber*, Ruinöse Bürgschaften als Folge familiärer Verbundenheit, JZ 1995, S. 1086; *Reinhard Singer*, Vertragsfreiheit, Grundrechte und Schutz des Menschen vor sich selbst, JZ 1995, S. 1133, 1136; *Peter Derleder*, Unterlegenenschutz im Vertragsrecht, KritJ 1995, S. 320, 325f.; BVerfGE 97, 169, 175 (Vertragsfreiheit und Kündigungsschutz), 앞 Ⅳ 4 b 참조.

57) BVerfGE 7, 198, 203f.; 62, 230, 243ff.; 문제에 대해서는 *Rolf Stürner*, Die verlorene Ehre des Bundesbürgers. Bessere Spielregeln für öffentliche Meinungsbildung?, in: JZ 1994, S. 865, 874.

58) BVerfGE 35, 202, 219; 101, 361, 395ff.; 120, 180, 196ff.; *Christian Starck*, Das Caroline-Urteil des Europäischen Gerichtshofs für Menschenrechte und seine rechtlichen Konsequenzen, in: JZ 2006, S. 76ff. = *Starck*, Praxis der Verfassungslegung Ⅱ, 2006, S. 85ff.; Urteil JZ 2004, S. 1015 m. Anm. von *Rolf Stürmer*, ebda., S. 1018.

59) BVerfGE 30, 173, 195ff.

60) BVerfGE 14, 263, 282ff.

이러한 예들은 민법 스스로도 형량을 위한 규칙을 만들 수 있음을 보여준다. 헌법적으로 심사되는 형량에 대한 필요한 분석뿐만 아니라 세분화도 모두 판례법을 참조하고 있다. 판결 사건들은-아래 Ⅳ 4에서 설명한 바와 같이-상호 대립하는 법적 지위를 기본권적으로 확립하려는 경향을 분명히 나타내고 있다. 채권법의 많은 영역에는 그동안 기본권이 스며들어와 있다. 이를 통해 헌법적으로 형량된 지위를 확보하여 비로소 헌법재판소의 결정권한이 생겨난다. 이는 특히 임차인이 임대인에 대하여 소유권을 주장할 수 있다고 하는 특기할 만한 가정으로 이어졌다.[61] 가능한 최선의 형량을 찾는 것은 헌법재판소의 임무가 아니다. 오히려 헌법재판소는 입법자 또는 법률을 적용하는 판사가 발견한 형량이 헌법의 틀 내에 머물러 있는지를 심사할 수 있을 뿐이다.

결론적으로 결사법에서 종교의 자유(기본법 제4조 제1항)의 중요성에 관한 사례는 연방헌법재판소가 기본권의 도움으로 어떻게 적절한 결정에 도달하는지를 보여준다. 독일 결사법에 따르면 단체는, 민법 제21조 이하의 규정된 특정한 조건들을 충족하고 그 정관이 단체의 자율성 및 자치원칙(결사의 자율성)에 부합하는 경우에, 단체등록부에 등록함으로써 권리능력을 갖는다.

바하이(Bahá'i) 종교공동체는 독일에서 국가영성위원회(Nationaler Geistiger Rat)를 통해 대표되고, 그 하부조직으로서 국가적 차원에서 지역영성위원회가 선출된다. 이 지역위원회의 하나가 단체등록부에 등록을 신청하였으나, 국가영성위원회에 회원의 제명, 정관의 변경, 단체의 해산 그리고 기타 단체 관련 사안에 대한 결정권한을 부여하는 규정이 정관에 포함되어 있다는 이유로 관할 법원에 의하여 기각되었다. 단체의 조직에 대한 그러한 포괄적인 외적 영향은 허용될 수 없고 결사의 자율성원칙에 합치하지 않는다는 것이다.

단체의 헌법소원은 성공했다. 연방헌법재판소는 법원의 결정이 민법전상 결사권의 해석과 적용에서 기본법 제140조/바이마르 헌법 제137조 제2항 및 제4항과 관련한 기본법 제4조 제1항 및 제2항에서 보장하는 기본권인 종교적 결사의 자유의 중요성을 충분히 고려하지 않았고 그로 인해 소원청구인들의 기본권을 침

61) BVerfGE 89, 1, 5ff.; 비판으로는 *Otto Depenheuer*, in: v. Mangoldt/Klein/Starck, Grundgesetz Kommentar, Bd. I, 6. Aufl. 2010, Art. 14 Rdnr. 54. 참조.

해했다는 결론에 도달하였다. 기본법 제4조 제1항과 제2항을 통하여 보호되는 한, 종교적 결사의 자유는 관련 결사권의 형성과 적용에 있어서 종교단체의 자기이해를 특별히 고려하도록 명령하고 있다는 것이다. 그렇기 때문에 해당 규범을 해석할 때 필요한 경우에는 종교단체에 유리하게 여지를 활용해야 한다는 것이다. 따라서 종교단체는 그 내부 조직과 관련하여 일반적 법률관계 참여에서 완전히 배제되어서는 안 된다. 또한 정관에 따른 단체 자치권의 제약에서도 단체의 자율성 행사를 볼 수 있다. 또 많은 종교단체는 신앙을 기반으로 하는 위계적 조직을 가지고 있다. 특히 종교단체의 지역적 하위조직을 상위 종교단체의 구조로 편입하는 것은 그 구성원들의 공동신앙 안에서 종교적 자기결정권의 표현이고, 단체의 자기결정의 포기로 판단되어서는 안 된다.

이에 따르면 결사법은, 종교단체의 하위 조직으로 구성된 종교적 결사의 경우, 자율적인 해산, 제명, 또는 활동에 관한 권한이 결사의 자율과 부합하지 않는 외부로부터의 외적 결정으로 간주되지 않도록 보장한다. 다만, 그것이 현행 종교법적 연결 관계 내에서 보다 큰 종교단체로의 편입을 보장하는 데 기여하고 그에 국한되는 경우에 그러하다. 위계상 상위 기관의 개입권한에 대한 그러한 제한에도 불구하고 단체의 자기결정권과 독자성은 충분히 보장된다. 따라서 단체등록부 등록의 거부는 종교적 결사의 자유라는 청구인들의 기본권을 침해한다는 것이다.

Ⅵ 요약

기본권 역사를 통하여 드러난 과정을 요약하면 다음과 같다. 18세기 말에 인간의 자연권이 포괄적 의미에서 인권 목록으로 선언되었다. 이 자연권에 민법의 성문화와 특별한 기본권법률들을 통하여 비로소 법적 효력이 생겨났다. 기본권과 민법의 결합은 19세기 후반에 점점 약화되었고, 기본권은 예외적으로만 특정한 헌법상의 명령을 통하여 민법에서 효력을 가졌다. 지난 세기의 50년대 말 이후부터 비로소 연방헌법재판소의 판결은 포괄적인 - 그러나 원래 규범적으로는 보장되지 않았던 - 기본권의 의미를 다시 인정하였고, 그것은 기본권 보호 의무 이론의 출발점이 되었다. 그리하여 사법상의 법률들은 기본권의 기준에 따라 심사되었고, 기본권적으로 보장된 양 당사자의 지위를 균형 있게 형량하지 못한 경우에는 위헌으로 선언되었다. 법원의 법률해석에 관한 한, 특별한 헌법재판소에서 재판에 대한 헌법소원이 가능한 국가에서는 상고심법원과 헌법재판소 간의 관할에 대하여 법해석학적으로 명확히 구분할 필요가 있다.

역자 주

i 영미의 common law를 의미하므로 관습법이라고 번역할 수 있다.

ii 私法的인. 원본에서 삽입되어 있는 내용이다.

iii 바이마르 헌법 제118조 제1항 제2문은 다음과 같다. "이러한 권리는 어떠한 노동 또는 고용관계에 의해서도 제한될 수 없다."

iv 바이마르 헌법 제159조는 다음과 같다. "노동 또는 경제조건을 유지하고 촉진하는 결사의 자유는 모든 사람과 모든 직업에 대해 보장된다. 이 자유를 제약하거나 기속하려는 모든 합의 및 조치는 위법이다."

v 바이마르 헌법 제117조는 다음과 같다. "서신의 비밀 및 우편, 전신 그리고 전화의 비밀은 불가침이다. 예외는 공화국법률에 따라서만 허용될 수 있다."

vi 기본법 제117조 제1항은 다음과 같다. "제3조 제2항에 반하는 법은 기본법의 규정에 맞게 개정될 때가지 효력을 유지하되, 1953년 3월 31일을 넘지 않는다."

vii 독일 민법 제823조 제1항은 다음과 같다. "고의 또는 과실로 타인의 생명, 신체, 건강, 자유, 재산 또는 기타의 권리를 법률을 위반하여 침해하는 자는 그로 인한 손해를 배상할 의무가 있다."

viii 독일 기본법 제12조 제1항은 다음과 같다. "모든 독일인은 직업, 직장 그리고 직업교육장을 자유롭게 선택할 권리를 가진다. 직업의 행사는 법률에 의하여 또는 법률에 근거하여 규율될 수 있다."

ix 엄격한 법규범을 적용하는 것이 아니라 형평과 정의에 맞도록 구체적인 타당성을 구현하는 재판을 의미한다. 민법상 신의 성실에 따라 조정하는 것도 형평법을 고려한 것이라고 할 수 있다.

x Conseil constitutionnel은 원래 헌법위원회라고 하였으나, 구체적 규범통제제도를 도입한 다음에는 헌법재판소라고 번역하기도 한다.

제4장 남녀 평등과 동등한 지위*

I 배경

남녀 평등은 20세기 초에 이르러서야 점차적으로 확립되었다. 여성은 처음에는 아버지, 혼인 후에는 남편의 후견 아래 있었다. 결과적으로 여성에게는 선거권이 없었다. 프랑크푸르트의 바울교회 헌법과 제국선거법(1849)에 규정되었고 1871년의 독일 제국헌법 하에서 도입된 보통 선거권은 남자의 선거권이었다. 당시에 세계의 어느 국가에서도 여성에게 선거권은 없었다. 칸트는 1797년의 윤리형이상학(법이론, 국가법 § 46)에서 "모든 여성들"은 소극적 국민으로서 선거권에서 배제된다고 기술하였다.

여러 국가에서 여성의 선거권 도입에 관한 연표를 보면, 뉴질랜드가 1893년 영구적으로 여성선거권을 도입한 최초의 나라였음을 알 수 있다. 1906년 핀란드, 1908년 오스트레일리아, 1915년 아이슬란드, 1918년 덴마크와 오스트리아가 뒤따랐다. 독일에서는 바이마르 헌법(1919)이 여성선거권을 도입하였다. 영국(1928), 프랑스와 이탈리아(1946), 스위스(1971), 포르투갈(1974), 리히텐슈타인(1984)이 뒤따랐다.

바이마르공화국 헌법 제109조 제2항은 다음과 같다. "남성과 여성은 원칙적으로 같은 시민적 권리와 의무를 가진다."

바이마르공화국 헌법의 게어하르트 안쉬츠(Gerhard Anschütz)의 권위 있는 주석서에는 그에 대해서 다음과 같이 말하고 있다.[1] "제2항은 남성과 동등한 여

---

* 출처: Löhnig/Preisner/Schlemmer (Hrsg.), Ordnung und Protest. Eine gesamtdeutsche protestgeschichte von 1949 bis heute, Tübingen 2015, S. 219-216.

1) *Gerhard Anschütz*, Die Verfassung des Deutschen Reiches, 14. Aufl. 1933, S. 529(원문 강조)

성의 권리를 선언하고 있다. 그러나 이러한 평등한 권리는 **시민적** 권리와 의무(staatsbürgerliche Rechte und Pflicht. 즉, 국가를 위한 기관의 행위나 개인적 봉사를 대상으로 하는 그러한 권리와 의무)의 범위에만 적용되고, 여기에서도 무제한적으로 적용되는 것이 아니라 '**원칙적으로**'만, 즉 원칙의 예외를 규정하고 있거나 허용하는 모든 제국 법률과 주 법률의 유보 하에 적용된다." 안쉬츠는 제2항은 사법(私法) 관계와는 관련이 없다는 점을 지적한다. 헌법제정국민회의에서 사법영역으로 확대하려는 요청은 거부되었다고 한다.[2)] 따라서 가족법에서 아내에 대한 남편의 우선권도 제109조 제2항의 원칙으로 인하여 영향을 받지 않았다.

II 1949년, 새로운 시작

기본법과 함께 1949년에 새로운 시작이 이루어졌다. 기본법 제3조 제2항 제1문은 다음과 같다. "남자와 여자는 평등한 권리를 갖는다." 이로써 기본법은 국민으로서의 권리와 의무만을 언급한 바이마르 헌법 제109조 제2항을 확대하고 있다. 특히 가족법, 국적법 그리고 국제사법에서 많은 불평등한 취급이 새로운 법률규정을 요구했기 때문에, 기본법 제117조 제1항에서는 제3조 제2항에 반하는 법은 이 규정에 맞추어 조정될 때까지 효력을 갖지만 1953년 3월 31일을 넘을 수 없다고 규정했다. 기본권은 기본법 제1조 제3항에 따라서 직접적으로 효력을 갖지만, 민법은 우선 입법적으로 개정되어야 했기 때문에 이 규정은 불가피한 것이었다. 물론 새로 제정된 법은 처음부터 제3조 제2항에 합치해야 했다. 1953년 3월 31일 이후에는 1953년 12월 18일의 연방헌법재판소의 결정[3)]에 따라 기본법 제3조 제2항에 반하는 법은 사법적 해석을 통해 조정되어야 했다. 입법자는 대개 우선은 민법, 국제사법 그리고 국적법에서 그러한 사법적 적응이 이루어진 뒤에야 뒤따랐다.

기본법 제3조 제2항 제1문은 남녀 평등을 명령하고 있다. 제3조 제3항은 특히 성별로 인한 불이익이나 특혜를 금지하고 있다. 명령규범과 금지규범은 동일

---

2) *Anschütz* (주 1), S. 530.

3) BVerfGE 3, 225, 243ff.

한 내용을 가지고 있다. 이러한 규범의 중복은 그 기원에서 설명될 수 있다. 기본법 제3조 제2항의 평등한 권리라는 특별한 규정은 바이마르 헌법 제109조 제2항과는 명백히 다르다. 기본법 제3조 제3항은 차별금지를 더 잘 표현하고 있고 따라서 명확히 하는 기능을 한다.

Ⅲ 재해석과 헌법개정

1980년대에 법학 문헌에서는 기본법 제3조 제2항[i]을 사회국가원리(기본법 제20조 제1항,[ii] 제28조 제1항 제1문[iii])와 연관하여 남자와 여자의 실질적인 평등한 지위를 명령한 것으로 해석하고 그것도 심지어 실질적인 성평등 요구를 도출하려고 시도했다. 연방헌법재판소는 1987년에 그러한 사실상 평등한 지위에 관한 생각에 대해 논의하였으나, 입법자가 "기본법 제3조 제2항에서 사회국가원리와 관련하여 남자와 여자 사이에 실질적인 평등한 권리를 위한 전제조건들을 마련할 의무를 부담할 수 있는지(원문 그대로!)" 여부에 대하여는 미해결인 채로 남겨두었다.[4] 5년 뒤 연방헌법재판소는 헌법 및 법 정책을 추진하면서 제3조의 제2항과 제3항의 관계에 관한 부수적 의견으로 다음과 같이 설명하였다.[5] "제3조 제3항의 차별금지를 넘어서는 기본법 제3조 제2항의 규율내용은 평등권 명령을 제시하고 이를 사회 현실로 확대하는 데 있다." 이 규정은 생활관계를 균등하게 하는 것을 목표로 한다. 전형적으로 여자에게 적용되는 실질적 불이익은 제3조 제2항의 평등권 명령 때문에 혜택을 부여하는 규율을 통하여 조정될 수 있다. 정치적인 동기에서 비롯되고 시대정신에 따른 제3조 제2항의 원래 문언에 대한 이러한 확장 해석은, 이 규정이 1994년 10월 27일의 헌법 개정을 통하여 다음과 같은 제2문이 보충된 이후로는 구시대적인 것으로 되어버렸다. "국가는 여자와 남자의 동일한 권리의 실질적 실현을 촉진하고 현존하는 불이익을 없애기 위해 노력한다."

4) BVerfGE 74, 163, 179f.

5) BVerfGE 85, 191, 206f. 그리고 반복하여 인용되었지만, 결정과는 관련성이 없는 것으로는 BVerfGE 89, 276, 285; 92, 91, 109.

Ⅳ 평등권(제1문)과 실질적 평등 실현(제2문)

위에서 인용한 제3조 제2문의 보완 규정은 (1) 남녀의 평등한 권리의 실질적 실현을 촉진하고 (2) 현존하는 불이익의 제거를 위하여 노력함으로써 관할 국가기관이 남자와 여자의 생활관계의 조정을 위한 조치를 계속적으로 취하게 하는 국가목표를 규범화하고 있는 것이다. "남"과 "여"라고 한 제2항 제1문은 각 개인을 보호하고 주관적 권리를 부여하는 반면, "여와 남"이라고 한 제2항 제2문은 마찬가지로 개인을 의미하지만 분명히 사회적 현실에서 그것이 의미하는 바와 같이 성별 집단과의 관련 속에서 파악된다.[6]

1993년 초안을 제출한 공동헌법위원회의 설명에 따르면, 이는 법적 문제를 해결하려는 시도라기보다는 사회적 문제를 해결하려는 시도에 가까웠다.[7] "여성과 남성 간의 실질적 평등권을 실현하는 것"이 중심이었다. 국가목표로 규정하는 것은 "특정한 국가의 행위에 대한 어떠한 개인적 청구권도 부여되어서는 안 된다는 것"을 명백히 하는 것이라고 한다. 따라서 입법자는, 자신의 형성재량의 범위 안에서 연방헌법재판소가 2003년 결정한 것처럼, 제3조 제2항 제2문의 명령을 어떻게 이행할 것인가를 결정할 수 있다.[8] 위원회는 엄격한 할당에 의한 여성 지원은 허용되지 않는다고 하는 데 일치하였다. 그러나 심의에서는 여성 지원을 위한 다른 형태의 우대적 차별취급, 특히 동일한 자격과 능력이 있는 경우에 여성 집단이 해당 분야에서 과소 대표되는 한 여성을 남성에 우선할 수 있게 할지 여부는 미해결로 두었다. 이는 이제 헌법해석을 통해서 해명되어야 한다.

국가목표는 헌법이 권한규칙, 기본권 그리고 다른 규정들을 통해 설정하는 한계를 존중하면서 실현된다. 따라서 연방헌법재판소는 적절히 사회국가원리에 포함된 사회적 국가목표는 법치국가의 한계 안에서만 실현될 수 있다고 선언하였

---

6) 이하에서는 용어에 있어서 부분적으로 v. Mangoldt/Klein/*Starck*, Kommentar zum Grundgesetz, 6. Aufl., 2010, Bd. I, Art. 3 Rdnrn. 309-318에서의 나의 설명에 따른다.

7) BT-Drucksache 12/6000, S. 50 및 그 이하.

8) BVerfGE 109, 64, 90; *Lerke Osterloh*, in: Sachs, GG, Art. 3, Rn. 262: 어떠한 주관적 권리도 특히 어떠한 본래적 참여청구권 및 급부청구권도 아니다.

다.[9] 헌법에 새로 규정된 제3조 제2항 제2문의 국가목표도 마찬가지다. 여성과 남성의 평등권의 실질적 실현을 촉진하는 경우에 제2항의 제1문과 성별에 관한 제3항 제1문의 엄격한 차별금지, 즉 평등취급을 받을 개인의 권리가 존중되어야 한다. 따라서 예를 들면 공직 진출에 있어서 동일한 경력을 가진 지원자의 경우에 여자가 법률상 규정된 할당이 채워지기까지 우대되어야 한다는 할당 규정은 위헌이다. 왜냐하면 기본법 제33조 제2항에 따라 성별은 허용된 차별기준이 아니고 제3조 제2항 제1문과 제3항 제1문[iv]에 따라 선발기준으로서 명백히 금지되어 있기 때문이다.[10]

그렇기 때문에 제3조 제2항 제2문의 국가목표를 성별과 관련한 엄격한 차별금지라는 기본권 차원으로 끌어올리고 마치 타인의 자유를 보장하기 위한 자유권의 제약이 문제가 되는 것처럼 "실질적 조화"라는 마술공식으로 엄격한 차별금지를 제한하는 것을 합리화하는 해석은 근거가 없다.[11] 그래서 이러한 해석 방식은 평등명령의 제한이 평등권의 실질적 실현을 촉진하기 위하여 적합하고 필요하며 비례적인지 여부를 심사하는 잘못을 범하게 된다.

따라서 제3조 제2항 제1문과 제3항 제1문의 엄격한 차별금지의 법해석학적 구조가 곡해되고 있다. 남녀평등 보장이 의미하는 바와 같이 엄격한 차별금지는 국가목표의 실현을 위해 피할 수 없다. 차별은 여성의 생물학적-성별의 차이를 이유로 여성의 보호에 기여하거나 그와 별개로 헌법이 직접 명령한 경우에 한하여 허용된다. 이에 대해서는 다시 언급한다. 그밖에 국가목표는 개인의 주관적 권리를 고려하면서 실현되어야 한다. 일반적 평등원칙의 규범적 내용은 헌법의 국가목표도 포함하여 헌법적 맥락에서 비로소 규명되는 반면, 제3조 제2항 제1문과

---

9) BVerfGE 88, 203, 319.

10) OVG Lüneburg, DVB1. 1995, S. 1254, 1256 f.; *Laubinger*, VerwArch 87 (1996), S. 305, 473, 510ff., 527ff. mit umfassenden Nachweisen; *Wolfgang Rüfner*, Bonner Kommentar, Art. 3 Abs. 2 und Abs. 3, Rn. 767ff.; *Rupert Scholz*, in: Maunz/Dürig, Grundgesetz, Art. 3 Abs. 2, Rn. 61ff.

11) 이러한 방식으로는 *Ingwer Ebsen*, Gleichberechtigung von Männern und Frauen, in: HbVerfR 1, § 8, Rn. 42ff.

제3항 제1문의 특별한 차별금지는 국가목표의 유보 하에 있는 것이 아니다.[12)]

이러한 해석 결과는 유럽연합법원(EuGH)의 판결과 일치한다. 유럽연합법원은 다수의 판결에서 여성할당이 고용, 직업훈련 그리고 직업적 승진 및 노동조건과 관련한 남녀 평등대우 원칙의 실현을 위한 1976년 2월 9일의 유럽평의회의 지침에 위반된다고 보았다.[13)] 유럽연합법원은 첫 번째 판결(Kalanke 1995)에서 브레멘의 평등법을 배척하면서, 공직 접근에서 법적 평등은 개인의 권리로 이해되어야 하므로 여성 집단을 남성 집단과 대립시키는 모든 평등관을 부인한다고 하였다.

노르트라인-베스트팔렌과 헤센의 입법을 통한 여성 승진에 관한 추가 판결들은 경직된 할당을 완화하는 방식으로 해석하고 있다.[14)] 유럽연합법원은 평등취급을 받을 개인의 권리에 합치하는 것으로 보는 기회균등의 촉진과 이 권리에 부합하지 않는 결과평등의 달성을 구별하고 있다. 유럽연합법원 판결에서는 "여자의 성별"이라는 기준만이 승진에 결정적인 것이 되어서는 안 된다는 것이 분명히 드러난다. 그러한 한 결과의 평등을 확보하기 위한 모든 여성할당은 독일 헌법과 마찬가지로 유럽연합법과도 부합하지 않는다.[15)]

여성과 남성의 평등권의 실질적 실현을 촉진하기 위한 국가의 조치는 제3조 제2항 제1문을 포함하여 여성뿐만 아니라 남성도 주장할 수 있는 기본권과 합치하여야 한다. 헌법적 문제는 여성의 기회균등을 보장하지만 결과적으로 개별 남성의 평등권을 침해하지 않는 규정을 제정하는 데 있다. 이 문제는 일괄하여 답할

---

12) *Udo Di Fabio*, Die Gleichberechtigung von Mann und Frau, in: AöR 122 (1997), S. 404, 443.

13) RiL 76/207 EWG; EuGH v. 17.10.1995 - Kalanke-Urteil, JZ 1996, S. 196 m. Anm. v. *Christian Starck*.

14) EuGH v. 11.11.1997 - Marschall-Urteil, JZ 1998, S. 139 ff. mit Anm. von *Starck*. EuGH vom 28.03.2000 - Badeck-Urteil, JZ 2000, S. 667 ff. mit Anm. von *Starck*. 유럽법에 적합한 기본법 제3조 제2항의 해석의 필요성에 대해서는 *Claus Dieter Classen*, Wie viele Wege führen zur Gleichberechtigung von Männern und Frauen?, in JZ 1996, S. 921, 930 참조. 할당은 허용되지 않는 것으로 보는 예로는 *Jörn Ipsen*, Staatsrecht II, Rn. 822; *Di Fabio* (주 12), S. 441ff.; OVG Münster, NVwZ 1996, S. 494f.

15) *Werner Heun*, in: Dreier, Grundgesetz, Bd. 1, Art. 3, Rn. 113, 그러나 호인은 여성에 대한 필수적이고 자동적인 선호가 없는 유연한 할당은 허용하고자 한다.

수는 없고 관련 헌법규범의 기준에 따라 개별 규정과 관련해서만 답할 수 있다.[16] 일정한 여성할당을 할 법률적 의무는 계약의 자유나 공직취임에 관한 헌법 규정을 침해하게 될 것이다.

여성의 출발점인 여성의 기회균등은 공공 부문에서 예를 들면 출산과 양육기간을 고려함으로써 개선하고 남성의 상황과 비교하여 보상할 수 있다. 출산은 생물학적 차이에 근거를 두고 있다. 양육기간은 성별에 따른 것이 아니고 사회적으로 통상 여성이 담당하기 때문에 법적으로 성 중립적인 기준으로 사용될 수 있으며 이는 실제로는 여성에게 유리하게 작용한다. 기회균등의 촉진을 위한 다른 수단들로는 반일근무를 포함하여 작업장과 노동시간을 가족에 적합하게 유연하게 형성하는 것과 출산 및 (성 중립적인) 자녀양육 후 여성의 직장복귀 장려가 있다. 그러나 여성대표, 보고 등과 같은 조직상의 조치도 고려할 수 있다.[17] 여성은 공직의 많은 분야에서 여전히 저 대표되고 있음에도 불구하고, 여성은 남성과의 경쟁에서 채용조건을 충족해야 한다. 시간이 지나서야 남녀의 광범위한 사실상의 평등이 나타나게 될 것이지만, 공무원신분인 교직에 대해서는 이미 여성에게 유리하게 되었다.

제3조 제2항 제2문의 국가목표를 통하여 표현된 평등권의 실질적 실현을 촉진하는 과제는 예를 들면 수공업에서 보조금을 통하여 자영업 창업을 촉진함에 있어서 여성에게 보다 유리한 조건을 제공하는 것을 정당화 한다. 여성은 장인시험을 통과한 후 5년의 기간이 주어졌지만, 남성에게는 2년의 기간만이 주어졌다.[v] 이로써 - 전체적으로 보면 - 특히 가족을 꾸리는 시기에 있는 여성의 직업적 불이익이 보완되고 있다.[18]

---

16) *Hans-Joachim Mengel*, Maßnahmen "Positiver Diskriminierung" und Grundgesetz, in: JZ 1982, S. 535.

17) 많은 문헌들 가운데서도 특히 *Ursula Köbl*, Welche Maßnahmen empfehlen sich, um die Vereinbarkeit von Berufstätigkeit und Familie zu verbessern?, JZ 1994, 840, 843ff.; *Ulrike Bumke*, Art. 3 GG in der aktuellen Verfassungsreformdiskussion zur ergänzenden Änderung des Art. 3 Abs. 2 Grundgesetz, in: Der Staat, 32 (1993), S. 117, 124f.; *Hans-Werner Laubinger*, VerwArch 87 (1996), S. 473, 532f.; *Osterloh* (주 8), Art. 3, Rn. 282.

18) BVerwG, DVBl. 2003, S. 139, 141.

Ⅴ 차별의 허용

제3조 제2항과 제3항의 특별한 차별금지는 예외적으로 차별을 허용하고 있는데, 그중 일부에 대해서는 이미 설명하였다. 법적 평등의 보장(기본법 제3조 제2항 제1문)은 여성의 생물학적-성적 특성과 관련된 여성의 보호가 문제되는 한, 여성에게 불리하게 적용되어서는 안 된다. 차별금지는 임신, 출산, 수유와 같은 여성만이 할 수 있는 사실관계와 관련하여서는 적용되지 않는다. 그에 반하여 여성이 명목상 보다 약한 신체적 조건을 가졌다는 것으로부터는 일반적인 법적 결론이 나올 수는 없다. 여성의 차이점은 규율되는 사실관계와 구체적으로 관련이 있어야 한다. 따라서 여성의 야간작업금지는 법적 평등에 부합하지 않는다고 한다. 왜냐하면 노동 의학적 연구에 따르면 여성이 성별 때문에 남성보다 더 심하게 영향을 받는 것이 아니라는 사실이 밝혀졌기 때문이다. 연방헌법재판소는 여성이 집안일과 양육 부담이 가중된 상태에서 야간작업으로 더 영향을 받는다는 주장에 대해서 그것은 성별 특성에 따른 것이 아니고 역할 특성에 따른 것이라고 하면서 받아들이지 않았다.[19] 임신, 출산 그리고 수유기는 기본법 제6조 제4항에서 헌법의 보호를 받고 있고(모든 어머니는 공동체의 보호와 배려를 청구할 권리를 갖는다), 차별을 허용하고 있다. 더구나 최소한의 보호가 명령되어 있다(기본법 제6조 제4항의 차별명령). 보호규정은 예를 들면 가임기 여성의 고용조건에 대해서 실질적으로 차별적 효과가 없도록 형성되어야 한다.

Ⅵ 맺는 말

20세기 초부터, 독일에서는 1919년부터 남녀평등의 발전을 간략하게 살펴보면, 1919년에는 원칙적으로 평등한 시민권, 1949년에는 일반적 평등권, 1994년에는 "촉진"이라는 국가목표로 명확한 단계를 보이고 있다. 전체적으로 나는 이러한 발전의 결과를 법문화의 성과로 보고자 한다. 물론 법적으로 규정된 할당이 이

19) BVerfGE 85, 191, 210.

를 방해할 수 있다. 사실상 평등을 도출하기 위한 할당은 자유 적대적이다. 교육의 자유, 직업선택의 자유(기본법 제12조 제1항), 공정한 선발절차(기본법 제3조, 제33조 제2항)라는 기본권 보장과 기본법 제3조 제2항 제2문의 국가목표의 틀 안에서 성과가 온전히 이루어질 것이다.

역자 주

i　구 독일 기본법 제3조 제2항은 다음과 같다. “남자와 여자는 동일한 권리가 있다.”

ii　독일 기본법 제20조 제1항은 다음과 같다. “독일연방공화국은 민주적이고 사회적인 연방국가다.”

iii　독일 기본법 제28조 제1항 제1문은 다음과 같다. “주의 헌법질서는 기본법의 의미에서 공화적, 민주적 그리고 사회적 법치국가의 원칙에 합치하여야 한다.”

iv　독일 기본법 제3조 제3항 제1문은 다음과 같다. “누구도 성별, 혈통, 인종, 언어, 고향과 출신, 신앙, 종교 또는 정치적 견해 때문에 불이익을 받거나 우대받아서는 안 된다.”

v　정부 보조금을 받을 수 있는 창업 기한을 말한다.

제5장

생명과학에서 인간존엄의 보장*

I 생명과학의 실제

1. 여성의 신체 외부에서 배아의 생성

생식의학은 몇 년 전부터 여성 신체의 밖인 시험관(in vitro, 체외수정)에서 여성의 난자와 남성의 정자를 융합하여 사람이 탄생하게 할 수 있게 되었다. 그렇게 해서 발생한 배아는 그 다음에 난자가 생기는 여성의 자궁에 "착상"된다. 이 방법의 목적은 출산을 원하는 사람들의 나팔관 기능 결함과 같은 신체적 결함을 극복하는 것이다. 시험관에서 생성된 배아는 그 자체에 내재된 목적, 즉 난세포가 나오는 여성의 자궁에 착상된 후 스스로 사람으로 발전하는 자체목적을 가지고 있다.[1] 독일의료계의 최고기구인 연방의사협회(Bundesärztekammer e.V.)는 체외수정과 배아이식 시행 지침에서 인간불임 치료방법에 대해 언급하고 있다. 이러한 목적은 체외수정으로 생성된 배아를 여성 신체에 이식하는 외에는 사용할 수 없게 하고 있다. 치료목적으로 개발되었다 하더라도 체외수정(In-vitro-Fertilisation)은 인간의 생성과 그 결과를 통제할 가능성을 만들어내었다.

---

* 출전: Revista catalana de dret públic, núm. 36 (2008), p. 79-100.

1) *Christian Starck*, "Die künstliche Befruchtung beim Menschen. Verfassungsrechtliche Fragen". Gutachten A für den 56. Deutschen Juristentag, Verhandlungen Bd. I, München 1986, S. 30f., *Christian Starck*, Freiheit und Institutionen, Tübingen 2002, S. 106f.에 재수록

2. 착상 전 진단

따라서 넓은 새로운 의학의 장이 열렸다. 생성 성분과 생성 후 수정된 난세포는 현미경으로 진단되고 선별된다. 여기에서 착상 전 진단[i]이라는 개념이 등장했다. 한 철학자는 체외수정이 정당화될 수 있는 경우는 수정된 난세포를 먼저 진단하고 유전적 손상이 있는 경우에는 착상하지 않는 경우뿐이라고 하였다.[2] 착상 전 진단으로 체외수정의 목적이 유전적 관점에서 진단되고 선별된 배아의 이식으로 변경된다. 따라서 체외수정에 대해서는 자연적 방법으로 생산능력이 있지만 유전적 질병이 있는 자식을 생산할 높은 위험으로 인하여 착상 전 진단을 원하는 부부도 관심을 가지게 된다.

3. 배아줄기세포의 연구

생식의학의 조치들은 생명과학연구를 위한 "재료"를 제공한다. 그렇게 수정된 난세포, 즉 배아는 심각한 질병, 특히 유전적 질병의 치료방법을 배우거나 아마 장래에는 "더 나은 인간"을 만들기 위한 연구수단으로 사용될 것이다. 배반포(胚盤胞, Blastozyste)[ii] 단계(5에서 6일)에 있는 배아에서는 줄기세포를 제거할 수 있다. 배아의 줄기세포는 유기체를 발생시키는 원세포다. 그것들은 장기간 증식할 수 있다. 따라서 많은 줄기세포를 만드는 데는 적은 배아로도 충분하다. 그로부터 발생하는 줄기세포주[iii]는 예를 들면 심장근육조직, 간조직, 골수 등 광범위한 유형의 조직으로 분화할 수 있다. 줄기세포를 얻기 위해서 배아가 "소비", 즉 사멸된다. 이는 우선 연구가 주된 목적이다. 환자에게 그러한 조직을 이식하는 것은 여전히 해결되지 않은 불명확한 문제다.

4. 치료 목적의 복제

완곡하게 "세포핵이식(Zellkerntransplantation)"이라고도 불리는 소위 치료 목적의 복제(therapeutische Klonen, 그리스어로는 Klón = Sprössling 자손)[3]에서 치료

2) *Volker Gerhardt*, "Der Mensch wird geboren", in: Merkur, Heft 625, Stuttgart 2001, S. 38, 47.

3) 미국에서 당시에 계획된 인간복제의 법률적 금지에 반대하는 40명의 미국 노벨상 수상자들의

할 환자의 체세포의 세포핵이, 핵이 제거되고 수정되지 않은 제2차 감수분열(Reifeteilung)의 중기(Metaphase)에 있는 난세포에 이전된다. 환자의 체세포와 수용 난세포의 세포막(Membranen)이 충분히 밀착되어 붙어 있는 경우 적절한 전기 펄스를 갖다 대면 국부적으로 제한된 두 세포막의 융합이 이루어질 수 있다. 이러한 무성생식을 하면 배아의 발달이 시작되는 새로운 전능세포(totipotente Zelle)가 발생한다.[4] 이 방법을 이용하여 환자의 유전물질(Erbgut)을 가진 배아줄기세포를 얻을 수 있을 것으로 기대되는데, 여기에서 체세포가 생긴다. 이로써 신체의 거부반응을 유발하지 않으면서 환자의 독특한 특징을 가진 조직과 기관을 얻을 수도 있다. 치료를 위해 필요한 줄기세포를 뽑아내면 무성생식 방법으로 생성된 배아는 소비하게 된다. 줄기세포를 환자의 병든 기관에 주입하면 종양이 생길 수 있기 때문에 이 기술은 (여전히) 치료목적으로 실제로는 사용되지 않는다. 한국에서의 성공보고(2005년 5월)는 곧 황우석 교수의 사기로 드러났다.

이 치료 목적의 복제 기술은 추가적인 문제로 여성의 난자가 요구된다는 것이다. 적절한 난세포의 획득은 가능한 젊은 여성의 난세포를 외과적 방법으로 채취함으로써 가능하다.[5] 약물자극, CO_2가스에 의한 복강확장, 난소접근의 개선, 난세포의 채취를 위한 도구의 투입이 외과적 방법들이다. 이 모든 것은 전신마취를 전제로 한다.

신문보도에 따르면 영국 감독청인 인간생식배아관리국(Human Fertilisation and Embryology Authority: HFEA)은 2007년 2월 21일에 여성은 인공적으로 연구를 위해 난세포를 제공할 수 있음을 공표했다. 영국은 줄기세포 및 복제 연구자들의 여성 난세포 접근을 용이하게 하기 위해 그러한 관행을 합법화하는 유럽연합 최초

항의서한 참조. 이에 대해서는 Frankfurter Allgemeine Zeitung(FDZ) vom 15.04.2002/Nr.87, S. 43. 참조.

4) 과정의 설명에 대해서는 Bericht zur Frage eines gesetzgebenden Handlungsbedarfs beim Embryonenschutzgesetz auf Grund der beim Klonen von Tieren angewandten Techniken und der sich abzeichnenden weiteren Entwicklung, in: *Deutscher Bundestag*, Drucksache 13/11263 vom 26.06.1998, S. 8. 참조.

5) *Lieselotte Mattler*, "Medizinisch-gynäkologische Aspekte der In-vitro-Fertilisation und des Embryotransfers beim Menschen", in: Ulrich Jüdes (Hrsg.), Invitro-Fertilisation und Embryotransfer, 1983, S. 53ff.의 기술 참조.

의 국가다. 개별기증에 대해 비용을 지불하는 것은 금지된다. 인간 난세포의 매매와 상업화는 배제되어야 한다. 이타적 동기를 전제로 한다. 2007년 여름에 영국으로부터 위에서 언급한 HFEA에서 연구자가 더 이상 인간 난세포에 의존하지 않는 방법을 발견하였다고 하는 다소 놀라운 새로운 소식이 들렸다. 즉, 소의 난세포에서 핵을 제거하고 위에서 기술한 방법으로 환자의 체세포와 합치면 배아가 생성되는데, 이 배아는 줄기세포를 얻은 후 14일 이내에 사멸하게 된다. 핵이 제거된 소의 난세포는 단순한 그릇이 아니라 오히려 어느 정도 동물적 특징이 남아 있으면서, 유전적 핵 제거에서 살아남은 미토콘드리아 DNA를 가진 미토콘드리아이다.

5. 결론

여기에서 설명한 관행은 보통 체외수정으로 생성된 인간의 배아가 여성의 자궁에서 인간으로서 발전해갈 기회를 빼앗는 결과에 이른다. 즉, 착상 전 진단은 선별로, 즉 유전적이거나 다른 이유로 배아의 기피로 이어진다. 줄기세포연구와 치료복제는 소모, 즉 유성으로나 무성으로 생성된 배아의 폐기로 이어진다. 동물 난세포가 사용되는 한, 생존 가능한 배아는 발생하지 않는다.

Ⅱ 독일 입법자와 그 밖의 유럽국가의 헌법제정자 그리고 국제법의 대응

여기서 설명된 관행은 지난 세기의 80년대 말에 이미 독일에서 입법자를 움직여, 오랜 논의 후인 1990년에 배아보호법(Embryonenschutzgesetz)이 제정되었다.[6] 이 법률은 다음의 행위를 형법으로 금지하고 있다. (1) 난세포를 채취한 여성의 임신을 유도하는 것 이외의 다른 목적의 체외수정(제1조 제1항 제2호). 따라서 인공수정과 배아의 자궁 내 착상 간에는 긴밀한 연계가 확고하게 되고 체외수정으로 생성된 배아의 다른 사용은 모두 금지된다. 그로부터 필연적으로 (2) 한 생리주기 내에 여성에게 착상되어야 하는 것보다 많은 난세포를 수정하는 것(제1조 제1항 제5

6) Gesetz v. 13.12.1990 (BGBl. I, S. 2747).

호) 및 (3) 사람, 사망한 사람, 태아(Fötus) 또는 배아의 유전자정보(복제)를 (다른) 배아에게 이전하는 것(제6조 제1항)이 금지된다. 법률은 제8조 제1항에서 "핵융합시점에서부터 발전능력이 있는 수정된 사람의 난세포, 더욱이 필요한 다른 전제조건들이 존재하는 경우에 분할하고 개체로 발전할 수 있는 배아에서 빼낸 모든 전능세포를" 배아라고 부르고 있다. 2011년에는 법률개정을 통하여 착상 전 진단이 일정한 조건 하에서 허용되었다.

스위스에서는 1999년 헌법이 제119조에서 인간을 대상으로 하는 생식의학과 유전공학에 대해 상세히 규정하고 있다. 전반적으로는 인간은 생식의학의 남용과 유전공학에 대해 보호된다고 규정하고 있다. 연방에 대해서는 인간의 생식물질(Keimgut)과 유전물질의 취급에 관한 규정을 제정하고 이때 인간존엄, 인격 그리고 가족이 보호되도록 배려할 것을 촉구하고 있다. 이 경우 연방은 다음의 7개의 원칙을 준수하여야 한다.

- 모든 종류의 복제 그리고 인간의 생식세포(Keimzelle)와 배아의 유전물질에 대한 조작은 허용되지 않는다.
- 인간이 아닌 생식물질과 유진물질은 인간의 생식물질 속으로 집어넣거나 인간의 생식물질과 함께 융합되어서는 안 된다.
- 의학의 지지를 받는 생식의 절차는, 자녀에게 특정한 재질을 이끌어내거나 연구를 수행하기 위해서가 아닌, 불임이나 중증질병의 유전 위험을 달리 극복할 수 없는 경우에만 적용될 수 있다. 여성의 신체 외부에서 인간 난세포의 수정은 법률에 정해진 조건에 따라서만 허용된다. 인간 난세포는 여성에게 즉시 착상될 수 있는 정도만큼의 난세포만이 여성의 신체 외부에서 배아로 발전시키는 것이 허용된다.
- 배아의 기증과 모든 종류의 대리모는 허용되지 않는다.
- 인간의 생식물질과 배아로부터의 생성된 것을 거래하는 것은 허용되지 않는다.
- 개인의 유전물질은 해당 개인이 동의하거나 법률이 규정하는 경우에만 연구, 등록 또는 공개가 허용된다.
- 모든 개인은 자신의 혈통에 관한 자료에 접근할 권리가 있다.

독일의 배아보호법과 유사한 매우 상세한 이 헌법규정은 스위스 국민입법(Volksgesetzgebung)[iv]을 근거로 하고 있다. 그 점에서 스위스는 예외다. 물론 다른 유럽국가의 헌법에는 산발적으로 생명과학의 영역에서의 특별보장도 발견된다. 그리스 헌법 제5조 제5항은 개인의 유전적 정체성을 보호하고 있고 이와 관련한 생명의학적 개입에 대한 개인의 보호를 입법자에게 위임하고 있다. 포르투갈 헌법 제26조 제3항에 따르면 법률은 특히 기술과 과학적 시도의 발전 및 사용과 관련하여 개인의 존엄과 인격의 유전적 정체성을 보장하고 있다.

유럽연합기본권헌장은 제3조 제2항에서 의학과 생물학 등과 관련하여 다음의 것들을 준수하여야 한다고 규정하면서 이러한 유형의 규정을 받아들이고 있다.

- 우생학적 조작, 특히 인간의 선택을 목적으로 하는 조작의 금지
- 그 자체 이윤을 목적으로 사람의 신체 및 그 일부의 이용금지
- 인간의 재생산 복제의 금지

부분적으로 이 규정은 1999년에 발효되고 그동안 20개 국가가 비준한 1997년 4월 4일의 인권과 생명의학에 관한 유럽평의회의 협약을 기반으로 하고 있다. 이 협약은 연구목적의 인간배아 생성을 명시적으로 금지하고 있고(제18조 제2항), 서명국가의 법질서에 대해서는, 체외수정에 의한 배아의 연구가 허용되는 경우에는, 배아의 적절한 보호를 요구하고 있다(제18조 제1항). 1998년 1월 12일의 추가의정서에서는 인간의 복제가 금지되어 있다. 생명의학연구에 관한 인권과 생명의학협약에 대한 2005년 1월 25일의 또 다른 의정서에서는 제1조 제2항에서 놀랍게도 이 의정서는 체외수정에 의한 배아의 연구에는 적용하지 않는다고 규정하고 있다. 독일은 배아보호에 불충분하다는 이유로 유럽평의회의 이 협약에는 서명하지 않았다.

기본권헌장 제3조 제2항을 자세히 살펴보면 우생학적 조작의 금지는 "인간의 유전자 풀의 세대 간 최적화 전략", 특히 생식계열개입(Keimbahninterventionen)을 포함하고 있음을 알 수 있다.[7] 착상 전 진단은 선택금지를 포함하고 있다.[8] 재

7) *Wolfram Höfling*, in: Tettinger/Stern (Hrsg.), "Europäische Grundrechte-Charta", 2006, Art. 3 Rn. 19 m.w.N.

8) *Stefan Rixen*, in: Heselhaus/Novak (Hrsg.), "Handbuch der Europäischen

생산 복제의 금지는 복제의 다른 목적은 포함하고 있지 않은데, 이는 헌장에 대한 유럽연합 상임위원회(Präsidiums des EU-Konvents zur Charta)의 설명에서도 나타난다.

여기에서 인용하고 있는 국제법 규범은 개별금지를 통하여 항목별로 생명과학 절차의 한계를 규율하고 있다. 물론 개별 금지 외에는 연구의 자유 및 치료의 자유가 존재하지만, 대체로는 여전히 해석과 내용적 범위가 판단되어야 한다. 이 논문의 주제는 인간의 존엄에 관한 것이기 때문에, 다음 단계로 생명과학의 현실에 대한 기준으로서 인간 존엄성 보장의 기준적 성격이 검토될 필요가 있다.

Ⅲ 인간존엄성 보장의 기준적 성격

1. 유럽국가의 헌법과 국제법상 인권보장에서의 상황

일찍이 1937년의 아일랜드 헌법 전문에서 인간존엄을 언급한 것을 제외하면, 인간존엄성 보장은 제2차 세계대전 이후에 헌법에 나타났다.[9] 이탈리아 헌법(1947)은 제41조[v]에서 인간의 존엄을 단순하게 자유로운 사적 경제활동과 관련하여서 언급하고 있는데, 이 경제활동은 공공복리에 반하거나 안전, 자유 그리고 인간의 존엄을 해치는 방법으로 행사될 수는 없다. 이탈리아 헌법은 경제생활 질서는 모든 사람의 인간다운 생활의 보장을 목적으로 하는 정의의 원칙에 부합하여야 한다고 하는 바이마르 헌법(1919) 제151조[vi]와 연결된다.

노동 및 경제생활과 관련되는 이러한 인간존엄의 보장은 제2차 세계대전 이후에 보편화되었고 헌법의 중요 위치에 정치 질서의 기초로(그렇게는 기본법 제1조 제1항과 스페인 헌법 제10조 제1항) 또는 국가는 인간을 위하여 존재한다고 표현된 기본규범으로 나타난다.[10] 기본법 이전에 제정된 독일의 바이에른, 헤센, 브레멘, 라

Grundrechte", 2006, § 11 Rn. 31; 다른 견해로는 *Christian Calliess*, in: Calliess/Ruffert, EUV/EGV, 3. Aufl. 2007, Art. 3 GRch Rn. 14.

9) Die Sammlung Religión y libertades fundamentales en los países de Naciones Unidas: lextos constitucionales, Granada 2003, hrsg. v. *Ana Ma. Vega Guttierrez*는 82개의 헌법들을 조사하였는데 거기에서는 인간의 존엄이나 인간의 신성함이 보장되어 있다.

10) *Christian Starck*, in: v. Mangoldt/Klein/Starck, "Grundgesetz Kommentar", 5. Aufl. 2005, Bd. I, Art. 1 Rn. 1.

인란트-팔츠 그리고 자아란트주 헌법은 기본법과 마찬가지로 나치의 인간경멸에 대한 직접적인 반작용으로 이해되는 존엄 보장을 규정하고 있다. 1948년 국제연합(UN) 총회가 의결한 세계인권선언은 전문에서 "인류 가족의 모든 구성원에게 내재하는 존엄"이라고 선언하고 있다. 이 조항은 국제인권규약(1966)의 전문에 수용되었다. 스웨덴 헌법 제1장 제2조 제1항(1975), 그리스 헌법 제2조(1975), 포르투갈 헌법 제1조(1976), 스페인 헌법 제10조 제1항(1978), 스위스 헌법 제7조(1999), 핀란드 헌법 제1조 제2항(2000), 유럽연합기본권헌장 제1조(2003)와 같이, 1975년 이래로 새롭게 제정되거나 대폭 개정된 서유럽국가의 헌법에서는 인간존엄성 보장이 발견된다. 라트비아 헌법 제95조(1992), 리투아니아 헌법 제21조 제2항(1992), 폴란드 헌법 제30조(1997), 슬로바키아 헌법 제12조 제1항, 제19조(1992)처럼 2004년 유럽연합에 가입한 중부 유럽국가의 몇몇 헌법에서도 인간존엄의 보장에 대한 조항을 포함하고 있다.

대부분의 헌법에서는 국가는 인간존엄을 존중하고 보호하여야 한다고 규정하고 있다. "보호한다"고만 규정하고 있는 곳에서도 이는 존중을 포함한다. 특히 제3자의 침해에 대하여 인간존엄을 보호하는 것이 국가의 의무인 경우에는 국가도 스스로 인간존엄을 존중하여야 한다. "존중한다"고만 규정하고 있는 곳에서도 이는 보호의 임무를 포함하는데, 왜냐하면 제3자에 의한 존중을 관철시키는 것은 국가의 보호를 의미하기 때문이다. 헌법이 인간존엄을 불가침으로 선언하거나 정치질서의 기초로 명명하는 경우에는 이로부터 인간존엄이 존중되고 보호되어야 한다는 결론이 나온다.

2. 보장의 유래, 목적 그리고 내용

a) 정신사적 기초

인간존엄은 말하자면 실정헌법의 개념이다. 물론 이 개념은 그 정신사적 뿌리를 고려하지 않고는 이해할 수 없고 법해석학적으로 다룰 수도 없다. 결코 순간적인 창조물이라고 할 수 없는 실정법의 많은 기본개념들은 그 정신사적 뿌리와 헌법에서의 체계적 지위에서만 올바르게 이해될 수 있다. 주관적 가치관 관념에 근거한 자연법[11]에 불과하다고 보는 경우에도 이 필수적인 해석의 기초를 무시할

11) *Mathias Herdegen*, in: Maunz/Dürig, "Grundgesetz", Art. 1 Abs. 1 Rn. 7-12, 17 (2005).

수는 없다. 철학적 체계에 대한 언급이 그러하듯이 철학적 인간상의 다양성에 관하여 회의적으로 단념하는 것은 헌법해석을 위한 적절한 출발점은 아니다. 서구문명에서 개인으로서 개별 인간의 높은 중요성은 서구문명을 다른 선진문화와 구분한다. 서구문명은 결정적으로 기독교의 특징을 가지므로 인간존엄의 뿌리를 기독교에서 찾는 것은 쉽게 이해가 된다. 물론 이 경우 거기서 인간존엄의 법 개념이나 심지어 그 법적 보장을 추적할 수 있을 것이라고는 기대하지 않는다. 중요한 것은 오히려 정신적인 전제조건이나 - 비유적으로 말하면 - 그 후의 헌법상 인간존엄성 보장의 도출을 위한 씨앗이라는 점이다.[12)]

이 전제조건들은 기독교적 인간상에서 찾을 수 있다. 이 인간상이 영향력 있는 현대의 정신적 흐름과 일치하지 않는다고 하더라도, 현재 영향을 미치고 있는 우리의 정신적 유산을 탐색하기 위해서는 무시할 수 없다. 개별 인간에 대한 높은 평가는 인간은 신의 형상대로 창조되었고[13)] 인간은 신과 인격적 관계를 가진다는 성서에 기초한 관념에 근거하고 있다. 여기서 신과의 인격적 관계는 자신의 영혼불멸과 신에 대한 책임으로 표현된다. 기독교 신학의 중심개념으로서 인간의 자유는 개인의 자유이고, 그것은 인간의 불완전성과 개방성에 근거를 두고 있다.[14)] 이는 자유의 토대일 뿐만 아니라 모든 인간이 똑같이 신의 형상을 가졌기 때문에 평등과 형제애의 토대이기도 하다. 인간존엄은 인간 자결의 기초이고, 접촉하는 다른 사람들을 포함한 모든 인간의 고유한 가치를 기초로 하고 있다. 개개 인간에게 법률상 존엄성을 인정하는 것뿐만 아니라, 오히려 이를 법적으로 보장하는 것, 즉 국가기관이 존중하고 제3자에 의한 위협에 대하여 보호하는 것은 이러한 인간상에 부합한다.

---

12) *Christian Starck*, "Freiheit und Institutionen", 2002, S. 29, 40ff.; *ders.*, "Die philosophischen Grundlagen der Menschrechte", in: Festschrift für Peter Badura, 2004, S. 533, 536ff., 이 책 제2부 제1장 156, 159쪽 이하; *Christoph Enders*, "Die Menschenwürde in der Verfassungsordnung", 1997, S. 177ff.

13) Gen. 1, 27; Eph. 4, 24.

14) 현대의 관점에서 이에 대해서는 *Karl Jaspers*, "Die geistige Situation unserer Zeit", 5. Aufl. 1932 (Nachdruck 1979), S. 135ff.: "... 인간은 스스로에 대해 알고 있는 것 이상이다."(„... der Mensch ist mehr, als er von sich weiß.").

따라서 성서적-신학적 인간상은 인간존엄성 보장의 도출을 위한 맹아를 의미한다면, 이 보장의 출현을 위해서는 우리가 인문주의에서,[15] 계몽주의에서, 혁명과 입법에서 인식할 수 있는 다른 전제조건들이 필요하다는 점이 강조되어야 한다.[16] 여기에는 비록 교회와 신학적-종교적 현실에 대항하여 싸웠다고 할지라도, 발전사적으로 기독교와 연관된 역사적인 동력이 존재한다. 이 발전은 세속화 과정에 기반을 두고 있는데 여기에서 신학적, 형이상학지향적 자유 및 존엄 개념이 세속적 개념에 영향을 미쳤다. 그 구조적 유사성은 한편으로는 신에 대하여, 다른 한편으로는 세속적 공동체 권위에 대하여 개개 인간의 지위를 강조하는 데 있다. 인간의 자유로운 지위를 신학적 근거에서 분리하고 세속화하면 다음과 같은 칸트의 철학적 진술에 도달하게 된다.[17] "인간은 그 누구에 의해서도 … 단순히 수단으로 사용되어서는 안 되고, 오히려 언제나 동시에 목적으로 사용되어야 하며, 거기에 바로 인간의 존엄(인격)이 존재하고, 그를 통하여 인간은 인간이 아니면서 사용될 수 있는 세상의 다른 모든 존재, 즉 모든 사물보다 우월하다."

우리는 다음의 입장을 취한다. 많은 헌법에 받아들여진 모든 개별 인간의 존엄이라는 관념은 그 맹아를 기독교적 인간상에서 가지고 있으며, 복잡한 세속화 과정 속에서 철학적으로 성취되고 법적으로 보장되었다는 것이다.[18] 이러한 발전 단계에서 인간존엄성 보장은 기독교적 뿌리를 가지지 않는 국가들이 인간 개인의 자체 목적만을 승인하는 경우에 그 법질서의 기초로 이용될 수 있다. 인간존엄성 보장으로 국가권력의 한계가 설정된다. 모든 세속적인 절대주의적 주장은 거부되는데, 이는 인간 상호간의 관계를 규율하는 법에 대해서도 마찬가지다.

---

15) *Giovanni Pico della Mirandola* (1463-1494), "Oratio de hominis dignitate", Bologna 1496, Ausgabe Opera omnia, hrsg. v. Wimpfeling, Straßburg, 1504.

16) *Panajotis Kondylis*, Art. „Würde", in: Brunner/Conze/Koselleck (Hrsg.), Geschichtliche Grundbegriffe, Bd. VII, 1992, S. 658-675.

17) *Kant*, "Metaphysik der Sitten (1797)", Tugendlehre § 38. 이에 대해서는 *Karl-E. Hain*, "Die Grundsätze des Grundgesetzes, 1999, S. 214ff.

18) *Klaus Stern*, "Staatsrecht", Bd. Ⅲ/1, 1988, S. 7ff.; *Peter Unruh*, Der Verfassungsbegriff des Grundgesetzes, 2002, S. 341ff.

b) 보장의 목적과 규범적 내용

헌법제정회의의 보고자이고, 후에 최초의 기본법 주석자[19]가 된 헤르만 폰 망골트(Herman v. Mangoldt) 교수는 1949년 5월 6일의 9차 회의에서 다음과 같이 명확하게 설명하였다. "1945년 5월에 폐기된 국가질서에 반대하는 새로운 국가의 전체 정신을 설명하기 위해서 제1조에서는 인간존엄성의 존중 원칙이 처음에 배치되었다." 동시에 최고의 헌법 원리인 인간존엄성 보장은 구체적 인간을 존중하기를 거부하고 집단적 강제체제에 몰아넣는 향후 모든 통치제도에 대해서도 거부한다. 헌법의 도입에서 인간존엄성을 보장하는 것은 국가는 인간을 위하여 존재하고 따라서 인간존엄은 국가임무의 실현에 영향을 미친다는 것을 분명히 하고 있다. 존중은 구체적인 인간에 대한 것이다. 유전적 조작을 수단으로 "완전한 존엄을 갖춘 진정한 인간"을 만들어내려는 궁극적 목적을 위해 노력하는 집단주의 관념은 인간존엄성의 헌법적 보장과 일치할 수 없다. "인간주의적인" 궁극적 목적이 중요한 것은 아니다. 목적이 아니라 성취하는 방법도 인간적이어야 한다. 즉, 구체적 인간의 존엄성이 존중되어야 한다.

인간존엄성 보장은 특히 거기에 내포된 보호의무의 관점에서 입법자에 대한 것이다. 인간존엄은 상상할 수 있는 모든 선, 쾌적한 것 그리고 유용한 것, 특히 사회프로그램을 보장하는 것은 아니고, 국가나 동료시민에 의하여 다른 사람의 전적인 처분 하에 있는 단순한 객체로, 집단의 숫자로, 톱니바퀴장치의 작은 톱니로 취급되는 것으로부터 인간을 보호하는 기본적 보장이 중요하다. 연방헌법재판소는 (위에서) 언급한 것을 받아들인 객체공식(Objektformel)을 칸트에서 차용하여 반복하여 사용하였는데,[20] 그것은 다음과 같다. "네가 네 자신의 인격에서나 다른 모든 사람의 인격에서 인간성을 항상 동시에 목적으로 대하고, 결코 단순히 수단으로 대하지 않도록 그렇게 행동하라."[21][vii]

19) *Hermann von Mangoldt*, "Das Bonner Grundgesetz", 1953, S. 43.

20) BVerfGE 27, 1, 6; 45, 178, 228; 87, 209, 228.

21) *Kant*, "Grundlegung der Metaphysik der Sitten" (1785), Ausgabe 1957 von K. Vorländer, S. 52.

3. 인간존엄의 주체

연방헌법재판소는 1975년과 1993년의 두 번의 낙태 판결에서 출생하지 않은 인간생명도 인간존엄성 보장의 보호 아래 있다고 판결하였다.[22] 인간의 존엄은 그 자체를 위해 존재하는 태어나지 않은 생명에게도 인정된다. 인격의 형성과 이후의 발전을 위해 생명은 존재적 기초이기 때문에, 존엄성 보장은 생명보호를 포함한다. 생명보호는 기본법에서(제2조 제2항 제1문), 스페인 헌법에서(제15조) 그리고 다른 헌법들에서(예를 들면 아일랜드 헌법 제40조 제3항 제2호, 제3호[태어나지 않은 생명], 포르투갈 헌법 제24조, 폴란드 헌법 제38조, 헝가리 헌법 제54조 제1항, 에스토니아 헌법 제16조, 라트비아 헌법 제93조, 리투아니아 헌법 제19조) 특별히 보장되고 있다. 낙태 판결에서는, 착상 전에는 생명 불확실성이 크고 그 존재를 알 수 없는 여성의 신체에 있는 배아의 보호가 문제되었다. 이러한 상황 때문에 그리고 낙태입법을 헌법적으로 심사하여야 했기 때문에 태어나지 않은 생명은 "적어도" 자궁 내 착상 때부터 인간존엄의 보호를 누린다고 연방헌법재판소는 신중하게 확인하였다. 이 두 판결에서는 다음과 같이 말하고 있다. "인간생명이 존재하는 곳에 존엄성이 있다." 다른 식으로는 다음과 같이 말할 수 있다. 인간존엄의 주체는 인간으로부터 생성된 모든 생명체다. 이 최대한 광범위한 인간존엄성 주체의 정의는 결코 잘못된 생물학적-자연주의적인 결론이 아니고,[23] 오히려 인간에게 필요한 자제[viii]에 근거한 평가다. 왜냐하면 인간존엄성의 주체를 구분하려는 모든 주장은 결국 입법자나 헌법해석자가 존엄성을 "부여"하거나 "거부"하는 결과가 되기 때문이다.

관련하여 관심 있는 생명과학자들은, 이전에 교회가 40일째에 영혼이 주입되었다는 것을 받아들인 것처럼, 정통 유대교에서는 오늘날까지 여전히 생명의 발생을 수태 후 40일째로 규정하고 있다는 사실을 들면서 생명의 시작에 대한 자칭 불확실성을 정당화하는 것을 주저하지 않는다. 이 신학적 관념은 여성의 난세포의 존재에 대한 무지와 그와 관련하여 남성의 정자가 여성의 신체에서 일종의 밭을 발견하고 거기서 뿌려져 싹을 틔운다고 하는 생각에 근거하였다. 이 관념으로부터 식물학에서 유래하는 정자(라틴어로는 semen, 그리스어로는 sperma)라는 단어의

---

22) BVerfGE 39, 1, 41; 88, 203, 252.

23) 그러나 그렇게는 *Horst Dreier*, in: Dreier, "Grundgesetz Kommentar", Bd. I, 2. Aufl. 2004, Art. 1 I Rn. 66.

전통적 사용도 설명된다. 이에 따라 자녀는 모와 생물학적 관계만을 가진다. 1827년에 자연과학자 칼 에른스트 리터 폰 베어(Karl Ernst Ritter von Baer)가 여성의 난세포를 발견한 후에야 비로소 새로운 개별 생명의 시작은 세포융합이고 여성은 자신의 생물학적 몫을 넘어 남성과 마찬가지로 유전학적 몫을 자녀에 대해서 가진다는 것이 알려졌다. 더불어 이는 세대, 가족 그리고 사회에 있어서 여성의 지위에 대한 중요한 자각이다.

과학적 인식에 의해서 극복된 40일 한계와 마찬가지로 인간은 임신 말기에 출생 시점을 결정할 수 있기 때문에 출생은 자의적 구별일 수 있다. 자궁 안에 있는 생존가능한 태아에게 아무런 존엄성 보호가 귀속될 수 없으면서도 같은 나이의 조산은 존엄보호가 된다는 사실을 어떻게 정당화할 것인가? 태아의 생존가능성, 임신 3개월의 말, 뇌 발달 시작, 자궁 내 착상 등 인간존엄성 보호의 시작을 결정하는 여타의 경계 설정도 자의가 수반된다. 특히 자궁 내 착상을 존엄보호의 시작으로 보는 견해는 모의 제어장치가 "배아 발생 명령"을 내린다고 보기 때문에 그 자의성이 논란이 되고 있다.[24][ix] 그러나 체외수정에 있어서 배아의 이식을 결정함으로써 인간존엄 보호의 시작을 결정하는 것은 다시 사람이라는 사실에서 이미 자의성이 나타난다. 인간에 의존하는 착상을 전환점의 근거로 이용하는 사람들은,[25] 체외수정과 난세포를 제공한 여성의 자궁 안으로 배아를 이식하는 것 사이에는 엄격하고 헌법적으로나 도덕철학적으로도 정당화된 연결 관계가 존재한다는 점을 잊고 있다. 이는 배아의 발전가능성에 대해 의문을 제기하기 위해서 아직 착상되지 않은 배아의 "불안정성"을 주장할 수는 없다는 것과 배아를 원료로 취급하여 연구에 내맡길 수 없다는 것을 의미한다.

4. 인간 배아는 사람이지 물질이 아니다.

체외수정은 여성과 남성에게서 채취한 생식성분, 즉 난세포와 정세포는 - 시험관에서 결합되어 - 그 물질성을 상실하지 않고, 기껏해야 새로운 종류의 물질로

24) *Jochen Taupitz*, "Der rechtliche Rahmen des Klonens zu therapeutischen Zwecken", Neue Juristische Wochenschrift 2001, S. 3438.

25) 그렇게는 *Rüdiger Wolfrum*, Aus Politik und Zeitgeschichte 2001, Nr. 27, S. 4.; 이를 따르는 것으로는 *Taupitz* (주 24), S. 3438.

된다는 생각이 생겨나게 했다.[26)] 체외에서 수정된 난세포에 대해 언급하는 말들에서도 이는 분명히 드러난다. 즉, "배양접시 속의 세포덩어리", "밀리미터 크기의 세포벽들" 또는 - 냉정하게 - 과학적으로 표현하여서 - 93:7의 영양막 세포와 배아막 세포의 관계를 강조한다.[27)] 그러한 고찰방식은 인간의 생식이 행위에 근거하고 있다는 것을 간과하고 있다. 출산을 원하는 사람들의 신체적 기능장애를 극복하기 위해서 이 과정이 여성의 신체에서 시험관으로 옮겨지면, 수정된 난자와 정자는 출산하는 사람과 분리된다. 그러나 이는 과정을 질적으로 변화시키지 않는다. 이 과정은 여전히 수정행위로 남아있다.[x] 체외수정에 대한 그 밖의 모든 견해들은 해결할 수 없는 난관에 부딪히게 된다. 특히 수정된 난세포에 대해서 인격존엄을 부인하고 그에 따라 그것을 물질로 취급하는 경우에는, 물질이 언제 사람이 될 수 있는지를 규명할 수 있어야 하는데, 이는 철학적으로 그리고 법학적으로 불가능해 보인다.[28)]

수정된 난자의 인격적 속성에 대해 의문을 제기하려는 시도들은, 배아의 인간종(species)에의 귀속, 배아 발달의 연속성, 인간으로 발전될 잠재성, 그리고 배아와 태어난 인간의 유전적 프로그램의 동질성으로부터 배아의 인간존엄성 보장이 정당화될 수 있다는 사실에 대해서 영미의 문헌을 인용하면서[29)] 다툼이 있다고 주장한다.

---

26) 위 II 이하에서 언급된 2005년 1월의 생명의학연구에 관한 인권과 생명의학 협약에 관한 추가의정서는 전문에 따라 모든 인간 생명체를 보호하고자 하지만(제1조도 참조), 그러나 놀랍게도 체외수정의 배아는 명시적으로 배제하고 있다(제2조 제2항 제1문).

27) *Werner Heun*, Juristenzeitung 2002, S. 519.

28) 이에 대해 상세히는 *Christian Starck*, "Verfassungsrechtliche Grenzen der Biowissenschaft und Fortpflanzungsmedizin", in: JZ 2002, S. 1065, 1069f.; *ders.*, "Der kleinste Weltbürger. Person, nicht sache: Der Embryo", in: FAZ vom 25. April 2002/Nr. 96, S. 50; *Josef Isensee*, in: Höffe/Honnefelder/Isensee/Kirchhof, Gentechnik und Menschenwürde, 2002, S. 37, 52f.; *E.-W. Böckenförde*, JZ 2003, S. 809, 811f., 그는 물론 인격 개념을 주장하지는 않지만 그러나 결론에 있어서는 여기서와 같다; *Jens Kerstin*, "Das Klonen von Menschen", Tübingen 2004, S. 411ff., 419ff.; *Wolfgang Graf Vitztum*, "Back to Kant! An lnterjection in the Debate on Cloning and Human Dignity", in: Vöneky/Wolfrum (eds.), Human Dignity and Human Cloning, 2004, S. 87, 101.

29) 문헌과 설명으로는 *Heun*, JZ 2002, S. 519f.

종-논증(Species-Argument)에 대해서는 배아는 도덕적 행위를 할 능력이 없다는 주장으로 반박하려고 한다. 그러나 이는(도덕적 행위능력이 없지만-역자 주) 다툼이 없이 존엄성 보호를 받는 유아에 대해서도 적용되기 때문에 종-논증을 반박하지 못한다. 결정적인 것은 배아가 인간으로 발달할 수 있다는 것이다. 이는 세포핵 이식이나 배아 분열을 통하여 무성생식으로 생성된 배아에 대해서도 적용된다.

연속성 논증(Kontinuitätsargument)에 대해서는 영양막 세포가 배아막 세포보다 많다는 점, 세포핵 융합 이전에도 연속성이 존재한다는 점, 그리고 수많은 전환점(그 중에 예를 들면 성년이 되는 것)이 있는 태어난 인간의 삶에도 연속성이 존재한다는 점을 지적하면서 무효화하려고 한다.[xi] 이러한 논증의 이유들이 터무니없거나 명백히 요점을 벗어나지 않는 한, 개인이라는 개체를 초월하여 (인류-역자 주) 전체 삶이 연속된다는 사실이 인정되어야 한다. "그러나 소위 수정란 형태의 새로운 세포구조"로 되는 난세포 및 정세포의 전핵 융합은[30)xii] 여기서 유일하게 흥미가 있는 개체적(individuell) 인간생명의 시작의 관점에서 볼 때 결정적인 전환점이다. 개체적 발달에 이르는 잠재력은 핵융합으로써 비로소 부여되고 그전에 난세포와 정세포에 내재하는 것은 아니다. 정세포가 난세포로 들어간 후에 모계의 두 세포핵 염색체 중 어느 것이 새로운 생명으로 이어질지가 결정된다. 체외수정으로 생성된 배아 발달의 연속성은, 난세포가 나오는 여성의 자궁에 착상하는 것이 여전히 필요하다고 하여 의문이 제기될 수 없다.[31)]

잠재력 논증(Potentialitätsargument)은 연속성 논증과 관련이 있다. 후에 기본권 주체로서 배아가 출생 전 단계에서 살해되지 않을 이해관계를 가지는 것과 마찬가지로 "개체"는 "피임약에 의해 자신의 발생을 방해 받지 않을" 이해관계를 가진다고 논증함으로써 잠재력 논증의 불합리함을 드러내려고(ad absurdum) 시도한다. 이 경우 마지막에 언급한 사례[xiii]에서 "소위 수정란 형태의 새로운 세포구조"가 아직 존재하지 않는다는 사실, 즉 법과 연결되는 기본적 사실이 결여되어 있다는 점을 의도적으로 간과하고 있다. 배아의 잠재력은 완성된 프로그램을 가진 능동적 잠재력으로서 착상으로 비로소 완성되는 것이 아니다. 따라서 배아는 발생 초기

30) 그렇게 명시적으로는 *Heun*, JZ 2002, S. 519 r. Sp.

31) 여전히 착상되지 않은 배아의 소위 불안정성(Unbehausheit)에 대해서는 위 III. 3. 이하 및 *Kersten* (주 28), S. 550f. 참조.

단계에서 이미 세포분열에서 나타날 수 있는 염색체 손실을 복구하기 위한 도구를 가지고 있다.[32)]

정체성 논증(Identitätsargument)에 대해서는 유전적 정체성으로는 충분하지 하지 않다고 함으로써 반박하고 있다. 개별적 인간을 형성하는 것은 배아에게는 아직 없고 또한 뇌의 발달도 결여되어 있다고 한다. 그러나 이는 배아의 뇌 발달은 발생 때부터 프로그램으로 설정되어 있다는 사실을 의도적으로 간과하고 있다. 쌍둥이 형성의 가능성으로 유전적 동일성을 논박하는 것은 설득력이 없다. 왜냐하면 쌍둥이 형성의 가능성이 있다면, 경우에 따라서는 (후에 쌍둥이로 출생하는 경우에는-역자 주) 유전적으로 동일하더라도 나중에 독자적인 개인으로서 기본권 주체가 되는 두 사람이 보호되어야 하기 때문이다.[33)]

5. 칸트는 이에 대해 무엇이라고 말하고 있나?

위 III 2 a 이하에서 이미 설명한 바와 같이, 인간존엄성의 헌법적 보장은 정신사적 지평 안에 있으며, 이는 그 보장을 해석함에 있어서 반드시 고려되어야 한다. 이에 대해 칸트를 읽으면 다음과 같다.

칸트는 인격(Person)을 "자신의 행동을 책임질 능력이 있는" 주체라고 한다. "도덕적 인격이란 바로 도덕법칙 아래에 있는 이성적 존재자(Wesen)의 자유다." 그에 반하여 물질(Sache)은 "아무것도 책임질 능력이 없는 사물이다. 따라서 자체에 자유가 결여되어 있는 자유로운 임의적 의사의 모든 대상은 물질이다."[34)]

칸트는 윤리형이상학에서 어린아이를 다루고 있다.[xiv] 거기서 생후 3개월의 아이는 자기 앞에 반짝이는 대상을 눈으로 따라간다고 한다. 칸트는 말할 수 있는 아이는 우선 3인칭으로 자신을 지칭하고[xv] 그리고 뒤에 가서야 비로소 1인칭으로 나(Ich)라고 말하는 것을 흥미롭게 여기고 있다. (칸트는 다음과 같이 말하고 있다-역자 주). "이전에는 단지 자신을 느꼈지만 지금은 자신을 생각한다."

---

32) *Josef Wisser*, FAZ vom 20.07.2001, S. 44.

33) 이와 같은 것에 대해서는 *Kersten* (주 28), S. 552f. m.w.N.

34) *Immanuel Kant*, "Metaphysik der Sitten" (1797), hg. von Karl Vorländer, Hamburg 41922, 26f. (= Akadmie-Ausgabe Bd. VI, 223).

칸트는 윤리형이상학 §28과 §29에서 친권과 관련하여 아이에 대해 다루고 있다. 양성 공동체에서의 출산에서 그들의 결과물에 관한 양육과 부양의 의무가 나온다고 한다.[35)]

지금까지의 윤리형이상학의 인용문은, 아이는 스스로 의식을 갖기 전에도 그리고 자기에게 책임이 귀속될 수 있기 전에도 이를 발달시킬 능력으로 인하여 사람으로 개념된다는 것을 보여준다. 거의 모든 법질서에서 인간의 권리능력은 출생이 완료되면서 시작하기 때문에(예를 들면 민법 제1조), 아이의 인격존엄과 관련하여 도덕철학적으로도 법적으로도 의심이 없다.

아직 출생하지 않은 아이, 즉 태아(nasciturus)도 기질적으로 사람인가? 적어도 채권법, 가족법 그리고 특히 상속법은 아이의 장래 권리를 보장하는 많은 규정들을 가지고 있다.[36)] 칸트는 윤리형이상학(법이론 § 28)에서 부모에 대한 자녀의 시원적으로 타고난 권리를 출산행위로 정당화하고 있다. "왜냐하면 태어난 것은 인격체(Person)이고, 그리고 물리적 조작을 통하여 자유를 부여받은 존재의 창조를 이해하는 것은 불가능하기 때문에, 출산 행위를 한 인간을 그의 동의 없이 세상에 태어나게 하고 일방적으로 세상으로 데려온 행위로 보는 것은 실질적 관점에서 볼 때 완전히 정당하고 필요한 이념이다. ... (부모는) 자녀를 마치 그들의 창조물(Gemächsel)이나 소유물처럼 파괴할 수 없고(왜냐하면 그러한 것은 결코 자유를 부여받은 존재일 수 없기 때문이다), 자녀를 우연에만 맡길 수는 없다. 그것은 부모가 자녀를 단순히 세계적 존재로서만이 아니라 세계시민으로서도 어떤 상태로 이끌었으며, 그 상태는 이제 법적 개념에 따라서도 부모가 마음대로 할 수 없는 것이기 때문이다.

우리가 - 칸트도 기술하고 있는 것처럼 - 물리적 조작을 통하여 자유를 부여받은 존재의 생식에 대해 이해할 수 없음에도 불구하고, 생식행위에서 칸트는 생성된 수정체의 인격적 속성에 대한 실질적 기초를 찾는다. 따라서 처음으로 거슬러 올라가는 추론은 정당한데, 그것은 그 사이에 있는 다른 모든 경계설정은 임의적

35) *Kant*, "Metaphysik der Sitten" (주 34), 94f. (Akademie-Ausgabe, Bd. VI, 280).

36) 독일에는 예를 들면 §§ 844, 1912, 1918, 1923, 1963, 2043, 2101, 2105f., 2108, 2141, 2178 BGB.

인 것이기 때문이다.[37] 칸트의 개인적 메모[38]는 이를 매우 잘 증명하고 있다. 그것은 다음과 같다. "사람이 성인의 본성으로부터 그의 영원한 지속성을 추론할 수 있다면, 새로 태어난 인간도 이를 희망할 수 있게 해야 한다. 따라서 배아도 마찬가지다. …." 인간의 수정체를 사물로 보는 것은 당연히 부인된다. 그것은 결코 자기의 소유물처럼 파괴할 수 있는 "창조물"이 아닌 것이다.

이 논증과는 별개로, 인간 배아의 물질적 속성도 인격체와 물질은 개념적으로 서로 배척하기 때문에 배제된다. 사물로부터는 결코 인격체가 나올 수 없다.

6. 생명보호와 존엄보호의 결합

법학 문헌 중에는 특히 독일에서는 존엄보호와 생명보호를 서로 분리함으로써 인간의 배아에서 인간존엄성 보장의 보호를 박탈하려는 시도가 있다. 수정 난세포에는 생명보호만이 인정되고 존엄보호는 인정되지 않는다.[39] 이 해석으로 인간존엄성 보장의 절대성을 우회한다. 그에 반하여 기본법 제2조 제2항에 규정된 생명보호는 법률로 제약될 수 있다(기본법 제2조 제2항 제3문[xvi]).

(존엄보호와 생명보호에 대한 - 역자 주) 분리시도는 - 다른 국가의 헌법들과 관련하여서도 - 여전히 언뜻 보기에도 이해가 되지 않는다. 왜냐하면 수정 난세포에 대한 생명보호로 그것이 인간생명의 문제임을 인정하는 것이기 때문이다. 입법자는 난세포의 생명을 제한하는 설득력 있는 주장을 찾지 못할 것이다. 왜냐하면 이 인간의 생명은 다른 사람의 생명을 위협하거나 죽이는 것 외에는 달리 그 위협을 막을 수 없는 경우에만 제한할 수 있기 때문이다. 체외수정으로 수정된 난세포는 누구도 위협하지 않는다. 의학적 요건을 근거로 한 낙태만이 예외로 알려져 있다. 낙태는 태아가 모의 생명을 위협하기 때문에 허용된다. 고도의 의학적 - 생물학적 연

---

37) 프로이센 일반란트법 (1794), I. Teil, 1. Titel § 10에 따르면 다음과 같다: "인간의 일반적 권리는 임신 때부터 태아에게도 마땅히 부여된다."

38) Reflexion Nr. 4239, Akademie Bd. XVII, 475.

39) *A. Podlech*, "Altematívkommentar zum Grundgesetz", Art. 1 Abs. 1 Rn. 58; *Hasso Hofmann*, AÖR 118 (1993), S. 353, 376; *H. Dreier*, in: *ders.*, "Grundgesetz Kommentar", Bd. I, 2. Aufl. 2004, Art. 1 I Rn. 67-70; *Herdegen*, in: Maunz/Dürig, Grundgesetz, Art. 1 Abs. 1 Rn. 57ff.; *Schmidt-Jortzig*, DÖV 2001, S. 925, 928f.; *Ipsen*, JZ 2001, S. 989, 994; *Hans Georg Dederer*, "Menschenwürde des Embryos in vitro?", AöR 127 (2002), S. 1, 18.

구목적(중증의 질병의 치료, 생명의 연장)도 인간생명의 소비를 통하여 추구할 수는 없다. 배아에게 인간존엄을 부인하고 인간의 생명으로서 생명보호 하에만 두는 경우에도 배아를 소비하는 연구는 금지된다.

태어나지 않은 생명은 태어난 사람의 생명보다 낮은 형벌위하로 보호하고 있는 형법에서 익히 알려진 생명보호 단계구분도 도움이 되지는 않는다. 왜냐하면 단계구분이 생명보호의 포기를 뜻하는 것은 아니기 때문이다. 몇몇 나라에서 최초 3개월 이내에 자유롭게 낙태할 수 있게 하거나 또는 독일에서 최초 3개월 내에 단지 필수 상담만 받게 함으로써 태어나지 않은 생명에 대한 보호를 약화시켰다고 하여 이것이 체외에서 생성된 배아에게 생명권을 부인할 논거로는 사용될 수 없다. 입법의 태만과 자궁 내에 있는 태어나지 않은 생명을 보호하는 데 사실상 어려움이 있다고 하여 제3자에 의해서 체외수정으로 인공적으로 생성된 배아의 보호에 대해 의문을 제기할 수는 없다.

7. 결론

이상을 요약하면 다음과 같이 말할 수 있다. 핵융합의 순간부터 수정된 인간의 난세포(배아)는 사람이고, 인간 종(species)에 속한다. 그 유전적 프로그램은 특별한 전환점 없이 지속하여 일어나는 인간으로 발달할 잠재력을 가지고 있다. 배아와 태어난 아이의 동일성은 유전적인 것이며 더 이상은 문제가 되지 않는다. 거기에 후에 인간의 발달에 따라 환경에서 나오는 다른 요소들이 추가됨으로써, 완전한 정체성을 형성한다. 이 정체성은 살아가는 과정에서 계속해서 변화하는 것이기도 하다. 수정된 난세포에는 개별 인간의 생명이 존재하기 때문에, 헌법적 존엄보호와 생명보호가 적용되는 것이다.

Ⅳ 학문과 연구의 자유의 한계

배아를 소비하는 연구는 이러한 인간 배아를 전적으로 다른 사람들의 목적에 사용하게 되는 것이므로 배아를 사물화하는 것이다. 따라서 배아를 소비하는 연구를 허용하는 규정은 - 계몽주의 철학의 전통에 따라 - 결코 자유주의적이라고 부를 수 없다. 이러한 표현방식은 체외수정의 결과로서 배아의 사물화라는 사고방식이 스며들기 시작했음을 보여준다. 그래서 사람들은 연구의 자유와 배아의 존재 간의 형량에 대해서 말하고 좋은 연구 목적, 즉 유전질병을 연구하고 치료하며, 병든 장기를 대체하고, 인간의 고통을 완화하는 사회적으로 유용한 연구목적을 주장한다.

이는 공리주의적인 이 시대의 사람들에게 배아를 소비하는 연구를 허용하기에 충분하다. 이를 "치유의 윤리(Ethik des Heilens)"라고 한다. 이를 정당화하기 위해서 사회의 공리주의적 전통을 들먹이며 새로운 세계정신 속에서 칸트의 자율성 이념과 융화한다고 주장한다. 그러나 아무런 융화의 흔적은 없다. 오히려 프랑스의 인간과 시민의 권리선언에 대한 비판에서 자연권(droits naturels)을 "nonse upon stilts(터무니없는 헛소리)[xvii]"라고 부른 제러미 벤담(1748 - 1832)이 다시 영예를 얻을지도 모르겠다.[40] 그의 공리주의적 관점에서는 어쨌든 아주 일관된다. 왜냐하면 당사자인 최대 다수의 최대 이익이, "자연권"(droits naturels)을 주장함으로써 최대다수의 행복을 방해하는 개인이나 일정 집단에 대하여 불이익을 요구하는 상황을 종종 생각할 수 있기 때문이다. 소비적 배아연구로 추구하는 좋은 목적은 벤담의 공리주의적 논증도식에 꼭 맞다. 벤담은 칸트의 자율성 이념을 이길 수 있는 새로운 기회에 기뻐할 것이다.

생명과학 연구에는 무엇이 남는가? 다음의 두 가지 전략이 가능하다. 즉, 척수, 제대혈, 고환, 양수 또는 줄기세포 획득과 관련한 특별한 능력을 가진 다른 신체부위에서 얻을 수 있는 성체 인간 줄기세포 연구 또는 동물 배아 줄기세포연구다. 두 전략 안에서는 우선 생물학적 기초연구의 심화가 중요하다. 배아 줄기세포와 관련하여서는 동물 배아만으로도 충분하다. 두 번째 단계는 치료가능성의 연구다. 왜냐하면 예를 들어 조직 이식이 환자의 신체에 어떤 영향을 미치는지와 같은 많은 것들이 여전히 알려져 있지 않기 때문이다. 그러한 한에 있어서도 동물 배아 줄기세포를 이용한 동물실험으로 충분하다. 배아 줄기세포를 이용하는 경우, 기술이 언젠가 후에 인간 배아 줄기세포에 적용될 수 있도록 하기 위해 배아의 파괴를 피할 수 있는 방법을 연구해야 한다.

40) Anarchical Fallacies. Being an examination of the Declaration of Rights issued during the French Revolution, in: *Jeremy Waldrom* (ed.) Nonsens upon stilts. Bentham, Burke and Marx on the Rights of Man, 1987, S. 46, 53.

역자 주

i 착상 전 유전진단은 생식물질환이 있는 가계 및 생식물질환이 있는 아이를 출산할 확률이 높은 부부를 대상으로 단일 유전자 질환이나 염색체의 수적, 구조적 이상 유무를 진단한 후 정상인 수정란을 자궁 내로 주입하여 정상아를 임신하도록 도와주는 방법이다(서울아산병원 의학유전학센터 의학유전학강좌의 착상 전 유전진단 항목 http://www.amc.seoul.kr 참조).

ii 주머니배라고도 한다(대한의사협회 의학용어위원회의 의학용어: http://term.kma.org/search/list.asp 참조). 하나의 세포로 시작된 수정란이 세포분열을 통해서 여러 개의 세포로 이루어진 것을 말한다.

iii Stammzelllinien. 배아줄기세포주(Embryonic stem cell lines)란 배아, 체세포복제배아, 단성생식배아 등으로부터 유래한 것으로서, 배양 가능한 조건에서 지속적으로 증식(增殖)할 수 있고 다양한 세포로 분화(分化)할 수 있는 세포주(細胞株)를 말한다(생명윤리 및 안전에 관한 법률 제2조 제10호).

iv 입법의 일반적인 형태는 의회입법이다. 그러나 예외적으로 국민이 직접 법률을 제정하는 절차가 마련되이 있는 경우가 있는데 이를 국민입법이라고 한다. 이는 일반적으로 국민투표로 이루어진다.

v 이탈리아 헌법 제41조는 다음과 같다. "사적 부문 경제활동은 자유롭게 이행된다. 이는 사회적 유용성과 충돌하거나 안전, 자유 그리고 인간존엄을 해칠 수 있는 방식으로 이행될 수는 없다. … (이하 생략)."

vi 바이마르 헌법 제151조는 다음과 같다. "경제생활의 질서는 모든 사람에 대하여 인간다운 생활의 보장이라는 목적을 가진 정의의 원칙에 부합하여야 한다. …. "

vii 임마누엘 칸트(백종현 옮김), 윤리형이상학 정초, 아카넷, 2010, 148쪽 참조.

viii 이어서 나오는 문장에서 알 수 있는 바와 같이 인간의 존엄성의 시점에 대해서 해석자가 함부로 판단하지 않는다는 의미다.

ix 착상을 인간존엄 보호의 시작으로 삼는 견해는 계속되는 설명과 같이 착상에 인간이 개입할 수 있기 때문에 인위적인 결정이 된다는 의미에서 자의적이라는 비판을 받는다는 의미다.

x 체외수정도 여전히 인간의 수정행위로 본다는 의미다.

xi 배아막 세포가 태아로 발전하기 때문에 영양막 세포가 많다는 것은 연속성 논증을 부정하는 논거로 사용된다. 세포핵 융합 이전의 연속성과 세포핵 융합으로 탄생한 수정란의 연속성과는 다르다. 삶에도 여러 전환점이 있지만 이는 수정란이 겪는 근본적인 전환과는 다르다는 점 등은 연속성 논증을 뒷받침하는 주장들이다.

xii 전핵은 난자와 정작의 핵이 융합하기 전 단계의 핵을 말한다.

xiii 피임약에 의해 자신의 발생을 방해받지 않을 이해관계를 말한다.

xiv 칸트의 『Anthropologie in pragmatischer Hinsicht』라는 책의 오기로 보인다. 여기서 소개되고

있는 이야기는 Immanuel Kant, Anthropologie in pragmatischer Hinsicht, Verlag von Felix Meiner, 5. Aufl., 1912, S. 11 참조.

xv 예를 들면 자신의 이름을 칼이라고 하면 "칼은 먹고 싶어"라든가 "칼은 가고 싶어" 등으로 말하는 것이다.

xvi 독일 기본법 제2조 제2항은 다음과 같다. "모든 사람은 생명권과 신체불훼손권을 가진다. 인신의 자유는 불가침이다. 이 권리들은 법률에 근거하여서만 제약될 수 있다."

xvii 직역하면 죽마에 올라탄 헛소리 정도로 번역할 수 있다. 자연권론자들에 대해서 실제보다 과장된 주장이라는 것을 벤담이 풍자적으로 비판한 것이다.

제6장 참여권*

I 총론

1. 국가법적 범주로서의 참여권

참여권(Teilnahmerechte)은 급부청구권(Teilhaberechte) 및 방어권과 구별된다.[i] 급부청구권은 국가에 의해 제공되는 국가의 급부, 즉 무언가를 가질 청구권을 말한다.[1] 방어권이란 국가로부터 간섭받지 않을 권리 또는 방해받지 않고 발전할 수 있는 권리이다. 그와 달리 참여권은 "국가에 참여할 권리"의 특징을 갖는다. 이 명칭은 게오르그 옐리네크(Georg Jellinek)[2]의 지위이론(Statuslehre)에서 찾아 볼 수 있고, 이전에는 이미 19세기의 헌법주석서와 교과서[3]에서 그리고 실질적으로는 칼

---

* 출처: Merten/Papier (Hrsg.), Handbuch der Grundrechte, Bd. II, Heidelberg 2006, S. 709-739.

1) Teilhabe라는 표현은 민주적 참여(demokratische Mitwirkung)를 위한 개념으로도 사용된다; *Dietrich Murswiek*, Grundrechte als Teilhaberechte, soziale Grundrechte, in: HStR V (1992), § 112, S. 249ff.: "정치적 의사형성에 참여(Teilhabe an der politischen Willensbildung)", 절차 및 조직 참여(Verfahrens- und Organisationsteilhabe) 참조. *Christian Starck*, Freiheit und lnstitutionen, 2002, S. 143 주 1도 참조.

2) *Georg Jellinek*, System der subjektiven öffentlichen Rechte, 2. Aufl. 1905, S. 136, 141 u. ö.; zusammenfassend *ders.*, Allgemeine Staatslehre, 3. Aufl., 7. Nachdruck 1960, S. 421ff.

3) *Heinrich Albert Zachariae*, Deutsches Staats- und Bundesrecht, 1. Band, 3. Aufl. 1865, S. 638ff.; 그 외의 문헌에 대해서는 *Klaus Stern*, Staatsrecht Bd. III/1, 1988, S. 420f.

프리드리히 게르버(Carl Friedrich Gerber)[4]에서 찾아볼 수 있다. 이런 점에서 참여권은 오래전부터 알려지고 해석학적으로 형성된 국가법 개념과 관련되어 있다.

국가의 의지는 언제나 국가기관으로서 국가를 위하여 행동하는 인간에 의해서만 표현될 수 있기 때문에, 법규는 "어떤 사람이 어떤 조건 하에서 … 국가의 의사를 행사하거나 그에 참여하여야 하는지를 결정하여야 한다."[5] 따라서 모든 분야의 국가권력과 관련하여 조직 및 권한에 관한 권리를 뜻하게 되지만, 이는 언뜻 보면 사람들이 참여권과 관련시키길 원치 않는 것일 수도 있다. 옐리네크는 국가가 어떻게 물리적인 의사"를 획득하고 그 가운데 자신의 의사형성을 해나가는지를 묻는다.[6] 국가는 인간에게 그에 대한 의무를 부과하거나 권한을 부여할 수 있다고 한다. 의무와 관련하여 보면, 이 논문의 대상은 아니지만, 국방의 의무, 배심의무 그리고 유사한 법률적 복무의무를 생각할 수 있다. 권리 부여와 관련하여 보면, 개인의 영역이 의무에 의하여 제한되는 것(소극적 지위)이 아니라 오히려 법적 행위능력에 의하여 확장된다. 이와 같이 권한을 부여받은 사람에게는 개인으로 또는 다른 사람과 함께 국가를 위하여 행동할 권리(능동적 지위)가 부여된다. 행동은 공익을 위해 권한질서에 근거하여 그리고 절차의 범위 안에서, 즉 객관적인 법에 따라 일어난다.

관련 지위에 접근할 수 있게 하는 것은 주관적 권리다. 따라서 개인으로서 군주에게는 왕위계승법을 근거로 군주로서 국가기관이 될 권리가 있다.[7] 같은 방식으로 선거권은 의회의 구성이나 국가원수의 결정에 참여하고 그리고 그를 통해 간접적으로 그 결정에 참여하는 주관적 권리다.[8] 프랑스 인간과 시민의 권리선언(1789) 제6조에 이 권리를 다음과 같이 명확히 규정하고 있다. "법률은 일반의지의

---

4) *Carl Friedrich Gerber*, Über öffentliche Rechte, 1852, zitiert nach dem Nachdruck, 1913, S. 39ff.

5) *Jellinek*, System (주 2), S. 136.

6) *Jellinek*, System (주 2), S. 138f. 그리고 그 이하도 참조.

7) 예를 들면 *Ludwig v. Rönne*, Das Staatsrecht der Preußischen Monarchie, 4. Aufl., 1. Band, 1881, S. 164ff.; 영국에 대해서는 Act of Settlement (1701) section 1; 현대의 예로서는 1953년 덴마크 왕위계승법 규정들, 스페인 헌법 제57조와 벨기에 헌법 제85조 참조.

8) *Zachariae* (주 3), S. 94, 638f.

표현이다. 모든 시민은 개인적으로 또는 그들의 대표를 통하여 법률 형성에 참여할 권리를 가진다."[9)]

1871년 제국헌법에 따르면 국가의사 형성에 대한 참여권은 다음과 같이 나누어져 있었다. 프로이센 왕은 연방 수장[iii]의 지위를 갖고, 이 자격에서 왕은 독일황제라는 칭호를 가졌다(제국헌법 제11조[iv]). 연방의 구성원, 독일 군주들 그리고 3개의 한자 공화국은 연방참사원에서 그 대표를 통하여 입법(제국헌법 제5조 제1항[v])과 제국의 행정(제국헌법 제7조[vi])에 참여했다. 제국의회는 보통선거와 직접선거로 구성되어(제국헌법 제20조 제1항[vii]) 국민을 대표하였으며, 국민은 제국의회의 권한 범위 안에서 국가권력의 행사, 특히 입법(제국헌법 제5조)에 간접적으로 참여하였다.

주관적 참여권의 존재를 위해서 국민주권이 전제조건인 것은 아니다. 이상의 설명은 참여의 법적 근거가 완전히 다를 수 있다는 것을 나타낸다. 따라서 이 점에서 군주의 가문 및 상속권도 대의제도의 선거권-보통 선거권이든 제한된 선거권이든-과 마찬가지로 참여의 근거로 고려된다. 참여는 공공서비스 접근권 또는 국가절차에서 청문할 권리도 그 근거로 한다. 참여권에는 청원권과 법원에 권리보호를 요청할 권리도 포함된다. 이 권리들의 행사는 국가적 결정의 전제조건이다. 국가업무의 수행을 위해서는 사람이 필요하다는 사실만으로도 참여권의 개념이 도출되고, 그러한 참여권의 행사가 의무로 될 수도 있다.

2. 국민주권의 틀 안에서의 참여권

독일 군주제를 폐지한 1918년의 민주주의 혁명으로 참여권은 본질적으로 국민주권에 근거하게 되었다(바이마르 헌법 전문, 제1조 제2항). 국민은 제국의회(제국헌법 제5조)를 통하여 단순히 제국입법에 참여하는 것을 넘어 이제는 모든 국가권력 기관의 출발점이 되었다. 즉, 제국의회(바이마르 헌법 제22조), 공화국대통령(바이마르 헌법 제41조 제1항) 그리고 주 의회의 국민에 의한 직접선거 등이 그것이다. 국민에 의해 선출된 기관들에 의해 공무원과 판사의 임명이 이루어졌으며(바이마르 헌법 제46조), 이들은 그 권한의 범위 안에서 국가 의사 형성에 참여하였다.

---

9) "La Loi est l'expression de la volonté générale. Tous les Citoyens ont droit de concourir personnellement, ou par leurs Représentants, à sa formation."(성낙인, 프랑스헌법학, 법문사, 1995, 908쪽의 번역도 참조-역자 주)

공법상 참여권은 국민주권의 도입과 함께 기본권적 자유이념과 더불어 국가의 중요한 정당성 근거인 민주적 자유이념이 구현된 모습이다.[10] 국가권력의 정당성으로서 민주적 자유이념은 군주제적 정당성과 맞서 싸운 국민의 자결 사상을 근거로 하고 있다.[11] 국민의 자결은 개별 시민의 공동결정행위로 구성된다. 이것이 민주적 자유이다. 이 자유는 기본권적 자유, 즉 자신의 일에 대한 개인의 자기결정과는 구별된다. 민주적 자유는 기본권적 자유를 배격하여 몰아내어서는 안 된다. 민주적 입법은 다른 사람의 권리와 공공복리를 보호하기 위해서만 기본권을 제한할 수 있으며, 이 제한은 적절하고, 필요하고 그리고 균형적이어야 한다.

공법에서 참여권은 능동적 지위[viii]의 권리이고, 국가기관과 다른 공권력주체(예를 들면 지방자치기관) 구성의 기초가 된다. 그러나 능동적 지위는 위임이나 공직의 범위 내에서 사람들이 내리는 개별적인 국가적 결정에도 나타나고, 다른 구제책이 없을 경우에 기본법의 질서를 배제하려고 시도하는 모든 사람에 대하여 저항권을 행사하는 경우에도 나타난다(기본법 제20조 제4항[ix]). 이러한 조건 하에서 참여권은 기본법이 규정하고 있는 자유민주적 기본질서를 유지하고 회복하는 데 있다.

능동적 지위의 참여권 외에도 청문권 및 협력권[x](아래 B I 7 이하 참조) 그리고 소극적 지위에서 나오는 권리의 행사도 참여권으로 작용한다. 시민의 정치적 참여는 의사의 자유, 정보의 자유, 출판의 자유, 방송의 자유 및 집회와 결사의 자유를 주장하는 가운데서도 표현될 수 있다.[12](아래 II 1 e 참조).[13] 여기에서 기본법 제21조 제1항이 중요한 매개적 역할을 한다. 왜냐하면 정당의 자유는 소극적 지위에 속하는 결사의 자유에서 나오는 것이기 때문이다. 국가와의 거리두기뿐만 아니라 공적 사안에의 참여도 보장하는 이 양면적 기본권으로부터 기본법 제21조[xi]는 능동적인 목표 지향적 참여권을 분리하여 의무와 함께 독자적으로 보장하고 있다(아래 II I f 참조).

---

10) *Christian Starck*, Grundrechtliche und demokratische Freiheitsidee, in: HStR II, 2. Aufl. 1998, S. 3ff. = *ders.*, Der demokratische Verfassungsstaat, 1995, S. 161ff.

11) *Dolf Sternberger*, Herrschaft und Vereinbarung, 1986, S. 39ff.

12) *Starck* (주 10), S. 22ff. = S. 181ff.

13) *Walter Schmitt Glaeser*, Die grundrechtliche Freiheit des Bürgers zur Mitwirkung an der Willensbildung, in: HStR II, 2. Aufl. 1998, S. 49ff.

정당의 자유라는 특수한 경우를 제외하면, 의사소통의 자유는 소극적 지위에 속하며 "민주적 기본권"으로 변하는 것이 아니라는 것을 유념해야 한다. 오히려 (의사소통의 자유는-역자 주) 사회적 공간에서 국민의 정치적 의사형성의 사전적 형성을 위한 것이고, 연방헌법재판소는 국민투표 판결에서 이를 법적으로 체계화된 시민의 공권력 행사에 대한 참여와는 명백히 구별하고 있다.[14)]

3. 참여권의 주체

국민주권의 틀 안에서 참여권의 주체는 독일 국민들(기본법 제116조 제1항[xii])이다. 이는 헌법에 국민(기본법 제21조 제1항 제1문, 제28조 제1항 제2문,[15)xiii] 제38조 제1항 제2문[xiv])을 언급하고 있거나 국민의 권리와 저항권을 독일인에 한정하고 있는 것(기본법 제33조 제1항, 제2항[xv] 제20조 제4항[xvi])으로 표현되어 있다.

최근에는[16)] 지방선거에서 해당 지방자치단체에 거주하는 유럽공동체의 회원국 국민도 선거권과 피선거권이 있다. 이로써 국내에서 다음과 같이 규정하고 있는 EGV 제19조 제1항 제1문, 현재는 AEUV 제22조가 충족되었다. "국적을 갖지 않은 회원국에 거주지를 가진 모든 연합 시민은 자신이 거주하는 회원국 지방선거에서 선거권 및 피선거권을 가지며, 이 경우 해당 회원국의 국적자와 동일한 조건이 적용된다."

독일인만이 공직접근권을 가진다는 엄격한 헌법규정(기본법 제33조 제2항)은 노동자의 거주·이전의 자유를 규정하고 있는 EGV 제39조, 지금은 AEUV 제45조[xvii]에 의하여 그 효력이 제한되었다. 제4항에서 이 조항은 공행정의 고용에는 적용하지 않는다고 명시적으로 규정하고 있다.[17)] 그러나 유럽연합법원은 제4항이 "공권

---

14) BVerfGE 8, 104, 115; 그에 반하여 BVerfGE 69, 315, 347가 "시원적으로-구속받지 않는 직접적 민주주의의 일부"를 집회에 포함시킨 것은 오해의 소지가 있다. *Wolfram Höfling*, Demokratische Grundrechte. Zu Bedeutungsgehalt und Erklärungswert einer dogmatischen Kategorie, in: Der Staat 33 (1994), S. 493, 505ff.

15) 제28조와 관련하여 이는 연방헌법재판소가 우선 명시적으로 확인하여야 한다. BVerfGE 83, 37, 53 참조.

16) 1997.10.20. 개정된 기본법 제28조 제1항 제3문(BGBl. I, 2470).

17) *Thomas Rieckhoff*, Diae Entwicklung des Berufsbeamtentums in Europa, 1993, S. 23; *Monika Jachmann*, in: v. Mangoldt/Klein/Starck, Das Bonner Grundgesetz, Bd. II,

력 행사에 직접 또는 간접적인 참여와 국가나 기타 공법인의 공통된 관심사에 특별히 중요성을 가지는 임무의 수행을 필연적으로 수반하는 그러한 기관"만을 포함한다고 판단하였다.[18] 이 결정이 미치는 범위에서는 기본법 제33조 제2항은 적용되지 않는다. 유럽연합법원의 해석에서 EGV 제39조 제4항, 지금은 AEUV 제45조 제4항의 한계 외에는 독일 국적과 공무원 지위의 연계는 여전히 유지된다.[19]

직업과 관련한 공법상 인적 단체[xviii]의 경우에 국적에 따른 제한은 존재하지 않는다. 인적 단체에 소속된 사람은 능동적 선거권을 가지고 단체 내부에서 모든 직책에 선출될 수 있다.[20] 마지막으로 모든 사람은 해당 구성요건이 존재하는 경우에는 법원이나 행정청에 진술할 권리가 있다.

참여권은 최소연령 요건에 따라 달라진다. 모든 선거와 투표에서 최소연령은 만 18세이고,[21] 일부 지방선거법에 따르면 만 16세이다.[22] 선거권은 평생 존재한다. 예외적으로 판사의 판결에 의해 박탈당하거나,[23] 행위능력이 배제하는 정신적 결함이 있는 경우에 그리고 판사의 명령에 따라 정신병원에 수용된 경우 선거권이 상실된다(연방선거법 제13조).

연방대통령(기본법 제54조 제1항)과 연방헌법재판관(연방헌법재판소법 제3조 제1항)으로의 선출은 최소연령이 40세이고 그리고 주헌법재판소 재판관 선출은 대부분 최소연령이 35세이다.[24] 공무원과 판사에 대해서는 우선 수료해야 하는 필수교육 때문에 자동적으로 연령제한이 나타난다. 공무원, 판사 또는 공무원으로서의 참여권은 선출된 임기의 만료 또는 퇴직 시 소멸되는데, 퇴직은 기본적으로 65세이고, 연방헌법재판관의 경우에는 68세이다(연방헌법재판소법 제4조 제3항).

---

4. Aufl. 2000, Art. 33 Rdnr. 14 m.w.N.

18) EuGRZ 1992, S. 102.

19) *Peter Michael Huber*, Der Staatsangehörigkeitsvorbehalt im deutschen Beamtenrecht, in: FS für Leisner, 1999, S. 937, 947ff.

20) *Starck* (주 10), S. 25 = S. 184.

21) 민법전 제2조와 관련한 기본법 제38조 제2항; 예를 들면 니더작센 헌법 제8조 제2항.

22) 예를 들면 니더작센주에서는 니더작센 조례 제34조 제1항 제1호.

23) 형법 제45조 제2항: 2년에서 5년의 기간.

24) 예를 들면 § 2 Nieders. StGHG, § 3 Berl. VerfGHG: 35 Jahre, § 3 Brem.StGHG; aber 40 Jahre gem. § 5 BayVfGHG.

4. 참여권의 법률적 형성과 제한

국가권력 연속성의 기초가 되고 국가 결정에 대한 참여를 매개하는 참여권은 법률 규정을 필요로 한다. 이것은 연방 의회 선거권과 관련하여 기본법 제38조 제3항에 나타나 있는데, 그에 따르면 자세한 내용은 연방 법률이 정한다.[25] 연방 영역의 재편성에 관한 국민투표는 법률적 근거를 필요로 한다(기본법 제29조 제6항 제1문).[26] 국가적 결정을 내리는 공직자와 판사의 권한은 법률로 규율하여야 한다(기본법 제33조 제5항, 제98조 제1항과 제3항).[27] 국민의 정치적 의사형성에 참여하는 정당의 권리도 연방 법률로 규율하여야 한다(기본법 제21조 제3항).

이상 말한 입법자에 대한 규율 위임은 헌법에 보장된 참여권은 조직으로 그리고 절차법적으로 형성되어야 한다는 것을 의미한다. 법률규정을 제정하도록 하는 헌법상 위임은 동시에 규율여지도 부여한다. 그래서 기본법 제38조 제1항 제1문은 독일 연방 의회의 의원은 보통, 직접, 자유, 평등 그리고 비밀선거로 선출된다는 것만을 규정하고 있다. 이로써 입법자에게는 다수대표제, 비례대표제 또는 그 중간형태를 도입할 것인지 여부의 결정이 위임되어 있다.[28] 기본법 제28조 제1항 제2문[xix]에 따라 주 의회의 선거와 관련하여도 마찬가지다. 공무원과 관련하여 기본법은 공무원은 공적-법적 복무관계 내지 충성관계에 있으며, 이는 직업공무원제도의 원칙을 고려하여 규율되어야 한다는 것만을 규정하고 있다. 기본법이 독립성을 보장하고 있는 판사의 법적 지위는 연방 법률과 주 법률에 의하여 규율된다(기본법 제98조 제1항과 제3항).

정당법과 관련하여 기본법 제21조 제3항에 따라 정당의 내부조직, 국가의 재정지원, 기부활동과 회계보고에 관한 많은 다양한 법률규정이 이미 존재해 왔다.[29] 그 가운데 일부가 연방헌법재판소에 의해서 위헌으로 선언되었음에도 불구

---

25) 주 의회 선거에 대해서도 마찬가지다. 예를 들면 Art. 8 Abs. 5 NV.

26) 주 차원의 국민투표(Volksentscheid)에 대해서는 예를 들면 Art. 50 Abs. 2 NV.

27) 기본법 제33조 제5항에서는 "규율한다(regeln)"라고만 규정하고 있다. 이에 대해서는 *Gertrude Lübbe-Wolff*, in: Dreier, Grundgesetz, Bd. II, 1998, Art. 33 Rdnr. 65.

28) BVerfGE 1, 208, 246ff.; 95, 335, 349; *Christian Starck*, Freiheit und Institutionen, 2002, S. 285ff.

29) BVerfGE 8, 51, 63: 선거 자체뿐만 아니라 선거를 지원하는 정당에 대해서도 국가적 견지에

하고, 시간이 지남에 따라 입법자의 적지 않은 형성의 자유가 나타났다.

능동적 지위에서 나오는 권리에 필수적인 법률적 형성은 기본권 제한의 법적 개념과는 분리되어야 한다. 기본법 제21조 제2항을 제외하면, 참여기본권에는 명시적인 제한이 없다. 그럼에도 불구하고 입법자는 그러한 제한을 개별적으로 규정하였고, 이는 연방헌법재판소의 판결에 의하여 인정되었다. 소규모 정당의 선거권자가 연방 의회와 주 의회에서 국민의 대표 결정에 참여할 기회를 축소시키는 5%의 저지조항은 의회의 기능 보장을 이유로 정당화되었다.[30] 일부 주 헌법은 저지조항을 명시적으로 규정하고 있다.[31] 보통선거의 제한은 위 3. 이하에서 논의하였다. 자유선거와 밀접한 관계에 있는 비밀선거는 모든 압력으로부터 선거권자를 보호해야 한다. 부재자투표가 비밀선거의 침해를 배제할 수 없다고 하더라도, 가능한 광범위한 투표참여가 달성되어야 하므로 정당화된다.[32]

다른 참여권들은 기본법 제33조 제2항처럼 이미 구성요건적으로 제한되어 보장되고 있고, 그에 따르면 적성, 능력 그리고 전문적 성과가 모든 공직 접근을 위한 전제조건이다. 물론 이 전제조건들은, 판사직에 대한 특별한 자격과 마찬가지로,[33] 법률에서 상세하게 규정되어야 한다.[34]

정치적 영향을 미치기 위해 소극적 지위의 기본권을 주장하는 것은 해당 기본권의 일반적인 제한의 적용을 받는다. 정치적 표현은 다른 표현에 대하여 특권적이지도 않고, 다른 정치적 표현에 대하여 추가적인 제한이 적용되는 것도 아니다.

서 재정적 수단을 지원하는 것이 허용된다고 한다; BVerfGE 20, 56, 97f.: 정당에 대한 지속적 재정 배려를 국가의 임무로 하는 것은 금지된다고 한다; 적절한 선거운동의 필수적 비용만 보상이 가능하다고 한다; BVerfGE 85, 264: 국가는 헌법적으로 정당에게 기본법에 따라 일반적인 의무가 되는 활동을 위한 재정적 자금을 지급하는 것을 방해받지 않는다고 한다; 이 경우 언제나 부분적 재정지원만 허용된다.

30) 확립된 판결: BVerfGE 1, 128, 248, 256; 95, 408, 419.

31) Art. 28 Abs. 3 BWV; Art.14 Abs. 4 BV; Art. 39 Abs. 2 BeV; Art. 75 Abs. 3 BrV; Art. 75 Abs. 3 HV; Art. 8 Abs. 3 NV; Art. 80 Abs. 4 RPV; Art. 49 Abs. 2 ThV.

32) BVerfGE 21, 200, 204; 59, 119, 125f.

33) §§5ff. DRiG.

34) §7 BeamtStG.

의회의 구성원으로 선출된 시민의 참여권에 대한 헌법직접적인 형식적 및 실질적 제한은 헌법 개정에 관한 규정에서 나타난다. 헌법 개정은 가중 다수에 의해서만 실현되도록 되어 있어 어렵다(기본법 제79조 제2항).[35] 여기에는 헌법의 우위[36]가 표현되어 있다. 그 외에 헌법 개정에는 실질적인 한계가 있다(기본법 제79조 제3항[xx]).[37] 참여권의 기타 제한은 기본법 제18조[xxi](기본권 실효)와 이미 언급한 기본법 제21조 제2항(정당금지)이 규정하고 있는데, 이에 대해서는 개별 사건에서 연방헌법재판소가 결정한다.

5. 국가규범의 위계질서에서 참여권

앞의 두 절의 설명에서 참여권은 규범구조에서 다양한 지위를 가진다는 사실이 드러났다. 연방 의회 선거권, 공직접근권, 법원에서 진술할 권리 및 이와 관련된 보장들은 기본권의 지위를 가지고, 그 침해에 대해서는 헌법소원절차를 통해 연방헌법재판소에 제소할 수 있다(기본법 제93조 제1항 제4a호[xxii]).

기본법 제29조[38)xxiii]와 제28조 제1항 제2문[39)]과 같이 헌법상 보장되는 다른 참여권들은 헌법소원 제기의 가능성이 없다(연방 차원에서는 헌법소원의 가능성이 없다). 또한 기본법 제29조에는 선거권 기본원칙의 보장이 누락되어 있다. 기본법 제20조 제2항 제2문[xxiv]에서 선거와 투표가 동등하게 규정되어 있고, 투표에는 선거권 기본원칙이 적용되지 않아야 할 이유를 찾을 수 없기 때문에, 이러한 누락은 의도하지 않은 것으로 보인다. 따라서 기본법 제38조 제1항[xxv]의 유추 적용[xxvi]을 통하여 보완해야 한다.[40] 이러한 유추 적용은 기본법 제93조 제1항 제4a호에도 확장되어야 하고, 그 결과 기본법 제29조에 따른 투표에서 선거권 기본원칙의 침해는

---

35) 주 헌법상 해당 규정들.

36) *Christian Starck*, Der demokratische Verfassungsstaat, 1995, S. 33ff.

37) *Karl-E. Hain*, Die Grundsätze des Grundgesetzes. Eine Untersuchung zu Art. 79 Abs. 3 GG, 1999, S. 35ff.

38) BVerfGE 49, 15, 19.

39) BVerfGE 99, 1, 7.

40) BVerfGE 13, 54, 91f.; 28, 220, 224; *Michael Sachs*, Grundgesetz, 3. Aufl., 2003, Art. 20 Rdnr. 34.

헌법소원으로 다툴 수 있다.[41)]

연방헌법재판소는 기본법 제28조 제1항 제2문의 보통선거와 평등선거의 보장을 일반적 평등원칙의 특수한 형태로 인정했다. 이는 소송법적으로 볼 때 기본법 제93조 제1항 제4a호의 목록(헌법소원 대상 목록을 말한다-역자 주)에서 제28조 제1항이 누락된 것을 보완하기 위해서 중요한 의미를 가졌다. 그에 따라 주 의회나 지방 의회 선거권을 규율하는 주 법률에 대해서는 기본법 제3조 제1항[xxvii]을 근거로 헌법소원으로 다툴 수 있게 되었다.[42)] 기본법 제3조 제1항은 연방헌법재판소에 헌법소원을 제기할 길을 열어주는 주관적 권리를 부여하는 기능만 했고, 실질적 기준은 기본법 제28조 제1항 제2문이었다. 연방헌법재판소는 이러한 판결을 최근에 포기하고, 주에서 주민대표선거를 하는 경우에 보통선거와 평등선거의 침해는 연방헌법재판소에 헌법소원을 제기할 수 없다고 결정하였다.[43)] 이 원칙들은 주 의회 선거에 있어서 다른 선거권 기본원칙들과 마찬가지로 기본법에 의하여 주관적-법적으로 보장되지 않는다고 했다. (따라서 이제는-역자 주) 주 법에 따라 선거 심사 절차가 적용된다.

헌법상 보장된 참여권은 연령 제한처럼 명확한 개념에 의하거나 적성, 능력 등과 같은 정의가 필요한 개념을 통하여 부분적으로만 구성요건적으로 제한된다. 그러한 정의는 입법의 차원에서 일어난다. 참여권을 상세하게 형성하는 법률(위 4 이하 참조)은 예를 들면 선거의 조직과 절차에 관한 선거법, 정당의 민주적 내부질서의 보장과 재정회계에 관한 규정을 가진 정당법, 공직접근권의 전제조건 및 공무원의 권리와 의무를 규정한 공무원법과 같은 법률들이다. 더욱이 실정법으로서 문제가 있는 저항권[44)]은 법률로 상세하게 형성될 수는 없다. 따라서 저항권은 언어적으로 가능한 한 범위 내에서 헌법 차원에서 이미 구성요건이 제한되어 있다.[xxviii]

---

41) BVerfGE 13, 54, 91f.; 28, 220, 224.

42) BVerfGE 57, 43. 이는 지방선거법에 관한 것이다.

43) BVerfGE 99, 1, 7ff., 17f.

44) *Josef Isensee*, Das legalisierte Widerstandsrecht, 1969; *Christian Starck*, Widerstandsrecht, in: Staatslexikon (hrsg. von der Görresgesellchaft), 7. Aufl., Bd. V, Sp. 991f.

연방선거법과 공무원법은 참여권에 대한 보다 상세한 사항들을 규율하는 법규명령 제정을 위임하고 있다.[45] 연방공무원법은 더 나아가서 행정규칙의 제정을 예정하고 있다.[xxix]

개관해 보면, 참여권은 헌법상 보장되는 한 저항권을 제외하고는 법률로 상당히 형성되거나 부분적으로는 제한도 된다는 사실과 이 법률은 더 상세한 문제들을 규율하기 위해 법규명령의 제정을 위임하고 있다는 사실을 보여준다.

연방 차원과 마찬가지로 주 차원에서도 헌법상 보장된 참여권이 존재하고, 이는 법률로 형성되거나 부분적으로는 제한된다. 이 점에서 선거권 및 공무원의 권리와 관련하여 유사한 상황이 존재한다. 주 법률도 마찬가지로 법규명령 제정을 위한 위임규정을 두고 있다.

주 헌법에는 그 밖의 참여권들이 특별한 자치행정보장 형태로 규정되어 있다. 기본법 제28조 제2항의 연방 헌법상 동질성조항[xxx]이 민주적으로 선출된 국민의 대표 보장(기본법 제28조 제1항 제2문)과 함께 지방자치행정의 보장의무를 각 주에 부과하고 있고, 이 외에도 사회 및 실업보험,[46] 대학교[47]와 기타 공법상 단체[48]의 자치행정의 보장을 찾아 볼 수 있다. 연방이 사회보장 분야에서는 경합적 입법권(기본법 제74조 제1항 제12호[xxxi])을 행사하여서 주 법이 규율할 여지가 없기 때문에 주 헌법상 사회보장에 대한 자치행정보장은 적용되지 않는다.[xxxii] 다른 공법상 단체에 있어서는 주로 자유직업의 직업협회와 관련되고, 이는 주 입법권이 적용되

45) 예를 들면 연방선거법 제52조는 연방참사원의 동의를 요하는 17가지 대상에 관하여 연방선거규정을 제정할 권한을 연방 내무장관에 위임하는 것을 규정하고 있다. 연방공무원법은 법규명령 제정 권한을 연방 정부에 대한 많이 위임하고 있다; 노동시간 규정(Arbeitszeitverordnung), 모성보호 규정(Mutterschutzverordnung), 휴양휴가 규정(Erholungsurlaubsverordnung), 특별휴가 규정(Sonderurlaubsverordnung), 부업 규정(Nebentätigkeitsverordnung), 직업 규정(Laufbahnverordnung) 참조.

46) 브레멘주 헌법 제57조 제4항, 헤센주 헌법 제35조 제1항, 라인란트팔츠주 헌법 제53조 제4항, 자알란트주 헌법 제46조 제1항 제2문.

47) 바덴뷔르템베르크주 헌법 제20조 제2항, 바이에른주 헌법 제138조 제2항, 브란덴부르크주 헌법 제32조 제1항, 헤센주 헌법 제60조 제1항, 메클렌부르크포어포메른주 헌법 제7조 제3항, 니더작센주 헌법 제5조 제3항, 노르트라인베스트팔렌주 제16조 제1항, 라인란트팔츠주 헌법 제39조 제1항, 자알란트주 헌법 제33조 제2조, 작센주 헌법 제107조 제2항, 작센안할트주 헌법 제31조 제2항, 튀링엔주 헌법 제28조 제1항.

48) 바덴뷔르템베르크주 헌법 제71조 제1항 제3문, 니더작센주 헌법 제57조 제1항.

는 경우에는 모든 주에서 법률상 설립되고 자치행정권이 부여된다. 직업 관련법에 대한 연방 입법권이 존재하는 경우에는,[49] 해당 직업협회는 연방 법률에 의해서 설립된다.[50] 자치행정의 헌법적 보장이 존재하는 경우에 직업협회는 입법자가 구체적으로 정한다. 헌법적 보장이 없는 경우에는 해당 참여권은 법률상 근거만을 가질 뿐이다.

법원에서의 법적 진술권(기본법 제103조 제1항[xxxiii])은 소송절차법에서 구체화된다. 법치국가적 행정의 특징인 행정청을 통한 청문청구권은 행정 법률에 규정되어 있다(특히 행정절차법 제28조[xxxiv]).

6. 참여권의 국제법적 승인

참여권이 속해 있는 국내적 규범서열과는 별도로, 보편적 및 지역적 국제법에서 참여권이 승인되고 보장됨으로써 국내 법질서에 영향을 미친다는 사실에서 나타나는 문제들이 논의되어야 한다.

보편적 국제법은 의향서로서[xxxv] 1948년 12월 10일의 세계인권선언에서 그리고 규범적 보장으로서 1966년 12월 19일의 시민적·정치적 권리에 관한 국제규약에서 공직 선거권과 접근권을 규정하고 있다(선언 제21조,[xxxvi] 규약 제25조[xxxvii]). 규약 제25조에 따라, 모든 국민은 자신의 나라에서 공적 사안의 형성에 직접적으로 또는 자유롭게 선출된 대표를 통하여 참여하고, "선거권자의 의사의 표현이 보장되는 진정하고 반복하여 치러지는 보통, 평등 그리고 비밀선거에서 선출하고 선출되며", "일반적 평등의 관점에서 자기 나라의 공직에 접근할" 권리와 가능성을 가진다. 규약의 체약당사국은 차별 없이 이 권리를 보장하고, 권리침해에 대해 다툴 수 있는 실효적인 소원절차를 규정하며, 마지막으로는 인용된 소원에 효력이 부여되도록 보장할 의무가 있다(규약 제2조[xxxviii]). 주기적인 의무 보고제도(규약 제40조[xxxix])는 체약국에서 규약의 적용을 보장한다. 이로써 민주주의 원칙의 실현이라는 관점에서 국내 조직에 대한 국제법적 시야를 가진 국제법적 기준이 마련된다.[51] 물

---

49) 기본법 제74조 제1항 제1호: 변호사, 공증인.

50) §§ 175ff. BRAO Bundesrechtsanwaltskammer; §§ 65ff. BNotO Notarkammern.

51) 그렇게 적절하게는 *Philip Kunig*, in: Vitzthum (Hrsg.), Völkerrecht, 2. Aufl., 2001,

론 그 외에 특별한 합의를 근거로 해서만 제기할 수 있는 국가소원이 있다(규약 제41조[xi]).[52)]

유럽 지역의 국제법은 유럽인권협약에 대한 1952년 3월 20일의 제1 추가의정서 제3조에서 적절한 간격으로 실시되는 자유 및 비밀 선거에 대한 권리를 보장하고 있다. 국가 의회 선거만이 아니라 주 의회와 지역 및 지방의 대표단체에 대한 선거도 포함된다.[53)] 보통선거와 평등선거는 제3조에 언급되어 있지 않다. 보통선거는 협약 제14조에서 도출될 수 있고, 성별, 인종 등으로 인한 차별을 금지하고 있다. 물론 여기서는 명시적으로 협약에서 승인된 권리와 관련하여서만 그러하다.[54)] 그러나 추가의정서의 의미와 목적으로 볼 때, 추가의정서의 해당 서명국가도 그러한 한 차별금지를 승인한다는 결론이 나온다.[55)] 평등선거와 관련하여서는, 유럽인권재판소는 선거권 행사에 있어서 시민의 평등원칙이 선거권 보장에서 나온다고 판결했다.[56)]

협약과 관련하여 제1 추가의정서에서 보장된 민주적 권리는 유럽인권재판소의 보호를 받는데(유럽인권협약 제19조), 동 법원은 국내에서의 권리구제수단을 모두 거친 후 허용되는(유럽인권협약 제35조 제1항) 개인소원(유럽인권협약 제34조)에 대해 판결한다. 서명국은 자신이 당사자인 모든 사건에서 유럽인권재판소의 종국판결을 따라야 한다(유럽인권협약 제46조 제1항).

S. 94; 유엔총회의 관련 결의에 대해서는 *Hans Joachim Heintze*, in: Ipsen (Hrsg.), Völkerrecht, s. Aufl., 1999, S. 376.

52) 이에 대하여 포괄적으로는 *Katrin Weschke*, Internationale Instmmente zur Durchsetzung der Menschenrechte, 2001.

53) *Jan De Meyer*, Electoral Rights, in: MacDonald u. a. (ed.), The European System of the Protection of Human Rights, 1993, S. 553.

54) 현재 제12 추가의정서에 일반적 평등원칙이 규정되어 있지만 이 추가의정서는 아직 비준되어 있지 않다. *Chritoph Grabenwarter*, Europäische Menschenrechtskonvention, 2003, §26 Rdnr. 17f. 참조.

55) 제1 추가의정서 전문에는 서명정부는 "1950년 11월 4일 로마에서 서명한 유럽인권협약 제1절에 아직 포함되지 않은 특정 권리와 자유의 집단적 보장을 위한 조치를 할 것"을 결정하였다고 하고 있다.

56) GH 113, 4, 24; Kommission, Entscheidung v. 10.03.1988-11406/85, Décisions et Rapports, Bd. 55, 130; Entscheidung v. 15.04.1996-25035/94, Décisions et Rapports, Bd. 85, 112, 115.

보편적 국제법에서 보고제도와 국가소원 및 유럽인권재판소의 개인소원과 그 판결에 대한 서명국의 복종의무는 국내 법제도에 다양한 강도로 영향을 미친다. 가능한 한 개인소원과 결합된 사법적 통제제도가 없는 곳에서는 참여권의 국제법적 보장은 적절한 이행도구가 결여되어 있기 때문에 효과적이지 못하다.

Ⅱ 각론

1. 국가 차원의 참여권: 연방 및 주

a) 헌법제정권력

연방 헌법인 기본법에 관한 한, 헌법제정권력은 독일 국민에게 있고(전문, 기본법 제146조), 주 헌법에 있어서는 헌법제정권력은 주민(州民)[xli]에게 있다.[57] 독일 국민이 자신의 헌법제정권력을 행사하는 방법은 헌법적으로 규정되어 있지 않다. 그러나 국민주권의 개념 속에는 적어도 헌법제정회의의 보통, 평등 그리고 비밀 선거를 기반으로 한 대의제적 헌법 제정이 포함되어 있다.[58] 이는 1966년 12월 19일의 시민적 및 정치적 권리에 관한 국제규약[59] 제25조에[xlii] 의해서도 보장되어 있다.

독일 주의 헌법 제정은 기본법에 정해져 있다. 기본법 제28조 제1항은 주에게 민주주의 원리(제1문) 그리고 선거원칙들에 대한 의무를 부과하고 있기 때문에, 헌법제정권력은 적어도 국민에 의해 직접 선출된 회의에 의하여 대의적으로 행사되어야 한다. 주 헌법이 헌법제정회의에 의해서 최종적으로 통과되어 효력이 부여

---

57) 대부분의 주 헌법의 전문 및 베를린주 헌법 제101조 제1항, 브레멘주 헌법 제155조, 헤센주 헌법 제160조, 메클렌부르크포어폼메른주 헌법 제80조, 라인란트팔츠주 헌법 제144조, 튀링엔주 헌법 제106조 참조.

58) 1949년 헌법제정에 대해서는 *v. Mangoldt/Klein/Starck*, Das Bonner Grundgesetz, Bd. I, 4. Aufl. 1999, Präambel Rdnr. 17ff.; 헌법제정권력의 주체와 절차에 대한 일반적인 것은 *Klaus Stern*, Das Staatsrecht der Bundesrepublik Deutschland, Bd. I, 2. Aufl. 1984, S. 147ff. m.w.N.; *Hans-Peter Schneider*, Die verfassunggebende Gewalt, HStR VII, 1992, S. 3ff.; *Josef Isensee*, Das Volk als Grund der Verfassung (Nordrhein-Westf. Akademie der Wissenschaften, Vorträge G 334), 1995; *Starck* (주 10), S. 3, 17 = S. 175f.

59) 1976.3.23.-독일에 대해서도(BGBl. 1976 Ⅱ, S. 1068)-발효되었다.

되는지, 헌법제정회의에 의해서 임시 헌법으로 통과되고 후에 국민투표에 부쳐질 것인지 또는 헌법제정회의가 국민투표에 부쳐질 단순한 헌법초안을 마련하는 것인지 여부에 대한 연방 헌법상 기준은 없다.[60] 주 헌법의 제정에 대한 연방 헌법의 규정은 국민투표를 할 때 가중다수나 정족수에 대해서는 아무 말이 없다. 헌법의 우위를 보장하기 위해서 가중다수를 따라야 하는 헌법 개정과는 달리 헌법 제정 자체는 가중다수에 기속되지 않는다.

헌법 제정에 대한 참여권은 적어도 헌법제정회의에서 선거권자의 대표가 헌법의 내용에 영향을 미칠 수 있는지 여부 또는 그것은 넘어서 국민투표를 하는 경우에 개별 투표권자가 여전히 찬성 또는 반대를 투표할 수 있는지 여부에 따라 다양하게 형성된다. 서부지역에 있는 독일 국민의 대표에 의한 1949년 헌법 제정에 대한 참여는 더욱 제한적이었다. 왜냐하면 기본법을 만들어 낸 헌법제정회의의 구성원이 독일 국민에 의해서 직접 선출된 것이 아니라 주 의회에 의해서 선출되었기 때문이었다. 주 의회는 헌법제정회의가 기본법을 도출해 내었던 것처럼 기본법에 찬성 또는 반대만 표할 수 있었다. 헌법 제정에 대한 독일 국민의 참여가 약화된 이유는 선거법으로 조직된 국가성이 주에만 존재했다는 데서 찾을 수 있다. 이는 헌법전문의 원본에서도 다음과 같이 나타났다. “바덴, 바이에른 … 주의 독일 국민은 과도기 국가생활에 새로운 질서를 부여하기 위해서, 헌법제정권력의 힘으로 이 독일연방공화국 기본법을 통과시켰다.” 기본법 성립의 특수성은 1990년의 새로운 전문에 여전히 다음과 같이 울려 퍼지고 있다.[61] “바덴-뷔르템베르크, 바이에른 … 주의 독일 국민은 자유로운 자기결정으로 독일의 통일과 평화를 완성하였다.”

헌법 제정 행위로 모든 국가기관의 헌법 기속이 생겨나는데, 이는 헌법상 헌법 개정을 어렵게 하며(기본법 제79조 제2항[xliii]) 개정금지를 규정(기본법 제79조 제3항[xliv]) 하고 있는 데서 나타나 있다. 헌법에는 선거와 투표에서는 국민이 스스로 정한다는 것과 대표기관이 결정한다는 것이 규정되어 있다(기본법 제20조 제2항 제2문).

---

60) 1991/92년의 새로운 주의 헌법제정절차의 설명은 *Christian Starck*, Die Verfassungen der neuen Länder; HStR IX, 1997, S. 353, 358-363 = *Starck*, Verfassungen 2009, S. 194, 198-204; 1945년 이후 서독에서의 주 헌법의 제정에 대하여 간략하게는 *Schneider* (주 58), S. 17f.

61) 1990.8.31.(BGBl.11, S. 889)의 통일조약 제4조 제1호에 의해 새로 만들어졌다.

b) 선거와 투표

aa) 선거

선거권이 있는 개별 국민 구성원의 선거 참여는 민주주의 원리의 직접적인 결과이자 필수불가결한 표현이다. 연방과 주에서의 의회의 선거는 민주적 의사형성을 결정하는 행위이고,[62] 민주적 참여권은 정당성을 일정기간만 제공하기 때문에 이는 주기적으로 반복되어야 한다.[63]

선거제도는 선거권자의 투표를 의석으로 전환하는 방법이다.[64] 선거의 목적은 국민을 대표하는 것이다. 대표되는 것은 항상 이해관계와 정당한 질서에 대한 생각의 다원주의가 지배하는 경험적 국민이다.[65] 선거제도를 형성함에는 선거가 사회의 자연적 다원주의의 틀 안에서 국민통합의 최소한의 기준으로 작동한다는 사실을 고려해야 한다.[66] 따라서 선거권은 선거를 앞두고는 정당을 형성하고 이후에는 다수를 형성하는 데 기여하여야 하며, 그리고 산발적으로만 대표를 배출하는 것이어서는 안 된다.[67] 선거와 정부 구성은 전체로서 국민이 현실로 등장하는 종합적인 과정이다.

대표와 통합은 각각이 선거의 정당화 효과의 전제조건이다. 선거는 최고 정치기관의 구체적 구성의 기초이기 때문에, 이는 구체적으로 행사된 국가권력을 국민으로 소급하는 것을 가능하게 한다. 민주주의에서 정당성은 항상 일시적인 정당성이다. 따라서 주기적으로 갱신되어야 하는 정당성에는 선거의 민주적 통제기능이 내재해 있다.

---

62) BVerfGE 20, 56, 113; 29, 154, 164.

63) BVerGE 20, 56, 113; 41, 399, 414.

64) *Vernon Bogdanor*, in: ders./Butler (Hrsg.), Democracy and Elections, 1983, S. 1; *Hans Meyer*, Demokratische Wahl und Wahlsystem, HStR 11, 2. Aufl. 1998, S. 254f.

65) *Starck* (주 10), S. 5f. = S. 163f.

66) *Karl Löwensein*, Verfassungslehre, 3. Aufl. 1975, S. 277ff.; *Dieter Nohlen*, Wahlrecht und Parteisystem, 1989, S. 45f.

67) *Rudolf Smend*, Verfassung und Verfassungsrecht (1928), in: *ders.*, Staatsrechtliche Abhandlungen, 2. Aufl. 1968, S. 154f.

개별적으로는 다음과 같다. 선거에서 참여권은 보통선거와 평등선거 원칙을 따른다. 보통선거는 "입법자가 정치적, 경제적 또는 사회적 이유에서 특정한 국민 집을 선거권의 행사로부터 배제하는 것을 금지한다."[68] 보통선거는 국민 개념(기본법 제28조 제1항 제2문,[xlv] 제38조 제1항 제2문[xlvi])과 직접 연결되고[69](위 I 3, 참조), 그리고 전통적인 제한만이 허용된다(연령제한, 거주 및 연방선거법 제13조의 사유[xlvii]).

평등선거는 선거 참여권의 본질적 요소다.[70] 그것은 우선은 형식적으로 동일한 선거권의 행사와 투표의 동일한 수적 가치를 의미한다.[xlviii] 이에 반하여 동일한 결과 가치[xlix]는 순수한 비례투표에서만 보장된다.[l] 모든 형태의 다수대표제에서는 당선되지 못한 후보자에게 주어진 표는 사표가 된다. 이 경우에 당선되지 못한 후보자를 선출한 사람들의 참여권은 선거행위로 그치고 만다. 기본법에서도 허용하고 있는 다수대표제 이면에는 비례대표제와는 다른 다음과 같은 대표개념이 존재한다. 즉 모든 선거구는 하나의 전체로서, 하나의 공동체로서 취급된다. 이 공동체의 지배적 견해가 대표되어야 한다. 사람들이 원하는 것은 개별의견의 대표가 아니라 전체 공동체를 대표하는 다수의 확신이다.[71] 의회에는 다수 확신[li]의 대표만이 의석을 가져야 한다. 말하자면 소수는 대표에 참여하지 않는다. 이 참여 결여는 적어도 다른 선거구에서 다른 곳에서는 대표되지 못한 방향[lii]이 성공하게 어느 정도 상쇄된다. 모든 선거구에서 소수인 정치적 견해와 집단은 대표될 기회가 없다. 나아가 선거를 하기 전에 정부가 자신을 지지하는 정당과 후보자를 홍보하기 위하여 국가의 자금을 사용하지 않는 것도 평등선거에 속한다.[72]

자유선거는 모든 선거 참여자에 대하여 자유로운 후보추천권을 요구한다. 정당이 후보 추천을 독점하지 않는다.[73] 또한 선거 참여권은 비밀선거를 통하여 보호되는데, 이는 결정의 자유를 위축시킬 수 있는 모든 압력을 피하기 위한 것이다.

---

68) BVerfGE 58, 202, 205.

69) BVerfGE 83, 37, 50f., 53f.

70) BVerfGE 47, 253, 277 m.w.N.

71) *George Horwill*, Proportional Representation - its Dangers and Defects, 1925, S. 113.

72) BVerfGE 44, 125, 141.

73) BVerfGE 41, 399, 418.

의회에 선출된 의원은 한층 강화된 참여권을 가진다(기본법 제38조 제1항 제2문[liii]). 그들은 연방 수상을 선출하고(기본법 제63조, 제67조), 법률(기본법 제77조)과 예산(기본법 제110조 제2항)을 통과시키고, 정부(예를 들면 기본법 제43조) 등을 통제한다. 동일한 정당에 속하는 선출된 의원들이 원내교섭단체(독일연방의회 의사규칙[liv] 제10조 참조)를 결성하는 것은 개별 의원들의 참여권을 보다 강화시킨다. 원내교섭단체에서의 제명은 이 권리에 대한 제한을 뜻하기 때문에, 엄격한 형식적 및 실질적 전제조건 하에서만 제명될 수 있다.[74] 연방 의회가 선출한 연방 수상과 연방 수상이 임명한 장관은 그 권한의 범위 안에서 의회 의원과는 다른 참여권을 행사한다.

bb) **투표**

투표에 있어서 투표권이 있는 시민의 참여권은 그들이 실질적인 문제에 대해 공동으로 결정할 수 있기 때문에 강화되는 반면, 선거에서는 매우 간접적으로만 실질적인 문제를 다루거나 전혀 다루지 않는다. 기본법은 지금까지 연방 영역의 재편 조치에 대해서만 특정한 지역의 국민에 대한 투표를 규정하고 있다. 관련 법률 및 주간 협정은 국민투표에 의한 확인을 필요로 한다(기본법 제29조 제2항, 제3항, 제7항[lv]). 주 소속 변경에 관한 국민발안도 가능한데, 이는 국민설문조사가 필요할 수 있다(기본법제29조 제4항, 제5항[lvi]).

현행 헌법은 기본법 제29조[75][lvii]에 규정된 분야를 제외하고는 국민발안이나 연방 법률에 따른 국민투표를 모두 금지하고 있다. 이는 기본법 제20조 제2항 제2문[lviii]의 해석을 통하여 명확히 해명되었다.[76] 현행 기본법은 보다 높은 질적 내용을 갖는 대의제적 입법을 전제로 하고 있다. 사항결정에 대해 국민이 직접적으로 참여하는 것은 헌법 개정을 통해서만 허용될 수 있다. 이는 유럽 헌법에 대한 결정에 적용할 수 있을 것이다. 유럽연합의 계속적 발전을 위한 이러한 기초는 연

---

74) 이에 대해서는 *Thorsten Ingo Schmidt*, Der Fraktionsauschluß als Eingriff in das freie Mandat des Abgeordneten, DÖV 2003, S. 846ff.

75) 기본법 제118a조도 참조.

76) 그렇게는 *Klaus Stern*, Staatsrecht, Bd. II, 1980, S. 11ff.; *Ingwer Ebsen*, Abstimmungen des Bundesvolkes als Verfassungsproblem, AöR 110 (1985), S. 2ff.; *Karl-Peter Sommermann*, in: v. Mangoldt/Klein/Starck, Grundgesetz, Bd. II, 4. Aufl., 2000, Art. Rdnr. 156.

합조약을 헌법이라고 부르는 것에서도 알 수 있지만, 정치적 이유로 독일 국민에 의한 직접적 승인을 필요로 한다. 이는 대칭성의 요청이기도 한데, 그것은 다수의 다른 회원국에서 유럽 헌법에 대한 국민투표가 실시되(어야 하)기 때문이다.[lix]

입법자를 법적으로 구속하지 않는 자문적 국민질의는 투표권자의 자문적 참여로 나타난다. 그러나 국민투표를 진지하게 받아들이면 - 이것은 민주주의에서는 당연한 것이지만 - ,[77] 법적 구속력이 없는 단지 자문적인 국민투표도 입법에 매우 큰 영향을 미쳐서 기본법이 규정하고 있는 배타적인 대의제적 입법이 왜곡될 수 있다. 따라서 자문적 국민질의의 도입도 기본법의 개정이 필요할 것이다.[78]

주에서는 일반적으로 대의제적 의회 입법은 국민투표를 통한 입법을 가능하게 함으로써 보완된다. 국민발안을 위한 정족수가 얼마나 되는지, 그리고 투표수나 투표권자의 수를 기준으로 국민투표에 어느 정도의 다수가 요구되는지에 따라[79] 투표자의 참여권은 차이가 난다. 국민입법을 통하여 개방되어 있는 투표권자의 실질적 참여권은 소위 재정에 관한 투표의 금지라는 금기사항에 의해 제한을 받는다. 이 참여권에는 주 예산, 공공세금 및 보수 및 연금에 대한 국민발안과 국민투표는 포함되지 않는다. 여기에서는 대의제적 의회 입법을 더 높이 평가하는 것으로 볼 수 있는데, 대의제적 의회 입법은 심의에 근거하여 이루어지고 찬반의 양자택일에 놓이지 않는다.[80]

c) 연방국가

연방국가로 인하여 국가임무는 원칙적으로 독립적인 두 개의 국가 차원으로 나누어진다. 이 수직적 기능분할은 다양한 관점에서 국민의 참여권을 강화한다.

---

77) BVerfGE 8, 104, 114는 모든 유형의 국민투표에서 "국민의 일원으로서 시민의 국가권력행사에 대한 참여"라고 하고 있다.

78) 그렇게는 또한 *Sommermann* (주 76), Art. 20 Rdnr. 156 m.w.N.; 다른 견해로는 *Horst Dreier*, in: Dreier, Grundgesetz, Bd. II, 1998, Art. 20 (Demokratie), Rdnr. 102 m.w.N.; *Ebsen* (주 76), S. 20ff.

79) 새로운 주들에 대한 개관은 *Starck* (주 60), S. 400 = S. 242; 그 밖에 비교하는 것으로는 *Jörg Menzel*, Landesverfassungsrecht, 2002, S. 398ff.

80) 이에 대해서는 주헌법재판소의 판결을 언급하고 있는 *Menzel* (주 79), S. 402f.; 특히 BVerfGE 102, 176, 188ff. 참조.

즉, 연방 의회의 선거 외에 주 의회 선거가 있는데, 여기서는 연방 의회 선거와는 다른 다수결 관계가 나타날 수 있다. 또 민주적 연결고리가 단축된다. 의회와 정부에서 능동적 참여가능성이 증가한다.[81] 연방과 주 사이의 상이한 다수결 상황은 야당이 정치적인 국가직책을 수행할 정치지도자를 훈련할 수 있게 한다. 이는 다수를 대표하는 선거권자와 선출된 사람들의 효율적 참여권 행사를 위한 필수적 전제조건이다. 주 의회 의원의 참여권은 헌법 개정에 관한 규정에 의해서 뿐만 아니라(이하 I 4 참조), 연방 헌법인 기본법의 권한 규정들에 의해서도 제약된다.

d) 공직에 대한 평등한 접근

선거나 정치적 직책에 선출됨으로써 국가과제의 이행에 정치적으로 참여할 뿐만 아니라, 행정 및 사법상 국가 직책의 수행에 의해서도 국가과제의 이행에 참여하게 된다. 민주주의에서 참여권은 "적성, 능력 그리고 전문적 성과"(예를 들면 기본법 제33조 제2항)에 따라서만 주어져야 하고 여기서는 평등원칙(기본법 제3조, 제33조 제3항)이 특히 존중되어야 한다. 이는 법관직에 대한 접근에서도 마찬가지인데, 법관으로 선출되는 경우도 같다.[82] 왜냐하면 그것은 정치적 선거가 아니기 때문이다.

공직을 일정한 기간 동안 유지하는 경우에는 참여권은 사전에 정해진 기간 동안에만 적용되고(예를 들면 선출직 공무원, 연방과 주의 헌법재판관, 배심원 등), 그 외 모든 경우에는 법률상 정해진 연령에 이를 때까지 유효하다.

독일인이 가지는 공직접근권[83]은 참여권의 근거가 되는 민주주의 원리에서 나오는 능동적 지위[84]의 직접적 표현이다. 독일 국민으로부터 나오는 민주적으로

81) *Maunz/Zippelius*, Deutsches Staatsrecht, 29. Aufl. 1994, S. 105f.; *Josef Isensee*, Idee und Gestalt des Föderalismus im Grundgesetz, HStR IV, 1990, S. 659f., 684; *Konrad Hesse*, Grundzüge des Verfassungsrechts der Bundesrepublik Deutschland, 20. Aufl. 1995, 100ff. m.w.N.; *ders.*, Bundesstaatsreform und Grenzen der Verfassungsänderung, AöR 98 (1973), S. 1, 12f. 및 그 이하도 참조; 연방주의와 민주주의의 내적 연계에 대해서는 *Görg Haverkate*, Verfassungslehre, 1992, S. 340f.

82) 그러한 주 의회 위원회에 의한 주 판사의 선출에 대해서는 *Jachmann* (주 17), Art. 33 Rdnr. 14.

83) 유럽연합과 관련한 예외로 인한 것은 A III. 참조.

84) 그렇게 매우 명확하게는 *Hermann v. Mangoldt*, Das Bonner Grundgesetz, 1953, art. 33 Bem. 2 (S. 208)

정당화된 국가권력(기본법 제20조 제2항 제1문)은 국가권력을 행사하는 공직의 임명에 영향을 미친다.[85)]

e) 의사소통 기본권

소극적 지위의 고전적 자유권, 즉 방어권인 의사소통 기본권은 동시에 참여권을 의미한다. 연방헌법재판소는 이에 대해서 일반적으로 다음과 같이 설명했다.[86)] "기본권은 우선은 국가권력에 의한 제한에 대하여 개인의 자유영역을 보호하는 것이고, **그리고 개인에게 동시에**(필자에 의한 강조) 공동체에서 자유로운 능동적인 협력과 공동형성을 위한 전제조건을 보장하는 것이다."

민주적 헌법국가에서 참여권은 선거행위와 스스로 입후보하거나 기본법 제33조 제2항[lx]이 의미하는 공직에 취임할 가능성에 한정될 수는 없다. 의회의 선거는 "국민으로부터" 기본법 제20조 제2항이 의미하는 개별 기관에 이르는 정당성 고리의 기초이지만, 민주주의는 그 이상으로 선거 사이에 시민의 참여를 요구한다.[87)] 이러한 의미에서 연방헌법재판소는 의사표현의 자유라는 기본권을 자유민주적 국가질서를 "전적으로 구성하는 것으로 간주한다. 왜냐하면 그것이 비로소 지속적인 담론, 그러한 질서의 생명적 요소인 의견의 투쟁을 가능하게 하기 때문이다."[88)] 연방헌법재판소는 이 말을 출판과 방송의 자유[89)] 및 정보의 자유[90)] 그리고 집회의 자유[91)]로도 확대하였다. 이는 헌법 문헌에서도 마찬가지로 보인다. 언급한 의사소통 기본권과 똑 같이 결사와 단체의 형성을 보장하는 기본법 제9조[lxi]는 정치적 참여권 행사에 대해서도 중요한 기초이다. 왜냐하면 단체의 정치적 의사표현은 개인의 의사표현보다 큰 중요성을 가지기 때문이다. 이는 노동과 경제조건의 유지와 촉진을 위한 단결에 대해서는 한층 더 강하게 적용된다(기본법 제9조

---

85) 공권력을 행사하지 않는 공직에 대한 이 원리의 유럽연합법상 제약에 대해서는 위 I 3 참조.

86) BVerfGE 21, 362, 369.

87) *Hesse* (주 81), Rdnr. 153f.

88) BVerfGE 7, 198, 208; 62, 230, 247; 76, 196, 208f.

89) BVerfGE 20, 56, 97f.

90) BVerfGE 27, 71, 81.

91) BVerfGE 69, 315, 345.

제3항). 최고연방기관의 의사규칙은 입법과정에 대한 단체의 자문을 통한 영향을 규정하고 있다.[92]

"공적 사안에 대한 제약 없는 이해"는 19세기에 대의제 헌법의 전제조건으로 간주되었고 출판의 자유를 요구하는 근거로 받아들여졌다. 칼 하인리히 야우프(Karl Heinrich Jaup)는 그에 대해 국가사전에 다음과 같이 기술하고 있다.[93] "대의제적 헌법을 가진 국가에서는 자유 출판제도를 위한 또 다른 근거가 있다. 이 헌법들의 기본원리는 알려진 바와 같이 물질적, 정신적 필요를 초월한 목소리, 훌륭하고 지각 있는 모든 사람의 도덕적 판단에 근거하는 **공적 의견**을 전제로 한다. 동시에 공적 의견은 국민에게 헌법의 혜택을 보장하는 데 기여하도록 표현될 수 있어야 한다. …"

현재의 국가법 논문집에서는 "국민의 의사형성"이라는 제목 하에서 발터 슈미트 글래저(Walter Schmitt Glaeser)의 "의사형성 참여를 위한 시민의 기본권적 자유"에 관한 논문이 실려 있는데,[94] 거기에 민주적 의사형성 참여에 대한 기본권적 보호가 구체적으로 설명되어 있다. 주로 인권적 근거를 가지는 의사와 출판의 자유는 정치적, 사회적 주제를 실제로 취급함으로써 민주적 참여의 특징을 가진다. 이러한 사실에서 어떤 사람이 정치적 의사형성에 능동적으로 참여할 (소위 기본의 무라는 의미의) 의무를 헌법적으로 부담한다는 결론이 나오는 것은 아니다.[95]

기본법 제1조 제2항에서 독일 국민이 신봉하는 인권은 모든 인간 공동체와 세계의 평화와 정의의 기초로 선언되어 있다. 기본법에서 보장하고 있는 인권이 비로소 개개 시민에게 정치적 생활에 참여할 가능성을 보장하고 동시에 강요된 정치화로부터 시민을 보호한다.[96]

---

92) §70 GeschOBTag, §§47, 48 GemGeschO der Bundesministerien.

93) *Karl Heinrich Jaup*, Artikel "Pressefreiheit", in: C. Rotteck/C. Welcker (Hrsg.), Staatslexikon, 2. Aufl. 1848, Bd. 11, S. 9 (원전에 따른 강조); 이에 대해서는 *Jörg-Detlef Kühne*, Die Reichsverfassung der Paulskirche, 1985, S. 389: "여기서 출판의 자유는 더 이상 방어권만은 아니고 국가 전체에 대한 공동형성권으로도 이해되었다."

94) Hrsg. von *Isensee und Kirchhof*, Bd. II, 1. Aufl. 1987, 2. Aufl. 1998 mit Literaturnachweisen.

95) 이러한 의미로는 *Hans Hugo Klein*, Die Grundrechte im demokratischen Staat, 1972, S. 45ff.; *v. Mangoldt/Klein/Starck* (주 58), Art. 5 Rdnr. 1-3.

96) *Josef Isensee*, Grundrechte und Demokratie. Bonner Akademische Reden, Bd. 53,

f) 정당의 자유

기본권적 자유 이념에 대한 참여의 이러한 관계를 연방헌법재판소는 1956년 KPD 판결에서 다음과 같이 설명했다.[97] "자신의 헌법질서를 자유-민주적이라고 명명하고 그렇게 함으로써 그것을 자유 법치국가적 민주주의의 큰 헌법사적 발전 방향으로 편입하는 국가는, 의사표현의 자유라는 기본권으로부터, 기본법 제21조 제1항 제2문이 그러한 것처럼, 자유로운 정치적 확인과 그에 따른 자유로운 정당 형성이라는 기본원칙적 권리를 발전시켜야 한다." 제21조[lxii]의 참여권은 정당에게 국민의 정치적 의사형성에 참여하는 것을 보장하고, 모든 개인에게는 자신이 투표한 정당에 가입하거나 동지들과 함께 정당을 창설하는 것을 보장한다.

제21조 제1항 제1문에 따라 정당이 국민의 정치적 의사형성에 참여하는 경우에 여기서 참여권의 한 형태를 볼 수 있다. 기본법 제21조는 특별한 특권(기본법 제21조 제2항)과 의무(기본법 제21조 제1항 제3문·제4문)를 가진 일반적 결사의 자유의 민주국가적 표현이다. 정당법 제1조 제1항은 정당을 자유민주적 기본질서의 필수적 헌법적 구성요소로 규정하고 있다. 정당의 정치적 의사형성 참여를 정당법 제1조 제2항은 다음과 같이 규정하고 있다. 즉, 정당은 "공적 의견의 형성에 영향을 미치고, 정치적 교육을 자극하고 심화하며, 시민의 정치생활에 대한 능동적 참여를 촉진하고, 공적 책임을 감내하는 능력이 있는 시민을 양성하고, 선거에 후보자를 내세움으로써 연방, 주 그리고 게마인데 선거에 참여하며, 의회와 정부의 정치적 발전에 영향을 미치고, 정당이 고안한 정치적 목표를 국가적 의사형성의 과정으로 끌어들이고 그리고 국민과 국가기관 사이의 지속적인 활발한 연계를 유지한다."고 기술하고 있다. 정당법 제2조에서 정당은 지속적으로 또는 장기간 연방이나 주에서 정치적 의사형성에 영향을 미치고, 연방 의회나 주 의회에서 국민 또는 주민의 대표로서 협력하고자 하는 것으로 개념하고 있다. 여기에 최고 국가 직책의 임명에 대한 영향력 행사가 추가된다.[98]

법률 규정에서 "참여한다"라고 규정하고 있는 것으로 볼 때, 전체로서의 정당에게 명시적으로 참여권으로 입증된 권리들이 있다. 참여권은 정치적 의사형성과

1981, S. 23.

97) BVerfGE 5, 85, 134f.

98) BVerfGE 52, 63, 82.

관련된다. 즉 선거 전에는 후보자를 지명할 권리(정당법 제17조, 연방선거법 제18조 이하), 선출된 의회 의원을 통한 공직 임명에 대한 영향력 행사, 국가의 정당재정 지원 수령(정당법 제18조 이하), 공법상 방송기구의 선거 전 무료방송[99] 등이 정치적 의사형성을 위한 것이다. 개별 정당원 특히 당직 보유자는 정치적 참여권을 실현할 가능성이 더 많다. 능동적 당원은 정치적 참여권을 더 적극적으로 행사하고 국민들이 참여권을 행사하도록 촉진한다.

g) 행정절차에서 참여권과 활동권

행정절차에 대한 시민의 참여는 "행정결정 참여"[100]로 불린다. 당사자(행정절차법 제28조 이하, 제66조, 조세법 제91조)와 이해관계자(행정절차법 제73조 제4항)의 청문권, 계획법 및 환경법상 행정절차에 대한 시민이나 집단의 참여(예를 들면 건축법 제3조) 그리고 마지막으로 행정의 경제와의 협력[101] 등이 언급될 수 있다. 청문권에서부터 공중의 참여에 이르기까지 법률상 규정된 다양한 단계의 참여권이 존재한다. 행정결정에 대한 영향의 정도는 단순한 청문으로부터 참여자의 제안에 대한 당국의 수용까지 있다. 물론 이는 관할행정청이 주무장관의 의회 책임의 범위 내에서 실질적인 결정의 책임을 홀로 지기 때문에 궁극적으로 공동결정을 의미하지는 않는다.

연방헌법재판소는 이러한 참여 형태를 국가 내에서 갖는 시민의 지위와 관련시켰다.[102] 따라서 절차형성을 행정의 필요에만 맞춰서는 안 된다. 자구대로 보면 다음과 같다. "행정과 시민의 대화의 필요성은 국가에서 시민이 갖는 지위에 대한 기본법의 이해와 부합한다." 국가에서 시민의 기본법적 지위 외에 참여권은 결정

99) 이에 대해서는 *Rudolf Streinz*, in v. Mangoldt/Klein/Starck, Grundgesetz, Bd. II, 4. Aufl. 2000, Art. 21 Rdnr. 137f.; *v. Mangoldt/Klein/Starck* (주 58), Art. 3 Rdnr. 41.

100) 그렇게 *Robert Walter*와 *Walter Schmitt Gldeser*가 VVDStRL 31 (1973)의 두 번째 주제를 다루고 있다.

101) 이에 대해서 상세하게는 *Walter Schmitt Glaeser*, Die Position des Bürgers als Beteiligter im Entscheidungsverfahren gestaltender Verwaltung, in: Lerche/ders./Schmidt-Aßmann, Verfahren als staats- und verwaltungsrechtliche Kategorie, 1984, S. 35, 45ff.

102) BVerfGE 45, 297, 335.

의 질과 타당성에 대해서도 중요한 의미를 가진다. 왜냐하면 시민은 당사자로서 또는 그렇지 않으면 참여자로서 그리고 이해관계자로서 특히 계획법에서 구성요건의 탐색과 종국적 법률구성요건의 구체화에 참여하기 때문이다. 심지어 "공동형성 참여"라는 표현도 사용되는데, 이는 의회가 만든 개방적 결정프로그램을 내부에서부터 함께 준비하는 경우에는 실질적-내용적으로 민주적 정당성을 향상한다고 한다.[103] 이러한 참여 형태가 더욱 발전한 것이 이해관계인과 전문가의 자문위원회와 위원회 참여 및 함부르크주 헌법 제56조[lxiii]가 규정하고 있는 바와 같은 행정관청에서 자원봉사적인 참여이다.

h) 학생과 부모의 참여

학교에서 학생과 학부모의 참여는 행정법적 참여의 한 특수한 형태로서, 두 개의 근본적으로 상이한 형태, 즉 한편으로는 기본권적 기반을 가지고 있고 다른 한편으로는 민주적-참여적 기반을 가지고 있기 때문에 특별히 다루어져야 한다.

연방헌법재판소의 판결에 따르면 학교에서 국가의 교육의무(기본법 제7조 제1항)와 부모의 교육권(기본법 제6조 제2항)은 동등한 지위를 가지며 서로 의미 있게 연결된 협력을 통하여 이행되어야 한다.[104] 그러한 점에서 개별 부모는 교사와 함께 대화하면서 국가의 교육임무에 참여한다. 따라서 부모가 자녀의 능력과 재능의 범위 내에서 교육경로를 결정할 수 있게 보장되어 있다.

학급, 학교, 게마인데 내지 크라이스 차원의 학교 사안에 대한 선출된 학부모위원과 학생위원의 참여는 이와 구분되어야 한다. 대의제적 기반을 가지고 있고 이루어지는 이러한 참여권은 개별적으로만 실현될 수 있는 학생의 기본권과 부모의 권리(기본법 제6조 제2항[lxiv])로부터 비롯되는 것이 아니다. 학교에 대한 국가의 의무로 인하여 토론, 보고, 자문 그리고 청문이 문제될 수 있을 뿐이고,[105] 순수한 공동결정을 의미하는 것이 아니다.[106] 학부모대표나 학생대표의 "공동결정"은 결코

103) *Eberhard Schmidt-Aßmann*, Das allgemeine Verwaltungsrecht als Ordnungsidee, 1998, S. 100; 비슷하게는 *Schmidt-Glaeser* (주 101), S. 35, 53ff.

104) BVerfGE 34, 165, 183.

105) 예를 들면 §§96, 99 NdsSchulG.

106) *Starck* (주 28), S. 192f.

최종적인 것이 아니다. 학교에 대한 국가의 책임(기본법 제7조 제1항[lxv])을 실질적으로 이행할 수 있는 감독메커니즘이 존재해야 한다. 니더작센주 헌법재판소는 이러한 의미에서 학부모대표 및 학생대표가 성적증명서, 진급, 학위 그리고 월반에 대한 회의 결정에 있어서 투표권을 가진다면, 감독가능성이 존재한다고 하더라도 주의 학교감독 기능은 더 이상 보장되지 않는다고 판결했다.[107)]

2. 지방 차원의 참여권

a) 지방자치단체(Kommunen)[lxvi]

분권화된 민주주의[108)]라는 의미에서 세 번째 차원의 공공 행정 구조로서 지방의 자치행정(기본법 제28조 제2항[lxvii])은 주의 지방자치법에서 게마인데 주민에게 광범위한 참여권을 제공하고 있다.[109)] 기본법 제28조 제1항 제2문[lxviii]의 연방 법상 보장과 주 헌법에 따르면[110)] 크라이스와 게마인데 주민은 보통, 직접, 자유, 평등 그리고 비밀선거에서 선출되는 대표를 가져야 한다. 기본법 제116조 제1항의 모든 독일인과 게마인데 및 란트크라이스에 3개월 이상 거주하고 있는(주된 거주지) 유럽연합 회원국 국민은 시 의원 및 크라이스 의원, 시장[111)] 및 군수 선거에서 선거권을 가진다.[112)] 대부분의 주에서는 지방선거 선거권은 만 18세에 도달하면 부여된다. 일부 주에서는 이미 만 16세의 청소년부터 선거권이 있다.[113)] 선거권을

107) Nds.StGHE 3, 221, 244ff.

108) *Georg Friedrich v. Unruh*, Demokratie und kommunale Selbstverwaltung, in: DÖV 1986, S. 217.

109) *Starck* (주 28), S. 150f.

110) 니더작센주 헌법 제57조 제2항, 바덴-뷔르템베르크주 헌법 제72조, 바이에른주 헌법 제12조, 슐레스비히-홀슈타인주 헌법 제3조, 튀링엔주 헌법 제95조.

111) 시장의 직접선거에서도 시민의 참여권 강화를 볼 수 있다. 이에 대해서는 *Bernd Göttrup*, Direktwahl des Bürgermeisters und Demokratiereform, in: ZG 1995, S. 316ff.

112) Art.19 Abs.1 EGV, 현재는 Art. 22 AEUV, Art. 28 Abs. 1 Satz 3 GG, 예를 들면 §34 Abs. 1 NGO, §29 Abs. 1 NLO, 현재는 둘 대신에 §48 Nds. Kommunalverfassungsgesetz (NKomVG); 이에 대해서는 *Bodo Pietoth/Markus Schmülling*, Die Umsetzung der Richtlinie des Rates zum Kommunalwahlrecht der Unionsbürger in den deutschen Ländern, in: DVBl. 1998, S. 365ff.

113) §34 Abs. 1 Nr. 1 NGO, §29 Abs. 1 Nr. NLO, 현재는 §48 Abs. 1 NKomVG.

행사하는 선거권자는 자신의 대표를 통하여 자신이 속해 있는 게마인데와 란트크라이스의 행정에 간접적으로 참여한다.

시 의회 및 크라이스 의회가 관련 지방자치법에 따라서 권한이 있는 경우에는, 피선거권은 선출된 시 의원 및 크라이스 의원에게 더 많은 참여권을 부여한다. 투표 전에 위원회와 본회의의 심의가 개최되고, 여기에서 위원은 자신이나 당 동료를 통한 발언으로, 즉 연설과 반대연설을 통하여 의사형성에 직접적으로 참여할 수 있다. 시 의회 또는 크라이스 의회 원내단체의 내부 논의를 통하여 결정하는 경우, 개별 위원들의 참여권은 더 강화된다.[lxix]

피선거권은 선출된 시장 및 군수에게 법률적 권한의 범위 내에서 보다 강화된 참여권을 부여한다. 여기에 추가하여 보다 큰 게마인데에서는 관리기능을 위임받은 임기제 선출직 공무원이 있다. 지방자치법들은 예를 들면 지역 대표,[114)][lxx] 조정위원, 문화재보호전문가, 청소년상담사[115)]로서 활동하면서 보다 많은 시민들이 참여권을 행사하는 명예직도 규정하고 있다.

법률상 정해진 최소 수의 주민들이 특정한 안건을 시 의회 및 크라이스 의회가 논의하도록 청구할 수 있는 가능성도 참여권에 속한다.[116)] 정기적인 선거 외에도 시민은 투표를 통해 고유사무에 속하는 지방자치단체(게마인데, 란트크라이스)의 실질적 결정에도 영향을 미칠 수 있다. 이를 위해서는 우선 법률상 정해진 일정 비율의 시민이 서명을 하고 다음의 추가 요건들을 충족하는 주민발안[lxxi]이 필요하다.[117)]

- 실질적 결정을 위해서는 찬반 투표가 가능하도록 정확하게 지정되어야 한다.
- 주민발안은 문서로 근거를 제시하여야 하고, 그리고
- 그것은 법률에 명시된 특정한 대상(예를 들면 예산규정, 건축계획)과 관련된 것이 아니어야 한다.

---

114) 또는 읍장(Ortsvorsteher), §55h NGO, 현재는 §96 NKomVG 참조.

115) §73 SGB VIII.

116) 니더작센주의 구체적인 것으로는 예를 들면 §§22a NGO und § 17a NLO, 현재는 §31 NKomVG.

117) *Thomas von Danwitz*, Bürgerbegehren in der kommunalen Willensbildung, in: DVBl. 1996, S. 134ff.; *Utz Schliesky*, Aktuelle Rechtsprobleme bei Bürgerbegehren und Bürgerentscheid, in: DVBl. 1998, S. 169f.; *Christian Wefelmeier*, Unzulässige Gegenstände eines Bürgerbegehrens, in: Nds.VBl. 2000, S. 261ff.

유효투표의 과반수가 찬성을 하고 이 과반수가 적어도 선거권자의 25%에 해당하는 경우 주민투표는 성립된다. 주민투표는 의회 결의와 동일한 효력을 가지는데, 의회는 이를 즉시 다시 폐지하거나 변경할 수 없고 이에는 법률상 일정한 기간이 적용된다.

지방의 사무에 대해 의회가 자문을 구하는 경우에는 시민 및 거주민의 참여권은 더욱 강화된다. 일부 지방자치단체 조례들[118]은 아동과 청소년의 이해관계에 영향을 미치는 계획과 사업을 하는 경우에는 이들의 참여를 규정하고 있다. 이를 위해서는 우선 법률이 요구하는 적절한 절차가 개발되어야 한다. 외국인자문위원회를 두고 있는 게마인데에는 외국인, 특히 선거권이 없는 외국인을 위한 참여권이 있다.

b) **직능단체**(Berufskammern)

공법상 직업단체에는 법률에 의하여 자치행정권이 부여되어 있다.[119] 따라서 직업에 기반하여 형성된 특정한 자격을 가진 사회집단은 법률의 범위 안에서 권력적 기능의 형식으로 자신의 세력, 이해관계 그리고 가치 관념을 표현할 수 있다. 여기에는 자유직과 특정한 경제적 그리고 수공업 직종이 포함된다. 변호사와 공증인(기본법 제74조 제1항 제1호), 산업 및 상공 회의소 및 수공업 회의소에 대한 입법권은 연방에(기본법 제74조 제1항 제11호), 다른 자유직의 입법권은 주에 있다(기본법 제70조 제1항). 자치행정권과 직업구성원의 참여권은 결부되어 있다. 이는 기본권적 토대를 가지고 있지 않다. 오히려 국가는 자신에게 속하는 규율 및 감독 임무를 위 각 협회에 위임하고 그에 대해서 감독하는 데 그치고 있다. 협회 회원은 협회의 대표회의를 구성하고 대표회의는 이사회를 구성한다. 선거를 하는 사람과 선거에서 선출되는 사람의 참여권은 선거권과 피선거권으로 나타난다. 주의회와 연방 의회 선거에서 선거자의 참여권과 비교해 보면, 인적 단체의 설립과 대표회의에 대한 선거권은 그들의 직업관련 행정업무의 이행이라는 점에서 볼 때 해당 인적 단체 회원의 참여권을 강화하고 심화시킨다.

---

118) 예를 들면 § 22e NGO, 현재는 § 36 NKomVG.

119) 특히 Art. 71 Abs.1 Satz 3 BWV, 헌법적 지위를 갖는 Art. 57 Abs.1 NV 참조.

c) 학문 대학

주는 학문의 자유가 보장되도록 조직되어야 하는 학문 대학[lxxii]을 운영한다.[120] 이것은 대학에서 활동하는 학자들의 특별한 주관적-법적 지위에 의해서만이 아니라 학문 영역, 즉 연구와 교육에 직접적으로 관련을 가지는 영역의 자치행정에 의해서도 실현된다. 이러한 대학의 자치행정은 대부분의 주 헌법에 명시적으로 보장되어 있다.[121] 여기서 논의되는 참여권의 관점에서 보면, 주가 조직하고 재정을 지원하는 대학의 자치행정은 대학에서 활동하는 학자들이 기껏해야 간접적으로 주 의회 선거를 통하여 대학의 조직과 재정지원에 영향을 미칠 수 있는 것만을 의미하지는 않는다. 주는-대개 주 헌법으로 의무적으로-학문과 관련된 모든 대학 자치행정 사안을 자치적으로 협의 또는 결정하도록 위임하고 있기 때문에, 대학에서 활동하는 학자들의 참여권은 그들이 대학의 자치행정위원회에 대하여 가지는 선거권과 피선거권을 통하여 강화된다.

참여권은 자치행정의 구성에 따라서 다양하게 형성된다. 이는 다음과 같은 중요한 대학 재정결정 사례를 예로 설명할 수 있다.[122]

- 예산계획에서 그 전체 분량이 확정된 주의 자금이 총괄적으로 대학에 할당되면, 그 중앙 자치행정위원회는 그 자금을 학부에 순차적으로 배분하거나 보다 작은 단위에 직접 배분한다. 이는 해당 위원회의 선거와 결정에 대한 참여권의 강화를 의미한다. 의회 대표를 통한 국민의 통상의 참여권은 그만큼 약화된다.
- 주의 재정은 대학 자치행정위원회의 제안으로 주의 예산안 항목별로 배분된다. 이는 자동적으로 자치행정의 약화를 가져오는 것은 아니다. 왜냐하면

---

120) BVerfGE 35, 79, 107ff., 124ff.; 56, 192, 211; 95, 193, 209f.; *v. Mangoldt/Klein/Starck* (주 58), Art. 5 Rdnr. 333, 340ff. mit weiteren Nachweisen.

121) 바덴-뷔르템베르크주 헌법 제20조 제2항; 바이에른주 헌법 제138조 제2항; 브란덴부르크주 헌법 제32조 제1항; 헤센주 헌법 제60조 제1항; 메클렌부르크-포어포메른주 헌법 제7조 제3항; 니더작센주 헌법 제5조 제3항; 노르트라인-베스트팔렌주 헌법 제16조 제1항; 라인란트-팔츠주 헌법 제39조 제1항; 자알란트주 헌법 제33조 제2항; 작센주 헌법 제107조 제2항; 작센-안할트주 헌법 제31조 제2항; 튀링엔주 헌법 제28조 제1항 참조.

122) *Starck* (주 1), S. 153ff.

이 자치행정위원회가 제안권을 가지고 있고, 이 제안권을 기초로 독립적인 주 기관이 결정을 내리기 때문이다.

마지막에 언급한 이러한 절차는 제안하는 위원회가 합리적인 균형을 이루도록 의무를 지고 소수를 단순히 무시하지 않는다는 장점이 있다. 예산정책 결정에 대한 시민의 일반적 참여권은 보다 높은 수준으로 유지되는데, 그것은 예비적으로라도 시민에게 그것이 유보되어 있기 때문이다.

개별적 재정 결정이 어디에서 내려지느냐에 따라 참여권이 주 차원에서 실현되거나 대학의 자치행정 차원에서 실현된다. 대학에 예산 전체를 배분하는 것은 언제나 주 의회의 예산 정책적 결정이다. 그러한 점에서 해당 참여권은 주 의회에 대한 선거권과 피선거권에서 나온다. 이 결정을 근거로 내려지는 기타 결정들에 대해서는 다음이 적용된다. 즉 결정하는 단위가 클수록(예를 들면 주) 참여권은 약화되고, 단위가 작을수록(예를 들면 대학, 학부) 참여권은 강해진다. 매번 보다 작은 단위에서의 참여권만이 중요한 것은 아니고 합리적 결정을 보장하는 것이 중요하기 때문에, 대학의 자치행정과 민주적 정당성을 가진 의회나 정부 결정 사이의 균형적 조직 모델이 추구되어야 한다.[123)]

주가 재정을 일괄적으로 배분하는 것으로 한정하면, 대학 내부에서의 참여권(관할 기관에 대한 선거권과 피선거권)의 중요성이 더 커진다. 이는 동시에 대학에서 구체적인 재정의 배분에 대해서 주가 원칙적으로 관심을 가지지 않는다는 것(관심을 가져서는 안 될 것)을 의미한다. 예산의 증액과 삭감에 대한 대학 측의 주장은 전체적으로 화폐가치 감소, 학문의 중요성 증가 또는 학생 수의 증가와 관련이 있어야 한다. 전체적인 분배를 하는 경우에는 개별적 요구사항들은 무의미하며, 전체적 배정의 범위 내에서 조정을 하라는 답이 돌아온다. 그에 반하여 (예를 들면 주의 재정에서 개별 교수직과 학부나 연구소에 대해 실질적 예산을 명시함으로써) 주가 자금의 내부적 배분에 영향을 미칠 가능성을 가진다면, 대학은 특정 전공이나 기구에 대한 예산의 증액이나 삭감에 대한 주장가능성을 가지게 된다. 따라서 대학 내부에서의 참여권의 축소는 대학의 상황을 개선하게 된다.[lxxiii] 왜냐하면 대학은 전문적

123) *Starck* (주 1), S. 153ff.

으로 행사할 수 있는 포괄적 제안권을 가지고, 그리고 주는 직접적으로 특히 전공과 관련하여 예산의 축소나 예산증액의 거부에 대한 책임을 부담하기 때문이다. 결정을 할 때 당사자의 전문적 의견을 반영하고 객관적인 결정을 위해 거리를 두어 결정에 일정한 질을 보장하는 것은 단계화된 공동관리시스템[lxxiv]이다. 이를 통하여 자치행정 사고에 기반을 둔 대학 내부적 참여권과 민주적으로 조직된 주에 대한 참여권이 균형적 관계를 이룸으로써 보다 나은 결정이 가능하게 된다.

주가 대학을 세금으로 지원하는 한, 예산결정에 있어서 시민의 참여권과 자치행정위원회에서 대학구성원의 참여권을 제한하는 것은 부당하다. 이는 특히 위원회가 비민주적이고 학문의 자치행정에 의해서도 정당화되지 않는 경우에는 더욱 그러하다.[124)]

3. 초국가적 차원의 참여권

유럽연합은 회원국으로부터 위임받은 공권력을 행사한다(독일의 경우에는 기본법 제23조 제1항[lxxv]). 국가 임무의 실현과 국가 권한의 행사는 공권력 행사의 상대방인 국민으로 귀결될 수 있어야 한다. 이 필연적 귀속관계[125)]는 유럽연합의 일련의 임무 때문에 더 이상 민주적으로 정당화된 국가 차원의 정부구성원의 협력을 통해서만 작용하는 것은 아니고, 오히려 유럽연합 시민의 의회대표도 요구하고 있다.[126)] 이에 대해서는 연방헌법재판소가 1993년에 마스트리히트 판결에서 다음과 같이 설명했다.[127)]

---

124) *Christian Starck*, Die "Stiftung" der Landesuniversität, in: Okko Behrends (Hrsg.), Göttingen Stiftungsuniversität? Eine rechtswissenschaftliche Überprüfung der gesetzlichen Grundlagen der niedersächsischen Stiftungsuniversitäten, 2003, S. 65, 74f.

125) BVerfGE 89, 155, 182는 이를 다음과 같이 논증하고 있다: "선거를 통하여 국가권력의 정당성에 참여하고 그 행사에 영향을 미치는 기본법 제38조에 의해서 보장되는 권리는, 기본법 제20조 제1항과 제2항과 관련하여 제79조 제3항이 민주주의 원리를 불가침으로 선언하고 있는 한, 연방 의회의 임무와 권한을 변경함으로써 민주주의 원리가 침해될 정도로 그렇게 이 권리를 공동화시키는 것은 기본법 제23조의 적용영역에서 배제하고 있다."

126) BVerfGE 89, 155, 185f.

127) BVerfGE 89, 155, 186.

"이미 현재의 발전 단계에서 유럽 의회를 통한 정당성은 지지 기능을 가지고 있으며, 이 기능은 유럽 의회가 모든 회원국에서 일치하는 선거법에 따라 EGV 제138조 제3항[128)lxxvi]에 의해 선출되고 유럽 공동체의 정책과 법규 제정에 그 영향이 증가하는 경우 강화될 수 있다. 결정적인 것은 연합의 민주적 기반이 점진적으로 통합과 함께 확대되고 회원국에서 통합이 진전되는 가운데 살아있는 민주주의가 유지된다는 점이다. 유럽 국가 연합이 임무와 권한에 과중한 책임을 지게 되면 국가 차원의 민주주의가 지속적으로 약화되어 회원국 의회가 연합에 의하여 실현되는 통치권의 정당성을 더 이상 충분히 전달하지 못하게 될 수 있다."[129)]

그러나 유럽 시민의 참여권은 유럽 의회가 실질적인 사안에서 충분한 권한을 행사할 것을 요구한다. 권한이 없거나 거의 갖지 못하는 대표기관의 선거는 결코 참여권이라고 할 수 없다.[130)]

현재는 EUV 제14조 제3항인 EGV 제190조 제1항에는 유럽 의회 선거에 보통선거와 직접선거 원칙이 명시적으로 규정되어 있다. 해당 국적이 없는 회원국에 거주하는 모든 연합시민은 자신의 거주지에서 유럽 의회의 선거에서 선거권과 피선거권을 가진다.[131)] 그 외에 선거는 자유롭고 비밀이어야 한다는 것은 당연한 것이고 유럽 헌법 초안[132)](제1부 제19조 제2항 제1문, 현재는 EUV 제22조)에 명시적으로 수용되어 있다. 그러나 평등선거는 보장되어 있지 않은데, 그것은 EGV 제190

---

128) 지금은 거의 동일하게 제190조 제4항.

129) 이에 대해 상세하게는 *Astrid Epiney*, Der Status activus des citoyen, in: Der Staat 34 (1995), S. 557ff.

130) 그렇게는 *Peter Michael Huber*, Demokratie ohne Volk oder Demokratie der Völker? - Zur Demokratiefähigkeit der Europäischen Union, in: Drexl/Kreuzer/Scheuing/Sieber (Hrsg.), Europäische Demokratie, 1999, S. 27, 34f.

131) Richtlinie 93/109/EG des rates vom 06.12.1993, Amtsblatt Nr. L329 v. 30.12.1993, S. 0034-0038; 이에 대해서는 *Markus Dürig*, Das neue Wahlrecht der Unionsbürger bei den Wahlen zum Europäischen Parlament, NVwZ 1994, S. 1180ff.; *Michael Brochmann*, Änderungen im deutschen Europawahlrecht, NJW 1994, S. 1522ff.

132) 2003.6.20.의 버전.

조 제2항, 현재 EUV 제14조 제2항은 모든 회원국에서 선출될 대표의 수는 소규모 회원국의 거주자가 큰 규모 회원국의 거주자보다 강하게 대표되도록 정해져 있기 때문이다. 독일에 비하여 룩셈부르크 사람들의 대표 기회는 10배 이상 크고, 포르투갈의 대표 기회와 그 대표는 여전히 독일의 그것보다 2배 이상 크다. 마찬가지로 유럽 헌법 초안도 평등선거를 보장하지 않고 오히려 유럽 의회에서 유럽 시민은 역비례적이지만,[lxxvii] 각 회원국은 최소 4명[lxxviii]의 의원으로 대표되도록 규정하고 있다(제1부 제19조 제2항 제3문, 현재는 EUV 제14조 제2항). 민주적 대표에서 실현되는 참여가능성은 연합 시민이 속한 각 국가에 따라 상이하다.[133)]

선거는 정치적 흐름을 한데 묶어서 선거에서 표를 얻기 위해 노력하는 정당의 존재를 전제로 한다. 이 임무는 여전히 국내 정당이 수행하며, 유럽 의회 선거 이후에는 정치적 방향을 같이 하는 다른 국내 정당과 느슨한 연대를 형성한다. EGV 제191조 지금은 EUV 제10조 제4항은 유럽 차원의 정당이 연합에서 통합의 중요 요소가 될 것이라는 것을 장래의 목표로 선언하고 있다. 유럽 차원의 정당은 유럽적 의식을 형성해내고 연합시민의 정치적 의지를 표현하는 데 기여할 수 있다.[134)]

회원국 국적 소지자의 유럽의 행정 직책에 대한 접근권은 국가별 비례를 지향하고 있고, 프랑스 (공무원 선발시험인-역자 주) 콩쿠르를 모델로 한 선발절차 참여를 전제로 한다.[135)] 콩쿠르 절차상의 경쟁은 "능력, 실적 그리고 청렴성과 관련하여 가장 높은 요구를 충족시키는" 공무원만이 임명되어야 한다(유럽 공동체 공무원 규정[lxxix] 제27조 제1항).[136)] 선발절차는 시험위원회에 의해서 이루어진다. 사전에 제

---

133) 이에 대해 자세히는 *Marietta Hovehne*, Ein demokratisches Verfahren für die Wählen zum Europäischen Parlament, 1999, S. 318-388; *Rudolf Streinz*, Europarecht, 5. Aufl. 2001, S. 115f.; *Matthias Herdegen*, Europarecht, 1997, S. 93; *Peter Michael Huber*, Recht der Europäischen Integration, 1996, S. 212; *ders.* (주 130), S. 35f.; *Hans Heinrich Rupp*, Wahlrechtsgleichheit bei der Verteilung der Sitz im Europäischen Parlament auf die Mitgliedstaaten, in: NJW 1995, S. 2210f.

134) 이에 대해서 상세하게는 *Rainer Stenzel*, Integrationsziel Parteiendemokratie, 2002, 특히 S. 113ff., 350ff.

135) *Thomas Oppermann*, Europarecht, 2. Aufl. 1999, Rdnr. 790; *Huber* (주 133), S. 327f.

136) 공무원법령-Verordnung Nr. 31 (EWG)/11 (EAG) v. 18.12.1961 (Abl. EG 1962, S. 1385) i.d.F. der Verordnung (EWG, Euratom, EGKS) Nr. 259/68 v. 29.02.1968 (Abl.

출된 자격증명서 그리고/또는 시험을 기초로 적합한 지원자 명부가 작성되고 이는 원칙적으로 임명관청을 기속한다.[137] 물론 명부에 올라있는 지원자는 거기에서 임명에 관한 아무런 주관적 권리도 도출할 수 없다.[138] 선발절차 접근권과 적합한 지원자의 명단에 수록되는 기회는 임명되어 유럽연합의 행정에 참여할 기회를 뜻한다. 유럽연합의 공무원 규정은 공권력을 행사하는 공직의 임명도 지배하는 민주적 참여 원칙의 표현이다.

유럽연합법은 국내 지방대표 선거권에 영향을 미친다(위 II 2 a 참조). 해당 국적이 없는 회원국에 거주하는 모든 연합시민은 그 회원국에서 지방선거를 하는 경우에 선거권과 피선거권을 가진다(EGV 제19조 제1항, 현재는 AEUV 제20조 제1항 b).[139] 해당 조항은 기본법 제28조 제1항 제3문[lxxx]에 수용되어 있고,[140] 주의 지방자치법에 구체화되어 있다. 따라서 민주적 참여권이 비독일 연합 시민들에게 부여되어 있고, 이는 유럽연합 회원국들의 긴밀한 결합을 나타낼 뿐만 아니라 연합 시민권(EGV 제17조, 현재는 AEUV 제20조)도 형성한다. 지방정책에 대한 참여에서 선거가 행해지는 회원국의 국적은 더 이상 기준이 되지 않고, 오히려 연합 시민의 거주지가 기준이 되고 있다. EGV 제19조 제1항(현재는 AEUV 제22조 제1항 – 역자 주)의 문언은 투표가 아닌 단지 선거만 언급하고 있고 기본법 제28조 제1항 제3문도 그에 따라 규정하고 있다. 반대 제안은 받아들여 지지 않았다. 따라서 참여권은 투표에는 적용되지 않는다.[141]

EG Nr. L 56/1)-은 EGV 제283조에 따라 제정되었다.

137) EuGH, Urt. v.15.12.1966, RS 62-65, Slg. 1966, 844ff.

138) EuGH, Urt. v.14.04.1970, RS 24-69, Slg. 1970, 145ff.

139) Richtlinie 94/80/EG des Rates vom 19.12.1994 (Amtsblatt Nr. L368 vom 31.12.1994, S. 0038-0047) über die Einzelheiten der Ausübung des aktiven und passiven Wahlrechts bei den Kommunalwahlen für Unionsbürger mit Wohnsitz in einem Mitgliedsstaat, dessen Staatsangehörigkeit sei nich besitzen(모두 지침의 명칭임 – 역자 주) 참조. 이 지침은 EGV 제8b조에 따라 공포되었다.

140) 1992.12.21.의 기본법 개정 법률(BGBl. I 2086).

141) 그렇게는 또한 *Ludger Schrapper*, Die Rjchtlinie 94/90/EG zum aktiven und passiven Kommunalwahlrecht für Unionsbürger, DVBl. 1995, S. 1167, 1170; *Bernhard Burkholz*, Teilnahme von Unionsbürgern an kommunalen

독일인이 아닌 연합 시민의 독일에서의 주권적 권한의 행사에 대한 참여권은 존재하지 않는다. EGV 제39조 지금은 AEUV 제45조는 노동자의 거주·이전의 자유의 보장을 포함하고 있지만, 그러나 동시에 제4항에서 공행정에서의 고용에 대해서는 예외를 두고 있다. 이 예외는 좁게 해석되어야 하고, 예를 들면 학교와 대학에서의 공직에는 적용되지 않는다. 그러나 이 예외규정은 주권적 권한을 행사하는 직위에는 적용된다(위 II 1 d 참조).[142] 이는 참여권에 관한 논의에서 문제가 되는 바로 그 직위들이다.

Bürgerentscheiden?, DÖV 1995, S. 816ff.; *Klaus-G. Meyer-Teschendorf/Hans Hofmann*, Teilnahme von Unionsbürgern nicht nur an Kommunalwahlen, sondern auch an kommunalen Plebisziten? ZRP 1995, S. 290ff.; *Klaas Engelken*, Einbeziehung der Unionsbürger in kommunale Abstimmungen (Bürgerentscheide, Bürgerbegehren)?, NVwZ 1995, S. 432ff.은 해당 유럽법과 헌법 규정의 개방성을 강조하고 있다.

142) EuGH, Urt. v. 17.12.1980, RS 149-79, Slg. 1980, 3881, 3900; Kommissionsbeschluß 88/C 72/02, ABl. Nr. C 72/2도 참조; *Rieckhoff* (주 17), S. 108ff.; *Huber* (주 19), S. 949, 953; *Jachmann* (주 17), Art. 33 Rdnr. 14; *Lübbe-Wolff* (주 27), Art. 33 Rdnr. 20의 설명도 참조.

역자 주

i 방어권(Abwehrrechte)은 국가의 위협적이고 자의적인 권력으로부터 개인을 보호하는 기능을 한다. 참여권(Teilnahmerechte = Partizipationsrechte)은 개인의 참여를 통하여 국가를 형성할 수 있게 하는 권리다. 주로 정치적 참여와 관련된다. 급부청구권(Teilhaberechte = Leistungsrechte)은 다른 권리들의 실행을 비로소 가능하게 하는 생활조건을 보장하는 권리다. 주로 사회권 내지 생존권과 관련되는 개념이다(K. Peter Fritzsche, Menschenrechte, 2009, S. 20).

ii 사람들이 실제로 갖게 되는 존재로서의 의사 또는 의지.

iii Präsidium des Bundes.

iv 독일제국 헌법 제11조는 다음과 같다. "연방 주석직은 프로이센 국왕에게 있으며, 국왕은 독일 황제의 칭호를 가진다. 황제는 국제법상 제국을 대표하고 제국의 이름으로 전쟁을 선포하고 평화조약을 체결하며, 외국과 동맹 및 기타 조약을 체결하고 사절을 파견하고 접견한다. 제국의 이름으로 전쟁을 선포하려면 연방참사원의 동의가 필요하다. 단, 연방 영토 또는 해안에 대한 공격이 발생한 경우는 예외로 한다. 외국과의 조약이 제4조에 따라 제국 입법 사항에 속하는 경우, 조약 체결에는 연방참사원의 동의가, 효력 발생에는 제국 의회의 승인이 필요하다."

v 독일제국 헌법 제5조는 다음과 같다. "제국의 입법은 연방참사원과 제국 의회가 행사한다. 양 의회의 다수결의 일치는 제국 법률의 성립에 필요하고 그것으로 충분하다. 군사, 해군 그리고 제35조에 명시된 세금에 관한 법률안의 경우, 연방참사원에서 의견 불일치가 발생하면, 기존 제도 유지를 지지하는 주석의 표가 결정권을 가진다."

vi 독일제국 헌법 제7조는 다음과 같다.

연방참사원은 다음 사항을 결정한다.

1. 제국 의회에 제출할 법안과 제국 의회에서 통과된 결의안

2. 제국 법률의 시행에 필요한 일반적인 행정규칙과 기관. 단, 제국 법률에 다른 규정이 있는 경우는 그러하지 아니하다.

3. 제국 법률 또는 위에서 언급한 규칙이나 기관의 시행 과정에서 나타나는 문제점

모든 연방 구성원은 제안하고 발의할 권한을 가지며, 주석은 이를 심의에 부칠 의무가 있다.

제5조, 제37조 그리고 제78조의 규정을 제외하고는 단순 다수결로 의결한다. 대표가 없거나 (주에서-역자 삽입) 지시를 받지 않은 표는 산입하지 않는다. 찬반동수인 경우에는 주석의 표가 결정권을 가진다.

이 헌법의 규정에 따라 전체 제국에 공통되지 아니한 사안에 대하여 의결하는 경우에는 해당 사안에 관련된 연방주의 표만 산입한다.

vii 독일제국 헌법 제20조는 다음과 같다. "제국 의회는 보통·직접 선거와 비밀투표로 구성된다."

viii status aktivus.

ix 독일 기본법 제20조 제4항은 다음과 같다. “이 질서를 배제하고자 하는 모든 자에 대하여 모든 독일인은 다른 구제수단이 가능하지 않을 경우에는 저항할 권리를 가진다.”

x Mitwirkungsrechte.

xi 독일 기본법 제21조는 다음과 같다. “(1) 정당은 국민의 정치적 의사형성에 참여한다. 정당 설립은 자유이다. 정당의 내부질서는 민주주의 원칙에 따라야 한다. 정당은 제정의 출처와 사용 그리고 자산을 공개적으로 설명하여야 한다. (2) 목적이나 당원의 활동이 자유민주적 기본질서를 훼손하거나 제거하려고 하거나, 독일연방공화국의 존립을 위태롭게 하는 정당은 헌법에 위반된다. (3) 목적이나 당원의 활동이 자유민주적 기본질서를 훼손하거나 제거하려고 하거나, 독일연방공화국의 존립을 위태롭게 하는 정당은 국가의 재정지원에서 제외된다. 지원 배제가 확정되면 이 정당과 이 정당에 대한 기부금에 대한 세금 혜택도 없어진다. (4) 제2항에 따른 위헌 여부와 제3항에 따른 국가 재정지원 배제 여부에 대해서는 연방헌법재판소가 결정한다. (5) 세부 사항은 연방 법률로 정한다.”

xii 독일 기본법 제116조는 다음과 같다. “(1) 다른 법률 규정이 없는 한, 독일인이란 독일 국적을 가지고 있거나 독일민족 출신의 난민이나 추방민 또는 그 배우자나 후손으로서 1937년 12월 31일 당시 독일 제국의 영역에서 거주가 허용된 사람을 말한다. (2) 1933년 1월 30일과 1945년 5월 8일 사이에 정치적, 인종적 도는 종교적 이유로 국적이 박탈된 이전 독일 국민과 그 후손은 신청에 따라 국적을 회복할 수 있다. 이들은 1945년 5월 8일 이후 독일에 거주지를 두고 반대의사를 표현하지 않은 경우에는 국적을 박탈당하지 않는 것으로 간주된다.”

xiii 독일 기본법 제28조 제1항 제2문은 다음과 같다. “주, 크라이스 그리고 게마인데에서 주민은 보통, 직접, 자유, 평등 그리고 비밀선거로 구성한 대표를 가져야 한다.”

xiv 독일 기본법 제38조 제1항 제2문은 다음과 같다. “그들은 전체 국민의 대표이고 위임과 지시에 기속되지 않으며 그 양심에만 따른다.”

xv 독일 기본법 제33조 제1항과 제2항은 다음과 같다. “(1) 모든 독일인은 모든 주에서 동등한 국민의 권리와 의무를 가진다. (2) 모든 독일인은 적성, 능력 그리고 전문적 성과에 따라 모든 공직에 동등하게 접근할 권리를 가진다.”

xvi 독일 기본법 제20조 제4항은 다음과 같다. “이 질서를 배제하고자 하는 모든 자에 대하여 모든 독일인은 다른 구제수단이 가능하지 않을 경우에는 저항할 권리를 가진다.”

xvii AEUV 제45조(구 EGV 제38조)는 다음과 같다. “(1) 연합 내에서 근로자의 자유로운 이동은 보장된다. (2) 근로자의 자유로운 이동은 고용, 임금 및 기타 근로조건과 관련하여 회원국 근로자의 국적에 따른 모든 차별적 취급의 폐지를 포함한다. (3) 근로자의 자유로운 이동은-공적 질서, 안전 그리고 건강을 이유로 정당화된 제약을 제외하고-근로자에게 다음의 권리를 부여한다. a) 사실상 제공되는 일자리에 지원할 권리, b) 이러한 목적으로 회원국의 영역에서 자유롭게 이동할 권리, c) 이 국가의 노동자에게 적용하는 권리 및 행정 규정에 따라 일하기 위해 체류할 권리, d) 회원국의 영토 내에서 고용이 종료된 후에도 위원회가 명령으로 규정한 조건에 따라 체류할 권리. (4) 이 조항은 공적 행정에서의 고용에는 적용하지 아니한다.”

xviii 예를 들면 변호사협회, 의사협회 등을 말한다.

xix 독일 기본법 제28조 제1항 제2문은 다음과 같다. "주, 크라이스 그리고 게마인데에서 주민은 보통, 직접, 자유, 평등 그리고 비밀선거로 구성한 대표를 가져야 한다."

xx 독일 기본법 제79조 제3항은 다음과 같다. "연방의 주의 구성, 입법상 주의 원칙적 협력 또는 제1조와 제20조에 규정된 원칙에 영향을 미치는 기본법의 개정은 허용되지 않는다."

xxi 독일 기본법 제18조는 다음과 같다. "자유민주적 기본질서를 공격할 목적으로 의사표현의 자유, 특히 출판의 자유(제5조 제1항), 교수의 자유(제5조 제3항), 집회의 자유(제8조), 결사의 자유(제9조), 서신·우편 및 전신의 자유(제10조), 재산권(제14조) 또는 망명권(제16a조)을 남용하는 자는 해당 기본권을 상실한다. 상실과 그 범위는 연방헌법재판소가 결정한다."

xxii 기본법 제93조 제1항 제4a호는 다음과 같다. "연방헌법재판소는 다음을 결정 한다: … 4a. 연방최고기관의 권한과 의무의 범위에 관한 분쟁 또는 기본법이나 최고연방기관의 사무규칙에서 고유의 권리가 부여된 기타 관계기관의 권한 및 의무의 범위에 관한 분쟁이 계기가 된 기본법의 해석"

xxiii 독일 기본법 제29조는 연방 영토의 재편과 관련하여 주민의 투표권을 규정하고 있다.

xxiv 독일 기본법 제20조 제2항은 다음과 같다. "모든 국가권력은 국민으로부터 나온다. 국가권력은 선거와 투표에서 국민에 의하여 그리고 특별한 입법기관, 집행권 그리고 사법권에 의하여 행사된다."

xxv 독일 기본법 제38조 제1항은 다음과 같다. "독일 연방 의회의 의원은 보통, 직접, 자유, 평등 그리고 비밀선거로 선출한다. 그들은 전체 국민의 대표이고 위임과 지시에 기속되지 않으며 그 양심에만 따른다."

xxvi Analogie.

xxvii 독일 기본법 제3조 제1항은 다음과 같다. "모든 사람은 법률 앞에 평등하다."

xxviii 독일 기본법 제20조 제3항과 제4항에서는 저항권을 다음과 같이 규정하고 있다. "(3) 입법은 헌법질서에, 집행권과 사법은 법률과 법에 기속된다. (4) 이 질서를 배제하고자 하는 모든 자에 대하여 모든 독일인은 다른 구제수단이 가능하지 않을 경우에는 저항할 권리를 가진다."

xxix 연방공무원법 제145조는 다음과 같이 규정하고 있다. "이 법률과 이 법률에 근거하여 제정된 법규명령의 집행을 위해 필요한 일반 행정규칙은, 이 법률에 달리 규정하지 않는 한, 연방내무지역사회부(Bundesministerium des Innern und für Heimat)가 제정한다."

xxx 기본법 제28조 제1항 제1문에서는 "주의 헌법질서는 기본법의 의미에서 공화적, 민주적 그리고 사회적 법치국가의 원칙에 합치하여야 한다."라고 규정하고 있고, 같은 조 제2항 제1문에서는 "지방자치단체에는 지역 공동체의 모든 사무를 법률의 범위 안에서 자신의 책임으로 규율할 권리가 보장되어야 한다."라고 규정하고 있다. 이를 동질성조항이라고 한다. 같은 조 제3항에서는 "연방은 주의 헌법질서가 기본권과 제1항과 제2항의 규정에 일치하도록 보장한다."라고 규정하고 있는데 이것도 넓은 의미에서 동질성보장 조항에 속한다고 볼 수 있다.

xxxi 독일 기본법 제74조 제1항 제12호는 다음과 같다. "경합적 입법은 다음의 영역에 미친다. … 12. 경영조직, 노동보호 그리고 노동중재를 포함한 노동법 및 실업보험을 포함한 사회보험" 경합적 입법권과 관련하여 독일 기본법 제72조 제1항은 다음과 같이 규정하고 있다. "경합적 입법권의 영역에서 주는, 연방이 그 입법권한을 법률로 행사하지 않는 한 그리고 그 범위 안에서 입법권을 가진다."

xxxii 연방이 경합적 입법권을 행사하여 입법을 완료하면 그에 대해서는 주가 추가로 법률을 만들 여지가 없어지게 된다

xxxiii 독일 기본법 제103조 제1항은 다음과 같다. "모든 사람은 법정에서 법적 진술권을 가진다."

xxxiv 독일 행정절차법 제28조는 다음과 같다.

(1) 이해관계인의 권리를 제한하는 행정행위를 하기 전에 이해관계인에게 결정의 중요한 사실에 대해 진술할 기회를 주어야 한다.

(2) 특히 다음의 경우에는 개별 사례의 상황에 따라 청문이 생략될 수 있다.

1. 긴급한 위험 또는 공익을 위해 즉각적인 결정이 필요한 경우
2. 청문으로 인해 결정에 기준이 되는 기한의 준수가 어려운 경우
3. 이해관계인이 신청이나 진술에서 한 사실적 정보에서 이해관계인에게 불리하게 벗어나지 않으려는 경우
4. 행정청이 일반 처분이나 유사한 행정행위를 다수 발령하거나 자동화된 방식으로 행정행위를 발령하려는 경우
5. 행정집행 조치를 취하려는 경우

(3) 강제적인 공익에 반하는 경우 청문은 생략된다.

xxxv Absichtserklärung. 의향서는 법적 구속력이 있는 문서로 만들려는 의향을 가진 다수 당사자 간의 이해를 간략하게 설명하는 문서다. 영어로는 letter of intent라고 한다. 그 자체로는 법적 구속력은 없다.

xxxvi 세계인권선언 제21조는 다음과 같다. "1. 모든 사람은 직접 또는 자유롭게 선출된 대표자를 통하여 자국의 정치에 참여할 권리를 가진다. 2. 모든 사람은 자국에서 평등하게 공무를 담당할 권리를 가진다. 3. 국민의 의사는 통치권의 기초가 되어야 한다. 이 의사는 정기적이고 진정한 선거에 의해 표명되어야 한다. 이 선거는 평등한 보통선거에 의한 것이어야 하고 비밀투표 또는 그것과 동등한 자유가 보장되는 투표절차에 의해 이루어져야 한다."

xxxvii 시민적 및 정치적 권리에 관한 국제규약 제25조는 다음과 같다. "모든 시민은 제2조에 규정하는 어떠한 차별이나 또는 불합리한 제한도 받지 아니하고 다음의 권리 및 기회를 가진다. (a) 직접 또는 자유로이 선출한 대표자를 통하여 정치에 참여하는 것. (b) 보통, 평등 선거권에 따라 비밀투표에 의하여 행해지고, 선거인의 의사의 자유로운 표명을 보장하는 진정한 정기적 선거에서 투표하거나 피선되는 것. (c) 일반적인 평등 조건하에 자국의 공무에 취임하는 것."(법제처 법령 해석에 의함. 이하 같다).

xxxviii 시민적 및 정치적 권리에 관한 국제규약 (B규약) 제2조는 다음과 같다.

1. 이 규약의 각 당사국은 자국의 영토 내에 있고 그 관할권 하에 있는 모든 개인에 대하여 인종, 피부색, 성, 언어, 종교, 정치적 또는 기타의 의견, 민족적 또는 사회적 출신, 재산, 출생 또는 기타의 신분 등에 의한 어떠한 종류의 차별도 없이 이 규약에서 인정되는 권리들을 존중하고 확보할 것을 약속한다.
2. 이 규약의 각 당사국은 현행의 입법조치 또는 기타 조치에 의하여 아직 규정되어 있지 아니한 경우, 이 규약에서 인정되는 권리들을 실현하기 위하여 필요한 입법조치 또는 기타 조치를 취하기 위하여 자국의 헌법상의 절차 및 이 규약의 규정에 따라 필요한 조치를 취할 것을 약속한다.
3. 이 규약의 각 당사국은 다음의 조치를 취할 것을 약속한다.

(a) 이 규약에서 인정되는 권리 또는 자유를 침해당한 사람에 대하여, 그러한 침해가 공무집행 중인 자에 의하여 자행된 것이라 할지라도 효과적인 구제조치를 받도록 확보할 것.

(b) 그러한 구제조치를 청구하는 개인에 대하여, 권한 있는 사법, 행정 또는 입법 당국 또는 당해 국가의 법률제도가 정하는 기타 권한 있는 당국에 의하여 그 권리가 결정될 것을 확보하고, 또한 사법적 구제조치의 가능성을 발전시킬 것.

(c) 그러한 구제조치가 허용되는 경우, 권한있는 당국이 이를 집행할 것을 확보할 것.

xxxix 시민적 및 정치적 권리에 관한 국제규약 (B규약) 제40조는 다음과 같다.

1. 이 규약의 당사국은 규약에서 인정된 권리를 실현하기 위하여 취한 조치와 그러한 권리를 향유함에 있어서 성취된 진전사항에 관한 보고서를 다음과 같이 제출할 것을 약속한다.

(a) 관계당사국에 대하여는 이 규약의 발효 후 1년 이내

(b) 그 이후에는 이사회가 요청하는 때

2. 모든 보고서는 국제연합사무총장에게 제출되며 사무총장은 이를 이사회가 심의할 수 있도록 이사회에 송부한다. 동 보고서에는 이 규약의 이행에 영향을 미치는 요소와 장애가 있을 경우, 이를 기재한다.

3. 국제연합사무총장은 이사회와의 협의후 해당전문기구에 그 전문기구의 권한의 분야에 속하는 보고서 관련 부분의 사본을 송부한다.

4. 이사회는 이 규약의 당사국에 의하여 제출된 보고서를 검토한다. 이사회는 이사회 자체의 보고서와 이사회가 적당하다고 간주하는 일반적 의견을 당사국에게 송부한다. 이사회는 또한 이 규약의 당사국으로부터 접수한 보고서 사본과 함께 동 일반적 의견을 경제사회이사회에 제출할 수 있다.

5. 이 규약의 당사국은 본조 제4항에 따라 표명된 의견에 대한 견해를 이사회에 제출할 수 있다.

xl 시민적 및 정치적 권리에 관한 국제규약 (B규약) 제41조는 다음과 같다.

1. 이 규약의 당사국은 타 당사국이 이 규약상의 의무를 이행하지 아니하고 있다고 주장하는 일 당사국의 통보를 접수, 심리하는 이사회의 권한을 인정한다는 것을 이 조에 의하여 언제든지 선언할 수 있다. 이 조의 통보는 이 규약의 당사국 중 자국에 대한 이사회의 그러한 권한의 인정을 선언한 당사국에 의하여 제출될 경우에만 접수, 심리될 수 있다. 이사회는 그러한 선언을 행하지 아니한 당사국에 관한 통보는 접수하지 아니한다. 이 조에 따라 접수된 통보는 다음의 절차에 따라 처리된다.

(a) 이 규약의 당사국은 타 당사국이 이 규약의 규정을 이행하고 있지 아니하다고 생각할 경우에는, 서면통보에 의하여 이 문제에 관하여 그 당사국의 주의를 환기시킬 수 있다. 통보를 접수한 국가는 통보를 접수한 후 3개월 이내에 당해문제를 해명하는 설명서 또는 기타 진술을 서면으로 통보한 국가에 송부한다. 그러한 해명서에는 가능하고 적절한 범위 내에서, 동 국가가 당해 문제와 관련하여 이미 취하였든가, 현재 취하고 있든가 또는 취할 국내 절차와 구제수단에 관한 언급이 포함된다.

(b) 통보를 접수한 국가가 최초의 통보를 접수한 후 6개월 이내에 당해 문제가 관련당사국 쌍방에게 만족스럽게 조정되지 아니할 경우에는, 양 당사국 중 일방에 의한 이사회와 타 당사국에 대한 통고로 당해 문제를 이사회에 회부할 권리를 가진다.

(c) 이사회는, 이사회에 회부된 문제의 처리에 있어서, 일반적으로 승인된 국제법의 원칙에 따라 모든 가능한 국내적 구제절차가 원용되고 완료되었음을 확인한 다음에만 그 문제를 처리한다. 다만, 구제수단의 적용이 부당하게 지연되고 있을 경우에는 그러하지 아니한다.

(d) 이사회가 이 조에 의한 통보를 심사할 경우에는 비공개 토의를 가진다.

(e) "(c)"의 규정에 따를 것을 조건으로, 이사회는 이 규약에서 인정된 인권과 기본적 자유에 대한 존중의 기초위에서 문제를 우호적으로 해결하기 위하여 관계당사국에게 주선을 제공한다.

(f) 이사회는 회부 받은 어떠한 문제에 관하여도 "(b)"에 언급된 관계당사국들에게 모든 관련정보를 제출할 것을 요청할 수 있다.

(g) "(b)"에서 언급된 관계당사국은 당해 문제가 이사회에서 심의되고 있는 동안 자국의 대표를 참석시키고 구두 또는 서면으로 의견을 제출할 권리를 가진다.

(h) 이사회는 "(b)"에 의한 통보의 접수일로부터 12개월 이내에 보고서를 제출한다.

(i) "(e)"의 규정에 따라 해결에 도달한 경우에는 이사회는 보고서를 사실과 도달된 해결에 관한 간략한 설명에만 국한시킨다.

(ii) "(e)"의 규정에 따라 해결에 도달하지 못한 경우에는 이사회는 보고서를 사실에 관한 간략한 설명에만 국한시키고 관계당사국이 제출한 서면 의견과 구두 의견의 기록을 동 보고서에 첨부시킨다. 모든 경우에 보고서는 관계당사국에 통보된다.

2. 이 조의 제 규정은 이 규약의 10개 당사국이 이 조 제1항에 따른 선언을 하였을 때 발효된다. 당사국은 동 신인문을 국제연합사무총장에게 기탁하며, 사무총장은 선언문의 사본을 타 당사국에 송부한다. 이와 같은 선언은 사무총장에 대한 통고에 의하여 언제든지 철회될 수 있다. 이 철회는 이 조에 의하여 이미 송부된 통보에 따른 어떠한 문제의 심의도 방해하지 아니한다. 어떠한 당사국에 의한 추후의 통보는 사무총장이 선언 철회의 통고를 접수한 후에는 관계당사국이 새로운 선언을 하지 아니하는 한 접수되지 아니한다.

xli 주의 거주자를 주민(州民)이라고 할 수 있지만 지방자치단체의 거주자인 주민(住民)과 혼돈을 피하고, 또 이 글에서는 주도 Staat라고 할 수 있어서 국민과 주민(州民)을 모두 Volk라고 하고 있기 때문에, 이하에서는 주의 거주자도 국민으로 번역하고 다만 지방자치단체의 경우에는 주민(住民)이라고 번역한다.

xlii 역자 주 37 참조.

xliii 독일 기본법 제79조 제2항은 다음과 같다. "그러한 법률은 연방 의회 의원의 3분의 2와 연방참사원 투표의 3분의 2의 동의가 필요하다."

xliv 독일 기본법 제79조 제3항은 다음과 같다. "연방의 주 구성, 입법상 주의 원칙적 협력 또는 제1조와 제20조에 규정된 원칙에 영향을 미치는 기본법의 개정은 허용되지 않는다."

xlv 독일 기본법 제28조 제1항 제2문은 다음과 같다. "주, 크라이스 그리고 게마인데에서 주민은 보통, 직접, 자유, 평등 그리고 비밀선거로 구성한 대표를 가져야 한다." 이 조항에서 Volk는 결국 주민을 의미하므로 국민으로 번역하지 아니하고 주민으로 번역하였다.

xlvi 독일 기본법 제38조 제1항은 다음과 같다. "독일 연방 의회의 의원은 보통, 직접, 자유, 평등 그리고 비밀선거로 선출한다. 그들은 전체 국민의 대표이고 위임과 지시에 기속되지 않으며 그 양심에만 따른다."

xlvii 연방선거법 제13조는 선거권의 제외로서 다음과 같이 규정하고 있다. "판결에 따라 선거권이 없는 사람은 선거권에서 제외된다."

xlviii 예를 들면 인구 10만 명인 지역구와 인구 5만 명인 지역구가 동일하게 1명의 국회의원을 선출하면 투표의 수적 가치 즉 투표가치는 1:2가 되어 동등하지 않게 된다.

xlix Erfolgswert.

l 순수한 비례대표제에서는 정당득표율과 정확히 비례하여 의석이 배분되기 때문에 그 결과 내지 성과가 가장 평등하게 잘 반영되는 것이다.

li Mehrheitsüberzeugung. 다수의 의견, 다수의 신념이라고 할 수 있다.

lii Richtung. 정치적 견해를 말한다.

liii 독일 기본법 제38조 제1항은 다음과 같다. "독일 연방의회의 의원은 보통, 직접, 자유, 평등 그리고 비밀선거로 선출한다. 그들은 전체 국민의 대표이고 위임과 지시에 기속되지 않으며 그 양심에만 따른다."

liv GeschoBTag: Geschäftsordnung des Deutschen Bundestages.

lv 기본법 제29조 제2항, 제3항 및 제7항은 다음과 같다. "(2) 연방 영역의 재편 조치는 연방 법률로 실행하고, 이 법률은 국민투표를 통한 확인을 요한다. 관련 주의 의견을 들어야 한다. (3) 국민투표는, 기존 주의 지역 또는 지역의 일부로부터 새로운 주 또는 새로이 구획되는 주가 구성될 때, 기존의 주(이하에서는 "해당 주"라고 한다)에서 행해진다. 해당 주가 계속 존립할지 아니면 새로운 주 또는 새로이 구획된 주가 구성되어야 할지에 대하여는 표결에 부친다. 새로운 주 또는 새로이 구획되는 주의 구성에 관한 국민투표는, 그 주의 장래의 지역에서, 그리고 전체적으로 해당 주 중 주소속이 장차 변경될 지역들이나 부분지역에서 다수가 그 변경에 찬성할 때 가결된다. 국민투표는, 해당 주의 지역에서 다수가 그 변경을 거부할 때 부결된다. 그러나 그러한 거부는, 해당 주의 소속이 변경될 부분 지역에서 3분의 2의 다수결로 변경에 동의할 때에는, 해당 주의 전체 지역에서 3분의 2의 다수결로 변경을 거부하지 않는 이상, 고려되지 아니한다. (7) 주의 지역존속에 대한 그 밖의 변경은, 주의 소속이 변경될 지역이 인구 5만 명 이하인 경우에는, 관련 주들 사이의 국가조약에 의하여 또는 연방참사원의 동의를 얻은 연방 법률에 의하여 행할 수 있다. 상세한 내용은 연방참사원의 동의와 연방 의회 재적의원 과반수의 동의를 요하는 연방 법률로 정한다. 이 연방 법률은, 관련 게마인데와 크라이스의 청문을 규정하여야 한다."

lvi 독일 기본법 제29조 제4항 및 제5항은 다음과 같다. "(4) 상호 관련성이 있으며 분리되어 있는 거주 지역 및 경제 지역이 여러 주에 걸쳐 있고 인구 100만 명 이상인 경우, 연방 의회 선거권자 10분의 1이 이 지역에 단일한 주를 구성할 것을 국민발안으로 요구하는 경우에는, 2년 내에 연방 법률에 의하여, 제2항에 따라 주소속의 변경 여부를 결정하든지, 아니면 해당 주에서 국민설문조사를 실시할 것을 결정하여야 한다. (5) 국민설문조사는 법률에서 제안된 주 소속 변경에 관한 동의 여부를 확정한다. 법률은 최대 2개의 상이한 제안들을 국민설문조사에 부칠 수 있다. 주 소속 변경에 다수가 동의하는 경우에는 2년 이내에 연방 법률로 주 소속이 제2항에 따라 변경되는지 여부를 결정하여야 한다. 국민설문조사에 부쳐진 제안이 제3항 제3문과 제4문의 규정에 따른 동의를 얻는 경우, 국민설문조사 실시 후 2년 내에 제안된 주의 구성을 위한 연방 법률을 제정하여야 하며, 이때에는 국민설문조사에 의한 동의가 더 이상 필요하지 않다."

lvii 각주 75의 독일 기본법 제118a조는 다음과 같다. "베를린주와 브란덴부르크주를 포함한 지역은 제29조의 규정과 달리 양 주의 선거권자가 참여한 합의를 통하여 재편될 수 있다."

lviii 독일 기본법 제20조 제2항은 다음과 같다. "모든 국가권력은 국민으로부터 나온다. 그것은 선거와 투표에서 국민에 의하여 그리고 특별한 입법기관, 집행권 그리고 사법권에 의하여 행사된다."

lix 이러한 기술은 이 논문이 지난 유럽연합 헌법안이 제정되어 각국의 비준 과정에서 작성된 것이기 때문이다. 대칭성의 요청이란 다른 국가에서 국민투표를 통해 결정되면 독일도 마찬가지로 국민투표를 통해 결정하여야 한다는 의미다.

lx 독일 기본법 제33조 제2항은 다음과 같다. "모든 독일인은 적성, 능력 그리고 전문적 성과에 따라 모든 공직에 동등하게 접근할 권리를 가진다."

lxi 독일 기본법 제9조는 다음과 같다. "(1) 모든 독일인은 결사의 권리를 가진다. (2) 목적이나 활동이 형법에 위배되거나 헌법질서나 국제우호의 사상에 반하는 결사는 금지된다. (3) 노동조건과 경제조건을 유지·개선하기 위하여 단체를 결성할 권리는 모든 사람에 대하여 그리고 모든 직업에 대하여 보장된다. 이 권리를 제약하거나 방해하려는 협정은 무효이며, 그러한 조치는 위법하다. 제12a조, 제35조 제2항·제3항, 제87a조 제4항 그리고 제91조에 따른 조치는 노동조건과 경제조건의 유지와 개선을 위하여 제1문의 단체가 하는 노동쟁의에 대하여는 취할 수 없다."

lxii 역자 주 11 참조.

lxiii 함부르크주 헌법 제56조(주민의 참여)는 다음과 같다. "주민은 행정 참여의 요청을 받는다. 참여는 특히 행정관청에 명예식으로 활동하는 위원을 통해 이루어진다."

lxiv 독일 기본법 제6조는 제2항은 다음과 같다. "자녀의 보호와 양육은 부모의 자연적 권리이고 우선적으로 부모에게 부과된 의무이다. 부모의 행동에 대해서는 국가 공동체가 감시한다."

lxv 독일 기본법 제7조 제1항은 다음과 같다. "전체 학교제도는 국가의 감독을 받는다."

lxvi 우리나라의 기초자치단체 정도에 해당하는 개념이다.

lxvii 독일 기본법 제28조 제2항은 다음과 같다. "지방자치단체에는 지역 공동체의 모든 사무를 법률의 범위 안에서 자신의 책임으로 규율할 권리가 보장되어야 한다. 지방자치단체연합도 법률적 임무영역의 범위 안에서 법률에 따라 자치행정권을 가진다. 자치행정의 보장에는 재정 자립의 기반도 포함된다; 이 기반에는 세율조정권 함께 지방자치단체에 속하는 경제력 관련 세원이 포함된다."

lxviii 독일 기본법 제28조 제1항 제2문은 다음과 같다. "주, 크라이스 그리고 게마인데에서 주민은 보통, 직접, 자유, 평등 그리고 비밀선거로 구성한 대표를 가져야 한다."

lxix 내부 논의를 통해 입장을 정리하게 되면 의원은 자신의 의견을 보다 적극적으로 개진할 기회를 가지게 된다는 의미다.

lxx Ortsbürgermeister. 읍·면장 정도라고 볼 수 있다.

lxxi Bürgerbegehren. 국민발안이 지방자치단체 차원에서 시행되면 주민발안이라고 한다.

lxxii Wissenschaftliche Hochschulen. 직역하면 과학적 고등교육기관이라고 할 수 있으나, 대체로 대학이 이에 속한다. 우리나라에서 일반적으로 말하는 (교육중심대학이 아닌) 연구중심대학을 말하는 것은 아니다. 응용과학대학(Fachhochschulen), 예술 및 음악대학(Kunst- und Musikhochschulen)과 구별된다.

lxxiii 대학 내부적으로 구성원의 참여권이 축소되면 대학 내에서의 조정에 대해서 대학 당국은 더 자유롭게 되고 주에 대해 대학 전체 차원의 요구를 강화할 수 있다는 의미다.

lxxiv Condominium. 공동관리 또는 공동통치를 의미하는 라틴어다.

lxxv 독일 기본법 제23조 제1항은 다음과 같다. "통합된 유럽을 실현하기 위하여 독일연방공화국은, 민주적, 법치국가적, 사회적 및 연방주의적 기본원칙과 보충성원칙에 따르면서 이 기본법과 본질적으로 유사한 기본권보호를 보장하는 유럽연합의 발전에 함께 협력한다. 연방은 연방참사원의 동의를 거친 법률로써 유럽연합에 주권적 권한(Hoheitsrechte)을 위임할 수 있다. 유럽연합의 창설과 이 기본법의 내용을 수정 또는 보완하거나 그러한 수정 또는 보완을 가능하게 하는 유럽연합의 기초가 되는 조약 및 그에 준하는 규정들의 수정에는 제79조 제2항과 제3항이 적용된다."

lxxvi EGV 제190조 제4항은 다음과 같다. "유럽 의회는 모든 회원국에서 단일절차에 따라 또는 모든 회원국에 공통적인 원칙에 따라 실시되는 보통 직접 선거를 위한 초안을 마련한다." 현행 리스본 조약의 AEGV 제223조 제1항에 거의 같은 내용으로 규정되어 있다.

lxxvii degressiv proportional. 비례비율이 감소하는 방식을 말한다. 인구가 많은 국가일수록 상대적으로 적은 대표를 갖게 된다는 의미다.

lxxviii 6명의 오기로 보인다(EUV 제14조 제2항 참조).

lxxix 유럽 공동체 공무원 규정은 현재 존재하지만 유럽 공동체는 유럽연합의 탄생으로 법적으로는 폐지되었고 모든 기능이 유럽연합으로 흡수되었다. 따라서 현재로서는 유럽연합 공무원 규정이라고 하는 것이 타당하다.

lxxx 독일 기본법 제28조 제1항 제3문은 다음과 같다. "크라이스와 게마인데 선거에서 유럽 공동체의 회원국의 국적을 가지고 있는 사람들도 유럽 공동체의 법에 따라 선거권과 피선거권을 가진다."

제7장 조약, 헌법 그리고 법률에 있어서 사회적 권리*

I 국제법상 사회적 권리

1996년 1월 29일 현재의 미주기구헌장(1948년)[1)i] 제3조 j항에는 다음과 같이 기술되어 있다. "사회 정의와 사회 안전은 항구 평화의 기초이다."[ii] 이 원칙은 경제적 및 사회적 지침과 교육, 경제 및 문화지침으로 구체화하고 있다. 경제적 발전과 사회적 발전은 연결되어 있고(제30조 이하 참조) 이 둘은 교육과 양육에 의존하기 때문에(제34조 h[iii]), 이 지침들은 실제 서로 매우 밀접하게 얽혀 있다. 헌장 제45조 f항은 남미 국가의 상황을 다음과 같이 분명히 규정하고 있다.

> "도시지역과 농촌지역 사회의 외곽에 살고 있는 인구는, 완전한 국가 공동체의 통합, 사회적 이동 과정의 가속화 그리고 민주적 제도를 공고히 하기 위해서, 점점 더 국가의 경제적, 사회적, 국민적, 문화적 그리고 정치적 생활에 관련되고 그에 참여되어야 한다. 공동체의 발전과 진보를 목적으로 하는 일반적 수준의 향상과 협력을 위한 모든 노력은 장려되어야 한다."

---

* 출처: Ennuschat/Geerlings/Mann/Pielow (Hrsg.), Wirtschaft und Gesellschaft im Staat der Gegenwart. Gedächtnisschrift für Peter J. Tettinger, Köln 2007, S. 761—774.

1) UNTS Bd. 119, S. 3; Ergänzungen Bd. 721, S. 324 (Bueons Aires 1967); 25 ILM(= International Legal Materials) 527 (Cartagena 1985); 33 ILM 1005 (Washington 1992); 33 ILM 1009 (Managua 1993). 1969년 11월 22일의 아메리카인권협약(Amerikanische Menschenrechtskonvention) 제26조에 의해 강화되었다.

인용한 제45조에는 물질적 풍요를 누릴 권리(a항), 근로권과 사회적 의무로서의 근로(b항), 노동자 단체의 결성과 노동쟁의(c항), 급부 가능한 사회보험제도(h항)와 같은 최초의 사회적 권리들도 규정되어 있다.

1966년 12월 19일의 경제적, 사회적 그리고 문화적 권리에 관한 국제규약[2]은 전 세계적으로 볼 때 유사한 목적을 추구하고 다음과 같은 종종 더 포괄적인 관련 사회적 권리를 규정하고 있다.

- 근로와 정당한 근로조건을 요구할 권리(제6조, 제7조)
- 단결권과 노동쟁의권(제8조)
- 사회보장을 포함한 사회적 안전에 대한 권리(제9조)
- 누구나 적절한 생활수준을 누릴 권리(제11조)
- 누구나 가능한 한 최상의 신체적 및 정신적 건강을 누릴 권리(제12조)
- 누구나 교육을 받을 권리(제13조)
- 누구나 문화생활에 참여하고 과학발전의 성과와 혜택을 누릴 권리(제15조)

물론 이 권리들은 국내 법원이나 국제 법원에 소송을 제기할 수는 없고, 오히려 체약국이 내린 조치와 규약에서 인정된 권리의 존중과 관련하여 달성한 성과에 대해 보고할 의무만 부담한다(제16조 제1항). 경제사회이사회는 이 보고서를 검토하고 유엔 총회에 자체 보고서와 권고를 제출할 수 있다(제21조).

유사하게 1961년 10월 18일의 유럽사회헌장[3]이 만들어졌다. 유럽사회헌장은 규약보다 더 상세하게 사회적 권리들을 열거하고, 보고서 제출을 요구하고 있으며(제21조), 유럽평의회의 사무총장이 전문위원회를 통해 이를 검토하게 하고 있다(제24조, 제25조). 이 절차는 각료 이사회의 회원국에 대한 권고로 이어질 수 있다(제29조). 유럽사회헌장 제5부에는 비상사태조항과 제한사항들이 규정되어 있다. 이는 헌장의 의무는 진지하게 받아들여져야 하고 예외적으로만 이행되지 않을 수 있음을 보여준다.

그러나 지금까지의 경험으로 볼 때 국제법적으로 합의된 사회적 권리의 보장은 개별 체약국의 선의에 달려 있다.

---

2) UNTS Bd. 993, S. 3; BGBl. 1973 II, S. 1570.

3) UNTS Bd. 529, S. 89; BGBl. 1964 II, S. 1262.

Ⅱ 국내 헌법상 사회적 권리

헌법상 사회적 권리에 대해 말하고자 한다면 잠시나마 일반적으로 적극적 지위의 급부권으로 시야를 넓히는 것이 바람직하다.[4] 이는 예컨대 권리보호, 조직과 절차,[5] 공적 시설의 이용, 국가의 정보제공 등과 같은 국가의 특정한 급부에 대한 개인의 권리들이다. 여기에서 문제가 되는 사회적 권리는 특별한 범주의 적극적 지위의 권리다.[6]

각국의 헌법들을 보면 사회적 권리는 비교적 늦게 가서야 비로소 나타났다는 것을 알 수 있다. 1947년의 이탈리아 헌법과 1949년의 독일 기본법은 일반적인 사회적 국가목표만을 가지고 있다. 기본법 제20조 제1항[iv]은 사회적 연방 국가를, 제28조 제1항[v]은 사회적 법치국가를 규정하고 있다. 이탈리아 헌법의 제3조 제2항은 좀 더 상세하게 다음과 같이 규정하고 있다. "시민의 자유와 평등을 사실상 제약하고 인간 개성의 완전한 신장과 국가의 정치적, 사회적 형성에 대한 모든 노동사의 실효직인 침여를 방해히는 경제적, 사회저 유형의 장애를 제거하는 것은 공화국의 임무다." 1958년의 프랑스 헌법은 1946년의 이전 헌법의 전문을 편입하고 있는데, 거기에는 정책의 지침인 사회적 원칙이 발견된다. 1937년의 아일랜드 헌법은, 물론 법원의 기속은 명시적으로 배제하고 있기는 하지만, 의회에 대한 사회정책의 지침을 포함하고 있다(제45조).

20세기의 전반은 사회적 권리를 국가의 헌법에 받아들이는 것에 대한 열띤 토론이 벌어졌다.[7] 여기서 사회적 권리는 고전적 기본권과 충돌한다는 점이 지적되었다.[8] 그래서 "노동권은 계약의 자유, 영업의 자유 그리고 재산권 및 거주·이전

---

4) *Georg Jellinek*, System der subjektiven öffentlichen Rechte, 2. Aufl. 1905, S. 124ff.

5) *Christian Starck*, in: v. Mangoldt/Klein/Starck, Kommentar zum Grundgesetz, 6. Aufl. 2010, Bd. I, Art 1 Rdnr. 199ff.

6) *Wolfgang Rüfner*, Leistungsrechte?, in: HGR II, 2006, § 40 Rdnr. 1.

7) *Hans Huber*, Soziale Verfassungsrechte?, in: Festgabe der Juristischen Fakultäten der schweizerischen Universitäten zur Jahrhundertfeier der Bundesverfassung, 1948, S. 149ff.; *Ulrich Scheuner*, Die institutionellen Garantien des Grundgesetzes, in: Recht-Staat-Wirtschaft, Bd. IV, 1953, S. 88ff.

8) *v. Mangoldt/Klein*, Das Bonner Grundgesetz, 2. Aufl. 1957, S. 75.

의 자유를 폐기하지 않고 실현할 수 없다."는 주장이 제기되었다. 사회적 기본권은 사회생활을 파악하고, 계획하고, 분배하여야 하기 때문에 평준화와 관료주의를 조장한다고 비판되었다. 사회주의 진영에서 자랑스럽게 내세우는 포괄적 사회적 권리 목록을 헌법에 규정한 공산국가의 상황은 반감을 불러일으켰다.

1970년 중반 이후에 비로소 유럽에서 사회적 권리의 목록을 규정한 많은 헌법들이 탄생했고, 이들은 대개 국가의 의무로 규정되었으며, 좁은 의미의 국가의 사회적 임무를 넘어선 것으로 보인다. 이미 국제규약에서 열거된 권리들 외에 그리스 헌법(1975), 포르투갈 헌법(1976) 그리고 스페인 헌법(1978)에서 다음과 같은 권리들도 찾아 볼 수 있다.[9)]

- 주거의 권리 또는 주거를 제공할 국가의 의무
- 환경의 보호
- 학문과 예술의 진흥
- 장애인에 대한 배려
- 적절한 재산의 형성
- 사회보험제도의 확립

사회적 권리는 언급한 헌법들에서 특별한 장에 - 고전적 권리 및 자유와 분리하여 - 열거되어 있다. 포르투갈 헌법 제18조 제1항과 스페인 헌법 제53조에서는 사회권에 대한 법원의 직접적 기속을 명시적으로 배제하고 있다. 따라서 법원은 헌법을 근거로 직접적으로 사회적 권리를 부여할 수는 없다. 이는 입법에 유보되어 있고 헌법상 규정된 사회적 권리는 법률에서 실현되어야 한다. 이러한 점에서 사회적 권리는 아일랜드 헌법에서와 같이 단순한 지도원칙으로 기능한다.

중부 및 동부 유럽에서 공산당 독재가 붕괴된 후, 해방된 국가들은 새로운 헌법을 제정하였다. 독일에서는 독일민주공화국에서 생겨서 독일연방공화국에 가입한 새로운 5개의 주가 그랬다. 이 헌법들이 사회적 권리들을 포함하고 있는 경우에는 대개 고전적 자유권 목록과 분리되어 나열되었다.[10)] 몇몇 동독 주 헌법과 동유럽 국가들의 헌법은 고전적 권리와 사회적 권리를 구분하지 않는다. 그러나

9) *Christian Starck*, Der demokratische Verfassungsstaat, 1995, S, 215.

10) 폴란드, 슬로바키아, 체코, 작센, 작센-안할트.

이러한 국가들의 법원은 사회적 권리를 직접 적용하지 않는 것으로 보인다.

미주기구헌장의 전문은 사회적 권리들은 세계적 문제임을 분명히 하고 있다. 따라서 남미의 사례로 브라질을 살펴볼 필요가 있다. 물론 이 경우 거기의 사회상황은 서유럽의 그것과는 현저히 다르다는 점을 고려해야 한다. 1988년에 시작되고 그동안 여러 차례 개정된 브라질 헌법은 제7조에서 34개 이상의 사회적 권리 목록을 규정하고 있다. 교육, 건강, 노동, 휴식, 사회적 안전, 모성과 아동의 보호 및 사회부조와 관련되는 이러한 권리들은 부분적으로 분명히 입법에 의존하고 있거나, 예를 들면 실업보험과 같은 입법을 전제하고 있다. 그러나 직접적인 헌법적 보장도 존재한다. 예를 들어 120일간의 출산휴가 동안 직장이나 급여를 잃지 않을 권리 및 13번째 월급(연말 상여금 등을 말한다 - 역자 주) 등이 있다.

78개의 개별적 및 집단적 권리와 의무를 규정한 제5조 제1항은 이러한 "권리와 보장"의 직접적 적용을 규정하고 있는 반면에,[11)] 사회적 권리들의 목록 끝에는 그런 조항은 발견되지 않는다. 물론 사회적 권리가 "direitos e garantias fundamentais(기본권과 보장)"라는 제목을 가지고 있는 제2장에 규정되어 있다는 점, 제5조 제1항이 직접 적용을 규정하는 경우에 기본권과 보장이라는 용어를 사용하고 있다는 점을 주목해야 하고 따라서 사회적 권리 또한 직접 적용되는 것으로 결론지을 수 있다.[12)] 그래서 연방대법원[vi]도 건강 및 교육과 관련하여 직접적으로 헌법에서 나오는 고유의 급부청구권을 인정했다.[13)] 물론 반대의 목소리도 있

---

11) As normas definidoras dos direitos e garantias fundamentais têm apliçaeão imediata(기본권과 보장을 정하고 있는 규범은 즉시 적용된다 - 번역은 역자 주).

12) *Ingo Sarlet*, Soziale Grundrechte in Brasilien: Probleme ihrer Verwirklichung unter dem Druck der Globalisierung, in: Zeitschrift für ausländisches und internationales Arbeitsund Sozialrecht (ZIAS), 16 (2002), S. 1, 11ff., besonders S. 12 ("eine Art Mittelweg" beschreibend).

13) STF, RE 436.996/SP, DJ (= Diário de Justiça) de 02.12.2005 -Kinderkrippe (Art. 208 Verf.); RE 271.286/RS, DJ de 24.11.2000 - kostenlose Medikamente (Art. 196 Verf.); AI 468.961 /MG, DJ de 05.05.2004 - kostenlose Medikamente (Art.196 Verf.); ADI 1.458/DF, DJ de 20.09.1996 - Mindestlohn (Art. 7 IV Verf.); ADI 1.439/DF, DJ de 30.05.2003 - Mindestlohn (Art. 7 IV Verf.); ADI 3.128/DF, DJ de 18.02.2005 - Existenzminimum; ADPF 45/DF, DJ de 04.05.2004 - Existenzminimum; RE 197.807/RS, DJ de 18.08.2000 - Mutterschaftsurlaub (Art. 7 XVIII Verf.).

다.[14] 이들은 고전적 권리의 제5조 제1항에 상응하는 부분이 사회적 권리의 경우에는 헌법의 제8장으로 본다. 제8장은 직접적으로 원용할 수 있는 청구권이 성립하기 전에 우선 필요한 사회입법에 대한 상세한 지침을 규정하고 있다.[15] 물론 제7조에는 기본급 전체나 연금지급액을 바탕으로 하는 13번째 월급과 같이 아무런 법률적 형성을 필요로 하지 않는 사회적 청구권도 있다.

사회권의 다양한 국제법적 및 헌법적 근거를 참고로 하여, 이제 국가론에서 사회권의 위치에 대한 검토가 필요하다. 왜냐하면 사회권은 합리적 국가목표이론의 한 특별한 형태이기 때문이다.

Ⅲ 국가목적론의 검토

국법학이 이성법을 지향하면서, 19세기의 중반에 이르기까지 국가법 교과서와 편람에는 국가의 목표 또는 목적이 다루어졌다.[16] 동시에 그렇게 함으로써 국가의 정당성이 부여되었다. 이성을 근거로 할 때 국가는 단순한 명령자로서 정당화되는 것은 아니다.[17] 오히려 국가명령의 내용이 중요하다. 평화는 국가에 의해 보장되고 보호되는 공동 합의된 자유와 함께 할 때 비로소 국가의 목적이 될 수 있다는 것은 19세기의 자유주의 국법학의 공통된 견해였다.[18] 국법학-당시의 용어로는 정치학-논쟁은 우선은 국가가 복지목적을 가지는지 그리고 어느 정도로

---

14) 정확하고 차별화된 설명으로는 *Ingo Sarlet* (주 12), S.11ff.; "기본권정책"(= 사회적 권리에 유리하고 이를 실현하는 입법정책)에 대해 적절하게 찬성하는 것으로는 *Ingo Sarlet* (주 12, S. 19) 참조; *ders.,* Die Problematik der sozialen Grundrechte in der brasilianischen Verfassung und im deutschen Grundgesetz, 1997, S. 130-271도 참조.

15) 사회적 안전(제194조/제195조), 건강(제196조-제200조), 사회보험(제201조/제202조), 돌봄(제203조/제204조), 교육(제205조-제214조).

16) *Heinrich-Albert Zachriae*, Deutsches Staats- und Bundesrecht, 3. Aufl. 1865, Bd. I, S. 45ff.; *K. Hespe*, Zur Entwicklung der Staatszwecklehre in der deutschen Staatsrechtswissenschaft im 19. Jahrhundert, 1964, S. 20ff.의 인용; *Christoph Link*, Staatszwecke im Verfassungsstaat, in: VVDStRL 48, 1990, S. 10f.

17) *Georges Burdeau*, Traité de science politique, vol. 1/2, 3. Aufl. 1980, S. 292.

18) *Carl v. Rotteck*, in: Rotteck/Welcker, Staatslexikon, 2. Aufl. 1847, Bd. V., S. 192f.

가지는지가 유일하게 문제가 되었다. 질서정연한 법상태의 수립 외에도 개인의 능력으로는 창설할 수 없는 그러한 제도와 기관을 만들어내는 것이 국가의 임무로 간주되었다.[19] 여기서 오늘날 우리가 쉽게 연결 지을 수 있는[20] 복지국가적 이성이 나타난다.[21] 뒤 이은 실증주의 시대는 이러한 이성법적 전통을 포기했다. 국가목적론은 국가를 권력적 결합체로 보는 인식 뒤로 밀려났다. 이러한 국가는 결단을 통해 질서와 평화를 만들어낼 수 있는 존재로 이해되었다.[22] 이 견해의 마지막 독소적 전성기는 나치국가였다.

제2차 세계대전 이후의 입헌주의시대는 국가목적의 르네상스를 가져왔다. 오늘날 우리는 평화, 자유 그리고 사회적 균형이라는 3개의 국가목적에서 출발한다.[23] 국가가 평화를 위해서도 보장하고 보호하여야 하는 자유를 처음부터 공동합의에 따라 행사되는 자유로 이해한다면, 국가는 오늘날에도 이전과 마찬가지로 전술한 의미에서 자유를 보호하는 것에 한정되지 않을 수 있다. 왜냐하면 자유는 시민들 간에 사실상 불평등을 낳기 때문이다. 사람은 서로 다른 재능이 있고 서로 다른 흥미를 가지며 부지런함도 서로 다르다. 행운과 시간의 은총도 움직이거나 기다리는 사람에 대해 다르다. 사실상의 큰 불평등으로부터 부당하게 느껴지는 종속성이 생겨날 수 있다. 모든 인간 공동체는 평화를 보장하기 위해서 시민 간의 사회적 균형을 배려해야 한다. 그러한 형평은 고대에 이미 아테네의 위대한 솔론의 개혁(594/93)과 로마의 티베리우스와 가이우스 그라쿠스 형제의 개혁(133-121)이 나타내는 것과 같이, 항상 개혁을 통해서 이루어진 그러한 형평은 완전히 불가능한 사실상 평등이 아니라 가난한 사람들의 생존보장과 착취로부터 그들을 보호하는 것을 의미한다.

---

19) *Heinrich Zoepfl*, Grundzüge des gemeinen deutschen Staatsrechts mit besonderer Rücksicht auf das allgemeine Staatsrecht und auf die neuesten Zeitverhältnisse, 5. Aufl. 1863, S. 49; *Zachariae* (주 16), S. 45.

20) *Peter Unruh*, Kant-Menschenwürde-Sozialstaat, in: Festschrift für Christian Starck, 2007, S. 133, 140ff.

21) 분명하게는 *Lorenz v. Stein*, Geschichte der sozialen Bewegung in Frankreich (1849/50), Ausgabe 1921, Bd. 3, S. 38f.

22) *Christoph Link*, Herrschaftsordnung und bürgerliche Freiheit, 1979, S. 133.

23) 각주 1에서 인용한 미주기구헌장, 특히 전문, 제17조, 제45조 제1항도 참조.

사회적 균형을 목표로 하는 이 세 번째 국가목적은 오늘날 헌법에서는 사회국가원리나 사회적 권리의 목록을 통하여 규정되어 있다. 이는 현대 국가의 영원한 과제임을 나타낸다. 왜냐하면 기계와 조직의 도움을 받은 산업사회의 역동성과 자유로운 경제활동의 가능성은 기술과 경제가 진보함에 따라 사회질서의 왜곡을 가져오기 때문이다. 이는-오늘날 경제의 세계화의 결과에 의해서 격심해졌고-다양한 국가적 보상을 필요로 하고 있다. 그래서 국가는 생존배려를 하고 사회보험제도를 만들 의무가 있고, 학교의 설립과 유지뿐만 아니라 등교가 가능하도록 재정적 원조를 통하여 평등한 교육기회를 제공할 책임이 있다.

사회적 균형이라는 국가의 목적은 다른 두 개의 국가목적과 연계시킴으로써 삼각구도의 국가목적을 고려하는 경우에 윤곽이 뚜렷해진다.[24)]

기본권적 그리고 민주적 자유는 우선 앞에서 인용한 미주기구헌장에서 규정하고 있는 바와 같이 모든 시민이 경제적, 사회적, 문화적 그리고 정치적 생활에 관련되고 그에 참여하는 것을 전제로 한다. 완전한 법적 평등만으로는 충분하지 않다. 기회균등을 보장하기 위해서 가장 심각한 사실상의 불평등에 대한 사회국가적 보상이 필요하다. 그러나 기본권적 및 민주적 자유는 사회적 균형을 사실상의 평등 구현의 시도로 이해하는 것을 금지하고 있다.[25)] 사회국가적 입법은 해방적 자유와 민주적 자유라는 이중적 특징을 가지는 자유라는 국가목적을 고려하여, 인간의 자유욕구와 책임의식을 훼손해서는 안 된다. 사회적 균형은 자기책임을 일깨움으로써 자유의 원칙[vii]에 부합해야 한다. 사실상 평등을 이끌어내는 것을 국가목적으로 설명하는 것을 민주적 자유는 금하고 있다. 왜냐하면 그렇게 함으로써 정치사상의 모든 다원주의가 자유와 함께 폐기될지도 모르기 때문이다. 정당한 질서에 대한 사상의 다원주의는 소수를 보호하는 의회 다수의 결정을 요구한다.

사회적 균형이라는 국가목적과 평화라는 국가목적의 관계로부터 다음과 같은 결론이 도출된다. 즉 사회적 균형은 평화를 창조하거나 평화를 유지하는 데 도움을 준다. 정당한 질서는 자유만을 전제로 하지 않고 사회적 균형도 전제로 한다. 자유보호와 사회적 균형이라는 국가목적의 조화로운 실현은 사람들이 정당하

24) *Starck* (주 9), S. 235ff.와 그 다음도 참조.

25) *Starck* (주 9), S. 161ff.

다고 볼 수 있는 결정을 내리는 국가질서의 최상의 조건을 창출한다. 더욱 중요한 것은 그러한 질서가 필요한 안정성을 잘 유지하면서도 새로운 현실적 상황에서 국가목적에 맞는 결과를 새로 이끌어내기에 충분한 학습능력이 있다는 사실이다.

정의와 평화가 입맞춤을 하거나 또는 손을 맞잡고 함께 간다거나[26] 평화는 정의의 작품이라고 하는 흔히 전해 내려오는 표현과 회화적 묘사는 정당한 사회질서가 지속적인 평화의 중요한 전제조건이라는 시대를 초월한 통찰을 표현한다. 그러나 그러한 사회국가도 국가의 권력독점을 필요로 한다.

반대로 평화는 모든 정당한 사회질서의 실존적 기초다. 정의의 유토피아를 실현하려고 해서는 안 된다. 평화라는 국가목적은 우리를 현실에 묶어 둔다. 다수의 평화연구자들과 같이 평화를 완전한 사회적 평등 상태로 다시 정의하는 사람은, 평화에 봉사하지 않으면서 오히려 평화를 파괴하는 정의라는 유토피아에 평화와 시민의 평화애호를 종속시켜 버린다.

사회적 권리는 말하자면 사회적 권리를 사회적 균형달성이라는 국가의 의무를 시민의 권리로 전환하고 있는 오래된 국가목적론에서 나온다. 사회적 권리가 국가목적론의 진정한 발전을 의미하는지 아니면 기본권으로 규정된 국가목적론의 화려한 표현에 불과한지 여부에 대해 이제 집중하게 된다. 그를 위해서 우리는 사회적 권리의 구조를 검토해야 한다.

Ⅳ 사회권의 구조문제

고전적 자유권은 국가에 대해 자제를 요구하거나, 기본권 주체의 권리를 서로 구분하는 규정을 마련할 것을 요구한다.[27] 예를 들면 출판의 자유라는 권리를 명

---

26) *Otto Brunner*, Land und Herrschaft, 4. Aufl. 1980, S. 32. *Hans Hattenbauer*, Pax et Iustitia, 1983. 미술에서의 정의와 평화에 대한 설명으로는 *Wolfgang Pleister/Wolfgang Schild* (Hrsg.), Recht und Gerechtigkeit im Spiegel der europäischen Kunst, 1988, S. 97 (Justitia und Pax umarmen sich. Aus dem Stundenbuch des Kardinals Alessandro Farnese), S.139 (Frieden und Gerechtigkeit. Vincent Sellaert), S. 140 (Justitia und Pax. Otto van Veen), S. 147 (Justitia und Pax huldigen Venetia. Paolo Veronese).

27) 우선 한편으로는 BVerfGE 101, 395 - Caroline 그리고 다른 한편으로는 EGMR, Urteil

예권과 균형을 맞추는 것과 같다. 그에 반하여 사회권은 상당한 재정적 비용과 관련되어 있다.[28] 재판소, 특히 헌법재판소가 직접적으로 사회적 기본권에서 구체적 청구권을 이끌어낸다면, 재판소는 국가예산과 그 우선순위에 영향을 미치지 않을 수 없게 될 것이다. 그러나 사회적 기본권의 재정충당을 위해 필요한 자금이 먼저 조달되어야 하는데, 이는 헌법이나 헌법을 해석하는 헌법재판소가 보장할 수가 없다.[29] 권리의 대상이 되는 자원의 자연적 희소성은 모든 사회적 기본권의 한계다. 나아가서 직접적으로 적용된 사회적 권리는 거의 전체 예산정책을 헌법적으로 확정하게 되는 결과가 될 것이다. 이로부터 나오는 갈등과 긴장 상황은 기본권 해석학을 해결할 수 없는 어려움에 직면하게 할 것이다.

다음과 같은 또 하나의 문제가 추가된다. 대부분의 사회적 권리는 구성요건적으로 충분히 명확하게 파악할 수 없다. 교육을 받을 권리와 깨끗한 환경에 대한 권리가 어떤 구체적 청구권을 부여하고 있나?[30] 건강권은 무엇을 의미하나? 급부의 범위가 불분명하다.

사회적 권리는 입법자에게 호소하는 것이지만, 입법자가 직접적으로 사회적 권리 통하여 특정한 사회적 지위를 부여하거나 계속 발전시킬 소송상의 의무를 부담하는 것은 아니고 또 사회적 지위를 축소하는 것을 방해받지도 않는다. 원칙적으로 법률에 나타나는 사회정책의 기준에 따른 사회적 기본권만이 존재한다. 사회적 권리의 청구대상을 보다 명확히 획정할 수 있다고 하더라도 국가는 많은 청구대상을 감당할 수 없다. 진지하게 생각하면 주거의 권리가 주택경제에 관한 국가의 통제권을 전제로 하는 것과 마찬가지로, 근로권은 작업장에 대한 국가의 통제권을 전제로 해야 할 것이다. 그러한 사회적 권리는 고전적 자유권과 해결할

---

v. 24.06.2004, JZ 2004, S. 1015ff.; 이에 대해서는 *Christian Starck*, Praxis der Verfassungsauslegung II, 2006, S. 85ff.

28) *Rüfner* (주 6), § 40 Rdnr. 14ff.

29) *Christian Starck*, Freiheit und Institution, 2002, S. 196.

30) *Hans H. Klein*, Ein Recht auf saubere Umwelt?, in: Festschrift für Werner Weber, 1974, S. 643ff.; "자연적 생활의 기초의 보호"라는 국가목적(기본법 제20a조)에 대해서는 *Astrid Epiney*, in: v. Mangoldt/Klein/Starck, Kommentar zum Grundgesetz, 6. Aufl. 2010, Bd. II, Art. 20a Rdnr. 57-88(입법자), Rdnr. 95(재판은 입법의 형성의 여지를 존중하여야 한다).

수 없는 갈등관계에 서게 될 것이다.

물론 하나의 예외는 있다. 연방헌법재판소는 판결 초기에 물질적 궁핍에 대한 국가의 보호의무와 생존의 최소한의 보장을 받을 권리를 부인하였지만,[31] 후에는 인간존엄의 보장(기본법 제1조 제1항)으로부터 존엄한 인간으로서의 존재를 위한 최소한의 전제조건에 대한 권리를 도출하였다.[32] 이는 사회법과 조세법에 영향을 미쳤고 입법자에게는 평가의 여지를 부여하였다.

인간존엄성 보장에서 도출되는 이러한 구체적 청구권과는 별개로 헌법은 사회적 기본권에 대하여 그 청구대상의 불특정성 때문에 그리고 극복할 수 없는 재정의 부족 때문에 고전적 자유권과 동일한 강도의 구속력을 보장할 수 없다. 현대 입헌주의는 이전의 헌법적 전통으로부터 의식적으로 방향을 전환하여 고전적 자유권은 직접적으로 적용되는 법으로서 입법을 기속한다는 점에 근거하고 있다. 이는 대부분의 새로운 유럽국가의 헌법에서는 명시적으로 규정되어 있거나 헌법재판소 또는 최고법원에 의하여 인정되어 있다. 이러한 직접적 기속은 헌법재판의 설치에 의해서 그리고 유사한 헌법재판적 절차의 헌법적 보장을 통하여[33] 특히 규범통제를 통하여 강화된다.

사회적 기본권의 이러한 구조분석은 우리를 다시 사회적 균형이라는 국가목적으로 되돌려 놓는다. 사회적 균형은 직접적으로 입법자에게 적용되지만, 사회적 균형이 다른 국가목적과 함께 실현되는 것처럼, 입법자에게 정치적 자유를 허용한다. 따라서 우리는 헌법의 차원을 떠나서 입법으로 향하게 된다.

31) BVerfGE 1, 97, 104.

32) BVerfGE 40, 121, 133; 82, 60, 85; 87, 153, 170; 91, 93, 111; 99, 216, 233.

33) 이에 대하여 상세하게는 *Starck/Weber* (Hrsg.), Verfassungsgerichtsbarkeit in Westeuropa, 2 Bde., 2. Aufl. 2007; *Luchterhandt/Starck/Weber* (Hrsg.), Verfassungsgerichtsbarkeit in Mittelund Osteuropa, 2 Bde., 2007.

V 사회법 제정

1. 출현형태

사회법의 제정은 늘 국내적 입법이어서 사회적 입법에 대한 세계적 고찰은 어렵다. 특히 각국은 사회적 상황과 그와 연계된 입법전통을 고려할 때 현저히 다르다. 이는 이미 유럽의 사회국가들을 서로 비교하거나 미국과 비교할 때 드러나지만, 남미국가들을 비교에 포함할 때에는 더욱 분명히 다르다. 다시 한 번 국제법적 조약에서 언급된 사회적 권리로 돌아가서 보면, 특정한 종류의 사회적 입법을 확인할 수 있다. 그러나 그것이 개별 국가에서 실현될 수 있는지 그리고 어떻게 실현될 수 있는지를 말하고 있는 것은 아니다. 독일에 대해서는 사회보험입법에 관한 다음 제8장에서 다룬다.

a) 사회보장험

노령, 질병, 사고 그리고 실업의 경우에 돌봄(Versorgung)을 위하여 개별 피보험자가 자신의 급여 정도에 따라 기여금을 납부하고 보험사고가 발생한 후에 법률로 정해진 구체적 청구권을 가지는 사회보험제도를 법률로 규정하고 의무적인 것으로 할 수 있다. 이는 순수한 사회적 권리이며, 법률상 정확하게 산정되고 피보험자와 고용주가 비용을 부담하는 기금에서 제공된다. 법률로 규정된 피보험자 연대는, 그들 각각의 제도 이용의 필요성에 따라, 피보험자 사이에서 사회적 균형을 이루게 된다. 즉 어떤 사람은 다른 사람보다 더 자주 아프고, 어떤 사람은 일찍 사망한 다른 사람보다 더 오래 연금을 받는다.

국가가 보험제도에 추가적인 과제를 부여하면, 국가는 제도에 상응하는 자금을 일반 국가예산에서 충당하여야 한다. 이러한 사회보험제도는 매우 잘 입증되었고, 일반 국가예산이 아니라 사회보험제도의 예산을 통해서 처리된다. 개별 보험을 재정적으로 뒷받침하기 위한 목적으로 세금이 증가되는 경우에는, 일반 예산과 개별 보험제도 예산의 명확한 구별은 점점 더 없어진다. 담배세는 연금공단의 부담을 덜어주기 위한 것인데, 말하자면 "연금을 위한 흡연"이다. 아니면 사회보험예산은 피보험자의 기여금과 임금 부대비용을 낮추기 위하여 통상적으로 점증하는 연방 예산의 지원을 통하여 보조를 받는다.

b) 국가의 재정조달과 학교조직과 교육

교육을 받을 권리는 법률적 차원에서 무상교육과 (거의) 무상인 대학교육 그리고 재정적 도움 없이는 공부를 할 수 없는 사람들에게 장학금 지급을 통하여 실현된다. 물론 교육을 받을 권리와 학교 교육에서 국가의 재정적 지원만이 중요한 것은 아니다. 오히려 적절한 교사에 의하여 학생의 재능과 근면성이 개발되도록 하여야 한다. 여기서 국가는 재정지원자로서만 요구되는 것이 아니라, 오히려 교육제도를 만들고 조직하고 적절한 사람을 배치하고 감독하여야 한다.[34] 미래의 사회적 문제를 예방하기 위하여 의무교육을 시행하는 것도 국가의 교육보장에 속한다.

c) 사회부조

그러한 특별한 사회적 권리 외에, 마찬가지로 일반 국가예산에서 지원되는 최저생계를 보장받을 일반적 사회적 권리도 고려될 수 있다. 더 나아가 국가가 가족, 모와 자녀의 보호를 위하여 법률로 추가적인 사회적 권리를 부여함으로써 사회국가라는 헌법의 명령을 이행하고, (가족과 모에 관한) 기본법 제6조 제1항과 제4항의 특별한 보호명령을 이행하는 것이 바람직하다. 일반적 국가예산은 국가의 조세수입을 기초로 하고 있다. 국가가 소득이 높을수록 더 높은 세율을 적용하는 누진세를 법률로 규정하는 것은 사회국가적 균형을 위한 것이다.

d) 민법

민법에서 사회적 급부는 국가, 즉 공공이 아닌 계약의 상대방에 의해서 제공된다. 여기서 사회국가적 입법이 특히 노동법상 해고로부터의 보호와 임대차 보호에서 결실을 맺고 있다. 입법자는 임차인이나 노동자가 어느 정도 보호되어야 하며 그에 따라 어느 정도 소유권자나 고용주를 제한할 것인가를 규정한다. 이 경우 입법자는 기업인의 자유권과 임대인의 소유권을 고려해야 한다. 이는 헌법에서 근로의 권리와 주거에 대한 권리를 언급하는 경우에도 마찬가지다.

34) 기본법 제7조 제1항은 전체 학교제도는 "국가의 감독"을 받는다고 규정하고 있다. 이 개념에 대해서는 *Gerhard Robbers*, in: v. Mangoldt/Klein/Starck, Kommentar zum Grundgesetz, 5. Aufl. 2005, Bd. I, Art. 7 Rdnr. 61ff.

2. 다른 국가목적과 균형을 이루는 사회적 급부

여기서 언급한, 법률에 규정된 사회적 권리의 창설을 위한 수단들은 나라마다 완전히 다르게 사용된다. 중요한 것은 각 국가의 구체적인 사회적 상황 속에서 국가입법이 이루어지고 여기서 평화와 자유의 보장을 실현한다는 다른 두 개의 주된 국가목적과 균형을 이루는 것이다.

그러한 균형은 일반적 국가예산이나 사회보험제도에서 나오는 사회적 급부가 과잉되게 청구될 수 있는 경우에는 깨어지게 되고 이는 두 가지 부정적 결과를 낳는다. 시스템이 점점 더 비싸져서 거기에 점점 더 많은 지불이 이루어져야 한다. 국가예산과 관련하여서 사회의 부담을 이행하기 위해서는 다른 임무들이 후퇴하지 않으면 안 된다. 세금과 사회보험기여금이 높아질수록 수입으로 자기책임 하에 경제생활을 하는 시민의 자유는 줄어든다. 과세와 사회보험기여금 부담이 납세의무자의 경제적 급부능력을 초과하거나 그 이행의지를 마비시키는 경우에는, 사회적 권리에 제공하기 위한 세금수입이 감소한다. 저임금 노동이 사회적 급부보다 적게 벌어들인다면, 받기만 하고 스스로를 돌볼 책임감을 회피하려는 사고방식을 조장하여 스스로의 경제적 존립을 위한 책임을 마비시키고, 이는 그러한 부모의 자녀에게 "대물림"될 수 있다.

그러나 사회적 균형이라는 국가목적은 자유보장과 평화보장이라는 국가목적과 균형을 이루지 못하고 다른 방향으로 빠질 수도 있다. 국가가 효과적인 교육제도를 정착시키지 못하거나 사회보험제도의 범위 내에서 그리고 나아가 일반적 국가예산을 기반으로 하여 적절한 사회적 권리를 보장하지 못하는 경우에는, 소외계층의 자유로운 개성신장은 보장되지 않고 국가 공동체 내부의 내적 평화가 큰 위험에 처하게 된다. 부정적 전개가 심화되면 - 지역적으로도 분리된 - 하위사회[viii]가 발생하여 범죄행위를 발생시키고 주민을 위협할 수 있다.

여기서 도움이 되는 것은 호화로운 사회적 권리가 아니고, 오히려 실현할 수 있는 권리를 부여하는 효과적인 학교 및 교육제도와 군건한 사회적 법률의 제정이다. 이러한 과제와 관련하여 이 장의 처음에 미주기구헌장을 인용하였다. 그 문장은 1967년에 나왔으나 40년이 흐른 뒤에도 여전히 긴박한 요구사항을 기술하고 있다고 할 수 있다.

Ⅵ 유럽 사회 연합

구 유럽경제공동체는 그동안 사회적 및 문화적 문제들까지로 확장되었고, 이는 유럽 공동체/연합 조약의 규정에 수용되어 있다. 사람들이 연방헌법재판소[35]를 따라 말하고 있는 바와 같이, 유럽연합이 국가연합으로 계속 발전하기 위해서는 경제에 국한되거나 이를 계속 자유화하는 데 있다고 할 수 없고, 오히려 사회제도와 문화도 포함하여 인간을 총체적으로 고려하여야 한다. 이는 현재는 AEUV 제151조인 EGV 제135조 제1항에 다음과 같이 명백히 표현되어 있다.

> "공동체와 회원국은, 1961년 10월 18일에 토리노에서 서명된 유럽사회헌장과 1989년의 노동자의 사회적 기본권에 관한 공동체헌장에 규정되어 있는 바와 같이, 사회적 기본권을 염두에 두면서 다음의 목표를 추구한다. 고용의 촉진, 개선이 이루어지는 가운데 조화를 가능하게 하기 위한 생활과 노동조건의 개선, 적절한 사회적 보호, 사회직 대화, 지속적으로 높은 고용수준과 (노동시장에서) 소외의 방지라는 관점에서 노동 잠재력의 개발"

이어진 조항에서 구체적으로 설명하고 있는 이 목표는 유럽헌법조약(EVV) 초안에 거의 그대로 채택되었다(제III-209조 이하). 그러나 EGV와 EVV에는 노동자의 보호 그 이상의 사회적 권리가 결여되어 있다. 거기서 유럽 공동체가 경제 공동체로 출발했음을 알게 된다.

유럽연합기본권헌장은 이 권리들을 초과하고 있다. 물론 회원국들은 특정한 수준의 의무를 부담하는 것은 아니다. 헌장 제34조 제2항에는 다음과 같이 규정되어 있다.

> "연합 내에 자신의 합법적 거주지를 가지고 있고 자신의 체류지를 합법적으로 변경하는 모든 사람은 연합법과 개별 국가의 법 규정과 관례에 따라 사회보장과 사회적 혜택의 급부를 청구할 권리를 가진다."

---

35) BVerfGE 89, 155, 184ff.

이 규정의 제3항은 나아가 다음과 같이 규정한다.

> "사회적 소외와 가난을 퇴치하기 위하여 연합은, 연합법과 회원국의 법 규정 그리고 관례의 기준에 따라, 충분한 재원을 갖지 못한 모든 사람에게 인간다운 생존을 보장하는 사회적 지원과 주거에 대한 지원을 받을 권리를 인정하고 존중한다."

유럽연합은 국가연합으로서 회원국으로부터 국가적 과제를 위탁받았다. 물론 사회적 균형을 배려할 임무는 거기에 속하지 않는다.[36] 유럽연합은 연방국가가 아니고 오히려 모든 국가가 스스로 사회적 균형을 확보하여야 하는 주권국가의 연합이다. 유럽연합 내부에서도 회원국의 사회적 상황을 검증하기 위하여 유럽위원회가 작성하는 보고서에 관한 규정이 있다(EGV 제143조와 제145조, 현재는 AEUV 제159조, 제161조). 이 규정들은 국가들이 사회적 균형을 배려할 고유한 권한[ix]이 있음을 다시 한 번 확인하고 있다. 이는 해당 국가의 상황, 즉 예산과 사회적 균형에 관하여 다수가 어떻게 생각하느냐 달려있다. 그 점에서 큰 도전에 직면한 국가들이 있다. 해결책은 단순히 자금지출에 있지 않다. 결국 중요한 것은-흔히 부르는 바와 같은-"가난한 사람들", "혜택 받지 못한 사람들", "소외된 사람들"이 자신과 가족을 위해서 노력하고 그렇게 함으로써 동시에 자기의 자녀에게 사람이 자신의 삶을 어떻게 일구어 갈 것인가에 대한 모범이 되도록 동기를 부여하고, 직업능력을 갖도록 하는 일이다. 동시에 사회구조의 변화에 힘쓰지 않는다면 단순한 정치적 활동만으로는 충분하지 않다.

노동자의 거주·이전의 자유, 서비스의 자유 그리고 영업의 자유가 인정되기 때문에 회원국 간 상이한 사회보험법 규정 적용의 조정이 필요한데,[x] 이에 대해서는 다음 장 329쪽 이하를 참조 바란다.

---

36) 그렇게 분명하게는 *Angelika Nußberger*, in: Tettinger/Stern (Hrsg.), Europäische Grundrechte-Charta, 2006, Art. 34 Rdnr. 105; *Thorsten Kinggreen*, in: Calliess/Ruffert (Hrsg.), EUV/EGV Kommentar, 3. Aufl. 2007, Art. 34 GRCh, Rdnr. 8; *Streinz*, in: Streinz, EUV/EGV, 2003, Art. 34 GR-Charta, Rdnr. 5.

역자 주

i 미주기구는 1948년에 창설되었고 현재 미국 등 35개국이 가입되어 있다. 영어로는 Charter of the Organisation of American States.

ii "Social justice and social security are bases of lasting peace"

iii 미주기구헌장 제34조 h)는 다음과 같다. "회원국들은 기회의 평등, 극심한 빈곤의 제거, 부와 소득의 공평한 분배 그리고 국민들의 자국 개발 관련 결정에 대한 완전한 참여가 무엇보다도 통합적 개발의 기본적 목표라는 데 동의한다. 이를 달성하기 위해 회원국들은 다음과 같은 기본 목표를 이루기 위한 최선의 노력을 다할 것에 동의한다. … h) 문맹의 신속한 퇴치와 모든 사람을 위한 교육 기회의 확대. …."

iv 독일 기본법 제20조 제1항은 다음과 같다. "독일연방공화국은 민주적이고 사회적인 연방국가다."

v 독일 기본법 제28조 제1항 제1문을 말한다. 이는 다음과 같다. "주의 헌법질서는 기본법의 의미에서 공화적, 민주적 그리고 사회적 법치국가의 원칙에 합치하여야 한다."

vi Supremo Tribunal Federal.

vii Freiheitsprinzip. 개인이 스스로 책임감을 느끼고 그에 따른 행동을 하는 원칙.

viii Nebengesellschaften. 주류 사회와는 구별되는 특징을 가진 사회. 여기서는 부정적 의미로 사용되었다.

ix natürliche Zuständigkeit.

x 회원국에 따라서 사회보험법의 적용이 다르게 되면 이를 조정할 필요가 생기게 된다. 노동자의 자유로운 이동이 보장되지 않으면 그러한 조정은 필요하지 않게 된다.

제8장

독일에서 사회보험 입법의 발전과 유럽 사회 연합*

I 제국성립 이후 사회보험의 시작

산업화의 초기 독일 국가들에는 다른 국가들과 마찬가지로 포괄적인 사회보장이 거의 존재하지 않았다. 협동조합, 직업단체, 지방자치단체 그리고 교회를 기반으로 한 복지 및 보험제도들이 존재했다.[1] 여기서는 빈민구호만이 아니라 이미 퇴직자를 위한 보험체계도 있었다. 공무원과 군인들이 연금을 받았고 국가가 그것을 지급했다. 또한 직원을 위한 기업의 사회적 지원제도도 언급될 수 있는데 예를 들면, 에센의 회사인 크룹(Krupp)이나 스투트가르트의 회사인 보쉬(Bosch)와 같은 기업이다.

1871년 독일제국 건국 후 소위 "내부 제국건설(innere Reichsgründung)"[2)i]이라는 법통일의 일환으로 사회보험이 논의되었다. 여기서 경제자유주의자들과 사회민주주의자들이 포함된 사회개혁자들 사이에 논쟁이 있었다. 1878년 10월 21일 사회주의자법으로 비스마르크는 "사회민주주의의 공공위협적 운동"를 억제하려고 시도했다. 그러나 장기적으로 독일에서는 사회개혁의 사상이 승리했다. 1880년 초에 제국정책의 변화가 관찰되었고, 이는 1881년 11월 17일의 사회문제에 관한

---

* 출처: Heckmann/Schenke/Sydow (Hrsg.), Verfassungsstaatlichkeit im Wandel. Festschrift für Thomas Würtenberger zum 70. Geburtstag, Berlin 2013, S. 293-303.

1) 이에 대해서 그리고 이하에 대해서는 *Manfred G. Schmidt*, Sozialpolitik in Deutschland, 2. Aufl. 1998, S. 23f.; 유럽 국가들에 대해서는 *Eberhard Eichenhofer*, Geschichte des Sozialstaats in Europa, 2007, S. 37ff.

2) *Michael Stolleis*, "Innere Reichsgründung" durch Rechtsvereinheitlichung 1866-1880, in: Starck (Hrsg.), Rechtsvereinheitlichung durch Gesetze, Göttingen 1992, S. 15ff.

최초의 황제의 성명에 나타나있다. 거기서는 다음과 같이 말하고 있다.[3)]

“올해 2월에 이미 우리는 사회적 해악의 치유는 사회민주주의적 불법행위의 진압만이 아니라 노동자의 복지를 적극적으로 촉진하는 가운데서도 얻을 수 있음을 표명하였다.” 황제는 “언젠가 조국에는 국내적 평화의 새롭고 지속적인 보증을 남기고 궁핍한 사람들에게는 그들이 요구할 수 있는 지원의 안정성과 생산성을 보다 크게 남기는 의식을 갖기를” 희망한다.

직후에 비스마르크는 제국 의회에서 다음과 같이 선언했다.[4)] “우리는 국가에서 가능한 한 아무도 또는 최소의 사람들도 ‘우리는 오로지 국가의 부담을 짊어지기 위하여 존재할 뿐, 국가는 우리의 복지와 안녕을 어떻게든 염려하고 있다는 느낌을 가지고 있지 않다’고 말하지 않도록 노력하고자 한다.”

이는 로렌츠 폰 슈타인(Lorenz von Stein)의 말로는 “사회적 군주제(soziales Königtum)”이다. 사회 정책적 법률들은 의심할 여지없이 특히 사회적 불안으로부터 보호하는 데 기여했다. 하향식 사회개혁에 의하여 새로운 국가가 안정되게 되고 혁명적 시도로부터 보호되도록 해야 했다. 독일제국은 산업화에서는 전반적으로 서구 국가에 뒤처졌지만 사회정책 분야에서는 매우 진보적이었다. 독일은 세계에서 덴마크, 벨기에, 오스트리아, 영국 그리고 프랑스에 앞서는 사회정책의 선구적 국가였다.[5)] 다양한 종류의 사회보험은 제국의 내부적인 기초에 속했다. 이것이 독일적 사회국가성의 시작이었다.[6)]

---

3) *Ernst Rudolf Huber*, Dokumente zur deutschen Verfassungsgeschichte Bd. II, 1964, S. 398.

4) AaO, S. 399.

5) *Gerhard Ritter*, Der Sozialstaat. Entstehung und Entwicklung im internationalen Vergleich, 2. Aufl. 1991, S. 62; *Schmidt* (주 1), S. 28ff., Tabelle S. 180 mit Erläuterungen S. 181ff.

6) *Ernst Rudolf Huber*, Rechtsstaat und Sozialstaat in der modernen Industriegesellschaft, in: ders, Nationalstaat und Verfassuungsstaat, 1965, S. 249, 2454ff.; *Ritter* (주 5), S. 69ff. m.w.N.

Ⅱ 1880년대의 사회보험법률

다양한 사회보험법률을 보면, 1880년대에는 근로자의 건강보험[ii]과 상해보험[iii] 그리고 연금보험[iv]이라는 3개의 큰 사회보험[v]으로 구분될 수 있다. 이들은 다음과 같이 통일적으로 구성되었다.

- 이들은 의무적인 고용보험[vi]으로, 공법상 강제보험이다.
- 예방적인 것이 아니라 항상 사후적인 사회적 보호에 관한 것이다.
- 법률적인 구성요건 징표가 있는 경우에는 급부에 대한 법적 청구권[vii]이 성립한다.
- 자금은 노동자와 사용자의 기여에 의하여 조달된다. 사회보험이 비보험 급부를 제공해야 할 의무가 있는 경우에는, 국가가 사회보험에 비보험 급부를 상환하거나 정액 보조금을 지급한다. 그 이상의 국가의 보조는 자유주의자와 개입주의자들 사이에 다툼이 있었다. 그러나 실제로는 국가의 보조가 이루어졌다.
- 국가예산과는 별도의 특별예산이 있어서 국가예산에서 분리된 보험제도는 매번 법률로 규율되었고 민주적으로 선출된 자치행정에 따랐다.

1883년 6월 15일 '노동자의 건강보험에 관한 법률'이 공포되었다.[7)viii] 이 법률은 거의 모든 임금생활자가 기존의 또는 새롭게 설립된 건강보험회사 중 한 곳에 강제로 가입되었고, 의료비, 약값 그리고 병원비 및 13주 봉급의 60%, 후에는 26주 봉급의 60%를 질병보조금으로 받는 것으로 나타났다. 건강보험은 3분의 2는 노동자가 3분의 1은 고용주가 부담하였다. 자치행정위원회의 비율에 따른 구성은 이와 일치한다. 법률로 규정된 의무회원은 크게 증가하였으며, 가족구성원과 함께 거의 인구의 3분의 2에 달했다. 공적인 건강보험은 영국에서는 1911년에 도입되었고, 이탈리아는 1919년에, 프랑스는 1930년에 이를 따랐다.

1884년 7월 6일에 상해보험이 도입되었다. 이 법률은 공장에서의 사고위험에 대해 더 이상 적합하지 않은 민사 책임은 배제하고, 산업재해에 대해서 위험을 분

7) *Michael Stolleis*, Geschichte des Sozialrechts in Deutschland, 2003, S. 76ff.

산하는 사회적인 위험책임원칙에 따라 운영되었다.[8] 상해보험의 자금조달은 고용주들에게 의무가 부과되었고 기여금을 내야했다. 재판을 포함한 행정은 보험공무원들이 수행했고, 그 최상위에는 제국중앙보험국[ix]이 있었다. 혜택은 사고 발생 후 14주차부터 상해연금과 의료치료였다. 공공 상해보험은 1894년 북유럽국가들에 도입되었고 1898에는 프랑스와 이탈리아에 도입되었다.

세 번째 큰 보험법으로 1889년 6월 22일에 '장애 및 노령보험에 관한 법률'[x]이 시행되었고, 이를 근거로 피보험자는 장애가 있는 경우에는 장애연금을 그리고 70세부터는 노령연금을 청구할 수 있었다.[9] 장애가 있는 사람들은 최소 5년, 노령연금은 최소 30년간 기여금을 내야 했다. 연금은 생활수준을 보장하는 것이 아니라 생계를 위한 보조비였다. 기여금은 노동자와 고용주 각각 절반씩 부담하였다. 국가는 처음부터 연금보험 보조금을 지급했고, 각 연금수급자마다 50 라이히마르크를 지불했다. 대부분의 노동자는 70세가 되기 전에 사망했기 때문에 많은 노령연금이 지불될 필요는 없었다. 유족연금은 아직 존재하지 않았다.

Ⅲ 사회보험법률의 발전

1. 제1차 세계대전 이전

1880년대에 사회보험이 도입된 이후 사회보험은 시간이 경과함에 따라 확대되었다. 즉 피보험 대상이 확대되었고 건강보험의 보호가 연장되었으며 유가족이 상해보험으로 편입되었다. 연금연령에 도달하기 전에 피보험자가 사망한 경우에는 기여금이 상환되었으며, 그를 통해 유가족의 상황이 더 개선되었다. 1911년에 근로자를 위한 보험법이 제정되었다. 같은 해에 다양한 사회보험들이 제국보험법[xi]으로 통합되어 80년간 시행되었다. 이 성문화는 철저한 학문적 연구를 기초로 하여 총칙과 6개의 권으로 발간되었다. 사회보험법은 독자적인 법, 연구, 교육 분야가 되었고, 국가를 사회국가로 명확히 드러냈다.

---

8) *Stolleis* (주 7), S. 81.

9) *Stolleis* (주 7), S. 84.f.

2. 바이마르 민주주의

제1차 세계대전과 혁명[xii] 이후에 사회보험법은 바이마르 헌법 하에서 계속 적용되었고, 특히 새로운 민주적 헌법의 사회정책 목표에 잘 부합했다(제151조 이하 참조).[10)]

건강보험은 가족구성원까지 확대되었다. 실업자도 건강보험 청구권이 있었다. 전체적으로 사회보험은 모든 분야에서 국민보험[xiii]이 되었다. 상해보험은 인적범위가 더 확대되었고(예컨대 배우와 간호사) 그리고 적용 장소도 직장으로 왕래하는 길까지 포함하는 것으로 확대되었다. 사고 예방도 중요한 역할을 하기 시작했다.

1927년 7월 16일의 직업소개 및 실업보험법[xiv]에 의하여 실업보험이 1927년에 도입되었다. 여기는 1911년에 이를 도입한 영국을 따랐다. 새로운 보험은 개별적인 보험 분야의 피보험자를 대상으로 했다. 실업보험은 노동자와 고용주가 각각 절반씩 자금을 충당했다. 실업수당[xv]은 반년 간 지급되었다. 그 다음에는 긴급구호와 일반 구호가 있었다.[xvi] 도입되자마자 실업보험은 1930년대 초 엄청난 실업의 증가로 심각한 적자가 되었다. 1932년에는 620만 명이 실업자였다. 실업보험의 개혁에 대한 정치적 논쟁을 거치며 독일국민당, 독일민주당, 중앙당, 사회민주당 간의 대연정[xvii]이 깨어졌다. 이 정당들이 그들의 수상인 헤르만 뮐러(Hermann Müller)를 지지하지 않았고 다른 당들이 찾아낸 협상안도 거부하였기 때문이었다. 그것은 바이마르 민주주의의 종말의 시작이었고, 국가사회주의노동자당과 공산당의 성장을 가져왔다.

3. 국가사회주의 독재

국가사회주의 독재 기간 동안에도 설명한 보험제도는 본질적으로는 유지되었다.[11)] 물론 전형적인 국가사회주의적 개입이 시작되었다. 즉 자치행정은 총통원칙[xviii]에 양보해야 했다. 유태인 의사와 사회주의자 의사들 그리고 "국가적대적

10) *Werner Abelhauser* (Hrsg.), Die Weimarer Republik als Wohlfahrtsstaat, 1987.

11) *Volker Hentschel*, Geschichte der deutschen Sozialpolitik 1880-1980, 1983, S. 136ff.; *Schmidt* (주 1), S. 63ff.

인” 의사들의 보험면허가 박탈되었다. 그러나 진전도 있었다. 즉 일반적으로 말하면 피보험자집단이 확대되었고 새로운 급부가 도입되었으며 전통적인 혜택이 상향되었다. 상해보험에서 직업병 목록이 확대되었다. 직업 및 기술학교에서의 사고가 보험의 보호를 받게 되었다. 또 다른 발전은 산업재해에서 근로재해로의 전환이었다.[xix] 이는 다른 사회보험들의 개인중심구조에 맞춘 조정을 의미했다.[12)] 연금보험은 재정적으로 안정되어 있어야 했으므로 이를 위해 특히 40세 이하의 모든 독일인에게 연금보험이 개방되었다.[xx] 수공업자는 그들이 달리 보험이 되어 있지 않은 경우에는 근로자연금보험[xxi]에 의무적으로 가입되었다. 행정적으로 보험제도에서 많은 것들이 간소화되었다.

Ⅳ 독일연방공화국

1. 재건과 연속성

제2차 세계대전 직후는 독일 사회보험법 발전에 있어서는 비정형적인 것이다. 큰 곤궁에 처했다. 사회보험시스템은 몰락한 정부가 준비금, 즉 자본금을 전쟁을 위해 사용했기 때문에 지불능력이 없었다. 많은 연금수급자들이 어려움을 겪었다. 거기에 전쟁 유가족, 미망인들 그리고 고아들이 더해졌다. 1948년 여름 화폐개혁, 1949년 사회국가보장을 규정한 기본법의 시행 그리고 1950년대 초의 경제적 부흥 이후 사회보험제도는 연속성을 유지하면서 재건되었다.[13)] 바이마르 시대의 사회보험 전문 인력들이 12년의 나치독재를 지나 다시 활동하게 됨으로써 이러한 일들이 더 용이해졌다. 개혁적 제안들이 논의되었는데, 특히 러시아를 모범으로 한 단일보험제도[xxii]가 논의되었다. 그러나 그러한 제안들은 실행되지는 않았다.

이후의 설명은 지난 60년의 각 시대에 따라 이루어질 수 있고, 개별적인 변화를 기술할 수 있을 것이다. I에서는 개별적 보험제도가 설명되었기 때문에 여기서도 바로 그렇게 진행한다. 그러나 노령 및 장애연금으로 시작해서(2), 그런 다음

12) *Stolleis* (주 7), S. 200.

13) 사회보험의 제도적 재건에 대해서는 *Stolleis* (주 7), S. 268ff. 참조.

에 건강보험(3)과 상해보험의 발전(4) 그런 다음에 실업보험(5)을 설명한다. 끝으로 1994년에 도입된 장기요양보험[xxiii](6)을 설명한다. 1990년의 재통일은 사회보험제도를 변화시키지 않았고 다만 극심한 재정적 부담만을 낳았는데, 그에 대해서는 여기서 특별히 다루지 않는다.

2. 노령 및 장애 연금

1948년 화폐개혁 이후 "변동된 임금 및 물가 구조에 따른 사회보험급여의 조정 및 재정적 안정에 관한 법률"[xxiv]이 제정되었다.[14)] 이 법률은 기여금과 연금을 인상했고 미망인연금이 도입하였다. 그러나 연금액은 항상 임금 성장률에 미치지 못했다. 후의 조정으로 연금이 연동되도록 했다. 그를 위해서 국가의 보조가 필요했고 이는 기본법 제120조 제1항에 규정되었다. 오늘날까지 (현재는 제120조 제1항 제4문) 유효한 조문 문구는 다음과 같다. "연방은 실업보험과 실업부조를 포함한 사회보험의 손실에 대한 보조금을 … 부담한다."

1950년대에 연금제도는 1945년의 붕괴를 배경으로 근본적으로 논의되었다. 지속적으로 화폐가치가 안정적일지를 예상할 수 없다는 것, 즉 기여금으로 기금을 형성하고 여기에서 후에 연금을 지급하는 것은 고려의 대상이 아니라는 것을 인식하게 되었다. 해결책은 연방 수상인 아데나워가 권유한 소위 세대 간 계약[xxv]이었다. 그에 따라 연금은 현재 일하는 세대의 기여금에서 지급되었다. 그 외에 연금은 생계 보조금이 아니라 임금 보상으로 개념되었고 따라서 임금수준과 연계되었다.[15)] 보험회사, 경제학자 그리고 고용주가 이러한 방식에 대해 경고하였음에도 불구하고 아데나워는 1957년의 연금개혁법을 끝까지 밀고 나갔다. 기여금과 연금은 근로수입, 즉 연금 산정은 보험사고 발생 시 피보험자가 받았을 임금, 피보험자가 전체 근무기간 동안의 평균 소득을 보험사고 발생 현재 임금수준으로 조정하여 받았을 경우의 임금을 기준으로 했다. 게다가 보험가입의 기간도 고려되었다. 따라서 성과주의원칙[xxvi]이 연금 액수 산정의 기준이 되었다. 물론 보험금

---

14) 1949.7.17 (WiGBl. 1949, S. 99).

15) 이에 대하여는 *Wilfried Schreiber*, Existenzsicherung in der industriellen Gesellschaft, 1955의 기본생각 참조.

상한선도 있었는데, 이는 동시에 후의 연금액을 제한하였다.

1957년의 연금개혁은 연금생활자가 "경제적 기적"을 누릴 수 있게 했고, 아데나워와 기민당(CDU)에게 1957년 선거에서 절대다수의 표를 얻게 했다. 장기적으로 세대 간 계약에서 어느 정도 자동적으로 나타나는 연금의 연동은 사회의 통합을 위한 중요한 기본조건이었다. 1957년의 연금개혁으로 지속 가능한 해결책을 제시했다. 이는 한편으로는 자유주의적 시장 지향적 보장과 다른 한편으로는 일반적인 국민보험에서는 벗어난 것이었다. 뒤에는 세부적인 변경이 이루어졌지만 이에 대해서는 여기서 다루지 않는다. 중요한 것은 피보험자의 범위의 확대였다. 시간이 지남에 따라 산업노동자에 농업노동자, 수공업자와 종업원, 자유직업의 구성원과 자영업자, 끝으로 예술가와 언론인까지 포함되었다. 직업별로 운영되는 전문보험[xxvii]은 독자적으로 유지되었다. 예술가들은 고용주가 없기 때문에 예술가 사회기여금 제도[xxviii]가 도입되었고 연방보조금으로 운영되었다.

1980년대 이래로 나타나는 연금보험의 문제들은 인구통계학적 변화에서 비롯된다. 두 개의 변화가 동시에 일어났다. 아이는 적게 태어나고 사람들은 점점 늙어간다. 소위 세대 간 계약을 근거로 점점 더 적은 수의 근로자가 점점 더 많은 연금생활자를 위해 비용을 부담해야 한다. 여기에 높은 실업률과 비교적 쉽게 가능했던 조기퇴직이 문제를 악화시켰다. 유연한 퇴직 연령, 저소득자를 위한 연금개선, 육아기간의 고려, 남녀 유가족의 평등화 등을 내용으로 하는 1972년의 법률개정은 부담을 가중시켰다. 재정조달의 문제는 기여금의 인상과 연방보조금의 증액으로 해결되었다. 기여금부담자들이 갖는 사회적 불안을 극복하기 위해서는 장기적으로 연방보조금이 증액되어야 할 것이다. 이는 조세수입에서 자금을 조달하는 기본연금(Grundrente)과 노동임금을 기초로 산정되는 연금보험의 기여금에 따른 보충적인 성과 연금(Leistungsrente)으로 이어질 수 있다.

법정 연금보험에 대한 현재의 기여율은 2011년 1월 1일부터 노동자의 총임금의 19.9%에 달하고 있다. 그 가운데 고용주가 절반인 9.95%를 부담한다. 법정 연금보험은 2009년에 1,816억 유로에 달하는 기여금을 징수했고, 633억 유로의 연방보조금을 받았으며, 총액 2,460억 유로를 지출했다.[xxix]

3. 건강보험

1945년 이후 건강보험의 시작은 어려웠다. 기여금납부자(노동자와 고용주), 환자, 건강보험 진료의사, 약사, 병원과 그 운영자 및 건강보험조합[xxx]의 복잡한 이익구조가 주된 구조적 문제로 나타났다. 1960년 연방헌법재판소가 건강보험 진료의사의 (가입)허가를 제한하는 것을 직업의 자유의 침해로서 무효로 선언한 이후,[16] 의과대학의 학생이 증가하여 입학 제한이 부과되었다. 의사와 약사 수의 증가는 건강보험조합이 감당해야 하는 비용의 증가로 이어졌다. 피보험자 범위의 확대 그리고 급여의 개선도 비용을 증대시켰다. 그러나 이는 여기에서 구체적으로 설명할 수는 없다.[17] 연방사회재판소의 판결에 따르면 환자는 가능한 빨리 그리고 필요한 만큼 충분히 자신이 필요한 치료를 받을 수 있어야 한다. (이와 같은) 개념의 확장을 통하여 계속적 법 형성을 함으로써 건강보험 비용을 증대시켰다.[18] 다수의 비용절감법률들이 억제를 시도했지만 성공하지 못했다. 엄청나게 비싸고 널리 요청되는 새로운 진단 및 치료 기법이 계속적으로 개발되었다. 독일의 약품소비는 세계에서 최고 수준이다. 현재 건강보험기여금은 총임금의 14.6%에 달하며, 그 가운데 고용주가 절반을 부담한다. 근로자가 부담하는 7.3%에 0.9%가 추가되어 노동자 총임금의 8.2%를 부담한다. 이는 연금보험료 9.95%를 추가하면 총임금의 18.15%에 해당한다. 법정 건강보험 기여금은 2009년에 1,722억 유로였다.

4. 상해보험

산업상 상해보험의 경우에도 구 구조가 유지되었다. 난민과 망명자가 상해보험에 편입되어야 했고 직업병의 목록이 확대되었다. 급여가 개선되었고 연동적으

16) 약국 판결(BVerfGE 7, 377, 397ff.)에 이은 BVerfGE 11, 30, 39ff.

17) 요약한 것으로는 *Stolleis* (주 7), S. 289-294 참조.

18) 이에 대해서는 *Walter Ecker*, Sozialgerichtliche Rechtsfortbildung, in: Entwicklung des Sozialrechts. Aufgaben der Rechtsprechung, 1984, S. 299ff.; 이에 대해 비판적으로는 *Christian Starck*, Die Bindung des Richters an Gesetz und Verfassung, in: Veröffentlichungen der Vereinigung der deutschen Staatsrechtslehrer, Bd. 34 (1976), S. 43, 83ff. = *Starck*, Der demokratische Verfassungsstaat, 1995, S. 58, 93ff.; 판례로는 BSGE 35, 10; 35, 105; 39, 167.

로 되었다. 자원봉사자, 저개발국 자원봉사자, 학생, 대학생, 유치원의 어린이가 상해보험에 포함되었다. 모든 보험 분야에서 1884년 이래 존재하는 상해보험이 오늘날까지 가장 정치적인 문제를 적게 야기하고 재정이 가장 견고한 보험이다.[19)] 상해보험의 자금조달은 고용주 측에만 의무가 있고 고용주가 없는 곳에서는 국가의 의무다.

5. 실업보험

1952년에 연방 노동중재와 실업보험 기관이 설치되었다. 실업보험에 관한 1927년의 법률은 계속 적용되었다. 경기의 호황과 함께 개별 실업자에 대한 지급액이 증가했고 실업자의 수는 초기에는 지속적으로 감소되었다. 기여금은 단계적으로 인하되었다. 1967년에 마침내 시장의 붕괴와 실업률의 증가가 발생했다. 1969년에 의결된 고용촉진법[xxxi]은 교육을 개선함으로써 실업문제를 극복하고자 했고 이는 구직자와 고용주를 대상으로 했다. 두 번째 경기침체가 다가오자 입법자는 다시 대응했다. 실업은 독일의 구조적 문제가 되었다. 높은 임금과 부수적 임금비용(= 보험기여금에 대한 고용주의 할당부분)은 임금이 낮은 주(Länder)로 생산을 이전하는 결과가 되었다. 실업보험 기여금은 현재 총임금의 3%에 이르렀고 그 가운데 고용주가 절반을 부담한다.

6. 요양보험

실제로는 아프지 않지만 요양이 필요한 노인들의 수가 늘어나고 있다. 요양이 필요한 사람은 이전에는 보통 가족에서 보살핌을 받았고 오늘날도 그렇다. 그러나 요양을 필요로 하는 많은 사람들은 오늘날 요양시설에서 살고 있다. 요양을 필요로 하는 사람들이 비용을 스스로 부담할 수 없는 경우에는 공적인 부양(사회부조)이 개입한다. 하지만 장기적으로 사회부조가 너무 많이 요구되었다. 요양을 필요로 하는 사람들은 환자가 아니기 때문에, 요양대상자에게는 건강보험이 적용되지 않았다.

---

19) 그렇게는 *W Gitter*, Unfallversicherung, in: B. v. Maydell/F. Ruland (Hrsg.), Sozialrechtshandbuch, 2. Aufl. 1996, S. 821ff.를 인용하고 있는 *Stolleis* (주 7), S. 299.

1994년에 요양대상자를 위한 국민보험이 인구의 92%가 보장받는 건강보험에 의존해서 만들어졌다. 나머지 사람들에 대해서는 민간 요양보험이 있다. 요양보험의 급여는 요양의 단계에 따라 각각 재택요양, 현물지원, 요양수당, 입원요양이 있다. 요양보험은 총임금의 1.95%를 징수하고 그 가운데 절반은 고용주가 부담한다. 자녀가 없는 노동자는 0.25%를 추가적으로 더 낸다. 요양보험은 적자이고 계속해서 확대되고 있기 때문에, 일반적인 세수에서 재정보조가 되어야 하는지에 대해서 고려되고 있다. 몇 년 안에 결정이 내려질 것이다.

7. 개별 부담과 총 수입

- 국가예산에서 재정지원이 이루어지는 사회적 급부(이는 설명의 대상이 아니었다)와 다양한 사회보험제도에서 나오는 급부는 구별되어야 한다. 개별 사회보험에 대해 국가보조금이 지급되더라도, 기여금을 기반으로 하고 특별예산에서 집행되는 보험 급여로서의 성격은 변하지 않는다.
- 여기서 논의된 사회보험은 2011년 1월 1일부터 노동자들에게는 합하여 총임금의 20.65%가 그리고 고용주들에게는 직원 총임금의 19.73%가 부과된다. 여기에 고용주들만 부담하는 상해보험기여금도 추가된다.
- 법정 연금보험의 수입은 2009년 2,460억 유로에 달했다. 그 가운데 1,816억 유로는 기여금이고, 634억 유로는 연방보조금이다. 법정 건강보험의 수입은 2009년에 1,722억 유로에 달했다. 지출은 20억 유로가 적었다. 비교하면, 2010년 연방 예산은 지출이 3,277억 유로였고 신규차입은 860억 유로였다. 그 절반인 1,600억 유로가 사회복지이다. 연방보조금을 제외한 연금보험과 건강보험을 그에 계상하면 약 5,000억 유로의 사회복지 지출이 해마다 있게 되고, 이는 세금과 사회보험기여금으로 조달된다.
- 사회보험의 개별분야는 그동안 소위 사회법전(SGB)에서 모두 규정되어 있다. 이는 다수의 법률로 이루어진 합본인데 현재 12권이다. 사회법전의 개별 책에는 보험법, 복지법, 절차법 및 총칙이 포함되어 있다. 여기서 다룬 보험들은 다음과 같이 사회법전에 분류되어 있다. 법정 연금보험(SGB VI), 법정 건강보험(SGB V), 상해보험(SGB VII), 실업보험(SGB III), 요양보험(SGB XI).

V 유럽평의회와 유럽연합[20)]

1. 유럽사회헌장

1961년 10월 18일의 유럽사회헌장[21)]은 제12조에 사회보장제도를 도입하고 만족스러운 상태를 유지하며 지속적으로 개선할 조약국의 의무를 규정하고 있다. 이 내적 의무 외에, 사회보장제도에서 나오는 급부청구권과 관련하여 다른 체약국 국민을 자국민과 평등하게 취급하는 것을 보장하는 국가 간의 합의가 체결되어야 한다. 따라서 노령연금과 유족연금청구권은, 예를 들면 근로가 이루어진 각 체약당사국의 법 규정에 따라 축적된 보험기간과 근무기간을 합산하여 산출한다.

2. 연합법

유럽평의회(Europarat)[xxxii]의 사회헌장이 제안하고 있는 것은 공동체조약(현재는 AEUV 제48조, 유럽연합기본권헌장 제34조)을 통하여 보장되고 있고, 그리고 명령[xxxiii]에 자세히 설명되어 있다.[22)] 여기에서 사회보험법의 일지나 통일이 중요한 것이 아니고 오히려 노동자의 거주·이전의 자유(AEUV 제45조 이하), 서비스제공의 자유[xxxiv](AEUV 제56조 이하) 그리고 개업의 자유[xxxv](AEUV 제49조 이하)의 당연한 결과로서 회원국에서 다양한 사회보험법 규정의 적용을 조정하는 것이 중요하다.

출발점은 명확하다. 사회보장제도에 대한 접근은 소속 국가에 의존하지 않고 거주지에 따른 개인의 사회적 소속에 따라 결정된다.[23)] 개별적으로는 사회보장은 회원국에서 서로 다르게 규율되기 때문에 문제가 있다. 순수한 보험제도 외에 국가의 예산, 즉 세금으로만 자금조달이 되는 평등한 국민보험이 있고,[24)] 혼합된 제도도 있다. 이러한 국가에서 외국인으로 일하는 사람은 세금을 낸다. 사회보험제

---

20) *Christian Starck*, Soziale Rechte in Verträgen, Verfassungen und Gesetzen, in: Gedächtnisschrift für Tettinger, 2007, S. 761f., 772ff. = 이전 장.

21) BGBl. II, S. 1262.

22) VO EWG 1408/71, ABl. EG Nr. I 149 v. 05.07.1971; VO EG 873/2004.

23) *Eichenhofer* (주 1), S. 98.

24) *Eichenhofer* (주 1), S. 120.

도를 갖춘 국가에서 노동하는 사람은 세금 외에 사회보험기여금도 낸다.

이로부터 나오는 개별 규정들이 앞서 언급한 명령들에서 찾을 수 있다.[25] 즉 다른 회원국 출신의 노동자나 그 가족구성원이 아픈 경우에 급부조건은 거주국의 규정에 따른다. 급부는 거주국의 사회(보험)기관이 제공한다. 원칙적으로 노동재해의 경우와 구체적인 개별 상황에 따라 직업병에 대해서도 마찬가지다. 노령 및 유족연금에 대해서 지급될 연금의 총액은 관할영역에서 축적된 기간에 비례하여서 참여 사회(보장)기관에 분배된다. 여기서 설명한 규정들에는 예외와 특수성이 존재하지만, 규율원칙을 이해하는 데 그에 대한 지식이 필요하지는 않다. 질병과 사고에 대한 급부는 사건이 발생한 관할영역을 담당하는 사회(보장)기관이 제공한다. 노령 및 유족연금은 전체 근로기간을 고려하여 다양한 사회(보장)기관에 시간에 비례하여 분배된다.

유럽연합 회원국의 사회보장제도는 특히 그 재정의 유형에서 매우 다르기 때문에 AEUV 제114조 이하의 기준에 따른 법의 조정은 고려될 수 없다.[xxxvi] 근로자가 한 제도에서 다른 제도로 이동하는 경우에, 다양한 제도에서 나오는 급부청구권을 확장의 여지를 두고 조정하는 것은 거주·이전의 자유를 보장하는 데 기여한다.

25) 주 22 참조.

역자 주

i 사회보험이 독일의 내부적 기초라는 의미다.

ii Krankenversicherung.

iii Unfallversicherung.

iv Rentenversicherung.

v Sozialversicherung.

vi Arbeitnehmerversicherungen.

vii Rechtsanspruch.

viii Gesetz betreffend die Krankenversicherung der Arbeiter.

ix Reichsversicherungsamt.

x Gesetz betreffend die Invaliditäts- und Altersversicherung.

xi Reichsversicherungsordnung.

xii 1918-1919년의 독일혁명을 말한다. 이 혁명으로 빌헬름 2세가 퇴위하고 바이마르 공화국이 수립되었다.

xiii Volksversicherung.

xiv Gesetz über Arbeitsvermittlung und Arbeitslosenversicherung.

xv Arbeitslosenunterstützung.

xvi 긴급구호(Krisenfürsorge)는 경제적 위기상황에 제공되는 지원이고 일반구호(allgemeine Fürsorge)는 기본적인 사회적 지원이다.

xvii Große Koalition.

xviii Führerprinzip.

xix 산업재해(Betriebsunfall), 근로재해(Arbeitsunfall). 단순한 작업장 내에서의 사고에 한정하지 않고 근로자가 근로를 하는 과정에서 발생한 모든 사고를 보험의 대상으로 하였다는 의미다.

xx 연금가입자를 확대하여 재정을 튼튼히 하였다는 의미다.

xxi Angestelltenversicherung.

xxii Einheitsversicherung. 모든 국민을 하나의 단일한 보험제도로 통합하는 것을 말한다.

xxiii Pflegeversicherung.

xxiv Gesetz über die Anpassung von Leistungen der Sozialversicherung an das veränderte Lohn- und Preisgefüge und ihre finanzielle Sicherstellung.

xxv Generationenvertrag.

xxvi Leistungsprinzip. 연금의 액수는 근로성과에 따라 결정되어야 한다는 원칙을 말한다.

xxvii berufsständische Versicherungen.

xxviii Künstlersozialabgabe.

xxix 2023년 현재의 기여율은 18.6%이고 근로자와 고용주가 각각 9.3%씩 부담한다. 기여금은 2,896억 유로, 연방보조금은 916억 유로, 총액 3,812억 유로를 지출하였다(Rentenatlas 2024, S. 4, 자료는 https://sozialversicherung-kompetent.de/ 참조).

xxx Krankenkassen.

xxxi Arbeitsförderungsgesetz.

xxxii 유럽평의회는 유럽연합(EU)의 조직은 아니다. 따라서 유럽연합의 유럽이사회(European Council, Europäischer Rat)와 구분하여야 한다.

xxxiii Verordnungen. 영어로는 Regulations. 유럽연합 기관이 제정하는 최상위의 규범으로서 회원국에 직접 적용된다.

xxxiv 사람의 자유로운 이동, 상품의 자유로운 이동, 자본의 자유로운 이동과 함께 유럽연합 시장의 4가지 자유 중 하나이다.

xxxv 거주·이전의 자유의 하나로서 자연인이나 법인이 유럽 내에서 자유롭게 자영업을 하거나 회사를 경영할 수 있는 자유를 말한다.

xxxvi AEUV 제114조 이하는 상품, 서비스, 자본, 사람의 자유로운 이동을 보장하기 위해 회원국들의 국내법을 조정 또는 통일할 수 있도록 한 조항이다. 사회보장제도를 이러한 조항에 따라 법을 통일하거나 법적인 조정을 하려고 해서는 안 된다는 의미다. 사회보장제도는 세금으로 지출하는 경우도 있고 기여금으로 지출하는 경우도 있어서 각국의 사정이 다르기 때문이다.

제3부

법문화

제1장 자유*

"자유"라는 말은 헌법과 법률에서 자주 등장한다. 자유로 표현되는 개념은 법을 이해하는 열쇠다. 왜냐하면 법은 인간의 자유영역과 행동영역을 구분하기 때문이다. 본능에 따라 생활하는 동물은 법이 필요 없다. Ubi societas, ibi ius는 인간이 공동 생활하는 곳에는 법이 있다는 뜻이다. 법을 만들 필요성은 인간의 근원적 경험[i]에서 나온 것이고 동시에 이 근원적 경험은 자유를 이해하기 위한 첫 단초를 제공한다. 법 경험과 직접 관련되어 있는 자유 경험은 특히 발전된 법질서에서는, 법이론에서 자유에 관한 문제를 제기할 때 하나의 좋은 출발점을 발견하게 된다는 것을 보여준다. 그럼에도 불구하고 특히 의지의 자유에 관한 몇 가지 철학적 고찰(I)을 먼저 다룬다. 다음에 법과 자유의 관계(II)를 살펴본다. 이에는 자유에 대한 헌법적 보호(III)도 포함된다. 마지막에는 자유와 진리에 관한 문제(IV)를 다룬다.

I 의지의 자유

자유로운 의지라는 것이 존재하는지에 대해서는 오랫동안 논쟁이 되어왔다. 그래서 인간은 인과관계의 자연법칙이나 욕망 또는 인간의 모든 결정을 미리 정한 신의 예정에 따를 수밖에 없다고 하는 주장이 있다. 이 견해는 최근에 뇌 속의

* I-III의 출처: Kube/Mellinghoff u. a. (Hrsg.), Leitgedanken des Rechts. Paul Kirchhof zum 70. Geburtstag, Bd. I, Heidelberg 2013, S. 507-512. IV의 출처: Aldo Loiodice/Massimo Vari (cura), Giovanni Paolo II, le vie della Giustizia. Omaggio dei Giuristi a Sua Santità nel XXV anno di Ponificato, Roma 2003, S. 476-478.

모든 과정은 자연법칙에 따라 결정된다고 하는 신경생물학자들이 주장하고 있다. 어떤 의도를 가지고 있으며 그 의도가 실행될 것인지 여부는 의식에 따르는 것이 아니라 뇌의 무의식적 기관에 의해 결정된다고 한다. 내부의 자극에 필수적이라고 하는 신경세포가 그에 포함된다고 한다. 대뇌에서 발생하는 행동계획이라는 것은 뇌세포가 "동의"하는 경우에만 행동으로 옮겨질 수 있다고 한다. 계획이 행동으로 옮겨지도록 하는 명령은 감정과 함께 기초적 경험이 저장되어 있는 대뇌변연계(大腦邊緣系, limbisches System)에서 나온다고 한다.[1] 대뇌변연계는 무의식적인 것으로서 주관적 의식에 대하여 의식으로는 도달할 수 없는 생각과 행동을 암시한다고 한다. 그에 따라 개인의 합리적인 자율조종은 존재하지 않고 결국 개인의 책임도 없다. 그것은 신경활동이며, 특정한 사람의 행동 속에 자리 잡고 있지만, 그에게 근원적 책임은 귀속시킬 수 없다는 것이다. 따라서 자유의지와 책임은 환상에 불과하게 된다.

뇌 연구자들은 자연과학적으로 인식할 수 있는 원인에 관심이 있다. 개인의 결정에 대한 이유는 자연과학적 인과관계로 설명될 수 있는 경우에만 관심이 있을 뿐이다.[2] 따라서 선택된 자연과학적 방법으로 인해 윤리학적 문제제기들은 무의미하게 된다. 우리 사회에서 자연과학에 대한 지나친 존중은 세계와 인간이 순수하게 자연적으로 설명될 수 있다는 잘못된 태도로 이끌 수 있고, 여기서 자유는 무시된다.

예나 지금이나 자연과학적인 뇌 연구[3]와는 반대로 인간에게는 숙고라는 차원(Reflexionsebene)이라는 것이 존재하고 그 차원에서 인간은 자유로운 결정을 내릴 수 있다. 물론 그것을 행동으로 전환하는 것은 물론 온갖 종류의 자연적, 법적 그리고 재정적 상황에 달려있다. 이 두 번째 견해는 결정론에 비하여 인과법칙이 아

---

1) *Gerhard Roth*, Fühlen, Denken, Handeln: Wie das Gehirn unser Verhalten steuert, überarbeitete Neuausgabe 2003, S. 256ff.

2) 이것은 소위 무질서한 뇌역학과 관련하여서는 가능하지 않다. 양자역학으로부터의 비판에 대해서는 *Martin Quack*, Time and Time Reversal Symmetry in Quantum Chemical Kinetics, in: Erkki J. Brändas/Eugene S. Kryachko (Hg.), Fundamental World of Quantum Chemistrz, Bd. III, Dordrecht 2004, S. 423, 452ff. 참조.

3) *Peter Bieri*, Das Handwerk der Freiheit. Über die Entstehung des eigene Willens, 4. Aufl. 2005.

닌 의무에서 행위가 나오는 것을 설명할 수 있다는 장점이 있다. 특히 선택의 자유라고 하는 주관적 느낌이 존재하는데, 그 바탕에는 종종 오랜 생각과 숙고가 깔려있다. 즉, 결론을 도출하고 행동결정을 내리기 전에 인간의 자의식은 선택지를 검토하고 정리하며 실행하여 자신의 생활계획 속으로 편입해 넣을 것을 요구하고 있다. 결정하는 데 그러한 숙고가 없었다고 하더라도 행위자는 보통 왜 자신이 그런 식으로 행동했는가를 말할 수 있다. 숙고과정과 결정은 다른 사람의 기대와 자신의 본능에 대하여 독립적으로 이루어질 수 있다.[4] 행동에 따르는 개인의 책임의식은 행위자가 달리 행동할 수 있었을 때만, 말하자면 행위자는 비록 뒤에 깨닫게 되었지만 자신이 해서는 안 될 그런 행동을 의도적으로 해버렸을 때 생겨날 수 있다. 우리는 우리가 언제나 결정을 되풀이하고 그에 대해 책임을 지는 것이라고 알고 있다. 그것을 부정하고 책임을 지지 않으려는 사람은 다른 사람에 대해서도 책임을 요구할 수 없다. 여기서 결정은-결정자가 인식할 수 있거나 인식할 수 없거나-교육이나 종교적 확신 또는 경험에 따른 것일 수 있다.

미술, 문학, 음악 및 학술 작품의 성립은 인과법칙으로는 설명될 수 없다. 그래서 뒤에 다루게 될 헌법적으로 보장되는 예술과 학문의 자유가 주목을 받는다. 칸트(Kant), 쉴러(Schiller), 짐멜(Simmel), 카시러(Cassirer) 그리고 아도르노(Adorno)를 따라 비르기트 렉키(Birgit Recki)[5]는 자율적인 예술에서 인간의 자유는 시각적으로 구체화된다고 쓰고 있다. 현대인이 자신의 자의식과 결부시키는 자기만의 자유라는 관념이 예술의 자유에 반영되어 있고 또 선호하는 매개체 속에 드러난다고 한다.

인간의 자유에 관한 한 인간은 연구의 객체일 수 없다. 칼 야스퍼스(Karl Jaspers)는 인간의 이러한 비대상성[ii]에 대해 다음과 같이 기술하였다.[6] "우리는 (말하자면 인간의 비대상성이라는 점에서) 인간이 무엇인가라는 것을 완전히 해명하여 인간에 대해 모두 알고 있다고 할 수 없고, 오히려 근본적으로 우리의 생각과 행동을 경험할 뿐이다. 인간은 기본적으로 자신에 대해 알 수 있는 것 그 이상이다."

---

4) *Maximilian Forschner*, Willensfreiheit als philosophisches Problem, in: Fundamenta Psychiatrica 1988, S. 131-140.

5) *Birgit Recki*, Freiheit, 2009, S. 102.

6) *Karl Jaspers*, Einführung in die Philosophie, 1950, S. 61f.

다른 곳에서 야스퍼스는 칸트를 따라 다음과 같이 쓰고 있다. “자유는 입증할 수도 없고 반박할 수도 없다.”[7] 자유는 실천이성의 명령이며 인간의 자기결정과 존엄의 전제이다.[8]

II 법과 자유

우리의 법은 의지의 자유를 전제로 한다. 그렇지 않으면 책임과 죄책 같은 개념은 공허하게 될 것이며 형벌은 정당화되지 못할 것이다.[9] 계약은 결정의 자유와 자의에 따른 구속을 전제로 한다. 자유가 존재하지 않는다면 아무런 당위도 존재하지 않을 것이다. 민주적 자유의 표현으로서 선거와 투표도 무의미하게 될 것이다. 의사의 자유를 긍정함으로써 법적 자유는 인류학적 근거를 획득하게 되는데, 여기서 인류학이란 순수한 자연과학으로 이해되지는 않는다. 인류학적으로 볼 때 자유가 기본적으로 주어지는 것은 법이 정당하기 위한 조건이다. 인간의 자유에서 비롯되지 않는 법질서, 즉 형벌 대신에 안전을 위한 구금을 한다든가 계약상 아무런 의무도 지지 않고 어디에도 책임이 없는 그런 법질서를 상상해보자. 여기서는 의사나 정신과의사가 필요한 질서위반조치를 취하게 될 것이다.

인간의 자유를 기초로 하여 칸트는 법을 “한 사람의 자의가 다른 사람의 자의와 더불어 자유의 일반법에 따라 함께 통합될 수 있는 조건들의 총체”라고 하였다.[10] 자의란 주관적 자유를 말한다. 자유의 법칙은 인간 공동생활의 질서다. 자의는 자연적 자유이고 자유의 법은 국가에 의해 보장되는 시민적 자유라고 말할 수 있을 것이다. 이것은 먼저 소극적 지위의 자유인데, 이것은 개성신장의 여지

7) *Karl Jaspers*, Philosophie, Bd. II, 1956, S. 169.

8) *Immanuel Kant*, Kritik der praktischen Vernunft (1787), hrsg. von Karl Vorländer, 9. Aufl., 1929, S. 39f.

9) *Claus Roxin*, Strafrecht. Allgemeiner Teil, Bd. I, 1992, S. 547: 책임은 규범적인 대응을 할 수 있음에도 불구하고 한 불법적인 행동에 있다(Schuld ist unrechtes Handeln trotz normativer Ansprechbarkeit).

10) *Immanuel Kant*, Metaphysik der Sitten (1797), hrsg. v. Karl Vorländer (Hg.), 4. Aufl., 1922, S. 34f.

를 보장하고 국가의 지배를 제약하는 것을 내용으로 하는 것을 담고 있다. 소극적 지위의 자유는 적극적 질서가 아니고 공동체와의 조화라는 관점에 기속되는 자의의 자유로 남는다. 그렇게 하여 남겨진 자유를 통찰하여 요제프 이젠제(Josef Isensee)[11]는 "정당한 자의"[iii]라고 명명하고 있다.

프랑스의 인간과 시민의 권리선언(1789)에서는 법(Recht)의 표현 형식인 법률(Gesetz)을 자유를 확정하는 도구로 보고 있다. 선언 제4조에 따르면 자유는 다른 사람을 해치지 않는 모든 것을 할 수 있다는 데 있다. 따라서 - 계속하여 규정하고 있는 것처럼 - 모든 인간의 자연적 권리, 즉 자유의 행사는 다른 사회 구성원에게 같은 권리를 누리도록 보장한다는 한계를 가진다. 그러나 그 한계는 다툼이 있을 수 있기 때문에 선언 제5조에서는 입법자는 사회에 해악을 끼치는 행위들만 금지할 수 있다고 하고 있다. 법률이 금지하지 않는 것은 방해받아서는 안 되고, 법률이 명령하지 않은 것은 강요받아서는 안 된다. 법과 자유의 이러한 상호관계는 루소(J. -J. Rousseau)의 사회계약론 제1권에 나타나 있다. 법률이 임의적이지 않다는 것은 일반의지(volonté générale)라는 개념[12]과 사회계약론의 모토인 "Foederis, aequas dicamus leges"(사회계약의 정당한 법률을 선언하자)에서 나타난다.[iv]

정당한 법률, 즉 법을 통한 자유[v]는, 스스로 법적으로 조직된 국가만이, 그것도 국가권력을 행사함에 있어서 가능한 한 남용되지 않도록 하는 방식으로 보장할 수 있다. 서로 통제할 수 있는 다양한 국가기관에 권한을 배분하는 것이 그에 해당한다. 민주적 다수결 원칙만으로는 자유와 정의를 보장하고 남용을 방지하는 충분한 보장이 될 수 없기 때문에, 권력분립은 민주국가에서 국가구조의 주요한 요소가 된다.[13] 물론 국가권력의 제동과 통제가 너무 광범위하게 일어나서 국가가 평화의 보장이라는 자신의 임무를 이행할 수 없을 정도에 이르러서는 안 된다. 이 국가의 임무에는 어떤 사람의 자유를 다른 사람의 공격으로부터 보호하는 것이 포함된다. 국가조직에 있어서 평화수호를 위해서는 올바른 권력의 분립과 결

---

11) *Josef Isensee*, Was heißt Feiheit?, in: Festschrift für Edzard Schmidt-Jortzig, 2011, S. 275, 282.

12) 이에 대해서는 *Christian Starck*, Der Gesetzesbegriff des Grundgesetzes, 1970, S. 129f. 참조.

13) The Federalist (1788), Nr. 51 (Madison), Nr. 9 (Hamilton).

합의 조화가 중요하다.[14] 고전적 권력분립론의 핵심은 일반적 규율제정권, 집행권 그리고 그와 독립된 사법권의 구별이다. 권력분립은 인권이념을 구현하기 위한 조직의 척추와 같다. 따라서 효과적인 자유의 보호를 위해서는 화려한 기본권 목록보다는 권력분립적인 국가조직이 더욱 중요하다.

법적 자유[15]는 기본권적 자유와 민주적 자유, 즉 개인의 자기결정과 예정된 국가조직 내에서는 개인의 공동결정으로 나타난다.[16] 자기결정의 영역과 공동결정의 영역은 실정법상 구분되어야 한다. 기본권적으로 보장된 자유권은 민주적으로 정당화된 입법자를 기속한다. 기본권 영역의 입법에 있어서는 두 가지 자유 측면이 교차한다. 기본권은 임의적으로 제한되어서는 안 되기 때문에, 민주적으로 정당화된 입법자가 최종적으로 결정하는 것은 아니다.

Ⅲ 자유에 대한 헌법적 보호

실정헌법상 자유의 보호는 다층적으로 조직되어 있다. 자유 측면들(종교의 자유, 의사표현의 자유, 직업의 자유 등)은 기본권으로 규정되어 직접적으로 효력 있는 법으로서 입법, 집행 그리고 사법을 기속한다(기본법 제1조 제3항). 공권력에 의해서 자신의 권리가 침해되는 사람에게는 소송의 길이 열려 있다(기본법 제19조 제4항). 법원의 최종심급이나 입법자에 의한 기본권 침해에 대해서는 연방헌법재판소에 헌법소원을 제기할 수 있다(기본법 제93조 제1항 제4a호).

기본권은 공익 보호를 위하여 그리고 타인의 권리 보호를 위하여 법률로 제한될 수 있기 때문에, 입법자를 어떻게 기본권에 기속시킬 수 있을 것인지 그리고 부당한 기본권 제한을 어떻게 방지할 수 있을 것인지가 문제가 된다. 하나의 해결책을 비례성원칙이 제시하고 있는데, 비례성원칙을 이용하여 법익의 보호를 위해

14) *Werner Kägi*, Von der klassischen Dreiteilung zur umfassenden Gewaltenteilung, in: Festschrift für Hans Huber, 1961, S. 151ff.

15) *Paul Kirchhof*, Menschenbild und Freiheitsrecht, in: Ordnung der Freiheit. Festschrift für Christian Starck zum 70. Geburtstag, 2007, S. 275ff.

16) *Christian Starck*, Grundrechtliche und demokratische Freiheitsidee, in: Isensee/Kirchhof (Hrsg.), Handbuch des Staatsrechts, 3. Aufl., Bd.III, 2005, S. 3ff.

투입된 수단을 다음과 같이 심사할 수 있다. 즉, 기본권을 제한하는 규범은 그것이 위협받는 법익을 효과적으로 보호할 수 있는 경우에만 적합하게 된다. 그러나 적합한 수단은 여전히 과잉된 제한일 수 있다. 필요성 원칙은 적합한 수단들 중 가장 침해가 적은 수단을 투입하도록 제한한다. 물론 이 수단도 위협받는 법익을 효과적으로 보호할 수 있어야 한다. 마지막 세 번째로 좁은 의미의 비례성원칙은 적합하고 필요한 제약을 통하여 기본권의 제약을 받는 개인의 부담이 공공복리에 발생하는 이익과 합리적 비례관계에 있다는 것을 확실히 하여야 한다.

기본권과 보호될 법익을 형량할 때는 양 법익의 최적화[vi]가 중요한 것은 아니다. 최적화는 현실적으로 하나의 정당한 해결책만을 허용하고 민주적으로 정당화된 입법자의 형성의 자유를 무시하는 것이다. 따라서 연방헌법재판소는 규범통제나 최종심급 사법부의 판결을 통제할 때 다툼이 되는 기본권 제한이 "완전히 부적합"[17]하거나 불균형적인지 여부[18]만을 심사하고 있다. 소극적 심사의 단서는 이미 과잉금지라는 개념[19]에 나타나 있는데, 이는 적극적인 최적화 명령과는 구분된다.

기본권을 통한 자유 보호에는 다른 차원들도 있다. 기본권은 객관적 법으로서 민법에 대하여 국가의 보호의무와 조직의무로 작용한다. 보호의무 차원은 사회국가원리에서도 나온다. 사회국가원리는 자유를 실제로 행사할 수 있도록 입법자에게 사회적 형평과 기회균등을 보장할 의무를 부과한다.

연방헌법재판소는 법이론 논증의 도움을 받아 기본권의 객관적 차원에서 입법자가 이미 특히 민법과 형법을 통해 이행하는 국가의 보호의무를 도출했다. 이는 다른 법익과 함께 자기 시민의 자유를 보호한다고 하는 국가의 고전적 의무이다. 이 의미에서 이미 칸트는 사법(私法)을 한 사람의 자유와 다른 사람의 자유의 합일의 원리에 따라 바라보았다.[20] 시민의 측에서 본 그러한 국가의 보호의무는 기본법의 문언에 따라서 보면 보통은 아무런 보호권도 의미하지 않음에도 불구하고, 연방헌법재판소는 헌법을 계속적으로 형성해 가는 과정에서 국가의 객관적-법적 보호의무에서 시민의 주관적 보호권을 구성해 내었다.

---

17) BVerfGE 71, 206, 216; 비슷하게는 BVerfGE 117, 163, 188f.

18) BVerfGE 94, 268, 285.

19) BVerfGE 90, 145, 191.

20) *Kant* (주 6), S. 83f.

법률은 기본권 제한을 통하여 자유를 제한할 뿐만 아니라 절차법, 조직법[21] 그리고 법 형식들을 통하여 계약법, 혼인법, 물권법, 단체법, 회사법, 사회보장법 등에서 자유를 행사하기 위한 전제조건들을 만들어낸다. 이 법 영역들에서 입법자의 형성에는 재량여지가 인정된다. 그러나 그것은 자의적인 것이 되어서는 안 되고 특히 불필요한 자유의 제한에 대해서는 보호되어야 한다.[22] 구체적 형성이 갖는 제한적 성격은 항상 고려되어야 하고, 따라서 비례성원칙이 고려되어야 한다.

조직법과 절차법 외에 급부법도 실질적인 자유의 조건을 보장한다. 교육의 진흥, 사회부조 등이 그 예들이다. 입법자가 급부법 제정의 헌법적 의무가 없다고 할지라도 그러한 법률은 기본권과 밀접한 관계가 있다.[23] 나아가서 입법자는 학교관계와 기타 교육제공과 같은 자유와 관련되는 급부 환경을 제도화한다. 따라서 국가가 교육 과제를 이행하는 경우에, 자유의 조건들을 창출한다. 물론 이 조건들은 개인의 노력으로 실현되어야 한다.

Ⅳ 자유와 진리

지금까지 자유에 대해 논의한 것이 진실한 것인가? 현대 문명사회에서 널리 수용되고 있는 법과 도덕의 분리는 법이 도덕원칙이나 인간 공동생활에 대한 규칙과 무관하다는 것을 의미하지는 않는다. 왜냐하면 형법과 민법뿐만 아니라 광범위한 법 영역의 바탕에 도덕적 규칙이나 원칙이 깔려 있기 때문이다. 도덕이 결여된 질서로서의 법은 상상할 수 없는데 그 이유는 거기에는 정당성이 결여되어 있기 때문이다. 따라서 이성적으로 볼 때 법과 도덕의 분리는 법이 수용하지 않은 도덕규칙은 아무런 법적 구속력을 주장할 수 없다는 것을 의미할 뿐이다. 법적으로 금지되거나 명령되지 않은 것은 자유영역을 의미하고, 이는 얼핏 보면 법질서의 자유주의적 성격을 나타낸다.

---

21) *Christian Starck*, Freiheit und Organisation (1976), in *ders.*, Freiheit und Institutionen, 2002, S. 143ff.

22) *Matthias Cornils*, Ausgestaltung der Grundrechte, 2005, S. 54ff., 650ff.

23) *Christian Starck*, Soziale Rechte in Verträgen, Verfassungen und Gesetzen, in: Gedächtnisschrift für Tettinger, 2007, S. 761, 이 책의 제2부 제7장 참조.

종종 법과 도덕의 분리는 법은 덕과 진리의 질서가 아니고 자유와 평화의 질서라고 설명된다. 덕의 질서와 관련하여서는 - 다시 언뜻 보면 - 그것이 법이 수용하지 않은 도덕질서, 즉 자유의 영역을 의미한다는 것에 대해서 쉽게 동의할 수 있을 것이다. 이제 어려운 문제는 문제가 되는 법질서가 너무 많은 자유를 허용하는지 아니면 반대로 자유를 너무 많이 제한하는지 여부를 확인하는 데 있다. 이 구분이 가능하게 되었다고 일단 가정하면, 도덕원칙에 합치하는 법질서와 그 이상의 도덕질서를 구별하는 것은 의미가 있다. 이 구별은 심지어 문명의 성취까지도 의미한다.

같은 방식으로 자유질서와 진리질서를 대립시키는 것을 문명의 성취로 보는 경향이 있다. 이는 자유는 진리와는 별개라는 것, 말하자면 자유질서는 결코 진리질서가 아니라는 것을 의미한다. 그러나 그 반대가 옳다. 왜 그런가?

칸트는 "자신이 책임질 수 있는 행위를 할 수 있는" 바로 그 주체를 인격(Person)이라고 불렀다. "도덕적 인격성[vii]이란 도덕법칙에 따른 이성적 존재의 자유 외에 다름 아니다." 이미 칸트 이전의 철학에서 인격은 무엇(quid)이 아니고 누구(quis)였다. 인격은 개체[viii] 또는 주체 개념에 비본질적 속성[ix]으로서 존엄을 부가한 것이다. 인간의 이성적 본성만이 자신의 존엄과 그에 따른 자유를 구성한다. 이 기본 전제 위에 법은 존립한다. 형법상 책임, 계약의 자치 그리고 민주적 공동결정은 인간의 자유를 전제로 한다.

인간의 무조건적인 자유는 필연적으로 다른 사람의 자유의 인정, 즉 타인에 대한 배려[x]를 포함한다. 이러한 의미에서 게오르그 짐멜(Georg Simmel, 1858-1918)은 철학적 전통에 따라 다름과 같이 기술하였다. "인간의 자유는 다른 사람에게 자유를 부여하는 것에서 나타난다. 폭군은 자유롭지 못하다.[xi] 자신의 자유와 다른 사람의 자유 사이에는 깊은 연관이 있다. 개개인이 모두의 자유와 양립할 수 있는 정도의 자유만을 가져야 한다는 것은 이것을 규범적인 것으로 그리고 더 외부적-실천적인 것으로 옮겨 놓은 것일 뿐이다."[24)]

인간의 자유는 상호인정과 모든 합의 형성의 보증이자 조건이다. 다른 사람도 자유로운 지위에 있다는 사실이 자신의 존엄을 구성한다.[xii] 사람이 행위를 통하여

24) Über Freiheit, postum in: Logos Bd. 11 (1922/23), S. 1, 25.

자기결정능력을 실현하는 순간, 그의 행위가 다른 사람의 영역을 침범하여 다른 사람의 자기결정을 위협하는 위험이 발생하고, 그것은 다른 사람의 자유를 파괴하는 데까지 이를 수 있다. 한편으로는 행동의 자유를 가진 자기결정능력과 다른 한편으로는 타인에 대한 배려는 인간조건(condicio humana)의 전제이고, 이로부터 인간의 행위는 공동체와 양립하여야 하고, 공동체와의 양립가능성[xiii]에 대한 요구사항들이 각각의 역사적 상황 속에서 실정법에 개별적으로 규범화되어야 한다는 법원칙이 도출된다.

지금까지 사람들은 법철학에서 타인에 대한 배려를 동시대에 살고 있는 사람들과 관련하여서만 보아왔다. 그에 따르면 약자는 심리적 또는 경제적 강자로부터 보호되어야 한다. 왜냐하면 피해는 언제나 살아있는 사람들 간에서만 생각할 수 있었기 때문이다. 인간은 이미 늘 자신의 환경에 개입해 왔고 다음 세대에 자신이 만든 환경을 물려주어 왔다. 그것은 언제나 그런 것은 아니지만 (예를 들면 불모지화), 대개는 (예를 들면 도로, 철도노선) 편의성을 가져다주었다. 오늘날 시작된 다음 세대의 가장 기본적인 생활조건에 대한 지구적 위협은, 이전에는 현실적이지 않아 논의되지 않았던 세대라는 시간적 관점에서, 타인에 대한 배려라는 법철학적 문제를 제기한다. 우리 다음에 살게 될 인간의 자유 지위의 기초를 튼튼히 하고 타인에 대한 배려를 미래세대까지 확장하는 것은 반드시 필요하다.

다시 진리의 문제로 돌아가자. 진리를 위하여 종교전쟁이 수행되었기 때문에, 평화는 진리문제를 포기함으로써 보장되어야 하며, 진리질서가 아닌 평화질서가 추구되어야 한다는 견해가 있다. 영적인 문제(in spiritualibus)에 있어 진리문제는 개별적이고 집단적인 종교의 자유 영역에 맡겨져 있다. 믿음의 행위는 말하자면 그 본성상 자유로운 행위다.[25] 세속적 문제(in temporalibus)에서 진리의 문제는 평화를 위하여 포기되어야 한다는 것이다. 그렇다면 평화는 무엇을 의미하는가? 외적 평화를 교란하는 폭력적 충돌이 없는 것일 것이다. 평화질서는 태아나 어린이, 정신질환자 등과 같이 자신을 방어할 수 없고 불만을 표출함으로써 주목을 끌 수 없는 약자들에게 불리하게 구성되는 경우에는 매우 잔인할 수 있다. 반대로 강자는 "평화협정" 과정에서 자신이 더 많은 이익을 얻기 위해 이기주의, 무책임 그리

25) Vaticanum II, Erklärung über die Religionsfreiheit "Dignitatis Humanae", Nr. 10.

고 파괴적인 권력의지를 드러냄으로써 사회에서 불화를 일으킬 수 있다. 결국 평화가 경험적으로 확인할 수 있는 폭력이 없는 상태 그 이상이어야 한다면, 세속적 문제에서도 진리문제를 제기하고 답할 필요가 있다.

여기서 설명한 모든 인격의 존엄과 자유에 대한 견해는 평화의 기초가 되어야 하고 분명히 안정적인 평화질서의 강력한 토대가 될 것이다. 왜냐하면 인격의 존엄에는 다른 인격에 대한 존중과 공동체와 양립가능하게 행위할 의무가 포함되기 때문이다. 모든 인간의 인격성[xiv]에 근거하는 존엄과 자유는 철학적 진리로서 신학적 뿌리를 두고 있지만[26)] 그러나 동시에 이성적, 철학적으로도 정당화될 수 있다. 따라서 인간의 인격성을 기초로 하는 세속적 자유질서는 진리주장을 제기할 수 있다.

---

26) *Johannes Paul II*, Enzyklika "Fides et Ratio", 1998, N. 80ff.

역자 주

i Urerfahrung.

ii Ungegenständigkeit.

iii legitime Willkür.

iv 루소의 사회계약론에 나오는 표현이다. 사회계약에 따라를 정당한 법률을 제정해야 한다는 의미다.

v Freiheit durch Recht.

vi Optimierung.

vii die moralische Persönlichkeit.

viii Individuum.

ix Akzidens.

x Mitmenschlichkeit.

xi Ein Tyrann ist nicht frei. 폭군은 자유를 억압하는 사람이지만, 사실은 스스로 자유를 박탈당한 사람과 같다는 의미가 숨어 있다.

xii 내가 자유로울 때 존엄한 것처럼 남도 자유로울 때 존엄하다는 말이다.

xiii Gemeinverträglichkeit.

xiv Personalität. 개인이 갖는 인격적 특성을 강조한 말이다.

제2장

정치학적 범주로서 정당성*

I 빌헬름 헨니스의 정당성에 관한 강연

빌헬름 헨니스는 1975년 두이스부르크에서 개최된 독일정치학회 총회에서 "정당성: 시민사회의 한 범주에 대해"라는 강연을 하였다.[1] 도입에서 그는 모든 산업국가처럼 연방국가가 직면하고 있는 거버넌스의 어려움과 문제점들을 정당성 문제나 더욱이 정당성 위기로 평가될 수 없다는 사실을 강조했다. 총회는 그의 주제설정으로 "후기 자본주의"의 경제 위기가 국가질서의 정당성을 위협하고 있다는 당시에 논의된 주장들을 다루었다.[2]

빌헬름 헨니스는 다음과 같은 말로써 총회의 문제 제기에 날카롭게 대응했다. "기존의 정치체제에 대하여 정당성 문제를 제기하는 것은 그 존재 이유[i]에 의문을 제기하는 것을 말한다."(255쪽). 정당성 위기는 사람이 더 이상 어떤 지배 아래에서는 살 수 없고, 그로부터 벗어나거나 그것을 혁명적으로 변화시키고자 하는 경우에만 존재한다는 것이다(259쪽). 헨니스는 전통, 기존 법질서의 정당성 그리고 통치자의 카리스마에 의한 3가지 유형의 정당성을 주장한 막스 베버의 사회적-경

---

* 출처: Anter (Hrsg.), Wilhelm Hennis' Politische Wissenschaft, Tübingen 2013, S. 125-138.

1) Politische Vierteljahresschrift, Sonderheft 7/1976, S. 9-38. 이는 다시 하버마스에 대한 반론과 함께 *J. Habermas*, Legitimationsprobleme im modemen Staat, in: *Wilhelm Hennis*, Politikwissenschaft und politisches Denken, 2000, S. 250-289에 다시 실렸다. 이에 따라 이하에서는 괄호 안에 해당 페이지를 인용하였다.

2) *Jürgen Habermas*, Legitimitätsprobleme im Spätkapitalismus, 1973, *Hennis* (주 1), S. 254 주 1.

험적 고찰방식은 구체적인 국가질서나 법질서의 정당성을 판단하는 데는 적합하지 않다고 보았다. 왜냐하면 베버의 개념은 정당성과 부당성을 구분하는 데 필요한 비판적-규범적 기준을 제시하지 못하기 때문이다(263, 271쪽).

헨니스는 70년대에 요구된 새로운 정당성 원리를 참여, 근본적 정치화[ii] 또는 근본적 민주화,[iii] 그리고 정체성 민주주의[iv]로 부르고 있다(267쪽 이하). 그는 거기에서 기본권으로 보호된 자유에 대한 위협을 정확하게 목격하고 있다.

빌헬름 헨니스는 정당한 통치라는 범주를 역사적 범주로 명명하고,[v] 이는 지난 3~4세기 동안 절대주의의 개인 지배에 맞서 점차 국가별로 다양한 방식으로 민주적 헌법국가로 형성되어 왔다고 한다(273쪽). 인간이 속해 있다고 하는 신적 기원의 그리스적-서구적 우주질서론이 상실되면서, (자연)법은 정치에 대해 기준을 제시할 힘을 상실하였다고 한다(274쪽). 인간의 자율성보다 앞서는 규범을 찾았던 울리히 마츠(Ulrich Matz)[3]를 따라서, 헨니스가 기술하는 것처럼, 우리는 점점 사라지는 상태에 있는 실체에 의존하는 것일 수 있다. 또한 우리가 전체주의적 시대에서 다행스럽게 벗어나는 경우에도 새로운 전체주의로부터 보호되리라는 것을 확신할 수 없다고 한다.

빌헬름 헨니스는 주권과 정당성을 뒤섞는 것을 반대한다. 근대의 진보란 정당성이 "궁극의 법적 근거[vi]"에 더 이상 의존하지 않게 된 사실에 있다고 한다(275쪽). 정당성의 기준은 합법적 절차, 특정한 지배형태[vii] 그리고 권리들에 있다고 본다. 헨니스는 발전사적으로 스토아 철학, 기독교 그리고 현대는 미국 헌법과 독일 기본법을 언급하며 설명하고 있다. 그는 "모든 고등문명을 포함하는 정당성의 일반이론[viii]에서는", 비판적이고 규범적으로 유용하며, 우리 세계의 정의와 부정의 속에서 올바른 길을 찾아가도록 우리를 도울 수 있는 어떠한 정당성 개념도 이끌어낼 수 없다는 것"을 다시 한 번 확인하고 있다(276쪽).

빌헬름 헨니스는 스멘트의 통합요소[4]에서 차용한, 3개의 서로 병렬적으로 작용하는 정당성 요소를 제시하고 있다. 첫 번째 요소로는, 지배는 치자와 피치자의 구별을 포함하고 있기 때문에, 통치자에게는 일정한 "개인적 권위[ix]"가 필요하다.

---

3) *Ulrich Matz*, Politik und Gewalt, 1975.

4) *Rudolf Smend*, Verfassung und Verfassungsrecht (1928), wieder abgedruckt in: ders., Staatsrechtliche Abhandlungen, 2. Aufl. 1968, S. 136f.

그것이 완전히 결손된 경우에는 경멸을 받게 되고 존엄을 상실하게 되며, 전체 지배층과 관련되는 경우에는 정당성 위기에 이르게 된다고 한다(279쪽 이하). 두 번째로 국가의 목적이 자리하는데, 그 가운데서도 평화보장을 첫 번째로 꼽고 있다. 나머지는 국가의 목적들에 대해서 성급한 고정화를 경계해야 한다고 충고하는데, 그것은 과업의 범위가 정치과정에서 열려 있는 곳에서만 최종적 정당성이 형성되기 때문이라고 한다(282쪽 이하). 세 번째 요소는 제도적 질서의 정당성[x]을 언급하고 있다(283쪽).

마지막으로(284쪽 이하) 빌헬름 헨니스는 "대중민주주의에서 정당성 문제"를 다루고 있다. 이 정당한 지배라는 구조유형은 무엇이 허용되고 허용되지 않는지를 결정하는 문화적 기준이 사회적으로 자유롭게 보장되는 데 달려있다고 한다. 그는 헌법질서의 보장을 시민의 의사에 맡기는 것을 경고하고(285쪽), 스멘트의 3가지 통합요소를 정당화 절차로서 대중민주주의에 적용한다(285쪽). 지속적인 권위 박탈은 지도층의 형성을 방해하고 전체주의적 해결에 쉽게 휩쓸릴 수 있게 한다는 것이다. 국가는 너무나 많은 과업을 떠맡았고, 그것은 이미 급부체계에 필요한 규정을 제정하여야 하는 입법의 수행능력 한계를 넘어서고 있다고 지적한다. 정당성을 제도적 측면과 관련하여 보면, 헨니스는 효율적인 행정기관처럼 운영되는 국가[xi]의 승리를 목격한다. 헨니스는 1975년에 유럽 공동체의 목표에서 이미 나타난 광역적 과제 수행 체제로의 이행을 회의적으로 보는데, 그것은 정당성 문제가 여전히 해결되지 않았기 때문이라고 한다.[5] 그러나 그는 여전히 "자유-민주적 통치 형태"에 대해서는 신뢰하고 있다.

Ⅱ 지난 200년간의 다양한 정당성 관념

핸니스의 이론과 관련하여 오늘날의 연방공화국의 정당성 문제에 들어가기 전에, 역사적 고찰을 통해 논의의 폭을 넓히고자 한다. 주로 지난 2세기 동안 역사에 등장했다가 사라진 다양한 국가형태를 살펴보면, 각 지배체제의 정당성 문

5) 헨니스의 박사논문 참조. *W. Hennis* (1951): Das Problem der Souveränität, 2003, S. 104ff.

제에 대해 역사적-경험적으로 답할 수 있다.[6] 관찰자로서는 해당 지배의 시공간에 서서 사실상 통용되었거나 경우에 따라서는 법문서나 국가철학저술에 기록된 당시의 정당성 관념을 살펴보아야 한다. 예로서 군주제를 들 수 있다. 여기의 정당성에는 왕족의 지배권에 대한 믿음만 있었던 것은 아니다. 모든 지배권의 정당성을 결정하는 것은 그 지배권의 행사방법이다. 이미 헨니스가 강조한 바와 같이, 모든 통치권은 지속적으로 평화를 보장하여야 한다는 사실이 하나의 확실한 정당성 요소로서 역사 속에 반복하여 나타났다. 인간은 안전을 갈망한다. 따라서 내외의 평화 보장은 모든 정치적 지배의 한 정당성 요소다. 평화는 언제나 지속적인 국가성의 경험적 토대이기 때문에, 평화보장은 근원적인 국가목적[xii]이다.[7] 평화는 지배권에 복종하는 사람들의 관점에서는 정당성 요소이지만, 지배권을 행사하는 자의 관점에서는 자기보존[xiii]을 위한 것이기도 하다. 국가목적으로서 평화와 안전은 너무 자명해서 종종 언급하는 것을 잊어버리게 된다.

다른 모든 정당성 요소들은 문화에 영향을 받는다. 특히 효과적으로 보장된 자유와 일반적 복지의 정도에 따라 다르다. 역사적인 지배 사회학[xiv]은 사람들이 발견한 지배관계가 어느 정도로 정당한 것으로 여겨지는가를 설명할 수 있다. 그와 같이 우리는 경험의 차원에 머물러 있다.

정당성에 대해서는 다음의 두 입장에서 의문이 제기될 수 있다. 첫째는, 사람들이 부당하다고 여김에도 그들의 법적 지위를 명확한 이유 없이 악화시키는 지배자로 인하여 의문이 제기되는 것이고, 둘째는, 다른 국가와의 비교를 통하거나 새로운 국가 철학에 따를 때 기존의 상황을 더 이상 정당한 것으로 보지 않는 사람들에 의해서 의문이 제기되는 것이다. 이 두 번째 경우에서도 국가권력이 평화를 더 심하게 제한하거나 복지를 저해하지 않더라도 혁명적 상황이 발생할 수 있다.

정당성 요소와 그 설명에 대한 경험적 고찰에는 전통, 카리스마, 합리성[xv]이라는 막스 베버가 제시한 유형들이 유용하다. 우리가 오늘날 과거의 지배에 대해 사실상의 정당성 요소로 설명하는 것들은 당시에는 규범적으로 이해되었다. 예

---

6) 상세하게는 *Thomas Würtenberger*, Legimität, Legalität, in: Geschichtliche Grundbegriffe, hrsg. von Otto Brunner/Werner Conze/Reinhart Kosellek, Bd. 3, 1982, S. 577-740 참조.

7) *Christian Starck*, Der demokratische Verfasungsstaat, 1995, S, 231, 234.

를 들면 19세기 군주제의 정당성은 신분제 의회의 특별한 공동결정과 국민의 권리 보장이었다.[8] 군주제의 정당성은 군주제적 주권을 나타내는 표현이었으며, 이 정당성에는 자유와 재산에 대한 제한을 위해서는 법률유보가 필요하고, 법률에는 후에 의회가 된 신분제 회의의 동의가 필수적이라고 하는 정당화 요소가 포함되었다. 이러한 설명은, 프랑스에서는 혁명으로 폭발했던 절대군주의 정당성 위기가 독일에서는 어떻게 (연방 법률, 빈(Vienna) 최종의정서, 영방국가 헌법[xvi]) 그리고 군주제적 입헌주의를 통하여 어느 정도 헌법적으로 해결될 수 있었는지를 보여준다.

1871년 제국의 수립과 독일 민족국가의 건설로 군주 입헌주의는 남성의 보통선거, 제국의 기본권법률 그리고 연방 회원국의 행정재판으로 계승되었다. 이러한 성과는 민족국가성 및 진보적 사회입법[9]과 더불어 또 다른 중요한 정당성 요소였다. 황제 빌헬름 1세가 1871년 1월 17/18일 독일 국민에 대하여 한 선포문[10]에는 국민, 평화, 복지 그리고 문명[xvii]이 정당화 요소로 언급되고 있다.

전쟁에 패배하고 영주들이 퇴위한 후, 독일국민은 "평화롭고 정의로운 제국을 새롭게 하고 공고히 하며, 내외의 평화에 기여하고 사회발전을 촉진하는 의지에 고무되어"(헌법 전문) 1919년 8월 11일에 새로운 헌법을 제정하였다. 이에 따르면 국가권력은 국민으로부터 나온다(바이마르 헌법 제1조 제2항). 군주주권은 국민주권으로 대체되었다. 이제 모든 국가행위는 국민의 이름으로 이루어졌다. 국가의 정당성은 우선 앞에서 언급한 1815년의 독일 연방의 영방국가와 1871년의 독일제국이 이룩한 성과 및 1919년 도입된 여성선거권과 같은 추가적 요소에서 나타났

---

8) 1815년 6월 8일 제정된 독일 연방 법(Deutsche Bundesakte: 빈(Vienna) 회의에서 체결된 조약으로 독일연맹을 설립하였다. 나폴레옹 전쟁 이후 독일 지역의 정치질서를 형성하였다-역자 주) 제13조의 이행을 위해 제정되었고, 1820년 5월 15일의 빈 최종의정서 제57조에 따라 1820년 7월 8일의 프랑크푸르트 연방 의회에서 연방 기본법으로 만장일치로 통과되었다: "독일 연방은 자유도시를 제외하고는 주권적 군주들로 구성되기 때문에, 이에 의해서 주어진 기본개념에 따르면, 전체 국가권력은 국가의 원수에 집중되어 있어야 하고, 주권자는 신분제의회 헌법에 의하여 특정한 권리를 행사하는 경우에만 신분대표의 협력이 필요할 수 있다." 제56조에 의하면 신분제의회의 헌법은 헌법에 합치하는 방법으로만 개정될 수 있었다.

9) 이 책 제2부 제8장 참조.

10) *E. R. Huber*, Dokumente zur deutschen Verfassungsgeschichte, Bd. 2, 1964, S. 285 참조.

다. 이 점에서 독일은 많은 유럽국가들보다 앞서갔다.[11)]

바이마르 공화국의 좌초는 독일 유권자의 눈에 비친 정당성 상실과 관련이 있다. 법치국가성, 경찰법상 비례성원칙, 시민 영역의 제한에 대한 법률유보, 죄형법정주의 및 형사절차적 보장, 이 모든 중요한 정당성 요소들이 군주시대에 이미 적용되었고 독일 법원에서 법 이론과 협력 속에서 강조되고 확립되었다. 제1차 세계대전 이후 승전국에 의한 베르사유 조약에서 독일의 굴욕, 끔직한 피해배상 요구와 대량실업과 함께 열악한 경제상황 및 민주적 절차에서 여론 형성 엘리트의 경험부족은 공화국의 정당성을 갉아먹었고, 이를 극우와 극좌 정당이 이용하여 엄청난 선거승리를 거두었으며, 결국 국가사회주의 독일 노동자당의 지도자인 히틀러 정부로 이어졌다. 마지막 자유선거에서는 거의 절반의 인구가 그를 카리스마 있는 지도자로 보았고 그에게 신뢰를 보냈다. 곧바로 수립된 독재의 첫해에 경제적, 외교적 성과에 신뢰가 증대되었고, 이로 인해 오래된 정당화 요소인 자유선거, 기본권 그리고 권력분립은 잊혀졌다. 심지어 히틀러가 독일을 전쟁으로 끌어갔을 때조차도 그의 지배의 정당성은 경험적으로 보면 처음에는 상실되지 않았다.

Ⅲ 연방공화국의 정당성

독일 연방공화국에서 지배의 정당성은 나치 지배 동안의 법의 왜곡 및 국가범죄의 경험과 밀접하게 연결되어 있고, 그 전체 규모는 독재 지배가 끝난 후에야 비로소 알려지게 되었다. 자신이 살고 있는 국가의 정당성에 대해 말할 때, 규범적 고려를 하지만, 발견된 정당성 요소가 국민의 동의를 받고 있는지 여부도 심사한다. 이는 민주주의에서는 자명한 것으로 이해된다. 규범적으로 볼 때 매우 부당한 지배가 그 말기에는 국민 대다수가 부당하게 느끼고 테러를 통해서만 장기간 존속할 수 있었던 상황이 종식된 후, 입증된 전통적 정당화 요소와 새로운 정당화 요소들을 되돌아보는 것이 중요하다. 이 정당화 요소들은 추가적으로 국가의 안정을 강화한다.

---

11) 먼저 핀란드(1906), 노르웨이(1913). 그 다음 영국(1928), 프랑스와 이탈리아(1946), 스위스(1971). 자세한 것은 이 책 제2부 제4장 참조.

1945년 이후 국가 통치의 새로운 기초 수립의 특징으로 1946년 및 1947년의 바이에른과 브레멘 헌법의 전문에서 나치 지배의 불법성을 강조하였고 장래를 위한 검증된 정당화 요소들이 명시되었다.

바이에른 (1946): "신, 양심 그리고 인간존엄에 대한 존중이 없는 국가와 사회의 질서가 제2차 세계대전의 생존자들을 폐허로 이끌었음을 직시하고, 앞으로 다가올 독일 세대에게 평화, 인간애 그리고 법의 축복을 영원히 확보하려는 확고한 결의로, 천년을 넘는 역사를 되새기며 다음과 같은 민주적 헌법을 제정한다."

브레멘 (1947): "수백 년 된 자유 한자도시 브레멘에서 개인의 자유와 인간의 존엄을 무시한 나치주의자들의 권위주의적 정부가 일으킨 파괴에 치를 떨면서 이 주의 시민들은 사회적 정의, 인간애 그리고 평화가 유지되고, 경제적 약자가 착취로부터 보호되며, 노동의지가 있는 모든 사람에게 인간다운 생존이 보장되는 사회생활의 질서를 만들고자 한다."

1949년 5월 기본법이 제정될 때까지 연합국과 독일의 법원에 의해서 많은 나치 범죄자들이 유죄판결을 받았고 그를 통해 범죄의 전모가 밝혀졌다.[12)] 기본법 첫 조문의 인간존엄의 보장은 나치 독재를 경험한 후 문명의 근본 토대를 숙고한 결과다. 헤르만 폰 망골트(Hermann von Mangoldt) 의원은 그에 대해 기본법의 초안에 대한 서면보고에서 다음과 쓰고 있다.[13)] "1945년 5월에 무너진 국가질서에 대항한 새로운 국가체제의 온전한 정신을 밝히기 위하여 제1조에 인간존엄의 존중명령을 맨 앞에 두었습니다."

인간존엄의 보장을 기초로 독일 국민은 "불가침이고 불가양인 인권을 모든 인간 공동체, 평화와 세계 정의의 기초로" 천명한다."(기본법 제1조 제2항) 그리고 그 다음에 나오는 기본권들은 모든 국가권력에 대해 기속력이 있는 것으로 선언되어 있다(기본법 제1조 제3항). 나아가서 독일국가의 정당성은 효과적인 기본권 보호의 전제가 되는 독립된 법원을 가진 권력분립에 근거하고 있다. 여기에 주기적으로 정당이 후보자를 내세우는 선거에서 보통, 직접, 자유, 평등 그리고 비밀 선거의

12) 이에 대해서는 최근의 것으로 *Horst Möller*, Unser letzer Stolz, in: Frankfurter Allg. Zeitung v. 09.06.2012, Nr.132, S. 8의 요약적 설명 참조.

13) Anlage zum Sten. Bericht der 9. Sitzung des Parlamentarischen Rates am 6. Mai 1949, S. 6.

보장과 함께 민주주의 원리(기본법 제20조 제2항)가 추가된다. 이 정당은 자유롭게 설립되고, 민주적 내부질서를 가져야 하며, 자금의 출처와 사용에 대하여 그리고 재산에 대해서 공개적으로 해명하여야 한다(기본법 제21조 제1항). 법치국가와 민주주의 외에 사회국가성은 이미 1871년 제국의 사회입법에서 볼 수 있는 바와 같이 (본서 제2부 제8장 참조), 또 하나의 정당성 요소다.

정당성 요소는 서로 연관되어 있다. 그런 관계 자체가 정당화 요소다. 이는 기본권적 자유와 민주적 자유의 관계에서 명확히 알 수 있다. 민주주의는 선거를 통한 공동결정과 선출된 사람들에 대해서는 의회에서의 공동결정을 의미한다. 그에 반하여 기본권은 자기결정을 보장한다. 공익과 타인의 권리를 보호하는 기본권은 법률에 의해서 제한될 수 있기 때문에, 민주적으로 정당화된 입법자의 기본권 기속을 어떻게 보장할 수 있으며 불법적 기본권 제한을 어떻게 회피할 수 있을 것인가라는 문제가 발생한다. 국가권력의 정당성 문제는 공공의 이익과 기본권 간의 구체적 형량이나 정확한 비례성심사의 문제가 중요한 것은 아니다. 다수의 아주 불균형적인 법률적 자유 제한의 발동이나 공공복리나 타인의 권리를 심각하게 무시하는 입법만이 정당성을 저해할 뿐이다. 다시 말하면, 모든 위헌적 입법이 다 지배의 정당성을 훼손하는 것은 아니다. 그것은 정치학적/국가철학적 정당성 개념은 신청이나 소원에 따라(기본법 제93조, 제100조 참조) 연방헌법재판소가 감시하는 합헌성이라는 법 개념과 일치하지 않기 때문이다.

국가권력의 정당성과 관련된 관계로서 또 다른 예는 자유와 사회적 균형의 관계다. 재정적 재원과 관련하여 민주적 정당성이 있는 입법자가 커다란 형성 여지를 가지는 사회국가적 입법은 사람들의 자유욕구나 책임감을 해쳐서는 안 된다.

평화와 안전의 보호는 이미 우리가 앞의 절에서 설명한 바와 같이 필수불가결한 정당성 요소다. 조화로운 사회적 균형(사회보장제도, 사회부조, 보상)은 평화를 촉진하는 작용을 한다. 평화와 안전이라는 정당화 요소는 이미 위에서 언급한 바와 같이 자유의 제약을 필요로 한다. 오늘날 교육, 학문 그리고 문화에 대한 관심도 국가의 정당성에 속하는데, 특히 유럽의 국가들은 이 과제를 이미 오랫동안 수행해오고 있다. 교육, 학문 그리고 문화에 대한 국가의 책임이라고 하여 모든 것이 무료로 제공되어야 한다는 것을 의미하지는 않는다. 그러나 시설이 만들어져야 하고 유지되어야 한다. 극장과 박물관의 입장료, 방송시청료, 학비는 국가통치의 정당성에 영향을 미치지 않는다.

자연환경의 보호는 1994년에 기본법 개정을 통하여 국가의 임무로 선언되었다(기본법 제20a조). 이는 미래세대의 생활 기반에 대한 책임이 독일 국민들 사이에서 국가통치의 정당성 요소로 제기되었기 때문이다. 경험적으로 확인 가능한 갈망에서 나와 규범적 국가목적으로 되었고, 이를 극단적으로 무시하는 것은 국가지배의 정당성에 대한 의문을 제기할 것이다.

Ⅳ 유럽연합과 정당성

자신의 정당성에 관한 논문의 마지막에서(287쪽 이하) 빌헬름 헨니스는 "이러한 정치적 지배형태(즉, 국민국가[xviii])의 예견 가능한 종말의 주된 원인은 대규모적인 과제해결 형식으로의 전환이 명백히 불가피하다는 것"이라고 보고 있다. 이러한 "제국적 거대 공간"에 대하여 정당화할 수 있는 지배형태는 지금까지는 발전되지 않았다는 것이다. 헨니스 강연 후 37년이 지난 지금 이 문제에 대한 답을 찾기 위한 시도가 이루어져야 한다.

지금까지 국가통치의 정당성에 대해 질문하는 경우에, 주권을 행사하는 주권적 형체[xix]를 전제로 출발하였다. 그러나 유럽연합에서처럼 제한적으로 이양된 회원국[14]의 주권이 공동으로 행사되는 경우에는 정당성 문제는 달라진다.[15] 유럽연합의 결정들은 위원회에서 활동하는 회원국의 정부와 점점 더 많이 회원국 시민에 의해 선출되는 유럽 의회를 통하여 민주적으로 정당화된다.[16] 유럽연합의 행위가 시민의 기본권을 침해하는 경우 사법적 보호가 보장된다.[17] 개별문제에 들어갈 필요 없이 그 점에서는 정당성 문제는 발견되지 않는다.

유럽연합과 관련하여서도 국가통치의 정당성은 회원국이 다른 회원국의 잘못에 대해 재정적으로 책임을 지지 않을 것을 요구한다. 그렇지 않다면, 민주적인

14) BVerfGE 89, 155, 197.

15) BVerfGE 89, 155, 189.

16) *Christian Starck*, Verfassungen, 2009, S. 311, 321f.

17) BVerfGE 89, 155, 174ff.

관련성이 없음에도 한 국가의 시민이 다른 국가의 시민의 결정을 대신하여야 할지도 모른다. 해당 회원국의 재정정책에 대해서는 그 국가의 의회와 최종적으로는 의회를 선출한 선거권자가 책임을 지기 때문에, 다른 회원국의 시민은 자신의 의회가 선택하지 않은 무모한 국가재정정책에 대해서 책임을 질 수가 없다. 이 정당성 연계[xx]는 유럽조약을 구성할 때 매우 정확하게 파악되어 보호되었다. 그에 대한 중심적인 법치국가적, 민주국가적 제도는 유럽연합실행조약(AEUV) 제125조이다.[18)] [xxi] 이에 따르면 모든 회원국의 공동체인 유럽연합이나 개별 회원국은 다른 회원국이 체결한 채무를 보증하지 않는다. 이는 자유로운 결정에는 결정의 결과에 대한 책임을 수반한다는 원칙에 부합한다. 무책임한 재정정책에 의하여 재정적 궁핍을 자초한 유로존 국가들을 볼 때, AEUV 제125조가 다른 회원국의 납세자들을 희생하면서 파기되고 우회되고 있다. 이는 조약규범의 초석을 심각하게 침해하는 것이다.

유로화가 도입될 당시에도 새로운 통화의 안정성이 AEUV 제125조의 조항으로 설명되었다. 즉, 모든 회원국은 재정결핍을 보정하는 경우에 지불능력(Bonität)에 대해 묻고 금리인상으로 불안한 재정정책에 제재를 가하는 자유 시장 메커니즘에 따르도록 해야 한다는 것이다. 금리가 높을수록 채권자가 감당해야 할 위험이 더 커진다는 것을 의미하며, 특히 그것을 AEUV 제125조가 경고하였기 때문이다. AEUV 제125조의 규정은 또 다른 중요한 의미를 가진다. 이 규정은 유럽연합이 회원국 간에 굳건한 재정균형이 확립될 수 있는 연방국가가 아니라는 것을 명백히 하고 있다.[19)]

나아가서 AEUV 제125조 규정은 건전한 재정정책이건 불건전한 재정정책이건 민주적 기반을 가진 회원국의 재정주권을 보장하고 있다. 현재 재정주권을 상실한 국가들은 외부로부터 지시된 긴축 프로그램에 따라야 하기 때문에, 제정주권의 상실에 대해 불평하고 있다. 그러나 AEUV 제125조에 위반하여 도움을 주는 회원국과 초기에 잘못된 재정 행위를 지적하지 못했던 유럽연합도 정당성의 위기를 겪고 있다. 전직 독일연방은행 위원이었고, 전직 유럽중앙은행의 수석 이코

18) 이전의 EGV 제103조.

19) BVerfGE 89, 155, 184ff.; 123, 267, 348ff.

노미스트였던 오트마 이씽(Otmar Issing)은 유럽집행위원회의 정당성 상실에 대해 설명했고, 독일과 관련하여 정당성 위기를 다음과 같이 지적했다.[20] "잘못 이해된 연대감으로 엄청난 의무를 짊어짐으로써 결국은 빚에 쪼들리는 한 국가로서 독일은 국민의 분노를 불러일으키게 될 것이고 그리고 이것이 그동안 불행하게도 이미 그러했던 것보다 더욱 독일 국민들을 유럽적 이념으로부터 멀어지게 할 것이다." 이는 독일 정치의 정당성에 대한 위협을 의미하고, 그것은 유럽연합의 가장 민감한 영역에서 AEUV 제125조가 보호하고자 했던 바로 그것이다.

V 정당성의 정치학적 기준은 어디에서 나오는가?

연방공화국에서 정치적 지배의 정당성에 대한 논의는 중요한 헌법 규범인 기본법 제1조[xxii]와 제20조[xxiii]가 - 기본법 제79조 제3항[xxiv]에 요약되어 있고 보다 높은 지위를 부여받아 헌법 개정에서 배제되어 있다 - 빌헬름 헨니스에 의해 유명하게 된 정치학적 정당성 기준과 일치한다는 것을 보여주었다. 정치학적 또는 국가철학적 정당성 개념은 헌법을 포함하여 법을 평가하는 것이기 때문에, 현행 헌법으로부터 도출되는 것이 아니다. 여기서 헌법제정에 적용되는 규범적 기준을 적용할 수 있다. 헌법제정권력은 헌법상 기속 받지 않지만 그러나 또한 완전히 무제한적인 것도 아니다. 그 한계와 기준은 특히 역사적 그리고 도덕적 기준으로부터 그리고 헌법제정 자체의 개념으로부터 나타난다.[21] 북아메리카와 유럽에서 18세기와 19세기에 실제로 국민의 헌법제정권력 관념이 확립되었으며, 그것은 정치적 크기로서 실질적 국민에 대한 관련성을 보여야 하고, 헌법제정의 절차에 나타나야 한다. 개별 헌법규정에 대해서는 다수결로 의결되지만, 그럼에도 불구하고 앞서 언급한 기준들, 즉 국민주권과 국가의 법적 기본질서인 헌법에서 나오는 기준

20) Europa in Not - Deutschland in Gefahr, in: Frankfurter Allg. Zeitung v. 12.06.2012, S. 9.

21) *Christian Starck*, in: von Mangoldt/Klein/Starck, Kommentar zum Grundgesetz, 6. Aufl., 2010, Bd. I, Präambel Rdnr. 15f.

들[22]이 여기에서도 적용된다.[23] 그것은 국가권력의 권력분립적 질서이고 인권의 승인과 보호이다.

헌법제정의 내용에 대한 이러한 요구는 모든 헌법제정자에게 교훈적으로[24] 프랑스의 인간과 시민의 권리선언(1789) 제16조에 다음과 같이 규정되어 있다. Toute Société dans laquelle la garantie des Droits n'est pas assurée, ni la séparation des Pouvoirs déterminée, n'a point de Constitution(권리의 보장이 확보되어 있지 않고 권력의 분립이 확정되어 있지 아니한 사회는 헌법을 가진 것이라고 할 수 없다). 이러한 의미에서 그리고 현대의 흐름을 받아들이면서 연방헌법재판소는 1956년에 KPD 판결에서 연방공화국의 질서를 정당한 것으로 선언하고 다음과 같이 그 근거를 밝혔다.[25] "그것은 그것이 민주적 방식으로 생겨났고 생겨난 이후로는 반복적으로 국민의 자유선거에서 확인되었기 때문만은 아니다. 그것은 무엇보다도 그것이 - 필연적으로 모든 세부사항에서가 아니라 원칙에 따라서 - 오늘날 도달한 독일 국민의 문화적 상태에 부합하는 사회적 그리고 정치적 사상세계의 표현이기 때문이다. 그것은 부단한 전통에 근거하고 있다. 그 전통은 - 오래된 출처로부터 공급된 - 위대한 계몽주의 국가철학자로부터 시민혁명을 거쳐 19세기와 20세기의 자유-법치국가적 발전하기에 이르렀고, 거기에 연방공화국의 질서 스스로가 사회국가원리, 즉 사회적 의무의 원리를 추가하였다. 여기에서 나오는 가치설정은 독일 국민 대다수에 의하여 완전한 확신으로 인정된다. 이로부터 정당성의 본질을 이루는 이 질서의 내부적 구속성이 나온다."

이 두 개의 인용문은 헌법제정과 정치학의 정당성 기준의 출처가 같음을 보여

---

22) *Klaus Stern*, Staatsrecht I, 2. Aufl. 1984, S. 75ff.; *Martin Heckel*, Legitimation des Grundgesetzes, in: Isensee/Kirchhof (Hrsg.), Handbuch des Staatsrechts, Bd. VIII, 1995, §197 Rn. 79ff. (= S. 527ff.).

23) *Hans-Peter Schneider*, Die verfassunggebende Gewalt, in: Handbuch des Staatsrechts, Bd. VII, 1992, §158 Rn. 30ff. (= S. 19ff.); *Christian Winterhoff*, Verfassung, Verfassunggebung, Vefassungsänderung, 2007, S. 139ff.

24) *Emile Boutmy*, Die Erklärung der Menschen- und Bürgerrechte und Georg Jelllinek, in: R. Schnur (Hrsg.), Zur Geschichte der Erklärung der Menschenrechte, 1964, S. 78, 88f.: "전세계의 교훈으로 프랑스인들이 기술한다."

25) BVerfGE 5, 85, 379.

준다. 이 출처는 지난 세기에 정치적 지배권의 임무와 한계를 논의한 국가철학/정치철학과 그에 근거한 헌법제정의 실제이다. 정치학 및 국가철학 그리고 헌법제정은 동일한 철학적 그리고 실용적 출처에서 나오기 때문에, 정치학적/국가철학적 그리고 헌법이론적 정당성 기준은 서로 일치하게 된다.

역자 주

i Existenzberechtigung. 존재할 권리 또는 존재의 정당성이라고도 할 수 있다.

ii Fundamentalpolitisierung.

iii Fundamentaldemokratisierung.

iv identitärere Demokratie.

v 정당한 통치라는 개념이 고정된 것이 아니라 역사적 관점에서 해석되고 이해되어야 할 개념이라는 점을 지적한 것으로 보인다.

vi letzte Rechtsgründe.

vii bestimmte Herrschaftsmodi.

viii allgemeine Theorie. 역사성을 떠난 순수한 이론적 고찰을 말한다.

ix personales Ansehensmacht.

x 제도적 질서의 정당성이란 국가체제의 구조 등이 정당성 있게 짜여 있어야 한다는 의미다.

xi Anstaltsstaat를 의역한 것이다. 국가의 기능이 확대되어 거대한 행정기관처럼 운영된다는 의미다. 여기는 긍정적인 평가와 함께 부정적인 평가가 공존한다. 헨니스는 현실을 인정하면서도 정당성 측면에서는 우려의 시선을 보내고 있다.

xii Urstaatsziel.

xiii Selbsterhaltung.

xiv Herrschaftssoziologie. 어떠한 지배구조나 통치구조가 역사적으로 사람들에게 수용되어 왔는지를 경험적으로 연구하는 사회학이다.

xv 앞에서는 기존 법질서의 정당성이라고 하였으나, 기존 법질서의 정당성이라고 하더라도 결국은 법질서의 합리적 운영이 중요하다는 관점을 드러낸 것으로 볼 수 있다.

xvi Bundesakte, Wiener Schlussakte, Territorialverfassungen.

xvii Gesittung. 도덕, 품행이라고도 번역할 수 있다.

xviii Nationalstaaten.

xix souveränes Gebilde. 주권을 행사하고 실행하는 정치적인 실체를 의미한다.

xx Legitimitätszusammenhang.

xxi 유럽연합실행조약 제125조는 다음과 같다. "(1) 연합은 중앙 정부, 지역 또는 지방 당국, 기타 공공 기관, 공법이 적용되는 기타 기관 또는 회원국의 공공 사업의 의무에 대해 책임을 지거나 책임을 떠맡지 않는다. 이는 특정 프로젝트의 공동 실행을 위한 상호 재정 보증이 있는 경우에도 적용된다. 회원국은 중앙 정부, 지방 당국, 기타 공공 기관, 공법이 적용되는 기타 기관 또는 다른 회원국의 공공 사업의 의무에 대해 책임을 지거나 책임을 떠맡지 않는다. 이는 특정 프로젝트의 공동 실행을 위한 상호 재정 보증이 있는 경우에도 적용된다. (2) 이사회는 필요한 경우 위원회의 제안에 따라 유럽

의회와 협의한 후 제123조, 제124조 및 본 조에 규정된 금지 사항의 적용에 대한 정의를 명시할 수 있다."

xxii 독일 기본법 제1조는 다음과 같다. "(1) 인간의 존엄은 침해할 수 없다. 그것을 존중하고 보호하는 것은 모든 국가권력의 의무이다. (2) 그러므로 독일 국민은 불가침이고 불가양인 인권을 모든 인간 공동체, 평화와 세계 정의의 기초로 천명한다. (3) 이하의 기본권은 직접적으로 효력 있는 법으로서 입법권, 집행권 그리고 사법권을 기속한다."

xxiii 독일 기본법 제20조는 다음과 같다. "(1) 독일연방공화국은 민주적이고 사회적인 연방국가다. (2) 모든 국가권력은 국민으로부터 나온다. 이는 선거와 투표에서 국민이, 그리고 입법, 집행 및 사법의 개별기관이 행사한다. (3) 입법은 헌법 질서에, 집행권과 사법은 법률과 법에 기속된다. (4) 이 질서를 배제하고자 하는 모든 자에 대하여 모든 독일인은 다른 구제수단이 가능하지 않을 경우에는 저항할 권리를 가진다."

xxiv 독일 기본법 제79조 제3항은 다음과 같다. "연방의 주의 구성, 입법상 주의 원칙적 협력 또는 제1조와 제20조에 규정된 원칙에 영향을 미치는 기본법의 개정은 허용되지 않는다."

제3장

헌법해석의 원칙*

I 총론

1. 헌법 개념과 헌법해석의 불가분적 결합

a) 헌법의 규범성

헌법해석은 어떤 방법적 고찰보다도 우선 헌법 개념과 관련된다.[1] 이로써 독일 법학과 판례의 공동된 의견(communis opinio)이 나타나는데, 그것은 기본법은 기속적인 법을 포함하고 있다는 것, 즉 엄격한 의미에서 규범적 헌법이라는 것이다.[2] 이러한 의미에서 기본법에는 입법은 헌법질서에 기속되고 집행권 및 사법은 법률과 법[3]에 기속된다(기본법 제20조 제3항)고 하고 있다. 특히 기본권과 관련하여 기본법 제1조 제3항은 "이하의 기본권은 직접적으로 효력이 있는 법으로서 입법, 집행권과 사법을 기속한다."[4]라고 명령하고 있다. 특히 입법도 기본법에 기속된

---

* 출처: Isensee/Kirchhof (Hrsg.), Handbuch des Staatsrechts (HstR), 3. Aufl. Bd. XII, 2014, § 271, S. 613-656.

1) *Ernst Wolfgang Böckenförde*, Die Methoden der Verfassungsinterpretation - Bestandsaufnahme und Kritik, in: NJW 1976, S. 2089 (2097).

2) 다른 무엇보다 *Brun-Otto Bryde*, Verfassungsentwicklung, 1982, S. 37f. 참조.

3) *Christian Starck*, Gesetz und Recht, in: Heun/Starck (Hrsg.), Das Gesetz, 2021, S. 51, 51ff. 이 책 제1부 제2장 39쪽 이하.

4) 이는 독일에서는 항상 그랬던 것은 아니다. 게어하르트 안쉬츠(Gerhard Anschütz)의 표준적 주석(Die Verfassung des Deutschen Reichs, [14]1933, S. 514f.)에 따르면 대부분의 기본권은 "장래 제정될 법률의 지침일 뿐"이었고 따라서 "현재적 효력과 적용가능성"이 결여되어 있었다.

다는 것은, 그것이 헌법을 개정하는 입법(기본법 제79조 제1항, 제2항[i])이라는 특별한 방식으로 활동하는 것이 아닌 경우에는, 헌법의 규범력의 전제가 된다. 이 전제는 헌법해석의 주요문제를 제기한다. 이 문제는 헌법이 어떻게 해석되느냐에 따라 헌법이 입법을 제한하고, 즉 입법의 자유로운 정치적 형성여지와 그 한계를 측정한다는 데 있다.[5] 따라서 입법의 가능성과 한계, 심지어 입법의 의무까지도 법학의 대상이 되고, 더 중요한 것은 사법적 판단의 대상이 된다는 것이다. 입법권이 헌법을 이해하는 종류와 방식에 있어서 더 이상 자유롭지 못하고, 헌법재판소의 해석에 기속될 수 있다.

헌법의 규범성은 특정한 요소들을 전제로 한다. 여기서 규범적 전제와 사실적 존재를 구별해야 한다. 규범성을 가지는 헌법 자체가 국가권력을 조직하고 권한을 분배하여, 부여된 권한을 통하여 권력을 행사하는 기관이 권한을 배분하는 규범의 의미를 계속하여 단독으로 결정할 수 없도록 하여야 한다. 그에 필요한 통제는 권력분립과 주기적인 선거를 통하여 이루어진다. 프랑스의 "인간과 시민의 권리선언(1789)" 제16조에는 헌법의 규범성을 위한 이러한 전제가 매우 기본적으로 표현되어 있는데, 여기서는 권력분립과 기본권 보호가 헌법의 존재를 위한 전제조건으로 선언되어 있다.[6] 권력분립이 규범적 요소로서 헌법에 포함되어 있고, 이는 특히 헌법의 규범성을 보장하는 데 적합하다.[7] 권력분립 자체가 근거로 하는 규범에 대한 해석과 적용이 문제가 되는 경우에, 권력분립은 규범을 안정화시키는 작용을 할 수 없다고 하는 반론은 다음과 같은 반증이 명확히 입증하는 바와 같이 옳지 않다. 예를 들어 일당체제를 규정하고 있거나 하나의 정당에 모든 국가기능을 장악하는 "영도력"[ii]을 인정하면서, 그것을 자유로운 선거에서 다른 정당과 경쟁하면서 주장할 필요조차 없게 하는 헌법[8]은 아무런 독자적인 규범적 기능

---

5) 이 문제에 대해서는 더 많은 자료들이 포함된 *Christoph Gusy*, Parlamentarischer Gesetzgeber und Bundesverfassungsgericht, 1985 참조.

6) 프랑스인권선언 제16조: Toute société dans laquelle la garantie des droits n'est pas assurée, ni la séparation des pouvoirs déterminée, n'a point de Constitution.

7) *Josef Isensee*, Grundrechtsvoraussetzungen und Verfassungserwartungen an die Grundrechtsausübung, in: HStR IX (2011), § 190, Rn. 142ff.

8) 예컨대 1968/1974년 구 동독 헌법 제1조 제1항; 1976년 폴란드 헌법 제3조 제1항; 1977년

을 할 수 없는데, 그것은 진정한 통제메커니즘이 결여되어 있기 때문이다. 즉, 헌법의 규범성을 위해서는 분명히 헌법 스스로 규정하고 있는 권한 및 권력 분배가 중요하다. 더구나 규범력을 발휘하는 헌법은 해당 조항과 관련하여 볼 때 충분히 명백하고 확정적이어야 한다. 그렇지 않으면 "규범성"은 언제나 상황에 직면해서 또는 자의적으로 결정되거나 결정될 수 있을 뿐이다. 마지막으로 규범성은 국가기관의 행위여지를 허용하는 헌법구조를 필요로 한다. 그로부터 나타나는 헌법의 필수적인 틀[iii]로서의 성격에 대해서는 다시 논의하게 될 것이다. 정치적으로 책임이 있는 기관(특히 입법자)의 행위여지는 정치적 현안이 균형적으로 해결될 수 있도록 보장해야 한다. 그렇지 않으면 시간이 경과하면서 헌법이 파괴될 위험이 존재하기 때문이다.

헌법의 규범성의 현실적 전제조건[9)]은 해당 국가 국민의 그에 대한 정치문화이며 사회적 상황의 최소균형[iv]이다. 사회 상황과 관계가 있는 정치문화는 한편으로는 수 세대를 거쳐 올라가는 국민의 좋거나 나쁜 정치적 경험에 영향을 받는다. 젊은 세대들에게 이러한 경험은 부모와 학교를 통하여 전달되어야 하고, 그래야 그들이 다음 세대에도 살아남아 결정할 수 있게 된다.[10)] 헌법의 규범성에 도움이 되는 정치문화에는 그에 상응하는 법학의 수준이 필요하고 이에는 법학방법론이 포함된다.[11)] 이러한 헌법의 규범성에 대한 현실적 전제조건들이 헌법의 규범

소비에트사회주의공화국 헌법 제6조; 1960/1978년 구 체코슬로바키아공화국 헌법 제4조; 1972/1975년 헝가리 헌법 제3조.

9) 이에 대해서는 무엇보다도 *Konrad Hesse*, Die normative Kraft der Verfassung, 1959, S. 16ff.: 헌법의 불가침에 대한 의식; *Isensee* (주 7), § 190 Rn. 160ff., 188.

10) 헤센주 헌법 제56조 제5항: 모든 학교와 수업에서 역사수업. 그에 반하여 "헌법교육학(Verfassungspädagogik)"에 대해서는 아무 것도 기대할 수 없는데, 왜냐하면 교육적 노력의 집중이 헌법에 과도한 부담을 초래하기 때문이다. 정치 생활에서 비슷한 현상에 대하여 인상적인 것으로는 *Wilhelm Hennis*, Verfassung und Verfassungswirklichkeit (1968), in: Manfred Friedrich (Hg.), Verfassung. Beiträge zur Verfassungstheorie, 1978, S. 232 (249ff.) (역자 주 -참고로 헤센주 헌법 제56조 제5항은 다음과 같다. "역사수업은 과거를 충실하고 왜곡 없이 설명하는 데 초점을 두어야 한다. 여기서 인류의 위대한 은인, 국가, 경제 문명 및 문화의 발전을 전면에 내세워야 하며 장군, 전쟁 그리고 전투는 그렇게 하여서는 아니 된다. 민주적 국가의 기초를 위협하는 견해는 용납되어서는 아니 된다."

11) 2a 참조.

적 전제조건들을 지탱하고, 그 가운데 정당과 후보자들이 선출되고 그들이 앞서 언급한 정치 문화에 책임을 다하게 된다.

b) 국가 활동의 기초이자 한계로서 헌법

헌법의 규범성과 헌법의 규범성에 대한 시민의 확신은 헌법의 내용과 분리될 수 없다. 헌법이 국가기관의 조직, 권한 그리고 절차와 능동적 지위에서 나오는 국민의 권리를 규율하는 경우, 헌법은 국가기관의 창설과 그 활동의 기초가 된다. 권한규범은 근거이자 동시에 한계다. 그 외에 국가 활동의 내용적 조건들은 시민의 방어권인 기본권의 형태로 그리고 특정한 법익을 보호하고,[12] 특정한 방식으로 권리를 형성하거나,[13] 어떤 것을 진흥하도록[14] 국가에 위임하는 형태로 나타난다. 이러한 헌법의 다양한 내용과 기능[15]은 여기서 논의하게 될 헌법해석의 문제에 대해 직접적으로 중요한 의미를 갖는다.

헌법은 법률[v]과 비교할 때 특별한 성격을 가진다고 계속해서 지적된다.[16] 즉, 법률은 내용적 명확성, 의미 결정성 및 규범적-개념적 완성이 비교적 높은 수준을 보이고 있고, 주로 구성요건과 법적 결과가 내용적으로 확실히 연결되어 있다는 의미에서 단순한 목표프로그램이 아닌 '만약-그러면'이라는 조건[vi] 프로그램을 포함하고 있고, 그리고 정교하게 법률로 형성된 법질서 속에서 그로부터 "개별 법률의 내용이 다시 확정되어 법률에 '개방적'으로 규정된 규칙이 채워지게" 되는 반면, "헌법은 규범적-내용적 완성도에 따를 때 단편적이고 파편적"이라고 한다.[vii] "해석 방법적 관점에서는 헌법과 법률의 구조적 유사성"은 존재하지 않는다는 것이다.

이에 대해서는 우선 법률도 매우 불특정한 규범[17]과 단순한 목표조항을 가진 규범[18]이라는 점과 헌법은 평균적 법률규범보다 훨씬 더 명백하고 더 분명하며

12) 예컨대 기본법 제1조 제1항 제2문, 제6조 제1항.

13) 기본법 제117조와 관련한 제3조 제2항, 기본법 제6조 제5항.

14) 기본법 제6조 제4항.

15) BVerfGE 42, 103 (116).

16) *Böckenförde* (주 1). S. 2091: 또한 BVerfGE 62, 1 (45)도 참조.

17) 예를 들면 민법(BGB) 제242조; 세법(AO) 제42조, 제227조.

18) 예를 들면 RaumOG 제1조, 제2조; 건축법(BauGB) 제1조 제5항, 제35조.

보다 더 특정되어 있는 많은 규범들을 포함하고 있다는 점[19)]을 기억할 필요가 있다. 법조문을 읽기만 해도 모든 사람을 이해시킬 수 있는 이러한 이유로 볼 때 이미 헌법과 법률을 방법론적으로 대립시키는 것은 옳지 않다. 헌법과 법률을 일괄적으로 대립시키는 것은 어떤 다른 의미가 있을 수 있다. 왜냐하면 오직 그때에만 눈에 띄는 헌법과 법률의 유사점들을 무시할 수 있다고 믿는 것을 이해할 수 있기 때문이다. 전체적으로 볼 때 헌법은 평균적 법률보다 덜 조밀하게 확정된 규범을 포함하고 있다는 입장은 타당하다. 그러나 그렇다고 이러한 입장과 연계하여 헌법을 파편적인 것("fragmentum = Bruchstück"[20)])으로 성격을 부여하는 것은 적절하지 않고 오히려 문제의 이해로부터 벗어나고 있다. 헌법규범은 "fragmentum(파편, 조각)"이라는 표현이 암시하듯 폐허나 (전체의?) 파편조각이 아니고, 오히려 질서정연한 규범적 통일체[viii]로서 최고의 지위를 가지고 국가 활동의 근거와 틀이 된다. 특히 헌법의 질서정연함[21)]은 많은 것들을 규율하지 않고 있고 따라서 관할 헌법기관에 대해 필요한 행위여지를 열어놓고 있다는 데에 있다. 민주국가에서 정치과정은 실질적인 문제들이 다수의 결정에 맡겨져야 한다는 것과 모든 것이 헌법재판소의 해석을 통하여 헌법이 발견한 모습대로 미리 결정되지 않을 것을 요구한다. 비유적으로 말하면 헌법은 "**틀의 질서**(Rahmenordnung)"[ix]라고 가장 잘 말할 수 있다.[22)] 이렇게 하면 많은 것들이 규범적으로 사전에 결정되어 있지 않다는 것이 드러난다. 권한과 절차가 헌법기관 활동의 형식적 기초를 규정하기 때문에, 보다 넓은 의미에서 틀과 한계라고도 말할 수 있다. 절차는 틀로서 그 범위 내

19) 이에 대해서는 *Bryde* (주 2), S. 82.

20) Fragmentum(파편을 의미하는 라틴어) → frangere(부수다를 의미하는 라틴어) = zerbrechen(부수다, 깨지다를 의미하는 독일어).

21) 이와 관련하여 헌법이 "시스템(System)"인지에 대해 답하여야 한다. 개별 규범들의 관련성에서 개별 규범의 해석을 위한 지침(Anleitungen)이 나타날 수 있다; 이에 대해서는 *Konrad Hesse*, Grundzüge des Verfassungsrechts der Bundesrepublik Deutschland, 20. Aufl., 1995, 한편으로 Rn. 67에서는 "헌법은 폐쇄적이고 통일적인-논리적이고 자명한 또는 위계질서적 가치의(werthierarchisch)-체계"라고 하고 있고, 다른 한편으로는 Rn. 71, 72에서는 "헌법의 통일성"과 "실천적 조화(praktische Konkordanz)"라고 하고 있다.

22) 그렇게는 또한 *Böckenförde* (주 1), S. 2091; *Rainer Wahl*, Der Vorrang der Verfassung, in: Der Staat 20 (1981), S. 485 (507).

에서 결정을 준비하고 내리게 된다. 권한은 동시에 기관이 더 이상 해서는 안 되는 한계를 설정한다. 특정한 목적을 실현하기 위해 헌법상 지정된 위임은 목적 달성을 위해 투입될 수단을 다른 헌법 규정들을 존중하면서 정치적 관점에 따라 자유롭게 선택할 수 있다는 점에서 틀로 이해될 수 있다.

그에 반하여 헌법을 파편으로 보는 관념은 쉽게 잘못된 관념을 야기할 수 있다. 즉, 시간이 경과함에 따라 사전에 발견된 "파편 조각들"이 채워져서 (새로운) 규범적 통일체로 결합된다거나 규범적 성장과정[23]이 시작되어 - 그리고 이는 메달의 이면과 같은데 - 정치적 기관의 행위여지를 축소한다는 것이다. 비슷한 결과가 구체화 사고[24]x에서도 생길 수 있다. 그에 따르면 "이러한 국가의 모든 법은 헌법에 의하여 함께 형성된다."고 한다.[25] 또한 그에 따르면 입법자가 헌법을 발전시키고, 전개하고, 실현하고,[26] 충족시키고,[27] 최적화하며, 경우에 따라서는 심지어 헌법의 상태를 비대하게 하여 결국에는 헌법을 과부하상태로 만들 수 있다. 헌법전에 명시되지 않은 부정확한 헌법위임이라는 개념도 이러한 맥락에 속한다.[28]

헌법을 정치적 행위의 가능성을 열어놓기 위한 틀로 본다면, 헌법적 관점에서 단지 중요한 것은 해석의 방법을 동원하여 틀을 확정하는 것이다. 헌법의 권력 제한적 기능은 틀에 대한 믿을 수 있고 예견 가능한 확정을 요구한다. 그렇게 결정

23) 인간존엄의 규범적 성장에 대해서는 *Peter Häberle*, Menschenwürde und Verfassung am Beispiel von Art. 2 Abs.1 Verf. Griechenland 1975, in: Rechtstheorie 11 (1980), S. 389 (423).

24) Dazu *Hesse* (주 21), Rn. 60ff.; 광범위한 규범화와 구체화 필요성의 연결은 *Bryde* (주 2), S. 82ff.에서도 찾아 볼 수 있다.

25) BVerfGE 42, 103 (116f.)는 이 표현을 사용하고 있고 "헌법에서 나오는" 모든 법의 효력을 "명백히 자명한 것(eine bare Selbstverständlichkeit)"으로 부르고 있고, 물론 여기에 "그러나 이로써 모든 법이 헌법이 되는 것은 아니"라는 것을 보태고 있다.

26) 이에 대해서 비판적으로는 *Hennis* (주 10), S. 250ff. m.w.N.

27) 이에 대해서는 *Böckenförde* (주 1), S. 2097; *Wahl* (주 22), S. 506가 주목하고 있다; 회의적으로는 또한 *Fritz Ossenbühl*, Die Interpretation der Grundrechte in der Rechtsprechung des Bundesverfassungsgerichts, in: NJW 1976, S. 2100 (2105f.)

28) 이에 대해서는 특히 비판적으로는 *Peter Lerche*, Das Bundesverfassungsgericht und die Verfassungsdirektiven, in: AöR 90 (1965), S. 341ff.; 압도적인 것으로는 *Adolf Arndt*, Das nichterfüllte Grundgesetz, 1960, passim.

된 틀을 어떻게 채울 것인가는 정책적 선택[xi]의 문제로서, 입법 참여자의 이념과 정당 프로그램, 연합 협정 그리고 가용한 재정에 의해 결정된다. 입법자의 광범위한 행위여지는 틀의 불확정성에서 비롯되는 것이 아니라, 헌법이 설정한 규정들이 많은 경우 밀도가 낮다는 데에서 기인한다.

헌법의 틀과 정치적 형성의 자유의 구별은 (물론 공간적으로 생각하는 것은 아니지만) 입법과 헌법재판 간의 기능구분을 준수하기 위한 필수적 전제조건이다. 틀로서 헌법은 입법자에게 독자적인 형성여지를 보장한다. 라이너 발(Rainer Wahl)은 정확히 다음과 같이 말하고 있다. "틀로서 이해되는 헌법규범을 법률의 기준으로 삼는 것은 해당 법률이 중간점, 정점 또는 최적점과 같이 헌법이 설정한 목적을 달성했는지를 판단하는 것이 아니다. 오히려 어떤 구체적인 법률이 다른 방식으로 만들어지더라도 목적을 달성할 수 있는 경우에 해당 법률이 그러한 '틀 안에' 머물러 있는지를 판단하는 것이다."[29] 질문은 합헌인가 아니면 위헌인가이다. 이 구별은 특정 목적을 위해 헌법을 도구로 이용하는 기술적-형식주의적 헌법 이해를 근거로 하는 것이 아니라,[30] 오히려 내용적 한계도 포함하고 있다. 이 내용적 한계는 헌법이 예를 들면 기본권의 형태로 정치에 설정하는 한계다.[31] 틀로 이해되는 헌법은 "헌법의 충족"이 최소의 정도에 이르렀는지, 최적의 정도에 이르렀는지, 또는 기타 수준에 이르렀는지를 법적으로 파악할 수 있는 아무런 기준도 가지고 있지 않다.

c) 헌법의 우위와 헌법재판

헌법의 규범성에 대해 논의하는 과정에서 이미 헌법의 우위에 대해서 언급하였다. 헌법의 규범성은 입법자에 대한 헌법의 우위를 전제로 하는데, 그렇지 않으면 헌법이 lex posterior derogat legi priori(후법이 선행법을 폐지한다) 규칙에 따라

29) *Wahl* (주 22), S. 507.

30) 이러한 우려로는 *Ernst Forstoff*, Die Umbildung des Verfassungsgeetzes, in: FS für Carl Schmitt, 1959, S. 35ff.를 다루고 있는 *Alexander Hollerbach*, Auflösung der rechtsstaatlichen Verfassung, in: AöR 85 (1960), S. 241 (249).

31) BVerfGE 42, 103 (116f.)

입법자의 처분에 맡겨지게 될 것이기 때문이다. 헌법의 우위[32]는 역사적으로 오래된 뿌리, 즉 기본법(leges fundamentales)이라는 법 개념으로 거슬러 올라가는데, 이는 통상의 입법권에 대한 의식적이고 의도적인 권력제한을 의미한다. 이 전통적인 우위 사상은 국민주권에 근거하는 국민의 헌법제정권력과 결합되어 헌법에 적용되었다.[33] 그로부터 보통의 입법절차와 구별되는 특별히 강화된 헌법개정절차가 나온다.

국민주권을 기반으로 만들어진 헌법은 국가권력을 창설하고 제한하며, 국가권력을 조직하고 국가권력의 과제와 의무를 규정하며, 권한을 부여하고 국가권력의 행사 절차를 결정한다. 따라서 헌법에 의해 설치된 국가권력은 헌법에 기속된다. 마샬 대법원장이 이미 1803년에 더할 수 없이 명확하게 확인한 바와 같이,[34] 국가권력의 한 가지인 입법도 예외일 수 없다. 헌법에 의해 "구성된" 기본질서는 "국가는 미리 수립된 규칙에 정해진 기준에 따라서만 국민에게 영향을 미칠 수 있도록 보장해야 한다. 헌법은 국가권력 행사의 형식이나 조건을 제한하고 이 조건이나 형식 밖에서 행사되는 모든 권력은 배제한다."[35] 헌법제정권력 이념에서 비롯되는 헌법의 우위는 권력분립과는 서로 불가분의 관계에 있고,[36] 권력분립은 효과적인 헌법의 우위를 위해 포기할 수 없는 전제이다. 반대로 권력분립은 헌법의 우위를 필요로 하는데, 그렇지 않으면 권력분립이 사실상 가장 강력한 국가기관의 처분에 내맡겨질 수 있기 때문이다. 또한 헌법의 우위는 헌법규범이 충분히 명확하고 신뢰할 수 있으며 그리고 헌법에 관한 공통된 기본이해가 존재하는 것

---

32) *Christian Starck*, Vorrang der Verfassung und Verfassungsgerichtsbarkeit, in: ders., Der demokratische Verfassungsstaat, 1995, S. 33ff.; *Schlaich/Korioth*, Das Bundesverfassungsgericht, 8. Aufl. 2010, Rn. 13; *Wahl* (주 22), S. 485ff.; *Klaus Stern*, Das Staatsrecht der Bundesrepublik Deutschland 1, ^{2}1984, S. 80f., 103ff.

33) 그렇게 분명하게는 *Alexander Hamilton*, The Federalist Papers (1788), Nr. 78; *Emmanuel Joseph Sieyès*, Ou'est-ce que le Tiers État? (1789), Ausgabe Genf 1970, S. 180.

34) Marbury v. Madison, 1 Cranch 137, 177 = 2 Law Ed. U.S. 60, 73 (1803).

35) *Raymond Carré de Malberg*, Constitution à la théorie générale de l'Etat, Bd. I, Paris, 1920, S. 232.

36) 그렇게는 위 I a 이하 참조.

을 전제로 한다.[37] 헌법의 규범들을 표현하는 용어가 임의적인 의미로 해석될 수 있게 개방되어 있어서 국가기관이 헌법의 의미에 대해서 더 이상 합의할 수 없게 되는 즉시, 효과적인 헌법의 우위를 위한 필수조건(condicio sine qua non[xii])에 의문이 제기되어 왔다.

특히 헌법의 우위가 법원에 의해 효과적으로 보장될 수 있는 것은 법원이 다른 국가기관에 의한 헌법 준수 여부에 대해 결정할 권한을 가지는 경우이다. 이러한 생각은 헌법 발전에서 이미 아주 초기에 나타났다. 알렉산더 해밀턴(Alexander Hamilton)은 1788년에 다음과 같이 쓰고 있다. "법원의 고유한 임무는 법률의 해석에 있다. 헌법은 본질적으로 기본법(fundamental law)이고 판사들도 그렇게 보아야 한다. 따라서 기본법의 의미를 파악하는 것이 판사들의 의무인 것은, 판사들이 입법부가 제정한 모든 법률의 의미를 파악하여야 하는 것과 같다. 헌법과 법률에서 조화할 수 없는 모순이 나타나면 보다 포괄적인 구속력과 효력을 가지는 법률이 우선하여야 한다. 달리 말하면, 헌법이 제정된 법률보다 상위에 위치하여야 한다."[38] 얼마 있지 않아서 엠마누엘 시에예스(Emanuel de Sieyès)는 비슷한 생각을 기초로 다음과 같이 헌법재판소["jury constitutionnaire"(헌법배심원)]를 통한 헌법의 보호를 요구하기에 이르렀다. "헌법은 의무를 부과하는 법률의 단일체이거나 아니면 아무것도 아니다. 헌법이 법률의 단일체라면 감시자는 어디에 있으며, 이 법전의 재판관들은 어디에 있는가라는 질문을 하게 된다. 그에 대해서 답을 할 수 있어야 한다. 이 영역을 간과하는 것은 시민 생활에 있어서 도무지 이해할 수 없어서 비웃음거리가 될 것이다. 무엇 때문에 정치 생활에서 그것을 용납하는가? 법률이 어떠한 것에 관한 것이든 간에 헌법을 무시할 가능성을 포함하고 있고 따라서 헌법을 준수하게 할 필요가 있다."[39]

37) *Christian Starck*, Die Bindung des Richters an Gesetz und Verfassung, in: VVDStRL 34 (1976), S. 43 (61) = *ders.* (주 32), S. 58, 84f.

38) *Hamilton* (주 33).

39) *Emanuel Joseph Sieyès*, Opinion sur les attributions et l'organisation du jury Constitutionnaire, proposée le 2 thermidor, prononcée à la Convention Nationale le 18 du même mois, l'an 3 de la République (1795), imprimée par l'ordre de la Convention National, Paris, S. 3.

법원, 특히 그러한 권한을 가진 헌법재판소에 의한 헌법의 보호[40)]는 다툼이 없지 않다. 그러한 의문은 권력분립을 논거로 하는데, 권력분립은 어떤 국가기능이 다른 국가기능 위에 있게 되는 것을 금지한다는 것이다. 권력분립이 요구하는 것은 모든 국가기능이 동일한 방식으로 직접 헌법과 관련되어야 하고, 자신의 관점에 따라 헌법을 해석하고 고려할 수 있어야 한다는 것이다.[41)]

헌법의 우위를 보장하기 위하여 헌법재판을 도입하는 것은 헌법의 법적 명확성과 실현가능성의 측면에서 헌법 구조에 대한 특별한 요구사항을 제기한다. 이러한 요구사항과 헌법의 선언적이고 프로그램적인 표현은 부합하지 않는다.[42)] (법률 등) 국가의 행위를 헌법을 기준으로 판단하는 사법적 권한이 한번 성립되면, 헌법의 모든 조항은 법적인 것으로 이해되고 헌법재판이 입법의 정치적 행위여지를 시간이 경과함에 따라 점점 축소할 것으로 예상된다. 따라서 헌법재판제도가 존재하는 곳에서 엄격히 법적으로 이해되는 헌법의 우위는 헌법의 내용적 제한을 요구한다. 헌법의 선언적 요소에 대한 법적 해석은 그 결과가 최종적으로는 헌법재판소와 입법권 간의 권한 구분을 결정한다는 사실을 생각해야 한다.[43)] 따라서 헌법해석이 자신의 과제를 간과하지 않으려면, 헌법해석은 기능법적으로[xiii] 이루어져야 한다.

이미 언급한 바와 같이 헌법을 국가기관의 정치적 활동의 틀로서 이해하면 집중적으로 틀에 대하여 법적 판단을 할 필요가 있다. 따라서 흔히 제시되는 통제규

---

40) 이러한 의미에서는 예를 들면 *Gerhard Leibholz*, Strukturprobleme der modernen Demokratie, [3]1967, S. 168ff., 173f.; *Ernst Friesenhahn*, Verfassungsgerichtsbarkeit in der Bundesrepublik Deutschland, 1963, S. 7; *Gerd Roellecke*, Politik und Verfassungsgerichtsbarkeit, 1961, S. 144; *Klaus Stern*, Das Staatsrecht der Bundesrepublik Deutschland II, 1980, S. 951ff.

41) 그렇게는 예를 들면 *Geoffry Marshall*, Constitutional Theory, Oxford 1980, S. 103ff., 109; 프랑스의 실무도 참조. 이는 이미 1791년 헌법에서 발견된다(Titel III Kap. V Art. 3).

42) 그렇게는 이미 *Hans Kelsen*, Wesen und Entwicklung der Staatsgerichtsbarkeit, in: VVDStRL 5 (1929), S. 30 (68ff.); 또한 *Böckenförde* (주 1). S. 2099; *Starck* (주 37), S. 75f. = 주 32, S. 85f.; *Wahl* (주 22), S. 499도 참조.

43) *Starck* (주 37). S. 75, 83; *ders.* (주 32), S. 28ff.; *Schlaich/Korioth* (주 32), Rn. 530f.; *Gunnar Folke Schuppert*, Funktionellrechtliche Grenzen der Verfassungsinterpretation, 1980, S. 4ff.

범과 행위규범의 구별은, 둘 다 하나 또는 동일한 헌법 규범에서 도출된다고 하는 것으로서[44] 올바른 길이 아니다.[45] 우선 제기되는 문제는 무엇이 이러한 두 가지 층의 헌법을 초래하는가라는 것이고, 다음에는 이 구분의 근거에 대해 의문을 가지게 된다. "행위규범"이라고 하는 것은 기능법적 근거로 볼 때 정치적으로 행동하는 국가기관에 대한 기준을 포함하는 규범이 전혀 아니다. 정확히 말하면 "행위규범"은 형성의 자유[xiv]를 나타내지만, 결코 규범은 아니다. 오히려 형성여지[xv]는 가장 이상적인 경우에는 현명함, 정치적 강령 또는 의회의 다수가 지지하는 협상을 통하여 충족된다. 헌법의 틀 내에서 법률을 정당하게 형성하려는 정치적 투쟁은 행위규범이라는 개념 도구를 통해 다시 헌법문제의 모습을 띄게 될 것이고, 이는 헌법해석이 행위규범의 차원에서 필요하게 되는 결과를 낳게 될 것이다. 정치적 현명함이나 정당 정치적 강령의 주장이 헌법적 논증의 외피를 걸치고, 도처에 소위 헌법 위임이 보이도록 만들게 될 것이다. 정당의 강령은 점점 헌법적 행위규범의 해석으로 이해될지도 모른다. 시간이 경과함에 따라 다양하게 병존하는 정당 강령 헌법들[xvi]이 등장하여 실제 헌법을 대체할지도 모른다. 헌법의 존재는 매우 불분명해지게 될 것이다. 마지막으로 민주공화국이 선거권자로서 의지하고 있는 법적 비전문가들은 이 모든 것을 어떻게 이해해야 할까? 헌법과 입법의 민감한 관계를 고려할 때, 불필요한 부담보다 헌법해석에 해로운 것은 없다.

통제규범과 행위규범의 구별을 통하여 이루어지는 시도는 헌법재판소의 통제활동의 관점에서 헌법 개념의 확장을 다시 철회하려는 것인데, 이와 비슷하게 사법자제("judicial self-restraint")의 호소는 헌법재판소의 통제활동을 축소하려고 한다. 이 경우 여전히 불명확한 것은 재판소가 본래 존재하는 심사권한을 사용하지 말아야 하는지 아니면 제한적으로만 사용하여야 하는지 여부 또는 헌법해석의 기능법적 한계를 의미하는 것인지 여부다. 연방헌법재판소는 이 문제에 대해 다음

44) 무엇보다도 평등원칙과 관련하여서는 *Konrad Hesse*, Funktionelle Grenzen der Verfassungsgerichtsbarkeit, in: FS für Hans Huber, Bern 1981, S. 261 (269f.); *Hans Heinrich Rupp*, Vom Wandel der Grundrechte, in: AöR 101 (1976), S. 161 (175); 다르게는 *Werner Heun*, Funktionelle Schranken der Verfassungsgerichtsbarkeit, 1992, S. 46-53.

45) 부인하는 것으로는 *Wahl* (주 22), S. 501f.도 참조.

과 같은 방식으로 설명했는데, 이는 앞서 설명한 불명확성을 확인해 주고 있다. "연방헌법재판소가 스스로에게 부과한 사법자제의 원칙은 앞서 설명한 권한을 축소하거나 약화하는 것이 아니라, 정치행위의 포기, 즉 헌법에 의해서 만들어지고 한계가 설정된 자유로운 정치적 형성의 공간에 개입하는 것을 포기하는 것을 의미한다. 그것은 헌법에 의해서 다른 헌법기관에 보장된 자유로운 정치 형성의 공간을 열어두는 것을 목표로 한다."[46] 한편으로는 헌법에 의해서 주어진 정치적 기관의 형성여지를 지적하면서 헌법의 틀로서의 성격을 강조하고 있지만, 다른 한편으로 연방헌법재판소가 스스로에게 원칙을 부과하고 있는 것이라고 하는데, 그것은 (재량적-역자 주) 처분권을 암시하고 있다.[47] 이 진술들은 서로 모순된다. 여기서 분명히 두 개념이 재판소 내부에서 충돌하였으나 합의점에 도달하지는 못했다.

2. 기본법의 해석

a) 일반론

특정한 상황에서 어떤 방식으로 헌법이 국가 활동을 결정하는지를 확인하고자 하는 경우에는 관련 헌법규범의 의미를 탐색해야 한다. 전통적으로 법규범의 의미를 탐색하기 위해서는 다음의 해석기준, 소위 해석규칙이 동원된다.[48] 즉, 문언의 의미, 문법적 해석, 법률의 의미의 연관성(=체계적 해석), 역사적 입법자의 규율의도 그리고 객관적-목적론적 관점 등이다. 또한 규범의 의미를 탐색하기 위한 이러한 기준의 적용은 특정한 사실관계의 관점에서 다음과 같은 것을 전제로 한다. 즉, 사실관계는 그 법적 관련성 속에서 끊임없는 사건경과로부터 도출, 즉 구성되어야 한다는 것이다. 해석과 사실관계 구성은 전후로 일어나는 것이 아니고 오히려 서로 결합되어 있다. 규범이 만들어질 때 이미 규범은 현실과 관련하여 언

---

46) BVerfGE 36, 1 (14f.)

47) 비판적으로는 또한 *Wahl* (주 22), S. 505; *Stern* (주 32), S. 135.

48) 요약한 것으로는 *Karl Larenz*, Methodenlehre der Rechtswissenschaft, ^{6}1991, S. 320ff.; *Robert Alexy*, Theorie der juristischen Argumentation, 1978, S. 19ff., 288ff., 299ff.; 그 유래에 대해서 간략하게는 *Helmut Coing*, Die juristischen Auslegungsmethoden und die Lehren der allgemeinen Hermeneutik, in: Arbeitsgemeinschaft für Forschung des Landes Nordrhein-Westfalen, Geisteswissenschaften, Heft 84 (1959), S. 6ff.; BVerfGE 11, 126 (130).

어로 규정되어 제정되는 것이다. 규범에서 현실을 구성요건적-개념적으로 규정하는 것은 입법자의 선택과 평가를 필요로 한다. 그렇게 하여 만들어진 현실에 대한 개념은 언어로 표현된 대로 일반적인 것이다. 즉, 언제나 구체적인 현실에서 그에 대응하는 것이 통상적으로 반복하여 일어난다. 규범의 발생은 설명한 바와 같은 과정을 거쳐서 일어나기 때문에, 규범의 의미는 현실을 돌아보지 않고서는 확정할 수 없다.[49] 따라서 규범정립에 대해 앞의 설명 과정은 규범의 적용에 있어서는 역순으로 되어야 한다. 규범구성요건에 언어로 일반적으로 규정된 내용에 해당하는 일을 현실에서 탐색하는 것은 법적 사실관계를 형성하기 위한 것이다. 여기서 규범적용자는 규범제정자의 경험과 결부시킨다. 물론 규범적용자는 새로운 현상도 열심히 파악하여 그것이 규범으로 포섭되는지 여부를 검증하고 평가하여야 한다. 해석의 주된 일은 바로 여기에 있다. 모든 해석에는 창조적인 것이 포함되어 있고 그것은 규범의 관점에 따라 현실을 관찰하는 가운데 존재한다. 그러나 창조적인 것이라고 하더라도 규범이 제시하는 관점의 기속으로부터 자유로운 것은 아니다.

독일에서 헌법해석의 문제는 이미 20세기 초부터 법률해석의 특수문제로 취급되어 일부 저자들은 법률해석과 완전히 별개로 논의해 왔다. 최근에는 헌법의 특수한 지위를 논증하기 위해 심지어 사비니(Friedrich Carl von Savigny)를 인용하는 경우도 있다. 사비니는 자신의 법률해석론을 사법(私法)에만 적용하고자 했다.[50] 따라서 사비니가 법 전통으로부터 받아들여[51] 그 후 목적론적 요소가 보충된 해석규칙들, 즉 문법적, 논리적, 역사적 그리고 체계적 해석요소들[52]은 사법의 해석을 위해서만 활용되어야 한다.[53] 그러나 이 관점에 반대하는 논거로서 사비니 자

---

49) *Emilio Betti*, Allgemeine Auslegungslehre als Methodik der Geisteswissenschaften, 1967, S. 620; *Kurt Eichenberger*, Die richterliche Unabhängigkeit als staatsrechtliches Problem, Bern 1960, S. 100f.; *Friedrich Müller*, Normativität und Normstruktur, 1966, S. 147ff.; *Starck* (주 37), S. 59ff. = 주 32, S. 71ff.

50) *Friedrich Carl von Savigny*, System des heutigen Römischen Rechts, Bd. I, 1840, S. 2, 23, 39, 69.

51) *Coing* (주 48), S. 7ff.

52) *Savigny* (주 50), S. 213f.

53) *Friedrich Müller*, Arbeitsmethoden des Verfassungsrechts, in: Enzyklopädie der

신을 증인으로 소환할 수 있다. 그가 사법에 한정하려는 것은 "전체로서 로마사법만이 우리 법체계의 일부가 되었다."[54]라고 한 데서 나타난다.[xvii] 그 외에 사비니는 사법에 한정하려는 것과 관련하여 이것은 "국가에서는 판사직을 설치함으로써 생명력과 현실성"을 유지한다."[55]고 언급하고 있다. 사비니가 1838/39년에 이것을 써내려갔을 때, 공법은 그에 상응하는 바의 판사에 의해 보장되는 현실을 가지고 있지 않았다. 헌법이 존재한 경우에도 헌법의 준수에 대해 판사의 판결에 호소할 수가 없었다. 사비니는 말하자면 공법을 도외시할 다수의 근거를 가지고 있었다. 이러한 근거들은 오늘날은 더 이상 존재하지 않는다. 그 이후 행정재판소와 헌법재판소가 존재하고 있고, 이들이 공법에-사비니가 한 말에 따르면-"생명력과 현실성"을 부여하고 있기 때문이다. 따라서 공법에는 원칙적으로 사법과 동일한 정도의 명확성과 법적 취급 가능성 조건이 요구된다. 그것을 넘어서 공법을 적용하고 그 적용을 통제하는 경우에는 권력분립문제, 즉 권한문제가 관련되기 때문에 공법을 법적으로 다룰 때에는 오히려 더 높은 요구사항들이 제기될 수 있다. 이는 특히 헌법에 대해서 그러하다. 헌법은 다른 법보다 예외 없이 더 불명확하고 모호하게 규정되어 있는 것은 아니기 때문에, 방법론적 관점에서 볼 때 아무런 특수한 지위를 가지지 않는다.[56]

b) 전통적인 해석규칙의 의미와 이러한 규칙을 헌법해석을 위해 발전시키려는 시도

헌법과 관련된 방법론 논의는 종종 헌법의 특수한 방법론이 존재한다는 가정을 하게 만든다.[57] 헌법에서 해석의 특별한 관점을 끌어들인다고 하더라도 고전적인 규칙이 폐기될 수는 없다.[58] 왜냐하면 그것은 무엇보다 "문언에 나타난 범위

---

geisteswissenschaftlichen Arbeitsmethoden, hg. von Manfred Thiel, 11. Lief., Methoden der Rechtswissenschaft, Teil 1, 1972, S. 123, 138; *Böckenförde* (주 1), S. 2091.

54) *Savigny* (주 50), S. 2. S. 69도 참조.

55) *Savigny* (주 50), S. 23.

56) 특수한 지위에 대해 반대하는 견해로는 *Martin Kriele*, Theorie der Rechtsgewinnung, [2]1976, S. 338ff.도 참조.

57) *Friedrich Müller* (주 53)의 Titel "Arbeitsmethoden des Verfassungsrechts" 참조.

58) *Coing* (주 48), S. 13ff.; 그렇게는 또한 *Hesse* (주 21), Rn. 68. 여기의 텍스트의 인용

안에서 가능한 다양한 의미를 정밀하게 하는 데" 도움이 되기 때문이다. 법문장의 해석은 전적으로 문법과 논리, 체계 및 역사적 규정 의도를 포함한 단어의 의미를 고려하는 것을 전제로 한다.[59] 이 관점을 고려하지 않는 문제가 있는 법적 판단의 논거를 상상해 보라. 그러한 논거는 불충분하거나[60] 헌법에 대한 특수한 해석론을 주장하는 사람들에게도 불충분하거나 심지어 자의적인 것으로 여겨질 것이다.

"헌법의 통일성",[61] (법익형량을 포함한) "실천적 조화" 그리고 "기능법적 정당성"[62]과 같이 헌법해석을 위해서 요구되는 추가적인 관점[63]은 명백히 체계적인 해석의 규칙에 속한다. 왜냐하면 그것은 개별 헌법규범을 분리하여 고찰하는 것을 금지하고 있고, 오히려 헌법규범의 해석을 위해서 전통적인 헌법국가적 기능을 수행하는 나머지 헌법을 고려할 것을 요구하고 있기 때문이다.[64] 예를 들면 기능법적 정당성의 관점은 실질적 헌법규범의 해석이 헌법이 사전에 전제하고 있는 기능분립을 고려할 것과 그러한 기능분립은 변경되어서는 안 된다는 것을 요구하고 있다.[65] 또한 연방국가적 권한배분으로부터 평등원칙은 주입법권의 영역에서

문; *Friedrich Müller*, Juristische Methodik, [4]1990, S. 199ff., 213f.; *Stern* (주 32), S. 125f. 여기서는 그 외 기준들도 열거하고 있다. BVerfGE 11, 126 (130); 60, 319 (325); 109, 190 (212); BayVerfGHE 29 II S. 244 (264).

59) 분명하게는 BVerfGE 60, 319 (325); 62, 1 (36ff., 44); 67, 100 (128ff.); 88, 145 (166); 93, 37 (81); 110, 226 (248ff.); 111, 54 (91): *Stern* (주 32), S. 123, 125f., 127.

60) 법적 판단의 논증을 위한 안내로서 기준(canones)에 대해서는 *Starck* (주 37), S. 71f. = 주 32, S. 88f.; *Alexy* (주 48), S. 300ff. 참조.

61) 판례로는 BVerfGE 1, 14 (32); 28, 243 (261); 34, 165 (183); 39, 334 (368); 55, 274 (300) 참조; 이에 대해서는 *Stern* (주 32), S. 131f.

62) *Hesse* (주 21), Rn. 71. 73f.; *Müller* (주 58), S. 214f., 216ff., 221f. 참조; 판례로는 BVerfGE 1, 97 (100); 2, 219 (224f.); 4, 31 (40); 4, 219 (233f.); 10, 20 (40); 57, 295 (321).

63) *Hesse* (주 21), Rn. 59는 이것을 전통적인 기준과는 분리되어 있는 것으로 본다. *Fritz Ossenbühl*, in: Merten/Papier, HGR Bd. I, § 15 Rn. 16도 참조.

64) 그러한 한 *Böckenförde* (주 1), S. 2097, 2098은 철저하게 방법론과 기초가 되는 헌법 개념의 상호관계에 대해서 언급하고 있다; *Kriele* (주 56), S. 338f.는 해석에 대해서 언급하고, 헌법 제도의 역사와 거기서 효력을 나타내는 합리성원칙과 정의원칙을 따르고 있다.

65) 그렇게 매우 명확하게는 *Horst Ehmke*, Prinzipien der Verfassungsinterpretation, in: VVDStRL 20 (1963), S. 53 (74ff.); *Hesse* (주 44), S. 267ff.

모든 주에 걸쳐 같은 법이 적용되어야 하는 것으로 해석되어서는 안 된다는 결론이 나온다.[66] 헌법의 통일성의 관점에서는 예를 들면 헌법상 특수한 규범은 일반적인 헌법규범보다 앞선다는 결론이 나온다.[67] 이 세 가지 관점은 헌법과 관련된 특별한 체계적 해석의 특징이다. 따라서 연방헌법재판소는 전통적 해석의 토대를 벗어나지 않았고, 그 가운데 연방헌법재판소는 "입법권과 사법권 간의 임무분할 또는 헌법의 통일성의 원칙을 … 해석의 기준으로 여겼던 것이다.[68] - 그러나 헌법의 통일성의 원칙은 따라서 헌법이 사회생활과 국가생활 전부를 포괄하는 질서로 표현되는 경우에는 완전히 다른 성격을 가진다.[69] 결과적으로 그래서 모든 경우에 헌법적 연역이 이루어져서, 모든 규율대상은 헌법에 의하여 영향을 받거나 헌법의 영향 아래에 있는 것으로 간주된다. 국정을 수행하는 것은 헌법을 구체화하는 것을 의미한다.

콘라드 헤세의 견해, 즉 연방헌법재판소가 예를 들어 규범의 직접적인 성립사보다 더 이전의 발전에 의지함으로써 해석의 규칙을 넘어섰다고 하는 견해는 따를 수 없다. 왜냐하면 역사적 해석에는 입법할 때 명백하게 드러난 의도 외에(성립사[70]) 규율과 관련된 전통도 포함되기 때문이다. 특히 규율 전통을 유지할 필요가 있거나 변경하여야 할 상황이 있는 경우에 그러하다.[71] 헌법에서는 헌법 전통이 문제되지만, 그 전통은 예를 들면 헌법재판과 같은 새로운 헌법 제도와 그 권한에 대한 체계적 관점에서 이해되고 해석되어야 한다.

---

66) BVerGE 10, 354 (371); 27, 175 (179); 51, 43 (58f.); *Christian Starck*, in: v. Mangoldt/Klein/Starck, GG 1, 6. Aufl., Art. 3 Rn. 247 m.w.N.; *Stern* (주 32), S. 661f. m.w.N.

67) *Christian Starck*, Der Gesetzesbegriff des Grundgesetzes, 1970, S. 274, 282f.; *Bryde* (주 2), S. 282.

68) 그렇게는 특히 *Hesse* (주 21), Rn. 58.

69) 그러한 경향으로는 BVerfGE 19, 206 (220); 비판적으로는 *Gerd Roellecke*, Prinzipien der Verfassungsinterpretation in der Rechtsprechung des Bundesverfassungsgerichts, in: FG-BVerfG H, S. 23 (33).

70) BVerfGE 1, 117 (127) 참조; 많은 문헌과 함께 요약하고 있는 것으로는 *Michael Sachs*, Die Entstehungsgeschichte des Grundgesetzes als Mittel der Verfassungsauslegung in der Rechtsprechung des Bundesverfassungsgerichts, in: DVBl. 1984, S. 73 (75ff.).

71) II 3 이하 참조.

해석에 객관적-목적론적 관점을 추가하는 것은 헌법에만 국한되지 않을 뿐만 아니라 특히 헌법에서 발생하는 규범화의 부정확성 때문도 아니다. 해석 규칙으로서 목적론은 문언, 문법, 체계 그리고 규범제정의 인식가능한 주관적 규율의도를 넘어서게 되는 경우가 있다. 이는 결정을 기다리는 사건의 상황을 법률이 명확히 포섭하지 못하고, 앞서 언급한 해석규칙들이 우선 적용될 수는 있으나 그로부터는 신뢰할 만한 결론이 도출될 수 없는 경우다. 따라서 규범은 그 결과들을 고려하여야 하고, 그 가운데 규범이 "합리적인 방식으로" 새로운 사실상황에 어떻게 작용하는지를 검토한다.[72] 헌법적 해석 문제에 적용되는 목적론은 헌법이 입법자에게는 기초이자 틀이라는 것을 주의하여야 한다. 입법에 헌법적 요건이 없는 경우는 우선 입법자가 자유롭다는 것을 의미한다. 이러한 인식과 통찰을 위해서는 물론 다음과 같은 생각으로부터 자유로워져야 한다. 즉, 헌법이 모든 것을 일반적인 방법으로 사전에 결정하고 입법자는 그러한 사전적 결정을 근거로 "구체화하고" "실현하는" 것이라는 등의 생각이다. 입법은 보통은 헌법을 구체화하는 것이 아니고, 오히려 헌법상 권한을 근거로 그리고 헌법의 절차와 내용적 요건의 범위 내에서 정치적인 형성적 활동을 하는 것이다.[73]

해석의 규칙들은 결코 고정된 순서가 없다. 다만, 목적론적 규칙은 그 자체로 볼 때 후순위가 된다. 해석규칙들은 구체적인 사안과는 무관하게 동등한 비중을 갖는 관점들이고[74] 논증과정에서 서로 연결된다. 또한 이 규칙들은 결정될 사건의 관점에서 규범의 의미내용을 탐색하는 경우에 서로 보완적이다.[75] 개별적인 법적 판단의 합리성과 통제 가능성은 이 해석규칙들의 적용과 논증을 기반으로 하고, 이 논증은 판단이유에서 공표된다. 개별적 관점에 따라 서로 다른 결과가 나오는 경우에는 선례나 가상의 비교사례들을 이용하여 추가적으로 조정을 하게 된다. 법은 규칙성을 가져야 하므로 모든 개별적 사건판단은 선례와 가상적인

---

72) *Larenz* (주 48), S. 332; *Coing* (주 48), S. 21.

73) 이에 대해서는 *Arno Scherzberg*, Wertkonflikte vor dem Bundesverfassungsgericht, DVBl. 1999, S. 356, 363ff.

74) *Coing* (주 48), S. 17.

75) BVerfGE 11, 126 (130).

장래 사례들을 고려하여서도 정당성이 입증되어야 한다.[76] 따라서 해석결과는 일반화될 수 있어야 한다. 여기에 해석자의 재량의 한계와 동시에 결정의 예견가능성 보장이 존재하게 된다.

체계적 해석의 관점에서 보면, 논증을 할 때에는 체계(헌법의 통일성)와 관련한 자의성이나 우연을 피해야 한다. 하부관점으로서 검토되어야 할 것은 특별법이나 원칙과 예외의 관계가 존재하는지 또는 서로 긴장관계에 있는 규범이 균형을 이루어야 하는지 여부다. 이러한 결정의 기준들은 다른 규칙들, 특히 헌법국가적 전통에서 비롯될 수 있다.

실증주의자들의 포섭 이념과 의지 이론[77]은 해석 규칙에서 실제 거기 들어있는 것보다 더 많은 것을 뽑아낼 수 있다고 잘못 믿고 있다. 그러나 이에 대한 비판에도 불구하고 오늘날 해석규칙을 과소평가하는 결과를 초래해서는 안 된다. 결정의 설득력을 높이기 위해서는 해석규칙들을 어떻게 사용하는지, 즉 특히 그것을 이용하여 어떻게 논증할 것인지가 중요하다.[78] 지금까지 해석규칙은 해석대상규범에 초점을 맞추고 있다는 점에서 탁월하다. 법률의 문언, 문법, 체계 및 성립사가 이용된다. 목적론은 불완전한 전제요건들을 고려하면서 법률의 객관적 목적을 묻지만, 그러나 이는 다른 해석규칙들로부터 그리고 법률의 기반이 되는 생활영역과의 관계로부터 획득된 확고한 논증관점의 범위 안에서 묻고 있다.

c) 헌법해석의 새로운 방향

엄격하게 해석대상규범에 초점을 맞춘 해석규칙을 보완하기 위해 규범의 해석에 대한 추가적인 관점들을 활용하려는 시도가 이루어졌다.

aa) **토픽**[xviii]

소위 토픽[79]은 그러한 관점들을 찾고 정리한다. 극단적인 형태의 토픽은 법

---

76) 그렇게 타당하게는 *Kriele* (주 56), S. 326; *Alexy*, (주 48), S. 28, 339; *ders.*, Theorie der Grundrechte, 1985, S. 504ff.

77) 특히 *Hesse* (주 21), Rn. 53ff.; *Werner Heun*, Original Wille des historischen Verfassungsgebers, in: AöR 116 (1991), S. 185ff.

78) *Starck* (주 67), S. 260; *Alexy* (주 48), S. 306f.

79) 이에 대해서는 *Theodor Vieweg*, Topik und Jurisprudenz, [1]1953, S. 1974; *Gerhard*

률이 단지 여럿 가운데 하나의 토포스(주제, 관점)일 뿐이라고 한다.[xix] 그러나 이는 헌법의 규범성에 맞지 않고 따라서 여기서 논의할 헌법해석 문제에는 불필요하고 도움이 되지 않는다.[80)xx] 해석규칙에 따른 접근 방식이 토픽적인 어떤 것도 본래 가지고 있기 때문에, 토픽에 대한 통찰을 해석에 사용하려고 시도되었다.[xxi] 특히 콘라드 헤세[81)]는 토픽으로 가는 다리를 놓으려고 시도하고 있다. 토픽의 관점이 "내용적으로 적절하고 풍부한 전제들"을 포함한 경우에는,[xxii] 해석문제를 해결하거나 적어도 해결에 기여하는 결론이 도출될 수 있다고 한다. 그러나 해석자가 "다수의 가능한 관점들로부터 어떤 토포이를 이용하고자 하는가는 해석자가 임의로 할 수는 없다."고 한다. 해석자는 "한편으로는 문제와 관련성이 있는 그러한 관점만 구체화를 위해서 사용"할 수 있고, 그렇게 함으로써 무관한 토포이가 배제된다는 것이다. 다른 한편 해석자는 헌법규범이 어떤 구체화 요소를 제공하는지 그리고 문제를 해결할 때 헌법이 이러한 요소의 사용, 배치 그리고 평가를 위한 지침을 포함하고 있는지를 파악하는 것이 중요하다고 한다. 따라서 규범적으로 유도되고 제한되는 토픽을 지지하는 입장을 취하고, 여기서 전통적 해석규칙들이 여러 토포이 중 하나로 나타난다. 그러나 헌법문서가 해석의 외적 한계로 기능한다는 사실만으로는 헌법의 규범성에 대한 충분한 보장이 되지 않는다. 왜냐하면 많은 경우에 문서의 규범적 내용(이것만이 기속할 수 있다)은 해석이 필요하기 때문이다.[82)]

Struck, Topische Jurisprudenz, 1971; *Franz Wieacker*, Zur praktischen Leistung der Rechtsdogmatik, in: FS für Hans-Georg Gadamer, 1970, S. 311 (326ff.); *Ehmke* (주 65), S. 53ff.

80) 비판적으로는 특히 *Uwe Diederichsen*, Topisches und systematisches Denken in der Jurisprudenz, ²1983, S. 142ff.; *Gerhard Otto*, Zwanzig Jahre Topik-Diskussion, in: Rechtstheorie 1 (1970), S. 183ff.; *Franz Wieacker*, Zur Topik-Diskussion in der zeitgenössischen deutschen Rechtswissenschaft, in: FS für Johannou Zepos, 1973, S. 391 (402); *Hans-Martin Pawlowski*, Methodenlehre für Juristen, 1981, S. 43ff., 47f.

81) 그렇게는 *Hesse* (주 21), Rn. 67.

82) *Böckenförde* (주 1), S. 2096; 그렇게 모든 해석에 대하여 일반적으로는 BVerfGE 35, 263 (279).

해석의 기준들은 다른 해석의 규칙들로부터 나타나는데, 이 규칙들은 문언에 따른 해석과 관련되는 것이어야 한다.[83] 관점의 확대는 "발명의 과정에서" (고안, 발견)되는데, 엄격히 문제에 따른 토포이에 한정되어야 한다. 예를 들면 선례의 구속이나 포기, 비교법적 관점 그리고 유럽인권재판소가 해석한 유럽인권협약[84] 등이 있다. 또한 중요한 것은 비례성원칙과 자유의 원칙인데, 자유의 원칙은 사법적으로 부담하거나 공법적으로 부과된 의무와 부담에 대한 제한적 해석을 요구한다.[85] 매우 유용한 것은 특히 해석경험인데 이는 선례에서 발견할 수 있다.[86] 이 범위 안에서 토픽은 유용한 해석기준의 확장을 의미한다.

법해석학과 선례는 헌법해석자들의 열린사회 개념(페터 해벌레)이 공표되면 사라진다.[87)xxiii] 여기에서 토픽은 완전히 한계가 없어진다. 해벌레는 자기 생각의 호소적인 성격을 우선 "헌법해석이 성립된 현실적 고찰"이 중요하다고 언급함으로써 줄이고 있다. 공적으로 활동하는 집단은 "사전적 해석자"로서 활동하는 것이고, 책임은 최종적으로 해석하는 헌법재판에 있다고 한다. 그러나 같은 맥락에서 "헌법해석의 민주화"를 요구하고[88] 그렇게 되면 다음과 같은 결과가 나타날 것이라고 한다.[89] 즉, 법적 해석의 상대화, 사실상의 참여가 많을수록 헌법재판적 통제는 줄어들 것이라는 점, 헌법소송법의 개정, 특히 "다원주의적 공적 세력의 참

83) 이에 대한 설명으로는 *Alexy* (주 48), S. 502f.: 문언에 반하여 해석하는 경우 논증부담.

84) 개별 국가의 기본권 해석에 대한 유럽인권재판소의 의미에 대해서는 *Jochen Abr. Frowein/Peukert,* in; EMRK-Kommentar, 3. Aufl., 2009, S. 4ff.; *Rainer Grote/Thilo Marauhn*, in: ders. (Hrsg.) EMRK/GG, 2006, S. 2ff.; *Stern/Becker* (Hrsg.), Grundrechte-Kommentar. Die Grundrechte des Grundgesetzes mit ihren europäischen Bezügen, 2010, 여기저기 참조.

85) *Starck* (주 67) S. 261.

86) 그렇게는 또한 *Alexy* (주 48), S. 41

87) 그렇게는 *Peter Häberle*, Die offene Gesellschaft der Verfassungsinterpreten, in: JZ 1975, S. 297ff.

88) *Peter Häberle*, Verfassung und Zeit (1974), in: Ralf Dreier/Friedrich Schwegmann (Hg.), Probleme der Verfassungsinterpretation. Dokumentation einer Kontroverse, 1976, S. 293에서는 "공화국적 해석(republikanische Auslegung)"이라고 하고 있다.

89) *Häberle* (주 87), S. 302-304.

여"라는 새로운 형태의 발전이 일어날 것이라고 한다. 해벌레는 광의의 해석 개념을 기반으로 하여, 규범을 "살아가는" 모든 사람이 그에 따라 규범을 (함께) 해석하기도 한다고 보기 때문에, 헌법의 틀로서의 성격이 약화된다. 따라서 전체 국가생활이 사회생활도 포함하여 – 기본권의 관점에서 – 헌법해석이 된다. 즉, 자신의 의사를 표현하거나 재산을 이용하거나 자신의 사생활을 누리거나, 계약을 체결하는 사람은 모두 기본법을 해석하는 것이 된다. 연방 의회, 연방참사원 그리고 그 위원회의 절차와 결과물뿐만 아니라 사법절차와 사법적 판단도 기본법을 해석한다. 이러한 확대는 헌법해석의 개념을 파악할 수 없게 하고 따라서 학문적 대상으로서 가치를 잃어버리게 된다.

왜냐하면 사인과 국가기관의 모든 생활 활동을 방법론의 대상으로 할 수 없기 때문이다. 따라서 이러한 설명한 접근방식은 사실상 검증할 수 없다. 나아가서 그것은 헌법의 틀로서의 성격과도 부합하지 않는다. 헌법의 우위는 규범적 요구와 (형성의) 자유를 명확히 구별할 것을 요구하고 있다. 해벌레가 주장한 민주국가적 동기에 따른 해석 개념은 의문이 제기될 수밖에 없다. 민주주의의 본질적 요소는 법적 평등이다. 해석이 불명확해진 헌법의 조건 아래에서 이것이 어떻게 보장될까? 바로 시간의 차원에서도 어느 정도 보장되어야 하는 평등은[xxiv] 규범성과 그것의 균등한 취급을 전제로 한다. 헌법이 "열려"있으면, 영속적인 법 창조적 헌법변화에 종속되기 때문에,[90] 법적 평등의 보장을 위한 기본조건이 결여된다. 여기서 여전히 의문이 드는 것은, 헌법을 지속적으로 시류에 맞추는 것은 다수의 의사에 근거하지 않고 오히려 대중매체를 통하여 특히 도발적으로 영향을 미치는 시대정신을 나타내는 그러한 사람들의 의사에 근거하게 된다는 것이다.

bb) 현실과학적 헌법해석

현실과학적 헌법해석 요구는 부분적으로는 토픽의 극단적 형태와, 부분적으로는 해벌레의 접근[91]과 일치한다. 물론 현실과학적 헌법해석이라고 하더라도 모든 해석을 현실과 관련시키는 입장,[92] 즉 규범이 현실적 사건과정의 사실관계에

---

90) *Böckenförde* (주 1), S. 2092f.는 해벌레의 개념이라고 성격지우고 있다.

91) *Häberle* (주 88), S. 309.

92) 그렇게는 위 I 2a 참조.

적용되어 현실을 형성하거나, 현실과 충돌하며 그것과 싸우거나 새로운 현실을 창출한다고 보는 입장과는 구별되어야 한다. 그러나 규범의 적용을 목적으로 현실을 분석하기 위해서는 항상 규범적 관점이 중요하다.[93] 현실과학적 헌법해석은 이와 다르다.[94] 이 입장은 규범 외부적 요소들, 즉 헌법의 사회적 기능, 시민의 의식 상태, 사회적 변화 등과 같은 것들이 헌법해석을 결정한다고 본다. 시대의 흐름이 해석자들의 이해에 따라 해석의 결정적인 기준점이 되고, 따라서 규범적 요소는 배제된다. 여기서도 헌법을 현실에 맞춰 조정하고 유연성을 확보하려는 노력이 나타난다. 이러한 유연성을 확보하기 위한 노력은 부분적으로는 그 의미 내용이 모든 것을 포괄하여(의미 총괄성) 그 점에서 유연할 수밖에 없는 헌법 개념에 근거하고 있다. 헌법의 틀로서의 성격에서 출발하면 헌법의 변천가능성은 필요 없거나 매우 제한적으로만 필요할 뿐이다.[95] 왜냐하면 충분한 행위여지가 이미 존재해서 정치적으로 필요한 변화가 이루어질 수 있거나 현실의 변화에 대응할 수 있기 때문이다.[96] 그러나 다가오는 변화나 이미 시작된 변화가 헌법변천이 아니고 위헌인 경우는 그것은 다른 문제다.[97] - 더욱이 현실과학적 헌법해석에 대해서는 규범적 요건을 벗어나서 "현실"과 "현실의 요구사항들"이 어떻게 결정되는가에 대해서는 아무런 기준도 알 수 없다는 비판이 제기될 수 있다. 현실은 전제조건 없이, 즉 순수하게 경험적으로 그리고 순수하게 귀납적으로만 파악되는 것이 아니라, 항상 외부로부터 주어지는 문제의식과 관찰 습관 그리고 가정의 측면에서만 파악된다.[98] 이러한 문제의식은 어디에서 나오는가. 규범으로부터 나오지 않는다면 사회철학이나 세계관에서 나온다. 소위 사회과학적 헌법해석은 규범으로서의 헌법을 사회철학, 세계관 또는 정치적 욕구로 대체한다. 따라서 헌법의 규

---

93) 이것은 BVerfGE 2, 380 (401); 3, 407 (422); 7, 342 (351)의 해당 가설의 근거가 되고 있다.

94) 이에 대해서는 *Böckenförde* (주 1), S. 2094f.

95) 헌법변천의 문제에 대해서는 *Bryde* (주 2), S. 21f., 254ff. m.w.N.; *Peter Badura*, HStR XII (2014), § 270, Rn. 14ff.

96) BVerfGE 62, 1 (45)

97) BVerfgE 45, 1 (33) 판단 참조.

98) *Christian Starck*, Empirie in der Rechtsdogmatik, in: JZ 1972, S. 609 (613) = *Starck*, Der demokratische Verfassungsstaat, 1995, S. 95, 109.

범성이 훼손되고 결국에는 해체된다. 틀로서의 헌법 개념은 다수를 점하는 정치와 사회철학에 행위여지를 부여하고 있으므로, 철학적으로도 법적으로도 받아들일 수 없는 방법으로 현실과학적 헌법해석을 먼저 허용할 필요는 없다.

cc) **헌법해석의 통합적 기능**

마지막으로 통합적 기능이 헌법해석의 관점으로 제기된다.[99] 의심의 여지없이 좋은 헌법은 국민에게 통합적 작용을 한다. 헌법은 단지 단어 설명만으로 해석되는 것이 아니고 다른 해석규칙들도 일정한 역할을 하기 때문에, 헌법의 통합적 작용을 확인할 때는 헌법을 다루는 태도도 헌법의 통합적 작용을 고려하여야 한다는 사실이다. 헌법의 통합적 작용을 인식한다면 헌법을 다룰 때에도 헌법의 통합적 작용을 고려하여야 한다는 것이다. 여기서 두 가지 문제 군이 나타나는데, 이는 이미 다룬 문제들을 새롭게 조명한다.

우선 헌법과 헌법해석의 남용을 경계하여야 하고 개별 국가기능, 특히 의회 입법도 헌법의 틀 안에서 통합과제를 수행하고, 헌법의 틀로서의 성격을 기반으로 할 때 입법이 통합과제를 특히 잘 인식하고 이행할 수 있음을 고려해야 한다. 헌법의 과도한 남용은 헌법의 구체화 사고와 광의의 해석 개념에 내재되어 있다. 그리고 이 개념들은 의회 입법자와 다른 정치적 기관들이 가지고 있는 통합과제를 은연중에 헌법으로, 즉 헌법해석과 헌법재판으로 떠넘기게 된다.[100] 기초와 틀로서의 헌법 개념에 따르면 입법이 통합을 위한 형성여지를 가지면 주기적인 선거에 의한 당연히 통제되지만, 구체화 사고와 광의의 해석 개념에 따를 경우에는 언제나 헌법을 동원해야 하는데, 이는 "통합 정책적"으로 옳게 해석될 수도 있고 틀리게 해석될 수도 있다. 여기서도 다시 드러나는 것은 오직 (권한의) 근거와 틀로서의 헌법 개념만이 타당하다는 점이다.

이상 언급한 내용을 실제로 설명하는 데는 1972년의 연방헌법재판소의 대학입학정원판결(Numerus - clausus Urteil)을 참고할 수 있다. 거기에는 다음과 같은 고려사항이 있다. "의학과에서와 같이 입학이 거부된 사람의 수가 지원자의 절반을

99) *Hesse* (주 21), Rn. 75.

100) 헌법의 보장을 통한 국민의 통합은 *Christian Starck*, Nationaler Grundkonsens und Verfassungsgerichtsbarkeit (2000), in: ders., Freiheit und Institutionen 2002, S. 319, 330ff.

초과하면 헌법에 근거한 입학허가청구권이 위협을 받아 거의 공허하게 될 수 있다. 이러한 영향 때문에 절대적 입학정원이 헌법상 용인 가능한 한계에 근접해 있다는 점은 다툼의 여지가 없다. 이러한 영향은 지속적으로 수용인원을 확대함으로써만 완화될 수 있기 때문에, 기본권적 가치판단과 국가의 교육 독점 권한을 고려할 때, 충분한 교육수용인원을 다양한 학문분야에 제공하도록 하는 객관적 사회국가적 헌법위임이 도출될 수 있는지 여부에 대해서는 의문이 제기될 수 있다. 그러나 이러한 의문에 긍정적으로 답할 수 있을지 그리고 이러한 헌법위임으로부터 특별한 전제조건 하에서 학생정원 확대를 요구할 수 있는 국민 개인의 권리가 도출될 수 있는지 여부는 여기에서 판단할 필요가 없다."[101] 모든 대학입학 희망이 충족되어야 하는지 여부는 헌법이 답하고 있지 않은 문제다. 직업교육장의 자유로운 선택(기본법 제12조 제1항)은 평등원칙을 준수하는 가운데 가능한 범위 내에서만 인정된다.[102] 사회국가원리로부터도 직접적으로 국가의 급부에 대한 청구권이 도출될 수 없다. 헌법의 통합적 기능은 기본법 제3조 제1항과 관련하여 제12조[xxv]의 보장에 한정된다. 그 밖의 통합적 기능은 다양한 상황을 고려하고 그에 대해 정치적 책임을 지는 결정을 내려야 하는 책임 있는 국가기관이 수행하여야 한다. 학생정원에 대한 각 수요에 따라 대학을 확대하는 것 외에도, 의학 분야에 있어서처럼, 대략 예견할 수 있는 전공졸업생에 대한 수요에 따라 학생정원의 수를 제한하는 것도 장기적으로 통합에 기여할 수 있다. 수요를 결정할 때에 국가는 예를 들면 나중에 직업적 기회가 주어지지도 않으면서 전문화된 높은 교육수준을 요구하는 것은 사회적 갈등의 원인이 될 수 있는 큰 혼란을 초래하게 될 것이라는 점을 고려해야 한다.[103] 이 관점 하에서 졸업생이 폭넓은 기술 복합적 활용가능성을 가지고 그에 따른 좋은 직업기회를 가질 수 있는 학습장과 교육장을 마련하는 방향으로 결정이 내려질 수 있다. 연방헌법재판소는 이러한 결정가능성을 스스로 이끌어낼 수 없고, 각각의 현실적 요구에 따라 헌법해석을 통하여 제약할 수도 없

---

101) BVerfGE 33, 303 (333).

102) 아래 II lf. 참조.

103) *Christian Starck*, Staatliche Organisation und staatliche Finanzierung als Hilfen zu Grundrechtsverwirklichungen, in: FG-BVerfG 11, S. 480 (523f.) = *Starck*, Freiheit und Institutionen, 2002, S. 158, 201f. 참조.

다. 위에서 인용한 대학입학정원판결에서 궁극적으로 그런 일은 일어나지 않았지만, 위에서 인용한 고려사항으로 인해 그러한 가능성이 제시되었다.[104] 입법자는 이 고려를 연방헌법재판소가 장래 자신의 결정을 그에 근거하여 내릴 수 있다고 이해할 수밖에 없었다. 따라서 입법자는 헌법의 틀 안에서 통합적 기능을 발휘하기 위해 필요한 형성과 결정의 자유가 박탈되어 버렸다. 이는 헌법 개념을 너무 밀도 높게 이해함으로써 야기된 것이다.

통합적 헌법해석은 또 다른 의미로 이해되기도 한다. 루돌프 스멘트는 1928년[105]에 "헌법의 의미 그 자체는 그 의도가 개별적인 것에 대한 것이 아니고, 국가 전체 그리고 국가의 통합과정 전체에 대한 것이고, 그러한 유연하고 보완적이며 다른 모든 법해석과는 크게 다른 헌법해석은 허용될 뿐만 아니라 심지어 요구된다."라고 기술했다. 그러나 헌법재판제도를 가진 헌법은 이러한 해석 개념을 근거로 할 수 없다.[106] 오늘날 그것을 주장하는 사람은 헌법해석을 통해서 정치적 협상을 이끌어내려고 시도한다. 그 기준은 헌법이 아니라, 오히려 정치적 대립들이 정한 입장에 달려있다.[107] 일방이 자신의 입장을 정하고 보다 능숙하게 끌어들일수록, 그러한 유형의 통합적 헌법해석을 통하여 더 나은 결과를 얻을 수 있다. 장기적으로 보면 전체 국민의 통합은 이러한 방법으로 성취될 수 없다. 헌법의 규범성이 가장 지속적인 통합요소인데,[108] 여기에서 완전히 파멸에 이르게 된다.

dd) **소결**

앞에서 다룬 헌법해석의 견해들은 헌법해석의 실천적 과업을 수행하는 데 모두 똑같이 적합한 것은 아니다. 방법의 자유로운 선택은 허용되지 않는 것으로 밝혀졌다.[109] 위에서 언급한 접근 방식들은 두 개의 그룹으로 나눌 수 있다. 하나의

---

104) 다시 BVerfGE 43, 291 (315) 참조.

105) *Rudolf Smend*, Verfassung und Verfassungsrecht (1928), in: ders., Staatsrechtliche Abhandlungen ^{2}1968, S. 119 (190).

106) 그렇게는 위 I 1c. 참조.

107) *Martin Kriele*, HStR IX (2011), § 188, Rn. 20ff.

108) *Starck* (주 100), S. 319ff. 참조.

109) 그렇게는 *Ernst Wolfgang Böckenförde*, Grundrechtstheorie und Grundrechtsinterpretation, in: NJW 1974, S. 1529ff.; *ders.* (주 1), S. 2097f.도 참조; 신뢰할 수 있는 모든 해석기준

그룹은 해석대상 헌법조문이 어느 정도 독립적으로 고찰되고 그리고 개별 조항의 의미가 그 역사와 기본법 전체 구조에서의 위치를 고려하지 않고도 매우 창의적으로 해석된다는 특징을 가진다. 개별 규범을 해석할 때, 해석자가 고려해야 하는 것으로 믿는 법 외적 상황이나 요구사항들과 관련하여 해석하는 경우도 있다. 이는 예를 들면 해석의 기준을 사회적 상황에서 끌어내거나 해석을 서로 분리된 힘을 통합하기 위한 목적 하에 두는 헌법해석자의 경우가 그러하다. 두 번째 그룹은 전통적인 방법론적 기준들과 관련되고 이것을 계속하여 발전시키지만, 그러나 여기에서는 언제나 입법과 헌법재판 간의 기능분배를 염두에 두어야 하고, 해석이 예측 가능한 기준에 따라 이루어지도록 하는 것을 유의하여야 한다.

d) 헌법의 계속적 형성[xxvi]

목적론적 헌법해석과 내적 관련성을 가지고 있으면서 그것과 항상 엄격하게 구별할 수 있는 것은 아니지만, 헌법의 계속적 형성이라는 개념이 있다. 일반법원[xxvii]의 절차법에서는 상급심 법원에 의한 법의 계속적 형성에 대해서 명시적으로 규정하고 있지만,[xxviii] 연방헌법재판소법은 그에 대해 아무런 규정이 없다. 그럼에도 불구하고 헌법의 계속적 형성은 배제되지 않는다. 왜냐하면 헌법의 계속적 형성은 법의 계속적 발전처럼 일정한 상황에서는 불가피하기 때문이다. 물론 헌법의 계속적 형성이라는 상황은 다음과 같은 경우에 가서야 비로소 가능하다. 즉, 실제 상황의 변화에 따라 헌법의 질서 유지 및 제한적 기능을 보장하기 위해 새로운 규정이 필요하다는 점이 확인되고 또 그것을 정당하게 입증할 수 있어야 한다. 헌법의 계속적 형성은 법의 계속적 형성과 마찬가지로 법에 흠결이 발생하고 이에 따라 시급히 제기되는 문제를 해결할 수 없음이 입증되는 경우에 필요하게 된다. 헌법변천은 헌법의 계속적 형성의 한 형태다. 그러나 헌법의 계속적 발전에 있어서는 주의가 요구되는데, 헌법은 틀의 질서[xxix]로서(주 5)로서 모든 문제를 규정하는 것이 아니라, 입법자의 정치적 판단에 여지를 허용하고 또 그러해야 하기 때문이다. 입법자가 헌법의 틀 내에 머물고 그에 따라 입법을 한다면, 헌법의 계속적 형

의 부재라는 의미에서 반대하는 견해로는 *Ralf Dreier*, Zur Problematik und Situation der Verfassungsinterpretation, in: ders. /Friedrich Schwegmann (Hg.), Probleme der Verfassungsinterpretation. Dokumentation einer Kontroverse, 1976, S. 13 (42f.).

성은 필요가 없다. 헌법의 계속적 형성이 헌법을 축소하는 것으로 되어서는 안 된다. 입법자나 연방헌법재판소에 의한 광범위한 헌법의 계속적 형성은 피해야만 하는데, 그것은 입법자에 의한 헌법 개정이 절차적으로 어렵게 되어있기 때문이다(기본법 제79조 제1항).[xxx]

헌법의 계속적 형성이 헌법의 문언에서 근거를 찾을 수 없다고 해서 헌법의 계속적 형성이 항상 인정되는 것은 아니다. 직업의 자유라는 기본권(기본법 제12조 제1항[xxxi])에는 직업행사가 법률에 의해 규율될 수 있음이 규정되어 있을 뿐이다. 기본법 제12조 제1항 자체는 규율권한이 직업선택으로도 확장될 수 있는지 그리고 허가조건이 법률로 규정될 수 있는지를 말하고 있지 않다. 1958년에 연방헌법재판소[110)]는 규율권한은 직업선택에도 미친다고 판단하였다. 직업행사에 대한 관점에서 입법자는 직업선택의 자유에도 개입할 수 있다고 한다. 이러한 해석을 위해 연방헌법재판소는 기본법에 규정된 특정한 직업의 허가에 관한 입법권한(제74조 제1항 제19호[xxxii])을 체계적 해석의 방법으로 원용할 수 있었다.[111)]

군사 헌법과 재정 헌법에서 헌법의 계속적 형성의 두 가지 사례로 다음의 상황들을 들 수 있다. 독일 병력을 유엔이 파견하는 평화유지군에 투입하는 것은 기본법에는 규정되어 있지 않다. 기본법 제87a조 제2항은 "방위의 경우를 제외하고 병력은 이 기본법이 명시적으로 허용하고 있는 경우에만 투입될 수 있다."라고 선언하고 있다. 변화된 세계 정치 상황이 독일의 동맹의무와 관련하여 그와 같이 미리 예견할 수 없는 병력 투입을 필요하게 만들고 있다는 점에서 출발하면(독일의 나토회원자격과 관련한 기본법 제24조 제2항[xxxiii]), 연방헌법재판소는 - 기본법을 계속적으로 형성하면서 - 연방정부는 무장 병력의 투입을 위해서 독일 연방 의회의 사전적인 구성적 동의[xxxiv]를 구할 의무가 있다고 판단하였다.[112)]

헌법의 계속적 형성에 대한 두 번째 사례는 주의 재정 균형에 관한 1999년의 연방헌법재판소의 판결이다.[113)] 기본법에 근거 없이 연방헌법재판소는, 기본법 제

110) BVerfGE 7, 377, 401f.

111) 그 외 사례로는 *Ossenbühl* (주 61), Rn. 17f.

112) BVerfGE 90, 286, 381ff.; 동의하는 견해로는 *Christian Starck*, Hüter oder Wandler der Verfassung, AöR 125 (2000), S. 517, 547.

113) BVerfGE 101, 158.

106조 제3항 제4문[xxxv]에 따른 부가가치세 수입의 분배에 관한 헌법 규정, 기본법 제107조 제2항[xxxvi] 제1문과 제2문에 따른 수평적 재정 균형에 대한 헌법 규정 그리고 기본법 제107조 제2항 제3문에 따른 연방 보충 할당에 대한 헌법 규정을 구체화하고 보완하는 소위 기준 법률을 제정할 연방 입법자의 의무를 이끌어내고 있다.[114)] 판결의 이유에서는 기본법은 입법자에게 연간 분배에 있어서 입법자를 기속하는 "헌법적 기준을 구체화하고 보완할(!) 것"[115)]을 위임하고 있다고 기술하고 있다. 얼마 뒤에 연방헌법재판소는 연방국가적 헌법원리를 계속적으로 형성하고(!) 그리고 시대에 부합하는 기준으로 재정헌법을 명확하게 하고, 분배 및 균형의 결과를 매번 현재의 상황에 부합하도록 산정하며 정기적으로 검토될 수 있도록 형성할 필요성을 주장하고 있다.[116)]

헌법의 계속적 형성의 또 다른 한 예는 기본법 제1조 제1항과 제6조 제1항[xxxvii]을 넘어 연방헌법재판소가 발전시킨 주관적 권리로서의 기본권적 보호 의무다.[117)] 객관적 목적론을 통하여 헌법의 해석으로 더 이상 정당화될 수 없는 것은 헌법의 틀로서의 성격을 고려하여 특히 신중하게 헌법의 계속적 형성으로 정당화되어야 한다.

e) 헌법합치적 해석

헌법의 효력을 완전히 실현하면서도 한번 제정된 법률을 가능한 한 존중하기 위해서는, 기본법에 부합하는 것으로 해석될 수 있고 위배하는 것으로 해석될 수도 있는 법률은 헌법합치적으로 해석해야 한다.[118)] 소위 헌법합치적 해석은 헌법

114) BVerfGE 101, 158, 219-236.

115) BVerfGE 101, 158, 214f.

116) BVerfGE 101, 158, 218.

117) *Christian Starck*, Praxis der Verfassungsauslegung, 1994, S. 46ff.; *Josef Isensee*, HStR IX (2011), § 191, Rn. 146ff. 및 이하 II 1g 참조.

118) 확립된 판결. 예를 들면 BVerfGE 2, 266 (282); 32, 372 (382f.) m.w.N.; 74, 297 (346, 355); *Harald Bogs*, Die verfassungskonforme Auslegung von Gesetzen, 1966; *Helmut Simmon*, Die verfassungskonforme Gesetzesauslegung, in: EUGRZ 1974, S. 85ff.; *Reinhold Zippelius*, Verfassungskonforme Auslegung von Gesetzen, in: FG-BVerfG 11, S. 108ff. m.w.N.; *Stern* (주 32), S. 135ff. m.w.N.

해석이 아니고 법률해석이다. 헌법에 따른 법률해석은 헌법해석을 전제로 하기 때문에, 헌법합치적 해석은 이미 이러한 관점에서 헌법해석이라는 주제에 속한다.[119] 또 하나의 관점이 다음과 같은 고려에서 나온다. 즉, 법률해석의 규칙에 헌법 합치성 원칙이 추가 된다는 것이다. 물론 이 원칙은 전통적인 해석규칙에 따른 해석이 해당 해석을 가능하게 하는 경우에만 실현될 수 있고,[120] 그렇지 않으면 법률은 위헌으로 취급되어야 한다. 이로부터 분명해 지는 것은 헌법합치적 해석은 입법과 헌법재판의 기능이라는 관점에서 우리의 주제와 관련된다는 것이다. 모든 헌법합치적 법률해석에 있어서 주의하여야 할 점은 법원이 해석으로 변경을 가하여 입법이 법원의 해석결정에 의하여 수정되어서는 안 된다는 점이다. 즉, 다른 법 정책적 판단을 판사가 직접 기본법에서 도출하거나 해석 대상 법률에 적용해서는 안 된다.[121] 법원이 지나치게 나아가면, 헌법합치적 해석을 통하여 보장되어야 하는 입법자에 대한 존중은 순식간에 해석법원에 의한 입법자의 간섭으로 변하게 된다. 헌법합치적 해석은 연방헌법재판소만 담당하는 것이 아니라, 일반법원도 헌법합치저 해서이 가능한지 여부에 대해 의심이 있는 경우에는 절차를 종료하고 위헌으로 보이는 법률을 연방헌법재판소에 제청하기 전에 헌법합치적 해석이 가능한지 여부에 대해 해명하여야 한다. 해석규칙에서 더 이상 근거를 찾을 수 없는 정도로 너무 광범위하게 헌법합치적 해석을 하면 입법 기능을 일반법원으로 옮기는 것이 된다. 일반법원은 불가피하게 연방헌법재판소의 판례를 따라 헌법합치적 해석을 한다. 따라서 연방헌법재판소는 그 점에서 막중한 책임을 지고 있다.[122]

---

119) *Roellecke* (주 69), S. 22f.

120) 그렇게는 일반적으로 타당하다. 확립된 판결: BVerfGE 49, 148 (157); 69, 1 (55); 합헌적 해석의 한계로서 문언에 대해서는 BVerfGE 18, 97 (111).

121) BVerfGE 8, 28 (41); 11, 77 (84f.); 33, 52 (69); 54, 277 (299f.); 및 헬무트 슈타인베르거(*Helmut Steinberger*) 재판관의 반대의견: BVerfGE 70, 59 (64).

122) *Starck* (주 66), Art. 1 Rn. 326. 이 책임은 예컨대 BVerfGE 9, 194 (197); 70, 35 (55)에서는 보이지 않는다; 이에 대해서는 BVerfGE 70, 59 (63f.)의 슈타인베르거의 반대의견에서의 정당한 비판 참조.

신청에 따라 헌법 준수를 감독하는 기능에서 볼 때, 연방헌법재판소가 제청 법원의 해석을 받아들여서 법률을 이 해석에 따라 기본법에 비추어 판단하게 되면 충분할지도 모른다. 그러나 최고 연방법원만이 제청할 수 있는 것은 아니기 때문에, 해석을 통해 상고법원이 함께 결정한 통일된 해석이 존재하지 않는다. 따라서 연방헌법재판소가 스스로 심사 규정의 의미내용을 독자적으로 탐색할 권리를 가지는 것은 당연하다. 왜냐하면 어떤 규정이 기본법과 일치하는지 여부는 그것이 올바른(richtig, 원문대로임!) 의미로 기본법에 따라 평가 되는 경우에만 판단할 수 있기 때문이다.[123] 따라서 연방헌법재판소는 구속력 있는 헌법해석 권한을 가질 뿐만 아니라, 법률의 합헌성에 대해 심사하기에 앞서 법률의 해석에 대한 권한까지 가지게 된다.

Ⅱ 각론

1. 기본권 해석의 개별적 문제

a) 일반론

기본권 문언은 기본법이 시행된 이래로 거의 변하지 않았다.[124] 대부분 기본권의 이러한 문언상의 안정성에도 불구하고, 기본권은 해석과 적용을 통하여 비로소 그 형태를 갖춰왔다는 사실을 간과해서는 안 된다. 이는 국가권력이 직접적으로 기본권에 기속된다는 점(기본법 제1조 제3항)과 특정 국가행위가 기본권과 일치하는지 여부에 대해 연방헌법재판소가 반복적으로 답을 요구해온 결과라고 할 수 있다. 연방헌법재판소가 내린 결정들은 기본권을 강도 높은 법적-해석학적 체계화에 노출시켰으며, 이는 오늘날 기본권의 일부 구조영역은 상대적으로 안정된 규범적 기준으로 보이게 하였다.[125] 그러나 분명히 논쟁들은 여전히 있고, 이

123) BVerfGE 10, 340 (345); 22, 28 (33); 35, 263 (277); 비판적으로는 *Karl Bettermann*, Die verfassungskonforme Auslegung, 1986, S. 33ff.

124) 방위헌법(1956), 비상사태헌법(1968)의 도입, 망명권 개정(1993/2000), 제3조(1994) 그리고 제13조(1998)와 관련하여 개정과 보완이 있었다.

125) 이에 대해서 그리고 이하는 특히 *Starck* (주 66), Art. 1 Rn. 151ff.

는 다양한 기본권이론들에 그 원인이 있다. 기본권이론에 있어서는 “기본권의 일반적인 성격, 규범적 목적 그리고 내용적 범위에 대한” 체계적인 견해들이 존재한다.[126] 일반적으로 자유주의적 기본권론, 제도적 기본권론, 민주적-기능적 기본권론, 사회국가적 기본권론 그리고 기본권의 가치론으로 구분할 수 있다. 기본권의 해석은 어느 설을 따르느냐에 크게 좌우된다. 그러나 이 이론들은 해석자가 임의로 선택할 수 없는데, 이는 대체로 인정되고 있다. 본격적인 기본권해석 이전에 이러한 선택이 이루어지는 경우에는, 기본권 해석은 완전히 전통적 해석규칙을 벗어나게 되고 기본권을 사실상 헌법 전체의 밖에 두게 되는 결과를 초래할 것이다.[xxxviii]

기본권은 전적으로 매우 불확정적이고 “일반조항적인”[127] 것이어서 해석에는 광범위한 여지가 허용된다는 견해가 넓게 퍼져있다. 이러한 입장은 특히 다양한 기본권 이론들 가운데 선택하여야 한다는 명제를 뒷받침하고 있다. 로버트 알렉시는 “추상적, 개방적 그리고 이념을 동반하는 기본권 규정”이라는 것을 말하고 있다.[128] 알렉시는 기본권 규정의 개방성으로 인하여 그리고 연혁에서는 많은 경우에 아무것도 도출해 낼 수 없거나 분명한 어떠한 것도 도출해 낼 수 없다는 사실로 인하여 기본권은 상대적으로 미약한 기속력을 가질 뿐이라고 한다. 그러나 다음과 같은 경우에는 기본권이 일반적으로 받아들여지는 것보다 더 명확하다는 사실이 나타난다. 즉, 기본권을 규범통제의 기준으로 사용하는 헌법재판을 (기능법적으로) 고려하여 기본권의 보호영역과 한계를 구별하는 경우,[129] 비례성원칙을 기본권 제한에 적용하는 경우,[130] 그리고 기본권의 자유국가적 기능 외의 다른 기능은 그에 대한 충분히 명확한 해석의 단서가 나타나는 경우에만 예외적으로 인정하는 경우 등이 그러한 경우들이다.[131]

---

126) *Böckenförde* (주 109), S. 1529 및 그 이하; *Alexy* (주 48), S. 508ff.

127) 특히 *Peter Häberle*, Wesensgehaltgarantie des Art.19 Abs. 2 GG, 31983, S. 102; 비판적으로는 *Starck* (주 66), Art. 1 Rn. 171ff.

128) *Alexy* (주 48), S. 501f.; 또한 *Dreier* (주 109), S. 42ff.

129) 아래 II 1b 참조.

130) 아래 II 1c 참조.

131) 아래 II 1d 참조.

기본권의 해석에 대해서는, 부분적으로는 기본권적 성격을 가지는 기본법 제1절의 제도적 보장도 포함해서, 해석규칙들을 적용해야 한다. 최초의 기본권 선언 이후의 기본권의 발전사, 특히 독일의 기본권 역사는 기본권의 해석에 고려되어야 하며, 이때 기본권의 효력은 기본법에 의해서 강화되었다는 점을 유념하여야 한다.[132] 연방헌법재판소는 기본권 해석을 위해서 일반적으로 말하길, 기본권 규범의 법적 효력을 가장 강력하게 발휘하게 하는 해석이 우선되어야 한다고 했다.[133] 이러한 기본권 최대 실효성의 원칙은 독립적으로만 고찰되어서는 안 된다. 왜냐하면 기본법은 보호가치 있는 공동체 이익을 인정하면서 다수의 기본권 제한에서 나타나는 자유의 공동체 조화의 원칙에 근거하고 있기 때문이다. 따라서 개인은 연방헌법재판소의 적절한 표현대로, "개인의 자율성이 유지되는 것을 전제로, 자신의 행동의 자유에 대해 입법자가 사회적 공동생활을 보호하고 장려하기 위해 주어진 사실관계에서 일반적으로 감내할 수 있는 범위 안에서 설정한 한계를 감수해야 한다."[134] 기본권 해석에 관한 그러한 일반적인 진술만으로는 개별 사건에 대해 거의 아무 것도 결정된 것이 없다. 주요하고 결정적인 것은 개별 기본권의 해석과 한계 개념에 달려 있다.

b) 기본권의 보호영역과 한계에 대한 해석학적 구별

기본권의 해석과 적용에 있어서 헌법상 기본권 구성요건(=보호영역)과 기본권의 한계를 구별하여야 한다는 것은 원칙적으로 인정되고 있다.[135] 이 논증방식은 자유의 필연적 공공복리 관련성을 해석학적으로 앞당겨 기본권 구성요건으로 옮기는 것을 방지한다. 매우 드물게 기본권은 특정한 공공복리를 해치는 변형을 처음부터 보호영역에서 제외하여 규정하고 있기도 하다.[136] 그러한 한 보장한계가 존재한다. 초기 판결에서 연방헌법재판소(1960)는 신앙의 자유의 보장한계로서

132) *Starck* (주 66), Art. 1 Rn. 152f.

133) BVerfGE 6, 55 (72); 32, 54 (71); 39, 1 (38).

134) BVerfGE 4, 7 (151f.); 비슷하게는 E 27, 344 (351); 30, 1 (20); 32, 373 (379).

135) *Christian Hillgruber*, HStR IX (2011), §§200, 201.

136) 예를 들면 기본법 제8조 제1항("모든 독일인은 신고나 허가 없이 자유롭게 그리고 비무장으로 집회할 권리를 가진다.")에서 "평화롭고 비무장으로"

"기본법의 일반적 가치질서"를 들면서 다음과 같이 덧붙이고 있다. 즉, "기본법은 아무런 제한 없이 모든 형태의 자유로운 신앙 활동을 보호하고자 하는 것이 아니고, 오히려 오늘날 문화 민족들의 일치하는 어떤 도덕적 기본견해를 바탕으로 역사 발전의 과정에서 형성된 신앙 활동만을 보호하고자 한 것이다."[137] 신앙의 자유의 이러한 구성요건 내재적 제약은 기본법 제4조에 명시적 한계가 없다는 점과 기본법 제140조에 따라 바이마르 헌법 제136조 제1항을 적용하길 꺼리는 것과 관련이 있다.[138] 그에 반하여 기본권 구성요건과 기본권 한계를 해석학적으로 구별하는 것은 기본권을 상황에 따라 임시로 정의할 가능성을 줄임으로써 자유에 대한 자의적 제약의 위험을 줄인다는 점과 기본권의 한계를 설정할 때에는 보다 엄격한 논증이 요구된다는 점은 여전히 타당하다.[139]

1971년 기본법 제13조에 대한 연방헌법재판소의 판결에서 이 문제를 인식하고 명확히 다음과 같이 기술하였다. 즉, 주거 개념에 대한 보다 좁은 해석은, 만약 그렇게 해석하지 않으면 경제, 노동 그리고 세무 감독의 범위 안에서의 행정청의 많은 전래적인 출입 및 조사권은 유지될 수 없을 것이고, 행정청의 그러한 권한들은 기본법 제13조 제3항[xxxix]의 제한조항에 의해 더 이상 보호받을 수 없을 것이라는 우려에서 비롯되었음이 명백하다는 것이다. 보다 넓은 해석은 실질적 어려움을 초래하기 때문에 제한유보를 전제로 기본권의 효력 범위를 결정하여 보다 좁은 해석을 선택한다고 하는 것은 의문이 있다고 한다. 연방헌법재판소는 논의를 다음과 같이 결론짓고 있다. 즉, "오히려 우선 기본권의 실체적 내용을 규명해야 한다. 그리고 난 다음에 원칙적인 자유 추정[xl]과 비례성 및 기대가능성의 헌법원칙

137) BVerfGE 12, 1 (4).

138) 반면에 *Starck* (주 66), Art. 4 Rn. 87 m.w.N. 참조; 후에 연방헌법재판소가 취한 길에 대해서는 BVerfGE 32, 98 (107).

139) *Michael Klöpfer*, Grundrechtstatbestand und Grundrechtsschrangken in der Rechtsprechung des Bundesverfassungsgerichts - dargestellt am Beispiel der Menschenwürde, in: FG-BVerfG, Bd. II (1976), S. 405, 406f.에서는 예를 들면 살인과 절도가 기본권의 보호영역에 해당하는 것을 방지하기 위해서 몇 가지 구성요건의 축소에 대해 슈타르크와 논쟁하고 있다. *Wilhelm Henke*, Juristische Systematik der Grundrechte, in: DÖV 1984, S. 1 (3ff.)는 위와 비슷하게 기본권의 내용과 수인의무를 구별하고 있다.

을 준수하면서 법치국가적으로 타당성이 있는 기본권 행사의 제한이 확정되어야 한다."[140)]

개별 기본권의 보호영역은 해석을 통해 규명되어야 한다. 다양하게 규정된 기본권 제한[141)]을 고려하면서 개별 생활관계를 다양한 기본권 구성요건에 명확히 귀속시키는 것이 필요하다. 판례와 학설은 보호영역을 넓게 해석하는 경향이 있다. 예를 들면 "직업",[142)] "주거",[143)] "출판",[144)] 사실의 통지[145)]와 광고[146)]를 포함한 "의사표현"과 "재산권"[147)] 개념 등이 그러하다. 기본권의 보호영역을 어떤 방식으로든 협의로 확정하게 되면 발생하는 결과는 기본법 제2조 제1항으로 되돌아가게 된다는 것이다.[148)xli]

혼인과 가족을 국가 질서의 특별한 보호 아래에 두고 있는 기본법 제6조 제1항에서 가족이라는 개념은 혼인과 가정 공동체에서 분리되어 해석의 과정에서 포괄적인 의미를 획득하게 되었다. 그에 따르면 결혼하지 않은 부모도 그 자녀와 함께 하나의 가족을 구성하고 별거 중인 경우에는 2개의 가족을 구성한다(BVerfGE 127, 263, 287). 가족 개념에 대한 이러한 해석은 여전히 전통적인 해석규칙의 범위 내에 있는데, 이는 특히 자녀의 보호라는 기본법 제6조 제1항의 목적으로 볼 때 알 수 있다. 혼인이라는 헌법 개념은, 마찬가지로 국가의 특별한 보호 하에 있는데, 이는 남녀의 결합을 기본적으로 해체되지 않는 생활 공동체임을 전제로 하

---

140) BVerfGE 32, 54 (72).

141) *Starck* (주 66), Art. 1 Rn. 267ff.

142) BVerfGE 7, 377 (397); 78, 179 (193).

143) BVerfGE 32, 54 (72).

144) 출판의 범위에 대해서는 BVerfGE 10, 118 (121); 25, 296 (304); 64, 108 (114); 66, 116 (134); 77, 346 (354); 심각한 출판(BVerfGE 34, 269 (283))뿐만 아니라 광고 섹션(BVerfGE 21, 271 (278ff.); 64, 108 (114); 74, 297 (341f.))도 포함한다.

145) BVerfGE 61, 1 (7); 65, 1 (41); 71, 162 (179).

146) 그러한 경향으로는 BVerfGE 30, 36 (352); 53, 96 (99); 분명히 지금은 E 71, 162 (175).

147) 예를 들면 BVerfGE 14, 288 (293); 16, 94 (100); 45, 142 (179); 53, 252 (289); 53, 336 (348); 65, 196 (209); 71, 122 (143); 77, 370 (377).

148) 기본권에 따라 상세히 구분한 것으로는 *Starck* (주 66), Art. 2 Rn. 49-82 참조.

고 있다((BVerfGE 10, 59, 66; 121, 175, 198). 동성 간 생활동반자 관계는 기본법이 혼인 개념을 사용하는 한 혼인이 아니다. 2001년의 생활동반자 관계법에 따른 그러한 생활 공동체는 개성의 자유로운 신장을 보장하는 기본법 제2조 제1항의 보호를 받는다.

c) 기본권의 제한, 특히 비례성원칙

기본권 효력의 우위를 논하는 주된 의미는 기본권 제한에 있다. 기본권 기속을 실현하는 데 있어서 실질적인 어려움은 입법자가 기본권에 기속되면서(기본법 제1조 제3항), 동시에 기본권의 제한을 확정할 권한을 위임받고 있다는 것이다. 기본권 제한에 대한 이러한 형식적 전제조건은 실질적 전제조건들에 의해서 보완되지만, 실질적 전제조건들도 일부만이 기본권으로부터 명시적으로 도출될 뿐이다.[149)]

기본권은 보호가치 있는 법익을 위하여 제한될 수 있다. 이에는 헌법상 규정된 법익(혼인, 타인의 기본권)과 헌법에 부합하는 법익(예를 들면 국민건강) 등이 있다. 보호를 위해 투입된 수단은 적합하고, 필요하며 비례적(=법익형량)이어야 한다. 이러한 기준들은 비례성원칙 또는 과잉금지원칙으로 통칭되고, 이를 통하여 연방헌법재판소는 효과적인 통제수단을 가지고 되고, 이를 이용하여 헌법적으로 정당화된 기본권 제한이나 기본권 침해가 존재하는지 여부를 확인할 수 있게 된다. 이러한 통제도구는 헌법해석의 과정에서 발견된 것이다. 비례성원칙은 종종-연방헌법재판소에 의해서도-법치국가원리로부터 도출된다.[150)] 그러나 1965년 판결[151)]에 따르면 비례성원칙은 정확히 "기본적으로 이미 기본권의 본질 자체에서 나온다. 기본권의 본질은 국가에 대한 시민의 일반적 자유권의 표현으로서 공권력에 의해서 각각 공익의 보호를 위하여 불가피한 정도로만 제약될 수 있을 뿐이다."

---

149) 기본권 제한의 다양한 구분에 대해서는 *Starck* (주 66), Art. 1 Rn. 173f. 참조.

150) BVerfGE 23, 127 (133) m.w.N.; 75, 1 (16); *Eberhard Grabitz*, Der Grundsatz der Verhältrismäßigkeit in der Rechtsprechung des Bundesverfassungsgerichts, in: AöR 98 (1973), S. 568 (582ff.).

151) BVerfGE 19, 342 (348f.); 또한 E 35, 382 (401); 61, 126 (134); 76, 1 (50f.); *Starck* (주 66), Art. 1 Rn. 285; *Detlef Merten*, Verhältnismäßigkeitsprinzip, in: Merten/Papier (Hrsg.), HGR III, S. 517, 538ff.

"기본권의 본질"이 의미하는 것은 기본법 제1조 제3항의 기속조항에서 도출되는데, 이 조항은 기본권의 본질을 결정적으로 드러내고 있다. 기본권이 법률유보를 통하여 오롯이 입법자에게 넘어가는 경우에는 기본권의 본질은 달라진다. 기본권 영역에서 입법자의 규율 권한과 - 사법적으로 통제 가능한 - 입법자의 기본권 기속의 조화가 논리적으로 가능한 경우는 기본권 영역에서 제한을 행하는 입법자가 보호법익을 선택할 때뿐만 아니라 수단을 투입할 때도 헌법상 기속되는 경우뿐이다. 필요성 기준은 법률이 일정한 적용범주를 형성할 때 영향을 미친다.[xlii] 기본법이 사람의 인격에 대해 부여하고 있는 높은 지위를 고려할 때, 개별적 상황에 거의 적합하지 않은 조잡한 적용범주와 유형화를 지양하고, 개별 사건에 대한 판단을 불확정 법 개념과 행정의 재량규정 및 법관에게 위임하는 경향이 정당화된다. 그러나 기본권은 법의 신뢰성과 예측가능성이 포기되거나 점차적으로 훼손되는 것을 요구하는 것은 아니다.[152)] 연방헌법재판소의 법률통제의 관점에서 볼 때 이는 다음과 같은 것을 의미한다. 즉, 연방헌법재판소는 기능법적으로 보장된 전형적이고 일반적인 법률의 특성을 비례성원칙을 지렛대로 사용하여 해체하여 법질서를 원자화해서는 안 된다. 기본권과 그와 대립하는 기본권에 대한 국가의 보호의무가 갈등하는 경우, 예를 들면 의사표현의 자유/출판의 자유와 인격권과 같은 경우에 균형적인 형량이 중요하다. 서로 다른 형량의 사례가 카롤리네 폰 하노퍼(Caroline von Hannover) 사건[xliii]에 관한 연방헌법재판소와 유럽인권재판소의 판결이다.[153)] 의사표현 및 출판의 자유를 우월적 자유권으로 보는 연방헌법재판소의 경향은 기본법에 근거한다고 할 수 없다. 집회의 자유의 우선적 순위도 마찬가지다.[154)]

판결이 기본권 제한에 대해 판단하기 위해 다른 해석학적 개념들, 말하자면 단계이론[155)]이나 어떤 행위가 전적으로 금지되는지 아니면 단지 그 행동의 일정

---

152) *Peter Lerche*, Übermaß und Verfassungsrecht, 1961, S. 54; *Starck* (주 37), S. 43, 58ff.

153) 이에 대해서는 *Christian Starck*, Praxis der Verfassungsauslegung II, 2006, S. 85ff.

154) 적절하게는 *Mattias Herdegen*, Verfassungsinterpretation als methodische Disziplin, in: JZ 2004, S. 873, 877; *Ossenbühl* (주 61), Rn. 51f.

155) BVerfGE 7, 377 (405ff.); 33, 125 (160) - zu Art. 12; E 30, 173 (189ff.) - zu Art. 5

한 방식만을 규율하는지를 구별하는 방법 등을 활용하는 경우에는, 제한 강도의 추상적 계층화가 전제되어 있는 것이고 이는 비례성원칙의 적용을 용이하게 하고 지속시키게 된다. 그러한 "이론"을 적용할 때는 경직되거나 독립적인 것이어서는 안 된다는 점을 주의하여야 한다.

비례성원칙의 적용은 법익의 보호를 위해 설정된 기본권 제한을 다룸에 있어서 사실관계의 확정과 예측을 전제로 한다. 입법자는 이것을 완전히 자유롭게 결정하는 것은 아니다. 그렇지 않으면 기속조항(기본법 제1조 제3항)이 무력하게 될 수 있다. 법률의 합헌성 심사는 사실관계의 확정과 예측에 대한 통제를 요구한다.[156] 입법자에게는 평가의 특권이 인정되지만 그러나 이는 각각 규율될 사실영역의 특성, 충분히 보다 확실한 판결을 내릴 수 있는 가능성 그리고 위험에 처한 법익의 의미에 따라 단계화되어 있다.[157] 그로부터 다음과 같은 통제의 진지성에 대한 다양한 기준들이 나온다. 즉, 특히 경제정책 영역에서 자유로운 경제에 관한 기본권이 간접적으로만 영향을 받는 경우에는 단순한 명백성 통제(Evidenzkontrolle),[158] 경제적 기본권 영역에서 예측 가능성이 보다 확실할 경우에는 타당성 통제(Vertretbarkeitskontrolle),[159] 생명이나 인신의 자유[160] 또는 그 밖의 기본권에 대한 광범위한 제한이 문제되는 경우에는 강화된 내용 통제(intensivierte inhaltliche Kontrolle)가 이루어진다.[161] 특히 명백성 통제와 타당성 통제 간의 통제단계의 구별은 쉽지 않은데, 그것은 단계별

Abs. 3 GG; 이에 대해서는 *Starck* (주 66), Art. 5 Rn. 306ff., 329ff.

156) 확립된 판결: BVerfGE 7, 377 (412); 25, 1 (13); 30, 250 (263f.); 50, 290 (332f.); *Fritz Ossenbühl*, Die Kontrolle von Tatsachenfeststellungen und Prognoseentscheidungen durch das Bundesverfassungsgericht, in: FG-BVerfG 1, S. 458ff.; *Klaus-Jürgen Philippi*, Zur Tatsachenfeststellung des Bundesverfassungsgerichts, 1971, passim; *Brun-Otto Bryde*, Tatsachenfeststellung und soziale Wirklichkeit in der Rechtsprechung des Bundesverfassungsgerichts: FS 50 Jahre Bundesverfassungsgericht, Bd. I, 2001, S. 533ff.

157) BVerfGE 50, 290 (333); 57, 139 (160).

158) BVerfGE 37, 1 (20); 40, 196 (223).

159) BVerfGE 25, 1 (12f.); 39, 210 (225); 57, 139 (157); 77, 84 (107, 122).

160) BVerfGE 39, 1 (46, 51ff.); 45, 187 (238).

161) BVerfGE 7, 377 (415); 11, 30 (45); 17, 269 (276ff.).

귀속의 기준이 여전히 불분명하기 때문이다.[162] 그럼에도 불구하고 단계적 심사는 유용하다. 왜냐하면 그것이 논증체계를 제공하고 있고 누적된 선례를 고려할 때 점점 더 예견 가능하기 때문이다.

입법자에게 인정되는 판단과 예측의 여지는 다른 해석규칙들과 일정한 긴장관계에 있다. 여기서 다른 해석규칙들이란 기본권의 실효성,[163] 의심이 있는 경우에는 자유 이익 우선의 원칙[164] 및 이와 유사한 원칙들[165]인데, 이들은 보호 법익을 고려할 때 경우에 따라서는 부적절한 것일 수 있다.[166] 왜냐하면 예측의 불확실성이 항상 자유의 편인 것은 아니기 때문이다. 심사강도의 단계적 구분은 개별 기본권의 중요성과 그것이 침해되는 정도를 고려할 때 결과적으로 "자유 우선" 원칙의 방향으로 작용하게 된다. 물론 이는 개별적으로 기본권과 그에 대해 매우 다양하게 설정된 제한을 고려하여 정당화되어야 한다.[167]

d) 기본권의 객관적-법적 기능에 대하여

헌법제정회의에서 기본권은 시민이 소송을 통해 주장할 수 있는 주관적 권리로 규정되었고,[168] 그 점에서 기본권의 단순한 프로그램성격도 단순한 객관적-법적 성격도 모두 부인되었다. 이는 독일 기본권 역사를 고려할 때 중요한 결정이었고, 이 결정은 기본법에 여러 가지 형태로 규정되었다. 따라서 기본법은 상응하는 사법적 보호를 규정하고 있다(기본법 제19조 제4항,[xliv] 후에는 기본법 제93조 제1항 제4a호[xlv]).

기본권의 객관적-법적 성격 또는 제도적 보장은 법학 논증에서 종종 주관적 권리를 반대하는 것으로 활용하기 위해 시도되는데, 부분적으로는 민주주의 원리 또는 사회국가 원리가 그 근거로 제시된다. 그러한 논증들은 특히 의사소통 기본

162) 특히 BVerfGE 57, 139 (157)

163) BVerfGE 6, 55 (72); 32, 54 (71); 비판적으로는 *Ossenbühl* (주 61), Rn. 20.

164) 자유추정: BVerfGE 6, 32 (42)

165) BVerfGE 15, 275 (282); 해석은 시민에게 가능한 한 법적 권리를 부여하여야 한다.

166) 비판적으로는 *Roellecke* (주 69), S. 42ff.; *Stern* (주 32), S. 133f.; *Ossenbühl* (주 61), Rn. 20ff., 23f.

167) *Starck* (주 37), S. 75, 139.

168) 그렇게는 예컨대 Abgeordnete Dr. *Schmid* (SPD) in: JöR NF I, S. 43.

권의 영역에서 발견된다. 방송을 통한 보도의 자유의 관점에서(기본법 제5조 제2항), 입법자는 방송의 자유라는 주관적 권리의 주체가 누구인지를 결정할 권한이 인정된다. 나아가서 그 권리는 전적으로 공법상 방송국과 그 구성원에게만 귀속될 수 있는 것으로 여겨졌다.[169] 그에 따라 방송의 자유를 규율할 때에 입법자는 주관적 기본권이 아니라 객관적 헌법 원리를 고려하여야 한다. 그러나 기본권의 탈주관화는 기본법에 부합하지 않는다. 공익은 객관적 헌법 원리가 표현하고 있기는 하지만, 기본권에 대한 입법자의 조직법적인 포괄접근에 의해서가 아니라 기본법이 명시적으로 규정하고 있는 것과 같은 기본권 제한에 의해서 보호된다. 왜냐하면 기본법상 기본권들에서 자유는 객관적-법적 보장의 기준에 따라 보호되는 것이 아니기 때문이다.[170] 기본권의 객관적-법적 (제도적) 측면은 보호가치 있는 다른 공동체이익과 마찬가지로 기본권의 주관적-법적 측면으로 보장되는 행동의 자유를 언제나 한정적으로만 제한할 수 있기 때문이다.[171] 이로부터 나타나는 기본권의 주관적-법적 측면의 우월성은 기본권이 규정하고 있는 자유의 특별한 제한조항에 표현되어 있다. 법률상 규정된 기준에 따라서만 자유가 보장되고 행사될 수 있다고 한다면 이러한 것들은 불필요할 것이다.

판결에서 여러 번 기본권의 객관적-법적 측면과 제도적 측면을 다루었던 연방헌법재판소는 기본권의 주관적-법적 측면과의 관계에 대해 일반적으로 다음과 같이 기술하고 있다. 즉, "그 연혁과 그것의 오늘날의 내용에 따를 때, 그것(원문대로임. 개별적 기본권)은 우선 개인의 권리, 즉 인권과 시민권이고, 구체적이며 특히 위험에 처한 인간의 자유 영역의 보호를 그 대상으로 한다. 객관적 원리로서 기본권의 기능은 기본권 효력의 원칙적 강화에 있지만(BVerfGE 7, 198 (205)-뤼

---

169) 특히 *Wolfgang Hoffmann-Riem*, in: GG-AK I, 1984, S. 489ff.; 비슷하게는 또한 같은 책, 21989, S. 496f. *Martin Bullinger*, Freiheit von Presse, Rundfunk und Film, HStR VII (2009) § 163 Rn. 100ff.

170) 무엇보다도 *Hans Hugo Klein*, Die Grundrechte im demokratischen Staat, 1972, passim; *Walter Schmitt Glaeser*, Planung und Grundrechte, in: DÖV 1980, S. 1 (6); *Günter Dürig* in: Maunz/Dürig. Komm. z. GG, Art. 1 Abs. I Rn. 98; *Eberhard Grabitz*, Freiheit und Verfassungsrecht, 1976, S. 252ff.; *Karl-Eberhard Hain*, Rundfunkfreiheit und Rundfunkordnung, 1993, S. 80f.

171) 출판의 자유에 대해서는 *Starck* (주 66), Art. 5 Rn. 68ff., 74ff.

트), 그 뿌리는 이러한 주된 의미 속에 있다(예를 들면 재산권에 대한 BVerfGE 24, 367 (389)-함부르크 제방관리업 참조). 따라서 그것은 고유한 핵심에서 분리될 수 없고, 객관적 규범 구조로 독립할 수 없다. 그렇게 되면 기본권이 원래 가지고 있는 의미가 퇴색되게 된다."[172]

기본권의 객관적-법적 성격과 관련하여 가치이론적 기본권 이해(werttheoretische Grundrechtsauffassung)가 주장된다. 이에 따르면 가치 있는 자유 활동만 보호되거나 그러한 활동이 특히 보호된다. 이에는 기능적-민주적 기본권 이해(funktional-demokratisches Grundrechtsverständnis)도 포함되는데, 이 견해는 자유보장을 정치적 목적과 목표로 축소하거나 그러한 자유 활동만을 특별히 보호한다. 그러나 이러한 견해들은 기본법과 모순된다. 기본법은 보장되는 자유를 가치적인 활동에 한정하지 않고 필요한 법익보호를 기본권 제한을 통하여 보장하고 있다.[173] 헌법상 보호되는 법익이 기본권 제한을 정당화하면, 기본권의 가치이론과는 두 가지 점에서 차이가 있다. 우선, 헌법상 보호되는 법익은 자유의 한계일 뿐이고 자유 활동을 위해 법적으로 의무가 부과된 적극적 지침이 아니다. 다음으로 보호가치 있는 법익은 개별적으로 헌법에 의해 입증되어야 하고[174] 기본법에 도입된 가치이론에서 도출되어서는 안 된다. 그러나 헌법상 특히 보호되는 법익에 대해서는 "가치"라는 표현은 아무런 문제없이 사용될 수 있다. 그러나 이러한 두 가지 차이가 판례에 대한 비판적 논의에서 항상 명확히 드러나는 것은 아니다.[175]

e) 급부권적 기본권 해석

급부국가적 기본권 해석은 자유 행사에 필요한 실질적 전제조건들이 기본권

---

172) BVerfGE 50, 290 (337); *Ossenbühl* (주 27), S. 2104 도 참조. 공법상 법인의 기본권 주체성에 대한 판결에서도 연방헌법재판소는 기본권의 개별권적 성격을 강조하고 있다. BVerfGE 59, 231 (255); 68, 193 (205); 75, 192 (195) 참조.

173) *Josef Isensee*, HStR IX (2011), § 190 Rn. 204ff., 223ff.

174) 예를 들면 BVerfGE 39, 1 (36f.)

175) 예를 들면 *Erhard Denninger*, Freiheitsordnung-Wertordnung-Pflchtordnung, in: JZ 1975, S. 545ff.; 이에 대해서는 *Christian Starck*, Zur Notwendigkeit einer Wertbegründung des Rechts, in: Ralf Dreier (Hg.), Rechtspositivismus und Wertbezug des Rechts, 1990, S. 47 (57ff.) = *Starck*, Freiheit und Institutionen, 2002, S. 9, 23ff.

에서 함께 보장되어 있다고 하는 생각[176]과 따라서 기본권은 국가에 대한 방어권일 뿐만 아니라 국가에 대한 급부청구권을 내용으로 한다는 생각을 근거로 하고 있다. 그러나 이러한 기본권 확장은 해석의 허용 범위를 벗어난다. 왜냐하면 기본법은 자신이 설정한 조직적 그리고 기능법적 범위 안에서 급부국가적 기본권 해석으로부터 나오는 바와 같은 중요한 재정판단을 헌법해석의 대상으로 하여 연방헌법재판소의 결정권에 따르게 하였을 리가 없기 때문이다. 자유의 전제조건들이 너무 많고 그 불명확성은 피할 수 없기 때문에 기본권 해석학은 해결할 수 없는 난관에 봉착하게 될 것이다. 사회적 균형은 기본권 해석을 통해서 달성될 수는 없고, 오히려 헌법의 한계 내에서 충족되어야 하는 의회에 전속하는 정치적 과제다.[177] 청구대상의 불특정성과 극복할 수 없는 재정 부족으로 인하여 헌법은 사회권 및 기타 급부권에 대해 방어권과 같은 엄격한 구속성을 보장할 수 없다.[178] 기본법의 기본권 보장은 프로그램규정이라는 전통으로부터 의식적으로 벗어나 기본법 제1조 제3항에 규정된 기본권의 직접적 기속에 기초하고 있다. 이로써 헌법해석의 명확한 한계가 나타나며, 이는 사회적 권리뿐만 아니라 국가에 대한 다른 권리들[179]에도 마찬가지로 적용된다. 예외적인 것은 충분한 명확성을 가지고 기본법에서 도출되어야 할 뿐만 아니라 특히 기능배분과 모순되어서는 안 된다.[180]

---

176) *Klaus Stern*, HStR IX (2011), § 185 Rn. 60ff.

177) *Starck* (주 66), Art. 1 Rn. 187-192; *ders.* (주 103), S. 516ff.; *Böckenförde* (주 109), S. 1537; *Ossenbühl* (주 27), S. 2104; *Horst Sendler*, Teilhaberechte in der Rechtsprechung des Bundesverwaltungsgerichts, in: DÖV 1978, S. 581ff.; *Georg Brunner*, Die Problematik der sozialen Grundrechte, 1971, S. 16ff.; *Ernst/ Friesenhahn*, Der Wandel des Grundrechtsverständnisses, in: Verhandlungen des 50. DJT, 1974, Bd. II, Teil G, passim; *Hesse* (주 21), Rn. 289; *Hans D. Jarass*, Grundrechte als Wertentscheidungen bzw. objektiv-rechtliche Prinzipien in der Rechtsprechung des Bundesverfassungsgerichts, in: AöR 110 (1985), S. 363 (389f.); *Wolfgang Rüfner*, Leistungsrechte, in: Merten/Papier (Hrsg.), HGR Bd. III, § 40.

178) 다른 견해로는 *Alexy* (주 48), S. 467은 사법처리문제는 전통적인 기본권에서 제기되는 그것과 기본적으로 다르지 않다고 본다.

179) *Christian Starck*, Informationsfreiheit und Nachrichtensperre, in: AfP 1978, S. 171ff. = *Starck*, Freiheit und Institutionen, 2002, S. 445ff. 참조.

180) 예외에 대해서는 *Starck* (주 103), S. 480, 521, 524, 525 = *Starck*, Freiheit und Institutionen, 2002, S. 158, 199; 반대로 *Alexy* (주 48), S. 465ff.는 반대 원리들이 관철

f) 평등원칙의 해석과 적용

"법률 앞에 평등"(기본법 제3조 제1항)이라는 평등원칙을 구현하는 행정법 및 사법 규정은 법률을 기준으로 하고 있고, 이 법률은 법률의 기준에 따라 균등하게 적용되어야 한다. 입법자도 평등원칙에 기속됨으로써(기본법 제1조 제3항) 무엇이 같거나 다르게 규율되어야 하거나 규율될 수 있는지를 판단하는 기준의 문제가 제기되지만, 그러나 기본법 제3조 제1항에서 답을 찾을 수는 없다. 연방헌법재판소는 다양한 공식으로 설명하면서 평등원칙을 자세히 정의하려고 노력해왔다. 그에 따르면 입법자는 "본질적으로 같은 것을 자의적으로 다르게 취급하거나 본질적으로 다른 것을 자의적으로 같게 취급해서는 안 된다."[181] 연방헌법재판소는 자의를 객관적 의미의 자의로 이해한다. 즉, 규율될 입법대상과 관련하여 규정의 사실상 그리고 명백한 불균형으로 이해한다.[182] 이러한 공식 및 이와 유사한 공식들[183]은 기껏해야 평등원칙의 적용에 일정한 방향을 제시할 수 있지만, 그러나 그것을 내용으로 채울 수는 없다. 이 공식의 도움만으로 평등원칙을 규범통제 기준으로 사용하고자 한다면 그것은 우려스러운 "헌법해석" 현상일 수 있다. 특별한 헌법적 평등보장이 어떤 관점에서 법적 평등이 적용될 것인가를 정하지 않은 경우에는[184] 주도적 관점은 다른 근거에서 도출되어야 한다. 이것을 사회의 지배적인 정의 및 가치 관념에서 이끌어내는 데 한정한다면, 평등원칙을 기준으로 한 사법적 규범통제는 매우 바람직하지 못한 것이 될 수 있다. 왜냐하면 이 가치 관념이 어딘가에 파악할 수 있게 구체화될 수 있다면, 그것은 바로 법률을 제정하는 자유롭게 선출된 의회이기 때문이다. 그러나 일반적 평등원칙은 기본법의 구조 속에 있고, 이로부터 그 적용에 필요한 가치판단들이 도출된다.[185] 기본법의 기본권과

되지 않는 한, 특정 상황에서 사회적 기본권을 가정하여 나아가고 있다. 여기서 더 이상 다루지 않는 행위규범과 통제규범의 구별에 대해서는 위 A I 3 참조.

181) BVerfGE 4, 144 (155); 50, 177 (186); 51, 295 (300); 60, 16 (42).

182) BVerfGE 4, 144 (155); 2, 266 (281); 71, 202 (205); 80, 48 (51).

183) BVerfGE 9, 124 (129); 12, 341 (348); 15, 167 (201); 23, 12 (24f.); 42, 374 (388); 47, 168 (178); 48, 227 (235); 51, 1 (23).

184) 예컨대 Art. 3 Abs. 2, 3; Art. 33 Abs.1 - 3; Art. 38 Abs.1 S. 1; Art. 28 Abs. 1 S. 2; Art. 12 Abs. 2; Art. 101 Abs. 1 S. 1 GG.

185) *Christian Starck*, Die Anwendung des Gleichheitssatzes, in: Link (Hrsg.), Der

조직 부분의 많은 규정들이 해석 과정에서 평등원칙과 관련될 수 있고 평등원칙의 내용을 채우고 있다. 헌법에는 많은 차별금지규정,[186] 차별명령규정,[187] 그리고 차별허용규정[188]이 포함되어 있다. 헌법에서 지도적인 관점이 도출될 수 없는 경우에는, 법률 규정에서 나오는 일관성 관념에서 기준들이 도출될 수 있다.[189] 평등원칙을 방법론적으로 구조화하기 위한 많은 관점들[xlvi]이 여기에서 모두 논의할 수는 없다.[190]

연방헌법재판소의 판결에서 제시된 소위 새로운 공식(neue Formel)[191]은 통제 밀도를 강화하는 것으로서 그에 다음과 같이 말할 수 있다. 즉, 비례성원칙을 추가한 것은 자유권에서 빌려온 것이고, 자유권은 앞에서 언급한 바와 같이 어쨌든 평등원칙의 적용을 위한 차별기준들을 제공한다.[192][xlvii]

g) 민법상 기본권의 효력

기본권이 사법관계에서 효력을 가지는지, 가진다면 어느 정도로 가지는지는 헌법해석의 한 문제인데,[193] 이는 모든 기본권에 대해서 일관적으로 답할 수는 없다. 법에 있어서 자유문제는 다차원적이어서, 시민과 국가 간에도 있고, 시민 상

Gleichheitssatz im modernen Verfassungsstaat, 1982, S. 51, 61ff. = *Starck*, Praxis der Verfassungsauslegung, 1994, S. 104, 113ff.; *Werner Heun*, in: Dreier (Hrsg.), Grundgesetz Kommentar, 3. Aufl., Bd. I, 2013, Art. 3 Rn. 26.

186) 예컨대 모든 사람/모든 독일인에게 보장되는 기본권.

187) 기본권 영역에서는 비례성원칙으로부터 가령 적합성이나 필요성의 관점에서 일반적 범주형성 의무(Gattungsbildungen)가 나타난다; 그 외 6 Abs. 1, 4; Art. 33 Abs. 5 GG 참조.

188) 특히 사회국가원칙(Sizialstaatsgrundsatz)

189) BVerfGE 9, 20 (28); 24, 75 (100); 59, 287 (297); 60, 16 (40); 110, 274, 293.

190) *Starck* (주 66). Art. 3 Rn. 13ff. *Paul Kirchhof*, HStR VIII (2010), § 181 Rn. 173ff.

191) BVerfGE 55, 72, 88; 75, 108, 157.

192) *Starck* (주 66), Art. 3 Rn. 11 m.w.N.

193) 상세하게는 *Starck* (주 66), Art. 1 Rn. 199ff.; *Volkmar Götz*, Die Verwirklichung der Grundrechte durch die Gerichte im Zivilrecht. in: Wolfgang Heyde/Christian Starck (Hg.), Vierzig Jahre Grundrechte in ihrer Verwirklichung durch die Gerichte, 1990, S. 35ff. *Josef Isensee*, HStR IX (2011) § 191 Rn. 129ff.; *Wolfgang Rüfner*, HStR IX (2011), § 197 Rn. 83ff.

호 간에도 있다. 기본법도 마찬가지지만 기본권 목록의 기반이 되는 기본권 개념은 공권력에 대한 것이다. 이는 기본권의 규정 방식뿐만 아니라 기속조항(기본법 제1조 제3항)을 통해서도 표현되어 있다. 더욱이 시민 사이의 기본권 효력은 이들로부터 사적자치를 박탈할 것이다. 왜냐하면 기본권으로 보장된 시민의 자유는 원칙적으로 무엇보다 스스로 직접 기본권에 기속되지 않는다는 것에 있기 때문이다. 기본권의 사법(私法)에 대한 직접적인 개입은 헌법적으로 충분한 근거가 없을 뿐만 아니라 결과적으로도 일관성을 유지하여 관철될 수도 없다.[xlviii]

기본권이 국가에게 보호의무[194] 및 보장의무[195]를 부과하거나 시민 상호 간의 관계에 관하여 평등 취급 명령[196]을 내리는 경우, 기본권은 일반적으로 민법에 직접적으로 효력을 미친다. 기본법 제9조 제3항에서는 단결의 자유를 위해서 사법관계에서의 제3자적 효력이 명령되어 있다. 기본권의 객관적-법적 기능에 대한 설명들은 헌법과 사법은 서로 무관하지 않음을 분명히 하고 있다.[197] 이는 기본법 제1조 제2항을 통하여서도 표현되어 있다. 기본법 제1조 제2항은 인권을 모든 인간 공동체, 평화 그리고 세계의 정의의 기초로 명시하고 있다. 인간 공동체는 시민 상호 간의 관계이기도 하고, 서로에 대해 결코 공권력을 행사하는 것이 아니다. 앞에서 언급한 기본권들은 국가의 보호의무와 평등권과 관련되는데, 그 실현을 위해서는 관련 민법의 형성이 필요하다. 이는 부모의 양육권 보장에도 적용된다(기본법 제6조 제2항). 위에서 언급된 헌법적 보장과 혼인, 가족, 재산 그리고 상속권 제도가 민법을 규율하고 있는 점을 고려하면, 헌법적 지위를 갖는 민법[198]에 관한 것으로서 이를 민법의 입법자는 보다 자세히 설명하여야 하고, 이 경우 입법자는 법 영역을 서로 구별하여야 한다.[xlix] 여기서 언급된 보호의무는 그 이행에 대한 주관적 헌법상 권리가 존재하는 경우에는 적극적 지위에 속한다. 보호의 정도

---

194) 기본법 제1조 제1항 제2문; 제6조 제1항과 제4항.

195) 기본법 제14조 제1항.

196) 기본법 제117조 제1항 및 제6조 제5항과 연계한 제3조 제2항.

197) *Dürig* (주 170), Art. 1 Rn. 127ff.; BVerfGE 7, 198 (206); 25, 256 (263); 42, 143 (148); 73, 261 (269).

198) *Peter A. Wandel*, Über Privatrecht mit Verfassungsrang und Gmndrechtsverwirklichungen auf der Ebene des einfachen Privatrechts, in: Der Staat 37 (1998), S. 385, 393ff.

와 방식에 대한 기준은 어려움을 야기하지만, 일정 정도까지는 입법자의 재량 범위 안에 있다.

연방헌법재판소는 시간이 흐름에 따라 거의 모든 기본권에서 국가의 보호의무[199]를 발견하였고, 이는 기본권과 마찬가지로 헌법소원을 통하여 청구할 수 있다. 따라서 이를 국가의 기본권적 보호의무라고 말하고, 시민의 관점에서는 보호권을 의미한다. 기본권에서 발견된 불문의 보호청구권은 입법에서 방어권과 보호권의 균형을 맞추기 위한 형량적 지위를 갖는다. 기본권의 보호는 대립하는 기본권에 대한 과잉된 제한이 되어서는 안 되고, 제한의 완화가 보호의 부족으로 되어서도 안 된다. 입법자가 어떤 보호를 중단하거나 너무 적게 보호하는 경우, 연방헌법재판소는 이를 확인하고 이의를 제기할 뿐 특정한 보호규정을 의무화할 수는 없다. 어떻게 보호할 것인가라는 관점에서 입법자의 정책적 재량은 보장되어야 한다. 보호의무 판례는 입법과 헌법재판의 관계에서 뿐만 아니라 일반 법원과 헌법재판의 관계에서도 영향을 미친다. 일반법원은 개방적으로 규정된 법률을 적용할 때 제한과 보호를 구체적으로 균형을 맞추어야 한다. 예를 들면 출판의 자유와 인격권[200] 또는 예술의 자유와 인격권[201] 등이 그러한 경우들이다. 기본권적 보호의무에 대한 판례는 새롭게 몇 년 전부터 적용되어 왔고, 헌법의 계속적 형성에 해당한다(위 I 2 d 참조). 헌법의 계속적 형성은 보호의무를 순수하게 객관적-법적으로 자리매김하여 평화와 자유라는 국가의 목적에 기여하는 데 있는 것이 아니라, 보호의무를 주관적-법적으로 구현(Ausformung)하는 데[202] 있다.[1]

2. 헌법의 구조적 원리의 해석에 있어서 개별적 문제

헌법상 국가의 구조적 원리는 해석에 대한 매우 특별한 요구사항을 제기한다. 민주주의, 연방국가, 법치국가, 사회국가, 공화국이라는 구조적 원리는 인간의 존

---

199) *Christian Starck*, Praxis der Verfasungsauslegung, 1994, S. 57-62.

200) BVerfGE 35, 202 (219); 120, 180 (196).

201) BVerfGE 30, 173 (195ff.); 119, 1 (20ff.).

202) *Christian Starck*, Wie kommen die Grundrechte ins Privatrecht und wie wirken sie dort?, in: Festschrift für Rolf Stürner, 2013, S. 61, 66f., 이 책 제2부 제3장 참조.

엄 및 인권과 함께 여러 헌법규범들에 의해 보다 상세하게 규정되고 상호 관련되어 있어, 각각을 분리하여 해석하는 것은 금지된다. 이러한 설명 방식은 이미 기본법에서 나온다. 기본법은 제20조("민주적 그리고 사회적 연방국가")와 제28조("공화국, 민주적 그리고 사회적 법치국가")에서 국가의 다양한 구조적 요소들을 서로 관련시켜 놓고 있으며 따라서 이러한 구조적 원리들이 서로 조정된 채 해석할 것을 분명히 요구하고 있다.[203] 따라서 하나의 국가형성 요소가 다른 요소를 고려하지 않은 채 그리고 그것을 희생시키면서 확장되어서는 안 된다. 개별적인 헌법상 구조적 원리의 해석은 이러한 원리가 헌법상 조직규범, 권한규범 그리고 절차규범 및 기본권에서 어떻게 개별적으로 구체화되어 있는지를 고려해야 한다. 이러한 체계적 관점 외에 구조적 원리에 대한 전통적인 이해도 의미론적 내용을 탐색하는 데 중요하다. 개별적 구조적 원리들은 일관되게 다양한 해석문제를 제기하는데, 이에 대해서는 이하에서 간단하게 설명한다.

연방국가성은 기본법 규범에 구체적으로 표현되어 권한구분, 재정분배 그리고 연방과 주가 상호 영향을 미칠 수 있는 권한들이 규정되어 있다. 예를 들면 연방과 주 간의 권한구분 문제나 재정적 청구권이 문제가 되는 경우에, 일반적으로 연방국가성이라는 구조적 원칙으로 논의하지 않고 오히려 관련 개별 규범을 적용한다. 연방국가성 원칙을 직접 적용할 여지는 기본법상 연방국가성과 관련되는 개별 규범이 개정되는 경우뿐이다. 이때 언제나 효과적인 수직적 권력분립이 보장되어야 한다.[204] 적어도 연방국가성 원칙이라는 이 일반적 원칙은 개별 규범에서 도출하여 실질적인 내용으로 채워져야 한다. 특히 연방국가성에 내재하는 연방 충성(연방 친화적 태도)[205] 사상 때문에 헌법상 규정된 권한질서가 훼손되어서는 안 된다.[206] 주의 권한이 존재하는 경우에는, 이 권한은 독자적으로 연방 헌법과 각 주 헌법의 범위 안에서 실행될 수 있고, 주들 간의 합의는 필요로 하지 않는다.

---

203) *Hesse* (주 21), Rn. 271ff.; *Christian Starck*, Der Rechtsstaat in der politischen Kontroverse, in: JZ 1978, S. 746 (747f.); *Karl-E. Hain*, in: v. Mangoldt/Klein/Starck, Kommentar zum Grundgesetz, Bd. II, 6. Aufl. 2010, Art. 79 Rn. 143: "내적 체계(inneres System)".

204) *Karl-E. Hain*, Die Grundsätze des Grundgesetzes, 1999, S. 423ff.

205) BVerfGE 1, 299 (315); 8, 122 (138); *Starck* (주 32), S. 700f.

206) 정확히는 BVerfGE 4, 115 (141); 45, 400 (421); 61, 149 (205).

주가 자신의 권한을 주장할 때에는 모든 주는 다른 주와 연방의 이해관계를 고려하여야 하고,[207] 마찬가지의 의무가 연방에게도 있다. 연방 충성의 원칙은 일종의 남용금지원칙이다.[208][li] 남용이 발생했다고 주장하려면 특히 설득력 있는 논거가 요구된다. 주 조직의 근거가 되고 연방에 의해 보장되는 민주주의 원리에 따라 주들은 자신들의 권한을 활용하고 자신들의 의도에 따라 필요한 결정을 내릴 수 있다.[209] 그에 반하여 민주주의 원리의 주장은 연방 차원에서는 할 수 없다.[lii]

민주주의 원리의 해석과 관련하여서는 주로 이 원리가 어떻게 기본법에 표현되어 있는지가 논의된다.[210] 자유롭게 떠도는 민주주의 이해[liii]를 기본법 해석의 기초로 삼는 것이 금지된다. 왜냐하면 정치 이론과 개별 국가의 현실에 따라 다양한 민주주의 개념이 존재하기 때문이다. 민주주의라는 단어의 다양한 의미를 기본법의 해석에 끌어들이고자 하는 것은 기본법이 규범적으로 선언한 핵심에 대한 명백한 오해를 불러일으키는 것이고, 방법론적으로 말하면, 체계적인 해석을 무시하는 결과를 가져오게 될 것이다.[211] 민주주의라는 헌법상 개념은 다음과 같은 기본법의 개별적 민주국가 규정들로부터 나온다. 즉, 선거권(기본법 제38조 제1항 제1문) 그리고 의원의 지위(기본법 제38조 제1항 제2문), 정당법(기본법 제21조), 다수결원리, 권력분립(기본법 제20조 제2항, 제3항), 정부의 의회에 대한 책임, 법적 평등의 보장을 포함한 방어권으로서의 기본권(기본법 제3조, 제33조 제1항·제2항·제13항, 제101조 제1항 제1문, 제28조 제1항 제2문), 행정재판과 헌법재판을 포함한 법치국가[212]에 관한 규정들이다.

국민주권의 보장을 위해서 기본법은 국가와 지방자치행정의 민주적 구조에서 출발하고 있다. 정당(기본법 제21조 제1항 제3문)과 같은 사회적 기관들은 예외적으로만 민주적 원칙을 준수할 의무를 부담할 뿐이다. 정당이 의무를 부담하는 것은 국가와의 긴밀한 관계와 국민의 정치적 의사형성에 대해 가지는 기능 때문이다. 기

---

207) BVerfGE 34, 216 (232).

208) BVerfGE 4, 115 (140); 14, 197 (215); 61, 149 (205).

209) BVerfGE 45, 400 (421).

210) *Ernst Wolfgang Böckenförde*, HStR II (2004), § 24 Rn. 8ff.

211) *Ralf Dreier* (주 109), S. 40ff. (42)는 그 점에서 법적 권한을 부인한다.

212) *Starck* (주 32), S. 606ff.; *Starck* (주 67), S. 153f.

본법에서 민주주의 원리가 차지하는 이러한 분명한 체계적 지위는 기본법에서는 기본권으로 보장된 생활영역을 "민주화"해야 한다는 요구를 도출할 수 없다는 것을 의미한다. 관련 입법조치를 통하여 그러한 개별적 생활영역의 "민주화"가 이행되는 경우에도 그에 대한 헌법 명령은 찾을 수 없다. 왜냐하면 그러한 헌법 명령은 기본법의 민주주의 원리에서 해석적 방법으로는 도출할 수 없기 때문이다.[213] 입법자가 예를 들어 경제, 학문, 예술 또는 학교의 영역에서 그러한 조치들을 결정하면 그것은 입법자가 어떤 정치적 결정을 내리는 것이고, 그러한 결정은 관련 기본권과 기타 헌법규범에 비추어 정당한 것이어야 한다. 이러한 접근 방식은 연방헌법재판소의 공동결정 판결에서 모범적으로 다음과 같이 기술하고 있다. "헌법심사의 기준은 해당 개별 기본권들이고, 이 기본권들이 공동결정제도의 확대를 도입할 경우 입법자의 형성의 자유에 대한 헌법적 범위와 한계를 설정한다."[214]

법치국가는 평화와 안전을 보장하는 국가에 대한 법적 구속을 의미한다. 따라서 법치국가는 언제나 다음과 같은 국가만이 될 수 있을 뿐이다. 즉, 한편으로는 수평적 권력분립을 근거로 조직되고, 다른 한편으로는 권력을 독점하는 그러한 국가다.[215] 따라서 권력독점의 폐지는 결코 법치국가 원리에 의해서 요구될 수 없고, 그것은 오히려 법치국가 원리와 모순될 수 있다. 법치국가는 그 과업을 수행할 때 법에 기속되는 국가다. 이 법은 자유와 평등을 보장하는 기본권들이다. 그 외에 법치국가 원리에 포함된 법의 형식적 및 절차적인 측면[216]은 개별 규범, 특히 기본법 제19조 제4항, 제20조 제3항, 제34조, 제80조 제1항 제2문, 제103조 그리고 기본권의 조직법적 및 절차법적 의미 속에 표현되어 있다.[217] 이 규정들은 시민의 권리와 의무를 규정하는 법률은 충분히 명확할 것을 전제로 한다. 국가의

---

213) BVerfGE 35, 79 (120ff.); 47, 327 (386ff., 404ff.): 고등교육법상 공동결정에 관한 판결에서 민주화의 사고에 대해서는 전혀 언급하고 있지 않다; 마찬가지로는 BVerfGE 50, 290 (336ff.).

214) BVerfGE 50, 290 (336).

215) *Christian Starck*, Frieden als Staatsziel, in: FS für Karl Carstens, 1984, S. 867 (871) = *Starck*, Der demokratische Verfassungsstaat, 1995, S. 231, 235.

216) BVerfGE 57, 250 (275)는 양자 모두를 강조하고 있다.

217) BVerfGE 2, 380 (403); 45, 187 (246); 81, 347 (356); *Starck* (주 66). Art.1 Rn. 210ff. (Lit.).

행위들은 예견 가능해야 하고 측정 가능해야 한다. 그 밖의 중요한 관점은 국가기관의 헌법 기속의 보장으로서 기본법 제20조 제3항과 제1조 제3항 그리고 연방헌법재판소의 관할에 의해 이루어진다. 이 실질적이고 형식적인 법치국가적 한계는 민주적으로 정당화된 국가권력에 대해서도 적용된다.

사회국가성[218]은 법치국가성(기본법 제28조 제1항 제1문)과 연방국가성(기본법 제20조 제1항)에 내재된 속성이다. 사회국가성에 대한 개별적인 특별한 표현은 기본법에서는 찾을 수 없다. 특히 일반적 평등원칙은 헌법적 가치평가의 기준에 따라 법적 평등을 보장하는 것이기 때문에,[219] 사회국가성의 표현으로 볼 수 없다. 국가에 대하여 사회적 균형을 이행하고 사회적 안전을 보장하는 입법을 요구하는 사회국가원리[220]는 기본법 제3조 제1항의 관점에서 보면 차별의 허용을 의미하고, 그 점에서 직접적인 헌법적 관련성을 가진다.[221] 그러나 사회적 보장 체계의 형성과 사회적 균형의 실현 방법에 대해서는, 입법자의 형성의 자유가 존재하고, 이는 그 재정적 책임성의 측면에서도 마찬가지다. 법치국가 원리와는 달리, 사회적 보장제도[222]와 소득세 누진과세[223]와 같은 사회국가의 역사적 구현 형태들은 헌법적으로 특별히 보장되고 있지 않다. 개별적 사회보장 부문을 헌법적으로 보장하는 것도 생각해 볼 수 있었을 것이다. 그러나 그 대신 입법에는 광범위한 여지를 부여하는 방식이 채택되었다. 이는 연방헌법재판소가 판결에서 여러 번 반복하여 강조했다. 사회국가 원리는 정의로운 사회질서를 배려할 국가의 의무의 근거가 된다.[224] 이 의무를 이행함에 있어서 입법자에게는 광범위한 형성의 여지가 있

218) *Hain* (주 204), S. 310ff. 참조.

219) 위 III. 1 e; *Starck* (주 66), Art. 3 Rn. 16ff. *Paul Kirchhof*, HStR VIII (2010), § 181 Rn. 6, 153f.

220) *Hans Zacher*, HStR II (2004), § 28 Rn. 25ff.

221) *Paul Kirchhof*, HStR VIII (2010) § 181 Rn. 6, 153f.

222) *Christian Starck*, Die Entwicklung der Sozialversicherungsgesetzgebung in Deutschland und die europäische Sozialunion, in: Festschrift für Thomas Würtenberger, 2013, S. 293ff., 이 책 제2부 제8장에 게재.

223) 그러나 바이마르 헌법 제134조 참조.

224) 가령 BVerfGE 5, 85 (198); 22, 180 (204); 27, 253 (283); 35, 202 (235f.)

다.[225] 사회국가 원리는 말하자면 국가에게 과제를 부여하지만 이 과제가 구체적으로 어떻게 실현되어야 하는지에 대해서는 아무런 말도 하고 있지 않다. 그렇지 않으면 이 원리는 민주주의 원리와 모순에 빠질 수 있다.[226] 광범위하고 철저한 사회국가적 입법의 형성[227]은 - 보시다시피 - 그에 상응하는 헌법적 기준에 달려있지 않다. 선거에서 큰 대중 정당들의 경쟁만으로 사회국가를 재정적으로 가능한 한계에 이르기까지 충분히 확대되었다. 입법이 특정한 경제적 그리고 재정적 상황을 근거로 사회적 급부에 대해 규정한 것은 개정될 수 있다. 왜냐하면 사회국가 원리에서 일반적인 후퇴 금지가 도출될 수 없기 때문이다. 그러나 사회적 법률의 개정은 법치국가적 법률형성의 원칙을 존중하여야 한다.[liv]

국가의 구조에 관한 헌법 원리는 그 체계적 관련성 속에서 충분히 법적 해석이 가능하다. 이 원리들이 기본권과의 관계 속에서 해석되면 그 내용은 더욱 명확해질 것이다. 다음 절에서는 조직과 권한 그리고 절차 규정의 해석에 적용되는 관점들이 구조원리의 해석에 대한 이해 가능성에도 긍정적인 영향을 미친다는 것을 보여준다. 이것은 이러한 규정들이 구조원리를 구체화하는 경우에 특히 그러하다.

3. 헌법상 조직, 권한 그리고 절차 규범(선거법과 정당법 포함)의 해석에 있어서 개별적 문제

이 점에 있어서도 해석 규칙들이 적용되는데, 물론 이 해석 규칙들을 적용하는 과정에서 특별한 중점들이 나타난다. 단어 이해와 언어 용법이 첫 번째 단서다.[228] 당연히 연방국가적 임무배분을 위한 모든 개별적 권한 부여규정들은 연방국가 원리에 대한 특별규정들이다. 연방 하원의 과반수와 같은 민주주의 원리를 적용하여 연방국가적 권한배분을 문제 삼을 수는 없다. 이러한 사실은 너무나 자명하여 언급할 필요가 없다.

---

225) BVerfGE 18, 257 (273); 29, 221 (235).

226) BVerfGE 59, 23 1 (263); 사회국가 원리의 실현은 우선은 입법자의 과제다. 확립된 판결: BVerfGE 1, 97 (105); 65, 182 (193); 71, 66 (80); 75, 348 (359f.); 100, 271 (284); 123, 267 (362).

227) 개관은 *Stern* (주 32), S. 891-914 참조.

228) 예컨대 BVerfGE 12, 205 (226)에서 우편 및 원거리 통신 사업(Post- und Fernmeldewesen).

권한규범의 해석에 관한 대부분의 사례[229]에서는 헌법규범의 연혁이 결정적인 의미를 가진다. 이는 선거권은 국민, 즉 독일 국적자들에게 속한다고 하는 결정에서도 명백히 나타난다.[230] 연방헌법재판소는 법률해석 및 헌법해석과 관련하여 입법 자료는 "보조적으로만 그리고 전체적으로는 그것이 '객관적 법률내용을 추론하게 할' 경우에만 사용되어야 한다."고 지속적으로 강조하고 있다.[231] 특히 입법 자료가 입법기관의 주관적 생각을 객관적 법률내용과 동일시하는 것으로 오도해서는 안 된다. 일반적으로 입법 자료는 결정적인 의미를 가지지는 않는다.

연혁은 이전 헌법의 매개자로서 큰 의미를 갖는다. 헌법제정회의가 연방국가적 차원에서 권한배분을 할 때 바이마르공화국 헌법이나 심지어는 1871년 제국 헌법에서 관련 규정의 문언을 이어받거나 일정한 방식으로 문언을 수정한 경우, 이로부터 관련 기본법조항의 해석을 위한 중요한 결론을 도출할 수 있다.[232] 연방국가의 권한배분과 관련하여, 바이마르공화국 헌법의 국가 관행에서 관련 권한 할당이 어떻게 이해되었는지를 참고하는 것은 두 가지 이유에서 설득력이 있다. 첫째, 헌법제정권자는 바이마르의 국가 관행을 인식하고 있었다. 그래서 기본법의 입법목록은 바이마르공화국 헌법을 지속적으로 참고하여 규정되었다.[233] 두 번째, 연방국가의 권한구분은 주로 명확하고 엄격한 규칙이 중요하고, 그 가치 내용은 크지 않다. 오히려 그 가치는 특히 명확히 권한을 귀속시킴으로써 법질서를 안정화하는 데 있다.[234]

권한 규정들에 관한 많은 판결에서는 바이마르 헌법의 입법 목록[235]과의 차이

229) *Hans-Werner Rengeling*, HStR VI (2008), § 135 Rn. 31ff.

230) BVerfGE 83, 37 (51).

231) BVerfGE 62, 1 (45). 여기서는 E 1, 299 (312); 6, 55 (75); 6, 389 (431); 10, 234 (244); 36, 342 (367); 41, 291 (309); 45, 187 (227)을 인용하고 있다; *Rengeling* (주 229), Rn. 32.

232) 조사위원회의 법에 대해서는 BVerfGE 77, 1 (45, 49f.); 97, 198 (218ff.) - Bahnpolizei; 109, 190 (218f.) - 형법의 범위

233) BVerfGE 3, 407 (414f.); 33, 52, (61).

234) 아주 정확하게는 *Roellecke* (주 69), S. 46; BVerfGE 61, 149 (175f.).

235) BVerfGE 3, 407 (415f.).

점에서 결론이 도출되거나, 권한 할당 규정의 (문자 그대로의) 계승[236]에서 결론이 도출되고 있다. 이 권한 할당 규정의 계승은 부분적으로는 1871년 제국 헌법[237]이나 1867년의 북독일연맹 헌법[238]까지 거슬러 올라간다. 대개 이 권한 규정은 당시의 국가관행과 일치하여 해석된다.[239] 다만, 국가실무가 헌법적으로 다툼이 없는 경우에 그러하다.[240] 헌법 이전의 법률에 의해 미리 정해진 개념규정들도 기본법의 해석의 근거가 된다. 이는 특히 1919/1931의 국세기본법[241]상 조세 개념과 개별 조세 종류의 개념[242]에 대해서 중요한 역할을 했다. 물론 그러한 광범위한 수용으로 인하여 기본법이 계승한 법률 개념을 어느 정도 수정하였는지를 개별적으로 검토할 필요가 없게 되는 것은 아니다.[243]

연방헌법재판소가 기본법조항의 직접적 연혁보다 더 이전의 발전으로 돌아가는 경우에도 해석의 규칙들과 결별하는 것은 아니다.[244] 이전 헌법으로부터 연방과 주의 권한을 구별하는 규범을 수용하는 경우에, 헌법제정권자가 의도한 것을 특히 명백하게 파악할 수 있다. 왜냐하면 그것은 새로운 헌법 환경에서 다른 내용을 가질 수 있는 가치적 요소를 포함하는 개념에 관한 것이 아니기 때문이다. 그러한 권한규범을 해석하기 위해서는 원칙적으로 다음과 같은 질문은 적절하다.

---

236) BVerfGE 12, 205 (226f., 230ff.); 26, 338 (373ff.); 27,18 (32f.); 33, 52 (64); 42, 20 (31f.); 61, 149 (190ff.); 67, 299 (319f.); 68, 319 (328f.).

237) BVerfGE 42, 20 (29f.); 61, 149 (177f.).

238) BVerfGE 12, 205 (226).

239) BVerfGE 26, 281 (299); 26, 338 (373ff.); 27, 18 (32f.); 36, 193 (206ff.); 61, 149 (177f.)

240) BVerfGE 12, 205 (235).

241) BVerGE 7, 244 (251); 55, 274 (299).

242) BVerfGE 14, 76 (91).

243) 조세의 개념에 대해서는 *Christian Starck*, Überlegungen zum verfassungsrechtlichen Steuerbegriff, in: FS für Gerhard Wacke, 1972, S. 193 (196ff.) = *Starck*, Freiheit und Institutionen, 2002, S. 357, 359ff.; *Wolfgang Knies*, Steuerzweck und Steuerbegriff, 1976, 5, 42ff., 73ff.; *Dieter G. Bodenheim*, Der Zweck der Steuer, 1979, S. 36ff.

244) 그렇게는 특히 *Hesse* (주 21), Rn. 58.

즉, 바이마르 헌법에서 규정은 어떠했는가? 기본법 제정자는 무언가를 바꾸고자 하였나?

연방기관의 조직에 대한 헌법규범을 해석하기 위해서 일반적으로 바이마르 헌법에 의지할 수는 없다. 왜냐하면 연방 정부는 다양한 관점에서 바이마르 정부와는 다른 입장을 취하고 있기 때문이다.[245] 연방참사원(Bundesrat)은 바이마르 제국참사원(Reichrat)보다 훨씬 더 강력한 지위를 가지고 있다. 그러나 몇몇 경우에는 권한은 비교 가능한 경우도 있기 때문에 해석을 위해 바이마르 헌법을 참고하였다. 그래서 기본법 제59조 제2항 제1문[lv]에 따른 동의 요건이 조약 체결 선언 외의 다른 행위에 대해서 어느 범위까지 요구되는가라는 질문에 대한 답을 얻기 위해서 "조약"이라는 용어에만 의지하지 않았다. 오히려 그와 동일한 바이마르 헌법 제45조 제3항[lvi]의 문언과 당시의 관행에서 문언의 해석을 확인할 수 있었다. 당시의 관행에 따르면 일방적인 국제법 행위[lvii]는 제국참사원의 동의가 필요하지 않은 것으로 보았다.[246] 이러한 주장은 특히 강력한데, 왜냐하면 헌법제정회의가 바이마르 헌법 제45조 제3항과 비교하여 동의 요건의 내용을 확대하였지만, 그 법적 형식에서는 이전 헌법을 계승하였기 때문이다.[lviii] 조사위원회의 권한을 확정함에 있어서도 바이마르 헌법 당시의 국가관행을 참고 하였다.[247]

이상을 확인하기 위해서 다음을 다시 한 번 언급하자면, 기본권의 해석에 있어서 일반적으로 바이마르 헌법을 참고하지 않는다. 그 이유는 기본법의 기본권은 그 직접적인 기속력으로 인하여 근본적으로 바이마르 헌법에서와는 다른 기능을 가지기 때문이다. 다만 예외적으로 해당 기본권이 판례에서 중요한 역할을 하였고, 기본권의 강화된 의미에 부합하는 해석이 이루어진 경우에는, 기본권의 해석에 대해서도 바이마르 헌법 당시의 지배적인 견해를 참고한다.[248]

---

245) BVerfGE 26, 338 (398); 62,1 (36ff.).

246) 그렇게는 BVerfGE 68, 1 (84).

247) BVerfGE 67, 100 (131); 77, 1 (45, 49f.).

248) BVerfGE 7, 198 (209f.) - 기본법 제5조 제2항과 바이마르 헌법 제118조 제1항 제1문의 "일반적 법률"; E 25, 269 (287) - 시효규정의 변경은 이미 바이마르 헌법 제116조와 같이 기본법 제103조 제2항의 소급금지가 적용되지 않는다; E 33, 52 (73) - 검열은 바이마르 헌법 제118조 제2항 제1문과 같이 기본법 제5조 제1항 제3항에 의한 사전검열(Vorzensur)이다.

역자 주

i 독일 기본법 제79조 제1항과 제2항은 다음과 같다. “(1) 기본법은 기본법의 문언을 명시적으로 수정하거나 보완하는 법률에 의해서만 개정될 수 있다. 평화정착, 평화정착의 준비 또는 점령법 질서의 해체를 대상으로 하거나 또는 연방공화국의 방위에 기여하도록 규정된 국제법상 조약의 경우, 기본법의 규정이 조약의 체결과 시행에 반하지 않음을 명확히 하기 위해서는 그에 한정되는 기본법 문언의 보완으로 충분하다. (2) 그러한 법률은 연방 의회 의원의 3분의 2와 연방참사원 투표의 3분의 2의 동의가 필요하다.”

ii Führung.

iii Rahmen.

iv Mindestausgewogenheit.

v Gesetzesrecht. 일반적인 법률 전체를 통칭하는 의미다.

vi Wenn-Dann.

vii 헌법은 사회의 다양한 영역을 모두 완벽하게 규율하는 것이 아니고 기본적인 구조와 같은 틀을 규정하는 것이기 때문에 어떤 의미에서는 단편적이고 파편적인 내용들로 모자이크 되어 있다고 할 수 있을 것이다.

viii 원문에서는 규범적 전체(normatives Ganzes)라고 되어 있으나 이해의 편의상 통일체로 번역했다.

ix 질서의 틀이라고도 번역할 수 있다. 결국은 기본적 질서를 의미한다. 그런 의미에서 헌법은 기본법이라고 할 수 있다.

x Konkretisierungsdenken.

xi 원문은 기회의 문제(Frage der Opportunität)로 되어있으나 의역한 것이다.

xii 그것 없이는 안 되는 조건이라는 의미다.

xiii funktionsrechtlich. 법규범을 해석하고 적용할 때 규범의 기능과 목적에 초점을 맞추어 해석·적용하는 것을 말한다.

xiv Gestaltungsfreiheit.

xv Gestaltungsspielraum.

xvi Parteiprogramm-Verfassungen.

xvii Friedrich Carl von Savigny, System des heutigen Römischen Rechts, Bd. I, 1840, S. 2에는 다음과 기술되어 있다. “Nur das Privatrecht gehört zu unserer Aufgabe, nicht das öffentliche Recht: also dasjenige, was die Römer durch jus civile (in einer der vielen Bedeutungen dieses Ausdrucks) bezeichnen, oder das, was sie zur Zeit der Republik als die ausschließende Kenntniß eines Jurisconsultus, oder die eigentliche jurisprudentia, ansahen (a). Diese Beschränkung ist jedoch zum Theil schon als eine

Folge der vorhergehenden anzusehen, indem nur das Privatrecht der Römer im Ganzen ein Stück unseres Rechtszustandes geworden ist."(오직 사법만이 우리의 과업에 속하며 공법은 아니다. 즉, 로마인들이 jus civile(시민법)를 통하여 지칭한 바로 그것이거나 공화정 시대에 법률전문가들의 배타적인 인식 또는 진정한 jurisprudentia(법학)로 간주했던 것이다. 그러나 이러한 제한은 부분적으로는 이미 앞서 언급한 내용의 결과로 볼 수 있는데, 로마인들의 사법만이 전체적으로 우리 법체계의 일부가 되었기 때문이다).

xviii Topik(복수는 Topiken)은 라틴어 Topos(복수는 Topi)의 독일어 표현이다. 라틴어를 그대로 독일어로 표기하여 사용하는 경우다. Tops를 뜻으로 번역하면 Thema(주제), Platz(장소) 등이 된다.

xix 법을 절대적인 규범으로 보지 않고 논의 과정에서 참고할 수 있는 하나의 논증수단으로 취급하는 입장이다. 법 이외의 논증 수단들로는 예를 들면 정의, 자유, 평등, 사회적 책임, 윤리, 경제, 정치, 문화 등 다양한 주제들이 존재할 수 있다.

xx 헌법은 법적 구속력을 가진 규범이고, 규범적인 정당성을 가지고 있으며, 법적 안정성과 예측가능성을 가지고 있는데, 법을 하나의 논증 수단으로 보게 되면 결국 그러한 헌법의 규범성을 위협하는 것으로 될 수 있다는 의미다.

xxi 해석규칙에 따른 접근 방식 자체가 이미 토픽적인 성격을 일정 부분 가진다는 것은 특정한 해석규칙을 기계적으로 적용하는 것이 아니라 상황에 따라 다양한 해석 가능성을 고려한다는 의미다.

xxii 토픽적 관점에서 보면 비례성원칙, 인간의 존엄성, 신의성실의 원칙 등은 단순한 이론적 논거가 아니라 내용적으로 유용하고 풍부한 전제들을 가지고 있기 때문에 실제 법 해석에 있어서 중요한 역할을 한다는 것이다. 예컨대 비례성원칙의 경우는 국가가 기본권을 제한하려면 그 조치가 적절하고 필요하고 과잉되지 않아야 한다는 전제를 가지고 있고, 인간의 존엄성은 인간이 존엄은 절대적이어서 국가가 이를 침해해서는 안 된다는 전제를 가지고 있으며, 신의성실의 원칙은 계약 당사자는 신의와 성실에 따라 계약을 이행해야 한다는 유용하고 풍부한 전제들을 가지고 있어서 법 해석에 도움이 된다는 의미다.

xxiii 열린사회 개념은 헌법해석을 고정된 법해석학이나 선례에 의존하지 않기 때문이다.

xxiv 평등이 특정 시점에 일시적으로 보장되는 것이 아니라 시간적으로도 어느 정도 지속성을 가지고 보장되어야 한다는 의미다.

xxv 직업의 자유

xxvi Verfassungsfortbildung. 헌법의 발전이나 법의 발전이라고 번역하는 것이 자연스러울 수 있으나, 이러한 번역은 "발전"이라는 용어가 갖는 일반적인 의미와 혼동할 우려가 있으므로 직역하여 "헌법의 계속적 형성"이라고 번역한다. 헌법이 아닌 일반법의 계속적 형성은 Rechtsfortbildung(법의 계속적 형성)이라고 한다. Rechtsfortbildung은 다음의 두 가지 경로를 통해서 일어난다. 첫째는 법률 개정을 통한 법제도의 발전이다. 예를 들면 경제나 기술 구조의 변화 및 변화된 법적 사고의 영향에 따른 변화된 조건에 법률 개정을 통해 적응하는 것을 말한다. 두 번째는 법원의 해석을 통한 발전이다. 판사는 해석을 통해서 법의 공백을 메우고 논쟁이 되는 법적 문제에 대해 상급법원이 기본적 원칙을 결정할 수 있고, 기존 해석에 대해 추가적으로 발전시킬 수 있다(Rechtswörterbuch 11 Aufl. 1992, Creifelds, Rechtsfortbildung 항목 참조).

xxvii Fachgerichte. 직역하면 전문법원인데, 독일에는 다양한 전문법원이 있다. 연방 차원에서만 보면 연방노동법원(Bundesarbeitsgericht), 연방사회법원(Bundessozialgerichte), 연방행정법원(Bundesverwaltungsgerichte), 연방재정법원(Bundesfinanzgerichte), 연방특허법원(Bundespatentgericht) 등이 있다. 그런데 우리나라에는 전문법원제도가 아니고 단일한 법원의 개념 속에 포함되므로 단순히 법원이라고 하거나 헌법재판소와 구분하는 의미에서 일반법원이라고 번역한다.

xxviii 예를 들면 독일 민사소송법(ZPO) 제543조(상고허가) 제2항 제2호는 다음과 같이 규정하고 있다. "(2) 다음의 경우에는 상고를 허가하여야 한다. … 2. 법의 계속적 형성이나 통일적인 판례의 확보를 위해 상고 법원의 판결이 필요한 경우." 또 행정소송법(VwGO) 제11조 제4항은 다음과 같이 규정하고 있다. "(4) 판결을 내리는 재판부는 법의 계속적 형성이나 통일적인 판례의 확보를 위하여 필요하다고 판단되는 경우, 원칙적인 중요성을 가지고 있는 문제를 대재판부(Großer Senat)에 회부하여 결정하도록 할 수 있다." 노동법원법(ArbGG) 제45조 제4항과 사회법원법 제41조 제4항도 행정소송법과 동일하게 규정하고 있다.

xxix Rahmenordnung. 질서의 틀 또는 기본질서라고도 번역할 수 있다.

xxx 독일 기본법이 경성헌법으로 되어 있는 점을 고려할 때 입법자나 연방헌법재판소가 함부로 헌법의 발전을 도모해서는 안 된다는 것을 의미한다.

xxxi 독일 기본법 제12조 제1항은 다음과 같다. "(1) 모든 독일인은 직업, 직장 그리고 직업교육장을 자유롭게 선택할 권리를 가진다. 직업의 행사는 법률에 의하여 또는 법률에 근거하여 규율될 수 있다."

xxxii 독일 기본법 제74조 제1항 제19호는 다음과 같다. "(1) 경합적 입법은 다음의 영역에 미친다. … 19. 공동체에 위해가 되거나 인간과 동물에게 전염되는 질병에 대한 조치, 의료적 그리고 기타 치료직업과 치료산업에 대한 허가 및 약국, 의약품, 의학제품, 치료수단, 마약 그리고 독극물에 관한 법.

xxxiii 독일 기본법 제24조 제2항은 다음과 같다. "(2) 연방은 평화 유지를 위하여 집단적 상호안전 시스템에 가입할 수 있다; 이 경우 연방은 유럽에서 그리고 세계의 국민들 간에 평화롭고 영속적인 질서를 이끌고 확보하는 연방 주권의 제약에 동의한다."

xxxiv konstitutive Zustimmung. 단순히 법을 해석하여서 하는 동의가 아니라 연방 정부의 조치를 형성적으로 만들어 주는 그러한 동의라는 의미다.

xxxv 독일 기본법 제106조 제3항 제4문은 다음과 같다. "자세한 사항은 제3문에 따라 연방 법률로 정한다."

xxxvi 독일 기본법 제107조 제2항은 다음과 같다. "(2) 연방참사원의 동의를 필요로 하는 연방 법률에 의하여 주의 상이한 재정력이 균형을 이루도록 보장되어야 한다; 이 경우 지방자치단체(지방자치단체연합)의 재정수요도 고려되어야 한다. 이러한 목적을 위하여 법률에 부가가치세 수입에 대한 각 주의 몫을 배분함에 있어서 해당 재정력을 기준으로 가산액과 감액액이 규정되어야 한다. 가산액 부여와 감액액 부과의 전제조건 및 이러한 가산액과 감액액의 규범에 대한 기준은 법률로 정하여야 한다. 재정력 산정을 위해서는 광업법상 지원부담금의 수입 중 일부만을 고려할 수 있다. 또한 법률은 연방이 자체 자금으로 재정력이 약한 주에 대하여 그 일반 재정수요를 보충하기 위한 배분금(보충배분금)을 지급하도록 규정할 수 있다. 이 배분금은 제1문부터 제3문까지의 기준과는 별도로 그 지방자치단체(지방자치연합)가 특히 세입능력이 약한 주(지방세입능력 배분금)와 또한 제91b조에 따른 지원금 배분 비율이 인구비율에 미치지 못하는 재정력이 약한 주에 대해서도 지급될 수 있다."

xxxvii 독일 기본법 제1조 제1항과 제6조 제1항은 다음과 같다. "(1) 인간의 존엄은 침해할 수 없다. 그것을 존중하고 보호하는 것은 모든 국가권력의 의무이다.", "(1) 혼인과 가족은 국가질서의 특별한 보호를 받는다."

xxxviii 기본권을 헌법 전체의 밖에 두게 되면, 헌법의 전체 맥락과는 달리 기본권을 독립적으로 취급하게 될 가능성이 있어 결국에는 헌법과 충돌할 가능성마저 존재하게 된다.

xxxix 독일 기본법 제13조 제3항은 다음과 같다. "(3) 특정한 사실로 인하여 어떤 사람이 법률에 의하여 개별적으로 규정된 특히 중대한 범죄를 범하였다는 의심이 입증되면, 사실관계의 조사가 다른 방법으로는 지나치게 어렵거나 불가능한 경우에는, 그 행위의 소추를 위하여 사법적 명령을 근거로 피의자가 체류하고 있는 것으로 추정되는 주거의 감청을 위한 기술적 수단이 투입될 수 있다. 이 조치는 기간을 정하여야 한다. 이 명령은 3명의 판사로 구성된 재판부를 통하여 시행된다. 지체의 위험이 있는 경우에는 단독 판사가 이 명령을 내릴 수도 있다."

xl 자유가 우선하고 예외적으로 제한된다는 원칙을 말한다.

xli 기본권의 보호영역을 좁게 해석하면 개별 기본권으로 포섭할 수 없는 생활관계가 발생하게 되는데, 이러한 경우에는 일반조항인 기본법 제2조 제1항의 개성신장의 자유가 적용되게 되는 결과가 된다는 의미다.

xlii 유사한 사례들을 일정한 기준에 따라 유형별로 묶으면 일관성이 있는 규율이 가능하게 되고 법적 안정성과 공정성 등이 확보될 수 있게 된다. 필요성 원칙 내지 최소침해의 원칙을 충족하기 위해서는 지나치게 포괄적인 범주의 형성은 위헌의 문제를 제기하게 된다. 덜 제한적인 범주의 형성이 필요한 이유다.

xliii 모나코 왕자 레니에 3세와 그레이스 켈리의 딸 카롤린으로 하노퍼 왕가 에른스트 아우구스트 공과 결혼하여 하노퍼의 카롤리네라는 이름으로 불렸다. 독일과 유럽의 매체들이 그녀의 일상을 사진으로 찍어 보도한 것에 대해서 독일 법원과 유럽인권재판소에 제소하였는데, 독일 연방헌법재판소는 공적 인물로서 공적 관심의 대상이 될 수 있음을 인정한 데 반하여(BVerfG Urteil des Ersten Senats vom 15. Dezember 1999 - 1 BvR 653/96) 유럽인권재판소는 유럽인권협약 제8조 제1항을 위배한 과도한 사생활 침해라고 판단하였다(EGMR 24/06/04 - Rechtssache VON HANNOVER gegen DEUTSCHLAND (Individualbeschwerde Nr. 59320/00).

xliv 독일 기본법 제19조 제4항은 다음과 같다. "(4) 공권력에 의하여 자신의 권리를 침해받은 사람은 누구든지 소송절차를 밟을 수 있다. 다른 관할이 없는 경우에는 일반적인 소송절차가 주어진다. 제10조 제2항 제2문은 영향을 받지 않는다."

xlv 독일 기본법 제93조 제1항 4a호는 다음과 같다. "(1) 연방헌법재판소는 다음을 결정한다. … 4a. 공권력이 자신의 기본권이나 제20조 제4항, 제33조, 제38조, 제101조, 제103조 그리고 제104조에 포함된 권리들이 침해되었음을 주장하는 모든 사람이 제기할 수 있는 헌법소원"

xlvi 평등원칙을 해석하고 적용함에 있어서 어떤 기준과 원칙들을 고려할 것인지, 어떤 경우에 차별을 허용할 것인지 등과 같은 문제들을 체계화하는 것을 평등원칙의 방법론적 구조화라고 할 수 있을 것이다.

xlvii 예를 들면 자유권인 직업의 자유는 공공복리 등을 위해 제한할 수 있는데, 이때 직업에 따라서는 예를 들면 자격 기준 등과 관련하여 다양한 차별이 존재할 수 있는데, 이 차별의 기준을 자유권인 직업의 자유가 제공할 수 있다는 의미다. 언론의 자유와 사생활의 보호와 관련하여서도 언론과 사생활에는 일정한 차별이 있을 수 있는데 그 기준을 언론의 자유와 사생활의 비밀과 자유라는 자유권이 일정한 기준을 제공할 수 있다는 의미다.

xlviii 기본권이 사법에 적용되면 개인 간의 모든 법적 분쟁이 헌법 문제로 변할 가능성이 있다. 따라서 결과적으로 법원의 판단도 일관된 기준을 가지기 어렵고 그 결과를 실제 관철하기도 어렵게 된다.

xlix 헌법이라는 법 영역과 민법이라는 법 영역을 구별하여야 한다는 의미다.

l 보호의무가 국가의 목표가 아니라 개인이 국가에 대해 갖는 권리로 발전하고 있다는 의미다.

li 연방과 주의 관계에서 서로 협력하고 조화를 도모하여야 하고 자신의 권한을 남용하지 말아야 한다는 것이 연방 충성의 원칙이다.

lii 연방은 민주주의 원칙을 들어서 주의 권한을 제한할 수 없다는 의미다. 왜냐하면 기본법 제28조 제1항 제1문은 "주의 헌법질서는 기본법의 의미에서 공화적, 민주적 그리고 사회적 법치국가의 원칙에 합치하여야 한다."라고 규정함으로써 각 주는 민주주의 원칙에 따라서 자율적으로 기능한다.

liii 기본법이 채택하고 있는 민주주의와는 무관하게 일반적이고 추상적이며 임의적인 민주주의 개념을 말한다.

liv 여기서는 특별히 신뢰보호의 원칙이 중요하게 작용할 것이다.

lv 독일 기본법 제59조 제2항 제1문은 다음과 같다. "연방의 정치적 관계를 규율하거나 연방 입법의 대상과 관련되는 조약은 각각 연방 입법을 관할하는 기관의 연방 법률 형식의 동의나 협력을 필요로 한다."

lvi 바이마르공화국 헌법 제45조 제3항은 다음과 같다. "제국입법의 대상과 관련된 외국과의 동맹과 조약은 제국참사원의 동의를 필요로 한다."

lvii 예컨대 국제법상 조약의 종료.

lviii 기본법 제59조 제2항 제1문과 바이마르 헌법 제45조 제2항 제1문의 문언의 구조와 형식은 크게 변경되지 않았다는 의미다.

제4장

법 수용의 이유, 조건 그리고 형태*

I 수용의 개념에 대하여

법 수용은 모든 시대와 모든 문화영역에서 발생하는 포괄적인 문화 수용 현상에 속한다. 게어하르트 쾨블러(Gerhard Köbler)의 법학사전에서는 수용 개념에 대하여 특정한 사회적, 정신적 또는 기술적 발전과 성과가 받아들여져서 새로운 환경 속에 편입되는 것이라고 정의한다.[1] 수용은 가령 언어나 문화적 발전 그리고 문학, 음악, 미술, 그리고 또한 패션과 같은 재화의 수용은 광범위하게 비형식적으로 개인에 의해 일어나 시간이 경과하면서 사회적 인정을 받아 비로소 실제로 실현되는 반면에, 법 수용은 형식적이다. 법 수용이 그러할 수밖에 없는 것은 법의 효력이 형식과 절차를 전제로 하기 때문이다. 그에 대해서는 좀 더 구체적으로 언급할 것이다. 수용은 법학 내에서도 큰 주제이다.

이하에서 문제가 되는 법 수용의 개념은 유럽, 특히 독일에서는 무엇보다도 로마법 수용 과정과 관련된다. 로마법 수용은 14세기에서 16세기 중반까지 이어졌다. 로마법의 수용은 사법(私法)적 법이론, 입법 및 법 적용 분야에서 로마법대

* Aus: Heun/Starck/Tsai (Hrsg.), Rezeption und Paradigmenwechsel im öffentlichen Recht. Viertes deutsch-taiwanesisches Kolloquium vom 7.-8. November in Taipeh (Beiträge zum ausländischen und vergleichenden öffentlichen Recht, Band 28), Baden-Baden 2009, S. 25-35 unter Einbeziehung von Abschnitten aus: Rechtsrezeption, in: Fehling/Grewlich (Hrsg.), Struktur und Wandel des Verwaltungsrechts, Baden-Baden 2011, S. 123 (125-129).

1) *Gerhard Köbler*, Juristisches Wörterbuch, 5. Aufl 1991, S. 303.

전[i]에 편성된 로마법으로 기존 독일 사법을 대체했다.[2)] 그 과정은 유럽법문화 특히 독일법문화에 큰 의미를 가졌는데[3)], 그 의미가 너무 커서 하인리히 미타이스는 수용 개념을 이 과정에 한정하고자 하였다.[4)] 그러나 성공하지 못했다! 따라서 나는 법 수용의 문제를 포괄적으로 다룰 수 있고, 그것도-필자가 연구하는 분야에 따라-주로 공법과 관련된다. 수용(Rezeption)은 recipere에서 파생된 명사이다. Recipere는 받아들이고, 수령하고, 취하는 능동적 과정을 지칭한다. 서로마제국은 몰락하였고, 동로마는 허약하여 멸망하기 직전이었다. 6세기에 유스티니아누스의 법학자들에 의해 로마법대전에서 모은 로마법은 피정복민을 강제하는 정복민의 법이 아니었고, 오히려 죽은 법이 "수용을 통해 재탄생"한 것이었다.[5)]

나는 수용 개념을 원래의 언어적 의미로 이해하고자 한다. 따라서 나는 제국주의 열강에 의한 원하지 않은 법 전승은 취급하지 않을 것이다. 중유럽과 동유럽에서 소련에 의한 법 강제가 이에 해당한다. 북아메리카를 포함한 영국식민지에 보통법[ii]을 들여온 것도 수용이 아니다. 식민지의 영국 이주민들은 그들이 그에 따라 살고자 하여 그들의 법을 가지고 간 것이다. 아프리카와 아시아의 식민지화도 주어진 것이었고, 의무적이었으며 (라틴어 auctorare에서 유래된 의미로) 강제된 법에 의한 식민지화였다. 식민지 사람들은 왕의 법령이나 명령에 의하여 타국의 법에 수동적으로 예속되었으며, 그들이 타국법을 "받아들인" 것이 아니었다. 식민지

---

2) *Franz Wieacker*, Privatrechtsgeschichte der Neuzeit, 2. Aufl. 1967, S. 124; *Georg Dahm*, Zur Rezeption des römischen italienischen Rechts, Sonderausgabe 1960, S. 7ff.; 최근의 매우 유용한 정보로는 *Wolfgang Sellert*, Zur Rezeption des römischen und kanonischen Rechts in Deutschland von den Anfängen bis zum Beginn der frühen Neuzeit: Überblick, Diskussionsstand und Ergebnisse, in: H. Boockmann/L. Grenzmann/B. Moeller/M. Staehelin (Hrsg.), Recht und Verfassung im Übergang vom Mittelalter zur Neuzeit, 1998, S. 115-166.

3) *Reinhard Zimmermann*, Römisches Recht und europäische Kultur, in: Juristenzeitung, 2007, S. 1-12.

4) *Heinrich Mitteis*, Die Rechtsgeschichte und das Problem der historischen Kontinuität, Abhandlungen der Deutschen Akademie der Wissenschaften, Berlin 1947.

5) 그렇게는 *Heinrich Henkel*, Einführung in die Rechtsphilosophie, 2. Aufl. 1977, S. 219.

주둔 관리와 함께 영국의 식민지 판사들이 왔다. 강요된 보통법의 토착화는 원주민을 영국 법률학교에서 교육함으로써 시작되었다. 판사로 교육받은 원주민들은 오늘날 양모가발을 쓰고 재판을 한다. 현재의 관점에서 보면 애초에 강요되었던 보통법과 관련하여 수용이라고 말하는 것은 어느 정도 타당하다고 할 수 있다.[6] 왜냐하면 과거 식민지들이 강요된 법을 거부하지 않은 한, 그들은 그것을 그동안 "받아들였기" 때문이다.

나는 타이완과 관련된 다음 과정에서도 수용에 대해 이야기하고자 한다. 타이완이 시모노세키 평화조약(1895)으로 중국에서 일본으로 할양된 후, 타이완은 일본의 지방으로서 일본에서 일어난 유럽법, 특히 독일법의 수용(II 1)에 참여했고, 그로써 오히려 거대한 중국 제국보다 더 빠르고 체계적으로 현대화되었다. 중국은 제국주의가 붕괴된 이후(1911) 확고한 국가 형태를 갖추지 못했고 따라서 법질서가 현대화될 수 없었다.

두 가지 사례는 완전히 다른 방식으로 원래 강제된 법이 시간이 흐름에 따라 받아들여져서 수용과정이라고 말할 수 있음을 보여준다.

법전을 수용의 근거로 받아들인다고 하여 법을 물적 대상처럼 취하고 새로운 사회적 분위기에서 그대로 적용하는 것을 의미하는 것은 아니다. 모든 수용과정은 어느 정도는 대개 쌍방적인 동화를 전제로 한다. 법은 식물처럼 이식될 수 있는 것이 아니다. 정신적 현상으로서 법은 하나의 법질서에서 다른 법질서로 적응해 가는 것이다. 이것은 특히 개별 규범이나 규범복합체(=제도)가 전래되는 경우에 그러하다. 영속적인 수용이 이루어지려면 수용된 법은 이를 받아들이는 국가의 법해석학적 그리고 사회적 연관 속으로 들어가야 한다. 전체 법질서를 외세의 힘을 빌려 덮어씌우는 것은 언제나 강요일 뿐 결코 수용은 아니지만, 시간이 경과함에 따라 수용으로 되어 갈 수는 있다.

6) *Konrad Zweigert/Hein Kötz*, Einführung in die Rechtsvergleichung, 3. Aufl. 1996, S. 220ff., 224ff.

Ⅱ 수용의 이유와 조건

Ubi societas, ibi ius, 즉 인간이 공동생활을 하는 곳에는 법이 있다. 수용은 말하자면 법이 없는 상태에서는 일어나지 않는다. 따라서 어떤 이유로 수용, 즉 전체 법 영역이나 개별 제도 또는 개별 법원칙들의 수용이 일어나게 되는가라는 문제가 제기된다. 우리는 역사적 사례들을 선택하여 설명함으로써 가장 잘 분명히 할 수 있을 것이다. 수용의 원인에 대한 체계적인 연구를 여기서 의도하는 것은 아니다. 단지 다음과 같은 정도, 즉 법의 단편화나 극복되긴 하였지만 장기간 계속된 독재 등과 같은 고유한 법질서의 불완전성, 또는 법해석학적으로 완성되고 발전된 "현대적" 법률에의 참여 희망이 원인일 수 있다는 정도에 그친다. 수용 과정에 대한 원인은 수용이 기대한 결실들을 거두기 위해서 주어져야 할 조건들과 밀접하게 관련되어 있다.

1. 일본에서의 독일 헌법

나는 19세기 후반의 일본을 전체 법 분야, 여기서는 헌법의 수용 사례로 시작한다.[7] 1868년은 전체 일본 사회와 문화에 있어서 중요한 유신(維新, ishin)의 해다. 250년 이상 지속된 토쿠가와 막부(bakufu)가 끝나고, 정치적으로 무력한 궁중귀족들(황제는 겨우 15세였다)이 반대파와 연합하였다. 1868년 1월 3일 쇼군이 실각하게 된 중요한 한 원인은 쇼군이 무력하게 서구 열강과 체결한 불평등조약들이었다. 막부의 종말 이후 정부기구의 기준(1868)에 따라 중앙정부가 수립되었고, 후에 제정될 헌법에 국가권력의 조직과 절차를 지속적으로 규율하려는 목표가 추구되었다.

유럽에서 공부한 일본 법률가들의 자문과 수많은 유럽 및 미국의 문헌들, 특히 독일과 프로이센 국법에 관한 헤르만 슐체(Hermann Schuze)와 루트비히 폰 뢴

---

7) 다음을 참조: *Junko Ando*, Die Entstehung der Meiji Verfassung. Zur Rolle des deutschen Konstitutionalismus im modernen japanischen Staatswesen, 2000; *Noriko Kokubun*, Die Bedeutung der deutschen für die japanische Staatslehre unter der Meiji Verfassung, 1993; *Johannes Siems*, Die Gründung des modernen japanischen Staates und das deutsche Staatsrecht. Der Beitrag Hermann Roeslers, 1975; *Tadakazu Fukase/ Yoichi Higuchi*, Le Constitutionnalisme et ses problèmes au Japon, Paris 1984, S. 9ff.

네(Ludwig von Rönne)의 책들의 일본어 번역은 이미 1850년의 프로이센 헌법과 남부독일 헌법이 일본의 상황에 대한 모델이 되었음을 나타내고 있다. 영국은 성문헌법이 없는 관계로 모델로서 기여할 수 없었다. 프랑스는 1871년까지 제국헌법을 가졌지만 1875년 이후로는 공화국 헌법이 적용되고 있었기 때문에 모델로서는 제외되었다. 극동에 있어서 제3의 식민지 보유국이었던 미국도 마찬가지로 공화국 헌법을 가지고 있었다. 천황이 국가권력을 인수한 뒤 10년은 독일 헌법이 수용에 적합한 것으로 나타났다. 왜냐하면 - 프로이센에서는 황제에 의해서 그리고 대부분의 독일영토에서는 제후에 의했던 것과 동일하게 - 일본에서도 헌법 위에 군림하는 것으로 생각되었던 천황에 의해 헌법이 강요된 것, 즉 주어진 것이었기 때문이다. 서구에서는 메이지 헌법으로 불리는 1889년 2월 11일에 발효된 대일본제국헌법은 이토 히로부미와 1872 - 1873년에 프랑스와 독일에서 공부한 이노우에 고바야시에 의해 작성되었다. 독일인 헤르만 뢰슬러(Hermann Roesler, 1878년부터)[8]와 알베르트 모쎄가 그들을 도왔다. 뢰슬러는 입헌군주제 헌법이론을 주장하였는데 이것은 일본의 정치상황에 적합했다. 이러한 헌법 기본 개념들에서 입법, 예산법, 천황, 의회(양원제), 군주 정부와 사법 및 일본인의 권리와 의무에 관한 규정들이 비롯되었다. 이 규정들은 독일 영방 헌법들과 현저하게 일치하고 있다.

일본인들은 수용한 군주입헌주의를 우선 전통적인 가부장적 제도로 그리고 후에는 엄격하게 국가주의적인 절대주의 제도로 변형시켜서 동화시켰다. 천황은 주권자로서 절대적이고 무제약적인 지배권을 행사하였다. 헌법은 천황에게 복종하는 국가기관의 권한을 제약하는 데 사용되었다. 헌법에 규정된 인권(제22조 - 제32조)은 일본적 도덕에 합치하지 않는 서구적인 관념으로 폄하되었다. 국가는 인간을 위해 존재하는 것이 아니라 인간이 신민으로서 천황이 구현한 국가를 위하여 존재한다고 하였다. 그에 반하여, 한동안 풍미하기도 했었고 그리고 1924년에서 1932년 사이에는 사실상 존재했었던 의회정부제도를 지지했던 일본 국법학의 한 헌법학파는 천황을 헌법에 기속되는 국가기관으로 보았다. 이러한 헌법해석은 앞서 기술한 바와 같이 독일에서 공부한 동경제국대학의 교수들에 의해 주장되었다. 자유 - 입헌주의적 학파의 주요 대표자인 타츠키치 미노베(1873 - 1948)는 전황

8) 이에 대해서는 특히 *Siems* (주 7) 참조.

모욕으로 1935년에 기소되었다. 그는 모든 직을 박탈당하였고, 천황을 국가기관으로 본 그의 헌법주석서는 금서가 되었다.

일본의 발전은 수용의 관점에서 보면 다양한 점에서 흥미롭다. 수용을 제안하고 수용된 법을 선택하게 된 이유는 설명한 바와 같이 바로 논리적으로 도출될 수 있다. 헌법이해에 대한 계속된 발전, 특히 1924-1932년의 자유주의시대는 물론 새로운 헌법 하의 독일의 발전과 일치한다. 그에 이어서 양국에서는 독재적 억압의 시대가 도래하였는데, 이로 말미암아 양국에서 적어도 사실상으로는 헌법의 폐기를 초래하게 되었다.

제2차 세계대전 이후의 일본의 헌법발전은 여기서는 다루지 않는다. 다만, 1945년 8월에 히로시마와 나가사키에 원자폭탄이 투하되었고 이로써 전쟁이 종결되었다는 것과 미국의 영향 하에 제정된 헌법이 이미 1946년 11월에 효력을 발생하기 시작했다는 것만 언급한다.

2. 중국: 일본에서 배우는 것은 이기기 위해서 배우는 것이다.

일정 준비기간을 거친 후 중국에서는 1900년 경 청나라 말기에 "일본에서 배우는 것은 이기기 위해 배우는 것이다."라는 모토에 따라 법현대화의 시대가 시작되었다. 왜냐하면 일본인들은 20년 일찍, 특히 독일 법을 수용함으로써 그들이 법을 현대화하기 시작하였기 때문이었다.[9] 중국법은 서구화되는 것이 아니라 현대화되어 발전하여야 했다. 로버트 호이저(Robert Heuser)는 그 과정과 초안을 상세히 기술하였다.[10] 해외에서의 법학공부는 일본, 유럽 그리고 북미 대학에 대한 장학금을 통하여 장려되었다. 일본과 유럽국가들의 법률을 중국어로 번역하고 번역문을 이용하여 법률초안들을 작성하는 임무를 가진 기관이 설립되었다. 여기서는 이미 이러한 작업을 수행한 일본을 따라 권리능력, 법률행위, 법관의 독립성과 같은 개념들을 만들어졌다. 일본을 지향하는 것은 동시에 독일 법의 영향을 의미했다.

---

9) *Christian Starck*, Deutsches Verfassungsrecht in Japan, in: Jahrbuch der Akademie der Wissenschaften zu Göttingen 2005, 2006, S. 95ff.

10) *Robert Heuser*, Beginn eines Jahrhundertprojekts: Die Rechtsreform unter der späten Qing-Dynastie (1903 - 1911), in: Zeitschrift für Chinesisches Recht 15 (2008), S. 193 - 205 및 이하도 참조.

이제 수용의 효과를 보면, 그 조건들이 매우 부적합했다는 것을 알 수 있다. 중국에서는 우선 청나라를 멸망으로 이끈 혁명은 "붕괴이지 새로운 창조"가 아니었다는 상황이 있었다.[11] 법이 기속력을 갖고 유지될 수 있는 안정적 국가권력이 확립될 수 없다. 두 번째 장애는 극단적인 개인주의와 이것이 중국에 적합한지에 대한 정당한 의문이 서로 다투었고 수용할 법과 사회적 상황이 서로 동화될 수 없었다는 사실이다. 이를 타이페이에서 가르치고 있던 중국 법학자 왕보치(Wang Boqi, 1908-1961)는 분명하게 표현했다. 1956년 그는 회고하면서 다음과 같이 기술했다.[12] "우리가 입법의 방법으로 받아들인 것은 완전히 그리고 전혀 서구 법제도의 최신의 것이지만, 그러나 국민의식의 차원에서 파악한 것은 … 여전히 오래된, 심지어 복원된 윤리체계이고, 그 사이에는 거의 아무런 매개도 존재하지 않는다." 1949년부터 "매개"는 마오-공산주의를 통해 극단적으로 집단주의적 방식으로 이루어졌다. 그에 반하여 시모노세키 평화조약(1895)에서 중국이 일본에 할양되어 일본의 한 지방이 되어야 했던 타이완은 일본에서 시작된 유럽, 특히 독일법의 수용에 참여하였으며, 중국보다 100년 앞선 수용과 그에 따른 현대화의 이점을 누렸다.[13] 이러한 이점은 특히 타이완에서 권위주의 정권이 무너진 지난 25년간 유리하게 발전하였다. 한국은 10년 뒤 일본의 지배에 들어갔다. 여기서는 전통적으로 중국으로부터 전래된 법이 일본에 의해 수용된 법에 의해 대체되어 강제되었으며, 이는 또한 현대화의 이점을 가져왔다.

---

11) 그렇게는 *John K. Fairbank*, Geschichte des modernen China 1800-1985, 1989, S. 170.

12) *Robert Heuser*, Der Ertrag der Republikperiode (1912-1949) für die Modernisierung des chinesischen Rechts, in: Zeitschrift für Chnisisches Recht 16 (2009), S. 123, 138에서 인용.

13) 지금까지 사법원 고위법관(=헌법재판관)의 해석에 관한 5권만이 영어로 번역되었다: The Republic of China Constitutional Court Reporter, Second Edition 2007; Heun/Starck/Tsai (주 *)에 실린 글들도 참조.

3. 브라질: 미국으로부터 온 연방주의?

1889년 11월에 브라질 제국이 붕괴한 후 이를 연방제 체제로 하려는 의도에서 공화국이 선포되었다. 연방제적 구성의 기반은 제국 시기의 구 지역인 주들이었다.[14] 브라질의 연방제화는 혁명 직후 법령으로 도입하였지만, 헌법제정으로 안정화될 필요가 있었다. 혁명 후 겨우 1년이 지나 짧은 기한으로 헌법위원회가 구성되었기 때문에 시간이 얼마 없었다. 미국 헌법의 연방주의의 수용은 "Constituicão da República dos Estados Unidos do Brasil(브라질 합중국 공화국 헌법)"이라는 명칭에서 이미 나타난 것처럼, 북미와의 지리적 근접성, 북미의 경제와 공화주의의 성공, 미국 헌법과 헌법위원회의 구성원이고 뛰어난 법률가로 알려진 후이 바르보사(Rui Barbosa)의 연방대법원 판결에 대한 정확한 이해를 바탕으로 한 것이었다.[15] 수용과정은 단순히 외국법을 아는 것만이 아니라 이것을 자신의 법과 공동체의 환경에 통합하고, 자신의 것으로 만들 수 있는 능력을 전제로 한다. 브라질에서 브라질 연방국가을 만들 때 종종 지적된 "Latinidade"(라틴적 정체성)의 경시현상은 라틴 국가들이 기능적 연방국가성을 발전시키지 못했다는 사실로 매우 간단하게 설명할 수 있다. 후이 바르보사(Rui Barbosa)는 앵글로색슨의 법문화를 존경했고 미국 법에 대해 정통했다. 그러나 그는 독립적인 식민지들의 연합에서 형성된 미국과 중앙집권적 브라질제국이 공화국으로 되면서 연방국가로 편성되어 나뉜 것 사이에 존재하는 큰 차이를 간과했다.

브라질에서 연방국가의 수용 조건을 보면 여기에서는 특히 헌법제정권자에 의한 수용은 겨우 첫 발을 내딛는 것에 불과하다는 것을 명백히 알 수 있다. 수용된 법은 수용국가의 정치현실에 맞아야 하거나 정치현실이 시간이 경과함에 따라 유리한 공동체적 발전이나 강력한 국가기관에 의하여 헌법의 의미에서 형성되어야 한다. 브라질은 이것을 해내지 못했다. 주는 크기와 경제적 비중에 따라 너무

---

14) *Wolfgang Paul*, Genealogie der Verfassung der Republik der Vereinigten Staaten von Brasilien, in: Nitschack (Hrsg.), Brasilien im amerikanischen Kontext, 2005, S. 11, 14ff. 및 이하도 참조.

15) As Constituicões Brasileiras, ed. Fundação Armando Alvares Penteado, 2007, S. 101 참조.

다양했다.[16] 연방 헌법이라는 허울 아래 남미식 군벌독재체제(카우딜리즘)가 자리를 잡았고, 이후 브라질 헌법은 심지어 명시적으로 규정되었다.[17] 1988년이 신 헌법은 연방주의를 새로 구성하고 그를 통해 안정화하려는 의도로 제정되었다. 그 점에서 당시 100년 전 이루어진 수용은 시간이 흐름에 따라 얻게 된 경험을 포함하여 브라질 상황에 적합한 방식으로 계속해서 영향을 미치고 있다. 헌법의 명칭은 1967년 이래로 Constituicão da República Federativa do Brasil(브라질 연방 공화국 헌법)이다.

4. 헌법재판제도의 수용

지난 20세기 마지막 25년 동안 남유럽에서는 권위주의적 국가구조의 종식과 1989년 공산당 독재의 붕괴로 대규모 수용의 시대가 시작되었다. 두 경우 모두 근본적인 법적 재정립이 필요했다. 그에 필요한 최소한 합목적적인 수용이 가능했던 것은 해당 국가의 젊은 학자들이 자신의 나라에서 독재가 종식되기 훨씬 전에 외국에서 헌법과 법치국가적 행정법을 이미 배우고 연구할 수 있었기 때문이었다. 이러한 나라에서 헌법제정은 권력분립과 기본권 보장을 포함한 헌법을 탄생시켰고, 이는 헌법재판을 통하여 입법자에 대해서도 보호되었다.

개별적 법제도의 수용과 관련하여 나는 스페인의 예를 가지고 시작하려고 하지만, 그것은 일반적 의미를 가지고 있다. 전제적 독재로부터 헌법국가로 이행(Transición)하면서 스페인은 헌법재판소를 설치하였다. 그에 대한 외형적이고 자생적인 연결고리는 1931년의 헌법보장재판소(Tribunal de Garantías Constitucionales)였다. 그러나 이것은 당시에는 아무런 실질적인 전통을 발전시킬 수 없었다. 특히 루비오 요렌테(Rubio Llorente)는 구성과 관할권의 측면에서 오늘날의 헌법재판소(Tribunal Constitucional)와 현저한 차이가 존재한다고 지적하고 있다.[18]

---

16) *Markus Eugster*, Der brasilianische Verfassungsgebungsprozeß von 1987/88, St. Gallener jur. Diss. 1995, S. 31f.

17) As Constituicões Brasileiras (주 16), S. 175f., 221f., 249f.; *Markus Eugster*, S. 30ff.

18) *Francisco Rubio Llorente*, Del Tribunal de Garantías al Tribunal Constitucional, in: Revista de derecho politico 16 (1982/83), S. 27ff.; *Antonio Varela Suanzes-Carpegna*, La Constitucion de 1978 en la historia constitucional española, in: Revista

헌법재판소는 헌법의 준수, 특히 권한질서와 기본권의 준수를 보장함으로써 헌법의 규범성을 확보하여야 한다. 헌법재판소에 대한 이러한 과제에서 헌법재판제도가 우선 제2차 세계대전 이후 서유럽에서 겪은 발전이 설명될 수 있다. 재건된 법치국가질서는 제도적으로 확보되어야 했다. 독일연방공화국이 연방헌법재판소를 통하여 이루어낸 눈에 띄게 좋은 경험들은 스페인이 독재를 극복한 뒤에 헌법재판제도를 두게 된 주된 이유였다.

많은 점에서 스페인 헌법재판소는 독일 헌법재판소와 유사한데, 특히 재판에 대한 헌법소원권한이 그렇다. 특수한 제도인 헌법재판소에서는 드문 이러한 권한을 수용한 것은, 1978년 헌법으로 헌법국가로 이행하면서 최고법원의 구성은 변경되지 않았다는 사실을 배경으로 한다는 점을 이해하여야 한다. 새롭게 설립된 헌법재판소에 재판에 대한 헌법소원을 제기할 수 있게 함으로써, 최고법원의 결정이, 새로운 헌법에 규정되었을 뿐만 아니라 효과적으로 효력을 가지도록 되어 있었던 기본권과 합치하는지 심사할 가능성이 주어졌다(스페인 헌법 제53조).

스페인에서 도입된 재판에 대한 헌법소원과 유사한 것이 15년 뒤에 남아프리카공화국에서 찾을 수 있다. 아파르트헤이트 체제(인종차별정책)가 폐지하면서 법원의 구성은 손대지 않은 채로 그대로 유지되었다. 남아프리카를 지배하는 보통법 전통과는 달리 특수한 헌법재판소가 설치되었다. 오스트리아-독일적 헌법재판제도 모델로의 전환에는[19] 법원의 최종심 판결에 대하여 영향을 미치려고 하는 의지가 주요 원인이 되었다. 인종차별정책 시대 이래의 구성이 지속되고 있는 법원이 기본권 지향적 해석의 요구에 적응하는 데는 너무나 오랜 시간이 걸릴 것이라는 지적도 있었다.[20] 이러한 의미에서 1996년의 남아프리카공화국 헌법 제167조 제6항은 다음과 같이 규정하고 있다. “National Legislation or the rules of Constitutional Court must allow a person, when it is in the interest of justice and with leave of the Constitutional Court … to appeal directly to the

---

Española de Derecho Constitucional 69 (2003), S. 31, 62.

19) *Jörg Fedke*, Die Rezeption von Verfassungsrecht. Südafrika 1993 - 1996, 2000, S. 392.

20) *Levin Holle*, Das Verfassungsgericht der Republik Südafrika, 1997, S. 50의 참고문헌 참조.

Constitutional Court from any other court."(국가의 입법이나 헌법재판소의 규칙은, 정의를 위하여 그리고 헌법재판소의 허가를 얻은 경우 … 개인이 다른 어떤 법원으로부터도 직접 헌법재판소에 심판 청구하는 것을 허용하여야 한다). 이것은 헌법재판소의 재량에 따른 제약이 있기는 하지만 재판에 대한 헌법소원을 의미한다.

남아프리카공화국에 대해 특수한 헌법재판소를 두는 것을 옹호하여 성공을 거둔 사람들은, 기본권 보호를 확고히 하기 위한 독일 연방헌법재판소의 모범적인 판결과 주목할 만한 방법으로 새로운 법질서[21]와 그를 통한 공동체의 기본적 합의를 안정시키는 데 있어 독일 연방헌법재판소가 수행한 중심적 역할을 근거로 제시했다.[22]

헌법재판제도는 수용 변화의 사례도 제공한다. 대부분의 남아메리카 국가들은 미국으로부터 일반법원들에 의한, 특히 최고법원에 의한 분산형 헌법재판제도를 수용하고 있었다. 1978년에 스페인이 헌법재판소를 설립한 이후 많은 남아메리카 국가들은 헌법재판소에 의한 집중형의 전문화된 헌법재판제도로 이행하였고 그 점에서 유럽제도에 합류했다.[23]

5. 기본권 적용을 위한 수용의 대상으로서 비례성원칙

주요 법제도로서 헌법재판제도는 비례성원칙과 밀접한 관계가 있다. 그것은 독일 법문화의 발견도 아니고 연방헌법재판소의 발견도 아니다. 프란츠 비악커가 입증한 바와 같이 그것은 고대에까지 소급한다.[24] 어쨌든 기본권 해석학에 대한

---

21) 구체적으로는 *Marinus Wiechers*, A Constitutional Court for South Africa, 1991, S. 292; *Kader Asmal*, Constitutional Courts - a comparative survey, in: The Comparative and International Law Journal of South Africa, 1991, S. 320 참조.

22) *Christian Starck*, Freiheit und Institutionen, 2002, S. 319, 329ff.

23) 라틴아메리카 국가들에 대하여 일반적면서도 개결적으로 상세히 다루고 있는 *Norbert Lösing*, Die Verfassungsgerichtsbarkeit in Lateinamerika, 2001, S. 28 ff, 37f.; *Allan R. Brewer Carias*, La jurisdicción constitucional en America Latina, in: García Belaunde/Fernández Segado (coord.), La jurisdicción constitucional en Iberoamerica, Madrid 1997, S. 141ff. 참조.

24) *Franz Wieacker*, Geschichtliche Wurzeln des Prinzips der verhältnismäßigen Rechtsprechung, in: Festschrift für Robert Fischer, 1979, S. 867ff.

비례성원칙의 현대적 적용이 연방헌법재판소의 판결에 의하여 강하게 촉진되었거나, 아니라면 발전된 것이라고 할 수 있다.

이 판례를 간략하게 요약하면 다음과 같다. 즉, 비례성원칙은 "기본적으로 이미 기본권 자체의 본질로부터 나오고, 기본권은 국가에 대한 시민의 일반적 자유청구권의 표현으로서 공권력에 의하여 그때그때 공공의 이익의 보호를 위하여 불가피한 경우에 한하여서만 제약될 수 있다."는 것이다.[25] 연방헌법재판소가 인용문에서 "기본권의 본질"이라고 부르는 것은 기본법 제1조 제3항의 기속조항을 고려하는 경우에 보다 명백하게 표현되고, 이 기속조항은 "기본권의 본질"을 결정적으로 새롭게 드러낸다. 기본권의 본질은 법률유보를 통해 입법자에게만 맡겨질 경우에는 다른 것이 되어버린다. 포기할 수 없는 입법자의 기본권 영역에 대한 규율권한과 입법자의 기본권 기속 간의 중재는, 논리적으로 입법자가 보호법익과 그 법익의 보호를 위하여 투입한 수단을 선택함에 있어서 헌법적으로 기속되는 경우에만 가능하다.

국가기관을 기본권에 직접적으로 기속시키고자 하는 새로운 헌법과 새롭게 시작하는 헌법재판은 일반적으로 비례성원칙과 그 적용 방법을 수용하고 있다. 이 원칙은 기본권 제한에 관한 일반규범들에서 그 제한의 한계로서 명시적으로 발견할 수 있다.[26]

1957년 이후 뚜렷한 윤곽을 가지게 된 기본권의 제한에 대한 연방헌법재판소의 판결은 유럽인권재판소에 의해서 받아들여졌고,[27] 간접적으로 이를 통하거나 직접 오스트리아, 이탈리아, 스페인, 포르투갈, 폴란드, 한국, 타이완 그리고 많은 다른 나라에 영향을 미쳤다.[28]

25) BVerfGE 19, 342, 349; 35, 382, 401.

26) 스위스 헌법(1999) 제36조, 유럽기본권헌장(2000) 제52조 참조.

27) *Jochen Frowein*, in: Frowein/Peukert, EMRK-Kommentar, 3. Aufl. 2009, S. 286.

28) *Heinz Schäffer*, Die Entwicklung der Grundrechte und ihrer Interpretation, insbesondere durch die Verfassungsgerichtshöfe in Österreich und Italien, in: Starck (Hrsg.), Fortschritte der Verfassungsgerichtsbarkeit in der Welt-Teil II, 2006, S. 47, 105ff.; 일반적으로는 Hans Kutscher (Hrsg.), Der Grundsatz der Verhältnismäßigkeit in den europäischen Rechtsordnungen, 1985 참조.

수용과정이 오스트리아 헌법재판소와 이탈리아 헌법재판소(Corte costituzionale)에 의해서 거의 동시에 일어났다. 양 재판소는 1980년대까지 헌법상의 기본권 제한을 재량에 따라 기본권을 제한할 수 있는 입법자의 권한으로 이해하였다. 기본권의 핵심영역만이 입법자로부터 보호되었고, 입법자가 기본권의 본질을 침해하는 것은 허용되지 않았다.

이러한 발전에 대해 상세하게 연구한 칼 코리네크[29]는 그에 대해 다음과 같이 쓰고 있다. "법률유보 하에 있는 기본권 영역에서 재산권 보호에 대한 판례 … 의 지속적인 발전과 의사표현의 자유, 소수 보호 또는 영업의 자유와 같은 다른 기본권에 있어서도 법률유보의 실질적 관점이 등장하게 된다. 법률에 의한 기본권의 핵심에 대한 제한이 있을 때 비로소 위헌으로 인정되는 것은 아니다. 이미 그전에 한계에 도달했다. 즉, 공익에 의해 정당화될 수 없거나 기본권 주체의 기본권적 지위를 정도를 넘어서, 불균형적으로, 사실상 부당하게 제약하는 기본권적 지위에 대한 제한은 기본권과 그 법률유보의 실질적 관점에 따라서 볼 때 기본권 자체에 반하는 것이다."

이러한 신개념을 위한 조건들은 유럽인권협약의 영향, 슈트라스부르 소재 기관들에 의한 동 협약의 해석 그리고 이웃한 외국의 판결이었다고 할 수 있다. 이러한 새로운 방향설정은 법이론(Rechtslehre)을 통해 준비되었다.[30] 여기에서 기본권의 효율성을 증가시키는 법학적 논증도구의 수용이 이루어진다. 이탈리아에서도 유사한 발전을 확인할 수 있다.[31] 80년대 후반 이후로 기본권 제한에 있어서 ragione-volezza, 즉 규정의 합리성이 심사되고 있고, 이는 상응하는 형량을 하는 비례성심사로 이어진다.[32]

---

29) *Karl Korinek*, Grundrechte und Verfassungsgerichtsbarkeit, 2000, passim, Zitat S. 53 f; 상세하게는 *Heinz Schäffer*, Die Entwicklung der Grundrechte und ihrer Interpretation, insbesondere durch die Verfassungsgerichtshöfe in Österreich und Italien, in: Starck (Hrsg.), Fortschritte der Verfassungsgerichtsbarkeit in der Welt - Teil II, 2006, S. 47, 105ff. 참조.

30) *Schäffer* (주 29), S. 133f.

31) 이에 대해서는 *Schäffer* (주 29), S. 133f.

32) *Diana-Urania Galetta*, El principio de proportionalidad en el Derecho Público italiano, in: Cuardernos de Derecho Público, núm. 5 (1998), S. 299ff.

대만 고위법관의 판결에서도 비례성원칙은 기본권을 기준으로 한 법률의 통제수단으로 받아들여졌다.[33] 비례성심사에서 나오는 추구하는 목적에 대한 법률의 적합성과 필요성의 심사는 어떤 정치적 여지를 열어놓고 있다. 그러나 고위법관들은 미국적 심사기준과 형량도 참고한다. 판례를 분석해 보면 어떤 도구로 획득된 결과는 다른 도구로서도 달성될 수 있음을 보여준다.

6. 정당에 대한 헌법적 통제의 수용

이탈리아는 1948년 헌법에서 정당에 관하여 최초로 언급한 나라다. 제49조에 의하면 민주적 방법으로 국가적 정치를 결정하는 데 참가하기 위하여 모든 시민은 자유롭게 정당을 결성할 권리를 가진다. 그 직후 기본법에 정당을 편입하고 연방헌법재판소의 판결에 의한 제21조 제1항의 해석과 현대적 적용은 다른 국가의 헌법에 의미 있는 영향을 미쳤다. 스페인 헌법(1978) 제6조는 정치적 의사형성에의 참여, 설립의 자유, 민주적인 내부질서 등 독일 기본법 제21조 제1항을 거의 완전히 받아들이고 있다. 물론 정당기구의 재정적 측면은 제6조에 규정되어 있지 않다. 위에서 마지막에 언급한 것은 포르투갈에도 적용된다. 포르투갈은 그 헌법(1976)에서 정당의 참여권과 정당설립의 자유(제10조 제2항, 제51조 제1항)를 규정하고 있고, 라디오와 TV방송에서 송출시간에 대한 권리(제40조), 정당에 속한 이유로 인한 불이익의 금지(제51조 제2항) 그리고 야당의 권리(제117조) 등 연방헌법재판소의 판결에서 도출된 정당법에 대한 많은 세부적인 사항들을 규정하고 있다.

그리스 헌법(1975) 제29조와 한국 헌법 제8조는 대체적으로 독일 정당조항을 따르고 있고, 특히 국가의 정당재정보조를 규율할 입법자의 의무와 그리스의 경우에는 공개의무를 규정할 의무를 포함하고 있다. 심지어 그리스 헌법과 한국 헌법상 정당조항의 위치는 기본법과 일치한다. 즉, 결사의 자유에 대한 특별법으로서 기본법 제21조처럼 기본권절 밖에 위치해 있다. 지금은 유럽연합에 속하지만 이전에는 공산주의 독재에 의해 통치된 국가들에서 1990년대에 발생한 헌법들은 거의 모두 정당조항을 가지고 있는데, 이 정당조항들은 주로 이전의 정당독재에 대한 반작용이고 내용적으로 결코 기본법의 수용으로 설명될 수는 없다.

---

33) Justiz Yuan, Auslegung Nr. 476 vom 29. 1. 1999, in: The Republic of China Constitutional Court Reporter, vol II, S. 157, 주 13 참조.

7. 요약

지금까지의 설명으로부터 수용과정에 대한 많은 이유를 추출하고 요약할 수 있다. 모범으로 보이고 검증된 법제도나 개별 규정들이 고유한 규정의 흠결이나 잘못을 보완하고 동시에 다른 법질서의 분명한 진보에 동참하기 위해 채택된다.

독재를 정치적으로 극복한 경우에는 새로운 질서를 안정화시킬 제도들이 수용되고 극복되어야 할 것들은 법규정에서 명시적으로 지적되고 금지된다. 예컨대 정당은 직접적으로는 결코 국가권력을 행사해서는 안 된다는 것(헝가리 헌법 제3조 제3항)이나 전체주의적 방법을 전파하거나(폴란드 헌법 제13조) 민주적 기본질서를 침해하는 정당은 금지된다는 것(한국 헌법 제8조 제4항) 등이다.

일반법원에 의한 분산형 헌법재판제도로부터 특수한 헌법재판제도로의 이행은 예컨대 새로운 헌법에 규범적 효력을 보장하기 위해 이루어지는데, 이 경우에는 기존 제도 출신의 판사들을 교체할 필요는 없다.

III 수용의 형태

헌법과 법률의 제정을 통한 수용은 가장 분명하게 인식될 수 있다. 낯선 규범은 수용국가의 언어로 번역되고 법질서에 편입된다. 낯선 규범이 처하게 되는 새로운 관계는 그 규범에 대하여 경우에 따라서는 의미상 미묘한 차이를 부여한다. 이때 사회적 분위기도 일정한 역할을 한다.

그러나 헌법제정이나 법률제정은 수용의 시작에 불과하다. 이후로 재판이 수용된 규범을 어떻게 해석하고 적용할 것인지 그리고 교육받은 법학자들이 전개하는 법해석학이 수용을 다루는 방법을 이해하고 있는지 여부가 중요하다. 법률로 편입하는 경우에 수용의 이유가 설명될 수 있다고 할지라도 그것으로써 수용의 성공을 위한 유리한 조건들이 갖춰졌다고 단정할 수 없다. 설명한 예들은 일관하여, 이국의 법이 어떻게 해석되고 어떻게 작용하고 그리고 자국에서는 어떻게 작용할 수 있을 것인가를 우선 연구한 법학자들에 의하여 헌법제정과 법률제정의 방법으로 수용이 준비된다는 것을 보여주고 있다. 일본에 있어서 그것에 대해서는 이미 설명한 바 있다. 포르투갈과 스페인과 관련하여서는, 독재기간 동안에도 젊은 법학자들이 고국에서 공부한 후 더 공부하기 위해 독일에 왔으며 따라서 그 후 수용된 법은 그들에게는 결코 낯선 법이 아니었다는 것이 기술한 수용 및 그 외의 수용에 대한 유리한 조건들이었다는 것이다. 포르투갈과 스페인 헌법재판소의 특히 제1기의 인적 구성을 보면 소장들[34]을 포함한 많은 재판관들이 독일에서 직접 공부하여서 독일 헌법을 알고 있었다는 것을 확인할 수 있다. 이러한 언급은 한국과 대만에도 그대로 적용된다.

그러나 재판도 자생적 형태의 수용이다. 즉, 재판은 사전적인 입법 없이 법 수용을 시작한다. 이러한 현상의 인상 깊은 예가 공산독재의 종결 이후 새로운 헌법(1997)이 제정되기 전의 폴란드 헌법재판소의 판례다. 그동안에 폴란드 헌법재판소는 연합노동자당의 주권규정으로부터 해방된 구 헌법을 대폭적으로 특히 인권협약으로부터의 수용을 통하여 법치국가적 헌법의 방향으로 계속 형성하였고[35] 그렇게 함으로써 1997년 헌법을 대비해 사전준비를 했다.[36]

대만에서는 고위법관들의 2005년 9월 28일의 제603호 해석(Interpretations 2nded, 2007, p. 552)에서 인간의 존엄성 보장을 수용한 것은 잘 알려져 있다. 간결한 헌법적 단서는 여성의 존엄성 보장이었는데,[37] 이는 오히려 평등보장으로 의도되었다. 인간의 존엄은 고위법관들이 사적 영역에 대한 권리의 근거로 이용하고 있다. 왜냐하면 인간존엄과 자유로운 개성의 신장은 해석에서 말하고 있는 것처럼 모든 "자유롭고 민주적인 헌법질서"의 기본원칙이기 때문이라고 한다. 이러한 해석에서 자연법적 근거를 가진 유럽 헌법 사상의 수용이 시작된다. 법이론이

---

34) José Manuel Moreira Cardosa da Costa (포르투갈), Pedro Cruz Villalón (스페인).

35) 이에 대해서는 *Lech Garlicki*, Constitutional Development in Poland, in. Saint Louís University Law Review, vol. 32 No. 3, 1998, S. 713ff.; *Piotr Tuleja*, Grundlagen und Grundzüge staatlichen Verfassungsrechts: Polen, in: v. Bogdandy/Cruz Villalón/Huber, Handbuch des Ius Publicum Europaeum, Bd. I, 2007, S. 451, 462 참조.

36) 이에 대하여는 *Piotr Czarny*, Rechtsrezeption im polnischen Verfassungsrecht durch Verfassung und Verfassungsgericht, in: Heun/Starck/Tsai (주 *), S. 111ff.

37) 타이완 헌법 추가 조항 제10조 제6항: "The state shall protect the dignity of women, safeguard their personal safety, eliminate sexual discrimination, and further substantive gender equality."(국가는 여성의 존엄을 보호하고, 안전을 보장하며, 성적 차별을 철폐하고, 그리고 실질적 성적 평등을 증진한다).

어느 정도로 이러한 재판의 수용행위를 받아들여 해석학적으로 다루었는지를 아는 것은 흥미로울 것이다.

제3의 수용형태는 법이론(Rechtslehre)에 의한 타국법의 직접적인 수용으로서 이는 시간이 지나면서 재판과 입법에 효과를 발휘한다. 19세기 말 오토 마이어는 주로 국사원(Conseil d'Etat)에 의해 형성된 프랑스 행정법에 관하여 "프랑스 행정법 이론"이라는 저서를 썼는데, 이것을 토대로 그는 후에 독일 행정법에 대한 자신의 주요한 법해석학적 연구[38]에서 발전시켰다. 이는 독일 행정판례의 기반이 되었고, 오토 마이어의 저서가 출판된 지 80년 후 행정절차법의 기초가 되었다.

유럽경제공동체의 창설에서 법을 수호하는 임무를 가진 법원이 설립되었다. 이 임무는 오늘날까지 변함이 없다. 보호되어야 할 법에는 조약과 공동체기관들이 제정한 법이 있지만, 이탈리아 법관인 Pescatore가 언젠가 표현한 바와 같이 회원국의 법문화의 기초에 속하는 질서, 정의 그리고 이성이라고 하는 공통된 이념적 기반도 이에 포함된다. 이것들은 비교법에 따른 평가와 그에 근거한 수용을 통하여 법원과 법이론에 의해 공동으로 형성되었다.[39]

---

38) *Otto Mayer*, Deutsches Verwaltungsrecht, 2 Bände, 1895 und 1896.

39) *Jürgen Schwarze*, Europäisches Verwaltungsrecht, 2. Bände, 1988; *ders.*, Das Verwaltungsrecht unter europäischem Einfluß, 1996; *Christian Starck*, Rechtsvergleichung im öffentlichen Recht, in: Juristenzeitung 1997, S. 1021,1029 =*Starck*, Verfassungen, 2009, S. 338, 358ff.

역자 주

i Corpus Iuris Civilis.

ii Common Law. 관습법이라고도 한다.

제5장

국제법, 연합법 그리고 국내 헌법*

I 서론: 규범 서열과 권한

위 제목에서 언급된 세 가지 법질서는 엄격한 규범 서열 관계에 있지 않다. 이는 국제법과 국내 헌법의 관계에 대해서는 일반적으로 알려져 있다. 규범 서열 또는 단계질서는 보통 권한질서로부터 나온다. 이 권한질서는 국내적으로는 헌법에 의해 규정된다. 예로써 기본법 제31조를 들 수 있는데, 이는 다음과 같이 규정하고 있다. "연방 법은 주 법을 파기한다."[i] 얼핏 보면 이 조문은 주 법에 대한 연방법의 엄격한 우위를 규정한 것으로 보인다. 그러나 기본법상 입법에 대한 권한조항을 보면, 연방에 해당 사안에 대한 입법권한이 없는 경우에는 연방 법에 의해서 깨어질 수 없는 주 법이 존재한다는 것은 분명해진다. 연방이 주 입법권한의 영역에 관하여 규율하려 한다면, 입법권이 없기 때문에 연방 법률은 무효가 될 것이다. 따라서 이 경우 주 법을 파기할 수 있는 연방 법은 존재하지 않게 된다. 경합적 입법권(기본법 제72조 제1항·제2항, 제74조)의 영역에서만-최근에 몇 예외(기본법 제72조 제3항[ii])를 제외하면-"연방 법은 주 법을 파기한다."라는 문언이 적용된다. 연방과 특정 주의 법질서 안에서는 헌법과 법률 그리고 법률과 하위법인 법규명령 간에는 엄격한 서열관계가 적용된다.

민주적 헌법국가의 법 서열은 헌법의 우위 그리고 국가권력의 민주적 정당성에 근거한다. 직접 민주적 정당성을 부여받은 의회가 법률을 제정하고, 그 범위 안에서 위임을 근거로(기본법 제80조 제1항[iii]) 정부기관은 법규명령을 제정할 수 있다. 연방과 주의 입법권의 관계에는 동등한 가치를 가지는 민주적 파생관계가 존재하는데, 이는 연방 헌법의 권한분배를 기준으로 실현된다.[1)] 헌법 개정을 하는

* 출처: Schumann (Hrsg.), Hierarchie, Kooperation und lntegration im europäischen

연방 입법자는 기본법을 개정하면서(기본법 제79조 제1항·제2항) 특정한 한계 내에서(기본법 제79조 제3항[iv]) 연방과 주의 권한배분을 처리할 수 있다. 헌법 개정에 대한 연방의 권한이 미치는 범위 안에서, 연방은 주에 대하여 서열상 상위에 있다. 즉 권한은 서열을 결정한다. 이는 동시에 연방국가성의 표현으로서, 연방은 자신의 국내적 주권을 드러내는 권한의 권한(Kompetenz-Kompetenz)[v]을 가진다.

이제 주제인 "국제법, 연합법, 국내 헌법"으로 들어간다. -서론적으로- 세 개의 법적 범주에 대한 몇 가지 해명으로 시작한다.

1. 국제법은 국가 공동체의 법으로, 조약과 법적 효력을 획득한 관습에 근거한다. 거기에 "문명국가들에 의하여 승인된 일반적 법원칙"[2)]이 추가된다. 국가 간-국제적으로-효력 있는 이러한 법은 조약, 행위 그리고 공동의 확신을 통한 국가들의 합의에 근거하고 있다. 법을 수호하는 기관은 국제연합의 기관들이고, 이들은 물론 법을 집행할 수 있지만 이는 드물고, 보다 강한 집행력을 가진 것으로는 예를 들면 유럽인권재판소를 산하기관으로 두고 있는 유럽평의회(Europarat)[vi]와 같은 지역적-국제법적 기구들이다.

2. 연합법은 유럽연합 회원국의 국제법적 조약(1차 유럽법)과 이 조약에 근거하여 유럽연합 기관에 의해 제정된 법(2차 유럽법)이다. 조약법과 유럽연합 기관이 제정한 법 사이에는 1차 법과 2차 법의 구분이 나타내는 바와 같이 명확한 서열관계가 존재한다. 2차 연합법은 조약법의 범위 안에서 유지되어야 하고, 국내적으로는 헌법과 법률의 관계에 비교할 수 있다. 유럽연합법원에(EuGH)는 조약을 해석하고 적용하는 경우에 법을 준수하는 임무가 위임되어 있다(EUV 제19조 제1항 제2문[vii]).

3. 최고의 국내 법원(헌법의 우위!)인 국내 헌법은 내외의 국가권력 행사의 기준이 된다. 헌법은 국제조약의 체결을 규율하는데(기본법 제59조), 이 국제조약은 유럽연합과 관련되는 조약법의 형태를 포함하여 헌법의 틀 안에 있어야 한다.[3)] 국

Rechtsraum, Berlin 2015, S. 65-79.

1) BVerfGE 36, 342, 361ff.; 연방 헌법과 주 헌법의 관계에 대해서는 *Peter Badura*, Supranationalität und Bundesstaatlichkeit durch Rangordnung des Rechts, in: Christian Starck (Hrsg.), Rangordnung der Gesetze, 1995, S. 112ff.

2) 국제사법재판소 규정(Statut des Internationale Gerichtshofs) 제38조 제1항 참조.

3) *Bernd Kempen*, in: v. Mangoldt/Klein/Starck, Kommentar zum Gmndgesetz, Bd. II. 6. Aufl. 2010, Art. 59 Rn. 98ff.; *Dietrich Rauschning*, Bonner Kommentar, Art. 59

제법상 조약은 보통 법률의 지위를 가진다. 이는 lex posterior derogat legi priori 규칙, 즉 새로운 법률이 구 조약을 대체한다는 규칙이 적용된다는 것을 의미한다. 이 규칙을 고려하면서 입법자는 다음을 주의하여야 한다. 즉 신법이 이전에 체결된 국제법상 조약에 부합하도록 하고, 조약 당사자와 정부의 협상 과정에서 조약을 새로 계획된 입법과 맞추기 위해 노력하여 국내의 법과 국제법상 의무가 일치하도록 해야 한다.[4)]

기본법 제25조[viii]는 국제법의 일반규칙(allgemeine Regeln)을 법률에 우선하는 연방 법의 구성부분으로 선언하고 있다. 연방 법에 대한 국제법의 이러한 우위는 국제법의 일반적 법원칙과 일반적 규칙을 포함하는 국제관습법에 대해서만 인정된다.[5)]

유럽연합의 발전을 위해 기본법 제24조 제1항[ix]과 1992년에 기본법에 수용된 제23조 제1항의 특별규정[x]은 법률에 의하여 주권적 권한을 위임할 수 있도록 규정하고 있다. 그로 인해 기본법의 내용이 수정되는 경우에는 기본법 개정의 절차가 적용된다. 또한 기본법 제23조 제1항에는 위임행위에 대한 내용적 한계가 포함되어 있고, 따라서 해당 국제법 조약을 체결할 때 입법자를 기속한다. 헌법이 보호는 연방헌법재판소의 의무로 되어 있다.[6)]

규범서열과 권한에 관한 이러한 서론적 고찰에 이어 구체적으로 살펴 보고자 한다. 우선 국제법상 조약과 국내 헌법의 관계는 주로 유럽인권협약의 예를 들면서 다룬다(II). 그 다음에는 주권국가의 국제법상 조약에 의하여 설립된 초국가성에 대해 살펴보는데, 여기서는 유럽연합 회원국의 주권에 대한 특별한 고찰이 필요하다(III). 회원국의 주권 보장은 유럽연합법 안의 엄격한 규범서열을 통해 이루어진다(IV). 끝으로 국내 기본권과 연합의 기본권의 관계를 다룬다(V).

(2009), Rn. 103ff.

4) 조세법의 실제 사례를 예로 한 문제점에 대해서는 이를 자세히 검토하고 있는 *Marcel Krumm*, Legislativer Völkerrechtsbruch im demokratischen Rechtsstaat, in: AöR 138 (2013), S. 364ff. 참조.

5) *Christian Koenig*, in: v. Mangoldt/Klein/Starck, Kommentar um Grundgesetz, Bd. II, 6. Aufl. 2010, Art. 25 Rn. 20f.; *Hans Joachim Cremer*, Allgemeine Regeln des Völkerrechts, in: HStR Bd. XI, 3. Aufl. 2013, § 235, Rn. 10-18; *Rudolf Geiger*, Grundgesetz und Völkerrecht, 3. Aufl. 2002, S. 164ff.

6) 최근의 BVerfGE 123, 267ff. 참조.

Ⅱ 유럽인권협약을 중심으로 본 국제법 조약과 국내 헌법

국제법은 국가가 상호 협력하기 위한 중요한 도구다. 보통 이 목적을 위해서는 조약이 체결된다. 조약법에 관한 비엔나 협약[7]에서는 국제연합의 원칙(UN헌장 전문, 제1조, 제2조), 즉 국가의 주권적 평등과 독립성, 국가의 국내 사안에 대한 불개입, 폭력금지 및 모든 사람에 대한 인권과 기본적 자유의 일반적 존중과 보호 등을 언급하고 있다.

독일 헌법에 따르면 연방의 정치적 관계를 규율하거나 연방 입법의 대상과 관련되는 국제법상 조약은 각각 그 연방 입법의 권한이 있는 기관의 동의나 협력이 필요하다(기본법 제59조 제2항[xi]). 국제법을 만들어내는 조약은 국가의 주권과 평등의 표현이다. 국내적으로 독일 헌법에 따르면 직접적으로 민주적 정당성을 가진 의회가 주권적 행위를 결정할 권한이 있으며, 그것을 연방 대통령이 대외적으로 집행한다(기본법 제59조 제1항 제2문[xii]). 사인이 일인 또는 다수의 다른 사인과 계약을 체결하고 그렇게 하여 권리를 창설하는 것처럼, 국가들도 모든 유형의 협력을 위한 법적 기초인 조약을 상호 체결한다.

지역적 국제법에서 유럽인권협약(EMRK[xiii])에 의하여 보장된 인권보호는 서열 문제를 제기한다. 국제조약법으로서 협약은 기본법의 기본권 아래 있다. 그러나 연방공화국은 유럽인권재판소(EGMR[xiv])의 판결을 받아들일 의무가 있다(유럽인권협약 제46조[xv]). 개인은 이미 독일 기본권의 기준에 따라 심사된 독일의 법적 행위를 유럽인권재판소가 유럽인권협약의 기준에 따라 심사하도록 유럽인권재판소에 청구할 수 있다.

최근에 모든 사법절차를 거친 (모나코에서 출생한) 캐롤린 하노버 공주와의 법적 분쟁에서 연방헌법재판소의 결정이 유럽인권재판소에 의하여 인권침해로 판결되는 상황이 발생했다. 이는 출판의 자유와 인격권의 형량이 문제된 것이었는데, 유럽인권재판소는 "시사적 인물"이라는 개념, 출판기관의 평가 그리고 사적

7) 1969.5.23. 체결, 1980.1.27. 시행((BGBl. 1985 II, S. 926).

영역의 장소적 범위 등에 대해 연방헌법재판소와 다르게 판단했다.[8)] 이로 인해 기본법과 국제법상 조약인 유럽인권협약의 서열관계가 사실상 뒤바뀌었다. 따라서 유럽인권협약이 법률의 지위를 가지는 국가인 독일에서는 법률이나 판결이 유럽인권재판소의 해석을 따르면서 유럽인권협약의 인권을 침해하지 않도록 주의를 기울이고 있다.

이에 대하여 연방헌법재판소는 서열문제는 검토하지 않고 이전 결정들을 참조하여 다음과 같이 설명하였다:[9)] "협약의 보장은 기본법의 기본권과 법치국가적 원칙의 해석에 영향을 미친다. 협약의 문언과 유럽인권재판소의 판결은, 이것이 - 협약 자체에 의해서는 의도되지 않은(유럽인권협약 제53조) 기본법에 따른 기본권보호를 억제하거나 최소화하는 것으로 귀결되지 않는 한, 헌법의 차원에서 기본법의 기본권과 법치국가적 원칙의 내용과 범위를 확정하기 위한 해석에 도움을 준다." 기본법의 기본권은 해석의 어려움 없이 유럽인권협약과 조화롭게 해석될 수 있다.[10)]

다른 예로는 가족법에서 찾을 수 있다. 2003년에 연방헌법재판소는 혼인 외 자에 대한 부모 공동 친권을 모의 의사에만 따르도록 한 독일 민법 제1626a조를 기본법 제6조 제2항[xvi]을 침해하지 않는 것으로 보았다.[11)] 2009년에 유럽인권재판소는 한 독일 사례[12)]에서 친권에 대해서는 아무런 말을 하고 있지 않는 유럽인권협약 제8조[xvii]와 제14조[xviii]보다는 오히려 다른 유럽 국가들의 법 발전에 근거하여 달리 판단하였다.[13)] 부모의 양육 규정의 경우에 국내 입법자에게는 판단여지가 존재하지만, 일반적인 유럽적 기준이 확인될 수 있는 경우에는 그 여지는 당연

---

8) 상세하게는 *Christian Starck*, Das Caroline-Urteil des Europäischen Gerichtshofs für Menschenrechte und seine rechtlichen Konsequenzen, JZ 2006, S. 76ff. = *Starck*, Praxis der Verfassungsauslegung II, 2006, S. 85ff. 참조.

9) BVerfGE 74, 358, 370; 83, 119, 128과 관련한 BVerfGE 111, 307, 317.

10) *Joachim Abr. Frowein*, Übernationale Menschenrechtsgewährleistungen und nationale Staatsgewalt, in: HStR Bd. VII, 1992, §180 Rn. 7, 24f.

11) BVerfGE 107, 150, 169f.

12) EGMR: Zaunegger gegen Deutschland, Nr. 22028/04, Urteil v. 03.12.2009.

13) BVerfGE 127, 132, 139f.의 목록 참조.

히 축소된다는 것이다. 이 결정과 연계하여 연방헌법재판소는 2010년에 민법 제1626a 제1항 제1호를 기본법 제6조 제2항에 부합하지 않고 따라서 헌법에 위반된다고 선언하였다.[14] 아주 상세히 논증하고 있는 새로운 해석 접근에서 연방헌법재판소는 유럽인권재판소의 입장에 도달했다.[15]

이 사건에서 결과는 설득력이 있을 수 있다. 그러나 원칙적으로 어떻게 유럽인권재판소가 일반적인 유럽적 기준을 확정할 수 있는가에 대해서는 의문이 제기될 수밖에 없다. 이러한 규범적 지위가 나온다는 것을 어떻게 설명할 수 있는가? 다른 사례를 들어보자. 연방헌법재판소는 1959년 이래로 기본법이 의미하는 혼인은 원칙적으로 해체되지 않는 생활공동체를 위한 남자와 여자의 결합이고,[16] 입법자의 처분권한에서 벗어나 있는 구조원리라고 늘 판단해왔다.[17] 다른 유럽국가에서의 발전상황이 동성 공동체도 혼인으로 승인한다는 것을 유럽인권재판소가 확인하는 경우에는 그것이 달라져야 하는가? 이 예는 사실상 유럽적 기준에 적응시키는 데에도 한계가 있음을 보여준다.

1978년 스페인 헌법 제10조 제2항은 명시적으로 다음과 같이 요구하고 있다.[18] "헌법에서 인정된 기본권 및 기본자유와 관련된 규범은 세계인권선언과 이러한 문제에 대하여 스페인이 비준한 국제조약 및 협약과 일치하도록 해석되어야 한다." 1976년의 포르투갈 헌법 제16조 제2항도 비슷하게 규정하고 있다. 이 국가들에서는 헌법 자체가 국가가 가입한 국제법상 인권선언의 우위를 규정하고 있다. 그러나 이 인용된 헌법조항들은 선언의 규범적 본질의 우위를 말하는 것일 뿐이고, 인권협약에 가입한 국가들의 발전상황을 모두 따를 것을 요구하는 것은 아니다.

---

14) BVerfGE 127, 132, 145f.

15) BVerfGE 127, 132, 146 - 162.

16) BVerfGE 10, 59, 66; 31, 58, 82; 49, 286, 300; 53, 224, 245; 105, 313, 345; 121, 175, 198; 131, 239, 259.

17) BVerfGE 63, 323, 330.

18) Las normas relativas a los derechos fundamentales y a las libertades que la Constitución reconoce se interpretarán de conformidad con la Declaración Universal de Derechos Humanos y los tratados y acuerdos internacionales sobre las mismas materias ratificados por España.

그밖에 유럽연합법원(EuGH)이 국내 기관에 의한 공동체법의 적용에 대해 심사하고 EUV 제6조 제2항과 제3항[19]을 법인식 근거로 사용하는 경우에, 유럽인권협약의 자유권에 법적으로 보장된 적용우위가 인정될 수 있다.[20] 유럽연합의 유럽인권협약 가입이 예정되어 있으며 관련 협약 초안이 제출되어 있다.[21)xix]

Ⅲ 초국가성과 주권

국가 간 협력이 매우 밀접하게 되면 국가 간 기구가 창설될 수 있다. 이미 1949년의 최초의 기본법에서는 제24조 제1항에서 연방은 법률에 의하여 국가 간 기구에 주권적 권한을 위임할 수 있음을 규정했다.[22] 이로써 협력에서 통합으로, 국제성에서 초국가성(Supranationalität)으로 가는 길이 순탄하게 되었다. 초국가성은 국가가 주권적 권한을 위임하고 초국가적 주권적 권한의 담당자가 독일을 포함한 조약국에서 직접적으로 효력 있는 주권적 행위를 발동할 수 있음을 의미한다. 주권적 권한을 초국가적 기구에 부여하는 것은 그 구체적인 실행이 더 이상 언제나 회원국의 의사에만 의존하지 않는 결과를 가져온다.

주권적 권한은 법률을 통하여 위임된다. 이 조직상의 법률유보는 위임된 주권적 권한의 내용과 범위가 정해지는 것을 전제로 한다.[23] 주권적 권한의 위임행위는 새로운 서열관계를 만들고, 위임 의회에서 권한을 박탈하며, 유럽연합의 기관이 지침을 제정하면 연방 하원은 도입을 위한 입법의무를 지기 때문에, 주권적 권

19) 이 조항들은 다음과 같다: 제2항 "연합은 유럽인권협약에 가입한다. 이 가입은 조약에서 확인된 연합의 관할권을 변경하지 아니한다. 제3항 "유럽인권협약에서 보장된 기본권과 회원국의 공통적 헌법 전통으로부터 나오는 기본권은 일반원칙으로서 연합법의 일부이다."

20) *Hans-Joachim Cremer*, § 32 "Entscheidung und Entscheidungswirkung", in: Grote/Marauhn (Hrsg.), EMRK/GG, Konkordanzkommentar, 2006, S. 1763f.

21) *Jörg Polakiewicz*, Der Abkommensentwurf über den Beitritt der Europäischen Union zur Europäischen Menschenrechtskonvention, in: EuGRZ 2013, S. 472ff.

22) *Klaus Vogel*, Die Verfassungsentscheidung des Grundgesetzes für eine internationale Zusammenarbeit, 1964.

23) BVerfGE 89, 155, 183-188; 123, 267, 355; 134, 366, 395.

한의 위임의 경우에 충분한 명확성[xx]은 필수적이다. 이는 연합기관의 법적 행위가 다수결을 통하여 이루어지는 경우에는 더욱 분명하다.[24]

1992년에 새로 제정된 기본법 제23조는 기본법 제24조(연방은 법률로 주권적 권한을 국가 간 기구에 위임할 수 있다)를 기반으로 이미 상당히 발전된 유럽통합을 위한 특별규정이다. 기본법 제23조 제1항 제1문에 따르면 그 목적은 통합된 유럽의 실현이다. 최초의 기본법 서문에서는 이미 "통합된 유럽에서 동등한 권한을 가진 구성원으로서 세계의 평화에 기여하려는 의지에 고무되어"[25]라고 규정하고 있다. 이 목적을 달성하기 위하여 독일은 "민주적, 법치국가적, 사회적 그리고 연방주의적 원칙과 보충성 원칙의 의무를 부담하고 이 기본법과 본질적으로 유사한 기본권 보호를 보장하는"(기본법 제23조 제1항 제1문) 유럽연합의 발전을 위하여 협력하여야 한다. 통합목적의 달성을 위하여 연방은 연방참사원의 동의를 얻어 법률로써 주권적 권한을 위임할 수 있다(기본법 제23조 제1항 제2문).[xxi]

유럽연합의 기초는 국제법 조약이다. 유럽연합의 회원국은 각 국민의 자결의 표현인 주권을 보유한다. 회원국은 연방헌법재판소가 지칠 줄 모르고 강조하는 바와 같이 여전히 "조약의 주인"으로 남아있다.[26] 이는 연방헌법재판소의 리스본 판결에서 매우 분명히 표현되었으며[27] 그 판례요지에서 다음과 같이 정리되어 있다.[28] 유럽연합은 여전히 "경제적, 문화적 그리고 사회적 생활상태의 정치적 형성을 위하여", 시민의 생활환경을 위하여, 특히 기본권으로 보호된 고유한 책임의 영역과 개인적 및 사회적 안전의 영역을 위하여 책임을 지는 "주권 보유 국가들의" 영구적인 국가연합, "주권적 국가들의 조약연합(Vertragsunion)"이다. 나아가 재판소는 특별한 방식으로 문화적, 역사적 그리고 언어적 배경에 따른 그런 정치

24) *Claus Dieter Classen*, in: v. Mangoldt/Klein/Starck, Kommentar zum Grundgesetz, Bd. II, 6. Aufl. 2010, Art. 24 Rn. 9f.

25) 이에 대해서는 *Christian Starck*, in: v. Mangoldt/Klein/Starck, Grundgesetz Kommentar, Bd. I, 6. Aufl. 2010, Präambel Rn. 40ff.

26) 그렇게는 확립된 판결인 BVerfGE 123, 267, 349. BVerfGE 75, 223, 242; 89, 155, 200(조약당사국의 의지로) 참조. 또한 *Badura* (주 1), S. 116도 참조.

27) BVerfGE 123, 267, 339ff.

28) BVerfGE 123, 267f.

적 결정에 대해서도 언급하고 있다. 여기에는 국민의 사고방식도 포함될 수 있으며, 법률을 제정할 때 그것을 어떻게 고려할 것인가에 대해서는 입법론을 통해서 알 수 있다(이 책의 제1부 제5장 참조).

유럽연합에 대한 주권적 권한의 위임(기본법 제23조 제1항 제2문)은 독일 및 외국의 문헌과 판례에서는 다음과 같은 약간의 혼란을 초래했다. 체코 헌법재판소는 "concept of shared-'pooled'-sovereignty … which is difficult to classify in political science categories"(정치학에서는 범주를 분류하기가 어려운 공유된-'공동'-주권의 개념)에 대해서, 즉 주권의 분할을 언급하고 있다.[29] 어떤 사람들은 국가법 내지 국제법 개념으로서 주권은 낡은 것이라고 생각하고,[30] 다른 사람들은 연방적 공동체주권을 옹호한다.[31] 이러한 견해들과 함께 주권을 유동적 상태에 있는 것으로 받아들이는 견해도 적절하지 않다.[32] 연방헌법재판소는 이에 반대하여 여러 번 회원국을 조약의 주인이라고 설명했다.[33]

---

29) *Isabel Ley*, Brünn betreibt die Parlamentarisierung des Primärrechts, JZ 2000, S. 165에서 인용.

30) *Hans-Peter Ipsen*, Europäisches Gemeinschaftsrecht, 1972, S. 101; *ders.*, Deutschland in den Europäischen Gemeinschaften, in: HStR Bd. VII, 1992, § 181 Rn. 19; *Erhard Denninger*, Vom Ende nationalstaatlicher Souveränität in Europa, JZ 2000, S. 1121, 1125; *Juliane Kokott*, Die Staatsrechtslehre und die Veränderung ihres Gegenstandes, in: VVDStRL 63 (2002), S. 7, 21ff.

31) *Horst Dreier*, Art. Souveränität, in: Staatslexikon der Görres-Gesellschaft, Bd. IV, 1988, Sp. 1208; *Ulrich Everling*, Überlegungen zur Struktur der Europäischen Union und zum neuen Europaartikel des Grundgesetzes, DVBl. 1993, S. 936, 942f.

32) *Ipsen*, HStR VII, 1992, § 181 Rn. 19; *Christoph Schönberger*, Die Europäische Union als Bund, in: AöR 129 (2004), S. 81, 104ff.는 회원국의 "실질적 유사성"과 "존재적 일치"를 전제하는(S. 376) *Carl Schmitt*, Verfassungslehre, 1928. S. 363, 372ff.의 연방이론에 기초하고 있다; 슈미트의 설명에서는 1871년에 창설된 하나의 연방국가인 독일제국을 떠 올린다; 기타 문헌에 대한 언급은 *Christian Starck*, Allgemeine Staatslehre in Zeiten der Europäischen Union, in: Liber Amicorum Jost Delbrück, 2005, S. 722f. Fn. 36-38, 이 책 다음 장 참조.

33) BVerfGE 123, 267, 349f.; *Claus Dieter Classen*, in: Mangoldt/Klein/Starck, Kommentar zum Grundgesetz, Bd. II, 6. Aufl., 2010, Art. 23 Rn. 3; 다르게는 *Ingolf Pernice*, in: Dreier, Grundgesetz Kommentar, Bd. II, 2. Aufl. 2006, Art. 23 Rn. 36 jeweils mit weiteren Nachweisen.

초국가적 연합에 대한 주권적 권한의 위임은 국제법 조약을 통하여 위임을 이행하는 국가의 주권적 권한을 완전히 또는 부분적으로 박탈하는 것이라는 생각, 즉 행위자인 국가가 주권을 포기한다고 하는 생각에서 벗어나야 한다. 국가를 법적으로 기속하는 국제법 조약의 체결이 주권적 행위다. 단체나 회사에 들어가서 거기서 구속을 받는다고 하여 내가 나의 자유를 포기하지 않는 것처럼, 국가가 주권적 권한이나 공동행사하기에 더 좋은 권한[34] 또는 권능[35]을 초국가적 연합에 위임하는 경우에, 비록 많고 중요한 주권적 권한들이 이에 해당하더라도 국가는 자신의 주권을 포기하는 것이 아니다.

유럽연합은 항상 민주적으로 정당화된 회원국의 의지를 근거로 하고 있다. 회원국의 주권이 지속된다는 것[36]은 유럽연합에서 탈퇴하는 법에서도 나타난다(EUV 제50조[xxii]). 어떻게 국가가 자신의 주권을 포기한 이후에도 유럽연합에서 탈퇴할 수 있겠는가? 주권이 분할되거나 유동적 상황에 있다면, 다른 주권적 권한의 위임이나 이미 위임된 주권적 권한의 재조정 또는 개별 주권적 권한의 철회[37]에 관한 국제법 조약을 체결할 수 있는 주권국가는 더 이상 존재할 수 없을 것이다. 이는 동시에 유럽통합의 기초인 국제법과 작별하고 유럽 연방국가법으로 귀결되는 역동적 유럽법으로의 전환을 의미하게 될 것이다.

그에 반하여 연방헌법재판소는 2009년의 리스본 판결에서 기본법의 주권 이해에 대해 다음과 같이 정확하게 언급했다.[38] 즉 주권적 국가성이라는 것은 국제

---

34) 그렇게는 프랑스 헌법 제88-1조(공화국은 2007. 12. 23. 리스본에서 체결된 조약에 따라 유럽연합조약과 유럽연합실행조약에 의하여 일정한 권한을 공동으로 행사하기로 자유롭게 결정한 국가들로 구성된 유럽연합에 참여한다-조문 내용은 역자 주) 참조.

35) Beschlussrechte Kap. X § 5 Schwedische Verfassung.

36) *Helmut Steinberger*, Der Verfassungsstaat als Glied einer Europäischen Gemeinschaft, in: VVDStRL 50 (1991), S. 9, 16f.; *Thomaz Schmitz*, Die lntegration in der Supranationalen Union, 2001, S. 237ff.; *Christian Hillbruber*, Souveränität-Verteidigung eines Rechtsbegriffs, JZ 2002, S. 1072, 1077ff.; *ders.*, in: HStR, Bd. II, 3. Aufl. 2004, § 32, Rn. 61-74; *Albrecht Randozhofer*, in: HStR Bd. II, 3. Aufl. 2004, § 17 Rn. 33.

37) BVerfGE 123, 267, 350: 통합속도는 위임협정에 의하여 사실상 제한되어야 하고 원칙적으로 취소할 수 있어야 한다.

38) BVerfGE 123, 267, 346f.

법적으로 규율되고 기속되는 자유를 말한다. 주권적 국가성은 개인적 자유와 집단적 자기결정을 기반으로 자유로운 공간과 거기에서 보장된 질서를 나타낸다는 것이다. 연방헌법재판소는 기본법이 유럽통합과 국제평화질서를 위해 노력하고 있음을 강조하고 있다. 자구대로 보면 다음과 같다.[39] "기본법은 입법자에게 유럽연합에 주권적 권한을 폭넓게 위임할 권한을 부여하지만, 이 경우 이 위임은 주권적 헌법국가성이 통합프로그램을 기초로 하여 **제한적 개별위임** 원칙과 회원국으로서의 **헌법적 동일성**(필자에 의한 강조)을 존중하는 가운데 유지되고 동시에 회원국이 자기책임 하에 생활관계를 정치적·사회적으로 형성해갈 자신의 능력을 상실하지 않는 것을 조건으로 하고 있다."

이는 연방헌법재판소가 여러 번 강조한 바와 같이, 현실에서는 연방헌법재판소와 유럽연합법원 간의 협력을 통하여 보장된다. 유럽연합법원에 대한 2014년 1월 14일의 연방헌법재판소의 제출결정[xxiii]에는 유럽중앙은행과 관련하여 이 협력관계가 다음과 같이 기술되어 있다(BVerfGE 134, 366, 385). "현존하는 협력관계의 범위 안에서 조치의 해석은 유럽연합법원의 의무다. 그에 반하여 헌법적 동일성의 불가침적 핵심존속을 확인하는 것과 그 조치가 (유럽연합법원에 의해서 확인된 해석에서 볼 때) 이 핵심존속을 침해하는지 여부를 심사하는 것은 연방헌법재판소의 의무이다." 이로써 연방헌법재판소는 독일과 관련된 유럽연합 기관의 법적 행위의 효력에 대한 최종 결정권을 가진다. 구체적 사건에서 유럽연합법원은 유럽중앙은행의 조치가 정확하게 은행의 권한과 합치하는지 여부를 심사하여야 할 것이다. 유럽연합법원의 해석이 있은 다음에 그 해석 하에서 해당 조치는 연방헌법재판소가 스스로 열거한 기준들에 따라 연방헌법재판소가 심사하게 된다.

기본법 제23조 제1항 제1문의 수권의 한계에 대해서 연방헌법재판소는 다음과 같이 말하고 있다. "기본법은 독일을 대표하여 활동하는 기관에게 국제법상 주권으로 구현된 독일국민의 자기결정권을 포기하는 결과를 가져오는 그러한 권한을 부여하고 있지 않다. 이러한 조치는 오직 직접적으로 선언된 독일 국민의 의지에 유보되어 있다. 왜냐하면 새로운 정당성주체에게 주권을 위임하는 것은 철회 불가능하기 때문이다."(BVerfGE 123, 267, 347f.) 연방헌법재판소는 개별적 주권적

---

39) BVerfGE 123, 267, 347ff. 그 다음도 참조.

권한은 한정적으로만 위임이 허용됨을 강조하고 있다. 유럽연합의 그 외 추가적인 관할권이 도출될 수 있는 그러한 방식의 위임은 위헌이라고 한다. 특히 권한의 권한[xxiv][40]을 위임하거나 행사할 수 있게 하는 것은 금지된다고 한다. 이 원칙들은 조약에도 반영되어 제한된 개별 위임(EUV 제5조 제1항[xxv]), 회원국의 국가적 동일성을 유지할 유럽연합의 의무(EUV 제4조 제3항[xxvi]) 등이 규정되어 있다.

Ⅳ 연합법 내에서의 서열

이로써 우리는 1차 연합법(국제법)이 2차 연합법에 우선한다는 원칙에 도달했다. 유럽연합의 기관들, 즉 유럽의회, 유럽이사회, 이사회, 집행위원회, 법원[xxvii](EUV 제13조 이하)의 존재는 유럽연합의 창설을 위한 국제조약들에 근거하고 있고, 그 활동은 조약상 규정된 임무와 권능에 기속된다. 이로부터 엄격한 서열이 나온다. 그럼에도 불구하고 (유럽연합)법원을 포함하여 연합의 기관은 암묵적 권한 이론(implied-powers-Doktrin)과 국제조약법의 유용성 원칙(effet-utile-Regel) 등을 근거로 계속적 법 형성을 통하여 권한 확대를 시도하고 있다. 연방헌법재판소는 이를 인식하고,[41] 통합의 책임이, 특히 이전에 통합의 동력으로 작용했던 유럽연합법원에 의하여 점진적으로 유럽연합의 기관들로, 옮겨가는 것을 경고하고 있다.[42]

통합은 그 역동성을 내부로부터 전개해 나갈 수는 없고, 오히려 그것은 "조약의 주인"인 회원국의 통합적 조치에 달려있다. "암묵적 권한"은 제한된 개별 위임의 틀 안에 머물러 있어야 한다. 그 밖의 모든 것은 월권이다. 유용성 원칙도 마찬가지다. 이는 결코 권한 최적화 조항[xxviii]이라고 할 수 없다. 유용성 원칙이라는 것은 제한된 개별 위임을 해석하는 경우에 그렇게 하지 않으면 그 위임을 사실상

40) 이에 대한 일련의 결정: BVerfGE 58, 1, 37; 89, 155, 187; 192, 199; 104, 151, 210; 123, 267, 349; 132, 195, 238f.

41) BVerfGE 123, 267, 351f.

42) 그 밖의 언급에 대해서는 *Konrad Walter*, Rechtsfortbildung durch den EuGH, 2009, S. 258f. 참조; 비판적으로는 *Rudolf Streinz*, Europarecht, 8. Aufl. 2008, Rdnr. 164, 566.

무의미하게 만들게 될 경우에만 효력을 주장할 수 있다.[43)] 여기서 나는 게르디츠(Gärditz)와 힐그루버(Hillgruber)의 다음과 같은 문장을 인용하고자 한다.[44)] "(제한된) 연합권한의 확장해석이 명목상으로만 관련된 유용한 통합효과('effet-utile')로 정당화되는 경우에는 바로 명백한 월권으로 추정된다."

암묵적 권한 및 유용성 원칙과 관련하여 AEUV 제352조[xxix]는 권한 보완 조항[xxx]을 포함하고 있다. 이 조항은 연합법의 조약에 내재된 계속적 발전[xxxi]을 공동시장의 범위 내에서의 목적달성으로만 한정했던[45)] 구 EGV 제308조와 달리 조약의 모든 정책 영역을 포괄하고 있다(예외: 외교정책 및 안전보장정책, AEUV 제352조 제4항). 연방헌법재판소는 이를 회원국 의회의 동의 없이 실질적 조약 개정을 가능하게 하는 백지위임으로 보고 다음과 같은 결론에 도달하고 있다. 즉 이사회의 독일 대표는, 연방 하원과 연방참사원이 제23조 제1항 제2문과 제3문에 따라 비준하지 않는 한, 독일연방공화국에 대한 집행위원회의 관련 법제정 제안에 공식적인 동의를 선언해서는 안 된다는 것이다.[46)]

여기에서 서열과 권한에 관한 문제가 너무 분명히 제기되어서 연방헌법재판소는 이전의 자신의 판결을 인용하면서 "유럽연합의 관할권 주장에 있어서 경계초월"을 지적하면서 일관되게 스스로를 위한 월권통제권(Ultra-vires-Kontrolle)을 주장하고 있다.[47)] 즉, "연합 차원에서 법적 보호가 이루어지지 않는 경우, 연방헌법재판소는 유럽의 기관과 기구가 공동체법과 연합법의 보충성원칙(EUV 제5조 제1항 제32문과 제3항)을 준수하면서 제한된 개별 위임의 과정에서 자신에게 부여된 주권적 권한의 한계 내에 머물고 있는지 여부를 심사한다."

---

43) *Michael Potacs*, Effet utile als Auslegungsgrundsatz, in: EuR 44 (2009), S. 465, 474ff.

44) *Klaus Ferdinand Gärditz/Christian Hillgruber*, Volkssouveränität und Demokratie ernst genommen. Zum Lissabon-Urteil des BVerfGE, in: JZ 2009, S. 872, 877.

45) 그렇게는 *Thomas Oppermann*, Europarecht, 3 Aufl. 2005, § 6 Rn. 68f.를 인용하고 있는 BVerfGE 123, 267, 394.

46) BVerfGE 123, 267, 395.

47) BVerfGE 58, 1, 30f.; 75, 223, 235, 242; 89, 155, 188 ("이탈하는 법적 행위")(연방헌법재판소는 유럽 기구와 기관들의 법적 행위가 그들에게 부여된 고권의 범위 안에 머물러 있는지 아니면 거기에서 이탈하는지 여부를 심사한다 - 역자 주).

이는 서열과 권한의 문제에 대해 연합 법의 적용우위는 지속적인 헌법적 수권의 효력과 범위 내에서만 적용된다는 것을 의미한다. 즉, 위임된 권한의 범위 안에서만 적용되는 상대적 우위가 존재한다. 헌법상 권한이 부여된 법률상 위임행위는 서열상 유럽연합의 기관에 의해 제정된 법보다 위에 있다. 왜냐하면 유럽연합은 권한의 권한을 가진 연방국가가 아니기 때문이다.

권한의 근거가 되는 국제조약은 유럽연합법원 결정의 기준이고, 유럽연합법원 자체는 조약에 의해 만들어지고 권한을 부여받았다. 연방헌법재판소는 이미 1987년에 유럽경제공동체(EWG)조약에 의하여 유럽공동체에 무제한적인 권한확장을 위한 재판권이 위임된 것은 아니라고 판시하였다.[48] "집행위원회나 의회의 탈선적 법적 행위"를 유럽연합법원은 제기된 소송절차에서 확정하고 위법으로 선언할 수 있고 또 하여야 한다. 그렇게 하지 않으면 연방헌법재판소가 이를 행하여 유럽연합의 해당 행위가 독일에서는 적용되지 않는다는 결론을 내리는 것을 받아들여야 한다. 헌법적 근거를 가지는 이 심사권한은, 기본법의 유럽법친화성과 성실 협력의 원칙(EUV 제4조 제3항)에 반하지 않으며, "통합으로 나아감에 있어서 회원국의 주권적 국가성이 갖는 승인된 기본적인 정치적 및 헌법적 구조"를 보호하고[49] 점차 유럽 연방국가로 전환되는 것을 방지하기 위하여 필요하다.

연방헌법재판소는 2010년에 연합 법은 조약상 위임과 수권에 따른다는 사실을 다시 한 번 확인했다.[50] 따라서 유럽연합법원을 포함하여 연합의 기관은 그 권한의 확대 여부는 조약의 개정에 달려있다. 이 조약의 개정은 회원국이 조약에서 정한 규정의 범위 안에서 이행하고 책임을 진다. 연방헌법재판소는 국내 헌법재판소의 월권통제가 연합법의 적용우위를 위협할 수 있다는 위험을 인식하고 있지

---

48) BVerfGE 75, 223, 242.

49) BVerfGE 113, 273, 296을 인용하고 있는 BVerfGE 123, 267, 354; 296; 그렇게는 또한 분명하고 극단적인 권한 유월에 대해서는 *Juliane Kokott*, Deutschland im Rahmen der Europäischen Union, in: AöR 119 (1994), S. 207, 233; *Josef Isensee*, Vorrang des Europarechts und deutsches Verfassungsvorbehalte, in: Festschrift für Klaus Stern 1997, S. 1239, 1255f.; 다른 견해로는 *Thomas Schmitz*, Integration in der Supranationalen Union, 2001, S. 285ff. 이에 따르면 회원국의 헌법은 제한 없이 유럽법원의 결정에 따라야 한다.

50) BVerfGE 126, 286, 302, 그리고 이하 S. 303-307도 참조.

만, 조약을 위반하는 권한확장의 위험도 인식하고 있다. 따라서 유럽친화적 월권통제는 유럽연합의 행위가 명백히 권한을 위배한다고는 것이 입증될 뿐만 아니라 특히 상당히 중요한 경우여야 한다고 하고, 그에 대해 여러 독일 헌법학자들을 인용하고 있다. 연방헌법재판소는 법의 계속발전을 위한 유럽연합법원의 권한을 조약에 규정된 프로그램의 이행, 흠결의 보완 그리고 가치의 충돌 해소에 한정하고 있다. 새로운 정치적 기본결정과 구조적인 권한이동은 금지된다고 본다.[51)]

연방헌법재판소는 스스로 통제기능을 행사할 수 있는 다양한 종류의 절차를 제시하고 있다.[52)] 흥미로운 것은 특별히 월권통제와 동일성 통제에 맞춰진 추가적인 종류의 절차를 만들자는 재판소의 제안이다. 그러한 새로운 종류의 절차의 도입은 연합기관 특히 유럽연합법원에 대해서는 중요한 신호로 작용할 수 있으며 연방헌법재판소의 이와 같은 검토만으로도 이미 분명한 경고이다.

V 국내 및 연합 기본권

연합 법의 기본자유는 다음과 같은 보장들 속에 포함되어 있다. 즉, 자유로운 상품거래(AEUV 제28조 이하), 노동자의 거주·이전의 자유(AEUV 제45조 이하), 정주의 자유(AEUV 제49조[xxxii] 이하), 자유로운 서비스거래 (AEUV 제56조 이하) 그리고 자유로운 자본 및 지불 거래(AEUV 제63조 이하)와 같은 보장들이다. 국경을 넘나드는 상황의 경우에는 유럽연합 회원국 국민은 관련 회원국 국적자와 동등하게 취급되어야 한다는 의미에서 이 기본자유는 우선 평등권이다. 예를 들면 이 기본자유들은 독일의 순도 원칙에 부합하지 않는 맥주가 다른 회원국에서 독일로 들여올 수 있다는 것,[53)] 그리고 다른 회원국의 자격증을 가진 사람이 독일에서 관련 직업을 행사할 수 있다는 것을 말한다. 기본자유는 독일인이 불리하게 되는 결과를 낳을 수 있다.

51) BVerfGE 126, 186, 306.

52) BVerfGE 123, 287, 354f.

53) EuGH, Rs.178/84, Slg. 1987, S. 1227.

그것을 넘어 유럽연합의 기본자유는 유럽연합법원의 판결에서 점차 발전되어 순수한 자유권으로서 효력을 발휘하고 있다.[54] 이는 내국인과 외국인에게 차별 없이 적용하는 규정이 연합법상 비례성원칙과 일치하는지를 심사하는 가운데 유럽 법이 독일 법에 영향을 미치는 것을 의미한다. 유럽연합법원의 논증은 더 이상 조약에 부합하는 평등권적으로만이 아니라, 다음과 같은 겝하르트-결정(Gebhard-Entscheidung, Nr. 37)의 인용구가 나타내는 바와 같이 자유권에 대한 것이기도 하다. 즉, 유럽연합법원의 판결에서는 "조약에 의하여 보장된 기본적 자유의 행사를 방해하거나 덜 매력적으로 만들 수 있는 국가의 조치는 다음의 4가지 전제조건을 충족하여야 한다. 즉, 그것(국가의 조치)은 차별 없이 적용되어야 하고(1), 긴박한 공익을 근거로 정당화될 수 있어야 하며(2), 그것이 추구하는 목적의 실현을 보장하기 위하여 적합하여야 하고(3) 목적의 달성을 위해 필요한 정도를 초과하여서는 안 된다(4)는 것"이 나온다고 한다.

이 말은 국내적 비례성심사가 유럽연합법원에 의해서 국경을 넘나드는 사건에서 독자적으로 이루어질 수 있고 그리고 심사의 결과가 국내법상 해결과 충돌할 수 있음을 의미한다.[55] 연합 법의 기본자유는 다른 회원국 국민이 자국민과 동등하게 취급되는 데 기여하여야 하기 때문에, 유럽연합법원은 제한의 비례성심사에서 그 이면에 있는 해당 국가의 정책을 고려하여야 한다. 그러한 예로는 회원국에 권한이 있고 연합은 보충적 조치만을 할 수 있는 보건정책을 들 수 있다. 보건정책의 조화를 시도하는 연합의 권한은 AEUV 제168조 제5항[xxxiii]에서 명시적으로 배제되어 있다. 이는 다시 권한문제와 관련된다.

유럽연합은 회원국으로부터 위임받은 공권력을 행사한다. 공권력은 독일 헌법에 따르면 기본권 기속을 전제로 하는 경우에만 위임될 수 있다.[56] 유럽연합법원의 판결[57]을 근거로 하면, 인간의 존엄, 인신의 불훼손성, 사생활 및 가족생활의

---

54) EuGH Slg. 1974, S. 837 - Dassonville; Slg. 1984, S. 2971 - Klopp; Slg. 1995, I S. 4165 - Gebhard.

55) *Christian Starck*, Rechtliche Bewertung der Niederlassungsfreiheit und des Fremdbesitzverbots im Apothekenrecht, 2007, S. 17ff., 40ff.의 사례.

56) BVerfGE 37, 271, 280f.; 58, 1, 30f.; 73, 339, 376; 89, 155, 174f.

57) *Hans-Werner Rengeling*, Grundrechtsschutz in der Europäischen Gemeinschaft, 1992.

존중, 주거의 불가침, 변호사 문서왕래의 신뢰 보호, 의료비밀과 개인 정보, 종교의 자유와 자유로운 거주·이전이 공동체법상 기본권으로서 적용된다. 그 밖에 의사소통기본권, 직업의 자유, 결사의 자유, 재산기본권, 평등권과 절차적 기본권 등도 있다.

2000년에 니짜(Nizza)에서 공포되고 2009년에 발표된 유럽연합기본권헌장[xxxiv]은 회원국이 공유하는 기본권 관념을 요약하고 있다.[58)] 이는 유럽연합에 관한 국제법 조약과 동등하게 효력이 있다(EUV 제6조 제1항 제1문[xxxv]). 조약에 규정된 연합의 관할권은 헌장 규정들에 의하여 어떠한 방식으로도 확장되지 않는다(EUV 제6조 제1항 제2문[xxxvi], 유럽연합기본권헌장 제51조 제1항[xxxvii]). 헌장의 기본권들은 연합 법의 집행을 위해서만 유럽연합의 기관들과 회원국들을 기속한다(유럽연합기본권헌장 제51조 제1항). 연합 기본권의 적용을 위하여 회원국의 권한이 침해되어서는 안 된다.

이것으로 나는 나의 설명의 끝을 맺는다. 나는 다음의 것들을 명백히 하기 위하여 노력하였다.

- 규범 서열에 대해서는 언제나 권한질서를 기초로 해서만 이해될 수 있다는 것,
- 통합은 협력보다 더 나아간 실질적 진전이라는 것,
- 그러나 통합은 결코 새로운 국가성을 창출하는 것은 아니라는 것.

58) *Thomas Schmitz*, Die EU-Grundrechtscharta aus grundrechtsdogmatischer und grundrechtstheoretischer Sicht, in: JZ 2001, S. 833ff.

역자 주

i 연방 법이 주 법에 우선한다는 의미다.

ii 독일 기본법 제72조 제3항은 다음과 같다. “연방이 입법권을 행사한 경우 주는 다음에 관하여 법률로 그와 다른 규정을 제정할 수 있다.

1. 사냥(사냥면허 취득권 제외);
2. 자연보호와 경관관리(일반적 자연보호원칙, 종 보호권 또는 해양자연보호권 제외);
3. 토지분배;
4. 지역개발계획;
5. 수자원관리(자원관련 또는 시설관련 규정 제외);
6. 대학입학과 대학졸업;
7. 재산세

이 영역에 대한 연방 법률은 연방참사원의 동의로 달리 규정하지 않는 한, 빠르면 공포되고 6개월 후에 시행된다. 제1문의 영역에서 연방 법과 주 법의 관계에서는 각각 신법이 우선한다.”

iii 독일 기본법 제80조 제1항은 다음과 같다. “법률로 연방 정부, 연방 수상 또는 지방 정부는 법규명령을 제정할 권한을 부여받을 수 있다. 이 경우 수권의 내용, 목적 그리고 범위는 법률로 정하여야 한다. 법적 근거는 법규명령에 명시되어야 한다. 수권이 또 다시 위임될 수 있도록 법률이 규정하고 있는 경우에 수권의 위임을 위해서는 법규명령을 필요로 한다.”

iv 독일 기본법 제79조 제3항은 다음과 같다. “연방의 주의 구성, 입법상 주의 원칙적 협력 또는 제1조와 제20조에 규정된 원칙에 영향을 미치는 기본법의 개정은 허용되지 않는다.”

v 경합적 권한이 존재하는 경우에 자신의 권한을 구속력이 있는 것으로 정하는 권한을 말한다. 즉 권한 위에 있는 권한으로서 권한을 조정하거나 변경하는 권한을 말한다.

vi 1949년 설립된 기구로서 유럽 전역의 47개국이 회원국으로 되어 있다. 유럽인권재판소는 유럽평의회의 산하기관으로서 유럽인권협약에 따른 재판을 담당한다.

vii EUV 제19조 제1항 제2문은 다음과 같다. “유럽연합법원은 조약의 해석과 적용에서 법의 준수를 보장한다.”

viii 독일 기본법 제25조는 다음과 같다. “국제법의 일반규칙은 연방 법의 구성부분이다. 이는 법률에 우선하고 연방영역의 거주자들에게 직접적으로 권리를 부여하고 의무를 부과한다.”

ix 독일 기본법 제24조 제1항은 다음과 같다. “연방은 법률로 주권적 권한을 국가 간 기구에 위임할 수 있다.”

x 독일 기본법 제23조 제1항은 다음과 같다. “통합된 유럽을 실현하기 위하여 독일연방공화국은, 민주적, 법치국가적, 사회적 및 연방주의적 기본원칙과 보충성원칙에 따르면서 이 기본법과 본질적으로 유사한 기본권 보호를 보장하는 유럽연합의 발전에 함께 협력한다. 연방은 연방참사원의 동의를

거친 법률로써 유럽연합에 주권적 권한을 위임할 수 있다. 유럽연합의 창설과 이 기본법의 내용을 수정 또는 보완하거나 그러한 수정 또는 보완을 가능하게 하는 유럽연합의 기초가 되는 조약 및 그에 준하는 규정들의 수정에는 제79조 제2항과 제3항이 적용된다."

xi 독일 기본법 제59조 제2항은 다음과 같다. "연방의 정치적 관계를 규율하거나 연방 입법의 대상과 관련되는 조약은 연방 법률의 형식으로 각각 연방 입법을 관할하는 기관의 연방 법률 형식의 동의나 협력을 필요로 한다. 행정협정에 대해서는 연방행정규정이 준용된다."

xii 독일 기본법 제59조 제1항 제2문은 다음과 같다. "연방 대통령은 외교사절을 신임하고 접수한다."

xiii Europäische Menschenrechtskonverntion.

xiv Europäischer Gerichtshof für Menschenrechte.

xv 유럽인권협약 제46조 제1항은 다음과 같이 규정하고 있다. "체약국은 자신이 당사자인 모든 사건에서 재판소의 최종판결에 따를 의무가 있다."

xvi 독일 기본법 제6조 제2항은 다음과 같다. "자녀의 보호와 양육은 부모의 자연적 권리이고 우선적으로 부모에게 부과된 의무이다. 부모의 행동에 대해서는 국가 공동체가 감시한다."

xvii 유럽인권협약 제8조(사생활 및 가족생활을 존중받을 권리)는 다음과 같다. "1. 모든 사람은 그의 사생활, 가정생활, 주거 및 통신을 존중받을 권리를 가진다. 2. 법률에 합치되고, 국가안보, 공공의 안전 또는 국가의 경제적 복리, 질서유지와 범죄의 방지, 보건 및 도덕의 보호, 또는 다른 사람의 권리 및 자유를 보호하기 위하여 민주사회에서 필요한 경우 이외에는, 이 권리의 행사에 대하여는 어떠한 공공당국의 개입도 있어서는 아니 된다."

xviii 유럽인권협약 제14조(차별의 금지)는 다음과 같다. "성, 인종, 피부색, 언어, 종교, 정치적 또는 기타의 의견, 민족적 또는 사회적 출신, 소수민족에의 소속, 재산, 출생 또는 기타의 신분 등에 의한 어떠한 차별도 없이 이 협약에 규정된 권리와 자유의 향유가 확보되어야 한다."

xix 유럽연합의 유럽인권협약 가입은 유럽인권의 발전에 있어서 매우 중요한 진전으로 이해되고 있다. 1970년대 이후 이 가입이 논의되고 있고 2009년 리스본 조약에서 이제는 법적 의무로 되어 있지만, 현재는 아직 미가입상태로 있다. 자세한 것은 유럽평의회 홈페이지(https://www.coe.int/de/web/portal/eu-accession-echr-questions-and-answers)를 참조.

xx hinreichende Bestimmtheit.

xxi 참고로 독일 기본법 제23조 제1항의 전체는 다음과 같다. "통합된 유럽을 실현하기 위하여 독일연방공화국은, 민주적, 법치국가적, 사회적 및 연방주의적 기본원칙과 보충성원칙에 따르면서 이 기본법과 본질적으로 유사한 기본권 보호를 보장하는 유럽연합의 발전에 함께 협력한다. 연방은 연방참사원의 동의를 거친 법률로써 유럽연합에 주권적 권한을 위임할 수 있다. 유럽연합의 창설과 이 기본법의 내용을 수정 또는 보완하거나 그러한 수정 또는 보완을 가능하게 하는 유럽연합의 기초가 되는 조약 및 그에 준하는 규정들의 수정에는 제79조 제2항과 제3항이 적용된다."

xxii EUV 제50조는 다음과 같다. "(1) 각 회원국은 자국의 헌법 규정에 따라 연합 탈퇴를 결정할 수 있다. (2) 탈퇴를 결정한 회원국은 그 의사를 유럽이사회에 통보한다. 유럽이사회의 지침을 기초로 연합은 그 국가와 탈퇴의 세부사항에 관한 협정을 합의·체결하고, 이때 그 국가와 연합의 미래 관계의 틀을 고려한다. 협정은 유럽연합실행조약 제218조 제3항에 따라 협의한다. 협정은 이사회가 연합의 이름으로 체결한다; 유럽의회의 동의를 얻은 후 이사회가 가중다수로 체결한다. (3) 탈퇴협정이 발효된 날부터 또는 제2항에서 정한 통보 후 2년 후부터 조약들은 더 이상 적용되지 아니한다. 다만, 유럽이사회가 해당 회원국과 협의하여 그 기한을 연장하기로 결정한 경우에는 그러하지 아니하다. (4) 제2항과 제3항의 목적을 위해 탈퇴 회원국을 대표하는 유럽이사회 및 이사회 구성원은 자국과 관련된 유럽이사회나 이사회의 논의 및 표결에 참여할 수 없다. 가중다수는 유럽연합실행조약 제238조 제3항 b에 따라 결정된다. (5) 연합을 탈퇴하는 국가가 새로이 회원국이 되려고 하는 경우에는 이는 제49조의 절차에 따라 신청하여야 한다." 이상의 조문에서 유럽이사회와 이사회는 다른 기구임을 주의하여야 한다. 유럽이사회(Europäischer Rat, European Council)는 회원국 정상들과 유럽이사회 상임의장과 유럽연합 집행위원장으로 구성된 기구로서 흔히 EU정상회의라고 하는 조직이다. 이사회(Rat der Europäischen Union, Council of the EU)는 흔히 각료이사회(Council of Ministers)라고도 하는 기구로서 각 회원국의 분야별 장관들로 구성된 기구다.

xxiii Vorlagebeschluss. 제출결정 또는 송부결정이라고도 번역할 수 있다. 제출결정이란 국내 법원이 판결을 내리기 전에 유럽연합법원(EuGH)에 이를 보내서 유럽연합법의 법해석을 받아 국내 법원에서 판결을 하게 된다.

xxiv Kompetenz-Kompetenz.

xxv EUV 제5조 제1항은 다음과 같다. "연합 관할권의 획정에는 제한된 개별 위임 원칙이 적용된다. 연합 관할권의 행사에는 보충성원칙과 비례성원칙이 적용된다."

xxvi EUV 제4조 제3항은 다음과 같다. "성실협력원칙에 따라 연합과 회원국은 조약에서 나오는 임무를 이행하기 위하여 상호 존중하고 지지한다. 회원국은 조약이나 연합기관의 행위에서 나오는 의무의 이행을 위하여 일반적 또는 개별적 유형의 모든 적절한 조치를 취한다. 회원국은 그 임무의 이행을 위하여 연합을 지지하고 연합 목적의 실현을 위협할 수 있는 모든 조치를 중단한다."

xxvii 유럽의회(das Europäische Parlament), 유럽이사회(der Europäische Rat), 이사회(der Rat), 집행위원회(die Kommission), 법원(der Gerichtshof).

xxviii Kompetenzoptimierungsklausel.

xxix AEUV 제352조는 다음과 같다. "(1) 조약에 명시된 정책영역의 틀 내에서 조약의 목표 중 하나를 달성하기 위해 연합의 조치가 필요한 것으로 보이고 그리고 조약에 이에 필요한 권한이 규정되어 있지 않은 경우, 이사회는 집행이사회의 제안과 유럽의회의 동의에 따라 만장일치로 적절한 규정을 제정한다. 이러한 규정들이 이사회에 의하여 특별한 입법절차에 따라 제정되면, 이사회는 동일하게 집행이사회의 제안과 유럽의회의 동의에 따라 만장일치로 결정한다. (2) 집행이사회는 유럽연합실행조약 제5조 제3항에 따른 보충성원칙의 준수 통제 절차의 범위 내에서 국가 의회에 본 조항을 기반으로 하는 제안에 대해 주지시킨다. (3) 본 조항에 따른 조치는 조약이 그러한 조화를 배제하는 경우에는 회원국의 법규의 조화를 포함할 수 없다. (4) 본 조항은 공동 외교 및 안보정책의 목표를 실현하기 위한 근거로서 사용할 수 없고, 본 조항에 따라 제정된 법적 행위는 유럽연합조약 제40조 제2항에 규정된 한계 내에서 유지되어야 한다."

xxx Kompetenzergänzungsklausel.

xxxi 조약에 명시되지는 않았지만, 조약이 추구하는 목적 등에 비추어 자연스럽게 발전되어 가는 것을 의미한다.

xxxii AEUV 第49조는 다음과 같다. "어떤 회원국 국적자가 다른 회원국 고권영역에서 자유롭게 정주하는 것을 제약하는 것은 다음의 규정에 따라 금지된다. 회원국의 고권영역에 거주하는 회원국 구성원에 의한 기관, 지점 또는 자회사 설립을 제한하는 경우에도 같다. 자본거래에 관한 장을 유보하고 정주의 자유는 독자적인 영업활동의 시작과 행사 및 기업 특히 자신의 고유한 국민에 대한 설립국가의 규정에 따라 제54조 제2항의 회사의 설립과 운영을 포함한다."

xxxiii AEUV 제168조 제5항은 다음과 같다. "연합은 본 조에서 언급된 영역에서 회원국 간의 협력을 촉진하고 필요한 경우에는 그 활동을 지원한다. 연합은 특히 국경지역에서 보건서비스의 보완을 개선하기 위한 회원국 간의 협력을 촉진한다. 회원국은 위원회와 협조하여 제1항에서 언급된 영역에서 정책과 프로그램을 상호 조정한다. 위원회는 회원국과 밀접한 연계 속에서 이 조정을 촉진하는 모든 정책제안, 특히 노선과 지표 설정, 입증된 절차의 교류 이행, 규칙적 감시와 평가를 위한 필수요소 개발을 목표로 하는 제안을 취할 수 있다."

xxxiv Grundrechtecharta der Europäischen Union (GrchEU).

xxxv EUV 제6조 제1항 제1문은 다음과 같다. "연합은 2000년 12월 7일의 유럽연합기본권헌장(2007년 12월 12일 스트라스부르에서 개정된 버전)에 규정된 권리, 자유 그리고 기본원칙들을 승인한다."

xxxvi EUV 제6조 제1항 제2문은 다음과 같다. "헌장의 규정들은 조약에서 정해진 연합의 관할권을 어떠한 방식으로도 확대하지 않는다."

xxxvii 유럽연합기본권헌장 제51조 제1항은 다음과 같다. "이 헌장은 연합이 법을 실행하기 위한 경우에만 보충성이 원칙을 존중하는 가운데 연합이 기관, 기구 그리고 그 밖의 사무소 그리고 회원국에 대해 적용된다. 따라서 그들은 권리를 존중하여야 하고, 원칙을 준수하며 그리고 해당 관할권에 따라 그리고 조약에서 연합에 위임된 관할권의 한계를 존중하는 가운데 원칙의 적용을 촉진한다."

제6장

유럽연합 시대의 일반국가학*

I 서론

일반국가학은 오늘날 학문분야로서는 사망선고를 받았다. 왜냐하면 일반국가학이 독일에서 확립된[1] 19세기의 최후 30여 년간의 의미에서 국가는 더 이상 존재하지 않기 때문일 것이다. 국가 시대의 종말이 다가오고 있다는 것은 칼 슈미트가 이미 1963년에 특유의 단호함으로 예측했다.[2] 시대에 뒤처진 모델을 학문적으로 전념한다는 것은 가치가 없다고 했다. 나아가서 일반국가학에 반대하는 것은 그것이 통일된 방법론이 없기 때문이라고 했다. 따라서 법학적 국가론은 의심스러운 시도라고 보았다. 법학자가 국가에 대한 비법학적 접근을 위해 무슨 기여를 할 것인지가 불분명하기 때문이라는 것이다.[3] 마지막으로 유럽연합의 존재는 바로 일반국가학이 더 이상 존재할 수 없다고 하는 증거로까지 사용된다. 그리고 유럽 통합을 넘어 경제나 많은 생활환경이 세계화되고 있다는 점과 국가로부터 이

---

* 2005년 필자가 정년퇴임에서 한 고별 강연이다. 이 내용은 Dicke/Hobe u. a. (Hrsg.), Weltinnenrecht. Liber amicorum Jost Delbrück, Berlin 2005, S. 711-726에 게재되었다.

1) *Christoph Schöberger*, Der "Staat" der Allgemeinen Staatslehre: Anmerkungen zu einer eigenwilligen deutschen Disziplin im Vergleich zu Frankreich, in: O. Beaud/E. V. Heyen (Hrsg.), Eine deutsch-französische Rechtswissenschaft?, 1999, S. 111ff.; 자세한 내용은 *Andreas Voßkuhle*, Die Renaissance der Allgemeinen Staatslehre im Zeitalter der Europäisierung und Internationallisierung, in: JuS 2004, S. 2 참조.

2) *Carl Schmitt*, Der Begriff des Politischen, Vorwort in der Ausgabe 1963, S. 10. 같은 경향의 또 다른 목소리는 *Gunnar Folke Schuppert,* Staatswissenschaft, 2003, S. 170ff.

3) *Christoph Möller*, Staat als Argument, 2000, S. 419f.; 타당한 반대견해로는 *Schuppert* (주 2), S. 24ff.

탈할 수 있는 가능성들이 개인에게 열려있다는 점이 국가에는 점점 더 중요해지고 있다고 한다. 이미 법질서 간의 경쟁이 일어나고 있다는 것이다.

나의 주제인 "유럽연합시대의 일반국가학"은 이러한 고찰과 상반된다. 나는 그래서 우선 일반국가학의 대상이 무엇인지(1), 어떤 방법론이 적용되는지(2) 그리고 오늘날도 여전히 일반국가학이 어떤 효용을 가지는지(3)를 설명하는 것으로 진행하고자 한다. 그런 다음에 나는 유럽연합의 이해, 즉 유럽연합의 성립, 강화 그리고 확대에 대해 일반국가학이 어떤 의미를 가지는지(1), 마지막으로 유럽연합이 일반국가학의 개념으로 파악될 수 있는지 그리고 어떻게 파악될 수 있는지의 문제(2)로 넘어간다.

II 일반국가학

1. 대상

국가에 관한 학문은 국가법학만이 아니고, 경험적 현상으로서도 국가를 연구하고 고찰하는데, 이에는 당연히 외부로부터[i] 바라보는 법질서를 포함한다.

국가학은 공간적 범위를 특정한 국가에 한정하지 않고 일반적인 국가들뿐만 아니라 현재의 국가와 관련하여서도 비교하여 관찰하고 유형별로 분류한다. 또한 국가학은 시간적 범위도 일반적이며, 적어도 근세 초기[ii] 이후의 역사를 포함한다. 물론 현대적 의미의 국가와 국가성을 더 이상 찾아볼 수 없는 역사로 거슬러 올라가서 그 시대를 포함시키는 것도 배제하는 것은 아니다. 왜냐하면 다른 형태의 정치적 지배가 국가의 기반이 되는 특징을 만들어냈을 수도 있기 때문이다.[4] 이는 무엇보다 근세 이전의 정치철학에도 적용된다. 왜냐하면 이때의 정치철학은 정치적 지배의 목적과 한계를 규명하기 위해 논의하였기 때문이다.

다양한 관점에서 국가라는 대상을 이해하려는 일반국가학의 근저에는 국가 개념이 자리하고 있다. 이 국가 개념은 국가라고 불릴 수 있는 것의 본질적 구조를 파악할 수 있을 만큼 한편으로는 충분히 일반적[iii]이고 다른 한편으로는 충분히

---

4) 이에 대해서는 풍부한 문헌을 실은 최근의 것으로 *Wolfgang Reinhard*, Geschichte der Staatsgewalt, 2. Aufl., 2000, S. 31 - 124 참조.

실질적[iv]이어야 한다. 그 외에 일반국가학은 "국가성의 변화를 분석하고 설명하기 위해" 분석 틀을 제공하거나 부분적으로는 발전도 시켜야 한다.[5)]

핵심을 파악하는 초기의 정의는 장 보댕(Jean Bodin)에서 찾을 수 있다. 그는-처음에는 1583년에 프랑스어로 출간된-국가에 대한 6권의 책에서 다음과 같은 정의로 시작하고 있다.[6)] "République est un droit gouvernement de plusieurs mesnages et de ce qui leur est commun avec puissance souveraine." 즉, 공화국 또는 국가는 많은 가구(가정)들과 그들에게 공통적인 것에 대한 법에 기반한 주권적 지배 권력이다. 정의의 라틴어본(1586)은 다음과 같다. res publica est legitima plurium familiarum et rerum inter se communium cum summa potestate gubernatio.

res publica(공화국, 국가) 개념은 조종(gubernatio)이라는 의미에서 역동적인 요소를 가지고 있고, 이로 인하여 국가를 배에 비유하기도 하고 또 그렇게 할 수도 있다. 지배력으로서 통치권(Potestas)은 여러 가구에 대해, 정확히 말하면 그 가구들에게 공통적인 것에 대해 행사된다.[v] 여기에 지배력의 명확한 한계가 있다.[7)] 따라서 이 주권의 초기 정의는 전능함이 아니라 공화국의 임무 영역에 속하는 것에 대한 최고의 권력을 의미할 뿐이다.[8)] 이를 공화국의 지배 권력과 관련하여서는 legitima(정당한, 합법적인), 즉 법에 따르는 것이라고 말한다. 그 후인 1766년에 크리스티안 볼프(Christian Wolff)는 국가권력을 표현하기를 imperium limitatum(제한된 지배권)이라고 불렀다.[9)]

---

5) *Schuppert* (주 2), S. 920; *Voßkuhle*, Der „Dienstleistungsstaat", in: Der Staat (2001), S. 495, 502ff. m.w.N.

6) 프랑스어본인 "공화국의 여섯 권의 책(Six livres de la république)"은 1583년에 나왔고, 라틴어본은 1586년에 나왔다.

7) 여기에 다른 한계가 추가된다: 신과 자연의 권리 및 기본법(leges fundamentales, 예컨대 왕위계승권), 이에 대해서는 *Wolfgang Reinhard*, Geschichte der Staatsgewalt, 2. Aufl., 2000, S. 113

8) 그렇게 주권이론의 발전의 요약으로는 *Wilhelm Hennis*, Das Problem der Souveränität (1951), erschienen 2003, S. 72.

9) *Christian Wolff*, Jus Naturae methodo scientifica pertractatum, 1766, pars VIII cap. 1 § 73.

이러한 보댕의 정의를 기초로 나는 국가의 개념을 우선 다음과 같이 제한하고자 한다. 경계가 획정된 영토를 기반으로(1) 그 거주자에 대하여(2)-좀 더 엄격하게는 국적자에 대하여-국가권력이 행사된다(3). 국가권력의 속성에는 주권이 포함된다(4). 국가권력은 공동체의 과제를 수행하고(5) 법질서를 기반으로(6) (공직자를 포함한) 주민의 행동에 대해 원칙적으로 수용된 규범을 제공한다(7).

이러한 국가 개념을 기초로 일반국가학은 국가의 목적, 즉 국가의 권력 독점 및 국토방위를 통하여 평화를 보장하는 국가의 목적을 다룬다.[10] 국가라는 개념과 그 사실상의 현상이 근세 초기의 종교전쟁이 끝날 무렵 발생한 것은 국가목적인 평화와 관련이 깊다. 평화를 효과적으로 보장하는 국가는 강력한 국가로 나타났고, 시민의 자유 보장은 국가로부터 어렵게 쟁취되었다. 자유는 경제적 자유를 포함하여 사회적 균형을 통하여 완화하지 않으면 안 되는 사회적 갈등을 낳는다. 이 3가지 가장 중요한 국가의 목적-평화, 자유 그리고 사회적 균형-은 삼각관계에 있으며, 이는 하나의 국가 목적과 다른 2개의 국가목적에 대한 관계가 각각 비례적 균형에 있을 것을 요구한다. 간략하게 핵심적으로 표현하면 다음과 같다.

- 평화를 위한 자유의 제한,
- 그러나 또한 평화의 전제조건으로서의 자유;
- 평화 보장을 위한 사회적 균형,
- 그러나 유토피아적 정의 관념을 실현하려는 시도는 평화를 해친다;
- 사회적 균형은 자유와 재산을 제약하지만,
- 그러나 자유도 사회적 균형을 제한한다.

국가목적과 긴밀하게 얽혀 있는 것은 국가가 보장하는 기본권을 통한 인권보호이며, 이는 자유를 보장한다. 기본권은 공공복리와 타인의 권리를 위하여 제한되어야 한다. 기본권 보장의 결과는 국가가 모든 생활영역을 형성하여 지배하는 것이 아니고, 기껏해야 한계를 설정할 수 있다거나, 형성할 경우에는 자율 공간이 허용되어야 한다는 것이다. 이 경우 특히 중요한 것은 다음의 생활영역과 그에 해당하는 제도들이다.

---

10) 이와 그 이하에 대해서는 *Christian Starck*, Frieden als Staatsziel, in: FS für Carstens, 1984, S. 867ff. = *ders*, Der demokratische Verfassungsstaat, 1995, S. 231ff.

- 종교와 교회
- 경제와 이익단체들
- 정보와 대중 매체
- 학문과 대학
- 정치와 정당

일반국가학의 또 다른 큰 주제는 국가의 형태, 조직 구조 그리고 수단이다. 국가형태에서 지배권의 정당성이 나타난다. 역사에서 우리는 특히 다양한 특징을 가지는 군주제와 귀족제를 알고 있다. 오늘날 국가는 대개 민주적으로 정당화되는데, 그것은 실제 자유로운 선거에 의하는 경우도 있고, 그렇게 명목상으로만 주장되는 경우도 있다. 그러한 구별은 "국가형태와 현실적 지배권"이라는 주제로 이어진다. 이 주제는 국가권력의 조직으로부터, 즉 권력분립의 형태와 인권의 보장으로부터 파악할 수 있다. 수직적 권력분립을 함께 고려하면, 분권의 정도도 연방국가성에 이르기까지 파악할 수 있다.

국가권력의 조직과 인권의 보장은 국가헌법의 본질적 내용이며, 1789년의 프랑스 인간과 시민의 권리선언 제16조에서 적절하게 다음과 같이 기술하고 있는 바와 같다. Toute société, dans laquelle la garantie des droits n'est pas assurée, ni la séparation des pouvoirs déterminée, n'a point de constitution(권리가 보장되어 있지 않고, 권력분립이 결정되지 않은 사회는 헌법이 없다). 헌법은 대개 성문의 헌법이고, 그 지도 내지 틀로서의 기능은 헌법의 우위가 인정되는 경우에만 발휘될 수 있으며, 이는 통상의 의회법률에 대해서도 보장되어야 한다. 또한 마지막으로 일반국가학이 보여주는 것은 국가 지배권의 수단들이다. 이 수단들은 시민의 의무를 포함한 인적 자원, 물적 자원(건물, 도로, 다리, 교통수단) 그 외 정보의 획득을 위한 의사소통수단과 끝으로 특히 중요한 재정 등이다.

2. 방법론

이러한 일반국가학의 대상에 관한 개요는 내가 자주 개설했던 강의인 "일반국가학"의 내용을 개괄적으로 보여준다. 이 강의는 최초로, 1971년 여름학기에 내가 괴팅엔에서 강의를 시작하였을 때, 말하자면 34년 전에, 그리고 마지막으로는

2004/05년의 겨울학기에 개설하였다. 이 개요는 학문 방법론에 관한 문제를 제기하는데, 이를 통해 일반국가학에 관한 다양한 문제들에 대한 답을 얻을 수 있다.

국가는 법적으로 체계화되어 있기 때문에, 일반국가학의 형태로 국가와 그 헌법을 다루는 것은 적어도 법학의 영역에는 해당한다. 물론 완전히 법학에만 해당하는 것은 아니지만 말이다. 법학은 켈젠(Kelsen)의 견해와는 달리 단순한 규범학만은 아니다. 이는 이미 실제로 고전적인 법학 영역인 법해석학에서 드러난다. 법해석학은 법률해석과 법의 계속적 형성을 위해서는 경험(Empirie) 없이는 성과를 낼 수가 없다.[11] 이는 입법학에 대해서 더욱 그러하다. 입법학은 기존의 법률을 평가하고 좋은 입법을 위한 제안을 하는데, 이는 사회적 현실에 대한 인식을 전제로 한다.[12] 입법학은 아무런 전제조건 없는 사실탐구에 대한 것이 아니다. 이미 경험적 사회연구는 사회학적 범주와 문제제기를 필요로 하고,[13] 이를 통해 데이터와 경험을 축적하고 정리할 수 있다. 그 밖에 일반국가학에는 국가 개념과 관련되는 추가적인 지도적 관점들이 존재하는데, 이것이 현실 파악을 주도한다. 이러한 방법은 현실이 국가가 정한 규범을 따르는지 그렇지 않은지를 파악하는 데도 적용된다.

국가학의 공간적 일반성과 관련하여 추가적으로 비교법적 방법이 적용된다.[14] 구체적인 법질서는 항상 언어로 파악되고, 동일한 표현이라도 다양한 법질서에서 종종 개념적으로 같은 것을 의미하지는 않는다. 따라서 비교 연구되는 문

---

11) 이에 대해서는 필자의 괴팅엔 취임공개강의인 *Christian Starck*, Empirie in der Rechtsdogmatik, JZ 1972, S. 609ff. = *ders.* (주 10), S. 97ff.

12) *Christian Starck*, Überlegungen zur Gesetzgebungslehre, ZG 1988, S. 1, 14ff. 이 책의 제1부 제5장 참조; 입법의 현실에 대해서는 *Hans Schneider*, Gesetzgebung, 3. Aufl. 2002, Rdnr. 56; *Georg Müller*, Elemente einer Rechtssetzungslehre, 1999, S. 34f. m.w.N.; Uwe Diederichsen/Ralf Dreier (Hrsg.), Das mißglückte Gesetz, 1997, mit Beiträgen von *Günther Arzt, Harald Franzki, Rolf Knütel, Hans H. Klein, Paul Kirchhof*.

13) *René König*, Einleitung, in: ders. (Hrsg.), Handbuch der empirischen Sozialforschung, Bd. 1, 3. Aufl. 1973, S. 1ff.; 문제제기의 가치와 생산성에 대해서는 *Hermann Heller*, Staatslehre, 1934, 인용은 6. Aufl. 1983, S. 37f.

14) *Christian Starck*, Rechtsvergleichung im öffentlichen Recht, JZ 1997, S. 1021, 1026ff. = *Starck*, Verfassungen, 2009, S. 338, 351.

제는 독자적인 법질서의 체계적 개념에서 벗어나서 공통적으로 이해할 수 있는 언어로 표현되어야 하며, 문제가 되는 사실관계의 특징을 드러낼 수 있도록 기술되어야 한다. 이렇게 되면 이해관계의 충돌, 조직 및 절차 문제를 보다 잘 통찰할 수 있게 된다. 일반국가학은 이미 비교법에 필요한 그러한 상위개념[vi]-권력분립, 법 제정, 법원(法源), 인권, 의회정부제도, 규범통제 등-을 다루고 있기 때문에 이를 통하여 유럽뿐만 아니라 세계적으로도 소통하고 있다.

국가학의 시간적 일반성은 역사 연구의 방법론에 대한 이해를 필요로 한다. 그 점에서도 여기서는 문제 제기와 상위 개념이 중요한데, 이는 각각의 역사적 특성과 발전경로를 고려하면서 형성되어야 한다.[15)]

방법다원주의[vii]는 무비판적인 방법혼합주의[viii]를 의미하는 것이 아니다. 오히려 방법은 대상에 따라 달리 결정되는 것이다.[ix] 국가는 일반적 현상으로서 하나의 방법만으로, 특히 법학적-해석학적 방법론[x]만으로는 파악할 수 없다.[16)] 이는 이미 명백히 게오르그 옐리네크(Georg Jellinek)의 일반국가학에 표현되어 있다. 이 책은 1900년에 최초로 출간되었고 1913년에 제3판으로 발간되었다.[17)]

1900년을 전후한 세기 전환기는 독일에서 일반국가학의 전성기였다. 이는 실증주의 시대에 오로지 법학적 관점에서 국가법만을 고찰한 것에 대한 하나의 응답이었다.[18)][xi] 19세기 전반에 국가법에 대한 이성법적 고찰이 풍미했다면,[19)] 60년대에는 특히 21세로 민법에서 교수자격을 취득하고 23세에 교수가 된 칼 프리드리히 폰 게르버(Carl Friedrich von Gerber)[20)]가 방법론의 변화를 이끌었다. 방법론의 변화는 특히-마찬가지로 민법에서 출발한-파울 라반트(Paul Laband)에 의해서 뚜

---

15) 이에 대해서는 다시 한 번 *Reinhard* (주 7), S. 15ff.

16) *Peter Badura*, Die Methoden der neueren allgemeinen Staatslehre (1959), 2. Aufl. 1998, S. Xf., XIVf., 98ff., 114ff.; *Voßkuhle* (주 1), S. 4.

17) *Georg Jellinek*, Allgemeine Staatslehre, 3. Aufl., Nachdruck 1960, S. 10ff., 25ff.

18) *Manfred Friedrich*, Geschichte der deutschen Staatsrechtswissenschaft, 1997, S. 282.

19) *Michael Stolleis*, Geschichte des öffentlichen Rechts in Deutschland, Bd. II, 1992, S. 159ff.; *Friedrich* (주 18), S.166ff.

20) *Carl Friedrich von Gerber*, Grundzüge des Deutschen Staatsrechts, 1865; 게르버에 대해서는 *Stolleis* (주 19), S. 332ff. 참조.

렷하게 표현되었다:[21] 즉, 해석학의 학문적 임무는 법제도를 구성하고, 개별 법원칙을 일반적 개념으로 환원하며, 다른 한편으로 이러한 개념에서 나타나는 결과들을 논리적으로 도출하는데 있다고 했다. 라반트는 다음과 같이 말했다. "누군가가 해석학에 대해 신뢰할 수 있고 완전하게 법률 내용을 확정하고 개념을 통하여 논리적으로 체계화하는 것 외에 다른 과제를 부여하는 것을 나는 옳다고 인정할 수 없다."

국가법학이 실정법에 집중함으로써 일반국가학이라는 학문분야가 필요하게 되었다. 그리고 19세기 말 국가법에 침투한 실증주의가 일반국가학을 필요하게 만들었던 것과 마찬가지로, 오늘날 연방헌법재판소와 국가법 이론에 의하여 구축된 독일 헌법의 상세한 해석학적 구조와 독일과 밀접하게 관련된 유럽 국가들의 해석원칙들을 이해할 수 있도록 할 필요성의 관점에서 볼 때 일반국가학은 필수적이다. 따라서 우리는 세 번째 요점, 즉 오늘날의 일반국가학의 유용성을 확인하게 된다.

3. 오늘날의 유용성

일반국가학은 우선 공법의 입문 과목[xii]이다. 그 점에서 일반국가학은 커리큘럼에서 기본과목으로 자리 잡고 있고, 법사학 대신에 소위 기초인증서를 획득할 수 있는 과목이다. 그러나 일반국가학은 또한 - 법이론과 결합된[xiii] - 선택과목이며, 그 점에서 일반국가학은 입문 과목을 넘어 고급 학기에 특히 세미나에서 학습이 이루어진다. 니더작센주의 제1차 법학국가시험(2002년 10월)의 시험내용에 대한 권고사항에 따르면 일반국가학 과목은 다음과 같이 기술되어 있다. 즉, 국가의 일반적 문제들, 민주적 정부제도의 기본 요소 및 그 사상사적 연관성, 정치과정에 있어서 국가의 지배주체 및 사회적 권력의 주체, 국제 관계와 국가연합 등이다. 일반국가학은 말하자면 제도론[xiv]으로서 현행 공법의 경계를 넘어서는 것이라고 할 수 있다.

현재 일반국가학은 독일에서 만들어진 것이라고 주장되고 있다. 따라서 외국에는 존재하지 않기 때문에 일반국가학은 생략할 수 있다고 한다. 외국에는 예외

---

21) *Paul Laband*, Das Staatsrecht des Deutschen Reiches, 5. Aufl. 1911, Bd. I, S. IX, 178.

적으로만 특별한 일반국가학의 교과서들이 존재한다는 것은 사실이다. 예를 들면 이탈리아와 스페인이 그렇다.[22] 이 두 국가에서는 게다가 일반국가학에 대한 독일 저서들이 번역되었다. 그러나 외국문헌의 책 제목이 아닌 책의 내용을 보면 예를 들면 프랑스에서는 헌법에 관한 고전적 교과서들이 Institutions politiques et droit constitutionnel(정치제도 및 헌법)이라는 제목이 붙어 있음을 확인할 수 있다.[23] 조르주 부르도(Georges Burdeau)의 유명한 저서를 골라 보면, 이 책은 2003년에 28판으로 프란시스 하몽(Francis Hamon)과 미셸 트로퍼(Michel Troper)가 편집하여 출판되었다. 이 책은 760쪽에 이르는데 그 첫 400쪽은 다음과 같이 완전히 일반국가학을 기술하고 있다. 즉 Théorie générale de l'Etat(국가일반이론, 180쪽), les régimes politiques contemporains(현대정치체제, 100쪽), histoire constitutionnelle de la France(depuis la Révolution)(프랑스의 헌법역사, 혁명 이후 120쪽). 물론 최근 프랑스에서는 헌법교과서가 현행 프랑스 헌법에 완전히 집중하는 방향으로 발전하는 모습도 관찰할 수 있다.[24] 이 점에서도 독일의 방향을 따르고 있다고 할 수 있다. 영국에서는 그 전통에 따라 영국 헌법과 그 역사적 발전을 전적으로 고찰하고 있다.[25]

---

22) *José Antonio González Casanova*, Teoria del estado y derecho constitucional, 3. Aufl., Barcelona 1987, 564 S.; *Pablo Lucas Verdu*, Manual de derecho politico, Madrid 1987; *José Acosta Sanchez*, Teoria del estado y fuentes de la constitución: Introducción a la teoría de la constitución, Córdoba 1989; *Guiseppe de Vergottini*, Diritto costituzionale, 3. Aufl. 2001. 대부분의 헌법교과서는 일반국가학의 기본문제를 다루는 총론부분을 포함하고 있다; 예컨대 *Enrique Álvarez Conde*, Curso de Derecho constitucional, vol. 1, 3. Aufl. 1999; *Francisco Fernández Segado*, El sistema constitucional español, 1992

23) 이에 대한 자세한 설명은 *Oliver Beaud*, La théorie générale de l'Etat (Allgemeine Staatslehre) en France, in: Beaud/Heyen (주 1), S. 83, 94: L'oubli progressif de la théorie générale de l'Etat par la doctrine franeaise, S. 107f.: 헌법저서에 일반국가학을 포함시키고 있다. 프랑스 고전에 대해서는 *Raymond Carré de Malberg*, Contribution à la théorie g6nérale de l'Etat, 1922.

24) 주도적으로는 *Louis Favoreu* (coordonnateur), Droit constitutionnel, 1. Aufl. 1998, 7. Aufl. 2004, S. 21: "Le droit constituionnel contemporain: une profonde et irréversible mutation."(현대헌법: 심오하고 돌이킬 수 없는 변화)

25) *D. C. M. Yardly*, Introduction to British Constitutional Law, 6. Aufl. 1984; *Geoffrey Marshall*, Constitutional Theory, 1980.

일반국가학에서 우리는 다른 현대 국가와 협조하는 가운데 자신의 국가를 바라보는 법을 배우고, 일반적인 것과 함께 고유한 것도 본다. 일반적 구조와 고유한 특징 모두 법의 역사로부터 보면 더욱 명확해진다. 법의 역사는 현재의 구조가 우리나 우리의 직접적인 선조들에 의하여 만들어졌거나 만나[xv]처럼 하늘에서 떨어진 것이 아니라, 오히려 일탈과 왜곡의 극복을 포함하여 그를 위한 세대를 걸친 노력이 필요했음을 보여준다. 그러한 일탈과 왜곡은 앞으로도 우리의 안전을 위협하는 것들이다.

우리는 일반국가학에서 일반적인 것과 고유한 특징 사이에서 각각 공통된 구조를 가진 개별적 국가유형을 발견한다. 이는 마치 우리가 비교법에서 "친척" 관계가 존재하는 법계를 두고 공통된 유전자, 즉 공통된 뿌리를 가지고 있다고 말하는 것과 같다.[26)]

국가유형에서는 이런저런 국가가 비슷하다고 하는 어떤 만들어진 이념형이 중요한 것이 아니고, 예를 들면 전체주의 국가, 권위주의 국가 또는 자유주의 국가와 같이 특정 국가들에 공통된 사실상의 출현 형태의 특징으로 형성된 경험적 유형이 중요하다.[27)] 자유주의 국가 유형은 오늘날 민주적 헌법국가로 나타나고,[28)] 이는 유럽연합에 관한 우리의 추가적인 논의에서 중요한 의미를 가진다. 민주적 헌법국가라는 국가유형의 공통된 특징은 다음과 같다.

- 국민의 헌법제정권력을 기반으로 하는 헌법,
- 의회 제정 법률에 대해서도 점점 더 사법적 통제에 의하여 보장되는 헌법의 우위,
- 적어도 의회에 대해서 주기적으로 치러지는 일반, 평등, 비밀 그리고 자유 선거,

---

26) 이에 대해서는 *Christian Starck*, Das Christentum und die Kirchen in ihrer Bedeutung für die Identität der Europäischen Union und ihrer Mitgliedstaaten, in: Essener Gespräche zum Thema Staat und Kirche 31 (1997), S. 5ff. = *ders*., Freiheit und Institutionen, 2002, S. 29ff. 참조.

27) *Jellinek* (주 17), S. 36ff.

28) 역사적 발전과 구조에 대해서는 *Hans Fenske*, Der moderne Verfassungsstaat 2001, passim.

- 최고 국가기관의 설치, 임무, 관할과 절차의 헌법적 규범화를 통한 권력분립,
- 기본권 보장과 그에 대한 사법적 보호.

Ⅲ 유럽연합에 대한 일반국가학의 의미

1. 유럽 공동체의 성립, 강화 그리고 확대

유럽 공동체는 1957년 경제 공동체로 설립되었지만, 처음부터 법 공동체이기도 했다. 회원국이 공유하는 법원칙들을 기반으로 공동체법이 만들어졌기 때문에 유럽 공동체가 창설되고 실현될 수 있었다. 이러한 법원칙들은 무엇보다 로마법,[29] 기독교[30] 그리고 계몽주의에 근거하였다. 독일, 프랑스, 이탈리아 그리고 베네룩스 3국 등 6개 창설국은 이러한 전통에 속한다. 물론 이 국가들은 구체적인 헌법적 실제 모습은 서로 다르지만 모두 민주적 헌법국가다. 특히 3개의 큰 창설국가는 의회정부를 가진 공화국들이다. 프랑스에서는 유럽 경제 공동체의 창설 직후 바이마르 헌법과 유사하게 공화국의 대통령이 지배적 지위를 가지는 준의회제[xvi]가 도입되었다. 작은 베네룩스 3국은 군주국이지만 물론 의회정부도 가지고 있다. 이들 국가의 국가기관은 헌법적으로 정해진 형식과 절차에 따라 그리고 특정한 내용적 규범에 기속되어 결정을 내린다는 점이 공통된다. 이들 국가의 헌법에 나타나는 원칙들은 이들 국가의 국민의 정신에 뿌리내려져 있다.

일반국가학은 다양한 출현형태의 이면에 있는 공통된 원칙들, 즉 보편적인 것들을 파악할 수 있도록 한다. 또한 어떤 국가들이 하나의 국가유형에 속하는지 그리고 어떤 국가들이 그 헌법과 경제 상황 및 국민의 정신 구조에서 볼 때, 회원국이 주권적 권한[xvii]을 공동행사 하도록 위임할 수 있는 연합을 서로 보다 밀접하게 형성하는 데 적합한지에 대한 정보제공을 가능하게 한다.

---

29) *Paul Koschaker*, Europa und das römische Recht, 3. Aufl. 1958, passim; *Franz Wieacker*, Privatrechtsgeschichte der Neuzeit, 2. Aufl. 1967, S. 26f.

30) *Harold Berman*, Recht und Revolution, 1991, S. 272ff.; *Starck* (주 26), S. 8-21 = S. 32-46; *Gérard D. Guyon*, Le legs du christianisme dans l'histoire du droit européen, in: J.-B. d'Onorio (dir.), L'Héritage religieux du droit en Europe, Paris 2004, S. 53ff.

유럽 경제 공동체가 1957년에 창설된 후부터 오늘날의 통합 상태에 이르기까지 공동체법이 놀라울 정도로 강화되기 시작하여 회원국 내에서 강력히 법을 단일화시키는 결과를 가져왔다. 직접 효력이 있는 유럽 공동체의 명령[xviii]이 있고, 회원국에 대하여 자국의 법을 그에 따라 개정할 의무를 부과하는 지침[xix]이 있다. 유럽 공동체가 위임받은 주권적 권한의 범위 내에서 직접적인 또는 간접적인 효력을 부여한 법은 회원국들에게 적용되는 법원칙들과 모순되어서는 안 된다. 공동체법은 비옥한 토양 위에 내려앉아야 하고, 대다수 주민들에게 받아들여져야 한다.

회원국 수의 증가와 함께 공동체법의 강력한 응축과정이 진행되었다. 수십 년에 걸쳐 유럽 공동체는 성장했다. 1973년에 영국, 아일랜드 그리고 덴마크가 가입했다. 두 군주국과 하나의 공화국, 이들은 모두 - 영국이 갖는 특수성에도 불구하고 - 민주적 헌법국가의 개념에 해당한다. 1980년대에는 두 단계로 우선 그리스(1981)가 그 다음에 포르투갈과 스페인(1986)이 회원국이 되었다. 이 남부 국가들은 권위주의 정권을 떨쳐내고 민주적 헌법국가의 전통으로 통합되었다는 점에서 특징이 있다. 헌법제정절차가 이루어지고 강력하게 독일과 이탈리아 모델을 따르는 헌법이 만들어졌다. 포르투갈과 스페인은 특히 16세기 학자들이 국가철학의 큰 계몽적 성과를 이루었다는 점이 공통적이다.[31)] 이 "법철학과 국가철학의 황금기"[32)]는 스페인 학교와 대학수업에 지속적으로 영향을 미쳐서 국민들이 새로운 헌법에 내적 힘과 확고함을 부여하는 정신성을 발전시켜 나갈 수 있게 했다.

1995년 동서 분단이 종식된 다음에, 이전에 중립 국가였던 오스트리아, 핀란드 그리고 스웨덴이 유럽 공동체에 가입하였고, 이들 국가는 구체적으로는 차이가 있을지라도 전체적으로는 민주적 헌법국가의 특징을 갖추고 있었다. 또 10년 뒤인 2004년에 한 때 강제적으로 공산주의 권역에 속해 있었던 폴란드, 헝가

---

31) *Antonio Truyol Serra*, Historia de la Filosoffa del Derecho y del Estado, Bd. 2, 4. Aufl. 1995, S. 78ff.; *Antonio-Enrique Pérez Luño*, Die klassische spanische Naturrechtslehre in 5 Jahrhunderten, 1994; *Christian Starck*, Die philosophischen Grundlagen der Menschenrechte, in: FS für Peter Badura, 2004, S. 553, 560ff. m.w.N., 이 책 제2부 제3장에 게재.

32) *Tierno Galván*, El tacitismo en las doctrinas políticas del Siglo de Oro Español, in: Anales de la Universidad de Murcia, vol. IV (1947-48), S. 895ff.

리, 체코, 슬로바키아, 슬로베니아 그리고 발트 3국인 리투아니아, 라트비아 그리고 에스토니아가 가입했다. 공산국가 권역으로부터 분리된 이후 이들 국가에서는 헌법제정절차가 시작되었고, 민주적 헌법국가의 원칙들이 실현되었다. 이 민주적 헌법국가의 원칙들이 국민들의 정신성 속에 비교적 쉽게 다시 자리할 수 있었던 것은 이 국가들이 모두 역사적으로 서유럽 국가들과 마찬가지로 로마법, 라틴 기독교[xx] 그리고 계몽사상의 영향을 받은 국가들이기 때문이다.

일반국가학이 유럽연합에 대하여 갖는 중요성에 대한 질문의 첫 번째 결론은 일반국가학이 초국가적 공동체에서 가능한 회원자격의 기준을 제공한다는 데 있다.[33] 회원국 자격의 기준으로는 지리적 연대성 외에 제도적으로 그리고 정신적으로 확고하게 자리 잡은 민주적 헌법국가가 중요할 수밖에 없는 것은 민주적 헌법국가는 자유의사로 그리고 민주적 정당성을 바탕으로 초국가적 연합을 창설하거나 그에 가입하고 자신의 주권적 권한을 위임하기 때문이다. 초국가적 연합은 자신의 입장에서 자신의 과업을 헌법국가의 원칙에 부합하게 이행해야 한다. 즉 권력분립의 원칙에 따라 임무를 수행하고 회원국 시민의 권리를 존중해야 한다.

2. 일반국가학의 범주에서 본 유럽연합

이론상 가능하거나 역사상 존재한 다수의 국가 간 결합[34] 중에서 여기에서 우리의 관심을 끄는 것은 주로 연방국가와 국가연합[xxi]이다. 두 국가결합 개념은 강한 국제법적 성격을 가지는데, 그것은 주권을 기준으로 구별되기 때문이다. 국가연합은 회원국의 주권을 침해하지 않는다. 다수의 국가가 하나의 연방국가로 결합하면 - 예를 들면 1871년 독일제국과 그 전신인 1867년의 북독일연맹 - 그들의 국제법적 주권은 소멸되고 완전히 중앙 국가[xxii]로 이전된다. 국내적으로는 주권과는 다른 주권적 권한들이 헌법에 따라 연방과 주 간에 분배된다.

---

33) 유럽연합조약(EUV) 제6조 제1항: “연합은 자유, 민주주의, 인권의 존중 그리고 기본자유 및 법치국가를 기초로 한다; 이 원칙들은 모든 회원국에 공통된다.”; 비슷하게는 유럽헌법조약 제9조 참조.

34) 세 가지를 열거하고 있는 것으로는 *Karl Doehring*, Allgemeine Staatslehre, 3. Aufl. 2004, Rdnr. 146 참조.

이제 문제는 초국가적 연합의 분류방식이다. 적어도 그것은 결코 연방국가가 아니며, 적어도 대부분의 회원국[35)]의 의지나 독일의 유력 정당의 의지에 따라서 보더라도 연방국가가 되어서는 안 된다. 독일 기독교민주연합(CDU)과 바이에른 기독교사회연합(CSU)[xxiii] 대표의 2003년 5월 4일 공동 결의안에서 발표된 유럽연합헌법조약에 대한 핵심적 요구사항은 다음과 같다.

"유럽연합은 결코 자율적인 권한 창설권을 가진 독립국가가 아니다. 이 원칙을 벗어나면 연방국가로 가는 결정적 단계가 될 것이며, 이는 사람들이 원하지 않는 것이다."

동맹 90/녹색당[xxiv]의 원칙프로그램에서는 다음과 같이 말하고 있다.

"우리는 유럽헌법절차를 강력히 … 지지한다. 우리가 추진하려는 것은 유럽의 초국가 헌법이 아니라, 시민이 공통의 제도, 절차 그리고 권리에 합의하고 그들 공동체의 공통된 유대를 이해하고 동의하는 헌법이다."

1998년 4월 17일의 독일사회민주당(SPD) 기본강령에서는 다음과 같이 기술하고 있다.

"우리는 유럽 공동체를 유럽 합중국(Vereinigten Staaten von Europa)으로 발전시키고자 한다."

"유럽 합중국"이라는 표현은 1925년의 사회민주당의 하이델베르크 프로그램에서 비롯된 것으로서 높이 평가되었지만, 연방국가를 말하는 것인지가 불분명하다. 기본강령의 몇 문장은 오히려 그와 반대로 선언하고 있는데, 이는 특히 유럽의 모든 국가의 주권은 불가침이라고 기술하고 있는 점에서 그러하다.

물론 유럽연합을 하나의 연방국가로 전환해야 한다는 요구도 있다. 그러한 소리는 경제와 재계로부터 들린다. 외교 정치적으로 유럽은 국가로서 미국과 같은 세계적인 강국이 되어야 한다는 것이다. 국민국가를, 무엇보다 먼저 독일을 시대에 뒤떨어졌다고 보는 사람은, 빠르게 유로국가를 요구하거나 유럽헌법으로 유로국가가 다가오고 있다고 본다. 그럼에도 불구하고 헌법적 차원에서 보면 회원국이 체결하는 국제법적 조약의 문제다. 유럽 연방국가의 노선에 대해서는 더 이상

35) 예컨대 *Hélène Lepoivre*, Staatlichkeit und Souveränität in der Europäischen Union am Beispiel Frankreichs, 2003, S. 209ff.

논의할 필요가 없다. 왜냐하면 그 노선은 전통적으로 연방국가성을 다루고 있는 일반국가학에 반대하지 않기 때문이다.

유럽연합이 연방국가가 아니거나 되어서는 안 된다면, 그러면 국가연합인가? 이미 언어에서 표현되어 있듯이 그것은 그 이상이다. "Supranationalität"(초국가성)라는 개념 속에 들어있는 "Nation"(국가)이라는 단어는 영어에서도 국가를 의미한다. 올바른 독일어 번역으로는 "Suprastaatlichkeit"(초국가성)라고 해야 한다. 그에 맞추어 Völkerrecht(국제법)도, 즉 국제공법도 정확한 독일어 번역은 "Zwischenstaatenrecht"(국가 간 법)이다. "초"(Supra)는 무엇의 위 또는 상부를 의미한다. 이로부터 볼 때 Supranationalität는 Internationalität(국제성)과는 명확히 구분된다. 개념은 문제가 되는 사물이나 사안을 분명히 파악할 수 있게 한다. 개별 회원국 위에 주권적 권력[xxv]이 존재하고, 그것은 회원국이 주권적 권한[xxvi]을 위임함으로써 정립된 것이다. 주권적 권한이 위임되면, 초국가적 법은 모든 국내법에 우선한다. 그 점에서 개별 회원국은-자신의 의지로-국가연합을 자신의 위에 두고 있고, 국가연합의 법적 행위는 회원국이 이행해야 하는 정치적인 신호일 뿐만 아니라, 오히려 국가연합의 법적 행위 그 자체가 직접적으로 회원국 시민을 기속하는 법을 제정하기도 한다.

일부의 사람들은 이 과정에서 국가적 주권의 개념이 불필요하게 되었음을 확인할 수 있다고 한다.[36)] 다른 사람들은 연방적 공동체주권[xxvii]이라고 말한다.[37)] 이

---

36) *Hans Peter Ipsen*, Europäisches Gemeinschaftsrecht, 1972, S. 101; *ders.*, HStR VII (1992), § 181 Rdnr.19; *Erhard Denninger*, Vom Ende nationalstaatlicher Souveränität in Europa, JZ 2000, S. 1121, 1125f.; *Juliane Kokott*, Die Staatsrechtslehre und die Veränderung ihres Gegenstandes, in: VVDStRL 63 (2004), S. 7, 21ff.

37) 예컨대 *Horst Dreier*, Art. Souveränität, in: Staatslexikon der Görresgesellschaft, Bd. IV, 1988 Sp. 1208; *Ulrich Everling*, Überlegungen zur Struktur der Europäischen Union und zum neuen Europa-Artikel des Grundgesetzes, DVBl. 1993, S. 936, 942f.; *Karl Doehring*, Staat und Verfassung in einem zusammenwachsenden Europa, ZRP 1993, S. 98ff.; 위험하게 눈에 띄는 것으로는 *ders.* (주 34), Rdnr. 274; 유럽연합법원(EuGH)이 주권의 제약을 언급하는 경우에(Gutachten 1/91 v. 14.12.1991, Slg. 1991, S. I - 6079 Rdnr. 21), 그것은 주권의 분할을 의미하지 않고 오히려 주권의 행위로서 주권적 권한의 위임을 뜻하는 다른 표현이다.

생각에 따르면, 최고의 권력으로 이해되는 주권은 국민국가를 떠났고,[38] 그와 동시에 보댕의 정의에 따른 국가의 종말을 맞이하게 된다. 그러나 이러한 주장에는 주권(Souveränität) 개념이 일련의 주권적 권한(Hoheitsrechte)과 혼동되고 있는 것으로 보인다.

주권적 권한을 초국가적 연합에 위임하는 것은 국제법 조약에 따라 스스로 위임한 국가로부터 주권을 박탈한다는 생각, 다시 말하면 행위자인 국가가 주권을 포기한다는 생각으로부터 벗어나야 한다. 국가를 법적으로 구속하는 국제조약을 체결하는 것은 주권의 행위다. 이는 사법상의 계약과 비교할 수 있는데, 그 계약을 나는 나 자신의 자유로운 행위로 체결하는 것이다. 내가 협회에 가입하거나 회사에 들어갈 때 나의 자유를 포기하지 않는 것과 마찬가지로, 국가는 주권적 권한을, 더 정확히는 권능[39) xxviii]이나 결정권[40) xxix]을 초국가적 연합에 양도하는 경우에도 자신의 주권을 포기하지 않는다. 유럽 공동체는 여전히 민주적으로 정당화된 회원국의 의사에 근거한다. 회원국의 주권이 지속된다는 사실[41]은 유럽 공동체로부터 탈퇴할 권리에서도 나타난다. 그에 대해서는 연방헌법재판소가 마스트리히트 판결[xxx]에서 상기시켰고,[42] 유럽헌법조약도 제60조[xxxi]에서 명확히 언급하고 있다.

---

38) 이 규정을 연구하고 있는 *Jost Delbrück*는 1970년에 유럽 공동체 회원국의 주권문제를 연구하였고 그리고 국가행위의 한계를 넘어서는 우리 시대의 큰 경제적, 사회적 그리고 기술적 문제의 효과적 극복의 결과로서 주권의 상실에 대해 말하였다. *ders.*, Souveränität und Nationalstaat im Wandel, in: H.-P. Schwarz (Hrsg.), Hdb. der deutschen Außenpolitik, 1975, S. 669, 673; *ders.*, Regionale Zusammenschlüsse und ihre Auswirkungen auf die Souveränität der Staaten, in: Picht/Eisenbart (Hrsg.), Frieden und Völkerrecht, 1973, S. 457, 480-484에서는 좀 더 신중한 입장이다.

39) 그렇게는 프랑스 헌법 제88-1조.

40) 결정권(Beschlußrechte), 스웨덴 헌법 Kap. X § 5 참조.

41) 국제법의 지배적 견해로서 예컨대 *Helmut Steinberger*, Der Verfassungsstaat als Glied einer europäischen Gemeinschaft, VVDStRL 50 (1991), S. 9, 17; *Christian Hillgruber*, Souveränität -Verteidigung eines Rechtsbegriffs, JZ 2002, S. 1072, 1077ff.; *ders.*, HStR 11, 3. Aufl. 2004, § 32 Rdnr. 61-74; *Albrecht Randelzhofer*, HStR 1, 3. Aufl. 2004, § 17 Rdnr. 33f.; 명백하게는 또한 *Thomas Schmitz*, Integration in der Supranationalen Union, 2001, S. 237ff.

42) BVerfGE 89, 155, 190. *Oppermann*, Europarecht, 2. Aufl. 1999, Rdnr. 221.

우도 디 파비오(Udo Di Fabio)는 회원국과 연합의 관계를 비유적으로 다음과 같이 설명했다.43) "공권력이라는 새로운 건축물의 건축가는 여전히 회원국들이고, 그들은 검증된 공통의 헌법전통에서 나오는 **권한(에 따른) 책임**xxxii을 진다, … 이 집의 일상에는 공통된 이익균형, 경제적 및 정치적 공동체를 위한 투쟁이 있다. 연합은 대륙에 대한 **협동 책임**xxxiii을 진다. 유럽 사람들의 오래된 야망은 문명화되어 국가 간의 경쟁으로 전환되었으며, 여기서 경쟁규칙의 준수는 공동체의 일상적인 일이 되었다, …" 물론 회원국의 건축가적 특성은 명확히 정의된 권한들이 초국가적 연합에 위임될 것을 요구한다.44) 권능의 권능,xxxiv 즉 권한의 분배에 대하여 결정할 권한은 회원국에 있고, 여기에서 주권이 존속하고 있다는 것을 알 수 있다.

주권적 권한을 초국가적 연합에 위임하는 것과 함께 헌법주의xxxv의 특징이 연합의 차원에서 보장되어야 한다.45) 이는 그동안 여러 번 개정된 기본조약을 통해 이루어지고 있다. 개정된 기본조약은 유럽 공동체의 조직, 권한, 절차 그리고 행위형식을 법치국가적 방법을 통하여 보장하고, 기본권을 보장하며, 유럽 의회의 직접선거를 통한 추가적 민주적 정당성을 정착시키고 있다. 주권적 권한을 위임하는 조약들은 "유럽 헌법"을 뜻하는데, 이는 이제 그동안 서명된 유럽을 위한 헌법에 관한 조약을 통하여 명시적으로 그렇게 불린다.46) 물론 회원국의 유럽 헌법 비준은 아직 기다려야 하나, 프랑스와 네덜란드의 국민투표에서 비준에 실패하고 말았다.

이로써 우리는 새로운 유형의 국가결합을 다루게 되는데, 이는 일반국가학이 받아들여서 다루어야 한다. 이는 특히 슈테판 호베(Stephan Hobe, 1998)와 토마스

---

43) *Udo Di. Fabio*, Der Verfassungsstaat in der Weltgesellschaft, 2001, S. 95 (강조는 원문에 따름).

44) *Uwe Leonardy*, in: ders. (Hrsg.), Europäische Kompetenzabgrenzung als deutsches Verfassungspostulat: 2002, S. 23ff.

45) 이에 대해서는 *Di Fabio* (주 43), S. 49.

46) 헌법 개념에 대해서는 *Christian Starck*, Der Vertrag über eine Verfassung für Europa, in: FS Götz, 2005, S. 73, 74f. = *Starck*, Verfassungen, 2009, S. 311, 312f.

슈미츠(Thomas Schmitz, 2001)의 큰 분량의 단행본에서 이미 다루어진 바 있다.[47] 따라서 우리는 다음과 같은 것을 알 수 있다. 즉, 일반국가학은 국가들이 초국가적 연합으로 결합할 가능성에 대한 기준을 제시할 뿐만 아니라, 그 창설과 함께 새로운 행태의 국가결합으로서 초국가적 연합을 학문적으로 다루고, 특히 새로운 출현 형태인 다차원적 헌법[xxxvi]을 해석학적으로 구성하며[48] 그리고 공동체법의 민주적 정당성에 대한 요구조건들을 명확히 하도록 하는 도전에 직면해 있다.[49]

그러나 그것으로는 충분하지 않다. 회원국의 주권적 권한을 유럽연합에 위임하는 것은 국가의 과제를 감소시킬 뿐만 아니라, 국가의 헌법적 권한질서와 절차질서를 침해하는 것을 의미하기도 한다. 이에 대해서는 다음의 2가지 예를 들 수 있다. 이전에는 국가의 의회가 입법절차에서 대개는 정부의 제안으로 다른 정치적 조건 없이 헌법의 틀 안에서 결정할 수 있었던 것이, 관련 권한이 유럽연합으로 위임된 지금은 국내 정부와 협력하는 가운데 유럽연합이 결정한다. 문제되는 것이 지침(장래에는 기본법률[xxxvii])이라면, 국가의 의회는 이를 단지 국내법으로 전환하는 것뿐이다. 연방국가에서 주에 속하는 입법사항이 유럽연합에 위임되는 경우에도 마찬가지로 국가의 집행부만이 유럽 차원의 결정에 참여하게 된다. 이러한 국내적인 탈의회화와 탈연방화도 일반국가학의 주제이며, 더구나 단순한 현황 파악으로만이 아니라 대안이나 보상에 대한 고찰을 위해서 그러하다.

마지막으로 다음과 같은 질문을 할 수 있다. 유럽연합이 초국가적 연합으로서 영구적으로 안정화 될 것인가 그리고 새로운 유형의 국가결합의 예로서 일반국가학의 교과서 속으로 영원히 들어가게 될 것인가?[50] 유럽연합의 역동성은 우선은 유럽 차원에서 제정된 법의 치밀함에서 비롯되고, 다른 한편으로는 2004년에 15개 회

---

47) *Stuphan Hobe*, Der offene Verfassungsstaat zwischen Souveränität und Interdependenz, 1998; *Thomas Schmitz*, Integration in der Supranationalen Union, 2001.

48) *Starck* (주 46), S. 75.

49) *Marcel Kaufmann*, Europäische Integration und Demokratieprinzip, 1997.

50) 여전히 유럽 공동체/연합은 일반국가학 교과서의 새 판본에서 거의 다루지 않고 있다. *Reinhold Zippelius*, Allgemeine Staatslehre, 14. Aufl., 2003, S. 77f., 421, 424-428; *Doehring* (주 34), S. 116f., 188-190; *Peter Pernhaler*, Allgemeine Staatslehre und Verfassungslehre, 2. Aufl. 1996, S. 16, 38, 220, 312-316 참조.

원국에서 25개 회원국으로 급격히 증가한 회원국 수의 확대에서 비롯된다. 그리고 이 역동성은 깨지지 않고 계속되고 있다. 불가리아와 루마니아(2007년 이후로는 회원국이 됨), 심지어 터키도 새로운 회원국으로 가시권 안에 있다. 이 두 가지 역동성 사이에는 큰 긴장감이 있다. 초국가성이 강화될수록 지리적 확대를 견뎌내기 어려울 것이다. 지리적 확대가 광범위하게 일어나서 더 이상 돌이킬 수 없게 된 후에는, 나는 거기서 분명한 신호를 보게 되는데, 그것은 유럽연합은 연방국가로 발전되지 않고 오히려 초국가적 연합으로 남아 결속의 정도에 따라 여러 개로 나뉠 것이라는 사실이다. 이는 오늘날 예를 들면 이미 통화법상으로 유로국가와 비유로국가로 나뉜 것을 볼 때 명확하다. 그러한 과정을 파악하기 위해 일반국가학은 힘써야 한다. 초국가 연합이론은 유럽에 국한되는 것은 아니고, 남아프리카나 남아메리카와 같은 초국가적 연합의 전제조건들이 생겨날 수 있는 세계의 다른 지역들에도 존재한다.[51] 왜냐하면 세계의 상황이 개별 국가가 자신들에게 주어진 과제를 처리하는 데 점점 더 부담을 느끼고 있고, 국가결합으로 스스로를 강화하기 위해 협력하고 있기 때문이다.

Ⅳ 요약

일반국가학의 개념들은 초국가적 연합의 전제조건들을 알아내는 데 적합하고, 국가의 유형을 이념적 및 제도적 역사까지 포함하여 구별한다. 주권 개념의 도움을 받아 초국가적 연합을 연방국가와 구별하고 경우에 따라서 초국가적 연합에서 연방국가로 변모해 가는 것을 정확히 확인할 수 있다. 국가결합에 관한 이론[xxxviii]은 초국가적 연합이라는 것을 고려하여 볼 때 확대되고 심화되어야 한다.

51) 남아프리카와 최근에는 남아메리카에 단서들이 있다(Communidad Sudamericana de Naciones남미국가공동체).

역자 주

i 외부란 법학 이외의 학문 분야를 가리킨다.

ii Frühe Neuzeit. 르네상스, 종교개혁, 대항해시대 등을 포함하는 시기를 가리킨다.

iii allgemein.

iv substantiell.

v 가구의 사적인 영역에 대해 행사하는 것이 아니란 의미다.

vi Metabegriffe.

vii Methodenpluralismus.

viii Methodensynkretismus.

ix 방법다원주의는 연구대상을 여러 가지 방법으로 접근할 수 있다는 것인데, 그렇다고 하여 무비판적으로 방법을 무조건적으로 섞어서 사용한다는 것이 아니다. 방법론 문제와 관련하여서는 오히려 대상을 면밀히 검토하여 이 대상에 따라 방법이 정해져야 한다는 것을 의미한다.

x juristisch-dogmatische Methode.

xi 법학적 방법론만을 통해 국가법만을 연구한 것에 대한 반성으로 비법학적 방법까지 동원하여 그 대상이 단순한 국가법만이 아니라 국가학으로 확대되었다는 의미다.

xii Propädeutik.

xiii 일반국가학이란 제정된 법률을 해석하는 것이 아니라 국가의 발생과 소멸, 국가권력의 정당성, 정치권력의 한계 등을 탐구하는 학문이므로 당연히 법이론(Rechtstheorie)과 결부될 수밖에 없다는 의미다.

xiv Institutionenlehre.

xv Manna. 만나는 성경에 등장하는 신비로운 음식으로 하늘에서 내려온 것이라고 한다. 출애굽기 제16장 14절에 "작고 둥글며 서리같이 가는 것"으로 묘사되어 있고, 이스라엘 백성들이 처음 이것을 보았을 때 무엇인지 몰랐기 때문에 히브리어로는 "무엇이냐"를 뜻한다고 한다.

xvi Semiparlamentarismus.

xvii Hoheitsrechte. 고권이라고 번역하기도 한다. 그런데 고권이라는 번역어는 직역이기는 하나 구체적으로 어떤 의미인지가 불명확한 단점이 있다. Souveränität는 대내적으로 최고이고 대외적으로는 독립적인 추상적인 권리로서 주권을 의미하는 반면, Hoheitsrechte는 그러한 주권 개념의 하위개념으로서 주권에 포함된 구체적인 권리라는 의미로 이해된다. 따라서 Hoheitsrechte는 고권보다는 주권적 권한이라고 번역하기로 한다. 이렇게 되면 주권적 권한이란 법률을 제정하고 강제력을 동원하여 이를 실행하고, 조세를 부과하고, 무력을 보유하는 등 주권국가가 그 임무를 수행하기 위해서 사용할 수 있는 권한을 말한다. 이러한 주권적 권한은 위임할 수 있다. 예컨대 독일 기본법 제23조 제1항에서는 독일의 주권적 권한을 유럽연합에 위임할 수 있다고 규정하고 있다.

xviii Verordnungen.

xix Richtlinien.

xx 로마 교황을 중심으로 하는 가톨릭을 말한다. 동방 정교회(Orthodoxe Kirche)와 대비하여 사용된 개념이다.

xxi 연방국가(Bundesstaat), 국가연합(Staatenbund).

xxii Zentralstaat.

xxiii CDU(Christlich Demokratische Union Deutschlands)는 독일 전역에 활동하는 보수정당이고, CSU(Christlich-Soziale Union in Bayern)는 바이에른주에서만 활동하는 기독교 민주적 성격의 정당이다. 양당은 많은 경우에 연합한다.

xxiv 동맹 90과 녹색당이 1993년에 합당하여서 동맹 90/녹색당(Bündnis 90/Die Grünen)이라는 현재의 이름으로 되었다. 일반적으로는 단순히 녹색당이라고도 한다.

xxv Hoheitsgewalt. 통치권이라고도 번역할 수 있다.

xxvi Hoheitsrecht. 주권적 권한은 주권적 권력의 일부를 구성하는 개별적인 권한을 말한다.

xxvii föderative Gemeinschaftssouveränität.

xxviii Kompetenzen.

xxix Befugnisse.

xxx Maastricht-Urteil.

xxxi 유럽헌법조약 제I-60조(연합으로부터의 자발적 탈퇴)는 다음과 같다. "1. 모든 회원국은 그 헌법적 규칙에 따라 연합으로부터의 탈퇴를 결정할 수 있다. 2. 탈퇴를 결정하는 회원국은 유럽이사회에 그 의도를 통지한다. 유럽이사회의 지침에 따라 연합은 장래의 관계를 위한 틀을 고려하고 당해국과 함께 탈퇴에 관한 협정에 대해 협의하고, 이를 체결한다. 이 협정은 제Ⅲ-325조 제3항에 따라 협의된다. 이 협정은 가중다수결로 행동하는 이사회에 의해 유럽의회의 동의를 얻은 후 (연합의 이름으로-이 부분은 불어본에는 있고 영문본에는 없음) 체결된다 . 3. 헌법은 당해국에 대해서는 탈퇴협정의 발효일로부터, 또는 그 외의 경우에는 제2항에 언급된 통지 후 2년째 되는 해부터 적용되지 않는다. 단, 유럽이사회가 당해 회원국과 합의하여 기간의 연장을 전원일치로 결정한 때에는 이에 한하지 않는다. 4. 제2항 및 제3항의 목적을 위하여, 탈퇴하는 회원국을 대표하는 유럽이사회 및 이사회의 위원은 유럽이사회 또는 이사회의 심의, 또는 그와 관련된 유럽결정에도 참가할 수 없다. 가중다수결은 참가회원국을 대표하는 이사회 위원 중 적어도 72%의 다수이고, 또 그 회원국의 인구 중 적어도 65%의 다수로 정의된다. 5. 만약 연합으로부터 탈퇴한 국가가 재가입을 요청한다면, 그 요청은 제Ⅰ-58조의 절차에 기속된다(채형복 옮김, 유럽헌법조약, 높이깊이, 2006의 번역을 인용함).

xxxii Kompetenzverantwortung.

xxxiii Kooperationsverantwortung.

xxxiv Kompetenz-Kompetenz.

xxxv Konstitutionalismus. 입헌주의라고도 번역할 수 있다.

xxxvi Mehrebenenverfassungsrecht.

xxxvii Rahmengesetz.

xxxviii Lehre von den Staatenverbindungen.

제7장

법률에 의한 법의 통일. 조건, 목표, 방법*

법해석학(Rechtsdogmatik)은 단순히 입법을 따라가는 것에 그치지 않고, 주어진 법률을 일반적 관점에 따라 해석하고, 조화시키며, 모순을 해소하고, 규칙을 세우며 그리고 그것을 통하여 법률적용을 합리화한다. 법 안에서 활동하는 법해석학의 이러한 임무는, 입법에 선행하는 지식을 갖추고 있다는 것과 이러한 지식이 법률적용의 경우만이 아니라 법률의 제정의 경우에도 입법에 도움이 된다는 것을 보여준다(이 책 제1부 제4장 참조). 현존하는 법해석학 체계 내에서 입법자가 정당하고 좋은 결정을 내린다는 것은 그것이 확립된 법해석학적 견해들과 일치하고 객관적인 논리에 따라서 볼 때 이의 없는 해결책을 도출한다는 것을 의미한다. 법해석학은 입법의 필수적인 기초로서, 법해석학적 사전작업과 체계화가 없으면 법문화적으로 수준이 매우 낮게 되고 법의 명확성과 신뢰성에 대한 요구사항들을 충족시키지 못하게 될 것이다.[1)]

오늘날 유럽 공동체의 발전 단계를 생각할 때 많은 분야에서 통일, 적어도 국내 법질서의 추가적인 조화가 요구된다. 통일법을 만드는 것은 통일될 법질서에

---

* 출처: Christian Starck (Hrsg.), Rechtsvereinheitlichung durch Gesetze. Bedingungen, Ziele Methoden의 서론. 5. Symposion der Kommission "Die Funktion des Gesetzes in Geschichte und Gegenwart" am 26. und 27. April 1991 (Abhandlungen der Akademie der Wissenschaften in Göttingen, Phil.-Hist. Klasse. Dritte Folge Nr. 197), 1992, S. 9-14.

1) *Okko Behrends*, in: Okko Behrends/Wolfram Henckel (Hrsg.), Gesetzgebung und Dogmatik. 3. Symposion der Kommission "Die Funktion des Gesetzes in Geschichte und Gegenwart" am 29. und 30. April 1988 (Abhandlungen der Akademie der Wissenschaften in Göttingen, Phil.-Hist. Klasse, Dritte Folge Nr. 178), S. 9 ff. 참조.

대하여 특히 법문제를 해결하는 능력과 관련한 분석이 필요하다. 그를 위해서는 개별 법질서의 기초가 되는 가치를 공개하여야 하고, 내부의 체계적 연관성과 정당한 결정을 획득하기 위한 각각의 법해석학적 도구를 도출해야 한다. 그러나 단순한 법의 조화를 구현하는 것도 법해석학적 작업 없이는 생각할 수 없다. 법해석학적 작업은 국내법을 공동체법과 목표를 일치시키고 그리고 그렇게 함으로써 입법을 준비하거나 보충하기 때문이다.

현재 진행 중인 넓은 의미의 유럽 법 통일은 법의 조화를 포함하여 1867-1871년의 제국설립을 전후한 독일의 법 통일과 비교할 만하다. 여기에는 다음과 같은 많은 유사점이 있다. 즉, 경제적 통일은 높은 수준의 통일, 적어도 상법, 회사법 그리고 경제법의 분야에서 조화가 필요했고 현재도 필요하다. 제국에서 영업의 자유에 중요한 영업법[ii]은 1869년에 이미 북독일연방의 제국의회에 의해서 시행되었다. 법의 통일이나 조화는 국경을 넘는 서비스 법, 특히 장기적으로는 민법의 상당부분에 대해서도 매우 공통적으로 필요했고 그리고 현재도 필요하다.

입법을 통하여 법의 통일을 이루는 것은 뒤늦은 민족국가인 독일에서 정서적으로 중요한 의미를 가졌다. 필요한 법적 통일의 규모를 확인하기 위해서는 1867년의 북독일연방 헌법과 1871년의 제국헌법 제4조의 제국입법 목록만 들여다봐도 된다. 목록에서 가장 중요한 자료는 보험을 포함한 영업에 관한 규정, 관세입법 및 무역입법, 도량형·화폐 체계, 통화, 지적 재산권의 보호, 모든 민법, 형법 및 사법절차에 관한 규정, 출판 및 결사에 관한 규정 등이다. 국경을 넘나드는 서비스에 관한 법을 제외하면, 국가 통일이 이루어지고 나서 그에 이어 통일된 법이 만들어졌다. 그것은 민법과 관련해서 보면 세기 전환 직전에 실현된 것이었다. 미카엘 슈톨라이스(Michael Stolleis)는 이 과정을 매우 적절하게도 법적 통일을 통한 "내부적 제국의 건설[iii]"이라고 부르고 있다.[2)] 상법전, 증권법, 형법전, 절차법 그리고 마지막으로 민법전의 성문화는 제국통합의 중요한 도구였다. 내부적 제국의 건설은 외부적 제국의 건설을 전제로 했다. 법의 통일은 본질적으로 국가통일의 결과다. 그에 반하여 법의 점차적인 통일이나 단지 조화를 이루는 것도 유럽연합을 위한 전제조건이다.

---

2) 이에 대해서는 각주 1에서 인용된 문헌, S. 15 참조.

법의 통일은 북독일연방과 독일제국의 과제였다. 유럽 공동체는 엄격한 의미에서 입법을 알지 못하는데, 왜냐하면 지침[iv]이 제정되지 않는 한, 법의 제정은[v] 여전히 명령[vi]의 방식으로 일어나기 때문이다.[vii] 지침은 달성될 목표와 관련하여서만 회원국을 기속하고, 형식과 수단의 선택이 국내 당국에 위임되어 있다. 민주적 정당성의 흠결을 제외하면, 법제정의 기술적 측면에서만 볼 때 법의 통일은 명령을 통해서, 법의 조화는 지침을 통해서 가능하다는 것을 확인할 수 있다. 그밖에 조약은 유럽 의회[viii]가 참여하는 절차를 규정하고 있다.

유럽 공동체는-중요한 예외인 영국을 제외하고-성문화된 국민국가적 사법(私法)질서[ix]와 마주하고 있다. 이는 지난 200년간 두 번의 큰 단계[x]에서 나타났고, 국민국가에서 법과 법사상이 별개로 특수화되는 결과를 가져왔다. 제국통일과 함께 독일에서는 그 외 유럽에서도 만연한 실증주의가 법학에서 승리의 행진을 시작했다. 그 보다 먼저 오랜 기간 동안 유럽대륙적 법사상이 있었다. 유럽대륙적 법사상은-각 영토주권을 초월하여-로마법과 교회법[xi]에 의해서 결정되었다. 이 공통된 유럽 법 시대는 국내 사법 성문화의 중요한 기초가 되었기 때문에 분명 새로운 유럽 법 통일을 위한 유리한 전제조건들이 존재했다. 물론 규범내용의 다양성을 경시해서는 안 될 것이다. 그러나 우리는 국민국가를 초월하는 몇 개의 일반적 법원칙과 공통된 역사적 전통을 참고할 수 있다. 이는 부분적으로는 심지어 영국에도 적용된다. 영국에서는 이미 일찍이 학문적으로 연구되고 자의식을 가진 판사들에 의해서 지속적으로 발전된 보통법[xii]이 로마법의 침투와 후속적인 사법의 성문화를 막아왔음에도 말이다.

유럽의 법 통일과 법 조화는 이러한 실질적인 전제조건들 외에 동력으로 작용하는 제도적 전제조건들도 필요로 한다. 동력이라고 하면 우선은 유럽 공동체라는 사안을 움직이고 유지하는 정치인과 명령과 지침을 제안하는 집행위원회를 떠올리게 된다.

a) 대체로 상대적으로 조용하게 돌아가는 다른 동력으로는 법과대학이 있다. 법과대학들은 오래 전부터 비교법 연구를 수행해왔고 그리고 앞으로는 유럽 법 통일과 법 조화의 관점에서 국경을 초월한 사상의 교류, 공동 연구, 상호간의 교수 초청과 유럽 법학의 창출을 통하여 비교법 연구를 강화해야 한다. 비교법 연구는 유럽 법질서의 공통된 역사적 기초, 그 안에 담겨진 가치판단과 그 법체계적

기초를 만들어낼 수 있을 뿐만 아니라, 개별 문제와 전체 문제영역들을 질적으로 우수하게 해결하여 통용될 수 있도록 할 수 있을 것이다. 유럽 공동체가 시작한 에라스무스 프로그램이 오랫동안 이 목표를 장려하고 있다.

b) 다른 동력은 - 법과대학의 연구를 바탕으로 - 법 통일을 위해 계류된 자료들을 계속해서 다듬고 제안하는 입법위원회들[xiii]일 수 있다. 입법위원회는 다양한 국내 법제도를 대표하는 위원들로 구성되어야 하고, 그들은 다른 법질서에도 정통하고 그로써 유익한 심의가 가능하여야 한다.

c) 또한 매우 유용한 법 통일 동력은 법원이다. 모든 회원국의 법관들로 구성된 유럽연합법원은 유럽조약을 해석하고 적용하는 경우에 법의 준수만을 보장하는 것이 아니라, 더 나아가 관할권의 범위 안에서 국내적 법질서에 대하여 독립적이면서도 그로부터 나오는 유럽 행정법을 만들어낸다. 유럽연합법원은 그를 위해 회원국의 개별적 헌법 및 행정법질서의 이면에 있는 공통된 가치 관념의 보고(寶庫)에서 끌어내고 이미 개발된 법해석학적 개념을 활용한다. 유럽연합법원의 말에 따르면, 법원은 행정법의 근본문제들을 입법, 법이론[xiv] 그리고 판결에서 승인된 규칙을 고려하여 결정한다. 대부분의 행정법상 제도는 법적으로는 헌법적, 정치적 그리고 역사적으로 자리매김한 각 국가의 구조를 통해서만 이해할 수 있기 때문에, 유럽 행정법을 도출하기 위해서는 적지 않은 요구사항들이 따른다. 발전하는 유럽 행정법의 법해석학은 국내 행정법체계와 그에 따른 국내 입법과 재판에 법 통일적 영향을 행사하게 된다. 이미 지금 독일과 프랑스 법에서 발견된 해결책들이 점점 더 서로를 향해 움직이고 있다. 유럽연합법원은 처음에는 프랑스의 국사원(Conseil d'Etat)의 판결에 더 많은 영향을 받았지만, 뒤에는 독일의 견해에 더 많은 여지를 제공했다.

법학, 특별법률위원회 그리고 법원은 향후 법 통일적 입법의 전제조건들을 창출하지만, 이 전제조건들은 사전적 비교법적 분석 없이는 거의 성취될 수 없다. 그러한 분석이 특히 흥미롭고 인식을 증진시키는 것은 유럽연합법원과 같이 다양한 법질서의 기반이 되는 법원칙에 따라 판단하여야 하는 법원의 실질적 법 발견의 범위 안에서 일어나는 경우에 그러하다. 그러나 법의 통일이 정확한 사전 작업 없이도 빨리 선구자적으로 진행되는 곳에서도 법이론과 재판이 매우 생산적인 방식으로 개입하는데, 그것은 법이론과 재판이 선구 작업을 순탄하게 하고 체계적으로 정비하며 추후의 법제정을 위해 보다 나은 법해석학적 기초를 창출하는 경우가 그러하다.

동독의 가입 이후 독일에서 법 통일에 대해서 한 마디 빠뜨릴 수 없다. 동독의 붕괴는 거기서 지배적 사회주의체제가 매우 약한 기반에 서 있었다는 것을 의미한다. 사적인 창의성과 사적 기업가정신은 환영받지 못했다. 그들이 활동하는 곳에서는 필요한 법적, 통화 정책적 전제조건들이 결여되어 있었다. 마찬가지로 공법이 원시적이고 미발전되었고, 법치국가의 기본원칙과 크게 모순되었으며 신뢰보호를 보장하지 못했다. 광범위한 분야에서 법-사람들은 이 용어사용을 꺼리지만-은 정당 지배의 보장을 위해 정당독재에 기여했다. 법은 당파적으로 적용되었고 독립된 법적 기구를 허용하지 않았다. 그러나 법해석학 작업은 상응하는 독자성과 학문의 자유를 전제로 한다. 이러한 독자성과 학문의 자유를 당은 역사발전의 자칭 개척자로서 그 해석을 독점하고 온갖 수단의 감시와 협박을 동원하여 방해했다.

따라서 동독의 연방공화국 가입으로 서독의 연방 법이 이제 가입 지역에서도 시행되게 되었다. 물론 여기에는 몇 가지 예외가 있기는 하지만 이는 대개는 과도기적인 문제를 해결하여야 하는 예외들일 뿐이다. 독일이 두 지역으로 분단되고 45년이 지난 후 1990년에 독일의 국가적 통일의 회복으로, 1867-71년 이래 독일에서 존재했고 현재 유럽 공동체에 존재하는 것과 같은 법의 통일 문제가 발생하지는 않는데, 그것은 유럽 공동체에서 법질서들은 각각의 발전 단계에서 보나 그 기반이 되는 가치판단에서 보나 서로 달라서 비교되는 법질서들이 만나거나 만났지만, 독일은 그렇지 않기 때문이다.

법 통일은 목표 문제와 수용 문제를 야기한다. 독일제국의 수립 이후 목표는 제국입법사항에 대한 헌법 목록에 의하여 확정되었다. 제국입법권한이-은행제도(제국헌법 제4조 제4호[xv])에서와 같이-예외적으로 일반 규정의 제정에 한정되지 않는 한 제국입법자는 포괄적 규정을 제정해야만 했다. 연방적 제국의 수립 이후 제국 차원에서 법 통일은 눈에 띄는 수용 문제없이 진행되었다. -그러나 유럽연합법원에서 상황은 더 복잡하다. 법 통일은 점진적으로만, 각각이 처한 경제적, 환경 정책적 및 그 밖의 필요성을 근거로 대개는 법의 조화라는 보다 약한 형태로 이루어진다. 각 회원국에서 직접적으로 기속력을 발휘하는 명령을 제정하여 급진적으로 법의 통일을 이루려는 것은 종종 적절하지 않다. 대개는 유럽 공동체의 지침으로 단순히 공통된 목적을 설정하고 법원칙을 보장함으로써 법의 조화를 도모하고 국내적 법률을 통하여 다양하게 이행하는 것으로 충분하다. 다른 법 조화 수단은 기본법률들[xvi]이 있다. 이는 국내 법률에 의해 충전되어야 하고 지침과 마찬가지로 추후의 법 통일을 위한 기반을 마련할 수 있다. 법 통일에 대한 이러한 시간적 처방이 나는 중요한 관점으로 보인다. 유럽연합법원은 국내법상 불특정 법개념을 공동체법에 합치하도록 특히 지침에 합치하도록 해석함으로써 이에 동참할 수 있다. 그러나 법 통일은 실질적으로도 조절될 수 있다. 연방주의라는 국가형태는 법 통일에 대하여 - 권한이 정해진 - 실질적 한계를 설정한다. 유럽연합법원의 임무할당의 관점에서도 마찬가지다. 중앙집권과 과도한 관료주의로부터 보호하는 보충성원칙에 여지를 부여하기 위해 이러한 실질적 한계에 주의를 기울여야 한다. 우리는 법 통일의 바람직한 측면만이 아니라 피해야할 단점도 보아야 한다.

경제적 관련성이 있는 민법분야가 유럽공동체의 법규명령이나 매우 세밀한 지침으로 통일되면, 회사법이나 제조물책임법 등과 같이 일반 민법에서 분리된 부분이 통일적으로 규율된다. 이러한 규정들은 국내 민법의 일반 규칙 - 예컨대 계약에 관한 일반규칙, 손해배상에 관한 일반규칙, 임증책임규칙 등 - 과 다를 수 있고, 따라서 유럽 공동체에서 개별 법 분야들이 회원국내에서의 법 통일을 희생하면서 통일될 것이다. 그러나 하나의 유럽 민법이 존재하는 것은 먼 미래라는 것을 생각하면, 개별 분야에 직접적으로 적용되는 유럽 민법은 피해야 하는데, 특히 그것이 이 분야에서 국내 법질서의 일반 민법을 대체하는 경우에는 더욱 그렇다. 따라서 올바른 길은 적어도 당분간은 해당 국내 일반법규의 범위 안에서 단순한 실질적 법 조화를 추구하는 것이다. 이러한 기초 위에서 나중에 가서, 그에 대한 필요성이 존재하면, 집중적인 법학적 사전 작업을 한 후에 통일된 유럽 민법을 만들 수 있을 것이다.

역자 주

i intra legern. intra legem의 오기로 보인다. intra legem은 법을 해석하고 적용할 때 법률을 기반으로 하는 것을 말한다. 법률의 틀을 벗어나서 법에 명시되지 않은 것을 보완하는 경우는 praeter legem(법의 밖에서)라고 한다.

ii Gewerbeordnung. 1869년 제국 영업법의 명칭이다.

iii innere Reichsgründung.

iv Richtlinie.

v Rechtssetzung.

vi Verordnung.

vii 참고로 AEUV 제288조는 유럽연합의 기관이 취할 수 있는 권한들에 대해 규정하고 있다. 이 조문의 내용은 다음과 같다. "연합의 권한을 행사하기 위해 기관들은 명령(Verordnungen), 지침(Richtlinien), 결정(Beschlüsse), 권고(Empfehlungen), 의견표명(Stellungnahmen)을 채택한다. 명령은 일반적 효력을 가진다. 명령은 모든 부분에서 기속력을 가지고 모든 회원국에서 직접 적용된다. 지침은 지침이 대상으로 하는 모든 회원국에 대해 달성하여야 할 목표와 관련하여서 기속력을 가지지만, 수단의 선택과 형식은 국내 기관에 위임한다. 결정은 모든 부분에서 기속력을 가진다. 지침이 특정한 대상에게 대한 것일 경우 그 대상에 대해서만 구속력을 가진다. 의견표명은 구속력을 가지지 않는다."

viii Europäisches Parlament.

ix Privatrechtsordnungen.

x 19세기 초 나폴레옹 법전의 영향으로 일어난 민법전의 성문화가 그 첫 번째이고, 19세기 말 20세기 초의 독일 민법전을 중심으로 한 민법전 제정 움직임의 확산이 그 두 번째라고 할 수 있다.

xi kanonisches Recht.

xii common law.

xiii Gesetzgebungskommissionen.

xiv Rechtslehre.

xv 1871년 독일제국 헌법 제4조 제4호는 다음과 같다. "다음 사항은 제국(Reich)과 제국 입법의 감독을 받는다. … 4. 은행제도에 관한 일반 규정"

xvi Rahmengesetze.

제8장

법학의 미래*

I 법학

1. 서론

우리의 관심을 끄는 것은 미래에 적용될 법이다. 이 법은 민주적으로 성립된 국가에서는 우선 의회의 입법자가 형성하고 제정한다. 입법자의 산물은 그 다음 단계에서는 가능한 범위 내에서 법학에 의해 해석되고 정리되며 체계화된다. -이를 좀 더 면밀히 살펴보면, 광범위한 법학의 중요성이 나타난다.

실정법, 즉 제정된 법을 학문적으로 해명하는 것을 다루는 법학의 분야를 법해석학(Rechtsdogmatik)이라고 한다. 해석학(dogmatik)은 이론(Lehre) 또는 원칙(Grundsatz)을 의미하는 그리스 단어 dógma에서 유래했다. 이는 그리스어보다 라틴어에 더 가까운 대부분의 유럽어가 법이론(Rechtslehre)을 지칭하기 위해서 사용하는 라틴어 doctrina의 어근이다. 구스타프 라트브루흐(Gustav Radbruch)는 법해석학, 즉 법이론을 "정당한 법이 아닌 현행의 법, 있어야 할 법이 아닌 있는 법의 학문"이라고 불렀다.[1] 있어야 할 법은 법정책의 대상이고, 특히 정당의 프로그램, 단체의 입장표명 그리고 정부의 선언 등에서 매우 다원적으로 표현된다. 마찬가지로 법학의 한 분야이기도 한 법철학도 다른 방식으로 마땅히 있어야 할 법을 그

---

* 출전: Akademie der Wissenschaften zu Göttingen (Hrsg.), Wissenschaften 2001. Diagnosen und Prognosen, Göttingen 2001, S. 48-67. (제목의 의미에 대해서는 II. 5. 부분 참조-역자 주).

1) *Gustav Radbruch*, Rechtsphilosophie (1932), Studienausgabe, hrsg. von Ralf Dreier und Stanley L. Paulson, 1999, S. 106.

것도 이론적, 인류학적 관점에서 다루고 있다.[2)]

이하에서 미래의 법학을 다룰 때, 그것은 무엇보다 법해석학에 관한 것이다. 법정책은 논외로 한다. 그에 반하여 법철학은 다룰 수 있다.

2. 법해석학의 역할

법해석학은 대개는 전적으로 라트브루흐가 사용하는 의미에서 입법을 다듬는 학문으로 취급된다. 제정된 법률을 일반적 관점에 따라 해석하고, 조화를 이루게 하고, 체계적 해석을 통하여 모순을 보완하고, 규칙을 정립하고 또 그렇게 함으로써 법률적용을 합리화하고 예측 가능하게 만들며 일반적으로 권리에 대한 균형적 취급을 촉진한다. 법률 내에서 활동하는 법해석학의 이러한 임무의 설정은 법해석학이 이미 입법에 선행하고 법률 제정에 결과적으로 도움이 될 수 있는 지식을 갖추고 있음을 의미한다. 이러한 의미에서 오코 베렌츠(Okko Behrends)는 통찰력 있게 "법률과 해석학의 연합"이라고 말하고 이를 다음과 같이 특징지었다.[3)] "입법자가 입증된 해석학을 근거로 하고 이것을 적절한 형식으로 법률에서 명백히 한다면, 입법자는 규정에 대한 효력의 강도를 매우 증가시키게 된다. 법적용에 요구되는 법적용기관, 법원 및 자문 변호사와의 소통은 해석학을 통함으로써 신뢰할 만한 매개체를 얻게 된다."

계약, 재산권, 손해배상, 책임 그리고 형벌, 법률, 법률유보, 비례성원칙 등 신구의 입법에서 사용되고 있는 우리 법질서의 많은 근본개념들은 기본적이고도 철저한 법해석학적 연구와 정교함에 근거하고 있다. 해석학적으로 발전된 개념, 형식 그리고 제도는 대개 입법자가 상황에 따라 발견하는 법적 구조요소들보다 더 오랜 지속성이 있다. 입법자가 상황에 따라 발견하는 요소들은 종종 학문적 체계 형성을 어렵게 하는 즉흥적인 행동주의에서 발생한다. 과장 없이 말하면 법해석

---

2) *Christian Starck*, Der demokratische Verfassungsstaat, 1995, S. 403, 416f.

3) *Okko Behrends*, Das Bündnis zwischen Gesetz und Dogmatik und die Frage der dogmatischen Rangstufen, in: Behrends/Henckel (Hrsg.), Gesetzgebung und Dogmatik, 1989, S. 9; 유사하게는 *Horst Eidenmüller,* Rechtswissenschaft als Realwissenschaft, JZ 1999, S. 53, 60. 또한 Diederichsen/Dreier (Hrsg.), Das mißglückte Gesetz, 1997, passim.

학적 사전작업과 체계화 없는 입법은 법문화적으로 매우 낮은 수준에 머물 것이고 법의 명확성과 신뢰성에 대한 법치국가적 요구를 충족하지 못하게 될 것이다.

기존의 해석학만이 입법과 연합하는 것은 아니다. 왜냐하면 기존 해석학이 항상 입증된 것은 아니기 때문이다. 그것은 비효율적이고, 복잡하고 그리고 경직되어 법에 대한 새로운 요구사항들에 더 이상 대처할 수 없게 될 수 있다. 입법자가 신뢰할 수 있고 효과적인 규정을 만드는 데 도움을 주기 위해 법체계에 맞는 새로운 해석학적 개념이 필요할 수 있다. 좋은 입법이론은 의도하는 규율의 근거가 되는 사실을 인식하고 있어야 하고,[4] 경제 법칙과 자연과학 및 기술의 발전 및 유능한 법해석학적 지식을 갖추고 있어야 한다.[5] 그러면 그것은 오늘날 종종 정부 부서나 단체들의 압력을 받는 법정책을 조정하고 합리화할 수 있다.[6]

지금까지 법해석학에 대해서 말한 것은 전적으로 상대적인 것으로 이해되어야 하고, 법질서의 장소와 시기에 따라 달라진다. 그러나 법해석학의 개념 속에는 상대적이지 않은 어떤 것도 들어있지 않은 것인가? 이 문제는 긍정적으로 답하여야 한다. 알레산드로 만초니(Alexandro Manzoni)[7]의 훌륭한 저작 "약혼자"(I promessi sposi)에서 수도사 크리스토포루스(Christophorus)는 다음과 같이 말하고 있다. "불쌍한 렌초, 불법을 행하려는 권력자가 언제나 자신의 행동을 정당화할 것을 강요당한다면 일은 이와는 달라졌을 것이다."[i] 말하자면, 법해석학은 그것이 효력을 발휘하는 곳에서 법을 예측가능하게 만들고 최소한의 평등과-자의의 배제라는 의미에서-불편부당함을 보장한다.

우선 법해석학의 기능은 다음과 같이 분명히 할 수 있다. 법해석학은 실정법의 제정과 적용 과정에서 실정법을 체계화하고 안정화한다. 그리고 내재적 비판

---

4) *Christian Starck*, Empirie in der Rechtsdogmatik, JZ 1972, S. 609ff. = *Starck* (주 2), S. 97ff.

5) *Christian Starck*, Überlegungen zur Gesetzgebungslehre, in: Zeitschrift für Gesetzgebung 3 (1988), S. 1, 14ff.(이 책의 제1부 제5장에 게재); 각주 3에서 인용된 Gesetz und Dogmatik의 논문도 참조.

6) 설정된 목표를 기반으로 한 조건부 추천에 대해서는 *Eidenmüller* (주 3), S. 55 li Sp.

7) *Alessandro Manzoni*, Die Verlobten, Übersetzung von Ernst Wiegand Junker der Ausgabe 1840, München 1960, S. 146.

을 통하여 모순이 없도록 유지한다. 법해석학에는 법질서의 근본적 변화로부터 독립적인 곳은 존재하지 않는다. 특히 결코 실정법에 우선하는 일반적 정의론이 아니고, 법의 합리성에 대한 기본적 전제조건을 보장할 뿐이다.

3. 법해석학의 단계

이제 상황이 좀 더 복잡하다. 왜냐하면 특히 헌법의 우위로 표현되는 실정법의 위계질서가 존재하기 때문이다. 입법은 헌법질서에 기속된다(기본법 제20조 제3항). 기본권은 직접적으로 효력이 있는 법으로서 입법을 기속한다(기본법 제1조 제3항). 헌법의 우위는 법해석학적으로 볼 때 헌법해석학이 - 물론 헌법이 틀의 질서로서 미치는 한에서만[8] - 법해석학을 지배하면서 영향을 미친다. 이에 대한 예를 들면 다음과 같다.

(1) 법해석학적으로 기본권과 법치국가원리로부터 나오는 비례성원칙[9]은 결코 임의로 바꾸거나 아예 폐기할 수 있는 해석학적 요소가 아니다. 오히려 헌법의 우위의 한 부분이고 행정법의 규범화와 적용을 결정한다. 그에 따라 기본권 제한은 제3자의 권리나 공공복리의 보호를 위하여 적합하고, 필요하고 비례적이어야 한다.

(2) 기본권을 주관적 권리로 이해하면서 다음의 결론에 이르게 되었다.

- 행정법에서 많은 해제 유보부 억제적 금지가 허가 유보부 예방적 금지로 전환되었다.[10][ii]
- 위법적 행정행위의 결과를 제거하기 위해서 소위 결과제거청구권이 법해석학적으로 구성되었다.[11]

---

8) *Christian Starck*, Die Verfassungsauslegung, HStR Bd. VII, 1992, S. 205ff. 이 글의 개정된 제3판은 이 책의 제3부 제3장 참조.

9) *Peter Lerche*, Übermaß und Verfassungsrecht, 1961 passim; v. Mangoldt/Klein/*Starck*, Bonner Grundgesetz, Bd. I, 4. Aufl. 1999, Art. 1 Rdnr. 242ff., 249, in der 6. Aufl. 2010, Rdnr. 277ff.

10) 기본적으로는 BVerfGE 20, 150, 154ff.

11) *Otto Bachof*의 주해를 단 BVerwG, DÖV 1971, S. 857; *Fritz Ossenbühl*, Staatshaftungsrecht, 4. Aufl. 1991, S. 247ff.; *Wolff/Bachof/Stober*, Verwaltungsrecht, Bd. 2, 6. Aufl., 2000, S. 177f.

- 원래 법적 규제가 없는 것으로 생각되었던 행정의 내부영역, 소위 특별권력관계 - 예컨대 교도소와 학교 - 에 법이 관철되었다.[12)]

이러한 사례들은 고차원의 헌법에서 나오는 새로운 법해석학적인 해석들이 위 사례들이 나온 행정법에서뿐만 아니라 예를 들면 형사소송법[13)]에서도 그리고 심지어 민법[14)]과 같은 법률에서 어떻게 일어났는지를 보여준다. 이러한 새로운 해석은, 위에서 언급한 사례들에서 항상 그랬지만,[15)] 그것이 판례에 의해서 받아들여지는 경우에 비로소 실제로 성공한 것으로 볼 수 있다. 그러나 거의 언제나 인내가 필요하다. 이를 완전히 일반화하면, 새로운 해석학 개념을 고안하는 사람은 전래적인 것으로는 더 이상 나아갈 수 없음이 명백하게 되는 경우에 의지할 수 있는 법적 대비를 하는 것과 같다.

법해석학의 단계질서에 대해서는 다음과 같이 말할 수 있다. 계몽된 자연법의 법철학적 전통은 오늘날 부분적으로 헌법에 실정화되어 있다. 인간존엄의 보장, 인권과 기본권, 법치국가와 권력분립 그리고 사회적 국가목적을 예로 들 수 있다. 따라서 국가에서 인간의 지위와 국가권력의 내적 통제의 필요성에 관한 자연법에 근거하는 법철학적 숙고는 법률에 영향을 미치는 헌법해석학의 내용이 되었다.

4. 지혜의 원칙(Klugheitsregeln)

법률에 관하여 헌법에 근거하는 법해석학 외에, 간략하게 "좋은 조언"를 통하여 입법의 지침이 되는 힘을 발휘하는 법해석학적 노력과 과제에 시선을 돌

---

12) *Christian Starck*, Plädoyer für ein Strafvollzugsgesetz, ZRP 1969, S. 147ff. m.w.N.; BVerfGE 33, 1, 99 (Strafvollzug); *Hans-Ulrich Evers* und *Ernst-Werner Fuß*, Verwaltung und Schule, VVDStRL 23 (1966), S. 147ff., 197ff. BVerfGE 34, 165, 192f.; 45, 400, 417f.; 47, 46, 78; 58, 257, 268f. (Schule).

13) 요약으로는 *Kay Nehm*, Die Verwirklichung der Grundrechte durch die Gerichte im Prozeßrecht und Strafrecht, in: Heyde/Starck (Hrsg.), Vierzig Jahre Grundrechte in ihrer Verwirklichung durch die Gerichte, 1990, S. 173ff.

14) 요약으로는 *Volkmar Götz*, Die Verwirklichung der Grundrechte durch die Gerichte im Zivilrecht, in: Heyde/Starck (주 13), S. 35ff.; *Claus-Wilchelm Canaris*, Grundrechte und Privatrecht, 1999, bes. S. 23ff., 71ff.

15) 주 10 - 12에서 인용한 판례 참조.

릴 필요가 있다. 여기서는 큰 실천적 의미를 가지지만 부당하게도 평가절하되고 있는 지혜의 원칙을 적용하는 문제다. 19세기에 법학(Rechtswissenschaft)이라는 개념이 사용되기 전에는, 법에 대한 학문적 연구를 Jurisprudenz, 즉 법적 지혜(Rechtsklugheit)라고 불렀다.[iii] 오늘날 과도하게 헌법으로부터 도출함으로 인하여 헌법이 갖는 틀로서의 성격이 종종 잊혀진다는 점을 고려할 때, 법해석학의 지혜 측면은 장차 큰 의미를 가지게 될 것이다. 왜냐하면 그것은 해당 법정책적 목적설정과는 별개로 법규정과 법규정 해석의 지혜에 대하여 헌법적으로 가능한 범위 내에서 열린 담론을 펼치는 것을 가능하게 하기 때문이다.[16)]

헬무트 슐체-필리츠(Helmut Schulze-Fielitz)는 제9차 독일 연방 하원(1980-1983)의 입법에 대한 광범위한 분석에서, 법해석학적 합리성이 입법절차에서 철저히 검토되고 그리고 때때로 영향을 미친다는 것을 보여주었다.[17)] 거기서 다음과 같이 말하고 있다. "명확한 법해석학적 원칙은 … 예를 들면 사회법에서 '무규칙적인' 조정에 대한 비판에서 늘 요구된다. 왜냐하면 입법자의 상황에 따른 임의적인 판단은 자의적인 것으로 느껴져서 사회보장의 요소로서 법적 안정성이라는 인식이 확보되지 않기 때문이다."

세법의 복잡성에 관해서, 파울 키르히호프(Paul Kirchhof)는 2001년 4월에 소득세법 개혁 초안을 제출하였다. 초안의 기반이 된 것은 명확하고 모든 사람이 알 수 있게 법해석학적으로 형성된 현행의 소득세법 원칙들이다. 사회법과 세법에서는 최초 법률의 일관성을 침해하지 않기 위한 일련의 조정 및 개정 법률에 대한 방향설정 기준으로서 법해석학적 합리성이 특히 중요하다.[18)]

5. 소결

지금까지 설명에 따르면, 해석학적 탐구를 하는 법학의 임무는 법 규정의 생성과 적용에서 합리성을 보장하고 여기서 법의 내적 관련성에 주의를 기울이는

---

16) *Christian Starck*, Rechtsdogmatik und Gesetzgebung im Verwaltungsrecht, in: Behrends/Henckel (Hrsg.), Gesetzgebung und Dogmatik, 1989, S. 106, 116ff. = 이 책의 제1부 제4장 참조.

17) *Helmut Schulze-Fielitz*, Theorie und Praxis parlamentarischer Gesetzgebung, 1988, S. 523f.(원전에서의 강조).

18) 법해석학의 비판적 기능에 대해서는 *Starck* (주 2), S. 409 참조.

것이다. 틀의 질서 또는 기본질서로서 헌법의 우위와 그로부터 나타나는 법률에 대한 헌법의 영향도 이에 해당한다. 이는 입법자에 대한 법해석학의 사전 작업이고 제정된 법률의 적용을 위한 사후 작업을 의미한다.

이로써 법해석학 작업을 하는 법과대학의 법학자는 물론 법률지식을 갖춘 상고법원의 법관이나 헌법재판소의 재판관 그리고 입법공무원들이 무슨 일을 하는지가 분명하게 밝혀졌다. 동시에 이 논문의 제목이 요구하는 예측의 근거가 마련된 것으로 보인다.

II 미래

1. 문제와 경향

사회발전이 위험에 처해질 우려가 있는 때에는 법의 조정능력이 요청된다. 우리는 오늘날 거의 모든 생활영역을 포괄하는 엄청난 문제들에 직면해 있다.[19] 그것들은 다음과 같다.

- 인간의 자연 훼손으로 인한 지구적 환경 위험,
- 세계 인구의 증가로 인한 세계의 많은 지역에서의 식량 문제,
- 인체에 대한 생의학 연구의 위험,
- 전자통신시스템의 오남용,
- 세대의 변화와 엄청나게 확대된 의료선택지들로 인해 우리의 국가적 재정분담금으로 운영되는 사회보험체계에 대해 발생하는 위험.

언급된 각 문제들은 그 차원이 경험적으로 완전히 파악되지 않은 경우가 많고, 독자적인 고찰을 할 가치가 있다. 이 문제들을 법적으로 극복하려는 시도는 국내뿐 아니라 대부분 국제적 차원에서도 중요한 역할을 하게 될 것이고, 그를 위해서는 상당히 전문적인 세부사항으로 들어가야 할지도 모른다.

---

19) *Fritz Ossenbühl*, Die Not des Gesetzgebers im naturwissenschaftlich-technischen Zeitalter (Nordrhein-Westfälische Akademie der Wissenschaften, Vorträge G 367), 2000, S. 10f.

여기에서 미래의 법학에 대하여 갖는 의미라는 측면에서 지속적으로 진단되어야 할 3가지 경향을 검토함으로써 미래를 엿볼 수 있다. 그것은-우선 완전히 가치중립적으로 이해되는-유럽화 및 더 나아가서는 세계화, 개별화 그리고 공리주의화이다. 이는 모든 제도와 구조에 어느 정도 스며드는 강력한 정신적 흐름들이다. 우리는 분석적 사유능력을 가지고 있으므로 이 흐름에 법해석학을 맡길 필요는 없다. 그러나 법해석학의 체계적 지식에 근거하여 우리는 거기에서 좋은 것을 가려내어 그 흐름을 지배하는 데 사용할 수 있다.

2. 유럽화와 세계화

a) 다양한 국가와 지역의 사람들 간의 교통과 통신의 강화 및 경제의 네트워크화는 우리가 전 세계적으로 특히 유럽연합의 시민으로서 경험하는 바와 같이, 일부 영역에서는 법의 조화[20]나 통일을 요구한다.[21] 여기에서 비교법 연구가 필요하다.[22] 비교법은 다양한 법질서를 비교하면서 다루는 법학의 분야다. 이러한 연구는 법해석학을 전제로 하면서 동시에 그것을 초월한다. 왜냐하면 자기 법의 이론뿐만 아니라 비교하는 법질서의 해석학도 알아야 하기 때문이다. 그러나 비교는 결국에는 초해석학적, 기능적 방법을 필요로 한다. 특히 논의될 문제나 경우에 따라서는 통일적으로 규율될 문제와 관련하여 다루어질 국내법 제도의 기능을 파악하는 것이 중요하다.[23] 실제적인 질문은 다음과 같다. 즉, 비교 대상 법질서가, 나의 법질서에서 알게 된 문제로서 내가 나의 법질서 개념에 얽매이지 않고 표현

---

20) Art. 93, 94 EGV, 현재는 Art. 114 AEUV 참조.

21) 예컨대 *Rüdiger Voigt*, in: ders. (Hrsg.), Globalisierung des Rechts 1999, S. 13ff.; *Hans Schulte-Nölke*, Ein Vertragsgesetzbuch für Europa?, JZ 2001, S. 917.

22) *Konrad Zweiger/Heinz Kötz*, Einführung in die Rechtsvergleichung auf dem Gebiet des Privatrechts, 3. Aufl. 1996. *Christian Starck*, Rechtsvergleichung im öffentlichen Recht, JZ 1997, S. 1021ff. = *Starck*, Verfassungen, 2009, S. 338ff.; *Erk Volkmar Heyen*, Kultur und ldentität in der europäischen Verwaltungsrechtsvergleichung, 2000; *Guiseppe de Vergottini*, Diritto costituzionale comparato, 5. Aufl. 1999.

23) 비교법에서 기능적 방법론에 대해서는 *Josef Esser*, Grundsatz und Norm, 2. Aufl. 1964, S. 346ff.; *Zweiger/Kötz* (주 22), S. 33ff.; *Manfred Mössner*, Rechtsvergleichung und Verfassungsrechtsprechung, AöR 99 (1974), S. 197.

한 문제를 어떻게 해결하는가, 그리고 어떤 통일적 해결책이 제시될 수 있는가?[24)]

다양한 역사적-이론적 구조를 가진 제도와 상이한 종류의 법적 사고방식 속에서 방법론적으로 훈련되어 있는 비교법 전문가는 같은 법원리를 근거로 하고 있는지 아닌지를 알 수 있다. 그 점에서 요셉 에써(Josef Esser)[25)]는 매우 생생하게 일반적 법사상의 제도적 특징과 같은 기능을 하는 해석학적 개념들의 내적 연관성에 대해서 말하고 있다.

이 비교법 작업을 통하여 법문화로 인한 해석학적 차이뿐만 아니라, 대개는 법학의 전문화로 인한 해석학적 경직성도 알게 된다. 해석학적 개념은 그러한 경직이나 기타 무분별함에서 해방될 수 있을 뿐만 아니라, 전체 법체계에서 그 기능을 더 잘 수행할 수 있도록 새롭게 다듬어질 수도 있다.

b) 법학에서 비교 연구는 모든 법적 통일을 위한 불가피한 기초이며, 그것이 성공하려면 위로부터 부과되는 것만으로는 안 되고, 오히려 우선은 다양한 국내 법해석학으로부터 그리고 관련 문제 상황과 법문화적 특성의 도움으로 아래로부터 이루어져야 한다. 그래서 예를 들면 유럽 공동체의 입법기관은 자신의 결정을 비교법적 연구에 기반하고 있는데, 그것은 공동해결을 통하여 회원국이 수용할 수 있는 통합의 목적을 달성하기 위한 것이다. 공동체법은 모든 회원국의 언어로 만들어지고, 언어를 통하여 법이 표현되기 때문에, 공동체의 법제정기관에는 상시적인 비교법적 분위기가 조성되어 있다.

공동체법의 발전에 매우 중요한 유럽연합법원은 EGV 제220조, 지금은 EUV 제19조 제1항에 따라 조약을 해석하고 적용함에 있어서 법의 준수를 보장하고,[26)] 그를 위하여 보조수단으로서 비교법적 방법도 사용한다.[27)] 따라서 모든 회원국의 법에 정통한 법관들로 구성된 유럽연합법원은 "비교법의 실험실"[28)]이라고 불린다.

---

24) 평가일치를 위한 공감형성적 요건에 대해서는 *Eidenmüller* (주 3), S. 61 li Sp.

25) *Esser* (주 23), S. 348, 363.

26) *Jürgen Schwarze*, Die Wahrung des Rechts als Aufgabe und Verantwortlichkeit des Europäischen Gerichtshofs, in: FS für Hollerbach 2001, S. 169ff.

27) *Meinhard Hilf*, Comparative Law and European Law, in: R. Bernhardt (Hrsg.), Encyopedia of Public International Law, Bd. I, 1992, S. 697f.

28) *Hans-Wolfram Daig*, Zu Rechtsvergleichung und Methodenlehre im Europäischen Gemeinschaftsrecht, in: FS für Zweigert, 1981, S. 395, 414.

공동체법이 심화되고 확장되면서 우선은 비교법적 방법을 강화함으로써, 그 다음에는 유럽인권협약과 관련된 공동체법과 유럽 기본권 해석학을 해석학적으로 합리화하는 작업을 통하여 법학의 유럽화에 영향을 미쳤다.[29] 이는 또한 법학방법론의 유럽화, 국제화로 이어지고 있다.[30] 따라서 비교법적 방법을 국제 사법과 함께 민법에 국한하여 다루고, 가르치고, 시험하는 것만으로는 더 이상 충분하지 않다. 공법인 한 유럽 법도 그리고 국제법도 비교법적 연구방법과 연결되어야 하고, 공법 또한 비교법적 연구방법의 관리와 시험관련 교육에 더욱 강력하게 포함되도록 해야 한다.

c) 법학의 유럽화에 관하여 상론한 것은 - 비록 덜 하기는 하지만 - 세계화에 대해서도 적용된다. 이는 국제법, 즉 국제공법의 심화를 가져왔으며, 이는 조약법과 원칙(Doktrin)에서도 마찬가지다.[31] 특히 언급할 수 있는 것은 인권[32]과 환경보호[33]다. 물론 국제법은 여전히 실행의 허약함에 시달리고 있다. 그럼에도 불구하고 그것은 특히 국가 행위의 합법과 불법을 판단하는 기준으로 큰 의미가 있다.

---

29) *Hans-Peter Mansel*, Rechtsvergleichung und europäische Rechtseinheit, JZ 1991, S. 529ff.; die Beiträge in: Jürgen Schwarze (Hrsg.), Das Verwaltungsrecht unter europäischem Einfluß, 1996 참조; *Reinhard Zimmermann*, Das römisch-kanonische ius commune als Grundlage europäischer Rechtseinheit, in: JZ 1992, S. 8ff.

30) *Ernst A. Kramer*, Konvergenz und Internationalisierung der juristischen Methode, in: Meier-Schatz (Hrsg.), Die Zukunft des Rechts (Bibliothek zur Zeitschrift für Schweizerisches Recht, Beiheft 28), 1999, S. 71, 73ff.; 80ff.; *Constance Grewe*, Le juge constitutionnel et l'interprétation européenne, in: F. Sudre (Hrsg.), L'interprétation de la Convention européenne des droits de l'homme, 1998, S. 199, 213ff.

31) 이에 대해서는 예컨대 풍부한 자료를 제공하고 있는 *Klaus Dicke*, Erscheinungsformen und Wirkungen von Globalisierung in Struktur und Recht des internationalen Systems auf universaler und regionaler Ebene sowie gegenläufige Renationalisierungstendenzen, in: Völkerrecht und lnternationales Privatrecht in einem sich globalisierenden internationalen System - Auswirkungen der Entstaatlichung transnationaler Rechtsbeziehungen, 2000, S. 13, 29ff.

32) 국제적인 최소기준에 대해서는 *Alfred Verdross/Brunno Simma*, Universalles Völkerrecht, 3. Aufl. 1984, S. 801ff.

33) *Knut Ipsen*, Völkerrecht, 4. Aufl., S. 861ff. (Verträge), S. 907ff. (관습법 특히 좋은 이웃의 원칙), S. 919f.

따라서 국제적인 사건을 국제법의 기준에 따라 평가하고 평가의 근거를 밝히는 것은 법률가 특히 국제법학자의 임무다.

미래의 법학의 과제에 대해서도 의미 있는 법의 유럽화와 세계화의 관계[34]는 유리겐 슈바르체(Jürigen Schwarze)[35]의 다음 말에서 발견된다. 즉, 협력, 말하자면 유럽연합에서 법의 공동체화는 유럽연합 회원국을 "오늘날 세계화 과정에 방관하지 않고 오히려 적어도 함께 조정하는" 위치로 옮겨놓고 있다.

d) 법의 유럽화와 세계화는 민주적으로 조직된 입법절차의 후퇴를 초래한다. 지금까지는 국민국가에서만 법률을 자문하고 통과시키는 민주적으로 선출된 의회가 존재하고 있다. 이미 유럽연합 차원에서는, 적어도 현재에도 여전히, 매우 간접적이고 불평등하게 민주적으로 정당화된 기관들이 존재하고, 이 기관들이 그에 따라 법률이라고 불리지는 않지만 명령이나 지침으로 불리는 법을 제정한다.[36] 법제정상 존재하는 이러한 민주주의의 결여는 인권을 포함하는 법원칙의 유지에 특별한 주의를 기울이는 경우에는 적어도 부분적으로는 보상된 것으로 볼 수 있을 것이다.[37] 이를 감시하는 것은 다시 법학의 과제이고, 다양한 국민국가의 해석학적 구조로부터 이에 공통된 법원칙을 추출할 수 있다. 이 작업에서 법원칙에 대한 시선이 날카로워져 국내 법질서의 이익으로도 된다.

조직에 관한 법의 문제들은 국민국가와 유럽연합 사이에 임무분배를 할 때 관련되고 따라서 동시에 법적 통일이 요구되는 영역들과 관계된다. 여기에서도 법학이 필요하다.[38] 법학은 국가의 권력 독점이 내적 평화를 위해서 불가피한 전제

---

34) *Voigt* (주 21), S. 25f.; "유럽연합-세계화의 실험실"

35) *Jürgen Schwarze*, in; ders. (Hrsg.), Die Entstehung einer europäischen Verfassungsordnung, 2000, S. 548. 여기서는 *Ulf Bernitz* (스웨덴), a.a.O., S. 418과 관련시키고 있다.

36) 유럽의회의 협력에 대해서는 *Thomas Schmitz*, Integration in der Supranationalen Union, S. 492ff.의 Art. 251ff. EGV. Zukunftsperspektiven 참조.

37) 예를 들어 *Julia Ilapoulos-Strangas*, Die allgemeinen Rechtsgrundsätze in der Praxis der Straßburger Organe am Beispiel des Verhältnismäßigkeitsprinzips, in: RabelsZ 63 (1999), S. 414ff.

38) 무엇보다 *Jürgen Schwarze*, Kompetenzverteilung in der europäischen Union und föderales Gleichgewicht, DVBl. 1995, S. 1265, 1268f.; *Albrecht Weber*, Zur künftigen Verfassung der Europäischen Gemeinschaft, in: JZ 1993, S. 325, 328f.;

임을 알고 있다. 임무를 분배함에 있어서는 나아가 결정권한이 영구적으로 민주적 책임과 관련되어 있어야 함을 고려하여야 한다.[39)]

3. 개별화

a) 개별화는 개별 인간을 그가 일반적으로 속해있는 공동체보다 앞서 개인의 자연적이고 사회적인 특징을 유지하면서 경제적 이해관계를 가지고 스스로의 이익을 지향하는 행위자로 보고 법적으로 보호하는 경향을 말한다. 개별화는 현대 서구 세계의 일관된 경향이다.[40)] 그러한 한 서구 세계는 예를 들면 아시아 문화와는 구별된다.[41)]

법적으로 개별화는 개인으로서 인간에게 속하고 개별 인간의 관점에서 구상되고 해석되는 고전적인 인권 속에 표현되어 있다. 특히 공산주의와 전체주의 및 국가사회주의의 집단주의적 경향에서 반대운동이 있었고, 이를 극복하는 가운데 상황이 격변하였다. 과도한 개인주의는 개인이 처해있는 자연적인 공동체와 그 밖의 공동체들을 약화시킨다. 많은 사람들이 동료, 가족, 지역사회, 연대 공동체[iv] 그리고 국가에 대하여 무엇을 부담하고 있는지 내지는 이들이 자신들에 무엇을 요구할 수 있는지에 대하여 감각을 상실하고 있다.

b) 이상의 확인에 따르면 우리는 법학적으로 기본권 해석론의 한 가운데 처하게 된다. 이는 헌법의 어려운 분야이며, 이에 대해서는 여기서 제기된 문제와 관련하여 다음과 같이만 말할 수 있다. 기본권 해석론의 출발점은 다양한 생활영역에서 헌법의 기본권 규범의 기준에 따라 개인의 자유를 보장하는 것이다. 이 출발

Paul Kirchhof, Die Gewaltenbalance zwischen staatlichen und europäischen Organen, JZ 1998, S. 965, 969; *Ingo Pernice*, Kompetenzabgrenzung im Europäischen Verfassungsverband, JZ 2000, S. 866ff. m.w.N.

39) 이 문제에 대한 매우 중요한 문헌으로는 *Schmitz* (주 36), S. 94f. 주 2 및 *Schmitz* 자신의 저서, S. 490ff.

40) 다른 것보다도 *Daniel Bell*, Die Zukunft der westlichen Welt, 1979, S. 292ff., 314ff.; *Lous Demont*, Individualismus. Zur Ideologie der Moderne, 1991.

41) Beiträge von *Ai-er-Chen, Jyun-hsyong Su* und *Chien-liang Lee* in: Christian Starck (Hrsg.), Staat und Individuum im Kultur- und Rechtsvergleich. Deutsch-taiwanesisches Kolloquium, 2000 참조.

점은 그 뿌리를 인간의 존엄성을 존중하고 보호할 국가권력의 의무에서 발견한다.[42] 따라서 일차적으로 국가는 인간을 위해서 존재하는 것이고, 인간이 국가를 위해서 존재하는 것이 아니라는 것을 의미한다. 국가가 개인의 자유를 존중할 의무가 있는 것과 마찬가지로 국가는 동료의 침해에 대해서도 인간을 보호할 의무가 있다. 기본법의 조직규범과 기본권은 자유를 보호하고 그리고 공동체와의 조화를 보장하는 것을 임무로 하는 헌법국가 이념의 특별한 표현이다.[43] 국가의 이 과제는 내적 평화를 보장하는 국가의 근원적 목적으로부터 나온다.[44] 이는 경찰, 사법, 행정, 군대 등과 같은 제도를 가진 민주적 헌법국가의 존재를 전제로 한다.

기본권 해석학의 과제는 타인의 권리 보호와 공익의 보호를 위하여 기본권 제한의 일반원칙을 발전시키고 그리고 이 경우 예를 들면 개인정보의 보호가 범죄의 규명을 어렵게 하거나 심지어 불가능하게 하는 데서 볼 수 있는 과잉된 개인주의에 무너지지 않도록 하는 데 있다. 이를 피상적으로만 보면 경찰에 대한 방해에 관한 문제이지만, 실질적으로는 범죄의 피해자가 되지 않도록 국민을 보호하는 것이다. 결국 연방헌법재판소는 후속 범죄에 대한 예방적 증거획득을 위해 범죄자의 DNA-동일인확인, 소위 유전자 지문을 엄격한 법률 조건 하(형사소송법 제81g조ᵛ)에서 기본권에 합치하는 것으로 인정하였다.[45] 그러나 연방헌법재판소는 개별사건에서 높은 수준의 입증을 요구하였고 그리고 특히 긴 전과기록으로는 충분하지 않고 오히려 범죄의 종류와 실행, 범죄자의 성격 그리고 재범위험을 정당화하는 그 밖의 인식에 대한 자세한 평가를 요구한다.[46] 기본권 해석학은 앞으로 특히 범죄자의 자유 제한은 위협을 받는 사람의 동등한 자유권을 고려하여 평가하도록 더욱 주의하여야 할 것이다.

이를 위해 국가의 보호 의무라고 하는 해석학적 개념이 개발되었고, 게다가

---

42) 이에 대한 기본적인 것으로는 *Karl-E. Heinz*, Die Grundsätze des Grundgesetzes, 1999, S. 212ff., 224f., 252ff., 267f.

43) *Christian Starck*, Die Grundrechte des Grundgesetzes, JuS 1981, S. 237.

44) *Starck* (주 2), S. 231, 235ff.

45) Kammerbeschluß v. 14. 12. 2000, 2 BVR 1741/99 u. a., NJW 2001, 879-881.

46) Kammerbeschluß v.15. 03. 2001, 2 BVR 1841/00 u. a., NJW 2001, 2320-2322.

이를 기본권의 객관적-법적 차원에서 도출하였다.[47] 이는 특히 생명, 건강, 자유, 재산 그리고 시민의 그 밖의 법익들 내지 헌법적으로 승인된 제도를 보호할 국가의 의무에 관한 것이다. 보호 의무는 연방과 주의 의회 입법자의 규율 임무로, 보호 법률을 적용할 집행부의 의무로 그리고 법원의 심사기준으로 나타난다. 헌법해석학은 이 보호 의무를 보다 구체적으로 수용하고 법률과 법률의 적용에 대한 보호 의무의 효력을 결정해야 할 것이다.[48] 헌법의 틀 안에서 효과적인 보호를 보장하는 체계적 개념을 발전시키는 것은 해석학의 과제다. 중요한 적용영역의 하나가 환경법이다. 기존의 기본권 해석학을 바탕으로도 특히 매우 효과 있는 환경보호가 달성될 수 있다.[49] 경제법에서는 불공정 경쟁 방지법과 카르텔에 의한 경쟁 제한 방지법을 예로 들 수 있을 것이다.

c) 강조된 개인주의는 나아가서 사회보험제도와 그 실제적 운용에 영향을 미친다. 연대 공동체가 크고 익명적일수록 피보험자는 그 만큼 더 고립된다.[50] 고립은 일반화를 어렵게 하고 사회적 급부를 청구할 때 공동체를 무시하는 개인주의로 잘못 인도하며, 이는 보험 제도에 의하여 사회가 부담하게 된다. 법을 만들 때는 자유와 그 결과의 연결이 분리되지 않도록 확실히 하여야 한다. 자유로운 행위의 모든 결과를 사회국가적으로 방어한다면, 자유는 장기적으로 자기책임 없이 존재할 수 있다는 환상이 자라게 된다. 그래서 건강에 해로운 것으로 알려진 생활방식으로 인한 질병도 정상적 조건으로 사회건강보험에 의해서 보장되게 된다.

---

47) 인간의 존엄(기본법 제1조 제1항)과 혼인과 가족(기본법 제6조 제1항)과 같이 그것이 명시적으로 보호를 위한 주관적 권리로 헌법에 근거하고 있지 않는 한.

48) *Josef Isensee*, Das Grundrecht auf Sicherheit, 1983; *Gerhard Robbers*, Sicherheit als Menschenrecht, 1987; *Johannes Dietlein*, Die Lehre von den grundrechtlichen Schutzpflichten; *Christian Starck*, Praxis der Verfassungsauslegung, 1994, S. 46ff.; *Peter Unruh*, Zur Dogmatik der grundrechtlichen Schutzpflichten, 1996; v. Mangoldt/Klein/*Starck* (주 9), Art.1 Rdnr. 158f. m.w.N.

49) *Reiner Schmidt*, Umweltschutz durch Grundrechtsdogmatik, in: FS für Zacher, 1998, S. 947ff.; *Dietrich Murswiek*, Umweltrecht und Grundgesetz, in: Die Verwaltung 33 (2000), S. 241ff.

50) 이하는 *Starck* (주 2), S. 286, 293f.

사회보험제도는 개별화의 결과이기도 한 출산율의 변화에 의해서도 위협받는다. 최근에 연방헌법재판소의 한 판결[51]은 분담에 따른 사회보험의 재정충당은 충분히 많은 수의 자녀들이 성장하고 있다는 것에 의존한다는 사실을 일반적으로 부각시켰다. 노인장기요양보험[vi]에서 재정상황은 이 보험이 특히 노인에게 발생하는 위험을 대비하는 것이라는 점과 본질적으로 근로연령이 되었을 때 비용부담자로서 이전세대의 보험사건에서 발생하는 비용을 부담하는 후속세대가 존재하는 경우에만 작동한다는 점을 특징으로 한다는 것이다. 이러한 입장을 바탕으로 연방헌법재판소는 헌법상 일반적 평등원칙을 적용하여 다음과 같은 결론을 내렸다. 즉, 일반적으로 더 이상 모든 피보험자가 출산에 기여할 수 없다면, 이는 노인장기요양보험에서 자녀를 양육하는 피보험자에게 특별한 부담이 발생한다. 이러한 불리한 효과는 자녀양육 자체를 노인장기요양보험의 기여로 평가하면서 보험제도 내에서 보상되어야 한다는 것이다.

노인장기요양보험에 관한 이 판결에 대한 보고서에서 언급된 것은 법해석학적 논증이고 더구나 경험적 자료를 포함한 것이다.[52] 법해석학에서 경험[53]은 법이 현실에 대한 개별사건의 판단을 위한 것일 뿐만 아니라, 특히 불확정 법개념이나 평등원칙을 해석하는 경우에는 오히려 현실이 입법과 마찬가지로 해석학적 규칙을 형성하는 데에도 중요하다는 점을 염두에 두고 있다.

4. 공리주의화

a) 공리주의화는 유용성의 관점에서 법을 측정하는 하나의 경향을 의미한다. 문제는 무엇에 대한 유용성[vii]인가이다. 집단에 대한 전체 이익이 문제가 되는가 아니면 집단에서 가능한 한 많은 개인을 위한 이익이 문제가 되는가? 그리고 이익이란 무엇인가? 바로 개별 인간이 완전히 다르게 느끼는 행복이나 즐거움? 고전적 형식의 공리주의에서는 가능한 한 많은 수의 당사자를 위한 가능한 한 큰 이

---

51) BVerfGE 103, 242, 264f. = JZ 2001, S. 817, 818 mit Anm. von *J. Becker*, S. 820.

52) 판결에서는 v. Ferber u. a. (Hrsg.), Die demographische Herausforderung, 1989, S. 121f.를 인용하고 있다.

53) *Starck* (주 4), S. 609ff. = *Starck* (주 2), S. 97, 105ff.

익, 즉 철저히 개인을 위한 이익이 중요하다. 철학적 공리주의의 창시자인 제레미 벤담(Jeremy Behthan, 1748-1831)은 "무정부주의적 궤변"[viii]이라는 제목으로 프랑스의 인간과 시민의 권리선언에 대한 비판을 발표했다.[54)] 그리고 선언에서 일깨운 자연권[ix]을 "수사적 헛소리, — 죽마를 탄 헛소리"[x]라고 불렀다. 그것은 벤담의 이익 관념의 관점에서 보면 완전히 일관된다. 왜냐하면 어떤 개인이나 개별 집단의 자연권이 다수의 행복을 방해하는 경우에는 가능한 가장 많은 수의 당사자를 위한 가능한 가장 큰 이익이 그러한 개인이나 개별 집단에 대한 불이익을 요구하는 상황을 생각할 수 있기 때문이다. 말하자면 적어도 공리주의의 창시자가 제시한 형태로는 상당히 위험한 이론이다. 따라서 20세기에 공리주의는 정의 원칙에 의해서 보완되었고,[55)] 정의 원칙의 도움으로 특히 인권에 있어서는 실제로 거의 언제나 중요한 개인과 소수의 권리를 돌아볼 수 있게 되었다.[56)]

b) 우리는 법에서 이익과 유용성을 다양하게 관련시킨다. 법 규정은 그 질을 높이기 위해 비용-편익 분석을 할 수 있다. 즉, 사회전체의 자원 낭비를 피하기 위해[57)] 경제적으로 평가될 수 있다.[58)] 예를 들면 사회부장에서 추구하는 목적은 보다 적은 비용으로도 달성할 수 있을까? 이 질문은 법해석학을 위해 매우 보람있는 일이고 더구나 재정 정책적, 도덕적 (위 II 3 c 참조) 그리고 지적-구조적 관점[xi]에서 가치가 있다.

---

54) 무정부적 오류(Anarchical Fallacies); 프랑스 혁명 동안에 발간된 권리선언의 검토는 Jeremy Waldron (Hrsg.), Nonsense upon Stilts. Bentham, Burke and Marx on the Rights of Man, 1987, S. 46, 53.

55) *John Rawls*, Eine Theorie der Gerechtigkeit, 1975, S. 186ff.; 또한 *Günther Patzig*, Ein Plädoyer für utiliaristische Grundsätze in der Ethik, in: Neue Sammlung 13 (1973), S. 488ff.

56) 공리주의에 관한 적절한 비판은 특히 *Ottofried Höffe*, Demokratie im Zeitalter der Globalisierung, 1999, S. 42ff.

57) 경제성의 한계에 대해서는 *Maximilian Wallerath*, Der ökonomisierte Staat, JZ 2001, S. 209ff.

58) *Kirchner*, Ökonomische Theorie des Rechts, 1997; *Hans-Peter Schwintowski*, Ökonomische Theorie des Rechts, JZ 1998, S. 581ff. m.w.N.; *Horst Eidenmüller*, Kapitalgesellschaftsrecht im Spiegel der ökonomischen Theorie, JZ 2001, S. 104ff.

다른 방식으로 우리는 유용성 고려를 통해 기본권적 지위에 대한 과잉된 개입을 식별하고 피할 수 있다. 현대의 기본권 해석학은 이에 대하여 매우 차별화된 형량모델을 제공한다.[59] 이는 불확정 이익을 가정하지 않는다. 오히려 수단과 목적이 구별되기 때문에 우선 목적의 정당성을 명확히 할 수 있다. 수단의 심사에서는 추구하는 목적을 위한 수단의 유용성, 즉 보다 정확히는 추구하는 목적을 위한 수단의 적합성과 필요성이 검토된다. 목적의 달성을 위한 보다 완화된 수단이 존재하는지 여부의 문제에 대한 심사도 이에 속한다. 마지막에는 적절하고 필요한 수단이 추구하는 목적과 관련하여 비례적인지 여부가 구체적으로 심사된다. 이러한 심사체계에 담긴 유용성 논증을 세련되게 하는 것은 단순히 어떤 것의 막연한 이익에 대하여 묻는 것이 아니라, 오히려 그것의 효과와 부작용을 포괄적으로 고려하고 거기서 소외되는 법익을 마침내 발견하는 지극히 법학적인 사고의 표현이다.

c) 생명의학의 예[60]를 들면 법해석학에서 공리주의적 사고의 한계를 분명하게 할 수 있다. 생식의학[xii]이 개발한 체외수정 기술은 시험관에서 생성된 배아를 경우에 따라서는 폐기하기 위해서 시험관에서 생성된 배아의 진단 검사를 가능하게 하고, 유전질환을 찾기 위해서 소모적 배아 연구를 가능하게 한다. 이 절차가 허용되는가? 그에 대해서는 현재 논쟁이 있다.

법률가는 이 질문에 답하기 위하여 최고법인 헌법을 기준으로 삼게 될 것이다. 태어나지 않은 인간 생명은 인간존엄성 보장의 보호를 받는다는 사실은 오래전부터 연방헌법재판소의 판례에서 해명하였고,[61] 지배적 견해가 수용한 바 있다.[62] 인간존재의 존엄은 존재 그 자체에 기반을 두기 때문에 태어나지 않은 생명

---

59) 이에 대해서 그리고 이하에 대해서는 v. Mangoldt/Klein/*Starck*, (주 9), Art. 1 Rdnr. 232ff., in der 6. Aufl. 2010, Rdnr. 266ff.

60) 보다 상세하게는 *Christian Starck*, Der moralische Status des Embryos, in: Neue Zürcher Zeitung vom 14./15. April 2001/Nr. 87, S. 89 (= S. 59 der internationalen Ausgabe); *ders*., Hört auf, unser Grundgesetz zerreden zu wollen. Auch im Reagenzglas gilt die Menschenwürdegarantie. In: Frankfurter Allgemeine Zeitung vom 30. Mai 2001/Nr. 124, S. 55. 이 책 제2부 제5장도 참조.

61) BVerfGE 39, 1, 41; 88, 203, 252; Schweizer Bundesgericht, BGE 119, I. Teil, a) Verfassunsrecht, S. 460, 499ff. (503)은 명시적으로 배아를 소모하는 연구를 반대하고 있다.

62) v. Mangoldt/Klein/*Starck* (주 9), Art. 1 Rdnr. 17f. in der 6. Aufl. 2010, Rdnr. 18에서

에게도 있다. 사람의 생성과 그 후의 발전을 위해서 생명은 존재를 위한 기초이기 때문에, 존엄성 보장은 생명보호도 포함한다. 최근에 탁월한 정치적 기능을 타고난 철학자가 생성된 후 최초 14일 이내인 착상 전 인간 배아를 불투명한 말로 세포벽으로 불렀다.[63] 이는 타당하다고 할 수 없기 때문에 이에 대한 명확한 분석의 기초로서 먼저 난세포의 수정이 이루어지면서 인간 개체의 존재가 결정된다는 점이 강조되어야 한다. 그렇게 함으로써 중대한 질적 단절 없이 기관이 분화하고 출생으로 이어질 수 있는 끊임없는 생성과정이 시작된다.

수정된 인간 난자의 이러한 자연적 목적성[xiii]은 법에 대한 하나의 전제로서 임의적으로 평가 할 수 없다. 존재로부터 당위가 도출되기 때문에 이를 자연주의적 오류[xiv]라고 말하는 사람은, 각 발전단계-착상, 뇌기능의 시작, 생존능력, 출생, 자아의식의 시작, 정신적-영적 가치체험-에 따른 존엄보호의 시작을 위한 경계설정은 선별[xv]을 의미한다는 것을 인정해야 한다.

연구에 소모될 배아의 생성은 배아를 다른 사람들의 목적을 위한 단순한 객체로 만들게 될 것이다. 연방헌법재판소가 인간존엄에 관한 판결에서 사용하고 있는 객체공식[64][xvi]은 모든 행위에 있어서 자신과 다른 모든 사람에서 인간성[xvii]은 언제나 동시에 목적으로 사용되어야 하고 결코 수단으로 사용되어서는 안 된다는 칸트의 철학에서 유래한다.[65] 배양된 존재는-단지 출생한 존재뿐만 아니라-칸트에 의하면 명확히 사람[xviii]으로서, 자유가 부여된 존재로 지칭된다.[66] 비록 인간을 위한 좋은 목적이라고 하더라도 다른 사람의 목적을 위해 배아가 배양되고 희생되는 경우에는, 인간존엄의 해석의 기초가 되는 칸트의 객체공식에서 공리주의적 사고의 한계가 나타난다.

의 문헌 참조.

63) *Julian Nida-Rümelin*, Süddeutsche Zeitung Nr. 28 vom 03./04.02.2001.

64) BVerfGE 27, 1, 6; 45, 187, 228; 87, 209, 228.

65) *Kant*, Grundlegung zur Metaphysik der Sitten (1785), Ausgabe Vorländer 1957, S. 52 (Zweiter Abschnitt).

66) *Kant*, Metaphysik der Sitten (1797), Ausgabe Vorländer, 4. Aufl. 1922, S. 95 (Rechtslehre § 28). 칸트는 Personen이라는 개념을 사용하기 때문에 인용된 부분에서는 생성된 것의 인간이 될 잠재성만이 문제될 수 있다.

이러한 주장을 따르지 않고 공리주의적 형량 위에 서 있는 사람은 다음을 고려하여야 한다. (1) 유전적 질병을 앓는 자손을 방지하기 위해서 배아를 폐기할 가능성을 가진 착상 전 진단[xix]은 장기적으로는 그러한 질병에 시달리는 인간에게 그들을 원치 않았다는 것 그리고 그들의 존재가 본래 피할 수 있었고 또 그래야만 했다는 것을 항상 분명하게 보여준다. 그를 통하여 유전병을 앓는 자손을 피하기 위한 착상 전 진단과 특정한 질적 상태에 있는 자녀의 확보를 위한 착상 전 진단 간의 경계, 즉 전혀 명백히 정해질 수 없는 소극적 우생학과 적극적 우생학 간의 경계가 흐릿해지게 될지도 모를 우생학적 기후[xx]가 발생하게 될 것이다. (2) 배아를 다른 사람의 목적만을 위하여 배양하고 단순한 객체로 이용하는 것을 금지하는 것을 무시하면, 이러한 행위가 태아, 기형아, 정신질환자에게까지 확대 적용될 수 있다. 즉, 이들이 인류를 위한 좋은 목적을 달성하기 위하여 연구 객체로 이용될 수 있는 심각한 위험성을 내포하고 있다. 이 모든 것을 공리주의적 분석은 고려하여야 한다.

5. 법학의 과제

제시된 실타래들을 모아보면, 이상에서 다룬 세 가지 경향이 법학에 중요한 추진력임이 드러난다. 비교를 통해서 법원리들이 보다 명확하게 나타난다. 비교는 쇄신과 통일을 위한 바탕이 될 수 있는 발견으로 이어진다. 개체의 개성을 철저히 강조하는 것은 자유에 대한 균형추로서 개인의 책임성 부흥을 위한 기초가 될 수 있다. 이러한 헌법적 관련성은 많은 영역에서 법해석학적으로 새롭게 구성되어야 한다. 유용성 사고는 이미 매우 다양한 방식으로 법해석학에 내재해 있다. 그러나 그것은 여전히 법해석학적 구성을 지속적으로 검토하는 동기가 된다. 동시에 계몽적 자연법을 따르는 헌법으로부터 공리주의적 계산의 한계가 나타난다.

이 글은 미래의 법학[xxi]이 아닌 법학의 미래[xxii]이라는 제목을 가지고 있다. 왜냐하면 새로운 법학이 문제가 되는 것이 아니기 때문이다. 그 뿌리를 로마공화국의 법학[xxiii]에 두고 있는 전통적 법학[67)]은 새로운 해결책과 구성의 기초가 되는 경

67) *Franz Wieacker*, Römische Rechtsgeschichte, Erster Abschnitt, 1988, S. 519ff., 572ff.의 설명 참조.

험과 지식체계를 가지고 있다. 물론 그를 위해서는 현실이 충분히 고려되어야 한다. 법학은 법질서의 내적 일관성을 유지하는 데 도움을 주어야 한다. 법학은 사회적 그리고 법적 연관성을 이해하고 법의 실제 효과와 처음에 의도하지 않은 효과까지도 고려해야 한다. 이 모든 것으로부터 순수한 전문가주의[xxiv]의 한계가 나타난다.[xxv]

역자 주

i 이 말은 권력자가 자기의 행위를 정당화하도록 제약을 받고 있다면 세상이 훨씬 정의로워졌을 것이라는 의미다.

ii 해제 유보부 억제적 금지는 일단 금지하고 예외적인 경우에만 허용하는 방식이다. 위반하면 처벌을 받게 된다. 허가 유보부 예방적 금지는 원칙적으로 금지하되 특정한 요건을 갖추면 사전에 허가하는 방식이다. 기본권을 권리로 인식하게 되면서 사후 처벌에서 사전 예방으로, 소극적 금지에서 적극적 허용으로 변화해 왔다는 것을 말한다. 영업 활동을 예로 들면 과거에는 많은 영업 활동이 원칙적으로 금지되고 까다로운 조건과 절차를 통과하여야 허용될 수 있었다. 허용은 행정청의 재량에 따르는 경우가 많았다. 위반하는 경우에는 엄격한 처벌을 받게 되었다. 그러나 기본권이 권리로 인식되면서 사전에 허가를 받기는 하여야 하지만, 보다 명확하고 객관화된 요건을 갖추면 허가를 받을 수 있게 되었다. 이는 개인의 권리로 인식되는 기본권을 보장하려는 의도가 반영된 것이라고 볼 수 있다.

iii Jurisprudenz는 법을 의미하는 라틴어 Juris(Jur의 속격)와 지혜를 의미하는 Prudentia가 결합한 것이다.

iv 사회보장제도, 노동조합, 협동조합 등 상호 지원과 공동책임을 지는 결속을 말한다.

v 독일 형사소송법 제81g조(DNA 동일성 확인)는 다음과 같다. "① 피의자에게 중대한 범죄행위 또는 성적 자기결정권을 침해한 범죄행위의 혐의가 있는 경우 범행의 종류나 수행방식, 피의자의 성향 또는 기타 사실에 기하여 장래에도 피의자에 대해 중대한 범죄행위로 인한 형사절차가 이루어질 것으로 가정할 근거가 존재할 때에는 장래의 형사절차에서도 그 동일성을 확인하기 위해 체세포를 채취하여, DNA 동일성 형태 및 성별의 확인을 위하여 분자유전학적으로 검사할 수 있다. 기타 범죄행위를 반복해서 저질렀다는 사정 역시 그 불법내용에 비추어 중대한 범죄행위와 동일한 것으로 간주할 수 있다. ② 채취된 체세포는 제1항에서 언급된 분자유전학적 검사를 위해서만 사용될 수 있으며, 검사를 위해 더 이상 필요하지 않은 즉시 폐기해야 한다. 검사에서는 DNA 동일성 형태 및 성별의 확인에 필요한 사항 이외의 확인은 수행할 수 없으며, 그 이외의 사항을 확인하기 위한 검사는 허용되지 않는다. ③ 체세포의 채취는 피의자의 서면동의가 없을 경우 오로지 법원의 명령에 의해서만 그리고 지체의 위험이 있을 때에는 검사와 그 수사요원(법원조직법 제152조)의 명령에 의해서도 행해질 수 있다. 체세포에 대한 분자유전학적 검사는 피의자의 서면동의가 없을 경우 법원의 명령에 의해서만 행해질 수 있다. 동의를 하는 자에 대해서는 조사될 데이터가 어떠한 목적으로 사용될 것인지에 대해 고지해야 한다. 제81조f를 준용한다. 법원의 서면이유서에는 개별사례와 관련하여 다음의 사항을 서술한다. 1. 범죄행위의 중대성 판단에 결정적인 의미를 갖는 사실, 2. 피의자에 대해 장래에도 형사절차가 이루어질 것이라고 가정하게 만드는 근거가 되는 사실, 3. 중요한 의미가 되는 개별 사정들에 대한 형량. ④ 제1항 내지 제3항은 당사자가 범죄행위로 인해 확정판결을 받았거나 다음 각 호의 사유 가운데 하나로 유죄판결을 받지 않았고 연방전과기록부나 교육등록부에 기록

된 해당 내용이 말소되지 않은 경우에도 준용한다. 1. 책임무능력의 입증 또는 책임무능력을 배제할 수 없는 경우, 2. 정신질환으로 인한 소송무능력, 3. 책임의 결여 또는 책임의 결여를 배제할 수 없는 경우(청소년법원법 제3조). ⑤ 조사된 데이터는 연방경찰청에 저장하며 연방경찰청법의 기준에 맞추어 이용할 수 있다. 다음 각 호의 경우에도 그러하다. 1. 제1항에서 언급한 요건이 충족된 경우 제81e조 제1항에 따라 조사한 피의자 관련 데이터, 2. 제81e조 제2항에 따라 조사한 데이터. 데이터는 형사절차, 위험방지 및 국제적 법률공조의 목적을 위한 경우에만 교부할 수 있다. 제2문 1호의 경우 피의자에게 즉시 데이터 저장 사실을 통지하고 피의자가 법원의 재판을 신청할 수 있다는 점을 지적하여야 한다."(법무부 번역, 독일 형사소송법 인용).

vi Pflegeversicherung.

vii Nützlichkeit.

viii Anarchische Trugschlüsse.

ix drois naturels.

x rhetorical nonsense, - nonsense upon stilts.

xi intellektuell-konstruktive Gesichtspunkten. 단순한 개념적 관점이 아니라 실질적으로 법 체계의 구조, 즉 실무적인 설계까지도 고려한 관점이다.

xii Fortpflanzungsmedizin.

xiii Finalität.

xiv naturalistischer Fehlschluß. 존재로부터 당위를 이끌어내는 것을 자연주의적 오류라고 한다. 자연적 속성과 윤리적 속성을 구별하지 않는 오류를 지적하는 말이다.

xv Selektion. 보호받을 생명과 그렇지 않을 생명을 인위적으로 선별하는 사고를 말한다.

xvi Objektformel.

xvii Menschheit.

xviii Person.

xix Präimplantationsdiagnostik.

xx eugenisches Klima. 사회가 우생학적 사고방식을 자연스럽게 받아들이는 분위기를 말한다.

xxi Rechtswissenschaft der Zukunft.

xxii Rechtswissenschaft in der Zukunft.

xxiii Jurisprudenz.

xxiv Spezialistentum.

xxv 법학은 단순히 법학 전문가의 영역에 그쳐서는 안 되고 사회적 연관성 측면도 이해할 수 있어야 한다는 의미다.

[부록] 독일국법학자협회*

I 바이마르공화국 헌법시대

1. 창립

1922년 10월 13일과 14일에 베를린대학교 대회의실에서 베를린 국법학자들이 중심이 되어 소집·준비한 43명의 특별히 거명된 전공동료들 모임이 개최되었다.[1] 이들은 독일국법학자협회를 창설하였고 협회의 정관을 가결시켰다.[2] 회장으로는 발기인인 하인리히 트리펠이 선출되었고 그 외 회장단으로는 게어하르트 안쉬츠와 프리츠 스티어-좀로가 선출되었다. 트리펠은 오랫동안 간직했던 통합의 염원을 기초로 "현재의 어려움 속에서 간절하게 요구되고 있고 학문방법과 정치관의 다양한 대립에도 불구하고 실행가능한 하나의 연구회"를 발족하였다.[3] 회원들은 정관 제2조에 따라 독일대학들에서 활동 중인 국법 또는[4] 행정법을 강의하는 사람(교수와 사강사私講師)으로 하되 오스트리아 대학과 체코의 프라하에 있는 독일대학을 포함하였다. 스위스의 독일대학에 있는 국법학자들을 포함하는 것도 정관에 규정되어 있었다. 이미 창립회의에서 강연들이 개최되었고 토론이 있었

* 이 글은 *Christian Starck*, Die Vereinigung der Deutschen Staatsrechtslehrer, Rechtswissenschaft, Heft 1 2015, S. 118-134에 실린 논문을 번역한 것이다. 원서에는 없는 논문이지만 추천사를 써주신 김효전 교수님의 권고에 따라 여기에 싣는다.

1) *Heinrich Triepel*, Die Vereinigung der deutschen Staatsrechtslehrer, AöR 43 (1922), S. 349.

2) AöR 43 (1922), S. 351ff.

3) 각주 1 참조.

4) 1928년부터는 정관에서는 '그리고'라고 하고 있다.

다. 수업과 시험 제도에서 국법은 어떤 위치를 점할 것인지에 대해서 막스 플라이쉬만(할레)과 칼 자토리우스(튀빙엔)가 발표하였다. 트리펠은 보고에서 대회의 학술적 논의는 법관시험법에 대한 리하르트 토마(하이델베르크)의 강연에 이르러 정점에 다다랐다고 했다.[5] 생생한 논의들을 보면 당시의 법률문제들에 대해 의견들이 활발하게 교환되었음을 알 수 있다.

2. 제1회 대회

창립회의 후 1년 반 뒤인 1924년 4월에 협회의 제1회 대회가 예나에서 개최되었다. 현재까지 베를린 소재의 발터 데 그루위터 출판사에서 발행하고 있는 독일국법학자협회 학술지(VVDStRL) 제1호에는 연방주의(게어하르트 안쉬츠, 칼 빌핑어)와 공화국 대통령의 독재(칼 슈미트, 에르빈 야코비)에 관한 4개의 보고와 지금까지처럼 발표 요지가 실려 있다. 앞선 토론참여자를 언급하면서 토론에 관한 요약된 보고가 이어지고 있고 학술지의 끝에는 당시 81명의 회원의 명단이 주소와 함께 실려 있다. 그 중 1명은 스위스 출신이었다.

회장인 트리펠은 개회사에서 우리가 장래에 오스트리아를 포함하여 독일 전체의 헌법을 위해 노력하여야 할 것이라는 "마음 속 깊은 확신"으로 오스트리아 동료들을 맞이했다. 트리펠은 예나철학의 이상적 전통을 언급하였고 이것을 1923년 1월 프랑스 군대가 국제법을 위배하여 루르지방을 점령한 것에 대비했다. 그에 대해 그는 다음과 같이 말했다. "공법을 하는 사람들이 축제기간에 모인 여기 이곳에서, 우리는 라인과 루르지방에서의 독일 시민의 생명, 자유 그리고 재산에 대한 모든 공공연한 불법, 억압적 행동 그리고 복수심에 불타는 승리자의 야만적 범죄에 대해 아무 말 없이 지나쳐서는 안 될 것입니다."[6] 동시에 트리펠은 독일에서 그것도 헌법과 법률을 준수하면서 국민에게 모범이 되어야 하는 결정적인 시점에서 법이념이 쇠퇴하는 것을 개탄하였다.

이후의 회의들은 항상 연초에 열렸으며, 2개의 주제를 각 두 명의 발표자가 보고하였다;[7] 대개 하나의 주제는 헌법적 문제, 다른 하나는 행정법적인 문제에

5) AöR 43 (1922), S. 267ff.에 게재.

6) VVDStRL 1 (1924), S. 9.

7) 두 번째 대회에서는 예외적으로 5명이 발표하였다.

대한 주제로 섞여 있었다.[8] 제2호에서 토론은 여전히 보고형태의 간접화법으로 상세하게 성명을 명기하면서 인용되었으나 제3호에서부터는 직접화법으로 인용되었다. 이에 따라 협회에서 의견 흐름의 모습이 이전의 두 호에서보다 명확하게 되었다.

1926년 뮌스터에서 개최된 제3회 대회는 법률 앞에 평등(바이마르 헌법 제109조)이 논의의 대상이 되었다. 보고자인 에리히 카우프만과 한스 나비아스키뿐만 아니라 토론[9]에서도 군주제에서 유래하는 실증주의와 새로운 반실증주의 흐름 간의 바이마르시대 방법론논쟁이 매우 치밀하면서도 분명히 드러났다. 그 가장 중요한 흐름이 소위 정신과학적 방법론이었다. 10명의 토론자는 두 보고자와 마찬가지로 반복해서 이 방법론적 차이를 면밀히 검토하였다. 자유로운 의사표현의 권리(칼 로텐뷔허, 루돌프 스멘트)와 공화국 헌법상 법률의 개념(헤르만 헬러, 막스 벤첼)에 관한 제4회 대회의 주제에 대한 발표와 논의를 읽어보면 바이마르의 방법론논쟁에 관한 연구가[10] 보다 깊어질 수 있다.[11]

의사표현의 자유에 대한 발표로 다시 방법론논쟁을 개시하게 되었고 에리히 카우프만의 긴 설명[12]이 있은 뒤에 리하르트 토마가 카우프만의 개념은 자기에게는 중국어처럼 들려서 전혀 이해하지 못하겠고, 그리고 그것은 자기에게도 그렇지만, 극히 좁은 범위의 전문화된 전공자 사이에서조차도 한 집단의 문제제기와 용어를 다른 집단이 이해하지 못하는 괴리를 드러내는 그 자체가 당시 학문 상황

---

8) 인터넷에서 주제의 목록은 http://www.vdstrl.de/jahrestagungen-und-vorstnde 참조.

9) VVDStRL 3 (1927), S. 43-62.

10) 이에 대해서는 *Rudolf Smend*, in: Festschrift fr Ulrich Scheuner, 1973, S. 575ff.; *Manfred Friedrich*, Geschichte der deutschen Staatsrechtswissenschaft, 1997, S. 320ff.; *Ulrich Scheuner*, 50 Jahre deutsche Staatsrechtswissenschaft im Spiegel der Verhandlungen der Vereinigung der Deutschen Staatsrechtslehrer. I. Die Vereinigung der Deutschen Staatsrechtslehrer in der Zeit der Weimarer Republik, in: AöR 97 (1972), S. 349, 367ff.; *Michael Stolleis*, Geschichte des öffentlichen Rechts in Deutschland, Bd. III, 1999, S. 153-202; *Werner Heun*, Der staatsrechtlichen Positivismus in der Weimarer Republik, in: Der Staat 29 (1989), S. 377-493.

11) VVDStRL 4 (1928), S. 6ff., 44ff.

12) VVDStRL 4 (1928), S. 77-82.

이 초래하고 있는 불안한 징후라고 말할 정도에 이르렀다.[13)]

공화국 헌법상 법률 개념에 관한 강연(헤르만 헬러, 막스 벤첼)에 대해 논의하면서 8명이 발언하였다. 맨 먼저 켈젠이 말하였다. 켈젠의 토론은 거의 12쪽 반에 이른다. 그는 헬러의 비판을 상세히 검토하고 날카롭게 답하였는데 이는 결론에서 헬러의 더욱 날카로운 논쟁을 야기했다. 여기에서 예를 들면 규범질서의 단계구조이론의 연원과 법치국가 개념이 문제로 되었다.[14)] 즉 켈젠의 순수 형식으로 모든 내용이 제거되어 자의적으로 해석되는 개념을 어떤 체계 속으로 구부려 넣어 결합시킬 수는 있지만 그러나 그것으로는 국가 개념이나 법 개념을 파악할 수 없으며, 특히 파악하기 어려운 것은 법치국가 개념인데, 켈젠은 모든 국가는 법치국가라고 보기 때문이라는 것이었다.

라이프찌히 대회를 문서화한 제2호에는 회장인 트리펠의 개회사가 처음 나오는데, 거기서 그는 라이프치히 법과대학의 저명한 법학자들을 언급하고 독일에서는 실무와 이론이 분리될 수 없이 결합되어 있다는 말로써 공화국법원을 비꼬았다. 공하국법원의 수장인 시몬스 박사도 또한 인쇄되어 수록된 인사말에서[15)] 공화국법원에 속해 있는 독일 공화국 국사재판소(Staatsgerichtshof für das Deutsche Reich)는 바로 여러분들의 학문적 결과의 활용에 의존하고 있다고 말하였다. 첫 번째 보고주제인 일반법원(ordentliche Gerichte)과 행정법원에 의한 공법적 보호를 언급하면서 그는 법의 통일성을 위하여 공화국행정재판소의 설치를 반대하였다. 점점 강하게 부각되고 있는 공법은 공화국법원의 업무를 박탈하게 될 것이라는 것이다. 공화국법원의 활동에서 공법대상을 제외하면 공화국법원은 주저앉게 되고 새로운 법원들이 비상하게 될 것이라고 하였다. 첫 번째 발표자인 발터 옐리네크는 공화국행정재판소를 공화국법원에 편입하는 것을 찬성하였고,[16)] 두 번째 발표자인 게어하르트 라싸르는 독자적인 공화국행정재판소의 조속한 설치를 제안하였다.[17)]

13) VVDStRL 4 (1928), S. 86f.

14) VVDStRL 4 (1928), S. 204(헬러).

15) VVDStRL 2 (1925), S. 5f.

16) VVDStRL 2 (1925), S. 30.

17) VVDStRL 2 (1925), S. 95ff.

3. 1928년부터 1931년까지의 대회

이어진 1928, 1929, 1931년(처음으로 10월에 개최됨)의 대회에 대해서는 다음과 같이 간략하게 요약할 수 있다. 빈(제5호, 1929년 출간)에서 첫째 날 하인리히 트리펠과 한스 켈젠은 국사재판(Staatsgerichtsbarkeit)의 본질과 발전에 대해 발표하였다. 켈젠의 제2발표는 55쪽에 달한다. 그중에 기껏해야 절반 정도가 발표될 수 있었다. 논의에서 토마는 두 발표자는 양쪽에서 문제의 숲으로 들어와서 결론적으로 새롭게 출발하여야 할 한 지점에서 만나기 위한 통찰의 길을 제시하였다고 언급하였다.[18] 트리펠과 켈젠은 각자의 결론에서 그 묘사를 받아들이면서도 자신들은 서로 다른 눈으로 사안을 보아서 다른 입으로 말하였기 때문에 만나지는 않을 것이라고 분명히 말하였다.[19] 특히 법에 대한 정치의 의미가 주로 논의된 켈젠과 헬러의 논쟁이 헌법재판과 관련하여 다시 한 번 격렬하게 나타났다.[20] 헬러는 헌법재판의 과도한 확장이 미국에서 헌법분쟁을 비정치화한 것이 아니라 "오히려 지나칠 정도로 법원의 정치화를 초래하였다. 그 결과 민주적 입법자가 대중적으로 인기가 없어서 회피하고자 하는 바로 그런 정치적 결정들을 헌법재판소가 드물지 않게 내리기도 한다."고 하였다. 헌법재판에 의한 국가간 조약(Staatsverträge)의 통제를 반대하는 "대외정치적 이유들"을 켈젠이 고려하는 것은 순수 법학이론과 일치하지 않는다고 헬러는 비판하고 있다. 켈젠은 헬러에게 다음과 같이 말하고 있다. "이 사람은 분명 나를 공격하는 것을 좋아하게 된 습관에서 벗어나지 못하고 있다. 그리고 나도 이 젊은 혈기[21]와의 익숙한 토론을 마다하고 싶지 않다. 그러나 헬러 씨가 순수법학이론에 대한 공격을 보다 근본적인 인식에 근거하여 뒷받침하기를 바란다."

---

18) VVDStRL 5 (1929), S. 104.

19) VVDStRL 5 (1929), S. 117.

20) VVDStRL 5 (1929), 한편으로는 S. 111-114, 다른 한편으로는 S. 121-123.

21) 켈젠은 1881년에 태어났고 헬러는 1891년에 태어났는데 당시 켈젠은 47세였고 헬러는 37세였다.

4. 대회 학술지의 내용과 구성

처음 제7호까지 인쇄되어 실린 토론(Aussprachen)은 표제지에 기술된 바에 따르면 "토론을 발췌한 것"이다. 이것은 다양한 의미를 가질 수 있다. 내게 가장 그럴싸하게 보이는 것은 토론자에 의한 토론문 작성은 과도한 작업이 된다는 점이다. 중요하지 않은 것으로 보이는 의견이 인쇄에서 제외된 것은 아닌 것으로 보이는데, 왜냐하면 그러한 의견도 게재되었기 때문이다. 예컨대 제4호(201쪽)에서 발덱커가 쾨니히스베르크에서 14일간 강연을 하였고, 거기서 현안이 되고 있는 문제들을 검토하였다고 하는 단순한 언급도 있기 때문이다. 토론문들은 대부분 매우 길고 다수는 안쉬츠, 엘리네크, 카우프만, 켈젠, 라운, 메르클, 나비아스키, 토마 그리고 트리펠과 같은 당시 국법학 거장들의 것이다. 개별 주제에 대해서는 각각 6명에서 10명의 토론자들이 발표하고 있는데, 공무원법의 발전과 개혁(제7호)에 대해서만 그 이상이다.

국법학자협회지의 각 호들은 매번 개회소식으로 시작하고 있다; 제3호, 제4호, 제5호, 제7호에는 사망한 회원을 추모하였고 제4호, 제5호 그리고 제7호에서는 새로운 회원들이 소개되었다. 1927년에는 2명(그러나 1명만이 이름이 언급되었다), 1928년에는 4명, 1931년에는 12명의 새로운 회원이 있었고, 그로써 회원수는 1931년까지 96명으로 증가하였다. 각 호의 끝에 실린 회원명단을 엄밀히 비교해 보면 제4호 제5호 그리고 제7호에서 언급된 것 보다 더 많은 신입 회원들, 예를 들면 아우구스트 핑어(제4호), 프란츠 아들러, 고트프리트 랑어, 게어하르트 라이프홀츠, 파울 리터부쉬 그리고 구스타프 아돌프 발츠(제6호)가 있었다.

5. 게어하르트 라이프홀츠의 예언

협회의 바이마르시대는 하인리히 폴(폴은 대회 며칠 전에 사망하였기 때문에 기제가 낭독하였다)과 게어하르트 라이프홀츠의 선거법 개혁에 관한 강연으로 막을 내렸다. 라이프홀츠는 대의제 의회주의와 현대 정당국가로 다수선거법과 비례선거법의 차이를 설명하였다. 두 선거제도의 조직적 결합은 불가능한 것으로 그는 보았다. 정치-사회학적 상황에서 볼 때 라이프홀츠는 선거법 개혁을 위한 3개의 주제를 도출하였다. (1) 그는 다수대표제를 반대하였는데 왜냐하면 의원은 오늘날 단지 정당의 대표자일 뿐이고 의원의 어떠한 지역적 결속도 결여되어 있다고 보기 때문이다. (2) 다수대표제는 정당분열을 최소화할 것이지만 그에 반하여 정부구성을 용이하게 하거나 안정적 정부운영을 보장하지 않을 것이라고 한다. (3) 따라서 예정된 선거법 개혁은 포기되어야 하며 특히 (선거구명부가 아닌 국가적 차원의-역자 주) 공화국 명부(Reichsliste)를 중지하는 것은 정당화될 수 없다고 한다. 라이프홀츠는 선거법 개혁은 대중민주주의적 정당국가에서는 모든 독재적 정당지배의 폐지를 요구하고 전체 정당운영의 민주화를 위한 법적 기초가 형성되어야 함을 첨가하였다.[22] 토론에서는 비례대표제와 다수대표제 간의 엄격한 대립에 대해 비판이 있었는데, 특히 바이마르 헌법은 대중민주주의적 사상에 포함되지 않는 다른 것으로부터 유래하는 요소들도 포함하기 때문이라는 것이다. 그래서 이전의 다수대표제는 적어도 비례대표제와 결합하여 일정 부분 회복될 수 있다는 것이다.[23]

29살의 괴팅엔 대학교 교수였던 라이프홀츠는 당시 정치세력의 상황에 대한 다음과 같은 예언적 말로 자신의 결론을 맺고 있다.[24] “그러나 진정한 투쟁은 오늘날 더 이상 자유주의적이면서도 사회적(sozial) 성향이 강하고 심지어 사회주의적으로(sozialistisch) 영향을 받은 세력과 다소간 사회적으로도 연관을 갖는 보수세력과의 전통적 투쟁이 아니고, 오히려 가장 넓은 의미에서 인격의 고유가치성을 긍정하는 어느 정도 대중민주주의적 세력과 더하거나 덜한 수준의 급진적인 집단주의에서 개인의 자유를 제거하려는 (비합리적인-역자 주) 신화적 토대를 가진 운동과의 투쟁이다.” 이 말[25]은 바이마르시대 마지막 독일국법학자협회학술지(VVDStRL) 제7호의 마지막 페이지에 있다.

---

22) 이 요구는 기본법 제21조 제1항 제3문에 수용되었다: 그(정당) 내부질서는 민주적 원칙과 일치하여야 한다.

23) 그렇게는 *Triepel*, VVDStRL 7 (1932), S. 194ff.

24) VVDStRL 7 (1932), S. 204. 이에 대해서는 또한 *Ulrich Scheuner*, AöR 97 (1972), S. 351f.도 언급하였다.

25) 보다 자세히는 *Gerhard Leibholz*, Die Auflsung der liberalen Demokratie in Deutschland und das autoritre Staatsbild (Wissenschaftliche Abhandlungen und Reden zur Philosophie, Politik und Geistesgeschichte, Heft XII), Mnchen 1933, S. 68f., 70f.

6. 바이마르시대의 막을 내리며

협회의 회원들에게도 깊은 흔적을 남긴 정치적 상황 때문에 1932년에 계획되었던 대회는 더 이상 개최될 수 없었다. 그리고 그 후 어떠한 대회도 더는 개최되지 않았다. 당시에 회장이었던 자토리우스는 1938년 3월 31일[26] 회원용 회보에서 4주 이내에 회원의 다수가 이의를 제기하지 않으면 협회를 해산한다고 선언하였다.[27] 따라서 협회가 법적으로 해산되었는지 여부는 불명확하다.[28] 협회와 협회의 회장단은 그러나 더 이상 아무런 활동도 하지 않았다.

바이마르시대에 협회는 10년 동안 3인 체제의 회장단이 2번만 교체되었다. 최초의 정관에서는 회장단(Vorstand)은 모든 정규 회원모임의 말미에 새롭게 선출되고 7년의 기간 동안 단지 1번만 재선될 수 있는 것으로 규정하고 있다. 이 규정은 1925년 정관 개정에 의해 삭제되었다. 1926년의 토마, 스멘트, 나비아스키, 1929년의 자토리우스, 켈젠, 퀼로이터처럼 각각의 회장단은 2번 재선될 수 있었다.

Ⅱ 기본법시대

1. 1949년 협회의 재창립

독일국법학자협회의 새로운 시기는 1949년 10월 20일과 21일의 대회와 함께 시작하는데 이 기간에 협회는 새로 재창립되었고 리하르트 토마가 종신 명예회장으로 선출되었다.[29] 초대 회장단으로는 에리히 카우프만, 발터 옐리네크, 베르너 베버가 선출되었고 이들은 바이마르 전통에 따라 2번 재선되어 다시 말하면 3년의 임기를 지냈다. 하이델베르크 대회의 개최를 위하여 리하르트 토마는 최연장자 의장으로서 협회의 재창립을 위한 활동과 1932년에서 1949년의 시기에 대해

26) 문서로는 36년 후에 AöR 99 (1974), S. 312f.에 인쇄되었다.

27) 독일국법학자협회의 해산에 대해서는 *Michael Stolleis*, Geschichte des ffentlichen Rechts in Deutschland, III. Band, 1999, S. 312f.

28) *H.-P. Ipsen*, Vereinigung der Deutschen Staatsrechtslehrer 1922-1992 in: VVDStRL 52 (1993), S. 7f.

29) VVDStRL 8 (1950), S. 166.

연설하였다.[30] 이어서 한스 헬프릿츠가 지난 대회 이후 사망한 회원들 42명의 이름을 회고하였다. 3명의 다른 전 회원들은 나치독재기간 동안의 활동 때문에 초대받지 못하였는데, 그 중에 2명[31]은 가입을 더 이상 요청받지 못하여서 협회로부터 멀어졌다. 에드가 타타린-타른하이덴(로스토크대학)은 소비에트 점령지역에서 강제노역에 처해졌다가 1954년에 비로소 연방공화국으로 석방되었다. 1966년 사망할 때까지 그는 다시는 협회의 회원으로 되지 않았다. 한스 켈젠과 칼 뢰벤슈타인과 같은 국외 이주한 회원은 다시 협회에 가입하지 않았다. 82명의 회원으로 다시 시작한 것은 1931년 이후 강좌를 맡거나 교수논문이 통과된 많은 젊은 국법학자들이 1949년에 가입을 요청받은 덕분이었다.[32] 정관 제2조 제2항 제1문에는 1949년 10월 21일의 결정 이후 그에 대해서 다음과 같이 규정하고 있다. 하이델베르크 대회에 초청된 국법학자들은 스스로 탈퇴를 요청하지 않는 한 회원의 자격을 갖는다.

1956년 이래로 "협회의 회원 3인의 서면 추천서로 가입절차가 시작되고 회장단에서 회원 자격 취득의 전제조건들이 충족된 것으로 의견이 모이면[33] 회장단은 회원용 회보에 피추천인들에게 회원 자격이 부여됨을 공고하고, 최소 5명의 회원이 1개월 내에 회장단의 견해에 반대하는 이의를 제기하거나 구두토론을 신청하는 경우에는 전체 회원의 모임에서 가입에 대해 결정한다." 회장단에서 의심이 있는 경우에도 마찬가지로 전체 회원 모임에서 결정한다(개정 정관 제2조 제2항). 새로 가입한 회원은 모두 다음 전체 회원 모임에서 간략하게 자기소개를 한다.

1949년 5월 기본법이 시행된 직후 1949년 10월에 협회는 재창립되었다. 다룬 주제는 기본법과 행정법의 해석에 관한 것이었다.[34] 학술지의 호수는 제8권부터

30) VVDStRL 8 (1950), S. 1ff.; 이에 대해서는 재창립 50주년 회귀에 즈음한 *Christian Starck*, VVDStRL 59, S. 7-12 참조.

31) 오토 쾰로이터, 칼 슈미트.

32) 1933년에 하이델베르크에서 교수자격을 취득한 하인리히 횐(Reinhard Höhn)은 초청받지 못하였는데 이에 대해서는 *Reinhard Mußgnug*, VVDStRL 60 (2001), S. 115f.

33) 독일 또는 외국 대학의 법과대학 교수자격이 있는 사강사 또는 정규 교수로서 국가법 및 기타 공법 분야에서 활동하거나 했던 사람(정관 제2조 제1항, VVDStRL 15 (1957), S. 234).

34) 주제와 발표자에 관한 완전한 개관은 인터넷의 http://www.vdstrl.de/themen-und-bericherstatter에서 찾을 수 있다.

다시 매겨졌고 최초 3년간의 발표에서는 이미 바이마르시대에 발표하였던 회원들, 즉 발터 옐리네크(1925, 1949), 에리히 카우프만(1926, 1950) 그리고 에른스트 히펠(1928, 1951)이 발표함으로써 바이마르시대와 강하게 연계되었음을 나타내고 있다. 이는 그 후로도 2번 반복되었는데, 아놀드 쾨트겐은 1929년과 27년 후인 1957년, 게어하르트 라이프홀츠는 1931년과 34년 후인 1965년에 발표하였다. 첫 시기인 1949년에서 1953년에 발표한 5명의 회원은 뒤에 10년에서 18년의 간격을 두고 다시 한 번씩 발표를 요청받았는데, 이는 다음과 같다. 한스 슈나이더(1949, 1960), 한스 페터 입센(1951, 1966), 베르너 베버(1952, 1962), 울리히 쇼이너(1952, 1963) 그리고 오토 바호프(1953, 1971). 그 뒤에 재통일과 관련하여 요헨 프로바인(1972, 1990), 요셉 이젠제(1973, 1990), 크리스티안 토무샤트(1977, 1990) 그리고 크리스티안 슈타르크(1975, 1991)까지 4번의 제2발표가 있었다.[35)]

2. 회장단 선출

1952년 이래루 3인의 회장단은 매 2년마다 교체되었다. 정관 제4조 제1항을 근거로 회장단은 1년 후에 다시 선출되어야 했다. 2년마다의 순환은 첫 해가 경과된 후에 전체 회원 모임의 의사일정에서 회장단의 선거가 있었고 그리고 협회의 연장자인 회원이 회장단의 재선을 제안하는 것이 매번 있어온 관행 때문이었다. 2년의 임기가 끝나고 구 회장단은 의사일정을 발송할 때 새로운 3인의 회장단을 제안하였는데 대개는 모든 회원이 스스로 그 3번의 제안을 할 권리가 있음을 함께 고지하였다. 구 회장단의 제안은 통상 충분히 고려되었고 항상 매우 많은 다수를 획득하였다. 3인의 회원이 선출되었을 뿐만 아니라 회장과 2인의 부회장이라고 하는 그 제안된 순서도 알파벳 순서가 아니라 연공서열에 따라 순서가 매겨졌다. 선거는 종이쪽지로 하는 비밀선거였다. 사람들은 회장단이 되려고 애쓰는 것이 아니라 오히려 조언을 요청받는다. 구 회장단의 제안으로 새로운 회장단의 선거가 계속성을 보장하고 그 가운데 여전히 나타난 바와 같은 발전과 개혁도 있

35) 이에 대해서는 *Helmuth Schultz-Fieltz,* Staatsrechtslehre als Mikrokosmos, 2013, S. 160f., Anm 52. 책의 끝부분에 독일 국법학자 100년이라는 부록표가 있다. 교수자격논문과 관련한 교수와 제자에 관한 계보를 다루고 있다.

다.[36] 그 외에 구 회장단은 후보자의 명성이나 권위 그리고 선출기회를 후보자 자신보다 더 잘 평가할 수 있다. 1999년에는 회장단이 2년마다 선출되는 것으로 정관이 개정되었다. 이 규정은 2001년 10월 1일부터 시행되었다.[37]

회장단 선거에 관한 구 규정이나 새 규정 어느 것도 회장단을 2년 후에 다시 1년 더 하게 하거나 지금처럼 2년을 더 하도록 선출하는 것을 금지하고 있지 않다. 이러한 일은 일어나지 않았고 고려되지도 않았다. 2년이라는 제한은 (재선이라는 이전의 관행에 따를 때) 매우 합당한 것으로 나타났다. 그래서 3인의 회장단에게는 주제와 발표자를 주도적으로 결정할 권리가 부여될 수 있다. 2년마다 회장단을 교체하는 것은 보다 장기에 걸친 일정한 학술방향으로 주제와 발제자를 선정하는 것을 방해한다. 물론 대개 어느 정도 시간이 흐른 후에는 이전 부회장이 회장이 되는 선거로 되었다. 항상 1949년 이래로 모든 회장의 3분의 1 이상이 다음과 같이 이전에 회장단의 부회장이었다. 베르너 베버(1949-1951, 1964-1965), 한스 페터 입센(1952-1953, 1974-1975), 한스 슈나이더(1954-1955, 1970-1971), 오토 바호프(1958-1959, 1966-1967), 한스 짜허(1970-1971, 1986-1987), 페터 레르헤(1972-1973, 1982-1983), 한스 룹(1972-1973, 1984-1985), 클라우스 포겔(1974-1975, 1990-1991), 요헨 프로바인(1976-1977, 2000-2001), 포마스 오퍼만(1978-1979, 1992-1993), 크리스티안 슈타르크(1988-1989, 1998-1999) 그리고 헬무트 슐체-필리츠(2002-2003, 2008-2009).

회장단의 주기적 교체는 주제 선정과 발제자 선정에서 다양성을 보장한다.[38] 그러나 그 외 진행은 안정되어 있다. 따라서 주제는 매우 일찍이 확정되고 발제자는 대회 1년 전에 선정되어 요청을 받게 된다. 발제자가 대회 전에 회장단과 대개는 대회 장소에서 상세한 대화를 하고 거기서 제2발제자와 조율하며 주제를 최종적으로 결정하는 수년 전부터 내려온 관행도 확실하고 안정적이다.

1957년 명예회장인 토마가 사망한 이후 이 자리는 1964년까지 공석으로 있다가 에리히 카우프만이 1972년 사망하기 전까지 마찬가지로 8년간을 이어받았다. 1990년부터 1998년까지는 한스 페터 입센이 다시 8년간 명예회장으로 있었다.

---

36) 비슷한 생각으로는 다음의 *Schulze-Fielitz* (각주 35), S. 156ff도 참조.

37) VVDStRL 59 (2000), S. 432 참조.

38) 국법학자의 보고에 대해서, 특히 시대분위기가 갖는 의미에 대해서 그리고 내용과 문체 등 보고에 대한 결론과 함께 연례대회의 기능에 대해서는 *Schulze-Fielitz* (각주 35), S. 145-186.

3. 회원 수의 증가

회원의 수는 1949년 82명에서 1958년 107명으로 미미하게 증가하였으나 10년 뒤인 1968년에는 173명의 회원으로 되어 1949년 이래로 두 배로 회원이 증가하였다. 회원 수는 1969년 이후에는 10년 단위로 각각 113명, 56명, 125명 그리고 2009년에는 206명이 증가하였다. 2012년(VVDStRL 71)에는 회원 수가 최종적으로 714명에 이르렀고 그 명단이 연구실과 대개는 개인 주소를 포함하여 132쪽에 이른다. 2014년에 발행된 명단(VVDStRL 73)은 그동안 성장한 회원 수가 잔글씨로 95쪽에 이른다.[39] 여성이 법과대학에서 교수논문자격을 취득하고 대학에 자리를 잡음에 따라 1970년에 처음으로 프랑크푸르트대학의 사강사(Privatdozent)인 일제 슈타프가 협회의 회원이 되었고, 그동안에 전체 회원의 약 10%에 해당하는 70명 이상의 여성이 회원으로 되었다.

2006년에 회원자격은 조심스럽게 독일이나 독일어를 하는 대학에서 교수직을 갖지 않고 있거나 갖지 않았던 외국의 공법학자들에게도 개방되었다. 조건은 독일 대학이나 독일어를 사용하는 대학교 법과대학의 교수직에 대응하는 교수직을 가지는 것과 독일, 오스트리아 또는 스위스의 공법에 대하여 독일어로도 현격한 학문적 발표를 함으로써 연구와 강의의 능력을 입증하는 것이다. 나아가서는 연례대회의 방문학자로 여러 번 참여함으로써 협회와의 유대가 입증되어야 한다. 가입절차의 개시를 위해서는 협회의 10인 이상의 회원이 문서로 이유를 기재하여 제안하여야 한다(이전에는 정관 제2a조, 지금은 제4조). 현재 협회는 이탈리아 3인, 프랑스 2인, 그리스 1인, 대만 1인의 외국회원이 있다.

4. 공법의 선량한 학문적 관행을 위한 원칙들

전체 회원의 모임은 주어진 기회에 2012년 10월 3일에 키일에서 공법의 선량한 학문적 관행에 관한 50개의 원칙들이라는 형식으로 입장을 표명하였는데,[40] 이는 다음과 같은 절로 나누어져 있다. (I) 표절, 저작권, 인용기준, (II) 학문성 저

---

39) 현재의 명단은 http://www.vdstrl.de/mitgliederverzeichnis.

40) VVDStRL 72 (2012), S. 701-707과 인터넷에서는 http://www.vdstrl.de/gute-wissenschaftlichepraxis.

작의 표절 방지를 위한 선량한 학문적 관행, (Ⅲ) 박사학위 수여절차(입학, 지도, 시험단계), (Ⅳ) 학문 후속세대의 진흥, (Ⅴ) 특히 의견서 공표의 투명성.

5. 연례대회의 구성

수십 년간 연례대회는 동일한 주제에 대한 두 개의 발표가 각각 오전에 이루어졌다. 여기에서 각 발표자는 60분을 부여 받았었다. 각각 오후에는 두 개의 발표에 대한 상세한 토론이 뒤 따랐다. 토론발표의 순번을 위해서 일정한 의식이 개발되었다. 흔히 준비된 기고에 따른 토론이 오스트리아와 스위스 회원들에 의해 시작되었다. 그렇지 않으면 먼저 저명한 회원들이 발언을 하는데 이들의 발언은 그 뒤의 발언들보다 길었다. 울리히 쇼이너의 경우 1970년대 전반부에 오스트리아나 스위스에서 발언을 처음에 하지 않은 경우에 첫날의 토론을 시작하는 경향을 보였다(제30호, 제33호, 제34호). 오토 바호프는 이 시기에 둘째 날의 토론을 두 번 주도하였다(제32호, 제34호).

협회는 회원 수가 증가함에 따라 오로지 전체 회의에 머물러야 하는지 아니면 분과를 열어야 하는지에 대해 고민해 왔다. 그러나 그것은 지금까지 늘 거부되어 왔는데 왜냐하면 오히려 모든 사람이 들을 수 있는 일반적 주제를 전통적으로 다루는 데에서 개별화보다 높은 가치를 발견하였기 때문이다. 시기적으로 같이 개최되는 연구회는 본 대회전인 수요일 오전에 있다. 협회의 동료들로 행정, 유럽헌법 그리고 공법 기초에 기여하는 특히 3개의 연구회가 창설되었다. 따라서 이것으로써 어느 정도 분과에 대한 요구가 충족될 수 있다.

1985년부터 2개의 주제는 발표 가능성을 회원들에게 더 많이 제공해주기 위해 종종 4인 또는 6인의 보고자가 발표하였다. 오전의 3인의 발표자 모두는 45분만 부여받았기 때문에 이를 조직하는 데는 아무런 어려움이 없었다. 토론은 그 때 그 때 오후에도 개최되었다. 발표와 각주 그리고 토론의 강도가 커짐에 따라 발행된 학술지도 점점 두꺼워졌다. 제59호(2000)는 벌써 433쪽에 달한다. (최초로 하드커버를 한) 제60호에는 3개의 주제[41]와 9개의 발표가 실렸고 733쪽에 이르러서 제

41) 대회의 오후에는 *Horst Dreier*와 *Walter Pauly*가 나치시대의 독일국법학에 대해 연설하였다. VVDStRL 60 (2001), S. 9-147(토론 포함).

61호부터는 권으로 부르고 있고 계속 하드제본으로 만들어졌다.

성 갈렌 대회(2002)부터는 각 2명의 발제자가 있는 4개의 주제가 논의되는데 그에는 각각 토론이 붙어서 반나절 동안 하는 것으로 학술회의(wissenschaftliche Beratungen)의 진행과 구조가 근본적으로 바뀌었다. 주제 2개씩 또는 4개의 주제 모두 공통된 문제제기가 이루어지도록 하고 그 공통된 문제제기는 상위주제로서 하루 4개의 발표나 대회의 모든 일정 동안 8개의 발표에 공통된 것이다. 2개의 45분간의 발표가 끝난 후에 토론이 시작되고 오후는 2번째 주제를 다루는데 여기서도 마찬가지의 절차가 진행된다. 이러한 절차의 장점은 매 연례회의에서 8명의 회원이 발표할 수 있다는 것이다. 짧은 휴식 후에 바로 토론이 이루어지기 때문에 그 토론은 즉석에서 이루어지는 것이다. 그러나 발언시간은 5분이고 발언자가 몰릴 경우에는 3분으로 매우 엄격하게 규제된다. 녹색, 노란색, 붉은색의 3가지 전기등을 활용한다. 긴 발언이 허용되었던 이전의 특권들은 없어졌고 이제는 가끔씩 약간의 시간초과와 그에 따른 발언종결의 독촉이 있을 뿐이다.

대회 전에 몇몇 전문잡지들이 대회 주제와 관련이 있는 논문들을 게재하는데, 대회가 끝난 다음에는 상세한 보고들이 협회의 젊은 회원들에 의해서 편집된다. 대회 학술지가 통상 대회 후 7 내지 8개월 후에는 나오기 때문에 저자들과 잡지 편집인들은 매우 서둘러야 한다. 거기에는 상세하면서도 가끔씩 과도하게 고증된 각주들이 붙은 발표와 녹음되어 토론자들이 정리한 발언들이 실린다.

출석한 회원들 외에 출판사의 대표와 법학 전문 언론도 발표와 토론의 청중이기도 하다. 전체 회원 모임에서는 가끔씩 연례대회에 일반 광역 언론들도 초대해 달라는 요구에 대해 논의가 되기도 하는데 최근에는 2007년과 2014년에 그랬다. 다수 회원은 이러한 요구를 거절하였는데 그것은 전체 토론이 출판되어서 일반인이 구해볼 수 있기 때문이라는 것이었다. 연례대회의 출판물인 학술지의 서평은 일반대중 일간지에 하나의 예외를 제외하고는 지금까지 알려져 있지 않다.[42] 일반대중 언론의 참여를 반대하는 데에는 특히 관련 언론인이 전체 대회에 집중해서 차분하게 참여하지 않는 경우에 개별적 발언이나 주장 또는 토론만을 뽑아내

---

42) VVDStRL 60 (2001)에 대한 예외로는 *Milós Več*, Stellen Sie die Forschung mal ein. Juristen debatieren ber die Staatsrechtslehrer der Nazizeit, in: Frankfurter Allgemeiner Zeitung vom 19.11.2001/Nr. 269, S. 48.

어서 표제로 활용하거나 얼토당토않은 스캔들이 만들어질 수 있다는 우려도 있다.

수요일 저녁 대회 장소의 시장과 대학 총장의 초청과 목요일 저녁에 동반인들도 함께 참석하는 주정부의 초청도 국법학자대회의 전통적 구성에 해당한다. 2014년에 뒤셀도르프에서는 먼저 약속된 주 정부의 초청이 재정적 이유로 취소되었다. 그 대신 당시 대회 장소인 콘서트장에서 콘서트가 있었는데 여기서 협회의 회원이 로베르트 슈만 작곡의 하인리히 하이네의 노래(시인의 노래)를 불렀다. 그 후 연설 시간과 가벼운 식사 시간이 있었다. 전통이 흐르는 인상을 준 훌륭한 대안이었다.

금요일 저녁에는 일반적으로 축하연이 개최되고 거기서는 몇 년간 한스 페터 입센의 제의로 춤을 추었는데 얼마간 무도회의 밤이라고 불렸다.[43] 종종 협회 회원들은 대개 행사지에서 여성에게 하는 연설이 이루어졌는데 이것은 문서화되지 않았고 매우 드물게 협회 학술지의 서문에 언급되었다. 필자는 1984년 괴팅엔에서 나 자신의 연설, 1988년 튀빙엔에서 축하 저녁 만찬의 흥을 돋운 그라프 피츠튬의(VVDStRL 47, S. 5) 연설, 1982년 콘스탄츠에서 신선하고 유머가 있지만 균형 잡힌 마이어-타벨리온의 남성에게 하는 연설[44]을 기억한다. 마이어-타벨리온은 독일국법학자협회의 학술지에 발표한 발표자들에게 VVDStRL 7개의 철자의 9개의 꼭지에 맞게 9개의 꼭지를 가진 백작의 관이 수여되어 마땅하다고 하였다. 1992년 바이로이트에서는 페터 해벌레가, 1997년 오스나브뤼크에서는 한스-베르너 렝겔링이 변화된 시대 상황에 부응하여 종합적 연설을 하였다.

동반 여성을 배려하여 이전에는 목요일과 금요일에는 여성프로그램을 운영했고 지금은 동반인들을 위해서 관광과 주변 소풍 등의 동반프로그램 또는 보조프로그램이 있는데, 해당 장소에 사는 회원이 정성껏 마련하고 예약의 편의를 위해 매우 일목요연하게 설명되어 있다. 토요일에 대회 참가자들과 그 동반인들에게는 소풍이 제공되는데 이에는 통상 2대의 버스가 사용된다. 학술지의 서문에는 영접과 축하 전야제 그리고 소풍이 간략하게 기록되어 있다.

---

43) 최초로는 1974년. *Hans Peter Ipsen*, Vereinigung der Deutschen Staatsrechtslehrer 1922-1992, in: VVDStRL 52 (1993), S. 8. 참조. 후에 대회는 (무도)야회(夜會)로 불렸다.

44) 한스 마이어 회원의 부인, VVDStRL 41 (1983), S. 5 참조.

6. 토론주제

1949-1991 사이의 연례대회의 토론내용은 한스 페터 입센이 공법논집(Archiv des öffentlichen Rechts)에 실은 전체 130쪽이 넘는 3개의 방대한 논문에서 설명과 논평을 하였다.[45] 그 이후의 주제에 대한 간략한 개관은 다음과 같이 설명할 수 있다.

1992년부터는 법의 유럽화 측면과 유럽 공동체/유럽연합이 가장 흔히 문제가 되고 있다. 즉 연방주의에 대한 위협과 기회, 독일 및 유럽 행정법(두 주제 모두 1993년, 제53호), 유럽 헌법과 국가 헌법(2000, 제60호), 유럽적 동질성과 국가적 동질성: 헌법에 의한 통합? 자치행정에 대한 유럽화의 영향(두 주제 모두 2002, 제62권), 유럽화와 세계화가 국법학에 미친 결과(2003, 제63권), 유럽 및 국내 행정기관의 법제정(2011, 제71권), 이민과 유럽 통합의 관점에서 본 시민의 지위(2012, 제72권). 종종 이와 관련되지만 이미 언급한 바와 같이 독자적으로도 발생한 다음과 같은 연방주의의 문제가 논의되었다: 통일 독일에서 재정헌법(1992, 제52호), 시험대에 선 교육연방주의, 미래의 연방국가적 재정질서의 형성(두 주제 모두 2013, 제73권).

기본권은 고전적 문제제기 및 새로운 문제제기에 직면하였다. 즉 기본권 제한(1997, 제57호), 다양한 국가관 및 헌법관의 관점에서 본 자유와 안전의 보장(2003, 제63권), 학문의 자유(2005, 제65권), 혼인과 가족의 변화하는 기본권이론(2013, 제73권), 위험으로서 종교의 자유, 사회적 평등(두 주제 모두 2008, 제68권), 사적 영역의 기본권 보호, 보건제도에서 분배적 정의(두 주제 모두 2010, 제70권), 선거권(2012, 제72권), 국가와 종교(1999, 제59호), 사인과 외국 행위자들에 의한 위협으로부터 기본권 내지 인권 기준의 보장(2014, 곧 간행될 제74권).

헌법의 규범성과 헌법재판이 다음과 같은 관점에서 상세하게 논의되었다. 즉 헌법과 법률, 헌법재판과 법원의 재판(2001, 제61권), 다양한 국가관 및 헌법관의 관점에서 본 자유와 안전의 보장(2003, 제63권), 규범적 청구와 정치적 현실 사이에 있는 헌법, 세계화의 요구에 직면한 헌법(두 주제 모두 2007, 제67권), 국제성과 학제간 접근을 통한 공법적 방법론의 개방성: 출현형태, 기회와 한계(2014, 제74권).

---

45) 제8호에서 제30호(1949-1971)는 AöR 97 (1972), S. 375-417; 제31호에서 제40호(1972-1980)는 AöR 109 (1984), S. 555-593; 제41호에서 제51호(1982-1991)는 AöR 117 (1992), S. 595-643.

행정법 분야의 발표에서는 사인과 행정의 협력 특히 행정과 사인 간의 계약과 협약(1992, 제52호), 행정과업의 사영화(1994, 제54호), 사회의 자기규율과 국가적 통제에 있어서 행정과 행정법(1996, 제56호), 사인의 공적 과업 실현 참여(2002, 제62권)가 논의되었다.

판례도 발표의 대상이 되었는데, 여기서는 헌법재판의 임무와 일반재판의 임무가 상호 구분되었고(2001, 제61권), 국내의 헌법재판소와 유럽연합법원 및 유럽인권재판소의 경합이 다루어졌고(2006, 제66권) 정당성과 효율성에 대한 변화하는 요구에 따른 제3의 권력이 논의되었다(2014, 제74권).

의회정부제도는 외교권 통제(1996, 제56호), 연방참사원의 영향(1998, 제58호) 그리고 정치적 결정의 탈의회주의화(2002, 제62권)의 관점에서 대상이 되었다. 발전 전망으로서 직접민주주의의 요소들이 2012년(제72권)에 대의민주주의의 위기가 문제되었을 때 논의되었다.

경제와 노동은 다수의 대회에서 보고의 대상이 되었다. 즉, 노동시장과 국가의 조정(1999, 제59호), 경제주체와 위임자로서 국가(2000, 제69권) 그리고 규제권에 의한 소비자의 보호(2010, 제70권).

1999년에는 1931년에 마지막으로 모였던 협회의 재창립 50주년을 회고하는 것을 계기로 "그 다음 대회들에서 나치 지배 동안 국법학의 역할과 제1차 세계대전 이후 국법학의 이전 역사를 발표에서 다루고 토론에서 심층적으로 논의해야 한다."는 제안이 있었다.[46] 다음 회장단은 2000년에 최초의 예외적 발표대상으로 호르스트 드라이어와 발터 파울리가 나치시대의 독일 국법학을 2개의 정규 발표 앞에 다루도록 했다.[47] 여기에는 40쪽에 이르는 토론이 덧붙여졌다.[48] 두 개의 훌륭한 분석으로 대회는 참석한 많은 협회회원들에게는 큰 공동적 체험이었다.

2002년 이래로 이미 언급한 바와 같이 전부 4개의 주제에 8명의 발제자가 발표하였다. 2004년 이후로는 공동의 보편적 대제목에 맞도록 주제들이 묶이는 것으로 정착되었다. 대회 학술지의 커버에 굵은 글씨로 쓰여 있는 지금까지의 10개

---

46) VVDStRL 59, S. 9f.; 60, S. 147.

47) VVDStRL 60 (2001), S. 9-105.

48) VVDStRL 60 (2001), S. 1069-147.

의 대제목은 대회의 중요문제들을 조망할 수 있게 보여준다. 즉

- 독일과 유럽에 있어서 사회국가(제64권),
- 문화와 학문(제65권),[49]
- 갈등과 협력의 연방국가와 유럽연합(제66권),
- 공법학문의 성과(제67권),
- 헌법적 전제들의 침식(제68권),
- 경쟁을 통한 공공복리(제69권),[50]
- 법의 제정과 발견의 기본문제(제71권),
- 위기의 대의민주주의?(제72권) 그리고
- 공법에 의한 미래의 형성(제73권).

주제의 다양성과 적실성은 회장단이 2년마다 교체되는 데서 기인한다. 모든 회장단 구성원들은 자신이 국법학자보고의 경험을 가지고 있고 전체 회장단의 3분의 1이 회장단의 두 번째 구성원이었다. 두 번의 대회에 8개의 매우 현실성 있는 문제들을 제기하고 혁신적인 주제를 찾는 임무는 3두체제의 회장단의 명예심을 일깨우고, 독일 국법학자협회의 회원의 생에서 흥미로운 도전으로 나타난다. 그래서 주기적인 회장단의 교체는 협회의 생명을 언제나 젊고 혁신적으로 유지하는 현명한 관행으로 처음부터 입증되고 있다.

매년의 주제 선정의 일관된 특징은 공법의 모든 영역과 일목요연한 배열의 결합이다. 그래서 조세법과 사회보장법은 개별 전문분야로서가 아니라 공법 해석학의 일부로서 관심의 대상이 된다. 그 밖의 것들은 보다 전문회된 학회에 맡겨져 있다.

유럽은 이미 흔히 연례대회의 주제가 되었다. 유럽 법은 법을 제정하고 판결함에 있어서 중요한 회원국의 법질서에 따라 형성되고 있기 때문에 연합법 발전의 이해와 비판을 위해서 법 비교가 일정한 기능을 한다. 그 전형적 사례가 학술지 제58호(1999)에서 나타난다. 여기에서 아이베 리델은 행정행위에 대한 법적 최

49) 이에 대해서는 먼저 1994(제54권) 참조: 자유 헌법국가에서 학교의 교육위임과 교육기준.

50) 경제적 경쟁을 말하는 것이 아니라 오히려 법질서의 경쟁, 경쟁질서로서 민주주의, 행정위임으로서 경쟁의 도출, 경쟁하는 대학을 말한다.

적원칙과 틀 설정을 위해 프랑스 법과 영국 법을 연구하였다. 그러한 연구들은 우리 자신의 법과 관련하여 확인하는 데도 기여한다. 기본적 문제들에서 특히 프랑스와 영국과 관련한 법의 비교는 우리가 함께 만들어 갈 연합법 발전을 고려할 때 앞으로의 대회를 위해서도 권장할 만하다. 개별적인 유럽 법의 문제는 아니지만 독일의 헌법 및 행정법에 매우 중요한 문제는 회원국에 유보되어 있는 권한과 구별하여 유럽연합조약(EUV) 제4조와 제5조에 규정되어 있는 바와 같이 연합의 한정된 개별 수권과 그에 수반되는 보충성과 같은 유럽연합의 권한에 관한 조약상의 규범들을 어떻게 다루는가 하는 점이다.

색인

[ㄴ]

[ㄷ]

[ㄹ]

[ㅁ]

[ㅂ]

[ㅇ]

[ㅈ]

[ㅊ]

[ㅋ]

[ㅌ]

저자 소개

크리스티안 슈타르크(Christian Starck)

1937년 폴란드 브레슬라우 출생, 1963년 법학박사학위 취득, 1964~1967년 독일 연방헌법재판소 연구관, 1969년 뷔르츠부르크대학에서 교수자격논문 통과, 1971~2005년 괴팅엔대학 공법 정교수, 2005년 정년 퇴직, 1982년 괴팅엔 학술원 정회원, 2008~2012 괴팅엔 학술원 회장, 1991~2006년 니더작센 헌법재판소 재판관, 1987년 프랑스 파리1대학 방문교수, 1989년 중국 난징대학 방문교수, 2011년 대만대학 방문교수, 1990~1991년 베를린 비센샤프트콜레그 회원, 1981년(창설)~2003년 세계헌법학회 집행위원, 1993년 세계헌법학회 부회장, 2004년 세계헌법학회 명예회장, 2003~2007년 Societas Iuris Publici Europaei 회장, 2010년 Real Academia de Jurisprudenciay Legislación(Madrid) 통신회원, 2012년~현재 대한민국학술원 명예회원.

역자 약력

김대환(Kim, Dai Whan)

1964년 경북 영천 출생, 경북사대부고·연세대학교 법학과 졸업, 1998년 서울대학교에서 법학박사학위 취득, 1999년 탐라대학교 경찰행정학과 교수, 2003년 독일 괴팅엔대학 법과대학 박사후과정 및 2004년 같은 대학에서 방문교수, 2000~2002년 제주도 행정심판위원, 2005~2007년 경성대학교 법학과 교수, 2005년 부산광역시 행정심판위원, 2007~현재 서울시립대학교 법학전문대학원 교수, 2014~2020년 법제처 법령해석심의위원, 2014년 국회의장 헌법개정자문위원, 2014~2020년 중앙행정심판위원, 2015~2021년 국가인권위원회 행정심판위원, 2015년 대법원 사법제도개선위원, 2018년 대검찰청 검찰수사심의위원, 2018~2020년 서울시립대학교 법학전문대학원장, 2019년 사단법인 한국공법학회 회장, 2019~2022년 국가인권위원회 정책자문위원, 2021~현재 감사원 정책자문위원, 사단법인 한국공법학회 및 한국헌법학회 고문(현).

법은 어디에서 오는가?

초판발행 2025년 7월 25일

지은이 Christian Starck
옮긴이 김대환
펴낸이 안종만·안상준

편 집 장유나
기획/마케팅 장규식
표지디자인 BEN STORY
제 작 고철민·김원표

펴낸곳 (주) 박영사
서울특별시 금천구 가산디지털2로 53, 210호(가산동, 한라시그마밸리)
등록 1959.3.11. 제300-1959-1호(倫)
전 화 02)733-6771
f a x 02)736-4818
e-mail pys@pybook.co.kr
homepage www.pybook.co.kr
ISBN 979-11-303-4964-0 93360

정 가 32,000원